憲法實務硏究

제 11 권
(2010)

憲法實務硏究會 編

博 英 社

발 간 사

헌법실무연구회는 학계와 실무계의 상호협조에 의해 운영되는 학회로서 헌법재판소 판례에 대한 평석과 헌법이론에 대한 연구를 통하여 헌법학과 헌법재판실무의 발전을 도모하고자, 1999년 7월 2일 헌법재판소 재판관 및 헌법연구관들과 학자, 실무법조인들을 주축으로 창립총회 겸 월례발표회를 개최하였고, 그 후 10년이 넘게 헌법재판소의 가장 대표적인 학회로 활동하고 있습니다.

헌법재판소가 1988. 9. 1. 설립되면서 헌법재판이 활성화되기 시작하였고, 헌법재판소의 결정들은 국민들의 기본권에 대한 인식을 고양하게 하였습니다. 이러한 점에서 헌법재판소 결정들에 대한 다양한 학문적 토론과 새로운 이론들에 대한 깊이 있는 논의는 헌법재판을 한층 더 성숙하게 만드는 소중한 기회가 되고, 헌법실무연구회는 위와 같은 기회를 마련하는 중요한 장이 되어 왔다고 자부합니다.

헌법실무연구회는 매해마다 헌법실무연구회의 월례발표회 발표문, 지정토론문 및 토론요지를 정리하여 「憲法實務硏究」를 발간하여 오고 있으며, 2010년에도 제99회부터 제106회까지의 월례발표회 발제자료를 담아 「憲法實務硏究 제11권」을 발간하게 되었습니다.

주로 2010년도의 연구성과를 담은 이 책은 종합부동산세 사건, 헌법불합치결정 등과 같은 기존 헌법재판소 결정에 대한 학문적 논의는 물론 근로삼권, 인터넷과 선거운동, 권한쟁의심판과 위헌법률심판, 형벌조항에 대한 위헌심사와 책임주의 등과 같이 헌법재판소에 계류 중인 사건의 이론적·절차적 쟁점 등을 다양하게 다루고 있습니다. 이러한 성과물이 우리 학계와 실무계의 훌륭한 자산으로 활용될 것임을 믿어 의심치 않습니다.

끝으로 발표와 토론에 성실히 참여해 주신 회원님들과 이 책이 발간되는 과정에서 노고를 아끼지 않으신 헌법재판소 관계자들께 감사드리고, 앞으로도 헌법실무연구회가 훌륭하게 제 역할을 할 수 있도록 회원님들의 적극적인 참여를 부탁드립니다.

2010. 12.

헌법실무연구회 회장 김 희 옥

일러두기

(1) 이 책은 2009. 11. 제99회 월례발표회부터 2010. 10. 제106회 월례발표회까지 대체로 매월 첫째 주 금요일 저녁 헌법재판소(2층 회의실)에서 이루어진 주제발표, 지정토론 및 자유토론을 수록한 것입니다.

(2) 각 발표문의 체제와 판결인용방법 등은 대체적으로 원문 그대로이고, 별도로 통일시키지 않았습니다.

(3) 토론요지는 녹음된 자유토론의 내용을 수록한 것입니다. 현장감을 주기 위하여, 또 다양한 접근방법을 그대로 알려 주기 위하여 구어체와 원래의 발언내용을 가급적 그대로 유지하였습니다. 다만 녹음상태나 발언의 내용에 따라 그 의미를 충분히 알기 어려운 경우가 있었음을 양해바랍니다. 토론요지 처음에 수록된 참여자명단은 발언순서에 따른 것입니다.

(4) 발표자, 토론자의 직함은 원칙적으로 발표일을 기준으로 하였습니다.

차 례

제99회(2009. 11. 6) 발표문

구 종합부동산세법 제7조 등 위헌소원사건에 대한 평석

이 동 식*

Ⅰ. 시작하면서

2001년부터 시작된 부동산경기과열을 억제하기 위하여 정부는 다양한 대책을 내놓았으며[1] 그 일환으로 2003. 9. 1. 종합부동산세 신설방침이 처음으로 공개되었다.[2] 당시에는 2006년 도입예정이었는데 정부가 소위 10. 29. 부동산대책을 발표하면서 그 도입시기를 2005년 1월로 앞당겼다. 그 후 부동산세제개편을 실시하기 위하여 2004년 8월 18일에 당시 재정경제부에 부동산정책실무회의(주관: 차관)와 부동산실무기획단(단장: 세제실장)이 설치되었다. 부동산실무기획단이 중심이 되어 종합부동산세 법안이 만들어졌지만 정작 국회에는 의원발의형태로 법안이 제출되었다. 종합부동산세 법안과 관련 지방세법 개정안이 함께 2004. 11. 18. 국회 상임위원회에 접수되었고, 2004. 12. 8. 재정경제위원회에서 종합부동산세 법안에 대한 공청회가 있었다. 2005. 1. 1. 국회를 통과하고 2005. 1. 5. 법률 제7328호로 공포된 종합부동산세법은 발효되자마자 세대별합산과세가 되지 않는 문제점이 지적되었다. 신문에서는 종합부동산세를 회피하기 위한 방법으로 가족간 증여를 공공연히 보도하고 있었다. 이 문제점을 해결하기 위하여 입법자는 종합부동산세법을 2005. 12. 31. 법률 제7836호로 개정하면서 세대별합산과세 제도를 도입하였다.

---

* 경북대학교 법과대학 법학부 부교수.

1) 그 당시 일련의 대책들의 구체적 내용에 대해서는 참고. 졸고, "세제에 의한 부동산투기억제대책," 토지공법연구 제20집, 2003. 12, 158면 이하.

2) 1998년 초에도 "종합부동산세"의 신설이 논의된 적이 있다. 그런데 그 때는 2003년과 전혀 다른 차원에서 논의가 진행되었다. 1998년에는 외환위기 여파로 침체되어 있던 부동산시장을 활성화시키기 위하여 거래세를 완화하고 대신 보유세를 강화하는 쪽으로 조세정책을 전환하기 위하여 종합부동산세 신설논의가 있었다. 구체적 내용은 마찬가지로 그 당시 보유세였던 종합토지세와 재산세를 통합하여 종합부동산세라는 세목을 신설하고 부동산보유정도가 일정수준 미만인 경우에는 당시의 보유세 부담수준을 유지하고 그 것을 넘어서는 경우에는 누진세율로 중과세하는 것이었다.

이렇게 하여 제정된 종합부동산세법은 첫 부과시점부터 납세자 그리고 종래 부동산보유세 과세권자였던 자치단체들로부터 강력한 조세저항에 부딪치게 되었다. 그 저항의 일환으로 일부 자치단체가 권한쟁의심판을 제기하기도 하였다.[3] 개별 납세자들도 다양한 헌법적 쟁점을 주장하며 종합부동산세법의 위헌성을 주장하였다. 이와 관련된 헌법재판은 크게는 세대별합산과세제도가 도입되기 전인 2005년도 분 종합부동산세부과처분과 관련된 사건과[4] 그 이후인 2006년도 분 종합부동산세부과처분과 관련된 부분으로[5] 나눌 수 있다. 헌법재판소는 이 두개의 사건들을 병합심리하여 2008. 11. 13. 결정을 선고하였다.

이 글은 기본적으로 2008년에 선고된 결정을 대상으로 한다. 먼저, 아래에서는 판결에서 문제가 된 사실관계와 관련 법조문을 소개하고, 다음으로 조세입법에 대한 위헌심사기준 일반론을 검토해 보기로 한다. 이러한 일반론에서 검토된 위헌심사기준 가운데 세대별합산과세의 위헌여부를 포함하여 종합부동산세법의 위헌성심사에서 헌법재판소가 사용한 기준들을 검토하고 그것의 적절여부에 대해 나름대로의 의견을 제시해 보기로 한다.

Ⅱ. 사실관계와 관련법령

1. 사실관계

2008. 11. 13. 헌법재판소의 결정은 여러 개의 사건이 병합된 사건이었다. 이와 관련된 사실 관계는 조금씩 다르기는 하지만 그것을 전부 소개할 필요는 없을 것 같아 여기서는 2008헌바3 사건의 사실관계만을 소개하기로 한다.[6] 이 사건은 세대별합산과세제도가 도입된 2006년분 종합부동산세사건 중의 하나이다.

청구인 심○동 및 그 배우자 이○희, 이들과 생계를 같이 하는 아들 심○용은 2006년분 종합부동산세의 과세기준일인 2006. 6. 1. 현재, 다음 표의 기재와 같은 주택들을 소유하고 있어, 2007. 2. 8. 원주세무서장으로부터 2006년분 종합부동산세

3) 헌재 2006. 5. 25, 2005헌라4, 판례집 제18권 1집 하, 28 이하.
4) 2006헌바112, 2007헌바71, 2008헌바62.
5) 2007헌바88 · 94, 2008헌바3, 2008헌가12.
6) 그 외 사건들의 사실관계에 대해서는 참고, 헌재 2008. 11. 13, 2006헌바112, 판례집 제20권 2집 하, 1, 40 이하.

〈표 1〉 청구인 심○동 세대의 부동산보유현황

과세대상물건						
소유자	소 재 지	부속토지 (㎡)	건물 (㎡)	지분 (%)	주택 구분	공시가격(원)
심○동	용인시 수지구 상원동	82.40	254.99	100	아파트	408,000,000
심○동	서울 강남구 도곡동	23.60	338.86	50	아파트	662,000,000
이○희	서울 강남구 도곡동	23.60	338.86	50	아파트	662,000,000
심○용	서울 서초구 우면동	35.70	101.27	100	아파트	144,000,000
합 계		141.70	695.12			1,876,000,000

7,160,090원 및 농어촌특별세 1,432,010원의 부과처분을 받았다.

이에 청구인 심○동은 국세심판을 거쳐 춘천지방법원에 위 부과처분의 취소를 구하는 행정소송을 제기하였고(2007구합1468호), 그 소송절차에서 위 부과처분의 근거법률인 개정 종합부동산세법 제 2 조 제 8 호 · 제 9 호, 제 5 조 내지 제15조에 대하여 위헌법률심판 제청신청을 하였으나(2007아76호), 법원이 2007. 12. 20. 이를 기각하자, 2008. 1. 28. 개정 종합부동산세법 제 2 조 제 8 호 · 제 9 호, 제 5 조 내지 제15조에 대하여 이 사건 헌법소원심판을 청구하였다.[7)]

2. 심판대상조문

2005년도분 종합부동산세부과처분사건과 2006년도분 사건의 근거법규는 2005. 12. 31. 의 법률개정으로 약간 다르게 된다. 하지만 세대별합산과세제도를 제외한 핵심적인 내용은 동일하므로 이 글에서는 2006년 종합부동산세부과처분과 관련한 심판대상조문만(이하 "이 사건조문"이라 함)을 소개하기로 한다.[8)] 본문 아래에서도 이 조문들을 전제로 하여 종합부동산세 제도를 설명하기로 한다.

종합부동산세법(2005. 12. 31. 법률 제7836호로 개정된 것) **제 7 조**(납세의무자) ① 과세기준일 현재 주택분 재산세의 납세의무자로서 국내에 있는 재산세 과세대상인 주택의 공시가격을 합산한 금액이 6억 원(개인의 경우 세대별로 합산한 금액을 말하며, 이하 "주택분 과세기준금액"이라 한다)을 초과하는 자는 종합부동산세를 납부할 의무가 있다. 이 경우, 개인은 1세대에 속하는 자(이하 "세대원"이라 한다)중 대통령령이 정하는 주된 주

7) 헌재 2008. 11. 13, 2006헌바112, 판례집 제20권 2집 하, 1, 42.
8) 전체적인 심판대상조문에 대해서는 참고, 헌재 2008. 11. 13, 2006헌바112, 판례집 제20권 2집 하, 1, 44 이하.

택소유자(이하 "주된 주택소유자"라 한다)가 납세의무자가 된다.

② 주된 주택소유자 또는 세대원의 판정은 과세기준일 현재의 상황에 의한다.

③ 주된 주택소유자 외의 세대원은 그가 소유한 주택의 공시가격을 한도로 주된 주택소유자와 연대하여 종합부동산세를 납부할 의무가 있다.

종합부동산세법(2005. 12. 31. 법률 제7836호로 개정된 것) **제 8 조**(과세표준) ① 주택에 대한 종합부동산세의 과세표준은 납세의무자별로 주택의 공시가격을 합산한 금액에서 6억 원을 공제한 금액으로 한다. 다만, 그 금액이 영보다 작은 경우에는 영으로 본다.

② 생략

종합부동산세법(2005. 12. 31. 법률 제7836호로 개정된 것) **제 9 조**(세율 및 세액) ① 주택에 대한 종합부동산세는 과세표준에 다음의 세율을 적용하여 계산한 금액을 그 세액(이하 "주택분 종합부동산세액"이라 한다)으로 한다.

〈과세표준〉	〈세 율〉
3억 이하	1천분의 10
3억 원 초과 14억 원 이하	1천분의 15
14억 원 초과 94억 원 이하	1천분의 20
94억 원 초과	1천분의 30

② 주택분 종합부동산세액을 계산함에 있어 2006년부터 2008년까지의 기간에 납세의무가 성립하는 주택분 종합부동산세에 대하여는 제 1 항의 규정에 의한 세율별 과세표준에 다음 각 호의 연도별 적용비율과 제 1 항의 규정에 의한 세율을 곱하여 계산한 금액을 각각 당해연도의 세액으로 한다.

1. 2006년 : 100분의 70
2. 2007년 : 100분의 80
3. 2008년 : 100분의 90

③~④ 생략

종합부동산세법(2005. 12. 31. 법률 제7836호로 개정된 것) **제12조**(납세의무자) ① 과세기준일 현재 토지분 재산세의 납세의무자로서 다음 각 호의 어느 하나에 해당하는 자는 당해 토지에 대한 종합부동산세를 납부할 의무가 있다.

1. 종합합산과세대상인 경우에는 국내에 소재하는 당해 과세대상토지의 공시가격을 합한 금액이 3억 원(개인의 경우 세대별로 합산한 금액을 말하며, 이하 "토지분 종합합산 과세기준금액"이라 한다)을 초과하는 자. 다만, 개인의 경우에는 세대원 중 대통령령이 정하는 주된 토지소유자로 한다.
2. 생략

② 제 7 조 제 2 항 및 제 3 항의 규정은 종합합산과세대상 토지에 대한 종합부동산세를 부과함에 있어서 이를 준용한다.

종합부동산세법(2005. 12. 31. 법률 제7836호로 개정된 것) **제13조**(과세표준) ① 종합합산과세대상인 토지에 대한 종합부동산세의 과세표준은 납세의무자별로 당해 과세대상토지의 공시가격을 합한 금액에서 3억 원을 공제한 금액으로 한다.
② 생략
③ 제 1 항 또는 제 2 항의 금액이 영보다 작은 경우에는 영으로 본다.

종합부동산세법(2005. 12. 31. 법률 제7836호로 개정된 것) **제14조**(세율 및 세액) ① 종합합산과세대상인 토지에 대한 종합부동산세의 세액은 과세표준에 다음의 세율을 적용하여 계산한 금액(이하 "토지분 종합합산세액"이라 한다)으로 한다.

〈과세표준〉	〈세 율〉
17억 원 이하	1천분의 10
17억 원 초과 97억 원 이하	1천분의 20
97억 원 초과	1천분의 40

② 제 1 항의 규정에 의한 세액을 계산함에 있어서 2006년부터 2008년까지의 기간에 납세의무가 성립하는 종합합산과세대상 토지분 종합부동산세에 대하여는 제 1 항의 규정에 의한 세율별 과세표준에 다음 각 호의 연도별 적용비율과 제 1 항의 규정에 의한 세율을 곱하여 계산한 금액을 각각 당해 연도의 세액으로 한다.
1. 2006년 : 100분의 70
2. 2007년 : 100분의 80
3. 2008년 : 100분의 90
③~⑦ 생략

종합부동산세법(2005. 1. 5. 법률 제7328호로 제정되고, 2007. 1. 11. 법률 제8235호로 개정되기 전의 것) **제16조**(신고 · 납부) ① 종합부동산세의 납세의무자는 매년 납부하여야 할 종합부동산세의 과세표준과 세액을 당해 연도 12월 1일부터 12월 15일까지 대통령령이 정하는 바에 의하여 납세지 관할세무서장(이하 "관할세무서장"이라 한다)에게 신고하여야 한다.
② 생략

종합부동산세법(2005. 1. 5. 법률 제7328호로 제정되고, 2007. 1. 11. 법률 제8235호로 개정되기 전의 것) **제17조**(결정과 경정) ① 관할세무서장 또는 납세지 관할지방국세청장(이하 "관할지방국세청장"이라 한다)은 납세의무자가 제16조의 규정에 의한 신고를 하지 아니한 때에는 당해 납세의무자의 당해 연도의 과세표준과 세액을 결정한다.
② 관할세무서장 또는 관할지방국세청장은 제16조의 규정에 의한 신고를 한 자의 신고내용에 탈루 또는 오류가 있는 때에는 당해 연도의 과세표준과 세액을 경정한다.
③ 관할세무서장 또는 관할지방국세청장은 과세표준과 세액을 결정 또는 경정한 후 그 결정 또는 경정에 탈루 또는 오류가 있는 것이 발견된 때 또는 제 8 조 제 2 항 제 1 호에 규정된 임대주택의 소유자로서 동 규정에 의하여 종합부동산세를 경감받은 자가 임대사

업에 공하던 당해 주택이 추후 동 규정에 의한 임대주택에 해당하지 아니하게 된 때(이하 "임대주택에 대한 추징사유가 발생한 때"라 한다)에는 이를 경정 또는 재경정하거나 경감받은 세액을 추징하여야 한다.
④ 관할세무서장 또는 관할지방국세청장은 제 2 항 및 제 3 항의 규정에 의한 경정·재경정 및 추징사유가 지방세법 제191조 제 2 항의 규정에 의한 재산세의 세액변경 또는 수시부과사유에 해당되는 때에는 대통령령이 정하는 바에 의하여 종합부동산세의 과세표준과 세액을 경정 또는 재경정하거나 경감받은 세액을 추징하여야 한다.

Ⅲ. 조세입법에 대한 위헌심사기준 일반론

1. 개　　요

종합부동산세법과 같이 하나의 조세입법이 제정·개정되는 경우에 그 법조문들은 헌법의 내용에 반하지 않아야 한다. 현재 우리나라는 기본적으로 정부입법안의 경우에는 법제처의 심사를 통해,[9] 의원입법안의 경우에는 국회사무처 법제실[10]의 심사를 통해 그러한 조세입법안의 사전적인 합헌성검토를 하도록 하고 있다. 그리고 이러한 심사를 거쳐 일단 입법이 되고 나면 사후적인 위헌법률심사제도를 통해 해당 법률의 위헌성을 다시 검토하여야 한다. 이러한 사전적 혹은 사후적인 조세입법의 위헌성심사는 구체적으로 어떤 기준에 입각하여 진행하여야 하는지가 문제된다. 사실 이 문제에 대한 접근방식은 나라마다 조금씩 다르다. 아래에서는 먼저 이 문제에 대해 서로 상반된 입장을 취하고 있는 미국과 독일의 입장을 간략하게 소개하고자 한다. 그 다음으로 조세입법의 위헌성 심사기준을 일단 형식적인 측면과 실질적인 측면으로 크게 나누어 먼저 전자에 해당하는 것으로 조세법률주의의 내용에 대해 설명하고자 한다. 조세입법의 실질적 위헌성심사기준은 다시 몇 가지 유형으로 나누어 볼 수 있다. 첫째, 헌법상의 주요 원리와 관련된 것이다. 이에 해당하는 것으로 자본주의경제질서원리, 국제법존중주의 2가지를 설명하기로 한다. 둘째, 개별적 기본권과 조세입법과의 관계성에 대해 설명하기로 한다. 마지막으로, 조세입법자가 조세입법을 함에 있어서 다른 법률 또는 조세입법 내부의 다른 규정에서 자신이 취하고 있던 입장과 다른 내용을 규정하는 문제를 체계정당성의 문제로 검토해 보기로 한다.

---

9) 법제업무운영규정 제21조 제 3 항.
10) 국회사무처 직제 제 7 조.

2. 외국의 입법례

어느 나라든 의회에서 입법을 하는 과정에 있어서 사전적으로 해당 법률의 위헌성심사를 하는 것은 공통적이라고 할 것이다. 하지만 의회에서 제정한 조세입법에 대해 사후적으로 사법부가 헌법적인 척도에 의하여 그 타당성 심사를 하는 방식과 정도는 각 나라마다 사뭇 다르다. 어떤 나라는 사후적 위헌심사제도가 매우 활발하게 이루어져서 입법자가 통과시킨 법률에 대한 위헌결정이 빈번하게 이루어지는 경우도 있고, 또 그렇지 않은 나라도 있다. 전자에 해당하는 대표적인 나라는 독일이라고 할 수 있다. 독일의 경우에는 우리와 비슷한 헌법재판제도를 취하고 있으면서 조세입법에 대한 헌법재판이 상당히 활성화되어 있다.[11] 조세사건을 주로 다루는 연방헌법재판소 제 2 부에는 항상 1인 이상의 조세법 전문가가 재판관으로 활동하고 있다. 대학의 세법강의에서도 자연스레 관련 헌법재판소판결을 주요내용으로 다루고 있다. 가장 최근에 독일의 연방헌법재판소가 연방의 조세법규를 위헌 선언한 사례는 계약위반 등에 대한 보상금으로 수령한 금전(Entschädigung)에 대한 소득세 세율을 종전보다 납세자에게 불리하도록 개정한 1998년의 소득세법(Einkommensteuergesetz) 제34조 제 1 항의 효력범위와 관련된 사건에서이다. 문제의 소득세법규정은 1999. 3. 1. 공포되었는데 그 규정의 효력범위가 소득세법 제52조 제47항에 의하여 1999. 1. 1.부터 적용되도록 되어 있었다. 연방헌법재판소는 2010년 7월 7일의 결정을 통해 개정된 소득세법규정이 그 법이 공포되기 이전에, 즉 1999. 1.부터 1999. 3. 1. 이전에 이미 합의된 보상금에 대한 소득세과세에 적용되는 경우에는 위헌이라고 판시하였다.[12] 이 사건 이외에도 2010년 한 해에만 하더라도 여러 건의 사건에서 연방헌법재판소가 조세법규를 위헌선언한 바 있다.[13] 반면, 미국의 경우에는 사법부에 의한 조세입법에 대한 사후적인 위헌성통제가, 적어도 연방세법의 경우에는, 거의 기능하지 않고 있다.[14] 미국의 경우에는 별개의 헌법재판을 담당하는 기관을 두는 것이 아니라 연방대법원이 연방법률의 위헌심사권을 행사하고 있다. 1925년 이후로 연방대법원 자체가 사건이송영장제도(certiorari)에 의하여 매년 제한된 건수의 사건만을 처리하면서 복잡한 조세사건은 거의 연방대법원에서 심리하지 않는 경향

11) 독일에 있어서 조세입법에 대한 위헌성통제에 대해서는 참고, K. H. Friauf, Steuerrecht und Verfassungsrecht, 1989, DStJG Bd. 12; Weber-Grellet, Steuern im modernen Verfasssungsstaat, 2001; Tipke/Lang Steuerrecht 19. Aufl., 2008, 82 ff.

12) BVerfG Beschluss vom 7. Juli 2010-2 BvL 1/03, 2 BvL 57/06, 2 BvL 58/06.

13) www. bundesverfassungsgericht.de.

14) 미국에 있어서 조세법과 헌법과의 관계에 대해서는 참고, Boris I. Bittker/Lawrence Lokken, Federal Taxation of Income, Estates and Gifts Third Edition Vol. 1, 1988. 1. 1~1. 2.

을 보이고 있다. 연방대법원이 가장 최근에 「연방조세법규」를 위헌이라고 선언한 것이 1935년이라고 한다.[15] 일본도 현실적으로 미국과 비슷한 처지에 있다고 할 수 있다. 일본의 경우에도 일반법원에서 헌법재판권을 가지고 있고, 의회에서 통과시킨 법률에 대해 사후적으로 위헌결정을 하는 경우가 매우 이례적인 상황이다.

3. 형식적 측면 : 조세법률주의

1) 조세법률주의의 의의

일반행정법에서의 법치행정원리가 조세행정영역에서 구체화된 것이 조세법률주의라고 할 것이다.[16] 우리 헌법은 법치행정원리에 대해서는 명시적인 규정을 두지 않고 있지만 조세법률주의에 대해서는 헌법 제59조에서 규정하고 있다. 이러한 조세법률주의에 대해 국내 세법 교과서에서는 1215년 영국의 대헌장부터 시작된 역사적인 배경 때문에 죄형법정주의와 내용적으로 유사한 측면이 있는 것으로 이해하는 경우가 많다. 그런데 조세법률주의와 죄형법정주의는 그것이 출현한 역사적 배경은 유사하지만 21세기 현재에 있어서 그것을 이해함에 있어서 양자는 내용적으로 많이 다른 것으로 보아야 한다. 형사법영역과 달리 조세법영역에서 납세자들은 세금납부와 관련하여 운명공동체를 형성하고 있어서,[17] 조세법률관계는 다면적 고찰이 특별히 필요하다는 측면에서 이러한 내용의 차이는 명확해진다.[18] 누구나 납부하여야 하는 세금문제를 다루는 것과, 아주 예외적인 사람에게만 실제적으로 적용되는 형사법문제를 동일한 내용으로 이해하는 것 자체가 문제가 있다.

2) 조세법률주의의 내용

조세법률주의의 내용으로 헌법재판소는 주로 과세요건법정주의와 과세요건명확주의를 언급한다. 학자들은 소급과세금지원칙도 조세법률주의의 한 내용으로 설명한다.[19] 그 외에 개인적으로는 비례원칙도 조세법률주의의 한 내용으로 설명하고

15) 이 판결은 1920년에 있었던 Eisner v. Macomber 사건(252 US 189)과 동일한 내용의 판결이다. Eisner v. Macomber 사건은 사내유보금으로 주주들에게 지분비율에 따라 무상주를 배당한 것이 소득을 구성할 수 없다는 내용의 판결이었다.

16) 다른 견해, 임승순, 조세법, 박영사 2009, 29 각주 1).

17) 여기서 운명공동체라 함은 국가가 예산안에 의하여 세수입으로 일정액수를 정해 두었다면 그 세수는 납세자들이 서로 나누어 납부할 수밖에 없는 운명에 처하게 된다는 것을 표현한 것이다. 그래서 어느 특정 납세의무자가 세금감면을 받게 되면 다른 납세의무자가 그 감면분 상당액의 세수를 납부해 주어야 하는 상황인 것이다.

18) 이창희, 세법강의, 2008, 박영사, 31.

19) 이태로 · 안경봉, 조세법강의, 박영사, 2001, 17-22; 최명근, 세법학총론, 세경사, 2007, 81-100; 임

자 한다.

첫째, 과세요건법정주의는 납세의무자·세율·과세표준 등과 같은 과세요건은 국회에서 제정한 법률에서 규정해야 한다는 내용이다. 법률 이외에 행정입법으로 납세의무의 내용을 어느 범위까지 규율할 수 있느냐와 관련하여 각 국가들은 약간씩 다른 법제를 가지고 있다. 우리나라의 경우에는 법률에서 위임한 일정한 사항에 대해서는 법규명령으로도 납세의무의 내용에 대해 규정할 수 있다고 보지만, 포괄위임은 허용되지 않는다.[20] 과세요건법정주의에 따를 때 납세의무의 내용에 관한 중요한 사항을 법률이나 규범성이 있는 법규명령이 아닌 훈령·예규 등으로 규율하는 것은 허용되지 않는다고 할 것이다.

둘째, 과세요건명확주의는 과세요건을 법률로 규정하는 경우에도 그 규정내용은 명확하고 일의적이어야지, 지나치게 추상적이고 불명확하면 과세관청의 자의적인 해석과 집행을 초래할 염려가 있으므로 허용되지 않는다는 것을 내용으로 한다. 법규정이 명확하여야 한다는 것은 사실 조세법 뿐만 아니라 모든 법규범에 타당한 명제이다. 이러한 법규정의 명확성과 관련하여 헌법재판소는 조세법규정이 당해 조세법의 일반이론이나 그 체계 및 입법취지 등에 비추어 그 의미가 분명해질 수 있다면, 과세요건명확주의 위반은 인정될 수 없다고 판시하여[21] 입법자가 불가피하게 어느 정도까지는 불명확한 개념을 사용하는 것을 허용하고 있다. 이처럼 조세법규에 불명확한 개념이 사용되면 그 만큼 일반 납세자에게는 조세법이 어려워질 수밖에 없는 측면이 있다. 하지만 우리나라의 조세법규는 단순히 불가피한 경우에 있어서 불명확한 개념을 사용하여 조세법규가 어려워지는 경우 이외에 법률문장을 표현하는 방식에 있어서 너무나 정제되지 않는 입법방식을 사용하여 납세자들로 하여금 불필요한 오해들을 초래하는 경우가 적지 않다. 이 문제는 지금까지 법학적인 측면에서는 거의 문제제기가 되지 않고, 단지 사실학적인 측면에서만 논의가 이루어졌는데 이제 법학에서도 이러한 측면에서 관심을 가져볼 때가 된 것으로 보인다. 이 문제에 대해 다양한 방면에서 좀 더 적극적으로 접근해야 0.1%도 안 되는 대한민국 국민만이 세법을 이해하는 현실을 개선해 나갈 수 있을 것으로 보인다.

셋째, 소급과세금지원칙은 납세의무가 이미 성립한 거래행위에 대해 그 후 입법된 새로운 입법에 의거하여 소급하여 과세할 수 없다는 것을 내용으로 한다. 소급

승순, 조세법, 박영사, 2009, 29 이하; 이전오, "조세법의 헌법합치적 입법론에 관한 연구," 2008. 8, 한국조세연구소, 55 이하.

20) 법률에서 위임한 사항에 대해서만 법규명령이 규범성이 있다는 점에 대한 비판으로 참고, 이창희, 세법강의, 2008, 박영사, 30-31.

21) 헌재 2004. 10. 28, 2002헌바70, 판례집 제16권 2집 하, 159, 175-176.

과세금지원칙의 헌법적 근거로 헌법재판소는 헌법 제13조 제 2 항을 언급하는 경우도 있는데,[22] 이 규정은 그 역사적 연원으로 보아도 그렇고, 조세입법과 재산권과의 관계에 대한 일반론을 고려하더라도 부적절한 근거규정이라고 할 것이다. 그보다 이 원칙은 법치주의에 관한 일반론에 근거한 것으로 이해하는 것이 타당하다고 할 것이다.

넷째, 비례원칙은 입법작용을 포함한 모든 공권력행사는 그 조치로 인해 달성하고자 하는 목적과 합리적 비례관계가 인정되는 범위 내에서만 수단으로서 정당화될 수 있다는 것을 내용으로 한다. 학자들은 이 원칙의 헌법적 근거로 헌법 제37조 제 2 항을 언급하기도 하지만,[23] 이 원칙이 기본권관련부분이외에도 적용되는 점을 고려할 때 그 규정보다는 헌법상 법치국가원칙일반에 근거한 것으로 보는 것이 더 적절하다. 이 원칙은 개인의 기본권침해성이 직접적으로 문제되는 영역과 그렇지 않은 영역, 즉 입법자의 입법재량에 속하는 영역 모두에 적용된다. 이처럼, 이 원칙은 조세입법과 같이 입법재량이 많이 인정되는 영역의 경우에도(=입법사항이 순수하게 조세정책적 고려사항인 경우에도) 그 입법재량의 헌법적 한계를 설정하는 중요한 역할을 담당하고 있다.[24]

4. 실질적 측면

아래에서는 헌법상 원리들이 실질적(=내용적)인 측면에서 조세입법에 영향을 미치는 것에 대해 살펴보고자 한다. 물론 아래에서 검토하는 것 이외에 헌법상의 개별적 기본권들이 조세입법에 내용적으로 중요한 영향을 미치지만 이에 대해서는 별도의 장에서 설명하기로 한다.

---

22) 헌재 1993. 9. 27, 92헌가5, 판례집 제 5 권 2집, 253, 264-265.

23) 홍정선, 행정법원론(상), 2009, 박영사, 77-78; 정하중, 행정법개론 제 3 판, 2009, 법문사, 44; 박균성, 행정법강의, 2009, 박영사, 40.

24) 헌재 2008. 11. 13, 2006헌바112, 판례집 제20권 2집 하, 1, 59-60: "특정한 조세 법률조항이 혼인이나 가족생활을 근거로 부부 등 가족이 있는 자를 혼인하지 아니한 자 등에 비하여 차별 취급하는 것이라면 비례의 원칙에 의한 심사에 의하여 정당화되지 않는 한 헌법 제36조 제 1 항에 위반된다 할 것이다. 이는 단지 차별의 합리적인 이유의 유무만을 확인하는 정도를 넘어, 차별의 이유와 차별의 내용 사이에 적정한 비례적 균형관계가 이루어져 있는지에 대해서도 심사하여야 한다는 것을 의미하고(헌재 2001. 2. 22, 2000헌마25, 판례집 13-1, 386, 403; 헌재 2003. 6. 26, 2002헌가14, 판례집 15-1, 624, 657 등 참조), 위와 같은 헌법원리는 조세 관련 법령에서 과세단위를 정하는 것이 입법자의 입법형성의 재량에 속하는 정책적 문제라고 하더라도 그 한계로서 적용되는 것이다(헌재 2005. 5. 26, 2004헌가6, 판례집 17-1, 592, 600 참조)." 헌법학자들도 비례원칙을 입법자의 입법재량의 남용을 통제하는 기준으로 이해하고 있다. 권영성, 헌법학원론, 2001, 법문사, 754-756; 최우정, 한국헌법학, 2008, 진원사, 661.

1) 사회적 시장경제질서

헌법 제119조 제 1 항은 “대한민국의 경제질서는 개인의 경제상의 자유와 창의를 존중함을 기본으로 한다”라고 하면서 다시 동조 제 2 항에서는 “국가는 균형 있는 국민경제의 성장 및 안정과 적정한 소득의 분배를 유지하고, 시장의 지배와 경제력의 남용을 방지하며, 경제주체간의 조화를 통한 경제의 민주화를 위하여 경제에 관한 규제와 조정을 할 수 있다”라고 규정하고 있다. 이 규정을 근거로 다수설과 헌법재판소는 우리 헌법이 개인과 기업의 경제상의 자유와 창의를 존중하는 자본주의를 원칙으로 하면서 예외적으로 경제에 대한 규제와 조정을 할 수 있는 사회적 시장경제질서를 경제질서의 원칙으로 채택하고 있는 것으로 이해한다.[25] 이 규정이 조세입법과 관련하여 문제되는 경우는 보통의 경제상황하에서 국민들이 경제활동으로 소득을 창출하는 경우에 국가가 얼마 정도를 세금으로 거둬들일 수 있는지를 논의하는 경우이다. 자본주의경제질서에서 경제활동의 성과인 재산의 “본질적”부분은 납세자에게 남겨져 있어야 하며 국가가 그러한 부분을 침해하는 경우에는 결국 재산권의 침해가 되면서 동시에 자본주의경제질서에도 반하는 것이라고 할 수 있다.[26] 다만 어느 정도의 과세권행사가 재산의 본질적 부분을 침해하는 것인가 하는 문제와 관련하여서는 사실 명확한 정답이 어렵고 결국 비례원칙을 통한 심사만이 남게 된다.[27] 이에 대해서는 아래 재산권 부분에서 다시 언급하기로 한다.

2) 국제법존중주의

헌법은 제 6 조 제 1 항에서 “헌법에 의하여 체결·공포된 조약과 일반적으로 승인된 국제법규는 국내법과 같은 효력을 가진다”라고 규정하고 있다. 따라서 조세와 관련된 조약과 일반적으로 승인된 국제법규는 국내 조세입법에 영향을 미치게 된다. 이러한 것으로는 i) 조세에 관계된 양자간 조약, ii) 일정한 지역 내의 자유무역실현을 위한 다자간의 조약, iii) 관세 및 무역에 관한 일반협정(GATT)과 세계무역기구(WTO)의 관련협정, 그리고 iv) 일부 국제통화기금(IMF)의 관련 규정들을 들 수 있다.[28] 특히 개별국가들과 체결한 이중과세방지조약상의 규정들과 관세 및 무역에

25) 홍성방, 헌법학, 2006, 현암사, 979; 헌재 1996. 4. 25. 92헌바47 결정.

26) 권영성, 헌법학원론, 법문사, 2001, 514.

27) 독일 연방헌법재판소는 한때 소위 “반액과세원칙”이라는 것을 설정하여 소득의 50%이상을 국가가 세금으로 징수하는 것은 재산권의 본질적 부분을 침해하는 것으로 위헌이라고 판단한 적이 있었다. 하지만 독일 연방헌법재판소 스스로 최근에 와서는 이에 대해 소극적 입장을 취하고 있다. 졸고, 독일세법상 소위 “반액과세원칙”에 대한 검토, 조세법연구 XV-1, 세경사, 7 이하.

28) Frans Vanistendael, Legal Framework for Taxation, Tax Law Design and Drafting Vol. 1,

관한 일반협정(GATT)이나 세계무역기구(WTO)의 관련협정에서 규정하고 있는 특정 분야에 대한 보조금 지급 금지규정은 우리 세법 운영에 직접적으로 영향을 미치는 조문이라고 할 수 있다.

물론 우리나라처럼 조약이 국내법보다 우선하는 것이 아니라고 이해되는 법제에서는[29] 국내 조세법규에 의하여 조세조약과 같은 국제법규의 적용을 배제하는 것(Treaty Override)이 가능할 수 있으며[30] 그 범위 내에서는 조약 등 국제법규는 국내 입법에 영향을 미치지 못하는 측면도 있다. 하지만 이러한 사태는 원칙적으로 국제법규 위반이므로, 세계무역기구(WTO)처럼, 제소절차가 마련된 경우에는 복잡한 분쟁을 야기할 수도 있다. 이러한 분쟁절차의 착수는 그 결론과 무관하게 우리나라와 같이 수출 의존형 경제구조를 취하고 있는 나라에서는 치명적일 수 있다. 그렇기 때문에 국내법규에 의한 국제법규의 적용배제는 우리 입장에서는 함부로 남발할 수 없는 상황이라고 할 것이다.[31]

5. 개별적 기본권과 조세제도

1) 재 산 권

헌법은 한편으로는 제23조 제 1 항에서 국민의 재산권을 기본권으로 보장하고 있으면서, 다른 한편으로는 제38조에서 납세의무에 대해 규정하고 있다. 성질상 아무런 직접적인 반대급부가 없는 조세의 부과 · 징수는 외형상으로는 항상 재산권의 침해를 유발하는 것처럼 보일 수 있다. 하지만 동일하게 헌법상의 제도인 재산권보장과 조세제도가 조화를 이루기 위해서는 국가의 통상적인 조세입법권행사는 국민의 재산권을 침해하는 것이 아니라고 보아야 한다.[32] 다만, 조세의 부과가 과도하여 재산권보장제도의 본질적 모습이 훼손된다고 보여지는 경우에는 재산권보장규정에

1996, 31.

29) 헌법재판소도 헌법 제 6 조 제 1 항이 조약이나 국제법규가 국내법보다 우선한다는 것을 의미하는 것은 아니라고 판시한 바 있다. 헌재 2001. 4. 26, 99헌가13, 판례집 제13권 1집, 761, 773.

30) 이 문제에 대해서는 이재호, "국내법에 의한 조세조약의 배제에 관한 연구," 서울대학교 박사논문, 2007. 2. 참조.

31) 통상적으로 국내법에 의한 조세조약의 배제가능성이 검토되는 경우는 조약편승(Treaty Shopping)을 통한 조세회피방지를 위하여 개별국가들이 국내세법에 그것을 방지하는 규정을 둔 경우 이것이 조약과 배치되는 것인지 여부를 논하는 경우이다. 그런데 이 경우에 대해서는 OECD에서 원칙적으로 조약과 충돌되지 않는 것으로 해석하고 있기 때문에 큰 논란의 여지가 없는 것이다. 참고, 이재호, "국내법에 의한 조세조약의 배제에 관한 연구," 서울대학교 박사논문, 2007. 2, 181~183.

32) 독일과 오스트리아, 스위스, 스페인, 프랑스, 벨기에 등 유럽국가에서의 이 문제에 대한 논의에 대해서는 참고, K. Tipke, Die Steuerrechtsordnung Bd. I 2. Aufl., 2000, 437-459.

의하여 조세입법에 제한을 가할 필요가 있다. 문제는 어느 정도의 조세부과가 있을 때 재산권의 본질적 모습이 훼손되었다고 볼 것인지 여부이다. 보통의 경제상황에서 납세자의 소득 100%를 소득세로 징수한다면 이는 분명하게 조세입법이 재산권의 본질적 모습을 훼손하는 것이라고 볼 수 있다.[33] 하지만 만일 99%를 징수하거나 아니면 70% 또는 60%를 징수하면 어떻게 되는가? 이에 대한 답은 매우 상대적일 수 있다. 나라와 시대에 따라 이에 대한 대응도 달라진다. 예컨대, 한때 독일의 연방헌법재판소는 소위 "반액과세원칙"이라는 것을 주장하여 납세자의 소득의 50% 이상을 세금으로 징수하는 것은 위헌이라고 판시한 적이 있다.[34] 우리의 헌법재판소는 이 문제와 관련하여 "헌법 제23조 제 1 항이 보장하고 있는 재산권은 사유재산에 관한 사용·수익·처분을 본질로 하고 있기 때문에 조세의 부과·징수로 이에 대하여 중대한 제한을 받게 되는 경우 재산권의 침해가 될 수 있으므로, 국가가 조세를 부과·징수함에 있어서는 재산권의 본질적인 내용인 사적 유용성과 처분권이 납세자에게 남아 있을 한도 내에서만 조세의 부담을 지울 수 있는 것이므로, 비교적 짧은 기간 내에 사실상 부동산 등 사유재산의 가액 전부를 조세의 명목으로 징수하는 셈이 되어 재산권을 무상으로 몰수하는 결과를 초래하여서는 아니 될 것이다(헌재 2001. 2. 22, 99헌바3등, 판례집 13-1, 226, 238-247; 헌재 2008. 7. 31, 2007헌바13, 공보 142, 1067, 1073 참조). 그리고 종합부동산세와 같이 국가재정 수요의 충당에서 더 나아가 부동산 가격안정 등의 적극적인 목적을 추구하는 유도적·형성적 기능을 지닌 정책적 조세에 있어서는 당해 조세가 추구하는 특별한 정책 목적과의 관계에서 그 수단인 조세의 부과가 정책 목적 달성에 적합하고 필요한 한도 내에 그쳐야 할 뿐만 아니라 그 정책 목적에 의하여 보호하고자 하는 공익과 침해되는 사익 사이에도 비례관계를 유지하여 과잉금지의 원칙에 어긋나지 않도록 하여야 하는 것이다."[35]라고 판시하였다. 이 판결을 통해 헌법재판소는 일반적인 국고적 목적의 조세에 있어서 재산권과 과세권과의 관계를 설정하고 또한 유도적·조정적 조세에 있어서 재산권과 과세권과의 관계설정도 해 두고 있다.[36]

---

33) 이는 동시에 자본주의경제질서에도 반하는 것이다.

34) 이 원칙에 대한 자세한 내용은 참고 졸고, 독일세법상 소위 반액과세원칙에 대한 검토, XV-1, 2009. 4, 세경사, 7 이하.

35) 헌재 2008. 11. 13, 2006헌바112, 판례집 제20권 2집 하, 1, 63-64.

36) 재산권과 과세권의 관계에 대한 좀 더 자세한 설명은 참고. 졸고, "헌법적 관점에서 바라본 부동산세제," 조세법연구 XII-1, 2006. 6, 세경사, 106 이하.

2) 평 등 권

헌법 제11조 제1항은 모든 국민은 법 앞에 평등하다고 규정하고 있다. 헌법 제11조 제1항에서의 "법"에는 당연히 조세법도 포함된다. 특히, 조세의 경우에는 공평의 요소가 중요한 의미를 가진다. 그래서 조세법영역에서는 공평을 정의와 거의 동일시하고 있다. 헌법규정상 "평등"의 의미와 관련하여 헌법학자들과 헌법재판소는 절대적 평등이 아니라 합리적 차별을 인정하는 상대적 평등을 의미하는 것으로 이해하고 있다.[37] 합리적 차별과 불합리한 차별의 기준으로는 헌법재판소는 i) 인간의 존엄성존중이라는 헌법의 최고 원리와의 조화여부, ii) 차별목적의 헌법적 정당성, iii) 차별수단의 적정성이라는 세 가지 요소를 복합적 기준으로 하여 판단하고 있다.[38] 최근에는 독일 연방헌법재판소 판결의 영향을 받아 차별취급이 헌법적으로 정당화될 수 있는지 여부를 심사함에 있어서 그러한 차별취급으로 인하여 관련 기본권에 중대한 제한을 초래하게 되는 경우(=입법자의 입법형성권이 상대적으로 축소되는 경우)와 그렇지 않은 경우를 구별하여 전자에 대해서는 엄격한 심사척도를 적용하고, 후자에 대해서는 완화된 심사척도를 적용하여야 하는 것으로 이해하고 있다.[39]

헌법 제11조 제1항상의 평등을 조세법영역에 적용하기 위한 구체적 기준으로 국고적 조세의 경우에는 "응능과세원칙"(the ability-to-pay principle, das Leistungsfähigkeitsprinzip)이 가장 보편적 기준으로 받아들여지고 있다.[40] 유도적·조정적 조세의 경우에는 응능과세원칙이 적용되지 않는다.[41] 이러한 조세의 경우에는 결국 위에서 살펴본 합리적 차별여부의 결정기준으로 공평분배여부심사도 하여야 할 것으로 보인다. 참고로 독일에서는 이와 같은 경우 그러한 세법규정으로 달성하고자 하는 정책목표가 헌법적으로 특별취급의 필요성·타당성이 인정될 수 있는지 여부

37) 권영성, 헌법학원론, 2001, 법문사, 369; 최우정, 한국헌법학, 2008, 진원사, 322-323; 홍성방, 헌법학, 2006, 현암사, 401; 헌법재판소 1989. 5. 24, 89헌가37; 헌법재판소 1991. 2. 11, 90헌가27; 헌법재판소 1994. 2. 24, 92헌바43; 헌법재판소 1996. 12. 26, 96헌가18; 헌법재판소 2001. 11. 29, 99헌마494; 헌법재판소 2004. 6. 24, 2003헌바53; 조세법영역에서 평등권과 관련한 헌법재판소 판례에 대해서는 참고. 이전오, "조세법의 헌법합치적 입법론에 관한 연구," 한국조세연구소, 2008. 8, 122-132.

38) 홍성방, 403; 헌법재판소 1994. 2. 24, 92헌바43결정.

39) 헌법재판소 1999. 12. 23, 98헌바33결정.

40) 임승순, 조세법, 2009, 박영사, 42; 최명근, 세법학총론, 2007, 세경사, 111. 그런데 위 두 교과서 모두 응능과세원칙이 소위 "수직적 공평"문제에 국한된 것처럼 언급하고 있다. 하지만 응능과세원칙은 조세공평을 위한 일반적 기준으로 과세가 "납세자의 능력"에 상응하여야 한다는 것을 내용으로 하면서, 납세자의 능력에 상응한다는 의미는 납세자의 능력이 동일한 경우에는 동일한 세금을 내고, 다른 경우에는 다른 세금을 납부하여야 한다는 것이므로 수평적 공평문제와 수직적 공평문제를 모두 포함하는 것이다. 졸고, "응능과세원칙," 공법연구 제32집 제5호, 2004. 6, 624-625.

41) 졸고, "응능과세원칙," 공법연구 제32집 제5호, 2004. 6, 626-627.

와, 그러한 목적의 정당성이 인정되는 경우에 있어서 비례원칙심사에 따를 때 관련 세법규정의 내용이 적정한지에 대한 심사를 통해 합리적 차별성 여부가 결정되는 것으로 이해하고 있다.[42]

3) 거주이전의 자유

헌법 제14조는 모든 국민은 거주·이전의 자유를 가진다고 규정하고 있다. 거주·이전의 자유에 대해 대법원은 "국민이 자기가 원하는 곳에 주소나 거소를 설정하고 그곳으로 이전할 자유"를 말한다고 판시한 바 있다.[43] 이러한 자유가 조세입법에 의하여 보장되기 위해서는, 첫째 자신이 살던 주택을 처분한 경우 처분에 따른 세금발생이 생기지 않아야 하고,[44] 둘째 이전할 장소에서 새로이 취득한 주택에 대해서도 주택의 취득에 따른 추가적인 세금부과가 없어야 할 것이다. 전자에 대해서라면 현재 1세대 1주택에 대한 양도소득세 비과세제도를 통해 현실적으로 대부분 양도차익과세를 하지 않고 있다. 특히 우리나라의 경우에는 부동산 취득가격이 고가이고, 또 외국과 달리 부동산거래세 비중이 높기 때문에 후자도 중요한 의미를 가진다고 보는데 현재 지방세법에서는 이에 대한 특별한 배려가 없다.[45] 주거용으로 사용하고 있는 주택에 대해 보유세를 중과세하는 것에 대해 이러한 과세는 납세자로 하여금 해당 주택을 처분하고 주택가격이 저렴한 다른 지역으로 이전하도록 강요하는 것으로 이해될 수 있어 거주이전의 자유를 침해한다는 납세자의 주장도 있었다.[46]

4) 직업선택의 자유

헌법 제15조는 국민의 직업선택의 자유에 대해 규정하고 있다. 헌법 제15조가 명시적으로는 "직업선택의 자유"를 규정하고 있지만 학설과 헌법재판소는 이 조문이 그 외에도 직업행사의 자유, 전직의 자유, 그리고 겸직의 자유를 보장하고 있는 것으로 이해하고 있다.[47]

---

42) 졸고, "독일세법에서의 조세공평의 의미," 월드텍스연구논집, 2006. 12, 63.

43) 대법원 2008. 1. 24. 선고 2007두10846 판결, 공2008상, 317.

44) 헌법재판소 1997. 2. 20. 선고 95헌바27 결정; 대법원 1994. 9. 13. 선고 94누125 판결; 임승순, 조세법, 박영사, 2009, 546.

45) 주택의 유상취득에 대해 취득세·등록세의 일반세율을 적용하지 않고 50%감면세율을 적용한다는 규정이 있는데 이는 이 글에서 말하는 특례로 볼 수는 없다. 왜냐하면 이 규정은 주택의 취득·등록인 한 그 주택을 납세자가 투기용으로 구입한 것인지 실제 주거용으로 구입한 것인지를 불문하고 감면하기 때문이다. 지방세법 제273조의2.

46) 이에 대해서는 아래 종합부동산세판결에 대한 평석에서 언급하기로 한다.

47) 헌재 1997. 4. 24, 95헌마90, 판례집 제 9 권 1집, 474, 480; 최우정, 한국헌법학, 2008, 진원사, 366.

세법상 이러한 직업선택의 자유가 의미를 가지는 경우는 3가지 정도로 정리해 볼 수 있다. 첫째, 헌법상 직업개념에 포함될 수 있는 행위에 대해서는 원칙적으로 모든 직업을 동등하게 대우하여야 하며, 둘째 헌법상 직업개념에 포함될 수 없는 행위의 경우에는 비록 납세자가 그러한 행위를 통해 수익을 획득하더라도 그 수익에 대해 형사법상 몰수·추징 등 다른 법령에 의한 제재는 몰라도 세금을 부과하는 것은 곤란하다고 하는 측면이다.[48] 이 두 가지 측면은 모두 헌법상 직업개념을 전제로 하고 있다. 헌법재판소는 헌법 제15조에서의 "직업"이란 생활의 기본적 수요를 충족시키기 위한 계속적인 소득활동을 의미하며 그러한 내용의 활동인 한 그 종류나 성질을 묻지 않는다고 판시하고 있다.[49] 하지만 이러한 헌법재판소의 판시를 그대로 받아들인다면 예컨대, 소매치기, 절도와 같은 범죄행위를 통해 지속적으로 생활의 수요를 충족하는 사람이 있다고 할 때 그 사람도 헌법상 보장된 직업을 가진 것으로 이해할 수 있다. 하지만 그러한 이해는 바람직하지 않다. 헌법상 직업으로 인정받기 위해서는 헌재가 판시한 바와 같은 생활의 기본적 수요를 충족시키기 위한 계속적 활동이 공공에 해가 되지 않아야 하며, 법공동체의 가치관에 의하여 허용된 활동이어야 할 것이다.[50]

셋째, 세금을 통해 특정 직업의 선택을 납세의무자로 하여금 강요하거나 억제하는 것은 허용되지 않는다. 이것을 독일에서는 소위 "압살적 조세(Erdrosselungssteuer)"라고 한다.[51]

5) 사생활의 비밀과 자유

헌법 제17조는 "모든 국민은 사생활의 비밀과 자유를 침해받지 아니한다"라고 규정하고 있다. 이 규정에 따른 보호대상은 "사생활의 비밀"과 "사생활의 자유"이다. 헌법재판소는 '사생활의 자유'란 사회공동체의 일반적인 생활규범의 범위 내에서 사생활을 자유롭게 형성해 나가고 그 설계 및 내용에 대해서 외부로부터의 간섭

---

48) 이 점이 헌법적으로 용인되는 직업을 불법적으로 수행한 자에 대해 소득세를 과세해야 하는 점과 다른 점이다. 헌법적으로 용인되는 직업을 불법적으로 수행하여 이득을 획득한 자가 있는 경우에는 합법적인 영업을 한 납세자와의 형평문제가 발생하지만 헌법적으로 용인되지 않는 직업의 경우에는 그러한 행위를 통한 모든 수익창출활동이 법으로 금지가 되어 있으므로 형평의 문제가 발생하지 않게 된다. 위법소득에 대한 과세에 대해서는 참고 졸고, 사법질서의 세법에서의 의미, 공법연구 제31집 제 2 호, 2002. 12, 474-476.

49) 헌재 1993. 5. 13. 92헌마80, 판례집 5-1, 365, 374; 1997. 3. 27. 94헌마196등, 판례집 9-1, 375, 382-383; 헌재 2003. 10. 30, 2001헌마700, 판례집 제15권 2집 하, 137, 152.

50) 최우정, 한국헌법학, 2008, 진원사, 364; 홍성방, 헌법학, 2006, 현암사, 442.

51) 압살적 조세에 대해서는 참고 졸고, "헌법적 관점에서 바라본 부동산세제," 조세법연구 XII-1, 2006. 11, 77-82.

을 받지 아니할 권리로 설명하고, '사생활의 비밀'은 사생활과 관련된 사적인 고유영역이 본인의 의사에 반해서 타인에게 알려지지 않도록 할 수 있는 권리로 이해하고 있다.[52)]

이러한 사생활의 비밀과 자유가 세법영역에서 의미를 가지는 것은 국가 등 과세권자가 과세를 하기 위해서는 과세대상이 되는 거래와 관련한 자세한 정보를 가지고 있어야 하고 그 정보를 획득하기 위하여 세법은 납세자에게 많은 정보제공의무를 부과하고 있다는 점 때문이다. 첫째, 만일 이러한 세법상의 정보제공의무가 과도하거나, 둘째 과세의 목적으로 행정청에게 제공한 정보가 다른 용도로 남용이 된다면 이는 사생활의 비밀과 자유의 침해가 될 수 있다. 첫째 쟁점과 관련해서는 기본권제한에 관한 일반원칙으로 비례원칙에 의한 심사가 필요하게 된다. 둘째 쟁점과 관련해서 문제되는 것이 "과세정보"와 "과세자료"에 대한 적절한 통제이다. 여기에서는 두 번째 문제에 대해 좀 더 추가적인 설명을 하고자 한다. 세법은 일단 개념적으로 "과세정보"와 "과세자료"를 구분하고 있다. 과세정보는 국세기본법 제81조의10 제 1 항에 등장하는 개념으로 "납세자가 세법이 정한 납세의무를 이행하기 위하여 제출한 자료나 국세의 부과 또는 징수를 목적으로 업무상 취득한 자료 등"으로 정의되어 있다. 반면 과세자료는 「과세자료의 제출 및 관리에 관한 법률」(이하 "과세자료법"이라 함)에 등장하는 개념으로 동법 제 2 조 제 2 호는 과세자료를 동법 제 4 조에 따른 과세자료제출기관이 직무상 작성 또는 취득하여 관리하는 자료로서 국세의 부과·징수와 납세의 관리에 필요한 자료로 정의하고 있다. 개념상으로는 국세기본법상 과세정보개념이 과세자료법상 과세자료 개념을 모두 포섭하는 것으로 이해할 수 있다. 국세기본법 제81조의10은 한편으로는 세무공무원에게 이러한 과세정보에 대한 비밀유지의무를 부과하고 다른 한편으로는 해당 정보를 사용목적에 맞는 범위 안에서 납세자의 과세정보를 다른 기관 등에게 제공할 수 있는 법적 근거를 마련해 두고 있다. 과세정보에 대한 세무공무원의 비밀유지의무는 외견상으로는 공무원의 일반적인 직무상 비밀엄수의무의 일환으로 이해할 수 있지만[53)] 실질적으로는 좀 다른 측면이 있다. 세법은 다른 법률에서는 그러한 예를 찾아보기 힘들 정도로 납세자들로 하여금 엄청난 양의 개인정보를 과세행정청에 제공하도록 강요하고 있다. 신고의무, 각종 증빙서류제출의무 등의 납세협력의무가 그 수단이 되어 진다. 그러한 강요가 정당화되기 위해서는 납세자들이 제공한 정보는 국가의 존립을 위해 불가피한

52) 헌재 2003. 10. 30, 2002헌마518, 판례집 제15권 2집 하, 185, 206-207; 헌재 2001. 8. 30. 99헌바 92 등, 판례집 13-2, 203.

53) 국가공무원법 제60조.

요소가 되는 세금을 공평하게 부과하는데 필요한 목적으로만 사용하겠다는 것이 전제가 되어야 한다.[54] 즉, 세무공무원의 과세정보에 대한 비밀유지는 과세행정에 있어서 공평한 세금배분을 위해 절대적으로 필요한 납세자와 과세행정청의 긴밀한 협력을 가능하게 하는 기본적인 요소인 것이다.

물론 과세정보에 대한 비밀유지는 이처럼 사생활의 비밀과 자유와 밀접한 연관이 있지만 그 외에도 인간으로서의 존엄성, 직업선택의 자유, 재산권보장 등 다른 기본권과도 밀접한 연관이 있다.[55] 그 외에 납세자의 신뢰보호와 연결된 문제이므로 법치주의 원리 일반과도 연결된 문제이고, 납세정보에 대한 비밀유지가 되지 않고서는 공평한 세금배분을 위해 필요한 과세정보수집이 불가능한 문제이므로 조세공평과도 연결된 문제이다.

6) 종교의 자유

헌법 제20조 제 1 항은 종교의 자유를 규정하고 있다. 헌법상 종교의 자유가 세법상 의미를 가지는 경우는 헌법상 종교로 인정받을 수 있는 모든 단체가 동일하게 세법상 종교단체로서 여러 가지 과세특례적용을 받아야 하는지 여부이다. 각 국가의 세법은 종교단체에 대해 다양한 특례규정을 두고 있다. 우리나라의 경우 소득세법상으로는 납세의무자가 종교단체에 기부한 금원은 기부금공제를 받을 수 있으며,[56] 법인세법상으로는 종교법인은 비영리법인으로서 법에서 열거하고 있는 수익사업에 대해서만 납세의무를 부담하며,[57] 상속세 및 증여세법상으로는 종교단체에 출연한 재산에 대해서는 상속세와[58] 증여세를 비과세하고,[59] 종교단체가 취득한 재산세에 대해서는 취득세·등록세가 과세되지 않으며[60] 또한 재산세와[61] 종합부동산세를 부과하지 않는다.[62] 헌법상 인정될 수 있는 종교단체에 대해서는 원칙적으로 세법상 차별 없이 동일한 대우를 해 주는 것이 필요하다. 조세입법자가 차별적 취급을 할 수도 있지만 이러한 경우에 그러한 차별적 취급은 헌법적으로 정당화되어져야 한다.

54) H. W. Kruse, in Tipke/Kruse AO/FGO, § 30 AO Rn. 3; H. W. Kruse, Lehrbuch des Steuerrechts, Bd. I Allgemeiner Teil, 1991, S. 344.
55) 독일에서는 납세비밀문제를 연방헌법 제 1 조 제 1 항과 연결된 제 2 조 제 1 항의 문제(인간으로서의 존엄성에 기반한 일반적인 행동의 자유권), 제12조의 문제(직업선택의 자유), 제14조의 문제(재산권) 등이 혼합된 문제로 이해한다. Tipke, Die Steuerrechtsordnung Bd. 1 2 Aufl., 2000, 211.
56) 소득세법 제34조, 제52조 제 6 항.
57) 법인세법 제 3 조 제 3 항.
58) 상증세법 제16조.
59) 상증세법 제48조.
60) 지방세법 제107조, 제127조.
61) 지방세법 제186조.
62) 종합부동산세법 제 6 조 제 1 항.

실제로 미국과 독일은 모두 일정한 조직성을 갖춘 종교단체에 대해서만 기부금공제 등 세법상 특별취급을 인정하고 있다.[63)]

7) 혼인과 결혼의 자유

헌법 제36조 제1항은 혼인과 결혼의 자유에 대해 규정하고 있다. 이 규정의 성격에 대해 일부에서는 문구에 충실하여 단순히 "일부일처제의 제도적 보장과 개인의 존엄과 양성의 평등에 기초한 혼인을 할 자유와 부부평등을 내용을 하는 가족제도의 보장"으로 제한하여 이해하는 견해도 있다.[64)] 하지만 헌법재판소는 이 규정이 적극적으로는 적절한 조치를 통하여 혼인과 가족을 지원하고 제3자에 의한 침해로부터 혼인과 가족을 보호해야 할 국가의 과제를 규정하고 있으며, 소극적으로는 결혼과 가족생활에 대해 불이익한 차별취급을 금지해야 하는 국가의 의무를 명하고 있는 것으로 이해하고 있다.[65)] 이러한 헌법원리로부터 도출되는 차별금지명령은 헌법 제11조 제1항에서 규정하고 있는 평등원칙을 혼인과 가족생활영역에서 더욱 구체화함으로써 혼인과 가족을 부당한 차별로부터 특별히 더 보호하려는 목적을 가진 것으로 보고 있다. 이러한 차별금지명령에 따를 때 특정한 법률조항이 혼인한 자를 불리하게 하는 차별취급은 중대한 합리적 근거가 존재하여 헌법상 정당화되는 경우에만 헌법 제36조 제1항에 위배되지 아니한다.[66)] 헌법재판소는 부부간 자산소득합산과세를 규정하고 있던 구 소득세(1994. 12. 22. 법률 제4803호로 전문) 제61조 제1항에 대해 "이 사건 법률조항이 자산소득 합산과세제도를 통하여 합산대상 자산소득을 가진 혼인한 부부를 소득세부과에서 차별취급하는 것은 중대한 합리적 근거가

---

63) 미국 연방세법(I.R.C)에 따르면 종교단체에 대한 기부금으로 소득공제를 받으려면 그 단체가 "조직화된(organized)" 종교단체이어야 한다. I.R.C. Sec. 170(a), 170(c). 그 결과로 미국 연방헌법상 종교의 자유에서 말하는 종교의 범주에 들어가더라도 연방세법에서 말하는 조직화된 단체에 해당하지 않게 되면 기부금은 소득공제를 받지 못하게 된다. 이 규정의 위헌성 여부가 조세법원(Tax Court)에서 문제된 사안에서 조세법원은 이와 같이 조직성 요건을 세법이 추가한 이유가 행정청으로 하여금 납세자가 기부금으로 소득공제를 신청한 금액에 대해 실제 그 돈이 기부금으로 납부되어졌고 세법이 의도한 용도대로 사용되었는지를 검증하기 위해서는 기부금수령자가 단체성을 갖추어야만 가능하다는 점에서 합헌이라고 판시하였다. Kessler v. Commissioner, 87 T.C. 1285, 1288 (1986). 이 사안은 태양신을 숭배하는 사람들이 종교적 집회를 위해 푸에르토리코(Puerto Rico)로 여행을 다녀와서 여행경비를 기부금으로 소득공제 신청한 사안이었다. 조세법원은 이 사안에서 단지 기부금수령자가 세법이 요구하는 조직성을 갖추었는지 여부에 대해서만 판단하였는데 기부금이 소득공제 되기 위해서는 그 대전제가 태양신을 숭배하는 것이 미국 연방헌법에서 말하는 종교에 해당하여야 하므로 법원이 이에 대해서도 심사하였어야 한다. Boris I. Bitter, Constitutional limits on the taxing power of the federal government, 41 Tax Law. 3, 8.

64) 홍성방, 헌법학, 2006, 현암사, 600-601.

65) 헌재 2008. 11. 13, 2006헌바112, 판례집 제20권 2집 하, 1, 59; 헌재 2002. 8. 29, 2001헌바82, 판례집 제14권 2집, 170, 180; 헌재 2000. 4. 27, 98헌가16, 판례집 제12권 1집, 427, 445.

66) 헌재 2002. 8. 29, 2001헌바82, 판례집 제14권 2집, 170, 180.

존재하지 아니하므로 헌법상 정당화되지 아니한다. 따라서 혼인관계를 근거로 자산소득합산과세를 규정하고 있는 이 사건 법률조항은 혼인한 자의 차별을 금지하고 있는 헌법 제36조 제 1 항에 위반된다"[67]라고 판시한 바 있다.[68] 이러한 헌재의 결정에 대해서는 미국세법에서 혼인과 세제와의 상관관계를 설명하면서 사용하는 소위 "불가능성의 정리(impossibility theorem)"를 근거로[69] 이에 대해서는 명확한 해답이 있을 수 없고, 당연히 헌법에서 정해진 답이 있는 것도 아니며, 그렇다면 결국 민주국가에서는 입법자가 의결해 둔 것이 가장 권위를 가져야 하며 헌재가 이에 대해 입법자와 다른 결정을 내리는 것은 부적절하다는 입장을 피력하며 비판하는 견해도 있다.[70] 하지만 이 견해는 헌법 제36조 제 1 항에 대한 이해에 있어서 혼인의 자유를 미국의 경우처럼 단순히 혼인할지 여부에 대한 개인의 자유로만 이해하고, 세제는 이에 대해 중립적이어야 한다는 측면만 강조하고 있고, 우리 헌법재판소처럼 혼인에 대한 "특별한 보호"는 헌법 제36조 제 1 항의 내용이 아닌 것으로 전제한 결론이다. 일단 헌법 제36조 제 1 항의 의미를 이해함에 있어서 우리 헌법재판소의 입장과 헌법학자들의 다수견해를 존중한다면[71] 부부합산과세로 인하여 부부의 세부담이 증가하면 위헌이라는 헌법재판소의 결론에 대해서는 개인적으로 동의할 수 있다.[72] 즉, 합산과세로 인해 야기될 수 있는 세부담증가를 조정하는 제도를 두지 않으면(단순합산과세) 위헌이라는 것이다. 하지만 여러 외국의 입법례를 통해 알 수 있는 바와 같이[73] 합산과세를 하되 세부담 조정제도를 두어 종국적으로는 결혼한 가징에 대해 세부담이 증가하지 않는 결과가 된다면(조정합산과세) 이는 합헌이라고 할 것이다. 물론 조정합산과세를 하는 경우에도 일부 계층의 경우에는 증가된 세부담이 초래될 수 있는데 이를 회피하기 위해서는 납세자에게 합산과세와 개인별과세의 선

67) 헌재 2002. 8. 29, 2001헌바82, 판례집 제14권 2집, 170, 182.

68) 거의 같은 취지로 구 소득세법(1974. 12. 24. 법률 2705호로 전부 개정되고 1994. 12. 22. 법률 제4803호로 전부 개정되기 전의 것) 제80조 제 1 항 제 2 호에 대하여도 위헌판단한 것이 있다. 헌재 2005. 5. 26. 2004헌가6, 판례집 17-1, 592.

69) 불가능성의 정리란 ① 누진세율제도와 ② 가구(사람들의 생활단위)와 가구사이의 평등, ③ 그리고 혼인한 자와 혼인하지 않은 자 사이의 평등이라는 세 개의 명제는 동시달성이 불가능한 명제라는 것이다.

70) 이창희, 세법강의, 2008, 박영사, 348; 이창희, "부부자산소득합산과세는 위헌인가?," 헌법실무연구회 제34호 발표회(2002. 12. 6) 발표문, 13 이하.

71) 이 부분에 대해서는 결혼에 대한 조세문제를 다루는 이 논문에서 논박할 필요도 없고, 개인적으로 논박할 수 있는 정도의 전문지식도 없다.

72) 그러나 본문 아래에서 다시 설명하겠지만 합산과세를 한다는 부분과 부부의 세부담이 증가한다는 부분은 입법기술적으로 분리될 수 있고, 그렇다면 방점은 합산과세를 했다는 점이 아니라, 그로 인하여 세부담이 증가되었다는 점에 있어야 한다고 본다.

73) 김완석, "소득세과세단위의 개선에 관한 연구—선택적 이분이승제의 도입에 관한 연구," 한국조세연구원, 2005. 12, 48 이하.

택권을 부여하는 방법이 많이 채택되고 있다.

이 규정에 대한 위헌판결 이후 우리 입법자는 법을 개정하여 부부의 자산소득에 대해 개별과세를 원칙으로 하고 손익분배비율을 허위로 기재하는 등 대통령령이 정하는 일정한 사유가 존재하는 경우에만 법령이 정하는 주된 공동사업자의 소득으로 합산과세를 하도록 규정을 개정하였다.[74]

8) 인간다운 생활을 할 권리

헌법 제34조 제 1 항은 인간다운 생활을 할 권리를 국민의 기본권으로 규정하고 있다. 이러한 인간다운 생활을 실질적으로 보장하기 위하여 입법자는 국민기초생활보장법을 제정하였다. 동법에 따라 정부는 매년 인간다운 생활을 하는데 필요한 최저한의 생계비를 공포하고 국민들이 스스로 그 수준이상의 소득을 획득하지 못하는 경우에는 국가에서 생활보호를 해 주고 있다. 2009. 8. 31. 공고된 2010년 최저생계비는 4인 가족 기준 월 1,363,091원이며,[75] 현금급여기준으로는 월 1,141,026원이다.[76] 이러한 헌법상의 인간다운 생활을 할 권리가 세법에 영향을 미치는 부분은 소득과세·소비과세·재산과세로 나누어 설명할 수 있다.[77] 첫째, 소득과세에 있어서 납세의무자 본인과 가족의 최저생계비에 상당하는 소득에 대해서는 소득세를 비과세하여야 하며, 부양의무가 있는 납세자가 부양권자에게 지불한 생활비에 대해서는 증여세가 과세되어서는 안 된다.[78] 현재 전자는 소득세법상 기본공제제도를 통해 구체화되어 있고,[79] 후자는 상증세법 제46조 제 5 호에 입법되어 있다. 공제 또는 비

74) 소득세법 제43조 제 3 항.

75) 보건복지가족부 공고 제2009-529호. 1인 기준으로는 월 504,344원이고, 2인의 경우에는 월 858,747원이며, 3인의 경우에는 월 1,110,919원이다.

76) 현금급여기준은 최저생계비에서 현물로 지급되는 의료비·교육비 및 타 법령에 의한 지원액을 세외한 금액으로 소득인정액이 전혀 없는 수급자가구가 지급받을 수 있는 최고금액이다. 1인가구의 현금급여기준은 월 422,180원이고, 2인가구는 월 718,846원이며, 3인가족은 월 929,936원이다.

77) 이 부분에 대한 좀 더 자세한 설명은 참고. 졸고, "조세입법의 헌법적 한계, 조세입법 무엇이 문제인가?," 한국세무학회, 한국법제연구원 공동학술심포지엄, 2009. 10, 40-44.

78) 증여세는 상속세를 보완하는 측면도 있지만 소득과세의 일종으로 이해할 수 있는 측면도 있다.

79) 임승순, 조세법, 2009, 박영사, 446. 추가공제항목도 그런 성격으로 볼 수 있지만 이 항목은 모든 납세의무자에게 일반적으로 적용되는 것이 아니므로 제외하였다. 근로소득공제항목을 추가하여야 한다고 주장하는 이도 있을 수 있는데, 근로소득공제는 근로자에게만 해당하는 것이므로 적절한 항목이 아니다. 최저생계비는 근로소득자이든, 금융소득자이든, 또는 사업소득자이든 간에 모두 소득세 과세에서 제외되어야 한다. 만약 근로소득공제가 필요경비공제성격이외에 이러한 최저생계비공제까지 포함한 것으로 제도화가 되었다면 제도의 수정이 필요하다. 또한, 현재의 판결 중에는 비과세제도(소득세법 제12조)와 조세특례제한법상의 각종 조세우대제도들을(예, 조특법 제88조의2[노인·장애인등의 생계형 저축에 대한 비과세 등]) 최저생계비의 소득세 과세 제외를 위한 제도로 이해한 경우가 있는데 이는 납득하기 어렵다. 이는 과거 헌법적인 논점에 대한 숙고 없이 입법을 해왔던 공무원의 주장을 헌법재판소가 그대로 수용한 것에 불과한 것으로 조세입법에 대한 헌법적 통제

과세되는 생활비수준과 관련하여 전자의 경우에 대해서는 최소한 국민기초생활보장법상 최저생계비(현금급여기준)수준은 되어야 할 것이고,[80] 후자의 경우에는 민법 제977조의 취지에 따를 때[81] 통상적으로 최저생계비수준보다는 높은 수준이어야 할 것이다. 만일 이러한 수준에 달하지 못하는 경우에 해당 세법규정은 위헌이 될 수 있다. 다만, 이때 위헌심사의 근거규정은 구체적 권리성이 없는 헌법 제34조가 아니라 헌법 제11조 또는 헌법 제36조 제 1 항이 되어야 한다. 둘째, 소비과세에 있어서 인간다운 생활을 영위하기 위하여 필수적으로 요청되는 재화·용역의 소비에 대해서는 과세를 하지 않거나 감면과세하여야 한다. 이는 현재 부가가치세법상 면세제도[82]에 의하여 구체화되어 있다. 그런데 어느 범위까지를 인간다운 생활을 영위하기 위하여 필수적으로 요청되는 재화·용역으로 볼 것인지에 대해서는 기본적으로 입법자가 결정해야 할 것이다. 다만 외국의 입법례나 보편적인 법감정에 따를 때 이에 관한 명백하게 잘못된 입법이 있다면 이는 법치국가원리의 내용인 비례원칙심사에 의하여 위헌성검토를 하여야 할 것이다. 셋째, 재산과세와 관련하여서는 인간다운 생활을 유지하기 위하여 필수적으로 요청되는 재산(예, 국내 1세대가 보유하고 있는 거주용 주택의 평균가격 정도의 재산가액)에 대해서는 과세를 하지 않거나 감면과세하

라는 측면에서 상당히 문제가 있는 접근방법이라고 할 수 있다. 만일 헌재가 판단한 것처럼 이해하게 되면 사실상 이 부분에 대해 입법자에게 전권을 준 것이 되며, 아마 입법자는 소득세법 전반의 제도들(열거되지 않은 소득유형, 비과세제도, 근로소득공제, 근로소득 세액공제제도 등)을 거론하며 모두 최저생계비를 반영하기 위한 취지에서 입법된 것이라고 주장할 것이다. 이렇게 되면 사실상 최저생계비에 대한 소득세 과세 제외라는 논점에 대한 헌법적 통제는 거의 불가능해지는 상황이 된다. 이러한 무체계적인 입법을 헌재가 용인하는 것보다는 불필요한 비과세제도 등은 축소하게 하고 최저생계비는 소득공제제도 1개로 충분히 반영되도록 하여야 이 부분에 대한 헌법적 통제가 제대로 될 수 있게 된다. 독일과 미국의 경우에도 우리 소득세법상 기본공제와 유사한 성격의 제도를 통해 최저생계비에 대한 소득세 비과세를 실현시켜야 하는 것으로 이해하고 있다. 참고, 헌재 2006. 11. 30, 2006헌마489, 공보 제122호, 1419, 1425: "(2) 최저생계를 고려하는 방법으로서는 공제제도가 가장 보편적·일반적이고 또 효과적인 방법이기는 하나, 유일한 방법은 아니다. 공제제도 등 최저생계를 고려할 수 있는 여러 방법들 중 어떠한 방법을 택할 것인지 하는 것은 입법자가 소득의 성질, 사회적으로 인정되는 생활의 최저수요의 수준과 범위, 최저생활을 보장하는데 기여하는 정도, 납세자의 소득 및 자산, 제도 운영상의 장애나 어려움, 국가의 재정 등 제반 사정을 고려하여 합리적으로 정하여야 하는데 이에는 광범위한 입법재량이 인정된다. 그런데 이자소득 등의 경우에는 최저생계를 고려하는 공제제도를 두지 않는 대신 저소득층의 재산형성을 지원하기 위하여 소득세가 비과세되거나 저율로 과세되는 여러 가지 세금우대 저축제도, 특히 상대적으로 저소득층에게 유리한 저축제도를 운용하고 있고, 배당소득의 경우에도 다양한 비과세규정을 두어 과세를 면할 수 있는 가능성을 열어둠으로써 최저생계를 고려하고 있다."

80) 독일 연방헌법재판소도 소득세법상 공제수준과 관련하여 "최소한" 납세자가 스스로 돈을 벌지 못했더라면 세금 등 공공재원으로 그 납세자에게 지원하여 주었을 금액, 즉 사회보장법상의 최저생계비수준은 되어야 한다고 판시한 바 있다. BVerfGE 87, 153.

81) 민법 제977조: "부양의 정도 또는 방법에 관하여 당사자간에 협정이 없는 때에는 법원은 당사자의 청구에 의하여 부양을 받을 자의 생활정도와 부양의무자의 자력 기타 제반사정을 참작하여 이를 정한다."

82) 부가가치세법 제12조.

여야 한다. 현재 이 부분은 종합부동산세에 있어서는 직접적으로 이 사건에서 쟁점화가 되었으므로 자세한 것은 본문 아래에서 설명하기로 한다. 재산세의 경우에는 현재 이러한 배려가 없는데 이에 대해서도 아래에서 종합부동산세와 함께 설명하기로 한다.

6. 다른 법률의 내용과 배치되는 조세제도: 입법의 체계정당성

위에서 검토한 다양한 기준들은 헌법과 세법의 관계에서 발생하는 위헌성심사 기준들이다. 그런데 세법이 헌법이 아니라 다른 "법률"과의 관계에서 위헌성심사를 받게 되는 경우도 있을 수 있다. 이것이 소위 입법의 체계정당성문제이다. 입법의 체계정당성(Systemgerechtigkeit)이라 함은 동일한 법률 내에서 또는 상이한 법률 간에 그 규범의 구조나 내용 또는 규범의 근거가 되는 원칙 등이 상호 배치되거나 모순되어서는 안 된다는 것을 의미한다.[83] 즉, 세법과 다른 법률이 동일한 사실에 대해 규율을 하면서 정당한 이유없이 다른 법률과 다른 내용으로 그 사실을 규율을 한다면 이는 입법의 체계정당성을 위반한 것이 된다. 입법이 이러한 체계정당성을 가져야 한다는 것을 성문헌법이 직접 규정하지는 않고 있다. 하지만 우리 헌법재판소는 독일 연방헌법재판소와 동일하게 입법의 체계정당성을 법률의 합헌성 심사기준으로 이해하고 있다. 다만, 헌법재판소는 입법의 체계정당성이라는 것이 독자적인 법률의 합헌성심사기준은 아니고, 비례원칙이나 평등원칙 위반 내지는 입법의 자의금지위반 등 위헌성을 시사하는 하나의 징후에 불과하다고 보고 있다.[84] 헌법재판소는 입법의 체계정당성 위반과 관련하여 그러한 위반을 허용할 공익적인 사유가 존재한다면 그 위반은 정당화될 수 있다고 보면서, 체계정당성의 위반을 정당화할 합리적인 사유의 존재에 대하여는 입법재량이 인정되어야 한다고 판시하고 있다.[85] 이에 따라 헌법재판소는 어떤 법률규범과 다른 내용의 법규범을 제정한 입법자의 행위가 헌법이 허용한 입법재량의 한계를 현저하게 일탈한 것이 아닌 한 위헌의 문제는 생기지 않는다고 보고 있다.[86]

---

83) 이 부분에 대한 좀 더 자세한 설명은 참고. 졸고, "조세입법의 헌법적 한계, 조세입법 무엇이 문제인가?," 한국세무학회, 한국법제연구원 공동학술심포지엄, 2009. 10, 45-46.

84) 헌재 2005. 6. 30, 2004헌바40, 판례집 제17권 1집, 946, 962-963. 하나의 법규정이 체계정당성을 위반하였다는 것은 비례의 원칙이나 평등원칙위반 내지 입법자의 자의금지위반 등 일정한 위헌성을 시사하기는 하지만 그 자체만으로는 아직 위헌은 아닌 것이다. 그것이 위헌이 되기 위해서는 비례의 원칙이나 평등의 원칙 등 일정한 헌법의 규정이나 원칙을 위반하였다는 판정이 최종적으로 있어야 한다.

85) 헌재 2005. 6. 30, 2004헌바40, 판례집 제17권 1집, 946, 962-963.

86) 헌재 2005. 6. 30, 2004헌바40, 판례집 제17권 1집, 946, 963.

Ⅳ. 대상 결정문에서 검토된 위헌성 심사기준들과 그 타당성 검토

1. 개 요

이 사건에 있어서 청구인들은 다양한 쟁점을 주장하였고, 헌법재판소는 그 쟁점들을 크게 두 부분으로 나누어 평가하였다. 먼저, 종합부동산세 제도 자체와 관련한 헌법적 쟁점으로 ① 재산세와 양도소득세와의 관계에서의 이중과세문제, ② 소급입법과세의 문제, ③ 미실현이득에 대한 과세 및 원본잠식의 문제, ④ 자치재정권 침해의 문제, ⑤ 헌법 제119조 위반의 문제, ⑥ 헌법상 체계정당성 원리 위반의 문제, ⑦ 입법권 남용의 문제를 검토하였다. 다음으로 종합부동산세가 청구인의 기본권을 침해하는지 여부와 관련하여서는 ① 세대별합산과세를 규정한 것이 헌법 제36조 제 1 항에 위반되는지 여부, ② 종합부동산세 부과가 청구인의 재산권을 침해하는지 여부, ③ 평등권위반여부, ④ 거주이전의 자유의 침해 여부, ⑤ 생존권, 인간다운 생활을 할 권리의 침해 여부, ⑥ 개발제한구역 내 토지와 관련한 재산권 등 침해 여부가 검토되었다.

아래에서는 헌법재판소 판결문에 나타난 분류에 따라 먼저 종합부동산세 제도와 관련된 헌법적 쟁점으로 헌재가 판단한 결론부분을 소개하고 그 타당여부를 검토하기로 한다.[87] 그 다음으로는 종합부동산세가 청구인의 기본권을 침해하였는지 여부에 대해 헌재가 판단한 부분을 소개하고 결론의 타당여부를 검토하기로 한다. 기본적인 검토순서는 헌재 판결문에 나타난 순서를 따르기로 한다.

2. 종합부동산세 제도와 관련한 헌법적 쟁점

1) 헌재의 판단

헌법재판소는 쟁점들 중에서 먼저 이중과세에 대해 판단하였다. 재산세와 종합부동산세가 이중과세문제를 야기한다는 청구인의 주장에 대해, 헌재는 종합부동산세법(2005. 12. 31. 법률 제7836호로 개정된 것) 제 9 조 제 3 항, 제14조 제 3 항이 재산세

87) 이 사건재판에서 조대현 재판관과 김종대 재판관이 다수의견과 달리 합헌의견을 제시하였는데 이 의견은 발표문의 분량과 시간제한관계로 다루지 못하였다. 본문에서 헌재의 의견으로 소개한 부분은 다수의견을 전제로 하였음을 밝혀둔다.

세액을 전액 공제하고 있기 때문에 이중과세문제가 발생하지 않는다고 판단하였다. 양도소득세와 종합부동산세가 이중과세라는 청구인의 주장에 대해서는 종합부동산세가 보유세이므로 소득에 대해 과세하는 양도소득세와는 과세목적 또는 과세물건이 다르므로 이중과세가 아니라고 판단하였다.[88] 종합부동산세 시행 이전 가격상승분을 부동산공시가격에 반영하지 않다가 종합부동산세 시행시점에 과거에 오른 가격을 공시가격에 반영하여 과세하는 것이 소급입법에 의한 과세라는 주장에 대해 헌법재판소는 종합부동산세법 부칙 제2조는 '이 법이 동법 시행 후 최초로 납세의무가 성립하는 부동산에 대하여 적용됨을 명백히 규정하고 있으므로 소급입법에 의한 과세라고 보기 어렵다고 판시하였다.[89] 미실현이득에 대한 과세라는 주장에 대해서는 종합부동산세는 본질적으로 부동산의 보유사실 그 자체에 담세력을 인정하고 그 가액을 과세표준으로 삼아 과세하는 것으로서, 일부 수익세적 성격이 있다 하더라도 미실현 이득에 대한 과세의 문제가 전면적으로 드러난다고 보기 어렵고, 미실현 이득에 대한 과세 자체도 토지초과이득세에 대한 헌재판결에서 명시적으로 언급된 것 바와 같이 과세 목적, 과세소득의 특성, 과세기술상의 문제 등을 고려하여 판단할 입법정책의 문제일 뿐, 헌법상의 조세개념에 저촉되거나 그와 양립할 수 없는 모순이 있는 것으로는 보지 않는다고 판시하였다.[90] 부동산보유세인 종합부동산세가 원본잠식의 우려가 있다는 주장에 대해서는 보유세를 부과하게 되면 보유자산가액의 일부가 잠식되는 문제가 생기지만 이것이 바로 위헌의 문제를 발생시키지는 않는다고 판단하고, 이 문제는 결국 종합부동산세가 납세자의 재산권을 침해하는지 여부에서 결론을 내릴 수 있는 문제라고 판단하였다.[91] 종합부동산세를 국세로 입법함으로써 자치단체의 자치재정권을 침해하였다는 주장에 대해서는 부동산보유세인 종합부동산세를 국세로 할지 지방세로 할지 여부는 입법정책의 문제이며 종합부동산세를 국세로 입법하였다고 하여 그것이 자치단체의 자주재정권을 침해하는 것은 아니라고 판결하였다.[92] 헌법 제119조에 따를 때 국가는 경제에 관한 규제와 조정을 할 수 있으며 이 경우에 '소득의 분배'는 할 수 있으나, '자산의 분배'에는 개입할 수 있다고 규정하고 있지 않음에도 불구하고 종합부동산세법은 자산의 원본인 주택에 고율의 종합부동산세를 부과함으로써 이를 점진적으로 몰수하게 되어 헌법 제119조에 위반된다고 주장한 것에 대해서는 헌법 제119조가 보유세 부과를 금지한

88) 헌재 2008. 11. 13, 2006헌바112, 판례집 제20권 2집 하, 1, 54.
89) 헌재 2008. 11. 13, 2006헌바112, 판례집 제20권 2집 하, 1, 54.
90) 헌재 2008. 11. 13, 2006헌바112, 판례집 제20권 2집 하, 1, 54-55.
91) 헌재 2008. 11. 13, 2006헌바112, 판례집 제20권 2집 하, 1, 55.
92) 헌재 2008. 11. 13, 2006헌바112, 판례집 제20권 2집 하, 1, 55-56.

규정은 아니며, 종합부동산세부과가 된다고 하여 재산이 몰수되는 것은 아니므로 이 주장은 받아들일 수 없다고 판단하였다.[93] 종합부동산세가 재산세에 대한 구 조세특례제한법(2005. 12. 31. 법률 제7839호로 개정되기 전의 것, 이하 '구 조세특례법'이라 한다) 제 2 조 제 1 항 제 8 호 소정의 중과세 특례인데도 구 조세특례법 제 3 조 제 1 항에 구 종합부동산세법이 열거되어 있지 아니하여 중과세 특례의 근거법률이 될 수 없으므로, 구 종합부동산세법은 헌법상 체계정당성의 원리에 반한다는 주장에 대해서는, 종합부동산세는 재산세와 별개의 독립된 조세라고 할 것이므로, 이를 두고 재산세에 대한 구 조세특례법 제 2 조 제 1 항 제 8 호 소정의 중과세 특례라고 할 수 없을 뿐만 아니라, 종합부동산세가 재산세나 다른 조세와의 관계에서도 규범의 구조나 내용 또는 규범의 근거가 되는 원칙 면에서 상호 배치되거나 모순된다고 보기도 어려우므로, 입법 체계의 정당성에 위반된다고 할 수 없다고 판단하였다.[94] 종합부동산세법은 국가의 세입재원을 확보하기 위한 것으로서 그 입법에 있어서는 정부가 입안·제출하는 방식을 취하여야 한다고 전제하고서, 종합부동산세법이 의원발의 형식으로 입법된 점에 대해 입법권의 남용에 해당된다고 주장한 점에 대해서는, 조세 관련 법률이라 하여 정부가 제출하는 방식으로 입법하여야 한다는 헌법적인 관행이 확립되어 있다고 보기 어렵고, 종합부동산세법이 비록 국회의원이 제출하는 형식으로 입법되었다 하여 이를 들어 입법권의 남용이라 하기도 어렵다고 판단하였다.[95]

2) 검　　토

위 쟁점들에 대해 헌법재판소가 내린 결론에는 대부분 동의한다. 다만 2가지 측면에서는 약간 견해를 달리한다. 첫째, 개인적으로 이중과세문제의 경우에는 과연 그 문제 자체가 독자적인 위헌법률심사기준이 될 수 있는지 여부에 대해 의문이 있다. 우리 헌법재판소는 과거 여러 건의 판결을 통해 이중과세문제를 다루었었다.[96] 헌법재판소는 이중과세문제가 헌법적 쟁점이 될 수 있는 근거로 목적과 기능이 유사한 두 개 이상의 세목이 하나의 과세대상에 대해 중복적으로 과세한다면 이는 조세법률주의상의 실질과세원칙에 반하는 것이라고 판단하고 있었다.[97] 그런데 독일

93) 헌재 2008. 11. 13, 2006헌바112, 판례집 제20권 2집 하, 1, 56-57.

94) 헌재 2008. 11. 13, 2006헌바112, 판례집 제20권 2집 하, 1, 57.

95) 헌재 2008. 11. 13, 2006헌바112, 판례집 제20권 2집 하, 1, 57-58.

96) 헌재 1994. 7. 29. 92헌바49 등, 판례집 6-2, 64, 116; 헌재 1998. 12. 24. 97헌바33등, 판례집 10-2, 871, 894; 헌재 2003. 7. 24. 2000헌바28, 판례집 15-2, 38, 51-52; 헌재 2006. 3. 30. 2003헌가11, 공보 114, 521-522.

97) 헌재 1994. 7. 29. 92헌바49 등, 판례집 6-2, 64, 116.

의 연방헌법재판소 판결을 위시하여 외국의 사례들을 고려할 때 이중과세문제를 조세법률주의의 위반문제로 이해하는 입장은 발견하기 어렵다. 개인적으로는 과거부터 이중과세를 독자적인 위헌성심사기준으로 삼을 수 없다는 입장이었다.[98] 이중과세의 문제는 기본적으로 조세입법자가 하나의 과세물건에 대해 어떤 과세요건으로 어느 정도의 조세부담을 부과할 것인지의 문제이므로 원칙적으로 입법정책의 문제라고 할 것이다.[99] 따라서 그러한 입법자의 결정이 완전히 합리성을 결여한 경우에만 위헌이라고 할 수 있을 것이다. 물론 이중과세의 문제가 경우에 따라서는 평등권이나 재산권의 침해로 볼 수 있는 여지가 있는 경우도 있을 수 있는데 이 경우에는 그러한 기본권 침해문제로 심의하면 되고 이중과세라는 별도의 기준을 가지고 심사할 일은 아닌 것이다. 다행히 우리 헌법재판소도 2009. 3. 26. 결정부터는 이중과세 그 자체가 위헌이 아니라 이중과세에 해당하는 상황이 헌법적으로 용인될 수 있는지 여부에 의해 결정해야 한다는 입장을 취하고 있다.[100] 둘째, 헌재는 종합부동산세는 보유세이므로 수익세인 양도소득세와 이중과세가 되지 않는다고 판단하였는데 이는 재검토가 필요한 것이 아닌가 생각된다. 종합부동산세와 같은 재산보유세가 무엇을 과세물건으로 하는지에 대해 독일에서도 상당히 논란이 되고 있다.[101] 보유세의 정당성을 인정하는 학자들이 거론하고 있는 논거 중 가장 설득력이 있는 것이 재산의 수익력에 대한 과세라는 것이다. 우리의 재산보유세를 이처럼 미실현 수익에 대한 과세로 보게 되면 종합부동산세와 양도소득세 또는 부동산임대소득세는[102] 이중과세가 된다. 다만, 이중과세문제 자체를 이미 설명한 바와 같이 기본적으로 헌법적 쟁점으로 이해하지 않게 되면 단순히 이중과세라는 이유만으로 위헌결정이 나오지는 않는 것이다.

---

98) 졸고, 소득세와 증여세의 이중과세조정 문제, 특별법연구 제 8 권, 526 이하.

99) 예컨대, 하나의 과세물건에 대하여 한 개의 세목으로 수익의 60%를 과세하는 것이 합헌이라면, 두 개의 세목이 각각 40%, 20%를 부과하는 것이 "이중과세"라고 하여 위헌이 될 수는 없는 것이다.

100) 헌재 2009. 3. 26, 2006헌바102결정.

101) K. Tipke, Die Steuerrechtsordnung Ⅱ, 2. Aufl., 2003, 953 f. 이에 대한 국내 논의로는 졸고, 헌법적 관점에서 바라본 부동산세제, 조세법연구 XII-1, 96-98.

102) 부동산보유세가 과세대상으로 삼는 재산의 수익력이 재산의 사용가치에 대한 수익력으로 이해하게 되면 부동산임대소득세와 부동산보유세가 이중과세가 될 것이고, 자산가치에 대한 수익력으로 이해하게 되면 양도소득세와 부동산보유세가 이중과세가 될 것이다.

3. 세대별 합산과세와 헌법 제36조 제 1 항의 위반여부

1) 헌재의 판단

2005. 12. 31.자로 개정된 종합부동산세법은 종합부동산세를 개인별과세에서 세대별과세로 전환하였다. 합산과세와 관련한 입법례를 단순합산과세사례와 조정합산과세사례로 나눈다면 우리의 그 당시 입법은 전자에 해당하였다. 이러한 세대별 단순합산과세는 개인별과세와 비교할 때 결혼한 가정의 종합부동산세 세부담을 증가시키는 결과를 발생시켰다. 이것이 헌법 제36조 제 1 항에 반하는지 여부가 문제되었다. 세대별합산과세와 관련한 조문은 종합부동산세법 제 7 조 제 1 항 중 전문의 괄호 부분 및 후문, 제 2 항, 제 3 항, 제12조 제 1 항 제 1 호 중 본문의 괄호 부분 및 단서 부분, 및 제 2 항(이하 "세대별합산과세 관련규정"이라 함)이었다. 헌법재판소는 이와 같은 세대별 합산과세 관련규정은 혼인한 자 또는 가족과 함께 세대를 구성한 자를 비례의 원칙에 반하여 개인별로 과세되는 독신자, 사실혼 관계의 부부, 세대원이 아닌 주택 등의 소유자 등에 비하여 불리하게 차별취급하고 있으며, 그 차별취급은 정당화가 되기 어려우므로 헌법 제36조 제 1 항에 위반된다고 판시하였다.[103] 헌법재판소는 이와 같은 결론에 도달하기 위하여 첫째, 종합부동산세법의 관련조문들이 그 입법목적에 있어서 정당성이 있었는지 여부, 둘째 이러한 세대별 합산과세로 인한 중과세가 차별취급의 적합성 · 필요성 · 상당성이 있는지 여부를 자세하게 검토하였다. 헌법재판소는 세대별합산과세제도의 입법목적의 정당성은 긍정하면서도 합산과세라는 방법으로 결혼한 가정을 결혼하지 않은 가정과 차별취급하는 것의 적합성과 필요성을 부정하였다. 그 논거로 등장한 주요한 것으로는 우리 민법이 부부별산제를 취하고 있는 점, 세대별합산과세제도가 추구하는 인위적인 자산분산에 의한 조세회피의 방지라는 목적은 「부동산 실권리자명의 등기에 관한 법률」(이하 '부동산실명법'이라 한다)상의 과징금과 같은 기존의 다른 제도로 충분히 대처할 수 있다는 점 등이었다.

결론적으로 헌법재판소는 합산과세제도라는 것은 가족간의 인위적인 명의이전을 통한 부당한 조세회피행위를 방지하는 방법으로는 부적절하고, 불필요하다는 하다는 입장이었다.

---

103) 헌재 2008. 11. 13, 2006헌바112, 판례집 제20권 2집 하, 1, 63.

2) 검 토

헌법재판소가 이 쟁점과 관련하여 내린 결론은 자산소득에 대하여 부부간 합산과세를 하도록 규정한 구 소득세법(1994. 12. 22. 법률 제4803호로 전부 개정되고 2002. 12. 18. 법률 제6781호로 개정되기 전의 것) 제61조 및 구 소득세법(1974. 12. 24. 법률 제2705호로 전부 개정되고 1994. 12. 22. 법률 제4803호로 전부 개정되기 전의 것) 제80조 제 1 항 제 2 호에 대하여, 헌법재판소가 판시하였던 것과[104] 같은 입장을 취한 것으로 이해할 수 있다. 부부에 대한 소득세를 단순합산과세하여 결혼한 부부의 세부담이 결혼하지 않은 경우보다 더 증가하게 되는 경우를 위헌으로 판단한 사례는 우리나라 이외에도 독일(1957),[105] 이탈리아(1976),[106] 스페인(1989)[107]과 같은 나라에서도 있었다.[108] 미국과[109] 일본 법원에서는[110] 합헌결정을 하였지만 이 두 나라의 경우에는 의회가 제정해 둔 법률에 대하여 사후적으로 사법부가 헌법적인 척도에 의하여 법률의 위헌성을 선언하는 것에 대해서 대단히 소극적인 입장을 견지하고 있어서 조세입법과 헌법의 관계를 바라보는 시각이 기본적으로 우리나라와 다르다고 할 것이다.[111] 또한, 이 두 나라의 경우에는 헌법적으로 혼인에 대해 "자유"를 강조하지, "특별한 보호"를 인정하는 것은 아니라는 입장이다. 하지만, 독일과 우리나라의 경우에는 혼인에 대해 헌법이 특별한 보호를 하고 있는 것으로 이해를 하고 있으므로 합산과세제도에 대한 헌법재판의 결론이 다를 수 있는 여지가 있다.

결혼한 가정에 대해 세금부과를 하는 경우 과세단위를 개인으로 하여야 하는지, 아니면 세대별로(또는 부부단위로) 하여야 하는지의 문제는 원래 세금의 본질적 문제인, 공평한 세금배분을 위해 그러한 경우 과세단위를 무엇으로 하는 것이 옳은지 하는 문제에서 출발한다.[112] 세계적으로 이에 대한 입법례는 다양한데, 이를 크

104) 헌재 2002. 8. 29, 2001헌바82, 판례집 14-2, 170; 헌재 2005. 5. 26, 2004헌가6, 판례집 17-1, 592.

105) BVerfGE 6, 55-84.

106) Moschetti/Schiavolin, in: Soler-Roch, Family Taxation in Europe, 1999, Rn. 86 ff.

107) Molina, Das Prinzip der subjektiven Netto-Besteuerung und die Familienbesteuerung in Spain, in: Tipke/Bozza, Besteuerung von Einkommen: Rechtsvergleich Italien, Deutschland und Spanien als Beitrag zur Harmonisierung des Steuerrechts in Europe, 2000, Rn. 185.

108) 다만 차이점은 우리나라의 경우에는 자산소득의 경우와 종합부동산세처럼 명의이전으로 인하여 조세회피가 용이하게 발생할 수 있는 세목에서만 사건화가 되어졌지만 이러한 외국의 경우에는 소득세 일반이 합산과세되었고 그것이 위헌판결을 받았다는 점에서 차이가 있다.

109) Drucker v. Comr., 697 F.2d 496(2nd Cir. 1982), cert. denied 461 US 957.

110) 일본최고재판소 1955. 11. 20. 선고 소화 53(행ツ) 55호.

111) 졸고, "조세입법의 헌법적 한계, 조세입법 무엇인 문제인가?," 2009 한국세무학회 · 한국법제연구원 공동학술심포지엄 자료집, 2009. 10, 12 이하.

112) 졸고, "응능과세원칙," 공법연구 제32집 제 5 호, 623.

게 유형화하면 개별과세, 합산과세(부부합산+세대합산), 혼합과세,[113] 3가지 유형이 있다.[114] 우리나라 소득세법은 헌재의 2001헌바82 결정에 따른 2002년 12월 소득세법 개정이 있기 전까지는 혼합과세방식을 취하고 있었고, 법개정 이후 현재까지는 개별과세방식을 취하고 있다.[115] 혼합과세방식을 취하는 국가들은 대부분 근로소득, 사업소득과 같은 적극적 소득유형은 개별과세로 하고, 이자소득·배당소득과 같은 소극적 소득유형은 명의분산에 따른 소득이전(income shift)의 용이성을 고려하여 합산과세를 하고 있다. 자산소득합산과세제도에 대한 헌법재판소의 위헌판결 이후 소득세가 완전 개별과세로 전환되었음에도 불구하고 입법자는 2005. 12. 31. 법개정을 통해 납세자의 조세회피시도를 방지하기 위하여 종합부동산세를 개인별과세에서 세대별과세로 전환하였다.[116]

개인적으로는 소득세도 그러하지만 종합부동산세도 적어도 부부의 경우에는 합산과세를 하는 것이 생활공동체인 가정의 실질에 부합하는 공평한 세금부과가 된다고 보고 있다. 하지만 합산과세를 한다는 것이 바로 결혼한 가정의 세부담이 증가하는 것을 의미하는 것은 아니다. 이러한 사실은 현재 합산과세를 하고 있는 미국, 독일 등의 경우를 보더라도 분명해 진다. 미국도 연방 소득세에 있어서 합산과세를 하고 있지만 결혼한 부부에 대해서는 세율을 다르게 적용하여 세부담을 감면시켜주고 있으며,[117] 독일의 경우에는 소득금액을 합산하여 다시 가족 수에 따라 분할한 금액에 대해 세율을 적용하여 세액을 계산하는 방식을 취하여 결혼한 가정의 세부담을 줄어주고 있다.[118] 또한, 이러한 법제에서는 납세자들이 합산과세 여부를 선택할 수 있는 여지도 있기 때문에 더욱더 합산과세제도를 채택하고 있다는 것이 바로 납세자의 세부담증가로 연결되지는 않게 된다. 하지만 합산과세를 인정한 입법례라고 하

113) 혼합과세라 함은 소득의 유형에 따라 일부는 개별과세를 하고, 또 일부는 합산과세를 하는 형태를 말한다.

114) H.-J. Kanzler, Sind andere europäische Modell der Eheförderung auf Deutschland übertragbar? FR 2002, Rn. 760-765. 이 논문에서는 유럽국가들 중 개별과세를 하는 나라로 영국·오스트리아·스페인 그리고 스웨덴 등 스칸디나비아국가들, 합산과세를 하는 나라로는 독일, 룩셈부르크·포르투갈·프랑스, 혼합과세를 하는 나라로는 벨기에·이탈리아·아일랜드를 언급하고 있다.

115) 물론 엄밀하게는 개별과세가 원칙이고, 예외적으로 자산소득의 경우에는 여전히 일정한 조건하에서 합산과세가 가능하다.

116) 이미 헌법재판소의 2001헌바82 결정이 있었던 상황이었으므로 2005. 12. 31. 종합부동산세법 개정 시에 법률의 사전적 위헌성심사를 통해 입법절차에 영향을 끼칠 수 있는 법제처나(법제업무운영규정 제21조 제3항) 국회사무처 법제실(국회사무처 직제 제7조) 또는 국회 전문위원의 법안검토가 조금만 더 책임감 있게 수행되었다면 사후적인 법률의 위헌성확인에 따른 사회적 혼란은 방지될 수 있었을 것이다.

117) I.R.C § 1.

118) 김완석, "소득세과세단위의 개선에 관한 연구 — 선택적 이분이승제의 도입에 관한 연구," 한국조세연구원, 2005. 12, 54 이하.

더라도, 이 사건에서 문제된 종합부동산세법의 경우처럼, 합산대상을 부부와 직계비속 정도가 아니라 직계존속 그리고 형제자매까지 포함시키는 경우는[119] 찾아보기 어렵다.[120] 그 부분에 있어서는 종합부동산세법이 과도하였다고 할 것이다.

헌법재판소는 세금을 합산과세하는 문제와 합산과세로 인하여 세부담이 증가하는 문제를 분리하지 않고 심리하였다.[121] 하지만, 개인적으로는 결혼한 가정에 대한 합리적인 세부담을 계산하기 위해서는 합산과세제도가 필요하다고 본다. 다만, 합산과세로 인하여 세부담이 증가하는 것은 문제가 있으므로 적절한 조정제도를 두는 것이 필요하다고 할 것이다. 과거의 합산과세제도가 문제가 있다면 바로 이 부분에 문제가 있었던 것이지 합산과세하는 것 자체가 문제가 있었던 것은 아니라고 할 것이다.

민법상의 부부별산제와 세법상 세대별합산과세제도의 부조화를 지적하는 부분이 있지만 양자는 별개의 제도이므로 주요한 쟁점이 될 수 없다. 세금을 부부 또는 가족합산과세를 한다는 것과 과세대상인 소득 또는 재산의 민법상 소유권귀속을 누구에게 인정할 것인가 하는 문제와는 기본적으로 다른 것이라고 할 수 있다.[122] 참고로, 미국의 많은 주에서는 부부별산제를 취하고 있지만 연방소득세법은 부부합산제도를 운영하고 있다.

4. 종합부동산세 부과로 인한 재산권침해 여부

1) 헌재의 판단

헌재는 일단 종합부동산세 부과가 아래에서 설명하는 주택에 대한 부분을 제외하고는 일반적으로 헌법상 재산권을 침해하는 것은 아니라고 판단하였다. 구체적으로 헌재는, 전체 재산세 납세의무자나 인구, 세대 중 종합부동산세의 납세의무자가 차지하는 비율, 1인당 또는 1세대당 평균세액, 세액 단계별 납세자 및 납세액의 분포, 부동산 가격 대비 조세부담률, 직전년도 총세액 부담액에 대한 150% 내지 300%

119) 구 종합부동산세법시행령(시행 2005. 12. 31. 대통령령 제19253호, 2005. 12. 31) 제 1 조의2.

120) 또 세대별합산과세제도를 취하는 입법에서 세대의 범위가 어디까지인지의 문제는 매우 중요한 사항으로서 당연히 법률에 규정하여야 할 것인데 이것을 시행령에서 규정한 것은 정당성이 없다고 할 것이다. 물론 이 쟁점은 청구인들이 주장하지 않은 쟁점이어서 헌법재판소가 판단하지 않은 것으로 보인다.

121) 그런데 이 사건관련규정은 합산과세 자체를 규정한 조문들이고, 합산과세로 인하여 세부담이 증가하는지 여부에 대해서는 언급을 하지 않고 있다. 합산과세를 규정한 조문 이외에 다른 조문에서 이로 인한 세부담을 조정하는 조문이 별개로 입법되어 있어야 했는데 그 부분이 전혀 없었던 것이다.

122) 물론 어느 정도의 연관성은 있지만 헌재가 판시한 것처럼 민법이 부부별산제를 취하고 있으면 세법에서는 반드시 개별과세를 해야 하는 것은 아니라는 것이다.

의 세액 상한의 설정 등에 비추어 보면, 종합부동산세법이 규정한 조세의 부담은 재산권의 본질적 내용인 사적 유용성과 원칙적인 처분권한을 여전히 부동산 소유자에게 남겨 놓는 한도 내에서의 재산권의 제한이고, 위 가격 대비 부담률에 비추어 보면, 매년 종합부동산세가 부과된다고 하더라도 상당히 짧은 기간 내에 사실상 부동산가액 전부를 조세 명목으로 무상으로 몰수하는 결과를 가져오게 되는 것이라고 보기도 어렵다고 판단하였다.[123] 다만, 헌재는 종합부동산세 부과대상 중 주택의 경우에는 그것의 특수성을 감안하였을 때 당시의 종합부동산세 부과가 일정한 경우에는 과도한 재산권 침해 결과를 발생시키며 피해의 최소성 및 법익균형성에 반한다고 판시하였다. 헌재는 주택이 인간으로서의 존엄과 가치를 가진 개인의 주거로서 쾌적한 주거생활을 통하여 행복을 추구할 권리를 실현할 장소로 필수 불가결한 측면이 있으므로 주택의 가격안정을 목적으로 보유 주택의 가액을 기준으로 재산세에 더하여 종합부동산세를 부과할 것인지 여부나 그 범위 및 정도를 결정함에 있어서는 주택의 보유 동기나 기간 등의 정황도 감안하여 주택을 통한 인간으로서의 존엄성과 행복추구권의 적정한 실현도 가능하게 하면서 동시에 타인의 주거생활 안정을 가능하게 하는 선에서 보다 신중하게 과세기준이 결정되어야 한다고 전제하였다.[124] 그리고 결론적으로 이 사건 종합부동산세의 납세의무자 중 적어도 주거 목적으로 한 채의 주택만을 보유하고 있는 자로서, 그 중에서도 특히 일정한 기간 이상 이를 보유하거나 또는 그 보유기간이 이에 미치지 않는다 하더라도 과세 대상 주택 이외에 별다른 재산이나 수입이 없어 조세지불 능력이 낮거나 사실상 거의 없는 자 등에 대하여 주택분 종합부동산세를 부과함에 있어서는 그 보유의 동기나 기간, 조세 지불능력 등과 같이 정책적 과세의 필요성 및 주거생활에 영향을 미치는 정황 등을 고려하여 납세의무자의 예외를 두거나 과세표준 또는 세율을 조정하여 납세의무를 감면하는 등의 과세 예외조항이나 조정장치를 두어야 할 것임에도 이와 같은 주택 보유의 정황을 고려하지 아니한 채 다른 일반 주택 보유자와 동일하게 취급하여 일률적 또는 무차별적으로, 그것도 재산세에 비하여 상대적으로 고율인 누진세율을 적용하여 결과적으로 다액의 종합부동산세를 부과하는 것은, 그 입법 목적의 달성에 필요한 정책수단의 범위를 넘어 과도하게 주택 보유자의 재산권을 제한하는 것으로서 피해의 최소성 및 법익 균형성의 원칙에 어긋난다고 판시하였다.[125]

다만 세대별합산과세규정과 달리 주택분종합부동산세부과규정에 대해서는 이

---

123) 헌재 2008. 11. 13, 2006헌바112, 판례집 제20권 2집 하, 1, 67.
124) 헌재 2008. 11. 13, 2006헌바112, 판례집 제20권 2집 하, 1, 68.
125) 헌재 2008. 11. 13, 2006헌바112, 판례집 제20권 2집 하, 1, 70.

러한 위헌성에도 불구하고 만일 이 규정을 단순위헌선언하면 초래될 수 있는 더 큰 혼란을 방지하기 위하여 헌법불합치결정을 하였다.[126)]

2) 검 토

종합부동산세의 재산권침해여부에 대한 헌법재판소의 판단에 대해서는 전적으로 동의한다.[127)] 미국의 많은 주에서는 실제로 납세자가 자신의 거주용으로 사용하는 재산에 대해서는 재산세(property tax)를 감면해 주고 있다. 독일의 경우에는 1995년 연방 재산세(Vermögensteuer)판결에서 연방헌법재판소는 주거용 주택처럼 생활의 기본적 수요를 충당하기 위한 재산에 대해서는 세금부과가 되어져서는 안 된다는 점을 분명히 하였다.[128)] 현재 독일의 연방 재산세법은 집행이 중지되어 있고, 유일하게 유효한 연방보유세인 부동산세법(Grundsteuergesetz)에서 이러한 감면을 해 주지 않고 있는데, 이에 대해 학자들은 재산세에는 감면이 필요하다고 했는데 동일한 보유세인 부동산세에서는 왜 그러한 감면을 하지 않고 있는지에 대해 의문을 제기하여 위 연방헌재의 결정에 위반되는 것이라는 의견을 내고 있다.[129)] 특히, K. Tipke교수는 부동산세가 주거용 주택의 가치에 대해서도 부과될 수 있다는 것은 달리 표현하면 부동산세가 인간다운 생활을 위해 필수적으로 요청되는 요소인 삶의 거처(Wohnen)에 대해 세금을 부과한다는 것이고, 이것은 인간다운 생활을 위해 필요한 최소한의 자원에 대해서는 과세를 해서는 안 된다는 헌법원칙에도 반하는 것이라고 설명하고 있다.[130)] 현재 우리 법제에서도 지방세법상 재산세의 경우에는 여전히 이러한 개념이 입법적으로 구체화되어 있지 않은데 앞으로 이에 대한 개선을 기대해 본다. 특히, 종합부동산세는 국민 중 소수의 자만이 납세의무가 있고, 또 그러한 납세의무자들의 대다수는 부동산을 과다보유한 이들이어서 헌법재판소의 판결취지가 적용될 수 있는 사례가 크게 많지 않을 수 있는데, 지방세법상 재산세의 경우에는 주택을 보유하고 있는 대다수 가정이 그 대상이 되므로 헌재의 판결취지를 현실화시키기 위해서는 신속히 재산세 제도를 수정하는 것이 중요하다고 할 것이다.

---

126) 헌재의 다수의견인 헌법불합치결정에 대해 목영준 재판관은 일부합헌의견을 제시하였다.

127) 졸고, "거주용 주택에 대한 과세의 새로운 접근," 세무학연구 제25권 제 4 호, 2008. 12, 74-75.

128) BVerfGE 93, 121, 140 f.

129) R. Seer, in: Tipke/Lang Steuerrecht 19. Aufl., 2008, § 13 Rn. 213; K. Tipke, Die Steuerrechtsordnung II 2. Aufl., 2003, 962 f.

130) K. Tipke, Die Steuerrechtsordnung II 2. Aufl., 2003, 963.

5. 그 밖의 종합부동산세 부과로 인한 기본권 침해여부

1) 평등권 또는 평등원칙 위배여부

헌법재판소는 종합부동산세 부과가 평등권 내지는 평등원칙에 반한다는 청구인의 주장에 대해서는 동의하지 않았다. 먼저, 보유한 주택 등에 대하여 부채를 공제하지 않고 일정 가액 이상을 대상으로 누진세율로 과세하는 것은 헌법상 평등의 원칙에 위배되는 것이라는 청구인의 주장에 대해서는 얼마 이상의 주택 등에 대하여 어떠한 세율로 과세할 것인지, 그리고 과세대상에 설정된 부채를 고려할 것인지 여부는 종합부동산세의 목적, 과세표준액의 평가방식, 세액단계별 납세의무자 및 납세액의 분포, 실제 조세부담률, 종합부동산세가 세수에서 차지하는 비율 등을 종합하여 입법정책적으로 결정되어야 할 것이라고 판단하였다. 이어서 헌재는 위와 같은 제반요소, 특히 앞서 본 바와 같은 재산세 부과 대상자 중 종합부동산세 납세의무자의 비율, 그들이 부담하는 실제 종합부동산세 부담률 및 주택 등의 심한 편중현상을 고려하여 볼 때, 당시 종합부동산세법이 일정한 기준가액을 설정하여 그 가액을 초과하여 부동산을 보유한 자에 대하여 각각 부채를 고려함이 없이, 누진세율에 의하여 과세하도록 한 것은, 입법재량의 범위 내에서 부동산의 가격안정과 담세능력에 상응한 과세를 도모하기 위한 것이고, 따라서 납세의무자들을 합리적인 이유 없이 차별대우하는 것이라 할 수 없다고 판시하였다.[131] 또, 예금 등 다른 재산과는 달리 '일정한 주택 및 토지'에 대하여만 과세하는 것이 헌법상 평등원칙에 위반된다는 청구인의 주장에 대해서는, 토지와 주택의 사회적 기능이나 국민경제의 측면, 특히 주택은 인간의 기본적인 생존의 조건이 되는 생활공간인 점을 고려하여 볼 때, 토지와 주택을 다른 재산권과 달리 취급하여 종합부동산세를 부과한다 하여도 거기에 합리성이 없다 할 수 없으므로, 이를 두고 평등권을 침해하였다고 볼 수 없다고 판시하였다.[132] 그 외에 두 가지 다른 측면에서 종합부동산세부과가 평등권에 위반되었다는 청구인의 주장이 있었는데 이에 대해서도 헌법재판소는 평등원칙 위반이 아니라고 판시하였다.[133]

대체적으로 평등권과 관련하여 헌법재판소가 판단한 결론에 대해서는 동의한다. 다만, 종합부동산세를 부과함에 있어서 부채를 공제하지 않고 과세표준을 계산

131) 헌재 2008. 11. 13, 2006헌바112, 판례집 제20권 2집 하, 1, 71-72.

132) 헌재 2008. 11. 13, 2006헌바112, 판례집 제20권 2집 하, 1, 72-73.

133) 헌재 2008. 11. 13, 2006헌바112, 판례집 제20권 2집 하, 1, 73. 이 두 가지 쟁점은 한 개는 종합부동산세가 수도권을 비수도권에 비해 차별취급한다는 것과 임대주택과 기숙사 등을 종합부동산세 부과대상으로 삼지 않는 것이 평등권위반이라는 주장이었다.

하는 것에 대해 헌재는 이 문제는 종합부동산세의 목적, 과세표준액의 평가방식, 세액단계별 납세의무자 및 납세액의 분포, 실제 조세부담률, 종합부동산세가 세수에서 차지하는 비율 등을 종합하여 "입법정책적"으로 결정되어야 하는 것이라고 판단하였는데[134] 이에 대해서는 약간 의견을 달리한다. 외국의 부동산보유세는 대부분 부동산건별로 세액을 계산하거나, 인별합산을 하더라도 비례세율로 부과하는 것이 보통인데, 우리나라의 재산세와 종합부동산세는 인별(세대별)합산을 하면서 다시 누진세율을 적용하고 있는 특수성이 있다. 이는 우리나라의 부동산보유세가 성격상 물세라기보다는 인세에 가까운 측면을 가지고 있다는 것을 의미한다. 인세의 과세표준을 계산함에 있어서는 개인적인 특수성을 반영하여야 한다. 특히 과세표준을 계산함에 있어서는 헌법상 평등원칙을 구체화하기 위한 응능과세원칙에 따르면 수익은 총수익이 아니라 순수익이어야 하기 때문에[135] 수익에 상응하는 비용을 공제하는 문제는 원칙적으로 헌법상 평등의 문제가 된다. 물론 소득세법상 이자소득에 대한 과세의 경우처럼 예외적으로 수익에 상응하는 비용인정을 해 주지 않을 수 있지만 그것이 정당화되기 위해서는 그러한 차별취급이 헌법적으로 정당화되어야 한다. 이 사건에서도 헌법재판소는 이 문제를 입법정책의 문제로 이해할 것이 아니라 평등의 문제로 인식을 하고 이자소득에 대해 비용공제를 해 주지 않는 차별취급이 정당화되는 이유를 설명하였던 것과 마찬가지의 단계로[136] 논리적으로 설명하는 구조를 가졌어야 한다고 본다.

2) 거주이전의 자유의 침해여부

청구인들은 종합부동산세가 그 세부담이 과중하여 납세자들로 하여금 종합부동산세의 부담을 피하기 위하여 지금 거주하는 곳에서 이사하도록 강요하거나, 원하는 곳으로 이사할 수 없게 함으로써 거주 이전의 자유를 침해한다고 주장하였다. 이에 대하여 헌재는 종합부동산세는 주택 등이 어느 장소에 있든 이를 묻지 않고 일정 가액 이상의 주택 등에 대하여 세금을 부과할 뿐이고, 이와 같은 종합부동산세의 부과가 일정 가액 이상의 주택 등을 보유할 것인가 여부에 관한 의사결정에 영향을 주고, 주거 목적으로 한 채의 주택을 보유하는 자 중 특히 과세대상 주택 외에 따로 별다른 재산이나 소득이 없어 조세지불 능력이 낮거나 사실상 거의 없는 자 등에 대하여는 사실상 과세대상인 주택의 처분을 강요하는 영향을 미치게 되어 그들의 거

134) 헌재 2008. 11. 13, 2006헌바112, 판례집 제20권 2집 하, 1, 72.
135) 졸고, "응능과세원칙," 공법연구 제32집 제5호, 2004. 6, 633-634.
136) 헌재 2001. 12. 20, 2000헌바54.

주 이전의 자유가 사실상 제약당할 여지가 있으나, 이는 거주이전의 자유의 침해가 아니라 주택 등의 재산권에 대한 제한이 수반하는 반사적인 불이익에 지나지 아니하므로(헌재 1999. 4. 29, 94헌바37등, 판례집 11-1, 289, 346 참조), 이 사건 주택분 종합부동산세 부과규정이 거주 이전의 자유를 침해한다는 주장은 받아들이기 어렵다고 판시하였다.[137]

이러한 헌재의 판단에는 전적으로 동의한다.

3) 생존권, 인간다운 생활을 할 권리 침해여부

청구인들은 특히 수입이 없는 노년층에게 거액의 종합부동산세를 부과하는 것은 인간다운 생활을 할 권리를 침해하는 것이라고 주장하였다. 이에 대해 헌법재판소는 종합부동산세법은 공시가격을 기준으로 주택분의 경우에는 6억, 종합합산 토지분의 경우에는 3억 원을 초과하여 보유한 자를 납세의무자로 하고 있는데, 이러한 과세대상 주택 등의 가액에 비추어 보면, 종합부동산세의 납세의무자는 인간의 존엄에 상응하는 최소한의 물질적인 생활을 유지할 수 있는 지위에 있다 할 것이므로, 이 사건 종합부동산세 부과규정으로 인하여 헌법 제34조 제 1 항에 규정된 납세의무자의 생존권이나 인간다운 생활을 할 권리를 제한하거나 침해한다고 보기 어렵다고 판단하였다.[138]

개인적으로 이 결론에는 동의하지만 인간다운 생활을 할 권리가 조세입법의 한계로 기능하기 위해서는 구체적 권리성을 가지고 있지 못한 헌법 제34조 제 1 항이 근거규정이 될 수는 없다는 점에서 논증과정이 문제가 있다고 보고 있다.

4) 개발제한구역 내 토지와 관련한 재산권 등 침해여부

일부 청구인들은 또한 「개발제한구역의 지정 및 관리에 관한 특별조치법」(이하 '개발제한구역 특조법'이라 한다)에 의거하여 개발제한구역으로 지정되어 재산권 행사에 제한을 받고 있는 토지에 대하여 다시 재산세에 더하여 일반토지와 같은 세율의 종합부동산세를 부과하는 것은 당해 토지 소유자의 재산권을 침해함과 아울러 헌법상 평등원칙에 반한다고 주장하였다. 이에 대하여, 헌법재판소는 종합부동산세 부과대상 토지가 개발제한구역으로 지정되어 재산권 행사에 제한을 받고 있다 하더라도, 그 토지의 재산적 가치가 완전히 소멸되는 것이 아니라 그러한 재산권의 제한은 당해 토지의 개별공시지가에 반영되어 과세표준이 감액 평가되고, 그 과세표준에 해당

---

137) 헌재 2008. 11. 13, 2006헌바112, 판례집 제20권 2집 하, 1, 73-74.

138) 헌재 2008. 11. 13, 2006헌바112, 판례집 제20권 2집 하, 1, 74.

되는 누진세율이 적용되어 당해 토지의 종합부동산세액이 결정될 뿐이며, 이와 같이 산정된 종합부동산세액은 일반토지의 그것과 비교하여 볼 때 이미 개발제한구역의 지정으로 인한 토지재산권의 제한이 반영되어 감액된 것이라 할 것이므로, 개발제한구역으로 지정된 토지에 대하여 재산세에 더하여 다른 일반토지와 같은 세율의 종합부동산세를 부과한다 하여 다른 일반 토지에 비하여 특별히 청구인의 재산권이 침해되었다거나, 평등원칙에 위반된다고 보기는 어렵다고 판시하였다.[139]

이러한 헌재의 판단에 대해서는 전적으로 동의한다.

V. 맺 음 말

지금까지 우리 헌법재판소는 글자 속에서 무의미하게 나열되어 있던 국민들이 기본권과 기타 헌법규정의 효력들에 대해 생명의 날개를 달아 주는 중요한 기능을 하였다. 사회적으로 혼란을 야기하였던 많은 사건들이 종국적으로 헌법재판소의 판결을 통해 해결되는 경우가 점점 많아지고 있는 것 같다. 종합부동산세에 대한 헌법재판소의 판결도 그러한 사건 중의 하나라고 할 수 있겠다. 이는 한편으로는 합리적인 분쟁절차를 통해 갈등이 해결된다는 측면에서 바라보면 매우 바람직스러운 현상이라고 할 수 있다. 하지만 다른 한편으로는 한번 입법된 법률이 사후적으로 위헌결정이 됨으로 인해 상당한 사회적 혼란이 야기되어진다는 측면에서 보았을 때 가능하면 입법단계에서 이러한 위헌성심사기준이 잘 고려되어 처음부터 좀 더 완벽한 입법이 되는 것이 무엇보다도 중요하다는 점을 지적하고 싶다. 그런 측면에서 입법단계에서 합헌성심사를 책임지고 있는 법제처와 국회사무처 법제실의 기능점검과 분발을 촉구한다.

특히 종합부동산세법에서 세대별합산과세제도를 도입하였을 때에는 이미 유사한 사건에서 헌법재판소가 위헌판결을 해 둔 상태이었기 때문에 입법자가 조금만 더 주의를 기울였더라면 사후적인 법률의 위헌결정으로 인한 사회적 혼란은 막을 수 있었을 것이라는 점에서 아쉬움이 많이 남는다. 이러한 졸속입법의 배후에는 정치권의 입법에 대한 과도한 압력도 한 몫 하였을 것이라는 점에서 우리나라의 정치권도 함께 반성을 하여야 할 것이다.

139) 헌재 2008. 11. 13. 2006헌바112, 판례집 제20권 2집 하, 1, 74-75.

참 고 문 헌

Ⅰ. 국내문헌

권영성, 헌법학원론, 2001, 법문사

김완석, "소득세과세단위의 개선에 관한 연구 — 선택적 이분이승제의 도입에 관한 연구," 한국조세연구원, 2005. 12.

박균성, 행정법강의, 2009, 박영사.

이동식, "세제에 의한 부동산투기억제대책," 토지공법연구 제20집, 2003. 12.

______, "독일세법상 소위 "반액과세원칙"에 대한 검토," 조세법연구 XV-1.

______, "헌법적 관점에서 바라본 부동산세제," 조세법연구 XII-1, 2006. 6.

______, "응능과세원칙," 공법연구 제32집 제 5 호, 2004. 6.

______, "독일세법에서의 조세공평의 의미," 월드텍스연구논집, 2006. 12.

______, "사법질서의 세법에서의 의미," 공법연구 제31집 제 2 호, 2002. 12.

______, "조세입법의 헌법적 한계, 조세입법 무엇이 문제인가?," 한국세무학회, 한국법제연구원 공동학술심포지엄, 2009. 10.

______, "소득세와 증여세의 이중과세조정 문제," 특별법연구 제 8 권.

______, "거주용 주택에 대한 과세의 새로운 접근," 세무학연구 제25권 제 4 호, 2008. 12.

이재호, "국내법에 의한 조세조약의 배제에 관한 연구," 서울대학교 박사논문, 2007. 2.

이전오, 조세법의 헌법합치적 입법론에 관한 연구, 2008. 8, 한국조세연구소.

이창희, 세법강의, 2008, 박영사.

______, "부부자산소득합산과세는 위헌인가?," 헌법실무연구회 제34호 발표회(2002. 12. 6) 발표문.

이태로 · 안경봉, 조세법강의, 박영사, 2001.

임승순, 조세법, 박영사 2009.

정하중, 행정법개론 제 3 판, 2009, 법문사.

차진아, "조세국가의 성격 및 구조와 조세입법에 대한 합헌성 심사의 기준 — 종합부동산세에 대한 합헌성 판단의 문제를 중심으로 —," 헌법실무연구회 발표문.

최명근, 세법학총론, 세경사, 2007.

최우정, 한국헌법학, 2008, 진원사.

홍성방, 헌법학, 2006, 현암사.

홍정선, 행정법원론(상), 2009, 박영사.

Ⅱ. 해외문헌

Boris I. Bitter, Constitutional limits on the taxing power of the federal government, 41 Tax Law. 3.

Boris I. Bittker/Lawrence Lokken, Federal Taxation of Income, Estates and Gifts Third Edition Vol. 1, 1988.

Dong-Sik Lee, Methoden zur Verhinderung der Steuerumgehung und ihr Verhältnis zueinander, GCA Verlag, 1999.

Frans Vanistendael, Legal Framework for Taxation, Tax Law Design and Drafting Vol. 1, 1996.

H.-J. Kanzler, Sind andere europäische Modell der Ehetörderung aut Deutschland übertragbar? FR 2002.

H. W. Kruse, in Tipke/Kruse AO/FGO, § 30 AO.

______, Lehrbuch des Steuerrechts, Bd. I Allgemeiner Teil, 1991.

K. H. Friauf, Steuerrecht und Verfassungsrecht, 1989, DStJG Bd. 12; Weber-Grellet, Steuern im modernen Verfasssungsstaat, 2001

K. Tipke, Die Steuerrechtsordnung I 2. Aufl., 2000.

______, Die Steuerrechtsordnung II 2. Aufl., 2003.

Molina, Das Prinzip der subjektiven Netto-Besteuerung und die Familienbesteuerung in Spain, in: Tipke/Bozza, Besteuerung von Einkommen: Rechtsvergleich Italien, Deutschland und Spanien als Beitrag zur Harmonisierung des Steuerrechts in Europe, 2000.

Moschetti/Schiavolin, in: Soler-Roch, Family Taxation in Europe, 1999.

Tipke/Lang Steuerrecht 19. Aufl., 2008.

제99회 발표회 지정토론문

김　상　우*

사회적으로 논란이 많았던 종합부동산세에 대한 결정이 나온지도 벌써 1년이 다 되어 가고 있습니다. 많은 이목을 집중시켰던 사건이었음에도 결정 이후에 결정 자체에 대한 학계의 본격적인 논의는 아직 찾아보기 어려웠습니다. 그러던 차에 발제자께서 귀중한 평석과 함께 헌법과 세법의 관계에서 발생하는 다양한 위헌성심사 기준들에 대하여 상세하게 잘 정리해주셔서 이번 토론을 준비하면서 많은 것들을 배울 수 있었습니다. 발제자께 깊이 감사의 말씀을 드립니다. 아래에서는 실무자의 입장에서 몇 가지 소박한 생각을 적어 보았습니다.

1. 종합부동산세의 법적 성격

(가) 헌법재판소 결정례

• 토지분 재산세와 토지과다보유세를 통·폐합하여 만든 '종합토지세'의 법적 성격에 대하여 "과거의 토지분 재산세가 필지별로 단독 과세되어 온 것(대물세)과는 달리 종합토지세는 전국의 모든 토지를 소유자별로 합산하여 과세표준액을 산출한 다음 이에 대하여 과세하는 방식(대인세)으로, 보유하는 토지에 담세력을 인정하여 과세하는 수익세적 성격을 지닌 재산세의 일종"이다(헌재 2001. 2. 22, 99헌바3, 판례집 13-1, 226, 239).

• 종합부동산세에 대하여 일정한 재산의 소유라는 사실에 담세력을 인정하여 부과하는 재산보유세의 일종이라 할 것이나, 일부 과세대상 부동산으로부터 발생하는 수익에 대하여 부과하는 수익세적 성격도 포함하고 있는 것으로 이해되고 있다(헌재 2008. 11. 13, 2006헌바112, 판례집 20-2 하, 1, 53).

(나) 발제자께서는 재산세나 종합부동산세와 같은 보유세의 정당성의 근거 중 가장 설득력이 있는 것이 재산의 수익력에 대한 과세라는 점을 들어, 종합부동산세를 미실현수익에 대한 과세, 즉 수익세로 파악하고 계신 것으로 보입니다.

---

* 헌법연구관.

이에 대해서는 부동산에 대한 보유세는 —부동산으로부터 나오는 수익이 전혀 없다 하더라도— 부동산 보유 그 자체를 과세하는 것이며, 재산으로부터 나오는 수익이 아니라 재산의 보유 그 자체를 담세능력의 표지로 파악하여야 한다는 견해도 있습니다(차진아, '조세국가의 성격 및 구조와 조세입법에 대한 합헌성 심사의 기준 — 종합부동산세에 대한 합헌성 판단의 문제를 중심으로 —', 제88회 헌법실무연구회 발표문, 18면).

위 견해에 의하면, 보유세를 (사용가치로서) 미실현이득에 대한 과세로 파악하는 것은 조세체계가 오늘날의 복수조세체계로 정교하게 분화되기 전의 전통적인 보유세 이해의 연장선상에 있는 것이고, 이렇게 보유세를 이해한다면 오로지 소득만이 담세능력을 표상할 수 있고, 재산의 보유와 소비는 독자적인 담세능력을 표상하지 못하는 것으로 이해하여야 할 것이며, 조세종목복수주의 내지 복수조세체계가 아닌 소득세 하나만이 존재하는 단일조세체계가 정당하다는 결론에 이르러야 할 것이라고 비판하고, 또한 재산세를 이른바 응익과세의 원칙에 따라 정당화하는 것은 조세의 본질, 즉 조세가 개인적으로 귀속가능한 반대급부 없이 부과되는 공동의 부담이라는 성격에도 부합되지 않는다고 합니다.

(다) 앞서 본 우리 재판소의 2개의 결정례를 보면, 종합토지세에 대하여는 수익세적 성격을 지닌 재산세의 일종이라고 하였고, 종합부동산세에 대하여는 기본적으로 재산의 소유 사실 자체에 담세력을 인정하는 재산보유세의 일종이라고 하면서도 이어서 일부 수익세적 성격도 포함하고 있는 것으로 이해되고 있다고 덧붙이고 있습니다. 이는 종합토지세나 종합부동산세 등 재산보유세의 담세력의 근거에 대하여는 기본적으로 소유 사실 자체에 두고 있지만, 여전히 논의의 여지를 남겨두고 있는 것으로 보입니다.

한편, 발제자께서 지적하고 계신 바와 같이 양도소득세와의 관계에 대해서서는 종합부동산세가 보유세의 일종이고, 재산보유세의 담세력에 대한 위와 같은 재판소의 기본적인 입장에 따라 이중과세의 문제는 발생하지 아니한다고 판단한 것으로 보입니다.

2. 이중과세의 문제

우리 재판소는 토지초과이득세에 대하여 토초세는 양도소득세와 같은 수득세의 일종으로서 그 과세대상 또한 양도소득세 과세대상의 일부와 완전히 중복되는 자본이득에 대한 과세이고, 위 두 가지 조세가 지향하는 목적과 기능의 상당부분이 겹치고 있어 어느 의미에서는 토초세가 양도소득세의 예납적 성격을 가지고 있다고 봄이 상당하므로, 결국 위 중복부분은 이중과세에 해당하여 조세법률주의상의 실질과세의 원칙에 반한다(헌재 1994. 7. 29. 92헌바49, 판례집 6-2, 64, 116)고 판단하였습니다.

그리고 그후 개정된 토초세법(1994. 12. 22. 법률 제4807호로 개정되고 1998. 12. 28. 법률 제5586호로 폐지되기 전의 것)의 같은 조항[1)]에 대하여, 2006. 3. 30. 2003헌가11 결정에서, 3인의 반대의견은 여전히 이중과세로서 평등권을 침해하여 위헌이라고 하여 종전 견해를 유지하였으나, 법정의견은 '양도소득세에서 기납부 토초세를 전액 공제하여야 한다는 헌법적 명령이 존재하지 않는다'라고 하여(판례집 18-1상, 348, 358-361), 종전 견해를 변경하는 듯한 태도를 취하였습니다.

위 2003헌가11 결정의 취지를 비롯하여 종전 92헌바49 결정에서는 이중과세의 문제 이외에 다른 중대한 위헌 사유가 있었던 점, 그리고 종합부동산세 사건을 비롯하여 이중과세 문제를 설시한 다른 결정례들은 당해 조세의 부과가 이중과세의 문제를 발생하지 아니한다고만 판단하거나(종부세사건, 97헌바33등), 입법목적의 달성에 필요한 정도를 과도하게 넘은 이중과세를 하는 것이므로 그 내용이 재산권을 과도하게 침해하는 것이므로 헌법에 위반된다고 판단(2000헌바28)하고 있는 점 등을 종합하여 보면, 우리 재판소도 발제자의 견해처럼 이중과세의 문제 자체만으로는 위헌성을 징표하는 것이 아니라고 판단한 것으로 보입니다.

3. 세대별 합산과세의 문제

종합부동산세법 사건 결정이 합산과세는 물론 그로 인한 세부담 증가를 분리하지 않고 세대별합산규정에 대하여 헌법에 위반된다고 판단하고 있는데 대하여 발제자께서는 합산과세는 필요하고 그 자체로는 위헌이 아니지만 누진세율 하에서 조정합산과세를 하지 않고 단순합산과세를 한다면, 이는 부부와 가족에게 세부담을 가중시킴으로써 혼인과 가족생활에 대한 불리한 차별을 야기하는 것이므로 헌법 제36조 제1항에 위배된다고 보고 계십니다.

만약 종합부동산세법에서 조정합산과세 조문을 두어서 합산과세로 인한 세부담 증가의 문제를 해결하였다면 위 규정에 대한 위헌성의 문제는 대두되지 않았을 것

---

1) 제26조 (양도소득세등의 납부세액에서 공제되는 토지초과이득세) ① 토지초과이득세가 부과된 유휴토지 등을 양도함으로써 발생한 소득에 대한 양도소득세 또는 특별부가세의 계산에 있어서 제16조 및 제23조의 규정에 의하여 결정된 토지초과이득세는 그 세액에 대하여 다음 각호의 율을 적용하여 계산한 금액을 당해 양도소득세 또는 특별부가세에서 공제한다. 다만, 그 공제세액이 양도소득세 또는 특별부가세의 납부세액을 초과하는 경우에는 그러하지 아니하다.

1. 토지초과이득세의 결정일부터 3년 이내에 유휴토지 등을 양도하는 경우 : 100분의 100
2. 토지초과이득세의 결정일부터 3년 후 6년 이내에 유휴토지 등을 양도하는 경우 : 100분의 60

으로 보이지만, 세대별합산규정 및 관련 규정들을 보면, 합산과세로 인하여 증가되는 조세부담을 조정하는 별도의 조문을 두고 있지 않습니다. 그러한 상황에서 청구인들은 세대별합산규정으로 인한 세부담 증가의 위헌성을 주장하고 있으므로, 발제자의 견해에 의하더라도 세대별합산규정이 위헌이라는 결론에는 다름이 없을 것으로 보입니다.

다만, 발제자의 견해와 같이 합산규정 자체는 필요하고 정당한데, 합산과세를 규정하면서 세부담 증가를 조정하는 입법을 두지 아니한 부진정 입법부작위로 인하여 세부담의 증가를 초래한 부분만이 위헌이라면, 단순위헌을 선언하기는 어렵고, 헌법불합치의 주무을 선택할 가능성이 높다고 보입니다.

4. 조세와 재산권 침해의 문제

(가) 이 사건 결정에서는 종합부동산세 부과로 인한 재산권 침해 여부에 대한 심사기준으로 과잉금지원칙에 의한 비례심사를 채택하여 심사하였고, 우리 재판소는 2006. 6. 29. 2005헌바45(판례집 18-1하, 281) 결정을 계기로 조세법은 원칙적으로 재산권을 제한하는 법률이고 재산권 침해에 대한 심사기준은 과잉금지원칙에 의한 비례심사로 정리된 것으로 보입니다.[2)]

(나) 이에 대하여는 이 사건에서 조대현 재판관께서 피력한 합헌의견과 같이 "헌법 제38조는 납세의무를 국민의 기본의무로 규정하고 있다. 납세의무는 국가가 국가의 유지와 발전에 필요한 비용을 조달하기 위하여 국민에게 아무런 대가 없이 금전적 부담을 지우는 것이다.

납세의무가 헌법상의 기본의무라고 하여 헌법이 보장하는 기본권이나 다른 헌법원리보다 우선하는 것은 아니고 헌법의 가치체계 안에서 다른 헌법원리와 조화를 이루어야 한다. 납세의무는 국민에게 무상(無償)의 경제적 부담을 지우는 것이므로, 납세의무의 구체적인 내용은 미리 법률로 정해져야 하고(조세법률주의), 국가의 재정을 조달하기 위한 것이어야 하며(재정조달주의), 조세부담능력이 있는 경우에 그 한

2) 당시 송인준 재판관께서는 별개의견을 통해 조세 사건의 경우 재산권과 납세의무 사이의 조화로운 해석을 통해 심사기준을 달리 해야 한다고 밝힌바 있고, 헌재 2007. 5. 31. 2006헌바88 결정에서도 법정의견은 조세법률조항에 대하여 과잉금칙원칙에 의한 비례심사를 하였으나, 조대현 재판관께서는 별개의견으로서 헌법 제38조가 국민의 납세의무를 규정하고 있고, 헌법은 국회에 납세의무의 형성과 조세의 징수에 관하여 입법형성권을 부여하고 있으므로, 조세법률조항의 위헌여부는 이러한 국회의 입법형성권의 한계가 지켜졌는지를 살펴야 하는 것이고, 조세입법권의 한계가 지켜진 이상 경제적 자유나 재산권의 침해 여부는 따져볼 필요 없이 헌법 38조에 의하여 허용된다는 견해를 밝히셨다.

도에서 부과되어야 하고(응능부담주의), 조세평등의 원칙에 부합되어야 한다(조세평등주의).

납세의무는 무상의 경제적 부담을 지우는 것이지만, 납세의무에 관한 헌법상의 한계를 벗어나지 않는 한, 헌법 제38조(납세의무)에 근거한 것으로서, 납세의무자의 재산권이나 경제적 자유를 침해하여 헌법에 위반되는 것이라고 볼 수 없다. 그러나 납세의무는 국민의 경제적 자유 및 재산권의 보장과 함께 존중되면서 조화를 이루어야 하는 것이므로 조세의 부과가 납세의무자의 경제적 자유나 사유재산권을 근본적으로 부정하는 결과를 가져오는 경우에는 납세의무의 한계를 벗어나 기본권 침해의 문제로 된다고 할 것이다."라는 견해가 있다.

또한, 이와 궤를 같이 하여 헌법상 의무로서 법률에 의해 구체화되는 납세의무와 국방의무 등 기본의무 형성법률의 위헌심사에 대하여는 입법자가 헌법의 규정과 사항영역의 특성상 광범위한 재량을 갖기 때문에 기본의무의 침해적 측면에 주목하여 기본권 제한에 대한 비례원칙을 유추적용하거나 비례원칙 비슷한 엄격한 심사기준을 적용하는 것은 거의 불가능하고 부적절할 뿐만 아니라 헌재와 입법부의 기능분배(권력분립) 차원에서도 문제를 야기하므로, 비례원칙 심사를 할 것이 아니라 입법형성의 합리성 여부만을 판단해야 한다는 논의[3]도 있다.

(다) 발제자께서는 발제문 10면 하단에서 "헌법은 한편으로는 제23조 제 1 항에서 국민의 재산권을 기본권으로 보장하고 있으면서, 다른 한편으로는 제38조에서 납세의무에 대해 규정하고 있다. 성질상 아무런 직접적인 반대급부가 없는 조세의 부과·징수는 외형상으로는 항상 재산권의 침해를 유발하는 것처럼 보일 수 있다. 하지만 동일하게 헌법상의 제도인 재산권보장과 조세제도가 조화를 이루기 위해서는 국가의 통상적인 조세입법권행사는 국민의 재산권을 침해하는 것이 아니라고 보아야 한다. 다만, 조세의 부과가 과도하여 재산권보장제도의 본질적 모습이 훼손된다고 보여지는 경우에는 재산권보장규정에 의하여 조세입법에 제한을 가할 필요가 있다"고 하고 있다.

그리고 발제자께서는 종합부동산세의 재산권침해여부에 대한 헌법재판소의 판단에 대해서 전적으로 동의한다고 하셨는데, 일반적인 조세부과로 인한 재산권 침해여부에 대한 위헌심사기준에 대해서는 발제자께서 어떠한 견해를 가지고 계신지 물어보고 싶다.

3) 조성훈 헌법연구관, 기본의무 형성법률에 대한 위헌심사도구(재판소내부 논의자료임).

5. 평등원칙 심사의 문제

발제자께서는 평등원칙 심사와 관련하여 "우리나라의 재산세와 종합부동산세는 인별(세대별)합산을 하면서 다시 누진세율을 적용하고 있는 특수성이 있다. 이는 우리나라의 부동산보유세가 성격상 물세라기보다는 인세에 가까운 측면을 가지고 있다는 것을 의미한다. 인세의 과세표준을 계산함에 있어서는 개인적인 특수성을 반영하여야 한다. 과세표준을 계산함에 있어서는 헌법상 평등원칙을 구체화하기 위한 응능과세원칙에 따르면 수익은 총수익이 아니라 순수익이어야 하기 때문에 수익에 상응하는 비용을 공제하는 문제는 원칙적으로 헌법상 평등의 문제가 된다"라고 하십니다.

이 부분과 관련하여 종합부동산세의 법적 성격을 기본적으로 재산 소유사실 자체에서 담세력의 근거를 찾는 부동산 보유세로 본다는 견해를 취하더라도 위와 같이 수익에 상응하는 비용공제의 문제가 헌법상 평등의 문제로 될 것인지에 대하여 여쭙고 싶다.

제99회 발표회 지정토론문

박 종 수*

1. 서 론

평소 존경하는 이동식 교수님의 발제를 통하여 조세법에 대한 헌법적 심사기준에 관한 폭넓은 이해와 지식을 쌓을 수 있는 좋은 기회를 가지게 된 것을 기쁘게 생각합니다.

우리나라에서는 유난히 조세입법에 있어서 헌법재판소에 의한 위헌판결이 많은 것이 특징입니다. 이웃나라 일본의 예에 비추어보더라도 그렇습니다. 물론 헌법재판제도가 없는 나라와 직접 비교하는 것은 어폐가 없지 않습니다만, 일반법률에 비해 조세법률에 대한 헌법적 심사의 중요성이 더 큰 것만큼은 사실인 것 같습니다.

그러한 점에서 조세입법자가 간과해서는 아니 될 중요한 헌법적 관점들을 체계적으로 정리하고 오늘의 대상판결에 대해 관견을 피력한 발제문을 통해 개인적으로도 많은 공부가 되었습니다.

다만 이하에서는 제 개인적 시각에서 추가로 첨언하고 싶은 두 가지를 덧붙임으로써 지정토론에 갈음하고자 합니다.

2. 조세규범의 종류에 따른 헌법적 심사기준의 다변화와 체계화

조세입법을 바라보는 헌법적 시각은 크게 '민주주의 및 법치주의적 관점'으로부터 '기본권적 관점'으로 이전해가고 있다고 판단됩니다.

역사적으로는 조세규범이 의회법률로 정해지는 것이 중요시되었던 시절이 있었으나, 나치시절을 거치면서 그러한 형식적 법치주의의 위험성을 경험한 이후로는 법률내용의 정의로움을 추구하는 실질적 법치주의가 중요시 되고 있습니다. 그에 따라 평등권이 조세규범을 판단하는 중요한 헌법적 심사기준으로 등장하였습니다.

특히 세법규정에 의한 조세부담은 국민들간에 공평하게 분배되어야 한다는 점

---

* 고려대학교 법학전문대학원 교수.

에서 평등권(평등원칙)은 조세규범의 정당성을 근거지우는 기초가 되었으며, 조세규범 중 재정목적규범의 필수적인 헌법적 심사기준으로 자리잡고 있습니다. 경제적 급부능력(응능부담)의 원칙이나 조세중립성(특히 경쟁중립성)의 원칙은 조세규범에 있어서 평등원칙의 중요성을 잘 말해주고 있습니다.

그러나 조세규범 중에는 이러한 재정목적규범 외에도 다수의 사회목적규범이 존재하며, 사회목적규범으로서의 조세규범은 재정목적규범과는 다른 원리(예컨대 공익성)에 의해 정당화 되고 경제적 급부능력(응능부담)의 원칙에 대한 중대한 예외를 허용할 것을 요구하므로, 만약 이러한 사회목적규범이 그 나름대로의 정당성을 결여하게 되면 그 해당 영역마다 관련될 수 있는 자유권적 기본권(예컨대 재산권, 직업의 자유 등)을 제약하게 되는 결과를 가져올 수 있기 때문에, 이때에는 자유권적 기본권이 중요한 헌법적 심사기준으로 작용하게 됩니다.

물론 이렇게 기본권적 관점에 오늘날 강화되고 있다고 해서 전통적인 '민주주의, 법치주의적 관점'이 전혀 그 의미를 상실하는 것은 아닙니다. 재정목적규범과 사회목적규범에 대해서는 공히 비례성원칙, 포괄위임금지원칙, 신뢰보호원칙 및 소급과세금지원칙 등 법치주의를 근간으로 하는 중요한 헌법적 원리들이 여전히 중요한 헌법적 심사기준으로 역할을 담당하고 있습니다.

이처럼 조세규범에 대한 헌법적 심사기준은 과거와 같이 단일한 체계에 그치는 것이 아니라 헌법이 발전함에 따라 그에 맞추어 다변화해가고 또 새로이 체계화해 가고 있다고 평가할 수 있을 것입니다.

3. 국세와 지방세간 동종성·유사성 금지의 원칙

종합부동산세와 관련해서는 이상과 같은 일반적인 헌법적 심사기준 외에 특별한 심사기준을 검토하였어야 한다는 것이 제 개인적인 생각입니다. 그것은 바로「국세와 지방세의 조정등에 관한 법률」제 4 조의 문제입니다.

이 법은 우리나라의 전체 조세체계를 국세와 지방세의 이원적 체계로 유지하는 중요한 근간이 되는 법률입니다. 이 법 제 4 조에 의하면 '국가와 지방자치단체는 이 법에 규정한 것을 제외하고는 과세물건이 중복되는 여하한 명목의 세법도 제정하지 못한다'고 되어 있습니다. 이 법 제 2 조에는 국세의 종목이 나열되어 있고, 제 3 조에는 지방세의 종목이 나열되어 있습니다. 즉, 이 법 제 2 조 내지 제 4 조의 규정에 의하면 국세와 지방세간에는 과세물건이 중복되는 여하한 명목의 세법을 제정하지 못하는 것입니다. 일종의 입법금지사항을 규정하는 것이고 입법자의 입법재량을 제한하는 내용의 규정이라면 가히 이 규정은 헌법적 차원의 규범이라고 볼 것입니다.

실제로 독일에서는 연방과 주의 조세입법에 대하여 이러한 동종성 또는 유사성 금지의 원칙을 헌법적 원칙으로 파악하고 연방과 주의 조세입법간에 과세대상이 동일한 세목이 출현하는 것을 엄격히 금지하고 있습니다. 스위스의 헌법법률에서도 같은 취지를 규정하고 있습니다.

이러한 원칙은 따라서 국세와 지방세에 있어서 조세입법상 과세대상(과세물건)이 동일한 세목이 등장하는 것을 금지하는 별도의 특별한 헌법적 심사기준으로 작용하며, 이를 위반한 조세법률은 따라서 위헌의 문제를 야기하게 됨을 알 수 있습니다.

이러한 내용을 우리나라의 종합부동산세법에 적용하면, 종합부동산세법은 사실상 원천적으로 탄생해서는 아니되는 법률이었음을 쉽게 알 수 있다. 국세로 제정되는 종합부동산세는 지방세인 재산세와 과세대상(과세물건)이 정확히 일치하기 때문입니다.

그런데 종합부동산세법은 국회를 통과할 수 있었습니다. 방법은 아시는 바와 같이 국세와 지방세의 조정 등에 관한 법률 제 2 조 자체를 개정하여 국세의 종목에 '종합부동산세'를 추가하는 국세와 지방세의 조정 등에 관한 법률 개정(안)과 종합부동산세법제정(안)을 동시에 발의하여 본회의를 통과시켰기 때문입니다.

국세와 지방세의 조정등에 관한 법률 제 4 조가 그 자체 법률에 담겨있었던 덕분에 가능한 일이었습니다. 만약 이 조항이 그 의미에 부합하게 헌법 속에 들어있었다면 경성헌법인 우리 헌법의 특성상 종합부동신세는 절대로 탄생할 수 없었을 것입니다.

생각건대 국세와 지방세간 동종성·유사성 금지의 원칙은 조세입법에 관한 헌법적 심사기준의 하나로서 이를 단순히 법률적 차원의 원칙에 불과한 것으로 방치할 것이 아니라 그 의미내용에 부합하게 헌법적 규범력을 가질 수 있도록 헌법 자체에 규정하도록 하는 방안을 감히 제안합니다.

최근 개헌논의가 있는 가운데 우리 헌법상 재정헌법에 관한 규정체계가 미비함을 지적하는 목소리들이 많이 있습니다. 재정헌법규정체계를 차제에 재정비한다면 이러한 국세와 지방세간 동종성 금지원칙에 해당하는 내용을 직접 헌법에 규정하는 방안도 검토해보아야 할 것입니다.

4. 결 론

조세규범은 날로 복잡하고 난해해지고 있습니다. 그럴수록 조세입법의 헌법적 한계에 관한 연구와 심도있는 검토의 중요성은 아무리 강조하여도 지나치지 않을 것입니다. 조세입법의 헌법적 한계와 그 심사기준에 관한 연구가 이론과 실무의 양 측면에서 더욱 발전할 수 있기를 기원해 봅니다.

제99회 발표회 토론요지

사 회 자: 박인수(교수)

토론참여자: 박종수(교수), 김상우(헌법연구관), 김선택(한국납세자연맹회장), 이명웅(부장헌법연구관), 김성수(연구위원), 정주백(헌법연구관)

〈 주제발표자 발표 〉

사 회 자 : 이 교수님 대단히 감사합니다. 저희들이 시간을 충분히 드리지 못한 점 양해 드립니다.

그러나 저는 오늘 발표하시는 내용을 보고 크게 두 가지에 고무되었습니다.

첫째는 이 내용이 굉장히 방대하고 기술적인 문제들이 많이 산적해 있음에도 불구하고 PPT를 활용해서 발표를 해 주시고 또 아주 일목요연하게 해 주시니까 새로운 기법이 우리 실무연구회에 들어온 것 같아서 아주 기쁘게 생각되고, 또 앞으로 많은 논점이 있는 경우에는 PPT를 사용하는 그런 표현기법도 좋겠다는 생각을 해 봤습니다.

그리고 또 하나는 역시 우리 헌법재판소가 우리 사회를 버텨나가고 있는 하나의 버팀목이라는 생각을 했습니다. 왜냐하면 우리 헌재가 모든 각종 분야에서 기본권 향상과 국가제도의 능률성 및 법치주의를 구현하는 하나의 중요한 기관입니다만, 조세문제는 우리 실생활에서 가장 중요한 분야이고, 이 조세분야에서도 조세법률주의에 대한 조세정의를 구현함에 있어서도 각종 기본권과 여러 가지 기준을 제시하면서 하나의 조세정의를 구현하고 있다는 측면에서 다시한번 우리 헌법재판소의 존재이유를 볼 수 있는 좋은 발표였다는 생각이 듭니다.

내용을 간략하게 제가 이해하는 범위 내에서 보면 크게 종부세에 관한 제도적인 측면에 관한 분석 그리고 종부세와 기본권과의 관계에 대해서 설명을 하신 것 같습니다. 다른 여러 가지 내용이 많습니다만 이중과세의 경우에 대해서 이것이 위헌성 심사기준으로 적용하는 것 자체를 헌법재판소가 다시한번 생각해 보았으면 어떻겠느냐 하는 부분과 또 하나는 가족 간 합산과세제도가 위헌이라고 하는 것을 좀 더 생각해 보아야 할 문제가 아니었겠느냐. 부부합산제도가 오히려 필요한 것이며 그리고 부부합산과세로 인해서 늘어날 수 있는 과세의 양이나 그 부분에 관해서 신경을 좀 더 썼더라면 하는 그런 아쉬움이 있다는 것을 각 국의 사례를 통해서 말씀을 해

주신 것 같습니다.

이런 내용에 대해서 오늘 귀중한 두 분이 토론을 해 주시겠습니다.

먼저 순서에 따라서 박종수 교수님 지정토론부터 듣도록 하겠습니다.

부탁드리겠습니다.

〈 지정토론자(박종수) 발표 〉

그러면 김상우 연구관님 부탁드리겠습니다.

〈 지정토론자(김상우) 발표 〉

사 회 자 : 두 분 토론자 감사합니다. 두 분 토론의 내용은 일부 코멘트도 있고 또 질문의 성격도 있기도 합니다만 대체적으로 박종수 교수님이나 김상우 연구관님 내용은 심사기준과 관련된 문제들이 많이 지적된 것 같습니다.

그러면 답변을 부탁드리겠습니다.

이 동 식 : 두 분 지정토론자님 감사합니다.

제가 종부세 사건을 빌미로 해서 조세입법에 대한 위헌성심사기준 쪽에 포인트를 맞추려고 했습니다만 어쨌든 대상이 되었던 종부세 사건에서는 제가 말씀을 드리고 싶었던 게 이중과세라는 것을 말씀드리고, 그 다음 세대별 합산부분에 있어서 합산한다는 부분과 합산으로 인해서 세 부담이 증가된다는 부분이 분명히 나누어져야된다. 그런데 왜 헌법재판소는 합산과세로 인한 세 부담이 증가되었다는 부분을 건드린 게 아니고 판결문을 읽어보시면 전부 다 합산과세를 해서는 안 된다는 얘기거든요. 그래서 그게 잘못되었다는 말씀을 드리고 싶었고.

그 다음은 재산권침해부분의 경우에 특히 1세대 1주택 소위 노령계층이지요. 연금 받아 생활하시는 분들, 그분들의 경우에는 기본적으로 동의를 하는데 다만 종부세는 그러면 그런 식으로 풀려나가는데 지방세법상 재산세는 어떻게 할 것이냐? 사실은 그런 1세대 1주택 부분이 보유세가 걸리는 것은 종부세는 아주 예외거든요. 소외계층이고, 재산세는 거의 다 걸리거든요. 그래서 이 부분은 어떻게 바라보아야 될 것이냐 좀 공감대를 형성하고 싶었고요.

그 다음 생존권 부분과 관련되어서 생존권을 우리 헌재가 판시할 때, 헌법 34조의 내용을 쭉 적어 주셨고요. 거기와 관련되어서 이 종부세에 관련된 사건을 그냥 이렇게 언급을 하셨는데, 헌법 제34조는 구체적 권리성이 없기 때문에 거기에 근거하여 조세법 위헌성 심사를 할 수 없는 겁니다. 그래서 독일의 경우에도 보면 결국 제34조가 조금 전에 조세입법에 영향을 미치는 게 4개 단계가 있다고 했지 않습니까? 그 중에 주로 많이 문제된 게 소득과세, 이 부분의 경우에는 본인의 최저생계비 같은 경우는 제11조 문제로 가고요. 평등의 문제로 갑니다. 그리고 가족의 최저생계비문제는 우리 헌법으로 얘기하면 헌법 제36조의 문제로 갑니다. 그래서 절대로 제34조로 갈 수가 없는 것이거든요. 그래서 그게 좀 조세입법에서 헌법 제34조를 근거로 삼는 것에 대해서 다시 한번 검토를 해봐야 되지 않나 이런 점을 말씀드리고 싶은데 두 개만하고 나머지는 못했는데 김상우 연구관님께서 기회를 한번 주신 것 같습니다. 감사합니다.

먼저 순서에 따라서 박종수 교수님 토론에 대해서 답변을 올리겠습니다.

박종수 교수님은 심사기준이 다양화되어야 된다고 하셨는데, 이런 부분에 대해서는 저도 전적으로 동의를 합니다. 그리고 국세와 지방세간의 유사성 부분이 우리나라의 경우에 국세와 지방세의 조정 등에 관한 법률 제 4 조에 규정이 되어 있었는데 이게 만약에 헌법에 규정되었더라면 어떻게 될 것인가? 물론 그렇게 되면 국회에서 마음대로 입법을 못했겠죠. 독일이 사실은 이런 입법을 취하고 있는데 독일의 경우는 연방국가니까 주와 연방 간에 조세입법권을 둘러싼 팽팽한 갈등들이 생기거든요. 그래서 헌법을 만들면서 명확하게 해두어야 되겠다는 생각으로 계속 정리를 해두었습니다만 우리는 그 정도의 국가는 아니니까, 헌법을 만들면서 너무 부담스럽게 국가가 조세를 형성할 수 있는 종류를 헌법에다 명시를 해 버리면 뒤에 새로운 것을 신설하든지 사회적인 논의가 생기더라도 헌법이 장애물이 될 수도 있다고 생각하지 않았겠나 이런 생각도 해 봅니다. 그래서 이중과세와 관련된 쟁점하고 결국 연결이 될 것 같은데, 어쨌든 헌법에 갔다면 상황이 달라질 것은 분명할 것 같습니다. 그래서 그 부분에 있어서는 동의를 합니다.

그 다음 김상우 연구관님께서는, 종부세의 성격과 관련 되어서 제가 수익세적 성격이 있다고 했는데 이게 수익세적 성격이 있는 게 아니라 재산보유 자체를 담세력으로 파악하는거 아니냐, 그래서 기본적으로 이해가 서로 다르지 않느냐는 지적을 먼저 하셨습니다.

그런데 소득을 획득하는 단계, 그 다음 소비하는 단계, 그 다음에 재산으로 보유하고 있는 단계로 나누어 보면, 우리가 왜 그렇게 소득에도 과세하고 소비에도 과세하고 재산보유에도 과세하느냐? 모두 동일하게 세금을 부담할 능력이 있기 때문에 부과하는 것이거든요. 소득을 획득하니까 세금부담능력이 있는 것이고요. 소비를 한다는 것은 너 돈이 있으니까 소비하는 것 아니냐, 너를 위해서만 소비하지 말고 공동체를 위해서도 소비하라는 거죠. 그래서 일부를 또 이렇게 떼 내는 것이고, 그 다음 보유세 라는 것을 우리가 보유사실 자체를 과세물건으로 한다고 하는 것인데 이게 틀린 말은 아닙니다. 보유사실 자체를 과세물건으로 하는 것하고 보유사실에서 수익력을 인정해서 그 수익력에 대해서 과세한다는 것이 별개가 아니고요. 실제로 보유세라는 것이 어떻게 보면 지금 현존하는 세목들 중에서는 가장 나이가 많은 세목입니다. 아주 오래 전부터 인두세와 재산세 이 두 가지가 있었던 것이거든요. 그런데 인두세가 폐지가 되고 재산세는 어쨌든 계속 남아온 건데, 왜 납세자들에게 세금을 내라고 할 수 있느냐는 부분에서 조세의 정당화론을 들어가다 보면 소득과 소비에 대한 과세는 쉽게 정당화되는데 보유과세는 이게 정당화가 굉장히 어려운 겁니다. 아니 보유하고 있다는데 왜 세금을 내냐는 거죠. 그래서 이 부분에 대해서 독일에시도 과세하면 안 된다 이렇게 바라보는 시각들이 꽤 크고요.

그런데 물론 나라마다 보유과세를 바라보는 시각이 미국은 확연히 틀리죠. 미국은 주에 있어서 주의 예산을 먼저 정하고 그 예산을 재산으로 나눈 형태니까요. 그것은 완전히 접근하는 방법이 틀립니다. 그래서 독일 쪽에 접근해서 가면 보유세를 현대국가에서 18세기도 아니고 21세기에 와서 어떻게 정당화시킬 수 있을 것이냐? 그게 보유사실 자체에 대한 과세라고 하는데 독일에서는 “Fundustheorie”라고도 하는데 보유하고 있다는 사실 자체가 수익력이 있다는 겁니다. 즉 이렇게 가정을 해보시면 되겠죠. 집을 한 채가지고 있다는 것은 집을 가지고 있지 못한 사람보다 집의 사용가치에 상당하는 수익력이 있는 것 아닙니까? 그게 다만 자기가 거기서 살고 있으면 미실현된 것에 불과한 것이지요. 그래서 어떤 나라들은 이렇게 미실현된 재산보유 자체에 대한 수익력을 소득과세에 반영하는 나라들도 있는 것이고요. 우리는 그것을 소득과세에 반영을 안하고 재산보유세로 별개로 하는 겁니다. 앞부분에 헌재도 재산의 소유라는 사실에 담세력을 인정하여 부과하는 재산보유세의 일종이나 일부 소유세의 성격도 있다고 했는데 양자의 성격을 인정한 것은 재산보유 자체에 대해서 과세력을 인정한 이유가 재산보유의 수익능력이 있기 때문에 그렇게 파악한 것이다 이렇게 저는 이해를 하고 있고요.

그 다음 제가 종합부동산세와 양도소득세와의 관계에 있어서 헌재가 이중과세 문제가 아니다. 하나는 보유세고 하나는 소득과세니까 이중과세의 문제가 아니라고 했는데 이중과세가 된다는 사실 자체가 위헌성의 쟁점이 될 수가 없다면 이중과세라고 말해도 전혀 관여할 게 없을 것 같습니다. 다만 종부세가 양도세와 이중과세가 되려면 종부세에 있어서 보유세를 부과한 이유가 수익이라고 할 때 그 수익이 사용가치의 부분이 아니고 재산가치 부분에서 생긴 것으로 이해를 해야 되거든요. 종부세를 사용가치 부분에서 잡으면 그게 부동산임대소득세와 이중과세부분이 연결이 되는 것이고, 재산가치부분에서 잡으면 양도소득세와 연결이 될 수 있는 건데, 어느 것으로 보느냐에 따라서 양도소득세와 종합부동산세가 이중과세가 될 수도 있다 이렇게 볼 여지도 있다고 봅니다. 다만 이중과세 자체가 위헌적이 아니라고 하면 결국 그로 인해서 재산권의 침해가 과도해지는 것은 아니기 때문에 위헌이 아니다. 이렇게 갈 수가 있는 게 아닌가 생각하고요.

그리고 헌재 입장에 따르더라도 종부세가 보유사실 자체에 대한 과세이자 동시에 수익세의 성격도 있다고 했는데, 그러면 일부 수익세 성격이 있다는 것과 그러면 양도소득세와의 관계는 어떻게 되는가? 저는 부분적으로는 어쨌든, 이중과세가 되는 게 아니냐? 그러면 이 부분에 대한 설명도 필요했었던 게 아닌가 이런 생각을 해봤습니다.

그리고 이중과세부분의 경우에는 김상우 연구관님께서 헌재의 자세한 판례들을 소개해 주셨는데, 그래서 제가 이해하는 것과는 다르게 이중과세 자체를 직접적인 헌법적 기준으로 삼지 않는 게 아닌가 이렇게 말씀해 주셨는데, 아직 헌재의 판결 어디에도 명확하게 헌재가 이중과세라는 것 자체가 헌법적 기준이 된다고 명시를 한 적이 한 번도 없습니다. 그래서 이번 사건의 경우에도 마치 이중과세 자체가 하나의 헌법적 쟁점이 되는데 이 사건에서는 이중과세가 아니기 때문에 다루지 않는다 이런 식으로 갔기 때문에 제 입장에서는 헌법재판을 제기하는 분들도 자꾸 이렇게 이중과세라는 것을 하나의 헌법적 기준으로 설정해서 자꾸 청구가 들어오는 게 아닌가라는 생각입니다. 그래서 이 부분에 대해서 헌재가 명시적으로 정리가 필요한 게 아닌가 싶은 생각이 들고요.

그 다음 세대별 합산과세의 경우에는 김상우 연구관님도 저하고 동일하게 이게 두 개로 분리될 수도 있다고 보신 것 같고요. 다만 그렇게 되더라도 세대별 합산과세규정이 위헌이라는 결론에는 다른 게 없는 게 아니냐는 입장이셨는데, 제가 서두에 말씀을 드렸던 것처럼 합산과세 되는 것 자체가 문제가 있는 것이 아니고 합산과세를 했는데 조정규정을 두지 않고 단순합산과세해서 세 부담이 증가하는 그 자체가 문제라고 한다면 헌재가 판결문을 쓸 때에도 그 부분을 지적했어야 되는데 헌재의 판결문은 합산과세를 해서는 안 되는데 왜 합산했느냐 여기에 포인트를 주었기 때문에 저는 이게 논리구성에 문제가 있지 않냐는 생각을 했고요.

그 다음 이게 사실은 조세입법에 대한 위헌성심사기준에 포인트를 맞추라고 해서 절차적인 부분에 말씀을 안드렸는데 또 분량도 너무 많아졌고요. 그런데 우리 김상우 연구관님이 아주 적절하게 제가 생각했던 것을 바로 이렇게 딱 찍으셨습니다. 그래서 이게 부진정 입법부작위 부분으로 만약에 갔다면 어떻게 갔을 것이냐 이 부분도 소개를 해 주셨습니다. 저도 이 부분은 생각했는데 일부러 일단 논의를 계속

더 늘려야 될 것 같아서 생략을 했던 부분입니다.

그 다음 조세와 재산권침해의 문제부분의 경우에는 전통적으로 다른 나라에서 전혀 문제가 없는데 독일에서만 이게 문제가 된 거죠. 결국 헌법에서 재산권이라고 했기 때문에 조세와 같은 금전급부의무를 재산권이라고 볼 것이냐는 거죠. 거기서부터 논의가 출발이 되었는데 독일은 모순에 빠진 게 일반적인 납세의무는 재산권의 침해가 아니라고 했다가 나중에 그 납세의무가 과도해지면 재산권의 침해가 된다고 하니까 어떻게 대상이 아니던 것이 나중에 되어 가지고 그게 과도해지면 그 대상이 되느냐 이런 논리구성에 문제가 생겨서 요즈음에 와서는 재산권의 침해로 일단 바라보는 것 같은데, 어느 입장에서 보더라도 결국은 적절한 범위의 세금부과를 재산권의 침해로 볼 수는 없는 것이거든요. 조대현 재판관님께서 그런 지적을 해 주셨습니다만, 사실 그것을 만약 처음부터 재산권의 침해로 보게 되면 세금부과는 모두 다 이게 무상몰수 아닙니까? 그러니까 전부 다 보상을 해야 되는 문제가 생기죠. 그래서 그런 논리로 갈 수는 없는 거니까 적절한 범위 내의 세금부과는 재산권 침해로 볼 수가 없으며, 조세제도와 재산권의 양립관계를 인정해서 두 개는 인정해야 되고, 다만 과도할 때 결국 재산권에 의해서 조세입법의 한계를 그은 것이다, 이런 입장입니다. 그래서 김상우 연구관님하고 저하고 견해를 같이 하는 게 아닌가 싶고요.

그 다음 평등원칙부분의 경우였는데 이 부분은 보유세를 기본적으로 왜 부과하느냐는 부분에 대해서 저처럼 이렇게 미실현 수익에 대한 과세부분측면이 있다고 바라본다면 결국은 결론이 달라질 것 같고요. 그리고 분명한 것은 어쨌든 대한민국의 재산세와 종합부동산세는 아주 특이한 보유세라는 겁니다. 그래서 사람별로 합산합니다. 사람별로 합산한다는 측면에서 이게 순수한 형태의 보유세로는 보기가 어려운 것 아니냐 그런 부분을 말씀을 드리고 싶습니다. 이 정도로 됐을지 모르겠습니다만 지정토론에 대한 답변은 이 정도로 하도록 하겠습니다.

김 선 택 : 한국납세자연맹의 김선택 회장입니다.

발제문 11페이지에 재산권 부분에서 얼마 전에 세법이 개정된 중에 하나가 3주택이상 다주택자 세율이 주민세 포함해서 66%입니다. 66%인데 실제적으로 물가상승공제가 인정이 안 되고 그리고 부채로 부동산을 샀을 때 이자공제도 안 됩니다. 실제적으로 세율은 66%이지만 굉장히 오래 전에 부동산을 산 경우에는 실제적으로 납세자가 부담하는 세금은 100% 이상이 나올 수 있습니다. 실제적으로 이런 경우에 있어서 헌법재판에 있어서 납세자는 세율보다 높은 몰수적인 세금을 부담함에도 불구하고 헌법재판에서는 구제가 될 수 있는 방법이 현재 판례로서는 없는 것 같은데 이 부분에 대한 헌법재판에서의 고려할 점이 있는지에 대해서 궁금했었고요.

그리고 12페이지 평등권에 있어서도, 평등의 원칙에서 응능과세를 해야 된다고 이렇게 보고 있는데 실무적으로는 평등의 원칙은 정말로 구현되기 힘든 것 같습니다. 세무행정에서 실질적으로 평등의 원칙이 잘 지켜지지 않는 이유 즉 역진적인 부분이 굉장히 많은 데 한 가지 예를 들면, 연말정산만 하더라도 집을 산 사람에 대해서 세제혜택도 많이 주고 장기주택마련저축을 했을 때 소득공제 혜택도 주고, 주식을 투자할 때 증시를 부양하기 위해서 주식투자에 대해서도 세제혜택을 줍니다. 그런데 실제적으로 소득이 높은 사람들 대부분이 세제혜택을 받는 거죠. 정책적인 목적에 의해서. 그런데 연봉이 2000만원인 사람하고 연봉이 3000만원인 사람이 있을 때 오히려 3000만원인 사람이 정책적인 세제혜택을 많이 보게 되면 급여가 훨씬 더 낮은 사람보다 세금을 적게 내는 경우가 발생합니다. 이런 경우에는 실제적으로는 평등권은 침해되지만 헌법적으로는 구제될 수 있는 방법이 없을 것 같고요.

그리고 두 번째로는 현재 헌법재판에 의하면 세목별로 평등권을 판단할 수밖에 없습니다. 소득세면 소득세, 재산세면 재산세, 각 세목별로 판단할 수밖에 없는데, 납세자의 입장에서 중요한 것은 전체적인 세 부담이라는 거죠. 연봉 2000만원인 사람이 담배를 많이 피웁니다. 담배를 많이 피우는 사람 같은 경우에는 오히려 소득세보다는 담배소비세를 굉장히 많이 부담하는 거죠. 실제적으로는 소득세에 있어서는 역진적이지 않은 데 오히려 다른 세목하고 합쳐졌을 때는 국가적으로 보면 역진적인 세금이 유지가 됩니다. 그래서 이런 부분에서는 향후에 우리 헌법재판에 있어서의 과제가 아닌가 그런 생각을 했었고요.

14면 사생활보호에 있어서 거기 이야기 중에 보면 실제로 우리나라 국세청이 아주 많은 정보를 가지고 있습니다. 특히 연말정산간소화정보까지 가지고 있는데 의료비정보도 가지고 있지요, 신용카드정보도 가지고 있지요, 그리고 저축에 관한 정보들도 가지고 있지요, 교육비에 관한 정보도 가지고 있습니다. 여기는 보다시피 사생활의 비밀과 자유가 보장되기 위해서는 이러한 과도한 정보가 남용되면 위헌이다 이렇게 적시를 하셨는데 실무적으로 보면 남용여부를 납세자가 알 수 있는 방법이 없습니다. 그리고 견제가 되는 제도적인 장치도 없습니다. 현재 국세청의 개인정보 정보공개청구를 해보면 내 개인정보를 누가, 언제, 어떤 이유로 보았는지를 밝혀라 그러면 국세청에서는 정보공개를 하지 않습니다. 실제적으로 이러한 사생활의 보호라는 부분이 헌법적 가치가 있지만 현실에 있어서는 이러한 부분들을 우리가 구현하기가 굉장히 힘든 측면이 있습니다. 그리고 국세기본법상 세무공무원의 비밀유지에 관한 부분이 사생활보호라는 긍정적인 측면도 있지만 현실에서는 국세청이 정치적인 세무사들 그리고 무소불위의 권력을 행사하는데 있어서 굉장히 많이 이용되는 겁니다. 대외적으로 언론에 있어서 통제할 수 있는 제도가 없다는 거죠. 국세기본법상 사생활보호규정에 의해서 국세청이 과도한 정보를 남용하거나 그리고 세무사라 하더라도 언론에서 전혀 견제를 할 수 없습니다. 납세자 입장에서 알 수 있는 방법도 없고. 그래서 긍정적인 측면이 있지만 부정적인 측면이 있다는 생각이 되고, 특히 합산과세에 있어서 우리 소득세에 있어서 합산과세를 하지 않음으로 인해서 굉장히 불합리가 발생하고 있습니다.

이 명 웅 : 조금전 김상우 연구관이 제기한 조세와 재산권 문제인데요. 이 부분을 좀 더 부각해서 논제로 삼았으면 좋겠는데요. 조세에 대해서 옛날에는 '대표 없이 과세 없다.' 이렇게 해서 대표자가 정하지 않은 것에 대해서 어떻게 과세를 하냐고 하는데 지금 민주주의 상태에서는 대표자들이 다 있단 말이지요. 그리고 납세의무가 있고. 그래서 과세는 대표자들이 정한 입법으로 할 수 있는 것이고 그것이 납세의무로 규정되어 있고 한편으로는 재산권이 규정되어 있어서 그것을 규범조화적으로 해석을 하는 그런 관점이 이렇게 설 수가 있는데 이제 어떻게 할 것인가의 문제지요.

그런데 현재 우리 실무, 제가 최근에 조세사건을 담당 안 해서 좀 옛날 얘기이기는 합니다만 모든 조세를 재산권의 제한이라고 보면 그것은 다 헌법문제가 됩니다. 그런데 그것이 바람직하지는 않거든요. 모든 법률이, 조세법이 어떻게 헌법문제가 되겠습니까? 그런데 지금 헌법재판소 개념으로 제한과 침해를 구분하는데, 제한 중에서 과잉된 제한이 침해로 이렇게 넘어가겠지요. 그런데 재산권의 제한이라고 다 들고 왔을 때 그것을 다 본안 판단을 해야 된다면 납세의무와 관계에서 이게 균형이 안 맞는 것이라는 거죠. 말씀하셨듯이 독일처럼 그러면 이것은 재산권 문제가 원칙적으로 아니고 반 이상의 어떤 과세를 했을 때는 재산권 침해가 된다. 그것도 논리적인 매끄러움이 적지만 그렇다고 현행대로 이것을 다 재산권 제한이라고 보고 계속 앞으로 실무를 할 것이냐고 하는 것이 굉장히 실무적인 중요성을 갖고 있는 문제입니다. 그래서 거기에 대해서 접점을 찾아야 되겠고요. 이것을 재산권 문제로 보게 되면 과잉금지심사를 하는데, 과잉금지심사라는 것은 아시다시피 가장 엄격한 심사기준입니다. 그런데 조세 자체가 입법형성이라는 것을 가지고 있고 재정이라든가 어떤 사회정책적인 형성을 가지고 있는데 거기에 과잉금지심사를 하는 것이 논리적으로 잘 맞지 않는 측면이 나타나게 됩니다.

피해최소성 심사에서 피해최소성이라는 것은 기본적으로 어떤 대안이 있느냐? 덜 제약적인 대안이 있느냐라는 접근을 하는데 조세에서 과연 어떤 대안설정을 우리가 쉽게 상정할 수 있을 것이냐? 다른 조세라든가 하위조세라든가 이런 식의 어떤 대안개념을 얘기할 수 있지만 그것은 입법목적을 굉장히 넓게 잡았을 때 얘기고 입법목적을 더 한정한다면 더 대안을 쉽게 상정하기가 어렵지요. 그래서 오히려 이것이 과잉된 내용이냐? 이 입법목적에 비해서 요만큼의 조세보다는 더 낮은 조세로 갈 수 있지 않았느냐? 사실은 그것이 대안의 문제는 아니거든요. 그 자체의 조세가 너무 많으냐 아니냐의 어떤 법익균형적인 얘기일 수는 있거든요. 그래서 과잉금지심사를 한다고 할 때, 물론 압살적 조세같은 것은 좀 쉽게 그런 법익균형성을 얘기할 수 있겠지만 피해최소성, 필요성 심사를 하기가 논리적으로 굉장히 어려운 구조가 아니냐는 것이지요. 그래서 이런 기회에 한번 조세와 재산권에 대한, 물론 재산 자체를 건드리는 조세에 대해서는 재산권 문제가 전면에 등장하겠지만 일반적으로 모든 조세가 하나의 어떤 재산이니까 그것이 재산권을 건드릴 수 있는 영역으로서 재산권의 제한이 된다는 것은 어떻게 좀 새로운 방법을 모색을 해보아야 할 필요가 있다고 생각합니다.

이 부분에 대해서 여러분들께서 논의를 해 주셨으면 좋겠습니다.

이 동 식 : 김선택 회장님께서 네 가지를 말씀해 주셨는데 그중에 합산과세는 저하고 같이 가니까 포인트를 두 개로 한번 줄여보겠습니다. 양도세 부분하고 사생활보호 부분인데 사생활보호가 간단하니까 이것부터 한번 체크해 보겠습니다.

과세정보 부분의 경우에 이게 남용이 되는 게 통제가 어렵다는 말씀해 주셨는데 어쨌든 국세청이 국가기관 중에 가장 많은 정보를 가지고 있는 것은 사실입니다. 내가 피부병이 있어 피부과 병원 간 것까지 다 기록을 가지고 있거든요. 그래서 이제 그 부분에 대한 적절한 통제가 필요한데, 저도 이번에 하다가 보니까 독일의 조문하고 우리의 조문을 비교해 보니까 가장 큰 차이점이라 좀 눈 여겨볼 것은 물론 이것은 헌재가 할 것은 아니고 입법자들이 결국 손을 대야 될 부분이지만 국세청의 과세정보망이 엄청난 정보망입니다. 물론 담당하는 과장은 엄청난 정보가 없습니다만, 국가로 모여지는 정보들이 다 거기에 집적이 되도록 되어 있기 때문에 엄청난 정보들이 쌓이는데요. 독일의 경우에는 그 정보망에 엑세스하는 것에 대해서 법적 통제를 가하고 있더라고요. 법률에 규정을 두고 그것을 시행령에서 구체화하도록 하고 시행령에서 보니까 장관이 구체적으로 기준을 만들도록 해 놓았더라고요. 그래서 우리도 그런 것은 필요하지 않냐는 생각을 했고요.

그 다음 양도세 부분이 60% 중과세되는 부분을 말씀해 주셨는데, 이 양도세가 우리나라의 경우는 정책세제의 성격을 가지고 있기 때문에 일반적인 국고적 세제와 정책세제의 성격이 합쳐져서 참 판단하기 어렵기는 한데, 제 개인적으로도 지금 60%, 70% 세율은 굉장히 위험성이 있다고 생각합니다.

특히 여러분이 이것을 한번 생각해 보면, 사실 양도세가 60%, 70%가 되고 거기에 금융부분에 대한 필요경비공제도 인정해 주지 않게 되면 예전에 재정경제부가 계산했던 구조에 따르면 60% 세율이라는 것은 결국 은행에 예금으로 넣어 놓았을 때 복리로 생기는 수익률하고 똑같이 가도록 해 놓았습니다. 즉 부동산가지고 장난치지 말라는 거죠. 해보았자 수익률은 세금 다 내고 나면 결국 투기한 것은 금융소득하고 똑같아 진다는 것이거든요. 그런데 이렇게 되니까 돈 빌려가지고 부동산 투자했던 사람은 이게 60%, 70% 세율이 있는 동안은 절대로 부동산을 안팝니다. 안팔면 세금 못 부과하는 것이거든요. 그러니까 정부는 2010년 12월까지 팔아라 그러면 기본세율 적용할테니 이렇게 제94조 제 6 항인가 제 7 항인가 그런 조문도 있습니다만, 일반 납세자들은 양도시기를 자기가 유리하게 세법이 개정될 때를 선택할 수 있는데 수용당하는 사람을 생각해 보십시오. 수용당하는 사람은 강제로 뺏기거든요. 자기가 원하는 시점이 아닌데. 그래서 그런 부분에서 문제가 있지 않나 생각하고요.

그 다음 이명웅 연구관님 말씀의 경우에는 우리나라가 재산권부분에 대한 언급이 지나치게 많은 것은 사실입니다. 독일의 경우에도 보면 재산권이 침해되었다는 이유로 조세입법에 대해서 위헌선언을 하는 게 아주 드뭅니다. 그런데 우리는 조금 전 말씀하셨던 것처럼 조세는 모든 게 재산권에 관련된 문제가 되어 있기 때문에 헌재가 지나치게 많이 판단하고 있는 것은 사실인 것 같습니다. 그런데 이 부분을 입법형성을 인정해 버리기 시작하면 더 어려운 문제가 되어 버릴 것 같습니다. 그러면 결국 아주 제한적으로만 한다는 건데 그러면 왜 재산권만 그렇게 되었느냐는 문제가 생기겠지요. 그래서 이 부분도 답은 아닐 것 같고 짧은 시간에 제 답을 드리기는 어려울 것 같습니다.

김 성 수 : 종부세 결정에서도 몇 분 재판관님께서 그런 의견들을 주셨고 해서 어떻게 모든 조세를 다 재산권에 대한 제한이라고 봐야 되겠느냐. 또 아까도 사회자께서 말씀하셨습니다만 그게 국민의 의무인데 그렇다면 어차피 누구에게나 다 돌아간다는 차원에서 본다면 합리성심사 정도로 그쳐야지 그것에 대해서 또 다시 재산권을 침해하고 과잉금지원칙에 의한 엄격심사라는 것이 과연 논리적으로 맞느냐 여기에 대해서 상당히 고민들이 있으신 것 같고, 이명웅 연구관님께서 말씀하신 대로 최소침해의 원칙 같은 것은 실무상으로 우리가 다른 대안이 있느냐는 것을 얘기해야 되는데 어차피 조세가지고 한다면 어떻게 그것을 심사기준으로 삼을 수 있겠느냐 이런 말씀들을 하셨습니다. 그런데 저는 그래도 경우에 따라서는 재산권에 대한 비례성원칙심사가 불가피한 경우가 있다고 생각합니다.

예를 하나 들어보면 이번에 종부세 결정에서도 헌재는 1세대 1주택자에 대한 재산권 침해문제와 관련해서 1세대 1주택자라 하더라도 아까 연금생활자라든지 이렇게 스탁(stock)은 있는데 플로(flow)가 없는 사람들에 대해서 과도한 세금이 매겨지면 사실상 재산권에 대한 침해로 이어질 수 있다 이런 얘기를 했는데, 거기서 한걸음 더 나아가면 저는 이런 심사기준을 분리해서 생각해 볼 수 있을 것 같아요. 다시 말하자면 아까 김선택 회장님께서도 말씀하셨습니다만, 재산권을 재산적 가치로 소유하고 있는 경우 예컨대 1세대 3주택이다, 예컨대 살지 않는 토지다, 이런 것에 대해서 종부세든 재산세든 그것을 세금으로 환수하는데 있어서는 입법자의 형성권이 클 수밖에 없다고 생각합니다. 왜냐하면 그것은 재산적 가치로 소유하고 있는 것이기 때문에, 따라서 그런 점에서 본다면 거기에 세금을 물리는데 입법자가 의도했음에도 불구하고 헌법재판소에서 비례성 심사를 한다면 대단히 큰 모순이라고 생각해요. 그것은 합리성 심사로 충분하다고 생각합니다.

반면에 1세대 1주택 같은 경우에는 어떤 의미가 있냐? 왜 재산세건 그것이 종부세건 1세대 1주택의 경우에는 입법형성권이 줄어들 수밖에 없느냐? 아시다시피 헌재도 여러 차례 이야기했고 또 택지소유상한에 관한 법률의 초과소유부담결정에서도 약간 얘기는 했습니다만, 모든 국민과 제가 자유주의자라 그런지는 모르겠습니다만 모든 국민들은 자유 실현에 있어서 여러 가지 다양한 방법을 선택할 수 있다. 나는 자동차는 좋은 것 안 타도 집은 좀 큰데서 살고 싶다고 하는 사람이 있을 수 있거든요. 이 1세대 1주택이라는 것은 재산적 가치로만 포장되는 그런 기본권이 아니라 가족들이 거기서 생활을 하고요, 어떻게 본다면 인간의 존엄과 가치가 발원되는 아주 중심적인 장소라고 생각합니다. 개인의 프라이버시가 실현되는 것이고. 그렇다면 1세대 1주택에 대한 입법자의 조세를 통한 형성권이라는 것은 대단히 협소할 수밖에 없는 것이고, 그리고 1세대 1주택에 대한 과세를 통해서 관련되는 여러 가지 기본권, 평등권도 있을 수 있고 또 혼인생활의 어떤 자유도 있을 수 있고 또 좁은 의미에서 보면 재산권의 의미에서도 볼 수도 있고 그렇다면 거기에는 분명히 비례성심사라고 하는 것이 들어가야 된다, 그것은 불가피한 것이라는 생각이 들고. 이것은 독일에서도 이미 오래전부터 논의된 사항인데 아까 발제자께서도 말씀하셨습니다만 모든 조세는 원칙적으로 의무에 합당해서 부과된 것이니까 재산권과 관계가 없다고 하지만 실제로 그런 원칙에도 불구하고 구체적인 납세자 차원으로 내려와서 어떤 조세부담이 문제가 될 때에는 저는 비례성 심사가 필요한 경우도 있고, 이명웅 연구관님 말씀하신 대로 국가가 세금 말고 그러면 무슨 전매사업하거나 다른 수익사업을 해가지고 재정수입을 확보하라는 얘기냐? 그것은 비교대상이 얼터너티브가 없다고 말씀하지만 우리가 그 대안이라는 것을 굳이 다른 어떤 재정조달수단으로만 한정하지 말고 보다 더 낮은 세율과 보다 더 낮은 세금이라고 하는 것도 액수라고 하는 것은 넓은 의미에서 보면 대안이 될 수 있지 않을까 그런 생각을 해 봤습니다.

이 명 웅 : 독일 같은 경우를 보면 조세평등에 대한 위헌사례들이 꽤 많습니다. 그리고 발표자가 말씀하셨듯이 응능과세의 원칙 이런 것도 좋은 심사기준이 될 수 있겠고요. 그래서 조세에 대해서 우리가 헌법적 통제를 약화하자라는 취지는 아니고 다만 재산권적인 측면에서 모든 조세를 재산권 제한이라고 본다는 것이 좀 마음에 걸린다는 얘기고요. 제가 잠깐 말씀을 드리면 저도 이중과세문제가 그 자체 심사기준이라기 보다는 하나의 비례성이랄까 입법형성권을 판단하는데 있어서 더구나 이중과세나 이런 식으로 어떤 부수적인 논거로 들어갈 수는 있다고 생각하고 그것은 잘 지적을 해 주신 것 같습니다.

그리고 합산과세문제인데요. 합산과세에서는 종부세 결정이 나오고 난 다음에 사실 많은 조세법하시는 분들이 비판적인 의견도 있었고 했는데, 그것은 조세법적인 어떤 논리적인 것하고, 물론 헌재결정에서는 그 부분이 얼마나 구분이 되었는지는 좀 자신이 없습니다만, 일단은 헌법규정이 있다는 것하고 그게 밀접한 상관관계를 갖거든요. 제36조 제 1 항이 혼인과 가족생활의 보호라는 규정이 있는 나라하고 없는 나라하고 헌법판단에서 조세법적인 논리를 전개할 때 차이가 있을 수 있다는 것이지요. 그래서 헌법재판소결정에서 제37조 제 1 항 얘기를 하면서 그 다음에 합산과세의 문제를 지적하고 있다는 점이 좀 더 부각될 수 있을 것 같고요.

마지막으로 한 가지만 간단한 질문을 드리고 싶은데요. 응능과세원칙을 적용을 할 때 그게 수평적, 수직적 혹은 비슷한 수입이 있는데 차별적인 조세를 한다는 것은 위헌심사기준으로서 잘 등장할 수 있겠습니다. 그런데 능력에 따라서 조세를 부과해야 되는데 왜 능력에 따라서 조세를 부과하지 않았느냐는 것은 차별의 문제보다는 적극적인 입법자의 입장에서 그것을 실현을 해 주어야 되는 그런 정의의 문제에 가까운 문제거든요. 그래서 그것이 위헌심사의 기준으로 들어오기가 어려운 측면이 있는데, 이것은 질문이라기보다는 결국 코멘트가 되는데 그래서 그 두 부분의 개념이 차이가 있을 수 있을 것 같습니다. 입법자에 대한 실현의무라는 것하고 헌법재판소의 통제기준으로서 응능과세의 기준이라는 게 약간 차이가 있을 수 있다는 생각입니다.

정 주 백 : 근본적으로 우리가 무엇을 조세라고 할 것이냐는 것이 확정이 안 되면 그 다음 논의는 사상누각과 같다는 겁니다. 예를 들어 지금 우리가 조세라는 형태에 대해서 얘기하고 있습니다만 그러면 조세는 재산권을 침해 안하고 부담금은 재산권을 침해하느냐라는 문제가 바로 부딪치게 됩니다. 그 다음에 또 하나 생각해

봐야 될 것은 우리가 가지고 있는 세법 사건에서 문제가 많이 되는 것은 실제로 공평과세를 실현하기 위한 방법으로 여러 가지 법적 테크닉을 이용하면서 거기서 여러 가지 문제들이 생겨나는 것 아니냐고 저는 생각을 합니다. 많은 부분들이, 근본적으로 세율이 80%니까 위헌이라는 부분보다는 왜 나한테, 예를 들어 증여를 의제하는 그런 경우에 증여한 것으로 보고 증여세를 과세하겠다는 것이 문제가 되는 것이죠. 실제로 그런 경우 같으면 우리가 이념적으로 생각하는 국고적인 입장에서 더 적은 과세를 할 수 있느냐 없느냐라는 문제하고는 다른 문제입니다. 실제로 우리들이 만나게 되는 많은 세법 문제는 이념적으로 보통 말하는 그런 문제하고는 좀 다른 문제가 많은 것 같다는 생각을 하게 됩니다.

그리고 또 하나 이중과세문제가 자꾸 논의가 되는데 실제로 2000헌가11사건에서 상당히 심각하게 논의를 했었습니다. 토초세 결정에서 양도소득세하고 토초세하고 이중과세니까 위헌이라고 결정을 했었고, 두 번째 사건이 들어와가지고 논의 끝에 양도소득세 부분을 공제 안 해 주면 위헌이라고 하는 것은 근거가 없다는 정도로 봤고, 실제로 그 결정에 보면 반대의견은 이것은 이중과세니까 위헌이라고 분명하게 말을 했었습니다. 그러면 뒤집어보면 법정의견은 이중과세문제가 이 문제에서는 헌법적 이슈가 안 된다고 말을 했는데 그것을 명시적으로 못했다라고 보는 게 맞지 않을까 저는 그렇게 생각합니다.

그 다음에 응능과세의 문제에 관해서는 이것만해도 하루 종일 얘기를 해도 안 끝나지 싶은데, 실제로 저번에 박종수 교수님께서 헌법학회에서 발표를 하시는데 응능과세문제를 보는 시각이 크게 두 가지가 있는데 헌법학회에서는 평등에서 바로 나온다는 입장이 가장 보편적인 입장이고, 박종수 교수님은 평등 자체에서는 안 나오고 사회국가원리에서 충전을 해 가지고 나온 것이라고 하는데 실제로 응능과세원리가, 그런데 결국은 이게 우리 심사기준으로서는 평등을 얘기한단 말이죠. 그러면 제가 언뜻 드는 생각에는 만약에 응능과세가 헌법적으로 인정이 된다면 평등이라는 말에 기댈 필요가 없다. 그냥 응능과세의 원칙에 위배된다고 하면 되는데 굳이 왜 평등에 기대느냐? 평등에 기댄다는 것은 제 생각에는 평등 안에 그것이 없기 때문이 아니냐는 생각을 저는 개인적으로는 합니다.

저는 개인적으로 응능과세는 헌법상의 명령이라고는 생각하지 않고 사회국가원리에서 도출되는 어떤 허용할 수 있는 어떤 논거가 될 수 있을 뿐이다 저는 그렇게 생각을 합니다.

사 회 자 : 그러면 마지막으로 우리 이동식 교수님께서 최종 전반적인 어떤 내용에 대한 답변을 한번 부탁드리겠습니다.

발 표 자 : 감사합니다. 먼저 개별문제를 다 코멘트 드리기에는 시간이 많지 않은 데요. 어쨌든 이중과세부분은 이 사건에서는 분명하게 되어 있지 않는데 그 뒤에 만약에 분명하게 정리가 되었다면 저는 굉장히 다행이라고 생각하고요.

응능과세원칙의 경우에는 적어도 헌법에 규정이 없기 때문에 그렇게 되는 것은 맞습니다. 헌법에는 어디에도 '응능'이라는 용어를 써놓은 것은 없거든요. 그냥 평등이라고 해놓았기 때문에, 그러면 어떻게 하는 게 평등이냐는 게 내용을 구체화하다 보니까 응능이 되는 겁니다. 그래서 옛날에 바이마르헌법에는 응능이라는 표현이 분명히 들어가 있고요. 또 프랑스 세계인권선언에도 보면 응능과세원칙이 들어가 있습니다. 그리고 외국의 헌법조문들 중에서 평등권을 규정한 거기에 조세에 대해서 세부담을 규정하면서 좀 더 구체적으로 표현하면서 응능에 따라 부담한다는 얘기가 명시적으로 되어 있습니다. 우리는 그게 없는 것이지요. 그래서 응능과세라는 것하고 평등하고는 좀 더 구체화시킨 것에 불과하다 저는 이렇게 보고 있고, 독일에서 논문도 저는 그렇게 봤습니다.

그리고 어쨌든 이 사건의 경우에는 저는 세대별 합산과세하고 재산권에 있어서 특히 봤던 게 두 가지 부분이었는데 이 두 부분의 경우에는 앞으로 저희들 헌재 결정에서 다시한번 그런 것들의 기준들의 제정이 필요한 부분이 아니겠나 하는 생각입니다.

사 회 자 : 감사합니다.

제100회(2009. 12. 18) 발표문

우리나라 헌법재판제도의 현재와 미래

김 철 수*

Ⅰ. 우리나라 헌법재판제도의 과거

1. 제 1 공화국의 헌법위원회

1948년의 제헌헌법은 헌법재판제도의 중요성을 인정하여 헌법위원회와 탄핵재판소제도를 도입하였다. 헌법초안에서는 위헌법률심사기관으로서 유진오전문위원 등은 미국식 사법심사제도를 구상하였으나, 제정헌법에서는 국회의원들이 순수한 재판기관이 국회입법을 위헌선언하는 것을 꺼려서, 입법부와 사법부의 혼성기구로 헌법위원회를 두었다.

이 헌법위원회는 부통령을 위원장으로 국회의원 5인과 대법관 5인의 위원으로서 구성되는 비독립기관이었다. 이것은 위헌여부를 법률제정기관의 대표 5인과 사법기관의 대표 5인으로서 구성된 점에서 일종의 조정기관의 성격을 띠었다고 하겠다. 이 위원회는 법률의 위헌심사에는 소극적이었고, 정부의 긴급명령 등에 대하여 위헌결정을 하는데 그쳤다. 탄핵심판은 사법부가 아닌 탄핵심판위원회에서 하게 했으며 비상설기관이었다. 헌법위원회와 탄핵심판위원회는 수시적 기관이었다.[1] 헌법위원회는 몇 건의 긴급명령 등의 위헌심사에 그쳤다.

2. 제 2 공화국의 헌법재판소제도

제 2 공화국헌법은 독일식 헌법재판소제도를 도입하였다.

---

* 서울대학교 명예교수, 대한민국학술원 회원.

* 이하에서는 헌법재판소에서 나온 헌법논총, 헌법재판자료집, 헌법재판해석집 등에 실린 많은 문헌은 열거를 생략하기로 한다. 인용문헌은 최소한으로 하였다.

1) 상세한 것은 김철수, 위헌법률심사제도론, 1980; 김철수, 현대헌법론, 1979; 김철수, 헌법학(중), 2009; 헌법재판소, 헌법재판소 20년사, 2008; 이범준, 헌법재판소, 한국현대사를 말하다, 2009.

헌법재판소의 심판관은 9인으로 하며, 대통령·대법원·참의원이 각각 3명씩 선출하며, 임기는 6년으로 상설기구·독립기관으로 하였다. 이것은 헌법위원회가 정치적 기관인데 대하여 사법기관인 점에 특색이 있었다. 헌법재판소제도에 대해서 공법학자 등은 찬성하였으나, 법조계에서는 공법학자들이 심판관으로 가기 위한 제도로 오인되어 부정적이었다. 헌법재판소법이 제정되었으나, 5·16 군사쿠데타에 의한 비상조치법에 의하여 그 효력이 정지되어, 재판소를 구성해 보지 못하였고 한 건의 판단도 하지 못하였다. 이 제도는 독일식 헌법재판소의 직수입인 점에서 현행 제 6 공화국헌법의 제도와 비슷하였다.

3. 제 3 공화국의 사법심사제도

제 3 공화국 헌법제정시에는 미국식 사법심사제도를 할 것인가, 독일식 헌법재판소제도를 할 것인가가 많이 논의되었으나, 최고회의의장이 미국식 사법심사제도를 도입하기로 하였다. 이것은 당시 혁명입법에 대한 위헌심사가 활성화되는 것을 꺼린 군부와 헌법재판소에 부정적이었던 법조인의 로비에 의한 것이라고 하겠다. 헌법은 「법률이 헌법에 위반되는 여부가 재판의 전제가 된 때에는 대법원이 이를 최종적으로 심사할 권한을 가진다」(제102조 1항)고 하여, 일반법원이 구체적 사건에 적용될 법률의 위헌심사를 할 수 있도록 하였다. 이것은 미국식 사법심사제도의 채택이라고 하겠다. 미국헌법에는 명문규정이 없었고 Marbury v. Madison 사건에서 대법원이 위헌심사권을 대법원에 있다고 판단하였는데, 우리 헌법은 일본헌법과 같이 명문으로 이를 규정하게 되었다. 대법원이 최종적 위헌법률심사권을 가지게 되었으나 각급법원이 위헌법률심판을 하고 대법원이 상고심을 맡게 되었다. 하급법원이 법률에 대한 위헌심사를 하여 위헌법률의 적용을 거부하는 판결이 잇달았다.

대법원은 대법원장과 15인의 대법원판사로 구성되었다. 각급법원은 법률의 적용거부를 하여 최고법원인 대법원이 판결을 기다리게 되었다. 대법원은 하급심에서 위헌으로 인정되어 상고된 사건 중에서 국가배상법 제 2 조 1항 단서가 헌법에 위반된다고 적용거부하였다. 또 법원조직법이 법률의 위헌심사를 할 때 재적대법원판사 3분의 2의 다수를 요하도록 한 규정도 헌법에 위반된다고 하여 적용을 거부하였다. 이에 대통령은 대법원 판사들이 국가관이 없다고 질책하였고, 위헌판결에 찬성한 대법원 판사들을 정보기관에서 단속하였다. 이에 따라 위헌이라고 주장한 대법원 판사들이 전원 사임하는 등 불상사가 일어났다. 이에 항거한 것이 법조파동이라고 하겠다.[2)]

2) 사법파동에 대해서는 김철수, "법조파동과 사법권의 독립," 법과 사회정의, 259~277면 참조.

탄핵심판위원회는 대법원장을 위원장으로 하고, 대법원판사 3인과 국회의원 5인의 위원으로 구성되게 되어 있었으나 수시기관이기 때문에 한번도 탄핵심판을 하지 않았다.

4. 제 4 · 5 공화국의 헌법위원회제도

유신헌법의 헌법재판제도는 대법원이 2건의 위헌심사를 한 것을 싫어해 만들어진 것이라고 할 수 있겠다. 위헌법률심사기관으로서 헌법위원회를 두었으나 대법원이 위헌심사제청을 하는 경우에만 위헌심사를 할 수 있게 하였으나 대법원이 한 건도 위헌제청하지 않아 사실상 헌법위원회는 휴면기관역할 밖에 할 수 없었다. 제 5 공화국 헌법도 유신헌법의 헌법위원회제도를 계승하였다. 헌법위원회는 9인의 위원으로 구성하며, 대통령이 임명했다. 위원 중 3인은 대통령이 직접 임명하고 3인은 국회에서 선출하는 자를, 3인은 대법원장이 지명하는 자를 임명하였다.

헌법위원회 위원의 자격은 법률로 정하였는데, 제 4 공화국의 위원자격은 ① 대통령, 국회의장, 대법원장, 국무총리, 국무위원, 법제처장의 직에 있던 자, ② 판사·검사 또는 변호사의 직에 20년이상 재직한 자, ③ 판사·검사 또는 변호사의 자격이 있는 자로서 20년 이상 법원, 검찰청, 법무부, 국방부, 법제처, 국회사무처에서 20년 이상 법률사무를 전담한 자, ④ 20년 이상 공인된 법과대학에서 법률학 조교수 이상의 직에 있던 자로 개방한 것이 특색이다. 제 1 공화국 때에는 자격연한을 15년으로 단축하였다. 그리하여 헌법교수 몇 명이 위원으로 임명되기는 하였으나 상설기관이 아니었으며 수시기관이었다.

대법원은 제 3 공화국 때 위헌결정한 것 때문에 사법파동이 일어난 것을 감안하여 한 건도 위헌심사제청을 하지 않아 18년간 단 한 건도 위헌심사를 하지 못했다. 헌법위원회는 위헌법률심사뿐만 아니라 탄핵, 정당해산을 담당하였기 때문에 탄핵심판위원회제도는 폐지되었다.

Ⅱ. 제 6 공화국헌법의 헌법재판제도의 현재

1. 헌법재판제도의 도입

제 6 공화국헌법의 제정은 국회주도로 행해졌으나 각계헌법개정안이 참고가 되었다. 여당은 제 4 공화국과 제 5 공화국의 헌법위원회의 존속을 원하였고 야당에서는 미국식 사법심사제도의 채택을 주장하였고, 공법학자들은 독일식 헌법재판소제도를 도입하도록 건의하였다. 국회심의과정에서 처음에는 미국식 사법심사제도의 도입이 논의되었으나 대법원이 뜨거운 감자를 받기 싫어하여 헌법재판소제도가 도입되었다.[3] 헌법위원회제도에 대해서는 야당이 반대하여 헌법재판소제도를 도입하기로 했다. 여당의 생각으로는 헌법재판소도 헌법위원회와 같이 휴면기관이 될 것으로 착각하여 헌법재판소제도에 찬성하였고 야당은 헌법소원제도를 도입함으로써 활성화를 기대했었다.

헌법제정후에도 헌법재판소의 활성화를 반대하는 쪽에서 헌법재판소법제정에서 견제를 하기도 하였다. 처음에는 재판관 4인만을 상임으로 하려고 하다가 6인을 상임재판관으로 하는 안이 통과되었고, 헌법이 규정한 헌법소원제도도 탐탁치 않게 여겨 「법률이 정하는 헌법소원」이라고 헌법이 규정하고 있기 때문에 헌법재판소법에서 헌법소원을 제한하려고 하였다. 그 결과 법원측의 주장에 따라 재판소원이 금지되었다.[4]

2. 헌법재판의 활성화

헌법재판소는 헌법재판소법이 효력을 발생한 1988년 9월 1일 이후인 9월 15일 헌법재판소장과 상임재판관 5명, 비상임재판관 3명이 임명되어 헌법재판소가 구성되었다.

(1) 헌법재판소의 지위향상과 권한확대

헌법재판소는 우리나라의 주권행사기관 · 최고기관의 하나로서 헌법보장기능을 담당하고, 기본권 보장기관으로서 최종심판기관으로서의 지위를 가진다.[5] 헌법재판소가 정치적 헌법보장기관이냐 사법적 헌법보장기관이냐에 관해서는 학설이 대립되고 있다. 정치적 기관이라든가 입법기관이라는 설도 있으나 헌법재판소는 사법기관이며 재판에 의하여 헌법을 보장하고 기본권을 구제하여 국가적 사회적 평화를 유지하는 기관인 점에서 사법의 본질에 적합한 것이다. 다만 그 대상이 정치적 사건인

3) 헌법재판소, 헌법재판소법 20년사, 135면 이하.
4) 헌법재판소, 헌법재판소법 제정약사, 2006; 김철수, 헌법재판소법의 제정문제, 국회보, 1988, 3~6면; 서울대법학연구소, 헌법재판의 활성화방안, 1988; 헌법재판소, 헌법재판소 20년사, 138면 이하.
5) 상세한 것은 김철수, 헌법학(중), 1084면 이하 참조.

경우가 많아 정치적 판단이 우월한 것처럼 생각하나, 정치적 사건에 대한 사법적 판단을 하는 것이다. 이것은 사건성, 불고불리의 원칙, 재판의 전제성, 보충성 등의 원칙에 따른 사법적 절차에 따르고 있는 데에서도 검증된다.

우리 헌법재판소의 권한은 ① 위헌법률심판권, ② 탄핵심판권, ③ 위헌정당해산심판권, ④ 권한쟁의심판권, ⑤ 헌법소원심판권, ⑥ 헌법재판소규칙제정권, ⑦ 헌법재판소 행정권 등이 있다. 그 동안 헌법재판소는 이들 권한을 확대하기 위하여 노력해 왔다. 그 중에서도 국회의 의결행위를 재량행위로 보면서도 법률에 기속됨을 명확히 했고 대법원 규칙에 대하여 위헌심사를 했으며, 헌법재판소의 한정위헌결정에 위반하는 대법원 재판을 취소하는 등 그 심판권을 확대해 나갔다. 또 검사의 불기소처분에 대한 헌법소원을 인정하여 사건을 배가시켰다. 헌법재판소는 헌법소원의 범위를 확장하여 관할권확립을 기하였다. 조약에 대한 헌법소원을 인정하였고, 행정입법에 대한 헌법소원, 국회의원이 국회의장을 상대로 한 권한쟁의 인정, 통치행위의 부인 등으로 관할권을 확대해 나갔다. 이러한 헌법재판소의 권한확대는 사건처리통계에서도 나타나고 있다.

헌법재판소는 개청 이후 활발한 결정을 하여 재판관 9인 전원을 상임으로 하는데 성공하였고, 우여곡절 끝에 독립청사를 마련하였고, 권한을 확대해 나가 이제 국가기관 중에서 국민이 가장 신뢰하는 국가기관이 되었다. 이는 그 동안 헌법재판소장을 비롯한 헌법재판관들의 노력의 결과였으며, 이제 세계유수의 헌법재판소로 자리매김하게 되었다.

(2) 사건의 증가

1988년에는 9월 1일부터 12월 31일까지는 합계 39건 밖에 접수되지 않았으나 1989년에는 425건, 1990년에는 362건, 1991년에는 264건, 1992년에는 392건, 1993년에는 385건, 1994년에는 347건, 1995년에는 476건, 1996년에는 552건, 1997년에는 538건, 1998년에는 657건, 1999년에는 924건, 2000년에는 968건, 2001년에는 1,060건, 2002년에는 1,006건, 2003년에는 1,163건, 2004년에는 1,214건, 2005년에는 1,468건, 2006년에는 1,705건, 2007년에는 1,771건, 2008년에는 1,132건, 2009년에는 1,797건으로 사건수가 늘어났다. 그 동안의 총 접수 사건 수는 2009년 10월 31일 현재 17,977건으로 처리건수만도 17,380건이었다.[6)]

---

6) 헌법재판소, 사건통계, 헌법재판소 20년사.

(3) 처리사건의 통계

성립후 21년간 17,977건 접수중 17,380건이 처리되었는데[7] 유형별로 보면 위헌 340건, 헌법불합치 127건, 한정위헌 52건, 한정합헌 28건, 인용 325건, 합헌 1,247건, 기각 5,858건, 각하 8,815건, 기타 5건, 취하 583건 처리되었다. 사건이 597건 미제로 남아있었다.

헌법재판소의 기제사건은 다양하다. 위헌법률심판사건이 473건, 탄핵사건 1건, 권한쟁의사건 49건, 권리구제형 헌법소원사건 14,843건, 위헌심사형 헌법소원사건이 1,908건이다.

〈부〉 심판사건누계표

1988. 9. 01~2009. 10. 31 현재

구분		접수	처리												미제
			합계	결정										취하	
				계	위헌	헌법불합치	한정위헌	한정합헌	인용	합헌	기각	각하	기타		
합계		17977	17380	16797 〈393〉	340 〈233〉	127 〈92〉	52 〈39〉	28 〈29〉	325	1247	5858	8815 (7426)	5	583	597
위헌법률		612	579	473 〈189〉	136 〈135〉	45 〈31〉	15 〈9〉	7 〈14〉		240		30		106	33
탄핵		1	1	1							1				
정당해산															
권한쟁의		65	49	40					11		12	17		9	16
헌법소원	계	17299	16751	16283 〈204〉	204 〈98〉	82 〈61〉	37 〈30〉	21 〈15〉	314	1007	5845	8768 (7426)	5	468	548
헌법소원	§ 68 ①	15139	14843	14429 〈91〉	57 〈50〉	30 〈32〉	11 〈9〉		314	4	5845	8164 (6994)	4	414	296
헌법소원	§ 68 ②	2160	1908	1854 〈113〉	147 〈48〉	52 〈29〉	26 〈21〉	21 〈15〉		1003		604 (432)	1	54	252

※ 주

1. 결정란의 〈 〉는 심판대상법률조문의 숫자임.
2. 헌법소원심판사건중 지정재판부의 처리건수는 ( )안에 기재하고 본란의 숫자에 합산표시 하였음.
3. 법령에 대한 § 68①의 헌법소원심판사건이 인용된 경우는 그 내용에 따라 위헌, 헌법불합치, 한정위헌 등으로 분류하였음. 심판사건누계표.

7) 헌법재판소, 헌재공보, 2009년 11월호.

처리사건의 특색을 1기 재판부, 2기 재판부, 3기 재판부 등으로 나누어 분석하는 경향과 각 재판관의 재판성향을 분석하는 기도도 있었다.[8] 이러한 방법은 미국에서 발전한 각 재판관의 성장배경, 이념정향에 따라 성향이 달라지는 것은 당연하다.

제 1 기 헌법재판소는 재판범위의 확대를 위하여 불기소처분에 대한 헌법소원을 인정하였다. 그 결과 사건 수는 거의 배가되었고, 재판부도 지정재판부를 두어 사전심사하기도 하였다. 그것이 형사소송법개정으로 불기소처분 등에 대해서는 법원에 제정신청을 하게 되었으므로, 보충성의 원칙에 따라서 헌법소원을 제기할 수 없게 되었다. 이것은 헌법재판소의 기능을 제고하기 위하여 필요한 것이었으나 그 동안 불기소처분에 대한 심판은 개별검사의 기소여부에 대한 판단을 심판한 것으로 헌재의 위상을 훼손하는 것으로 비치고 있었다.

(4) 헌재판례집 등 발간

헌재판례집도 초기에는 연 한권씩 출간되었으나 근년에 와서는 연 4집이나 발간되고 있다. 1993년까지는 매해 1집이 나왔고, 1994년부터는 연 2집, 2003년부터는 연 3집, 2005년 연 2집, 2006년 연 3집, 2007년 연 2집, 2008년 연 4집, 2009년도 연 4집이 나올 것으로 예정되고 있다. 그 동안 40집이 나왔기에 60년간 132권이 나온 독일헌법재판소보다도 많은 판례집이 나온 셈이다. 또 헌재결정해설집(연간), 헌법재판자료집(연간), 헌법논총(연간) 등 연구집도 많이 발간하고 있다.

이 모든 것은 그 동안 사건의 증가와 함께 판결문의 길이가 길어졌기 때문이다. 대법원의 판결과 달리 헌법재판소의 결정이 보다 심화되어 있어 한 사건에서 원고지 백면 이상에 달하는 것도 있고 의견이 여러 갈래로 나뉘어 재판관 판결성향의 다양성을 잘 나타내고 있다. 이로써 헌법학연구에도 많은 기여를 하게 되었다.

(5) 정치사건의 처리경향

헌법재판에 있어 그 권한사항에 관한 것 중에는 정치적 의의가 큰 것이 많았기 때문에 세간의 주목을 받아 왔다. 그 중 중요한 것을 들면 5·18 내란사건, 선거구획정사건, 노무현 탄핵사건, 국회의원과 국회의장의 권한쟁의사건, 이명박 후보의 특검사건, 노무현 헌법소원 사건, 미디어법 통과절차에 관한 권한쟁의사건, 한일어업협정사건, 이라크 파병사건 등을 들 수 있을 것이다. 이것은 주로 국회의 자율권, 대통령의 집행권, 전쟁권, 조약체결권 등에 관한 것이기 때문에 소위 정치문제에 속

8) 류성진, "헌법재판소재판관의 재판성향분석," 동아대석사학위논문, 2004. 2; 이국운, "2기헌법재판소의 결정성향분석, 3기헌법재판소의 전망을 덧붙여서," 법과사회 제21호, 2001, 189면 이하.

한 것이다. 이러한 정치적 사건의 경우에는 이해 당사자가 정치적 기관이기 때문에 처리에 어려움이 있었으나 무난히 처리한 것 같다. 그러나 노무현 대통령 탄핵사건,[9] 국회의원과 국회의장 간의 권한쟁의 등에서 권한침해는 인정하면서 법률의 유효를 인정한 사건 등에 대해서는 여·야의 많은 공격을 받았다.[10] 특히 정치적 문제에 대한 논란이 많았다. 정치문제에 대한 헌법재판소의 결정에 대해서는 논란이 많았다. 국회는 정책형성기관이고 행위기관인데 대하여 헌법재판소는 정책통제기관이고 사법절차에 따라 정치문제를 판단해야 한다고 한다. 그러나 헌법의 각 기관은 권력분립원칙에 따라 권한이 분배되어 있으나 입헌주의의 보호를 위한 헌법보장기관인 점에서 적극적인 국민의 권리보장기관으로 활동해야 한다는 주장도 있었다. 반대로 헌재는 정치를 재판해야 하는 기관이지 정치를 해서는 안 된다는 지적이 있었다. 그러나 헌법재판소의 이러한 사법적극적 결정에 대하여 찬성하는 의견도 많았다.[11]

Ⅲ. 현 헌법재판제도에 대한 평가

1. 국회에서의 문제제기

국회에서는 국회의 의결절차나 내부문제가 헌법재판소의 권한쟁의 심판에 의해 결정되는 것에 대해서 불쾌감을 표시하는 사람들이 많다. 예를 들면 국회에서의 징계행위라든가 국회의원의 발언 표결의 자유는 면책대상인데, 국회가 한 의결절차 등에 대한 헌법재판이 많아지자 국회의 자율권을 침해한다고 하거나 국회의 권위가 실추된다고 하여, 이를 예방하기 위하여 국회에 상원을 두어 해결하자는 주장을 하는 사람들이 있다.[12] 이들의 주장은 위헌법률심사는 인정하면서 권한쟁의심판을 부정하는 점에서 논리일관성이 없다. 그러나 상원제도를 도입하자는 주장이 국회내부문제에 대한 헌법재판에 대한 반발측면이 있다는 점은 고려할 여지가 있을 것이다.

---

9) 안병진, 노무현과 클린턴의 탄핵정치학, 2004.

10) 임지봉, "헌법재판소에 대한 국민의 민주적 통제," 세계헌법연구 제13권 1호, 223면 이하; 임지봉, "헌법재판소의 미디어법결정에 대한 비판적 검토," 고시계 2009. 12월호, 64면 이하; 김승환, "방송법사건과 헌법질서," 프레시안, 2009. 11. 11(수); 이국문, "헌법재판소에 다시 한번 기회를," 한겨레신문, 2009. 11. 8.(일).

11) 신평.

12) 전직 국회의장들이 국회내부문제에 헌재가 관여하는 것은 국회의 권위를 상실하게 한다고 주장하고 있다. 국회법사위원회, 국회의 헌법재판소의 발전적 관계를 위한 헌법재판소 운영 및 입법상의 개선방향, 2005.

그런데 국회의장의 헌법연구자문위원회는 상원을 두되 헌법재판소는 유지하는 방향으로 건의하였다. 국회내부의사절차에 대한 사법심사권문제는 다루지 않고 있다.

2. 법원에서의 문제제기

법원에서는 대법원이 최고사법기관인데 헌법재판소가 이에 군림하려 한다고 하여 그 폐지를 논하고 있었다. 대법원에 헌법부를 두어 헌법부에서 위헌심사를 하고 독립기관인 헌법재판소는 폐지하자고 주장한다. 그 이유는 헌법재판소가 대법원의 판결까지 취소하고 있으며, 대법원 규칙까지 위헌심사하는데 대한 반론으로 보인다. 법원에서는 행정소송법을 개정하여 명령·규칙의 위헌·위법사건을 대법원에서 최종적으로 심사하겠다고 하고 있다. 그들 중 일부는 대법원장이 헌법재판관 3명을 지명하고 있는 것을 보더라도 대법원이 헌법재판소에 우월하다고 보고 있다. 이는 잘못된 견해이다.

3. 학계나 재야에서의 문제제기

학계에서는 헌법재판소재판관의 자격이 법조인에 한정되어 있어 사회의 다양한 의견을 반영할 수 없다고 하여 비판하고 있다. 또 헌법재판소의 판결문이 편향되어 있다고 하거나 소수의견이 너무 많은 것은 헌법재판소결정의 정당성을 의심하게 하는 경우도 많다고 한다.13) 학자 중에는 헌법재판소에 대한 민주적 통제를 강화하는 사람도 있다.14)

헌법재판소는 그 동안 각계의 문제제기에 대해서 연구판단하고 있다.15)

김승환 교수는 언론광장에서 “헌재가 하는 일은 무엇이 헌법인가(때로는 법률인가)를 말하는 것이지, 무엇이 정치인가를 말하는 것이 아니다. 헌재가 헌법이 무엇인가를 말해야 하는 순간에 정치가 무엇인가를 말하면서 헌법질서는 와해의 수순을 밟는 것이다”라고 비판하고 있다.16)

4. 정치인과 좌파지식인의 비판

특히 야당이나 좌파시민들의 비판은 더 신랄하다. 미디어법결정에 대하여 헌재

---

13) 임지봉, “헌법재판소의 미디어법결정에 대한 비판적 검토,” 고시계, 2009년 12월호, 64면 이하.
14) 임지봉, “헌법재판소에 대한 국민의 민주적 통제,” 세계헌법연구 제13권 1호, 223면 이하.
15) 헌법재판소, 현행 헌법상 헌법재판제도의 문제점과 그 개선방향, 2005.
16) 김승환, “방송법사건과 헌법질서,” 프레시안, 2009. 11. 11(수).

가 헌재의 존립을 위하여 정치적 판단을 내렸다는 주장이 있는가 하면 국회와 여당을 봐주기 위한 결정이라는 비판도 나오고 있다. 좌파언론 등은 비판일색이다.[17] 그러나 이러한 비판들은 타당하지 않다. 이들은 탄핵사건결정에서는 찬성이었고 미디어법 권한쟁의에 대해서는 비판적이어서 수미일관성이 없다.

5. 유림 등 보수주의자의 비판

유림과 우파일각에서는 한국전통과 순풍미속을 파괴하는 결정을 낸다고 하여 비판하고 있다. 특히 호주제위헌, 간통죄헌법불합치, 혼인빙자간음죄위헌, 동성동본금혼제 위헌, 성의 부모양성사용, 성의 변경가능성, 제사상속제도 등으로 너무 진보적이고 여성우월적인 것이 아닌가하고 우려하고 있다.[18]

6. 학계와 일반국민의 이론

일반국민과 대부분 학자들은 이러한 비판에도 불구하고 헌법재판소의 판결을 지지하고 있다. 국민들의 여론조사에서도 헌법재판소는 가장 믿을 수 있는 헌법기관으로 평가되고 있다. 헌법재판관들이 다양한 의견은 앞으로의 헌재판결을 예측가능하게 하는 것이고, 헌법학 발전에도 큰 기여를 하고 있는 것으로 평가되고 있다.

Ⅳ. 헌법재판의 미래

1. 사법부의 새로운 구성

(1) 사법집중주의에서 사법분산주의로

우리나라의 사법제도는 사법집중주의를 채택하여 그 동안 대법원이 사법권을 총할하고 있었다. 그리하여 법원이 대법원의 지시나 판결에 따라 일사분란한 체제로 움직여 왔다. 이것도 일본제도의 잔재가 아닌가 생각된다. 우리나라의 경우 지방분권이 안되어 사법의 중앙집권주의가 논의되었고, 대법원의 지나친 사법소극주의에 따른 비판도 많았다. 심지어 어떤 학자는 이를 사법독재주의라고 하여 비판하였

17) 헌재, "국민적 조롱 — 존폐론에 당황할 것," 오마이뉴스, 2009. 11. 17.(화).

18) 이에 관한 소개로는 윤진수, "법, 관습, 전통 : 전통적 가족제도와 헌법 – 최근의 헌법재판소 판례를 중심으로," 서울대학교 법학 제47권 2호, 149면 이하, 188면.

다.[19] 사법분산주의는 사법권의 지방분권도 가능해야 하며, 앞으로 지방 로스쿨에서 졸업하는 사람은 지방판사나 지방검사, 한지변호사로 활동하게 하여 획일적 중앙집권적 사법제도를 지방분권화할 필요성도 있다. 대법원의 인사행정권의 집중으로 인한 문제도 심각한 바 법원행정의 분권화도 필요하다.

(2) 전문법원제도의 도입

우리나라에서는 대법원이 민사사건, 가사사건, 형사사건, 군형사사건, 행정사건, 특허사건 등을 다 맡고 있어 전문성이 문제가 되고 있다. 대법관의 수가 14명밖에 안되어 상고심의 업무량이 폭주하여 상고심리불속행제도가 행해지고 있는데 상고이유에 대한 설시가 없어서 변호사들의 불평을 사고 있으며 국민의 재판청구권 보장에도 문제가 있다.[20] 대법원과 국회도 이러한 실상을 알고 있기 때문에 일심에서는 행정법원, 가사법원, 군사법원 등을 독립시키고 있다. 일심에서 세분화할 것이 아니라 최고심에서 이를 세분하는 것이 필요하다. 현재 최고심으로서는 헌법재판소가 독립되어 있으나 행정재판소, 특허재판소 등의 기능은 대법원에서 하고 있어 그 전문성이 문제가 되고 있다. 대법원의 인적 구성을 보더라도 민·형사법전문가가 대부분을 차지하고 있다.

주지하는 바와 같이 독일에서는 최고법원의 전문화가 행하여지고 있어 Fachgericht로서 BGH가 민사사건과 형사사건을, 행정재판소가 행정사건을, 노동재판소가 노동사건을, 사회재판소가 사회보장 등 분쟁사건을, 조세재판소가 조세사건을, 특허법원이 특허사건을 담당하고 있다. 이들 연방법원 등이 상고사건을 맡아 전문성 있는 재판을 하고 있고 신속한 재판을 보장하고 있다. 우리 대법원에서는 헌법재판소까지 대법원으로 통합하여 헌법부를 만든다는 발상을 하고 있었는데, 전문법원의 존재는 필요불가결하다. 미국에서의 대법원은 우리나라처럼 민·형사 사건 위주가 아니고, 헌법적이거나 전국적 통일성을 요하는 사건만 처리하여 사실상 헌법재판소로 기능하고 있다. 우리나라에서도 대법원을 분할하여 전문법원으로 분할하는 것이 요청되고 있다. 그래야만 대법원에서 소홀하게 다루어지고 있는 명령규칙심사라든가 조세·행정·특허·노동사건의 신속한 심리가 가능해질 것이다.

그러면 최고심법관의 정원도 100명가량되어 신속한 재판이 가능할 것이다. 최고법원간의 의견대립이 있는 경우에 문제가 될 수 있으나 그러한 문제는 각 최고법원의 대표로 구성되는 연합체에서 다루면 되는 것이다. 또 중요한 문제는 대개 헌법

19) 이헌환, 법과 정치, 박영사, 2004.

20) 김철수 편, 사법제도의 개선방안, 서울대법학연구소, 교육과학사, 1992.

해석문제이기 때문에 헌법재판소의 최종적 결정을 얻게 하면 될 것이다.

헌법재판소는 정치적 기관이 아닌 사법적 헌법기관으로서의 지위를 유지하여야 할 것이다. 헌법재판소는 독일과 같이 최고사법재판소로서 기능해야 한다. 이 점에서 헌법재판소폐지론은 법원이 전문화의 입장에서도 부인되어야 하며 헌법재판소의 기능이 강화되어야 한다.[21)]

2. 헌법재판소의 구성문제

(1) 헌법재판관의 임명과 선출

헌법재판관의 임명에 있어 현재의 대통령, 국회, 대법원장 3부에 의한 추천 내지 지명제도는 재고되어야 한다.[22)] 대법원장이 막강한 사법행정권을 가지는데 대법관임명제청권뿐만 아니라 헌법재판관 3인 지명권까지 가지는 것은 헌법재판소의 독립을 침해하고, 대법원장의 독주로 결과될 수 있고 민주화에도 역행하는 것이다. 이러한 점에서도 대법원장의 지명권은 폐지되어야 한다.

민주적 정당성을 위하여 국회에서 재판관 전원을 선출하되 독일식으로 국회에서 3분의 2의 다수의 합의를 얻은 사람을 선출하게 할 것이요, 과거 정당에서 활동한 사람을 배제하는 것이 좋을 것이다. 독일에서는 연방헌법재판관을 연방하원과 연방참의원에서 반씩 선출하고 있는데, 정당간의 나눠먹기라 하여 비판하는 소리도 있다.[23)]

(2) 헌법재판관의 자격문제

헌법재판관의 자격을 헌법이 법관의 자격이 있는 자로 한정한 것은 문제가 있다. 법관의 자격은 법률로 정할 수 있기 때문에 법원조직법이나 변호사법이 법관의 자격을 보다 완화해서 해결하는 것도 한 방법이나 이것은 법조계의 반대에 따라 실현가능하지 않다. 법관의 자격은 현재는 사법시험에 합격하여 2년간 사법연수원의 연수를 받은 사람으로 한정하고 있다. 이 규정 때문에 헌법재판소에는 법관, 검찰관, 변호사 만이 임명되어 와서 헌법재판소 구성의 다양성이 해쳐지고 있다. 헌재재판관 거의 전부가 법원판사출신이기 때문에 그 동안에 종사했던 법원의 판결성향을 벗기 어려운 것이 사실이다.[24)]

21) 헌법재판소, "현행 헌법상 헌법재판제도의 문제점과 개선방안," 헌법재판연구 제16권, 2005; 헌법재판소, 헌법재판소법의 개정방향에 대한 연구용역보고서, 1999.

22) 국회법제사법위원회, 국회와 헌법재판소의 발전적 관계를 위한 헌법재판소의 운영과 입법상의 개선방향, 2005.

23) 찬성, Jutta Limbach, SZ 2, 2. 2008, S. 6. 반대, Richard Thoma, SZ 16, 2. 2008, S. 5.

24) 조대현 재판관 인터뷰, 중앙일보, 2009. 12. 12.

헌법재판은 사회 모든 사건을 포함하는 헌법보장기능을 갖기 때문에 다양한 재판관 구성이 필요하다. 이에 부응하기 위하여 법률의 소양을 가진 전직 외교관, 전직 고위공무원, 법학교수들의 참여가 바람직하다. 이번 헌법개정에서는 헌법재판관의 자격을 법관의 자격을 가진 자에 한정하지 않고 법학교수, 전직 장관, 전직 대사, 공사 등으로 임명대상을 확장해야만 할 것이다.

(3) 헌법재판관의 임기문제

헌법재판관의 임기는 현재 6년이고 재임할 수 있게 하고 있는데 이것도 8년 정도로 늘리고 재임하지 못하도록 하는 것이 좋을 것이다. 대법관 경력자 등을 임명하는 경우 50대 후반이나 60대에 임명되어 정년될 때까지 재임하는 방법이 좋지 않을까 한다. 문제는 연로화현상이나 재판연구관들이 젊기 때문에 그들의 도움을 받는 경우 결정이유나 반대의견의 작성에 큰 부담을 주지 않아도 될 것이다.

3. 헌법재판소의 권한확대

(1) 헌법재판소의 정치쟁송 독점문제

외국의 헌법재판소가 가지고 있는 권한가운데 우리나라 헌법과 헌법재판소법에는 규정하지 않는 것이 상당수 있다. 예를 들면 ① 대통령당선소송, ② 대통령선거소송, ③ 국회의원당선소송, ④ 국회의원선거소송 등이 있는데 이것도 헌재에서 다루는 것이 필요할 것이다. 현재는 법원이 공직선거법이나 정치자금법 등 위반으로 100만원 이상의 벌금을 받은 경우 국회의원의 직을 상실하게 되는데 이것을 헌법재판소의 권한으로 하는 것이 바람직하다.

(2) 헌법재판소의 규범통제문제

헌법재판소는 현재는 구체적 규범통제권만을 가지는데 새 헌법에서는 추상적 규범통제권도 가지게 하는 것이 바람직할 것이다. 프랑스와 독일에서와 같이 일정수 이상의 국회의원이나 정부가 제청하는 경우 사전적으로 예방하는 것이 필요할 것이다.

헌법재판소는 법률의 위헌심사를 독점하고 있는데 명령·규칙의 위헌심사는 대법원이 최종적으로 심사하게 하고 있다. 규범의 위헌성여부결정권은 헌법재판소에 주는 것이 바람직하다. 명령·규칙의 위법심사는 대법원의 권한으로 하여 대법원이 법률보장기관으로 기능하는 것은 좋으나 규범의 위헌심사권을 양분하는 것은 바람직하지 않다. 이 점에서 명령·규칙의 위헌심사도 헌법재판소의 권한으로 하여야 할 것이다.

(3) 행정처분의 위헌심사문제

행정처분의 위헌심사도 현재는 대법원이 최종적인 결정을 하도록 하고 있다. 이것은 변경하여 행정처분의 위법심사는 행정재판소의 권한으로 하여야 한다. 법원의 재판에 대해서는 헌법소원을 제기할 수 없도록 하여 행정청의 위헌처분에 대하여서는 보충성의 원칙에 따라 헌법소원의 길이 막혀 있다. 위헌심사의 통일성을 위하여서도 행정처분의 위헌심사는 헌법재판소의 관할로 하는 것이 바람직하겠다. 그렇지 않으면 보충성의 요건을 완화하여 원행정처분에 대해서는 위헌심사할 수 있게 해야 한다.

(4) 재판소원 문제

헌법재판소법이 법원의 재판에 대해서는 헌법소원을 할 수 없게 하고 있는데, 오늘날 기본권의 대사인적 효력이라든가 대국가적 효력 문제를 보더라도 각급법원의 재판에 대한 헌법소원을 금지하는 것은 바람직하지 않다. 재판에 대해서 헌법소원을 인정하는 것은 헌법재판소가 제4심으로 기능하여 대법원의 최종심사권을 침해한다는 주장이 있으나 위법심사는 법원의 권한이나, 법원이 법률의 위헌심사를 하지 못하는 것과 같이 법원이 위헌적으로 국민의 헌법상 권리를 침해하는 경우에는 헌법소원의 대상이 되도록 하여야 할 것이다.[25] 형사사건의 경우에는 필수적이다.

4. Excurse : 헌법재판소와 정치문제 판단 문제

여론으로서 헌법재판소의 정치문제에 관한 판단을 약간 들어보기로 한다.

(1) 권한쟁의 심판

헌법재판소는 제기된 뒤 약 5년만에 1995년 2월「국회의원과 국회의장 간의 권한쟁의」사건에서 국회의 구성원이나 국회 내의 일부기관인 국회의원 및 교섭단체 등이 국회의장을 상대로 하여 권한쟁의심판을 청구할 당사자자격이 없다고 결정하였다.[26] 그러나 2년 뒤인 1997년 7월에 선고한 국회의원과 국회의장 간의 권한쟁의

25) 독일에서는 재판소원이 인정되고 있다. Urteilsverfassungsbeschwerde, BVerfGE 1, 4; 2 BvR 1436/02(24. 09. 2003)(Kopftuch). 헌법재판소, "법률의 위헌결정과 헌법소원의 대상," 헌법재판연구 제1권, 1990; 김철수, "헌법소원제도의 개선방향," 이규석교수기념논문집.

26) 헌재 1995. 2. 23. 선고, 90헌라1, 헌재판례집 제7권 1집, 140면 이하.

심판사건에서는 국회의원이 국회의장을 상대로 하여 권한쟁의심판을 청구할 수 있음을 인정하였다.[27] 그 결과 국회의원의 국회의장을 상대로 하는 권한쟁의가 늘어나고 있다.

헌법재판소는 국회의원과 국회의장 간의 권한쟁의심판에서 국회의결과정을 심사대상으로 하면서 결론적으로 국회의 자율권을 강조하는 결정을 하였다. 2003년 10월 30일 결정에서는「국민의 대표기관이자 입법기관으로 폭넓은 자율권을 가진다」고 하면서 국회의 자율권에 근거하여 내부적으로 … 자율적으로 결정할 수 있다고 보았다.[28]

최근에 문제가 된 것으로는 미디어법 개정에 관한 권한쟁의가 있었다.[29] 이 결정에 대해서는 야당과 진보학자들에 의한 비판이 있다.[30]

이 결정에서는 입법절차상에는 권한침해행위를 인정하면서 국회의장에 의한 개정법률의 가결선포행위에 관한 무효확인청구는 모두 기각하였다하여 수미가 일관되지 않은 결정이라고 비판받고 있다.[31]

이강국, 이공현 재판관의 기각의견을 보면「국회의원이 국회의장을 상대로 국회에서의 입법절차의 하자로 말미암아 자신의 심의 · 표결권이 침해되었다고 주장하는 이 사건과 같은 유형의 권한쟁의심판에 있어서도 특히 국회의 입법에 관한 자율권을 존중하는 의미에서 헌법재판소는 원칙적으로 처분의 권한침해만을 확인하고, 권한침해로 인하여 야기된 위헌 · 위법 상태의 시정은 피청구인에게 맡겨 두는 것이 바람직할 것이다. 그러므로 이 사건 신문법안의 가결선포행위에 대한 무효확인청구는 이유 없으므로 기각하여야 할 것이다」고 하고 있다.

이에 대하여 조대현 · 송두환 재판관은 인용의견을 내고 있다.「법률안이 국회의결과정에서 국회의원들의 심의 · 표결권이 침해된 결과로서 이루어진 가결선포행위의 무효를 확인하거나 취소하는 것이 원칙이라 할 것이다」. 이 반대의견은「자율권을 인정하지 않고 있으며, 가결행위의 무효확인이나 취소선언을 회피하는 것은 … 헌법재판소의 사명을 포기하는 것」이라고 비판하고 있다.

헌법재판소가 국회의원의 국회의장을 상대로 한 권한쟁의를 인정한 것은 국회의 내부절차까지 합헌성, 합법성 심사를 하기 위한 것으로 보이나, 원인제공행위인

27) 헌재 1997. 7. 16. 선고, 96헌라2, 헌재판례집 제9권 2집, 154면 이하.
28) 헌재 2003. 10. 30. 선고, 2002헌라1, 헌재판례집 제15권 2집(하), 17면 이하.
29) 헌재 2009. 10. 29. 선고, 2009헌라8, 9, 10(병합), 헌재판례집 제21권 2집(하), 14면 이하.
30) 임지봉, "헌법재판소의 미디어법 결정에 대한 비판적 검토," 고시계, 2009년 12월호.
31) 김승환, "방송법사건과 헌법질서," 프레시안, 2009. 11. 11(수); 이국문, "헌법재판소에 다시 한번 기회를," 한겨레신문, 2009. 11. 8(일); 이재훈의 인엔 아웃 No. 11. 노마드의 크라임스토리.

국회의사방해행위나 의사당폭력사태의 야기 등에 관해서도 심판했으면 좋았을 것이다.

헌법재판소는 국회의원이 대통령이나 정부를 상대로 하는 권한쟁의는 인정하지 않고 있으며 국회만이 소제기능력을 가지고 있으며 국회의원의 권한침해행위소송은 제 3 자 소송에 해당한다고 보고 있다.32)

국회의원과 국회의장 간의 권한쟁의사건에서는 개별 국회의원이 권한쟁의를 제기할 당사자 능력이 없다고 보는 것이 옳을 것이다. 만약에 국가기관구성원 개개인이 다른 국가기관과 권한쟁의를 제기할 수 있다고 한다면 기관쟁의의 기관성의 문제가 발생할 것이다. 국회의 의결절차의 하자에 대해서 심판하려고 한다면 추상적 규범통제의 적격자로 국회의원다수와 원내교섭단체를 인정하면 될 것이다.

(2) 이라크 파병문제

대통령의 이라크 파병행위에 대한 헌법소원에서 헌법재판소는 「파병결정은 그 성격상 국방 및 외교에 관련된 고도의 정치적 결단을 요하는 문제로서, 헌법과 법률이 정한 절차를 지켜 이루어진 것이 명백하므로, 대통령과 국회의 판단은 존중되어야 하고 우리 재판소가 사법적 기준만으로 이를 심판하는 것은 자제되어야 한다. 오랜 민주주의 전통을 가진 외국에서도 외교 및 국방에 관련된 것으로서 고도의 정치적 결단을 요하는 사안에 대하여는 줄곧 사법심사를 자제하고 있는 것도 바로 이러한 취지에서 나온 것이라 할 것이다. 이에 대하여는 설혹 사법적 심사의 회피로 자의적 결정이 방치될 수도 있다는 우려가 있을 수 있으나 그러한 대통령과 국회의 판단은 궁극적으로 선거를 통해 국민에 의한 평가와 심판을 받게 될 것이다」33)고 하고 있다. 4명의 별개의견은 청구인은 당사자자격이 없으므로 헌법소원을 각하한다고 하고 있다. 미국에서는 이를 정치문제로 다루고 있다.34) 독일에서는 해외 군사훈

---

32) 헌재 2007. 10. 25. 선고, 2006헌라5, 헌재판례집 제19권 2집, 436면 이하.

33) 헌재 2004. 4. 29. 선고, 2003헌마814, 헌재판례집 제16권 1집, 601면 이하.

34) 외국의 사례에 대해서는 Eberle/Fisher-Lescano, Grenzen demokratischen Rechts, Die Entsendungsentscheidungen zum Irak Krieg in Großbritanien, den USA und Spanien, Hessische Stiftung Friedens- und Konfliktforschung-Report, 8, 2005; Ackerman, War powers Litigation initiated by member of Congress …, Report for Congress, 2003; Chemerinsky, Constitutional Law, Principles and Policies, 2. ed. 2002, p. 138f; Anger Bush, 552 Fed, Supplement 509(D.D. C. 1990; Choper, The Political Questions Doctrine: Suggested Criteria, 54 Duke Law Journal, 1457~, Franck, Political Questions/Judicial Answers: Does The Rule of Law apply to Foreign Affairs, Princeton University Press, 1992; 김철수, "사법심사의 한계로서의 통치행위," 서돈각교수기념논문집; 김철수, 현대헌법론, 1979, 888면 이하; 성낙인, 통치행위론, 헌법재판의 이론과 실제, 1993; 고문현, 통치행위론, 경북대학교 석사학위논문, 1985; 금동익, 통치행위의 사법적 통제, 서울대학교 석사학위논문, 1984 등 참조.

련파병계획이 의회의 승인을 얻지 않는 경우 위헌이라고 판시한 바 있다.[35] 미국에서는 대통령의 전쟁권한으로 인정하고 있다. 최근에 미국의 1심은 이라크 파병문제를 정치행위라 하여 각하하고 있다.[36] 정치문제에 관한 외국이론을 표로 보면 다음과 같다.[37]

---

35) Mai 7, 2008. Entscheidungen, 2 BvR.

36) US District Court for the District of New Jersey, New Jersey Peace Action, et al v. Barack Obama, Civil action No. 08-2315(JLL).

37) **Constitutional Law I** **Prof. Manheim**
Spring, 2006

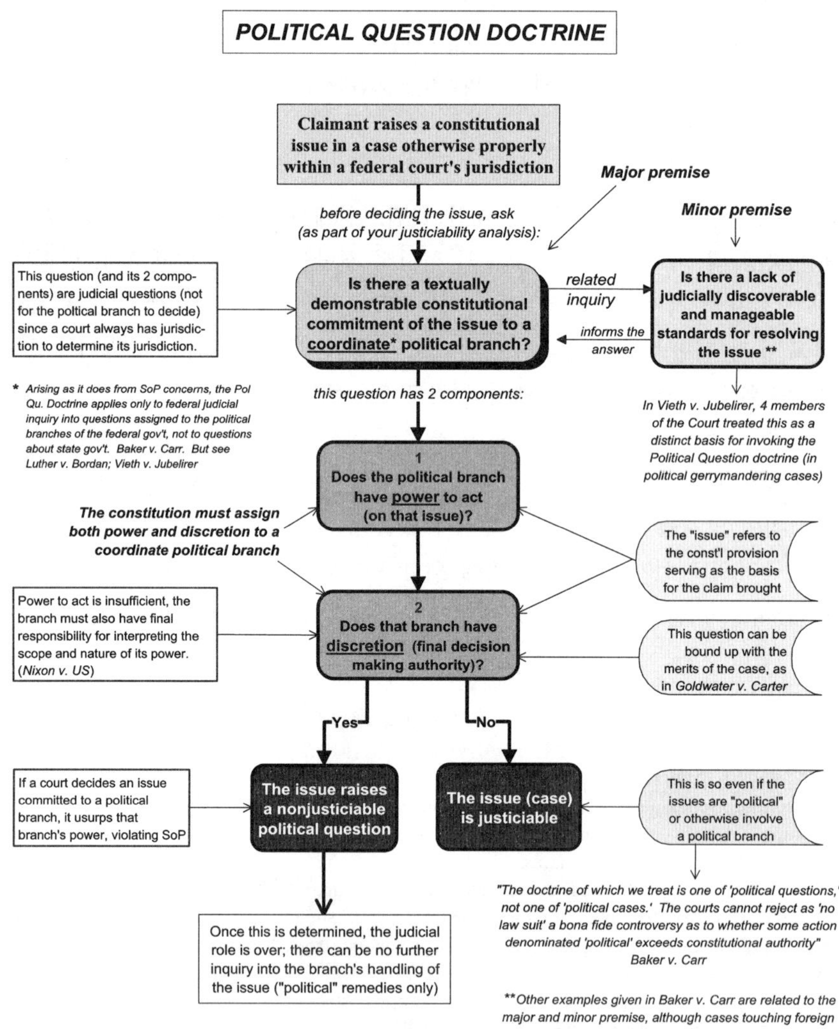

(3) 외교관계 · 조약의 체결

외교관계나 조약의 체결문제도 여러번 헌법재판의 대상이 되었다. 헌법 제6조 1항에 따르면 헌법에 의하여 체결 · 공포된 조약은 국내법과 같은 효력을 가지므로 조약의 체결행위는 국내법과 같은 효력을 갖는 고권행위로서 공권력 행사에 해당하므로 헌법소원의 대상이 된다고 결정하였다(헌재 2001. 3. 21, 99헌마139 등).[38] 그러나 영토권인정여부에 대한 판단은 엇갈렸다. 다수의견은 「국민의 개별적 기본권이 아니라 할지라도 기본권보장의 실질화를 위해서는 영토조항만을 근거로 하여 독자적으로 헌법소원을 청구할 수 없다 할지라도, 모든 국가권능의 정당성이 근원인 국민의 기본권 침해에 대한 권리구제를 위하여 그 전제조건으로서 영토에 관한 권리를, 이를테면 영토권이라 구성하여 이를 헌법소원의 대상인 기본권의 하나로 간주하는 것은 가능한 것으로 판단된다」고 하였다.

외국에서는 조약의 체결 · 비준 등 외교관계결정은 정치문제에 속하더라도 조약의 합헌성여부에 대해서도 판단할 수 있다고 하고 있다.[39] [40]

2009년 2월 26일 선고된 한일어업협정사건에서는[41] 이 조약이 기본권을 침해하였는가를 심사하고 있다. 「이 사건 협정이 헌법 제10조, 제37조, 제40조, 제101조를 위반하였다고 규정하나, 제40조, 제101조는 이 사건 협정조항과 직접적인 관련이 없고, 「제10조 및 제37조는 이 사건 협정조항 들에 위반된다고 할 수 없다」고 한다. 또 이 사건 협정은 배타적 경제수역체제의 도입이라는 새로운 해양법질서하에서도 어업에 관한 한일양국의 이해를 타협 · 절충함에 있어서 현저히 균형을 잃은 것으로도 보이지 않는다고 일응 판단된다고 하여 … 헌법상 보장하는 직업선택의 자유, 재산권, 평등권 등이 침해되었다는 주장은 이유없다 할 것이다」고 하고 있다.

또 대한민국과 미합중국 간의 미합중국군대의 서울지역으로부터 이전에 관한 협정 등에 대하여 심사하여 기본권을 침해하지 않는다는 결론을 내렸다.[42] 미국산

---

38) 헌재 2001. 3. 21. 선고, 99헌마139 등, 헌재판례집 제13권 1집, 676면 이하. 상세한 것은 김철수, 헌법학(상), 2009, 700면 이하.

39) 미국의 경우에는 Franck, Political Questions/Judicial Answers: Does the Rule of Law Apply to Foreign Affairs?, 1992; Choper, The Political Question Doctrine: Suggested Criteria, 54 Duke L. J. 1457.

40) 대독관계에 대한 판결로는 동서독기본조약에 대한 헌재결정이 있었다. 상세한 것은 김철수, 독일통일의 정치와 헌법, 2004 참조. 독일에서는 Maastricht, Lisbon 조약 등 EU 형성 조약도 위헌심사하였다. Maastrict Urteil, BVerfGE 89, 155. Lisbon Vertrag, Bundesverfassungsgericht-2 BvR 2136/09 von 22. 9. 2009.

41) 헌재 2009. 2. 26. 선고 2007헌바35, 헌재판례집 제21권 1집(상), 76면 이하.

42) 헌재 2006. 2. 23. 선고 2005헌마268, 헌재판례집 제18권 1집(상), 268면 이하.

수입쇠고기고시사건에서 고시는 조약이 아니라고 하여 이유없다고 하여 기각하고 있다.[43] 이 밖에도 조약이나 행정협정 등을 심사하여 합헌결정을 내리고 있다.[44][45] 조약도 실질적 의미의 법률인 경우 위헌법률심사의 대상이 되는 것은 당연하며 헌법재판소의 결정은 정당하다.

(4) 선거구구획문제와 정치문제

미국에서는 Baker v. Carr 사건[46] 이전에는 선거구 획정문제는 정치문제라 하여 사법심사에서 제외되었다. 우리나라에서는 Baker v. Carr 사건 판결을 모방하여 선거구구획문제는 헌법상 정치문제가 아니라고 하여 평등권 심사를 하여 선거구구획의 인구평등을 기하고 있다.[47]

헌법재판소는 1995년 12월 27일에 95헌마224 등 사건에서[48] 국회의원 선거구구역사이에 인구편차가 과도한 국회의원 선거구구역표에 대하여 최초로 위헌결정을 하였다. 이 결정에서 헌법재판소는 인구격차가 4 : 1을 초과하는 경우 평등선거원칙에 위반된다는 의견을 제시하였다. 그 이후 지방의회 선거에서의 선거권의 평등을 위한 많은 결정이 나왔고,[49] 재외국민에 대한 선거권을 인정하는 결정도 나왔다.[50] 이러한 선거권의 평등에 관한 것은 정치문제가 아니다. 이것들은 국민의 기본권·평등권과 직접 관련이 있기 때문에 정치문제라는 이유로 판단을 회피할 수 있는 없다고 하겠다. 이것은 일본최고재판소에서도 인정되고 있다.

이 점에서 헌법재판소의 판결은 타당하나 편차의 범위를 2 : 1까지 낮추는 것이 필요할 것이다.[51]

---

43) 헌재 2008. 12. 26. 선고, 2008헌마419·423·436(병합), 헌재판례집 제20권 2집(하), 960면 이하.

44) 대한민국정부와 중화인민공화국정부간의 마늘교역에 관한 합의서 등 결정, 헌재 2004. 12. 16. 선고, 2002헌마579, 헌재판례집 제16권 2집(하), 568면 이하.

45) 상세한 것은 헌법재판소, 국제조약과 헌법재판, 2007 참조.

46) Baker v. Carr(1962) US, 186, Justice Brennan Kirkpatrik A Co.v. Environment al Technics Ca No. 87-2006 US.

47) 헌재 2001. 10. 25. 선고, 2000헌마92 등, 공직선거 및 선거부정방지법 [별표 1] 국회의원선거구구획표 위헌확인사건에서.

48) 헌재 1995. 12. 27. 선고, 95헌마224 등, 헌재판례집 제 7 권 2집, 760면 이하.

49) 헌재 2007. 3. 29. 선고, 2005헌마985·1037, 2006헌마11(병합), 헌재판례집 제19권 1집, 287면 이하; 헌재 2009. 3. 26. 선고, 2006헌마14, 헌재판례집 제21권 1집(상), 482면 이하.
선거에 관한 헌법판례는 김철수, 헌법학(상), 461면 이하 참조.

50) 헌재 2007. 6. 28. 선고, 2004헌마644, 2005헌마360(병합), 헌재판례집 제19권 1집, 859면 이하.

51) 상세한 것은 김철수, 헌법학(상), 461면 이하 참조.

(5) 수도이전사건

헌재는 신행정수도의 건설을 위한 특별조치법은 위헌확인하면서[52] 행정복합도시건설법은 헌법에 위반되지 않는다고 하여[53] 이 합헌판결은 결과적으로 오늘의 세종시 문제를 일으키게 한 점에서 문제가 있다.

전 결정에서는 수도서울이 관습헌법이라 하여 위헌선언하였는데 이에 대해서는 관습헌법을 인정할 수 없다는 반대의견이 있었다.[54] 후 결정은 수도분할이 아니라는 이유로 합헌결정을 하였는데 일관성이 없다는 많은 비판을 받았다. 그 이유는 수도분할사건의 주심판사가 사직하였기 때문에 재판관의 이동이 있었고 재판관의 독립성이 위태로워진 것 때문이 아닌가 한다. 수도권 분할도 위헌이라고 했으면 세종시를 둘러싼 국민분열을 막을 수 있지 않았나 생각한다.

헌법재판소는 정치를 하는 것이 아니고 규범통제만 한다고 하는데 규범통제에 있어서도 장래를 예견하는 정치적 결단을 하는 것도 요망된다 하겠다.

(6) 노무현 대통령 탄핵사건

헌법재판소는 노무현 대통령 탄핵사건에서 대통령의 헌법위반·법률위반행위는 인정하면서 그 위헌행위가 대통령을 탄핵할 만한 중대한 위반사항이 아니라는 이유로 탄핵소추를 기각하였다.[55] 이 결정에 대해서는 재판관 간에도 찬반양론이 있었다고 한다.[56] 결과적으로 본다면 탄핵이 결정되었더라면 노무현 대통령의 헌법위반행동은 중지시킬 수 있었을 것이다. 그러나 헌법재판소는 장래문제보다는 과거 국회의 의사보다도 탄핵사건을 둘러싼 국회의원선거에서 나타난 민심을 현재의 국회구성을 더 중시한데서 나온 것이라고 보겠다.

이 결정에서는 처음으로 소수의견이 발표되지 않아 문제가 되어 헌법재판소법을 개정하여 소수의견을 제출하도록 하였다. 탄핵사건의 소수의견이 지금이라도 발표되는 것이 바람직하다고 하겠다.

(7) 소　　결

독일에서도 정치문제처리가 많이 논란되고 있다. 독일에서는 헌법재판소에 의

---

52) 헌재 2004. 10. 21. 선고 2004헌마54 등, 헌재판례집 제16권 2집(하), 1면 이하.
53) 헌재 2005. 11. 24. 선고 2005헌마579 등, 헌재판례집 제17권 2집, 481면 이하.
54) 전효숙 재판관, 기타 많은 진보학자들의 비판을 받았다.
55) 헌재 2004. 5. 14. 선고, 2004헌바1, 헌재판례집 제16권 1집, 609면 이하.
56) 이범준, 헌법재판소 한국현대사를 말하다, 2009, 341면 이하.

한 정책결정이라는 비판이 있었다.[57] 또 헌법재판소가 지나치게 정치적이라는 비판이 있었다.[58] 작년에는 Schäuble장관이 헌법재판소결정을 비판한 적이 있었다. 독일 헌법재판소가 법원의 결정은 정치문제를 핑계로 판단을 회피할 수 있지만 헌법재판소는 정치문제를 회피해서는 안 된다고 결정했다.[59] 독일의 헌법재판소장은

57) Arnold Rainer, Political Questions and Constitutional Review, The German Perspective, 2007. 5. 19. IACL World Congress Paper, Vanberg, Verfassungsgerichtbarkeit und Gesetzgebung: Zum Politischen Spielraum des Bundesverfassungsgerichts.

58) Oliges, Das Bundesverfassungsgericht in der Krise?, 1996; Haltern, High Time for a Check-up, Progressivism, Populism and Constitutional Review in Germany, 1996, NYU Center's Law.

59) 2007년 국제헌법학회 Athene 총회에서는 정치적 민감한 문제에 대한 사법심사에 관한 셋션이 있어 15명이 발표하였다. 초고는 다음과 같다.

[Judicial review of politically sensitive questions]

[Contrôle jeridictionnel des questions politiques sensibles]

1. Cohn, Margit

Double sensitivity: Judicial review of non-statutory executive action, recent British and Israeli examples

2. Ejima, Akiko

Reconsiderations on Judicial Review: A Pragmatic Approach?

3. Himsworth, Chris

Judicial review of political questions questions of justiciability

4. Lapinskas, Kęstutis

The concept of "political questions doctrine"

5. Lim, Ji bong

Politically Sensitive Case and Judicial Activism in Korean Judiciary: Focusing on the Felony Case of Former Presidents Chun & Rohe

6. Mesquita Ceia, Eleonora

The applicability of the political question doctrine in the foreign affairs field: should international treaties be regarded as non-justiciable acts?

7. Navot, Suzie

Political questions in the Court: Is "judicial self-restraint" a better alternative than a "non justiciable" approach?

8. Özbudun, Ergun

Judicial Review of political questions in Turkey

9. Rainer, Arnold

Political questions and constitutional review the German perspective

10. Roux, Theunis

Principle and pragmatism on the Constitutional Court of South Africa

11. Tanasescu, Elena Simina

The Law/Politics Distinction in Romanian Constitutional Law Adjudication

12. Vaičaitis, Vaidotas A.

Transitional democracy and judicial review: Lithuanian case

13. Vonsy, Moea

L'arrêt Makovic contre Italie(CEDH, 14 décembre 2006) et la théorie française des actes de gouvernement

14. Wilberg, Hanna

Against Public Interest Standing in Administrative Law: exploring a non-individualist constitutional argument

판결로써만 말하지 않고 직접 정부에 대해서는 균형예산실시를, 국회에 대해서는 보다 깊은 전문화를 요망하고 있다.[60] 이와 같이 헌재가 헌법의 수호자로써 헌법기관에 대하여 훈시할 수 있는 것은 헌법재판소가 헌법보장의 최고기관이기 때문이다.

우리 헌법재판소가 독일 헌법재판소와 같이 정치문제를 인정하지 않고, 국민의 기본권과 관련되는 사항에 대해서는 판단을 하고 있는 것은 정당하다. 헌법재판소의 결정에 대해서 정치권이 이를 준수하지 않는 것은 위헌적인 것으로 허용되지 아니한다. 과거 입법기관이나 행정기관이 헌재를 핍박한 것은 잘못이다. 수도분할결정의 주심재판관이 사직하게 된 것도 징지적 탄압이라고 볼 수 있다.

그러나 헌법재판소가 정치적 사건에서 편파적인 결정을 하는 경우에는 국민의 지탄을 받을 뿐만 아니라 입법기관이나 행정기관에 의해서 핍박받을 가능성이 있을 수 있다. 특히 탄핵소추권을 갖는 국회에 대해서 대결하는 경우에는 문제가 많다.

헌재소장은 헌법재판소 20주년 기념 세계헌법소장회의에서 헌법재판과 입법·정치의 조화를 강조했는데 이는 타당하다.[61] 그러나 재판의 현실에서는 실현하기 어려운 과제다. 헌재는 헌법의 보장기관으로서 국민의 기본권 보장의 최종기관으로서 헌법의 생활화를 가능하게 보다 적극적인 판결을 하고, 정치권에 대하여 경고해서 위헌행위를 사전에 예방해야 할 것이다.

독일 헌법재판소가 60주년을 성대하게 축하한 것과 같이[62] 우리나라에서도 헌

---

15. Yap, Po-Jen

Interpreting the Basic Law and the Adjudication of Politically Sensitive Questions.

60) 독일에서는 헌법재판소장인 Papier가 정치문제에 대해서도 적극적인 발언을 하고 있다. 예를 들면 대연정이 국가채무를 대폭 증가시키는 것에 대하여 경종을 울리고 있다(News ad hoc com/Papier Fordert von grosser Koalition strenge Schuldenbremse, 03, Mai, 2009). 또 정치인을 비난하기도 한다. 또 연방의회에서 법안이 졸속처리된다고 비난하고 의회의 권한을 강화하라고 하고 있다. 이에 Schäuble 내무부장관은 연방헌법재판소가 사법자제할 것을 요구하고 있다. Papier 소장은 2006년 1월 17일에도, 독일 라디오와의 인터뷰에서 안전보장법률과 안전보장요청의 과잉에 대하여 경고한 바 있다. 그는 법률의 과잉을 경고하고 연방의회의원의 독립성을 요구하면서 비례대표명부의 경직성을 비판하고 있다. 그리하여 Schäuble 장관 등이 법관으로 기능하지 않고 선지자(Vordenker), 경고자, 도덕적 심판기관, 여론형성자, 미디어를 통한 정치가란 비판을 받고 있다(Röhl, 60 Jahre Grund- gesetz und 60 Jahre Bundesverfassungsgericht, Welt on Line Debatte 23. 5, 2009). 이 비판에 대하여 Papier소장은 재판관도 시민의 한사람이기 때문에 표현의 자유를 가지고 표현이 허가되어 있으며 해야 하며 하고 있다고 주장한다. 연방헌법재판소는 민주적 정통성이 없는데도 불구하고 정치적 발언을 하고 있어 제 4 부가 아니고 제 1 부처럼 행위한다고 비판되고 있다.

61) 헌법재판소 20주년 기념 세계헌법재판소장회의 기조발표문.

62) Papier, 60 Jahre Grundgesetz, Karlsruhe als Hüter der Verfassung Akademiegespräche in Landtag, 30 Juni 2009; Papier, Was gibt es heute eigentlich zu feiern? 60 Jahre Grundgesetz Bild-Institute, 19 10, 2009; Papier, "Die Bürger vertrauen der Politik heute nicht mehr" Welt-online, 18. Februer, 2009.

Badura/Dreier, Festschrift 50 Jahre Bundesverfassungsgericht, 2 Bande, 2001.

법재판소가 국민의 신망을 얻어 헌법상의 최고기관의 하나로서 100주년을 기념하게 되기를 빌며 무궁한 발전을 빈다.[63)]

63) 이 원고는 발표초고를 그대로 재현한 것이다. 욕심같으면 새로운 문제를 추가하고 수정해야 했으나 시간관계상 이를 하지 못하여 죄송하게 생각한다. 독자여러분의 용서를 바란다.

제100회 발표회 토론요지

사 회 자: 정재황(교수)

토론참여자: 이강국(헌법재판소 소장), 조대현(헌법재판관), 김문희(전 헌법재판관), 권성(전 헌법재판관), 이상경(전 헌법재판관), 정해남(헌법재판소 사무차장), 박용상(전 헌법재판소 사무처장), 서상홍(전 헌법재판소 사무처장), 성낙인(교수), 서기석(부장판사), 신경식(차장검사), 박균성(공법학회장), 조홍석(한국헌법학회장)

간 사 : 안녕하십니까? 헌법실무연구회 간사를 맡고 있는 손인혁 연구관입니다.

지금부터 헌법실무연구회 제100회 정기발표회를 시작하겠습니다.

먼저 추운날씨에도 불구하고 직접 찾아주신 회원님들께 진심으로 감사의 말씀을 드립니다.

간략하게 헌법실무연구회에 대해서 소개를 해 드리겠습니다.

헌법실무연구회는 여기 참석해 계신 김문희 재판관님을 초대회장으로 모시고 1999년 7월 2일 제1회 발표회 겸 창립총회를 개최하였습니다. 당시 주로 헌법재판소와 인연이 있는 학자, 법률실무가들을 중심으로 30명 정도의 회원으로 시작하였으나 현재는 약 630명이 회원으로 등록하고 활동하고 있습니다. 그리고 오늘 역사적인 제100회 월례발표회를 개최하기에 이르렀습니다.

먼저 간략하게 오늘 직접 와주신 초청인사분들을 소개해 드리겠습니다.

먼저 김문희 재판관님이십니다. 초대회장이십니다.

권성 재판관님과 이상경 재판관님께서는 지금 오시고 계신 데 차가 막혀서 좀 늦어지고 계십니다.

다음으로 박용상 사무처장님이십니다. 초대부회장님이십니다.

다음으로 서상홍 사무처장님이십니다. 역시 부회장을 역임하셨습니다.

다음 학계에서 참석해 주신 부회장님이신 성낙인 교수님이십니다. 한국법학교수회 회장님을 맡고 계십니다.

다음 한국공법학회 박균성 회장님이십니다.

그리고 한국헌법학회 조홍석 회장님이십니다.

대법원 헌법연구회 박홍우 회장님이십니다.

대검찰청 공법연구회 신경식 회장님이십니다.

끝으로 내부인사 분들을 소개해 드리겠습니다.

서기석 부장님이 빠졌네요. 전임 대법원 헌법연구회 회장님이신 서기석 부장님이십니다.

그리고 우리 재판소 분들을 소개해 드리겠습니다.

먼저 헌법재판소장님이신 이강국 소장님께서 직접 참석하셨습니다.

다음으로 본회 회장님이신 조대현 재판관님이십니다.

차기 회장님을 역임하실 김희옥 재판관님이십니다.

다음으로 특별히 목영준 재판관님께서 참석해 주셨습니다.

오늘 발표는 한국 헌법학계의 태두이신 김철수 선생님께서 '우리나라 헌법재판제도의 현재와 미래'라는 주제로 발제해 주시겠습니다.

그리고 오늘 사회는 선생님의 제자이자 헌법연구위원을 역임하신 정재황 교수님께서 맡아주셨습니다.

모두 뜨거운 박수로 두 분을 맞아주시기 바랍니다.

지금부터는 정재황 교수님께서 진행해 주시겠습니다.

사 회 자 : 여러분 안녕하세요. 이런 영광스러운 자리에 사회를 맡게 되어서 한편으로는 영광스럽기도 하고 한편으로는 상당히 두렵기도 합니다.

방금 사회자께서 사제지간을 밝히셨는데, 그것을 떠나서 아마도 제가 사회를 맡게 된 것은 헌법재판소에 지난 8월까지 소장님께서 배려해 주셔서 연구위원으로 봉직했기 때문에 그 인연으로 이렇게 사회를 명받았습니다. 그래서 오늘 여러 가지로 부족하지만 좋은 시간이 될 수 있도록 노력을 하겠습니다.

어느 덧 저희 연구회가 100회를 맞이했습니다.

오늘 원로 선생님들 중에서도 원로이신 김철수 선생님을 모시고, 선생님에 대해서는 이루 소개말씀 올리는 것 자체가 결례인 것 같습니다. 바로 선생님의 고견을 청해 듣는 시간을 가지도록 하겠습니다.

진행은 이미 원고를 보내오셔서 17페이지에 달하는 장문의 원고를 주셨고요. 그래서 이것을 모두 발표하시면 시간이 많이 걸릴 것 같습니다만 보통 학회에서 하는 관례와는 달리 오늘은 발제자 선생님께서 시간을 충분히 가지시도록 시간을 드리겠습니다.

그리고 발제가 끝나면 오늘 초대 회장님 고견도 들어보고, 현직 재판관님들의 고견 여러 가지 좋은 이야기가 나왔으면 좋겠습니다.

선생님께 발표를 부탁드리겠습니다.

〈 주제발표자 발표 〉

사 회 자 : 김철수 선생님의 고견을 잘 들었습니다.

이제 토론의 시간이라고 하면 정확한지는 모르겠습니다. 우리가 평소 연구회에서 토론하는 식 보다는 제목 자체가 과거, 현재, 미래라서 발제해 주신 내용 중에는 헌법재판소의 역사도 나왔었고 또 헌법재판소의 구성이라든지 또 헌법재판소에 있어서 권한문제를 쭉 다루어주셨기 때문에 이런 이슈들을 두고 오늘 참석하신 분들께서 고견을 개진해 주시는 그런 시간을 가졌으면 합니다.

김철수 명예교수님께서 말씀해 주신 것 중에 혹시 의견이 있으시거나 또 평소 헌법재판에 대해서 생각하셨던 바가 있으신 분들은 먼저 자유롭게 얘기를 해 주시면 좋겠습니다.

회장님께서 먼저 말문을 열어주시면.

조 대 현 : 국회는 아니지만 의사진행발언 좀 하겠습니다.

오늘 모임이 헌법실무연구회 100회 발표회인데 주제도 마침 헌법재판제도의 현재와 미래입니다. 여기 전임 회장님들 나오셨으니까 전임 회장님들께서 이 헌법재판제도의 과거, 현재, 미래에 관해서 교훈될 말씀을 해 주셨으면 어떨까 그런 생각이 듭니다.

사 회 자 : 아마도 오늘 이 자리에 모이신 분들께서도 오늘 100회 기념의 취지가 많다는 것을 잘 이해하실 것 같고 해서 사회자가 상당히 외람되지만 회장님의 뜻이 저희 회원들의 뜻이라고 생각을 하고 전직 회장님을 청해서 지나간 역사도 좋고 또 소회도 좋겠습니다. 한 말씀 청해 듣는 게 어떨까합니다.

먼저 초대회장님께서 여러 가지 감회가 남다르실 것 같아서 한 말씀 해 주셨으면 합니다.

김 문 희 : 오늘은 편안하게 좀 앉아서 이야기 듣기로 하고 왔는데 저녁을 먹을 것 같은데 저녁 값 먼저 내놓으라는 것 같습니다.

사실 10년이면 강산도 변한다는데 벌써 이 헌법실무연구회가 발족한지가 10년이 넘은 것 같습니다. 정말 10년 만에 이 자리에 오니까 감개가 무량한데 우리 헌법재판이라는 것은 개방적이고 추상적인 헌법을 해석하는 것을 그 내용으로 하는 것이기 때문에 반드시 거기에 대한 비판이라든가 토론이 따라주는 것이 헌법재판의 발전에 필수적 요건이 아니냐, 그런 뜻에서 이 헌법실무연구회가 발족하게 되었고 그 뒤에 헌법학자와 실무가들이 힘을 합쳐서 10년 동안 오늘 100회까지 되게 된 것은 정말 거기에 관여한 여러분들의 노력에 힘입은 것 아니냐, 이것은 결국 헌법재판의 발전뿐만 아니라 이 나라의 헌법학 발전에도 크게 기여했다고 생각합니다.

그런 점에서 저는 처음 관여했던 사람으로 대단히 영광스럽게 생각하는 바인데, 이왕 저에게 바라는 것은 이런 이야기보다 초대 헌법재판은 어떻게 구성되었고 어떤 특징이 있었느냐 그 점에 대한 이야기를 아마 여러분들이 바라는 것 같습니다.

그 점에 대해서 잠깐 몇 가지만 특징적인 것 말씀드리지요.

여러분들 잘 아시지만 초대 헌법재판관은 대통령이 임명한 분이 소장인 조규광 그 다음에 김양균, 최광률 그리고 국회에서 선출된 재판관이 변정수, 한병채, 김진우 그리고 대법원장이 지명한 분이 이성렬, 이시윤 그리고 저 그래서 아홉이었는데, 경력을 보면 이시윤 재판관도 물론 그 당시 수원지방법원장에서 임명되었지만 서울대학교수로 상당히 오래 학계에 있었던 분이고, 조규광 소장 이하 나머지 김양균 재판관만 검찰에 있었지 전원이 변호사 출신이었습니다. 그랬다는 이야기는 어떤 기존의 법원의 관행이라든가 검찰의 관행보다 변호사로서 재야에서, 제가 판사를 하다가 변호사 해 보니까 제일 먼저 놀라운 건 뭐냐 하면 여러분 아마 경험하면 하시겠지만 내가 알았던 판사라는 A라는 사람, B라는 사람이 법대 안에서 보니까 그렇게 다르구나 라는 것을 제일 처음 쇼크를 받는데요. 그만큼 동일한 사물에 대해서 재야냐 재조냐에 따라 보는 시각은 상당히 다르다는 것, 따라서 적어도 1기는 그 헌법에 대한 판단하는 기준이 적어도 재조의 눈이 아니라 재야의 시각에서 보고 그렇게 해서 했다는 것이 가장 특징이 아니었겠느냐 그 점을 좀 말씀드리고 싶고요.

그 다음은 우리 헌법재판소가 앞서 김철수 교수님께서 발표하실 때 짧은 기간 내에 많은 위헌판결이 나오고 상당히 적극적으로 했다는 말씀을 하셨는데 그 점은 아마 틀림이 없고 더욱이 일본을 기준으로 한다면 그것은 당연합니다. 그런데 일본의 헌법책이나 교과서보다도 학자들의 좌담회 같은 것을 보면 일본의 헌법재판의 위헌판결이 적은 것은 소위 내각의 법제처가 사전에 위헌심사를 하는 기관의 기능을 제대로 하고 일본의 엘리트가 모였기 때문에 위헌법률이 상대적으로 적어서 그렇다는 이야기를 하는데 저는 그렇게 보지는 않습니다.

그러나 한국의 초기 제 1 대 헌법재판소가 그렇게 나온 데는 소위 유신과정에 있어서의 비상국무회의 그리고 5 · 18 이후의 입법회의 등 국가의 비상기관에서 만들어진 여러 가지 법률이 가장 국민의 인권에 직접 관여되는 법률이었는데 이것이 비상조치라는 그런 헌법적인 원칙에 따른 것이 아니라, 그때의 정치적 수습을 목적으로 한 반헌법적 또는 인권 침해적 법률이 많았던 것 아니냐, 그러면 당연히 그때까지 그런 법률을 적용해서 판단했던 대법원과는 달리 헌법재판소가 그러한 법률을 심판의 대상으로 삼았기 때문에 초기에 어떤 의미의 헌법재판의 발판을 쌓을 수 있지 않았느냐, 바꾸어 이야기하면 많은 위헌적인 요소의 법률이 역설적으로 헌법재판의 기반을 다지는데 기여를 해 준 측면도 있었다는 것을 초임하면서 느낀 바가 그 점이었습니다.

사 회 자 : 권성 재판관님.

권 성 : 존경하는 김철수 교수님의 발표내용을 듣고 매우 깊은 감명을 받았습니다.

제가 헌법재판소에 재직할 때나 떠난 뒤에나 느끼고 있던 많은 점들을 김선생님께서 정확히 지적을 해 주셔서 다시 한번 감회가 새로웠습니다.

제가 오늘 이 자리에서 잠깐 말씀을 드릴 것은 그동안 제가 헌법재판소를 떠난 것이 얼마 안 됩니다만 이렇게 와서 보니까 그동안 만나지 못한 분들이 많이 있어서 대단히 반가웠습니다. 멀리서나마 이렇게 보면 자주 볼 수 없었던 분들이 여러분이 계시길래 다시 한번 새로운 감회를 느꼈습니다.

이 자리를 빌어서 제가 한 말씀만 드린다면, 우선 과거나 현재에 있어서 헌법재판소가 좀 더 국민들한테 다가가기 위해서는 여러 가지 방법이 있겠습니다마는, 제가 느낀 바로는 헌법재판소의 결정문이 일반시민들이 좀 쉽게 읽을 수 있도록 체제나 내용면에서 다듬어지는 것이 어떨까하는 그런 생각을 해 봤습니다.

우선 헌법재판소의 결정문은 내용이 굉장히 방대합니다. 이것을 일반시민들이 처음부터 끝까지 다 읽기를 기대한다는 것은 매우 어렵지 않을까 이런 생각이 듭니다. 법률전문가들도 헌법재판소의 결정문을 읽으려면 상당한 인내심이 필요하다는 그런 얘기들을 많이 하고 있습니다. 그런데 헌법재판소의 결정문은 법률전문가 못지않게 일반시민들이 친숙하게 대할 수 있어야 된다는 점을 우리가 생각해야 되지 않을까 생각합니다. 그래서 제 생각에는 헌법재판소 결정문의 적당한 곳에 논증의 줄거리 또는 논리의 흐름을 압축해서 정리해 주는 그런 부분이 있으면 좋지 않을까 생각을 합니다. 예를 들면 결론부분에 가서는 우리가 항용 그러므로 청구인의 이러이러한 청구는 이유가 있고 이러이러한 청구는 이유가 없다는 식으로 몇 줄로 결론부분이 끝납니다. 그런데 그렇게 하는 이유가 물론 있습니다마는 일반시민들을 생각한다면 결론부분에서 논증의 요약 같은 것이 이렇게 쭉 나왔으면 시민들이 좀 쉽게 이해할 수 있지 않을까하는 생각이 듭니다. 그래서 저는 평소 재직 중에 되도록 결정문을 간략히 써 볼려고 노력은 했습니다마는 재료가 모자라서 그렇게 실행은 못했습니다. 그러나 앞으로는 좀 우리 재판관님들이나 이런 분들께서 일반시민들의 입장에서 친근하게 읽을 수 있도록 한다는 그런 관점을 한번쯤은 가져보시면 어떨까 하는 생각이 들어서 감히 이 자리를 빌어서 말씀을 드립니다.

또 하나는 오늘 김철수 선생님께서 발표하신 논문의 내용이 '현재와 미래' 이렇게 되어 있습니다. 앞으로 미래에 있어서 우리 헌법재판소가 좀 더 국민들한테 다가가고 국민들이 더 신뢰할 수 있는 또 국가에 유용하고 한 그러한 제도나 절차가 되기 위해서는 어떻게 해야 될까하는 그런 문제를 잠시 생각해 봤습니다.

그동안 헌법재판소가 많은 노력을 들여서 국민들의 기본적 인권을 수호하는 위대한 역할을 빛나는 방법으로 수행해 왔다는 점은 아무도 이의를 제기하지 않을 것입니다. 그 점은 아무리 칭찬을 해도 결코 부족하지 않을 것입니다.

그러나 앞으로 미래에 있어서는 어떤 문제가 닥쳐올 것인가? 제 짧은 소견에는 헌법재판소하면 으레 법치주의하고 연결을 지을 수밖에 없습니다. 사법부에서의 법치주의라고 하는 것을 감히 말씀드린다면 거의 완성되었다고 해도 과언이 아닐 정도로 사법부의 모든 작용은 적법한 법률에 의해서 적법한 절차에 따라서 이루어지고 있습니다. 그러나 사법부를 떠나서 행정부나 입법부쪽을 보면 어떠할까? 우선 행정부쪽에 대해서 본다면 우리가 과거에는 상상할 수 없을 정도로 행정부에서의 적법한 법률에 의한 적법한 절차 이것은 눈에 띄게 개선되었다고 저는 생각합니다.

옛날에는 생각할 수 없었던 그런 일들이 지금은 행정소송을 통해서 다 이루어지고 있습니다. 결국 법치주의가 행정부의 작용에서도 커다란 진전을 보이고 있다고 저는 생각합니다.

끝으로 입법부의 경우는 어떠한가? 좀 더 크게 말한다면 정치문제인데 이 정치문제에서는 법치주의가 아직도 요원한 그런 상태에 있지 않느냐 이렇게 생각합니다. 그래서 이런 정치문제에 법원이나 헌법재판소가 개입하는 것을 혹자는 정치사법화 이렇게 해서 경계하는 그런 태도를 취합니다. 그러나 행정분야의 작용에 대해서 우리가 법치주의를 적용할 때 그때도 그렇게 염려를 했던 것인가? 설사 염려를 했다고 하더라도 결과에 있어서는 사법이 남용되어서 행정의 본질이 침해되었다 이렇게 비판하기는 어려울 것 같습니다.

마찬가지로 입법분야 또 정치분야 이쪽에 관해서 법원이나 헌법재판소가 적법한 법률에 의한 적법한 절차 이러한 원칙을 적용한다고 해서 그것이 정치의 사법화 이렇게 우려받을 만한 그런 사태까지 도달하겠는가? 이렇게 생각해 볼 때 저는 그렇지 않으리라고 믿습니다. 결코 지나치게 우려하는 것이 아닌가 이런 생각을 하고, 앞으로의 미래에 있어서는 사법부가 이 정치문제 이쪽에 관해서 적법한 절차가 적용되도록 좀 더 한걸음 나가는 그런 방향을 잡아야 되지 않을까하는 그런 생각을 하게 되고 그렇게 될 때 국민들의 헌법재판소, 사법부에 대한 확고한 신뢰는 더욱 커질 것이라고 생각합니다.

적당한 자리가 아니겠습니다마는 감히 이 자리를 빌어서 제 소견을 잠시 말씀드렸습니다. 감사합니다.

사 회 자 : 감사합니다. 권성 재판관님께서는 재판관을 역임하셨지만 저희 학계로 보면 로스쿨을 맡으셔서 인하대학교 법학전문대학원 원장님으로 계시는 것 여러분 잘 아시지요. 그래서 학계와 실무 교류의 선두역할을 해 주시고 계십니다. 좋은 말씀 잘 들었습니다. 특히 이 격동의 시대에, 제 표현이 사회자의 권한을 넘어섰는지 모르겠는데, 시절을 보내셨던 기억이 지금 생생합니다.

이왕 전직 재판관님들 말씀 듣기로 했으니까 이상경 재판관님께서도 소회가 많으실 것 같습니다. 한 말씀 부탁드리겠습니다.

이 상 경 : 한 말씀 드리겠습니다.

여기 김철수 교수님 사법대학원 은사이십니다. 제가 10회입니다. 선생님 … 제자였고요. 황우여하고 동기입니다.

그리고 여기 이범준 기자가 헌법재판소 글 쓰는 머리에 교수님께서 쓰신 탄핵의 소수의견 여기에 이미 존재한다는 게 공개가 되어 버렸습니다 책에서. 그때 공개를 가장 반대했던 게 저라서 그 사정만 간단히 말씀드리겠습니다.

법에 평의는 공개하지 아니한다고 하는 평의의 개념이 뭐냐에 대해서 일본책을 주로 참고를 했습니다. 본질적으로는 뭔고 하면 지금 이것을 공개하면 소수의견이 어떤 인사적 불이익을 정치권에서도 받을 것 같다는 그 법의 취지는 그렇게 해석했고, 오히려 저가 염려한 것은 그렇게 압력을 받고 어떤 불이익을 받고 하면 역사가 바뀌었을 때 그 사람 반대의견 소수의견이 더 큰 존경을 받고 다수의견이 오히려 매장당하는, 더 비난당하는 그것을 막아야 되겠다. 그래서 다수의견쪽에 이익을 보아야 된다. 그런 것을 더 염려해서 공개하지 않을 생각이었습니다.

지금은 그러면 바뀌어서 공개해야 되느냐? 그것은 지금도 아니라고 생각합니다.

언젠가 저희들이 제 개인생각은 다 죽을 때 되면 공개해야 된다는 두 가지 이유로서 하나는 역사적 진실을 알아야 된다는 것이고, 또 하나는 지금 다수의견만 학생들이 판례공부를 하지, 소수의견의 논리는 전혀 공개되지 않기 때문에 학생들이 그 소수의견이 어떠한 법 논리를 가지고 있는가를 법학 학자적 측면에서 필요하다 그렇게 생각합니다. 이것을 보니까 그 생각이 나서 말씀드렸습니다.

그리고 제가 나가서 가장 답답했던 게 여기 있을 때도 그런 것을 못 봤으니까요. 뭔가 하면 소위 원처분의 헌법소원의 문제인데, 지금 공권력침해로 해서 국민기본권 보장 중에 헌법소원이 다 되는데 사권인 민사법재판도 그렇고 형사법재판도 다 소원을 통해가지고 위헌심사를 받을 수 있는데 행정처분의 경우는 전연 헌법재판소에 올 길이 원천적으로 봉쇄되어 있습니다. 변호사를 해 보니까 도저히 이것은 있을 수가 없는 일이다. 그런데 헌재에 올 길이 없다는 것은 매우 잘못되었다. 그래서 재판관님들이 정말로 진지하게 한번 그 문제를, 국민이 공권력의 침해를 받아가지고 헌법재판소에 올 수 있는 길을 원천적으로 봉쇄하는 데는 기본적인 문제가 있지 않느냐 그런 생각을 가지고 있습니다.

꼭 한번 진지하게 검토해 주셨으면 하는 의견입니다.

그리고 우리 권회장님 말씀하셨는데, 제가 지금 인하대학 민사소송법 강의를 부득이 하게 되었습니다. 그런데 여기 있을 때도 권회장님하고 여러 번 논의를 했는데 결정문 양식을 지금처럼 과연 옳으냐에 대해서는 굉장히 회의를 가지고 있습니다. 우선 제가 판사 때도 결정문이 오면 거의 다 못 읽습니다. 왜 그런가 하면 그 판결 하나 읽는데 거의 오전이 다 가버리는데 과연 이렇게까지 장구하게 써야 되느냐? 그것은 두 가지 측면에서 보면, 하나는 국민에 대한 판결에 대한 설득력과 다른 하나는 사법적 법률적 판단자료를 제공하는 것인데 진지하게 한번 우리 재판관님들이, 제가 이범준 기자 말씀에 의하면 최장수가 12년 우리 김문희 회장님이시고 제일 단명이 1년 3개월인 저라고 거기에 써놓았습디다. 그래서 짧게 써가지고 그것을 결국 권회장님하고 얘기는 몇 번 나누고 했는데, 어떻든 국민에게 설득력이 있는 범위 내에서 좀 더 간소화될 수 있었으면 물론 법률적 자료는 충분히 제공하는, 그런 것을 한번 진지하게 우리 재판관님들이 고민해 주셨으면 하는 바람입니다.

하나는 여기 소장님이 나오셨으니까 회장님한테 부탁할 일은 아닌 것 같고, 개인적 저희들 부탁이 재판관들에게 지금 결정문은 보내주시는데 문헌들 … 돈을 받더라도 보내주셨으면 하는 부탁 말씀드리겠습니다.

쓸데없는 얘기를 길게 해서 죄송합니다.

사 회 자 : 이상경 재판관님 말씀 잘 들었습니다.

재판소 떠나신 다음에 재판소 문헌을 안 받으셨습니까?

김 문 희 : 전에는 왔는데 지금은 안 오고 있어요.

이 상 경 : 다른 거는 … 책이 헌법논총도 안 오고 ….

사 회 자 : 사무차장님께서 나중에.

사무차장 : 알겠습니다.

사 회 자 : 이왕 회고의 시간을 가지는 겸해서 부회장님들께서도 만감이 교차하실 것 같습니다. 아마 박용상 전 사무처장님께서 초대부회장이셨던 것 같습니다.

한 말씀 부탁드리겠습니다.

박 용 상 : 특별히 말씀드릴 것을 준비해 가지고 온 것은 없습니다마는 평상시 저는 그냥 책이나 읽고 있다가 헌법재판소 사건 한건을 제가 수임관계로 해서 변호사 개업신고를 했는데, 그때 그 사건을 다루면서 받았던 인상 그리고 헌법재판소가 이런 부분에 대해서 관심을 기울여야 될 게 아닌가 하는 그런 점에 대해서 느낀 바가 있어서 말씀드리고 싶습니다.

전문적인 얘기일지 모르겠습니다만 헌법재판소가 물론 적극적으로 재판을 하게 될 때는 구체적으로 적법요건을 심사해서 적법요건이 통과된 후에 본안을 심사하게 되는데, 그 적법요건 헌법소원에 있어서도 그렇고 또 위헌제청사건에 있어서도 물론 그런 적법요건이 문제가 될 수 있겠습니다만 이 부분에서 너무 인색히게 한다면 원래 이 헌법재판소가 할 수 있는 기능을 포기하게 될 우려가 있지 않나 하는 그런 생각을 가져봤습니다. 이것은 비단 우리나라뿐만 아니라 미국이나 독일의 경우에도 충분히 논의되고 있고 그런 점에서 적법요건, 미국 학자들도 그런 표현을 하는 사람들이 많이 있습니다. 본안에 들어가기가 거북하거나 본안에 들어가면 여러 가지 곤란한 문제가 생길 때는 적법요건에서 끝내버리는 그런 경향이 있다, 이런 편의주의가 있을 수 있다. 그런 비난도 보이는데 물론 우리나라에 관한 얘기는 아니겠습니다만. 그런데 그런 면에서 앞으로 적법요건을 좀 더 완화해서 재판권을 행사하는데 적극적으로 노력을 해 주시는 게 어떨까 하는 그런 생각을 가져봤습니다.

또 한 가지는 위헌법률심사의 기준에 있어서, 전통적으로 우리 헌법재판소 판례가 기본적으로 목적의 정당성이고 수단의 적절성 그리고 그 수단과 목적간의 비례성 이런 다섯 가지 원칙이 있지요. 구체적으로 다 기억을 못하겠습니다마는. 기본적으로 이러한 프레임을 가지고 위헌심사에 대하게 되는데 이렇게 천편일률적인거는 일반적인 법이론에서도 역시 나옵니다. 이게 행정법통칙에도 나오는 이론이거든요. 이것을 위헌심사이론에 그대로 일률적으로 적용하는 것이 과연 올바른 그런 제도인가 하는 의문이 있고, 이에 관해서도 미국이나 독일의 경우에 보면 어떠한 분야 경제사건이라든가 언론사건이라든가 각 분야별마다 새로운 그런 위헌심사기준을 개발하고 있다 이런 말씀이거든요. 이런 부분에 대해서 좀 더 천착을 해 가지고 개별적인 사례마다 특별한 그런 위헌심사기준을 개발할 필요가 있지 않나 그런 생각을 해봤습니다.

너무 무거운 얘기일지 모르겠습니다마는 제 생각을 간단하게 말씀드렸습니다. 감사합니다.

사 회 자 : 감사합니다. 혹시 지금 재판관님들께서는 의견이?

예, 서상홍 처장님, 먼저 말씀을 해 주시겠습니까?

서 상 홍 : 사실 별 특별하게 제가 언급할 일은 없는 것 같습니다.

다만 오늘 주제하고 관련해 가지고 아까 김철수 선생님께서도 말씀하셨지만 대법원에서 헌법재판소하고 대법원을 통합하는 그런 강한 움직임을 보인다고 그래서 저는 그 정당성에 관해서 어떤 정당성을 가지고 그런 식으로 접근하는지 잘 이해가 안 됩니다마는, 다만 저도 오래도록 헌법재판소 연구관과 사무처·차장으로 근무한 사람으로서 감히 여기에 이렇게 참석해 주신 여러 교수님들 또 여러 기관에서 일하시는 분들한테 대법원의 그런 움직임이 저는 여기서 꼭 제가 헌법재판소가 왜 존재해야 되느니 독립해야 되느니 하는 그런 말씀은 안 드리고, 다만 여러분들한테 제발 좀 우리 헌법에 관심이 있는 분들 또 헌법하는 분들이 힘을 모아가지고 독자적인 헌법재판을 하는 헌법재판소를 좀 더 지켜 주십사하는 이런 부탁말씀을 드리고 간단히 마치겠습니다.

사 회 자 : 감사합니다. 사실 제가 학계라고 한 것은 학계 쪽에 또 부회장님이 계셔서 우리 성낙인 회장님 학계 사실은 초대부회장이셨는데 지금도 계속 장기집권입니다. 지금 10년 이상, 그만 두시겠다는 말씀을 절대 하시지 않는데요. 그만큼 애착이 있으신 것 같은데, 방금 서상홍 전 부회장님께서 학자들의 임무를 얘기하셨는데 한 말씀 부탁드립니다.

성 낙 인 : 원래 헌법재판연구회라는게 우리 김문희 재판관님 을지로 있을 때 해서 저도 교수의 한사람으로서 자주 왔다 갔다 하고 했습니다. 그때 초대했던 박홍우 연구원 같은 경우 벌써 대법관이 되었는데 그러다가 99년에 헌법실무연구회로 새로 발족하면서 우리 김문희 재판관님 모시고 그때 우리 박용상 처장님이 차장이실때 지금도 차장이 부회장인데 그때 어떻게 제가 박 선배님 때문에 부회장으로 달려와서 아직도, 만 10년이 넘었습니다. 저도 몰랐는데 세월이 그렇게.

이 문제 방금 서상홍 전 사무처장께서 문제제기를 해서 제가 이어서 말씀드리면, 제가 작년부터 국회 헌법연구자문위원회 직을 맡아서 하고 있는데, 지금 우리 헌법재판소나 대법원이나 사실은 공식견해가 기관견해가 없더만요. 역사를 찾으니까 대법원의 공식견해는 김영삼 대통령 시절에 사법개혁 관련해서 할 때 냈던 그게 유일한 현재까지의 대법원의 공식견해인데 그것은 헌법재판소를 폐지하고 대법원에 부를 둔다 이거고, 모든 대한민국 국가기관에다 헌법개정과 관련된 의견요청을 했는데, 대법원은 의견제시가 없었습니다. 그때, 물론 팔로업하니까 그때 그런 게 있다는 거고. 헌법재판소도 마찬가지로 의견이 없어요. 그냥 헌법재판소법 개정 무슨 연구하고 공법학회 통해서 나온 연구서 하나 복사한 거 주는 거 정도였는데, 사실은 이게 대법원과 헌법재판소 두 기관인데 여기 계시는 소장님을 비롯해서 대부분의 재판관님들이 대법원 소속이었습니다. 두 분 처장님도 마찬가지지요. 오히려 역사는 법원에 더 오래 근무를 했었는데 헌법재판소 오시게 되면 또 헌법재판소 입장을 말씀을 하시고, 또 여기에 많은 연구관분들 오늘 아마 법원 쪽에서도 오셨고 전직연구관, 연구부장님들도 와계신데 헌법재판소에 와서 헌법공부 잔뜩 해 가지고 가가지고는 법원 가서는 이제 헌법재판소 비판하는 이런 문제의 양상이 기본적으로 대부분이 김용준 소장님, 윤영철 소장님, 이강국 소장님을 비롯해서 뭐 1기는 안 그랬겠습니다마는, 그런데도 이 문제에 관해서 제가 보기에는 제 3 자적 입장에서 보기에는 아무런 대화가 없지 않느냐? 그러면 뭐 국민들 시각이나 또는 결국 앞으로 개헌문제에 부닥치면 이것은 결국 국회에서 정치권에서 해야 되는데 공식견해도 없으면서 그냥 뒷문으로 로비하는 꼴밖에 안 된다는 말이지요. 제가 그런 상황을 이 자리에서 말씀드릴 입장은 아니고 이런 저런, 헌법연구자문위원회는 사실 연구해서 안 내는 정도인데도 불구하고 그런 모양들을 제가 좀 봤습니다. 이래 가지고는 아마 대법원이나 헌법재판소 다 개헌 내지는 정치권 개헌소용돌이가 만일에 생기면 양쪽 다 득을 못 보는 상황이 연출될지도 모를 것 같아서 그런 차원에서는 좀 적극적인 의견개진도 필요할 때는 해야 되고 그럴려면 기본적인 준비를 공식견해를 드러내지는 않더라도 비공식적으로라도 헌법재판소 같으면 재판관회의에서 상당한 수준의 토론을 통해서 중지가 모아져야 되는 것 아닌가라는 생각입니다.

물론 저도 헌법교수의 입장이기 때문에 이번에 연구자문위원회 안이 너무 프로(pro-) 헌법재판소 쪽이다 해서 헌법교수들만 거기 있다 보니까 그런 안 나왔다 해서 대법원 쪽에서 불만이 많은 것 같은데, 아무튼 어느 기관의 문제가 아니라 정치권의 문제가 발생하면 또 그쪽은 그쪽대로 나오니까, 오늘 신문에 헌정회 전직 국회의원들 헌법재판소라는 것을 아마 모르시는 분들이 아닌가 저는 생각합니다마는 전직 국회의원님들 여론조사에서 헌법재판소 폐지가 과반수가 나온 것 보고 저도 깜짝 놀랐습니다. 아무튼 그런 저런 것을 우리 소장님을 비롯해서 또 전임재판관님 처장님들은 또 친정이시고 재판관님들은 본향이시니까 애정을 가지고 이런 저런 일을 준비를 하는 게 좋지 않겠나 하는 게 제 소박한 견해입니다.

감사합니다.

사 회 자 : 혹시 오늘 대법원에서? 사실은 본향이라는 말을 쓰셨는데 서기석 부장님, 박홍우 부장님 사실은 여기가 더 본향이시고 연구부장, 연구부파트에 계셨는데 혹시 서기석 부장님, 한 말씀.

서 기 석 : 저는 별 할 말이 없습니다마는 저는 법원에서 파견되어서 헌법재판소에 와서 근무한 것을 자랑스럽게 생각하고 보람스럽게 생각합니다.

제가 법관생활 지금 한 28년 했는데 28년 하는 동안 헌법재판소에서 2년 6개월 제가 근무한 기간 동안 가장 보람되게 보냈다고 항상 어느 자리에서나 이야기하고 있습니다. 그래서 저는 헌법재판소가 앞으로도 계속 발전하기를 진심으로 기원하는 그런 입장에 있습니다.

그런 의미에서는 별 할 말이 없습니다마는 오늘 존경하는 김철수 교수님 발표 논문을 보고 저는 지금까지 알고 있기로는 헌법재판의 본류는 미국 연방대법원이고 독일 연방헌법재판소는 미국 연방대법원을 그대로 본 따서 만든 법원으로서 초기판례 같은 것도 보면 미국 연방대법원의 판례를 그대로 따르는 그런 것으로 알고 있습니다. 그리고 재판제도도 크게 미국하고 독일은 서로 다르고 우리나라는 근본적으로는 미국 재판제도를 받아들여서 사법부가 행정부로부터 독립되어 있는 삼권분립을 지키고 있고 거기에 따라서 여러 가지로 독일하고는 사법제도가 전혀 다른 그런 구조를 취하고 있습니다.

아까 김철수 선생님께서 특히 독일 전문법원 말씀하시면서 독일의 경우에는 크게 최고재판소가 예컨대 연방헌법재판소를 제외하고도 5개 법원이 있어서 각각 역할을 하고 대법원의 경우에는 민·형사재판을 하면서 법무성에 속해 있다고까지 할 수 있는 것이고, 다른 행정법원이나 노동법원, 사회법원 이런 것은 각 다른 행정법원의 지도감독을 받는 것으로 그렇게 되어 있습니다. 그래서 이 전문법원제도 이런 부분은 독일의 경우에는 제가 생각하기로는 전문법원이라는 게 반드시 사법부에 속해 있는 전문법원은 아닌 것 같고요. 우리나라에서는 사법부에서 전문화를 이뤄가지고 행정법원, 특허법원도 만들고 있는데 최고법원이 과연 이렇게 나누어져 있는 것이 반드시 바람직한지? 최고법원 판사가 전문화되는 것이 바람직한지? 그것은 저는 개인적으로는 좀 의문을 가지고 있습니다. 최고법원 판사가 이렇게, 최고법원 판사는 어떤 큰 틀에서 경륜과 이런 것으로서 재판하는 것이 보다 맞지 않느냐 그런 의미에서 최고법원은 전문화하는 것이 반드시 바람직한지가 의문이고요.

그리고 아까 헌법재판관 자격문제도 있는데 그것도 저 개인적인 생각은 지금 우리나라 대학교수도 다 법관자격을 가지고 있고 미국 연방대법원의 경우에는 보면 현직 연방항소법원 판사들이 대부분 하고 있는 것으로 그렇게 알고 있습니다. 독일의 경우에는 독일 헌법재판관님들이 대학교수 출신이 많은데 그분들도 다 법관자격은 가지고 있는 것으로 알고 있고요. 일본 같은 경우에는 전직 외교관이라든지 고위공무원이 15사람 중에 몇 사람이 지금 있는데 거기에 대해서도 제가 일본에 연수를 갔다왔습니다만 반드시 그렇게 그게 국민들이나 일반학계로부터 반드시 바람직한지 그 부분에 대해서는 의문이 있습니다. 일부에서는 그러다보니까 결국 연구관들한테 의존을 해서 결국은 그분들은 연구관판결을 한다 이런 말까지 나오고 있습니다. 그래서 그 부분에 대해서는 제가 약간 의문이 있고, 저는 근본적으로 헌법재판소가 더욱 더 발전하는 것을 진심으로 바라고 있습니다.

이상입니다.

사 회 자 : 정말 시간은 별로 남지 않았는데 그러나 검찰에서 오신 우리 신경식 회장님도 간단하게 한번 말씀해 주시지요.

신 경 식 : 저는 서울중앙지검 1차장 검사로 근무하는 신경식입니다.

제가 대검찰청에 있는 공법연구회 회장으로 있는데요. 저희 공법연구회는 지금 발족한지 한 5년 되었습니다. 2005년도 7월달에 출번을 해서 지금 5기째 운영을 하고 있고 80여명 회원들이 참여를 하고 있고 저희가 그동안 연구한 실적들을 모아가지고 형사법과 헌법이념이라는 책자를 두 권 발간한 게 있고 내년 초에 3권을 아마 발간을 하게 될 것 같습니다. 아무래도 검찰에서 주도해서 하는 연구회다보니까 형사법과 관련된 내용을 더 많이 연구를 하고 있습니다.

제가 지금 말씀하시는 것들을 듣고서 생각해 보면 우리 법조인들이 특히 요즘 사법시험을 공부하는 학생들을 이렇게 보면 면접시험을 제가 3차시험을 작년에 한번 가서 봤는데 면접위원 해 보니까 우리 수험생들의 헌법에 관한 지식이 예전하고는 완전히 다르다는 것을 느끼게 되었습니다. 그리고 특히 헌법재판소 결정례에 관한 지식들이 굉장하다는 것을 느낄 수 있었습니다. 그런 어떤 헌법에 대한 관심과 이런 것들이 증대된 것은 분명히 헌법재판소가 그동안 큰 역할을 한 증거가 아닌가 싶습니다.

제가 간단하게 그냥 하나 말씀드리고 싶은 것은 검찰에 있다 보면 헌법소원에 있어서 당사자가 되는 경우들이 종종 있습니다. 그런 경우 조금 답답함을 느끼는 경우가 있는데, 제가 그래서 헌법재판소의 일당사자로서 참여하는 사람들 입장에서는 이런 게 좀 답답하지 않나 싶어서 한번 말씀을 드리는데요.

공개변론이라고 하는 게 굉장히 한정적으로 지금 운영이 되고 있기 때문에 주로 의견서를 제출하는 수밖에 없는 것 같습니다. 이 헌법재판소에서 이루어지는 위헌심판이라든지 또는 각종 헌법소원이라고 하는 게 결정이 이루어지면 그 즉시 바로 효력이 발휘되고 국민생활에 구체적으로 영향을 미치는 그런 효과를 가져오기 때문에 이해관계인들이 공정한 룰만 있다면 본인들의 상황이라든지 이런 것들을 구체적으로 좀 더 현출할 수 있는 그런 기회가 주어졌으면 좋겠습니다. 그래서 저희 생각 같아서는 공개변론을 매번 하기는 굉장히 어려울 것 같고 중요사안들 같은 경우는 연구관회의 같은 것도 있다고 들었습니다. 아무래도 연구관들 회의에도 당사자들이 참여하는 것은 굉장히 공정성문제라든지 이런 게 있기 때문에 제한을 하시는 것 같은데, 이해관계 당사자들이 전문가들을 통해가지고 공정하게 거기에 참여를 해서 의견도 개진하고 토론도 하고 이렇게 한다면 좀 더 분야별로 여러 가지 위헌심사기준 개발을 좀 더 한다든지 하는데도 도움이 되지 않을까 그런 생각을 해봤습니다.

이상입니다.

사 회 자 : 감사합니다. 정말 제가 두렵다고 했는데 사회를 보기가, 학회를 대표해서 우리 박균성 회장님, 조홍석 회장님 두 분이 나오셨는데, 박균성 회장님 간단하게 한 말씀을 해 주셨으면, 시간이 많지가 않아서 죄송합니다.

박 균 성 : 저는 사실 말씀을 안드려도 될 것 같은데요. 제가 헌법학자도 아니고 해서 말씀드릴 처지는 아닌데 공법학회 회장직을 맡다보니까 온 것 같습니다.

오늘 은사님이신 김철수 선생님 오늘 가르침을 많이 받았습니다. 학교 다닐 때도 우리 선생님 강의를 듣고 많이 감명을 받았었는데 지금까지도 계속 배우고 있는 것 같습니다.

저도 헌법재판소가 그동안 큰 역할을 해 왔고 앞으로도 계속적으로 발전되기를 바라는 마음에 있습니다. 그런 차원에서 제가 몇 가지 말씀을 드려보겠습니다.

첫째로 헌법재판소가 설립된 후에 국민들의 헌법재판에 대한 또 학자들의 헌법재판에 대한 그런 목마름을 아주 해소시켜 주었고 그래서 전폭적인 지지를 받았다고 생각합니다. 그래서 오늘에 이르렀는데 지금 벌써 20주년이 지났고 해서 이제는 성년의 단계에 이르지 않았나 싶습니다. 그래서 성년이라는 것은 이제는 책임 있는 그런 지위를 가졌다는 겁니다. 그래서 그만큼 이제는 무조건 지지는 받기 어렵지 않느냐, 뭔가 그런 책임을 지는 그런 위치에 왔다라고 생각을 합니다. 그런 차원에서 이제는 헌법재판소가 여러 기관들 대법원이나 국회나 정부나 또 국민과의 관계에서 뭔가 바람직한 관계를 어떻게 모색해야 될 것인가를 고민을 해야 되지 않는가 그렇게 생각합니다.

이제는 국민들이라고 해서 무조건적으로 헌법재판소 결정을 지지한다 이런 것은 아니지 않을까 생각되고, 또 대법원도 최근에 와서는 상당히 헌법적인 그런 마인드를 가지고 판결들을 내고 있습니다. 그래서 헌법재판소와의 관계도 앞으로 대화를 통해서 잘 해결했으면 좋지 않겠는가 생각합니다. 헌법소원문제라든지 선거소송 또 권한쟁의 이쪽 부분은 어떤 권한이 불명확한 부분이 있어서 그렇습니다. 제가 볼 때는 그런 사소한 것 때문에 오히려 더 이렇게 갈등이 커지고 그러는 것 아닌가 싶은데요. 뭔가 좀 본안문제가 말끔하게 해결이 되었으면 하는 그런 바람을 갖고 있습니다.

그 다음에 앞으로 과제는 헌법재판소의, 그동안도 훌륭한 결정을 내려 왔고 상당히 결정문을 읽으면서도 저는 많이 배우는 입장에 있습니다. 그러나 이제 더 나아가서 헌법재판소의 결정의 질을 높이는 쪽으로 좀 더 노력을 해야 되지 않느냐 해서 헌법재판소의 권위를 더 높이는 쪽으로 나아가야 된다고 생각합니다.

그런 차원에서 한 가지 말씀드리면, 지금까지도 다 잘해오고 계십니다마는 현실에 대한 이해를 좀 더 높이는 쪽으로 좀 더 나아갔으면 좋겠다는 것이고요. 또 하나는 헌법재판은 헌법만의 문제는 아니라는 생각을 합니다. 그래서 헌법과 관련해서는 헌법학자가 전문가입니다마는 헌법재판은 모든 분야와 관련이 있기 때문에 그 분야에 대해서는 그 분야의 실무자 또는 그 분야의 법학자가 오히려 더 전문가일 수가 있다는 것이지요. 그래서 타법과의 어떤 그런 교류라든가 타법학자들이 참여 이런 것들을 앞으로 확대하는 것이 헌법재판의 질을 높이는 그런 데에서 필요하지 않는가라는 그런 말씀을 드리겠습니다. 감사합니다.

사 회 자 : 감사합니다. 제가 착각을 일으켰습니다. 재판소의 뒤쪽 시계가 좀 늦게 가고 있습니다. 그래서 벌써 5분 오버했고요. 학회장님들 말씀은 만찬장소에 가서 또 인사하실 기회가 있을 것 같습니다. 그래서 좀 양해말씀 드리고요.

특히나 대법원 실무회에서 오신 박홍우 회장님께 말씀 기회를 못 드렸던 게 대단히 송구스럽고, 김주연 부회장님께도 그렇고요. 그런데 서기석 부장님이 말씀을 하시고 해서 나중에 만찬장소에서 이야기를 좀더 듣도록, 어떻겠습니까? 그렇게 해도 좋겠습니까? 조홍석 회장님 뭐.

조 홍 석 : 시간이 촉박한 것 같은데 간단하게 말씀드리도록 하겠습니다. 두 가지만 말씀드리겠습니다.

제가 언젠가 독일 연방헌법재판소를 방문한 적이 있었습니다. 그때 한 재판관님이 저에게 이런 말씀을 하셨습니다. '독일의 어떠한 중요한 사건도 헌법재판소를 거치지 않는 경우는 없다.' 그 말의 요지는 중요한 정치적인 문제가 헌법재판소를 다 경유하게 된다는 이런 내용이었습니다.

물론 원칙적으로 입법부와의 관계에 있어서 헌법재판소가 입법부의 많은 재량을 존중해야 되겠지만 저는 개인적으로 헌법에 명문의 규정이 있거나 아니면 민주주의원칙이라든지 또 법치주의원칙 같은 이런 대원칙들이 침해되는 경우에는 사법자제가 오히려 헌법재판소의 임무에 직무유기로 이렇게 변질될 가능성도 있다 저는 이렇게 생각합니다. 그래서 이런 중요한 헌법적 원칙들이 침해되는 경우에는 좀 더 적극적인 판결을 내릴 필요가 있다고 저는 말씀드리고 싶습니다.

또 하나 제가 말씀드리고 싶은 것은 우리 헌법재판제도가 의결정족수가 굉장히 엄격하게 되어 있습니다. 그래서 이런 상황 속에서 사실 헌법재판소가 제도적으로 적극적으로 활동을 하기에는 한계가 있다 저도 이렇게 보고 있습니다. 그러나 이 주어진 제도하에서 헌법재판소의 어떤 역할을 좀더 적극적으로 하기 위해서는 제가 말씀드리고 싶은 것은 평결방식과 관련해 가지고 지금 주문별 평결방식과 쟁점별 평결방식이 있는데 가능한 한 쟁점별 평결방식으로 간다면 말씀하신거와 마찬가지로 소수의견에 의해서 심지어는 한사람의 의견에 의해서 주문이 결정되는 것을 어느 정도 막을 수 있지 않느냐 이런 생각을 해봅니다.

간단하게 제 말씀 여기서 마치도록 하겠습니다.

사 회 자 : 감사합니다. 이제 마무리를 지어야 될 시점이 되었습니다.

이미 시간이 많이 흘렀고 더군다나 식사시간이 마련되어 있기 때문에 시장들 하실텐데요. 선생님께서 답변을 하실 필요는 없다고 느낍니다만.

발 표 자 : 제가 오늘 많이 배웠습니다. 제가 사실 오늘 온 것은 배우기 위해서 온 건데 전직재판관님들 말씀들 또 여기 회장님들 여러 부회장님 말씀 듣고 보니까 많이 배웠습니다.

그런데 제가 6페이지에 빠진 게 있어 가지고 그런데요, 5행인데요. 거기에 '헌법재판소의 기능을 제고하기 위하여 필요한 것이었으나 개별심사의 기소여부' 이렇게 되어 있는데 그 사이에 빠진 게 '그동안 불기소처분에 대한 심판은 개별검사의 기소여부에 대한 판단을 하게 되어 가지고 헌재의 위상이 훼손되었다' 이렇게 이야기를 했습니다. 뭐 훼손되었다기 보다도 좀 격하된 것이 아니냐 이렇게 생각했는데 우리가 그것을 없애자 여러 번 이야기를 했습니다. 그래서 그게 법원에서 구제가 절차가 되었기 때문에 보충성의 원칙에 따라서 안하게 된 것은 아주 잘된 이야기다 이렇게 이야기할 수 있습니다.

그 다음에 아까 9페이지 이야기인데 독일에 Fachgericht가 있는데 그 Fachgericht가 법원이 아니다 이런 말씀하시는 사람도 있는데요. 원래 행정재판소나 노동재판소나 재정재판소 이런 것은 원래는 행정부에서 있었던 그러한 심판사건을 했던 것은 틀림없습니다. 그러나 현재는 전부다가 재판소로 되어 있습니다.

우리나라에서는 법원조직법이라는 것을 학교에서 가르치지를 않는데요. 독일에 가면 소위 Verfassungsgericht 라는 것도 물론 있지만, 그러니까 법원조직법 이게 아주 중요한 과목이 되겠습니다. 그렇게 본다면 거기에 Fachgericht 이렇게 여러 가지로 다 들어가 있고 거기에 대해서 의견이 일치되지 않는 경우에는 통일부를 만들어 가지고 거기에서 하도록, 원래는 최고재판소를 두게 되어 있었는데 헌법이 개정되어 가지고 현재는 최고재판소의 여러 부에서 대표를 모아가지고 거기에서 통합해서 하는 그런 것으로 하고 있습니다.

우리나라에서 지금 문제가 되는 것은 제가 법원에서 여러 번 전문화를 이야기하고 최고법원의 다변화를 이야기했는데 거기에서 이야기한 것이 뭐냐 하면 대법관이 100명이나 있으면 말이지 대법관의 권위가 떨어지지 않느냐 이런 이야기예요. 그것은 그렇게 생각할 필요가 없지 않느냐, 꼭 권위가 있어야 되는 것은 아니지 않느냐 이런 생각이고 얼마든지 될 수 있는데, 아까도 이야기한 것처럼 행정재판소가 1심입니다. 행정재판소가 1심인데 고등법원에 올라가면 비전문가가 한다든가 또는 대법원에 가면 행정사건 한번도 안 맡아본 분이 한다 이렇게 되면 그게 과연 효율적이고 전문적이 될 수 있는지 잘 모르겠습니다. 그런 의미에서 대법원에서도 검토를 해 주시면 감사하겠습니다.

감사합니다. 많이 잘 배웠습니다.

사 회 자 : 이상하게 한겨울인데도 진땀이 납니다.

마지막으로 오늘 소장님께서 친히 자리를 해 주셨고 끝까지 경청해 주셨고 해서 마무리 말씀을 소장님께 부탁드리겠습니다.

헌법재판소장 : 오늘 날씨도 아주 춥고 또 연말이고 월말이라서 교통도 아주 불편하실 텐데 저희 100회 실무연구회를 기념하고 축하해 주시기 위해서 이렇게 왕림해 주신 각계 각층의 여러분들께 먼저 소장으로서 깊은 감사의 말씀을 드립니다.

지금까지 말씀하신 여러분들의 우려나 의견이나 궁금하신 것 중에 제가 몇 가지만 간단하게 뽑아서 알려드려야 할 부분이 있는 것 같아서 그래서 한 세 가지만 말씀을 드리도록 하겠습니다.

우선 최근에 어느 기자 출신의 문필가가 헌법재판소에 관한 책자를 하나 냈습니다. 그로 인해서 지금 탄핵사건 때의 소수의견이 왜 공개가 안 되느냐, 있느냐 없느냐 해 가지고 지금 그게 일파만파로 번져가고 있어요. 저 자신도 지금 대 여섯 분의 전문가들한테 그거 왜 공개 않느냐, 있느냐, 이런 질문을 많이 받았는데 오늘 마침 그 말씀을 하시길래 지금 그 문제에 대해서 간단히 말씀을 드리겠습니다.

제가 1988년도에 헌법재판소법 제정당시에 참여했을 때 그때 초안에는 지금 우리 개정 후의 헌법재판소법과 마찬가지로 모든 종류의 심판에 대해서는 헌법재판관들이 자신의 견해를 표명하도록 되어 있었어요. 그런데 제가 그 조문을 보면서 갑자기 독일 연방헌법재판소가 독일공산당 해산판결을 한 후에 독일공산당 당원들이 독일 전국에서 큰 소요를 일으켰습니다. 독일공산당이 그전까지는 그냥 거의 합법화되어서 활동을 적극적으로 하다가 독일 연방헌법재판소가 독일공산당이 아직도 폭력성과 자유민주주의에 부합하지 않는다 해서 위헌정당이라고 해가지고 해산명령을 했지요. 그랬더니 전국 각지에서 그 조직들이 발호를 해 가지고 상당히 시끄러웠습니다. 그 생각이 나가지고 제가 이 위헌정당해산은 재판관들의 의견을 표명했다가는 후유증이 심각할 것이다 그랬더니 제가 그 당시에 자료같은 것을 가지고 설명을 했더니 쉽게 납득이 되었어요. 자, 그러면 위헌정당해산뿐만 아니라 탄핵도 마찬가지 아닙니까? 탄핵도 고도의 정치적인 행위인데 그것에 관해서 헌법재판소가 헌법재판소의 입장을 밝히면 그만이지 헌법재판관 개개인이 그 부분에 관해서 견해를 밝힐 필요가 뭐 있습니까? 그렇게 되면 사후에 테러문제도 있을 수 있고, 요새 말하자면 정치적 사회적 경제적인 왕따문제도 생길 수 있고, 핍박문제도 생길 수 있고 그렇게 되면 헌법재판관들이 소신껏 의견을 표명하는 것이 어려울 것이다. 특히 우리 사회 같은 데서는, 그래가지고 제가 강력히 주장해 가지고 그 부분이 사실은 빠진 거지요. 그래서 그 당시에 조문을 보면 위헌제청심판이나 권한쟁의나 헌법소원에는 재판관들이 의견을 표명할 수 있도록 이렇게만 순화해서 규정을 해 놓았던 거지요. 그러니까 위헌정당해산과 탄핵문제는 의도적으로 그것은 뺐던 거예요. 뺐던 건데 그게 왜 견해표명을 못하게 하느냐 이런 소란이 있었다고 저는 그 후에 듣기는 들었습니다만. 하여튼 헌법재판소가 그 탄핵문제에 관해서 그 당시의 입법에 따라서 처리했던 것은 저는 정당했다고 보고, 그 당시의 법대로 처리한 헌법재판소의 입장을 저는 지금도 지지를 하고 있고 그래서 최근에 그 문제에 관해서 많은 논란이 있어서 저도 그 판결을 다시 한번 원본을 볼까하는 생각은 있었지만 원칙대로 그 당시의 법대로 한 그 탄핵결정은 옳은 것이라는 점에 대해서 조금도 저는 의심을 하지 않기 때문에 제가 보고 싶은 생각이 났지만 접어두고 지금까지도 찾아보지는 않고 있습니다. 그 후에 탄핵에 대해서 왜 헌법재판소 재판관들이 견해표명을 못하게 하느냐 해가지고 막 시끄러우니까 법을 개정해서 요새는 견해표명을 하도록 되어 있지만 과연 그게 바람직한 것인지 어떤지는 별도의 차원의 문제라고 생각합니다.

두 번째는 결정형식에 대해서 말씀을 하셨는데 아주 좋은 지적이십니다.

지금 우리나라의 판결, 민사판결, 행정판결양식이 사실은 독일에서 일본을 가가지고 일본에서 이렇게 들어왔습니다마는 지금도 독일과 일본은 옛날 우리 방식대로 수십년간 그렇게 쓰고 있지요. 그런데 우리나라는 다행히 조진만 대법원장이라고 하는 걸출한 인물이 나오셔서 판결을 간소화하셨지요. 그래서 제가 독일가서 공부할 때 우리 판결하고 독일 판결하고 나란히 보여주면 독일 판사들도 놀래요. '아 이렇게 쓰면 간단하고 좋은 데 왜 우리는 지금도 이렇게 쓰는지 모르겠다'고 그런 얘기를 하면서 감탄하던데, 지금 우리 헌법재판과 가장 가까운 행정판결이 그렇게 간편하게 정리가 되어 있어서 저도 조만간에 우리 헌법재판의 결정형식을 행정판결과 비슷하게 개선하면 어떻겠느냐 해 가지고 사실은 몇 달 전에 테스크포스를 구성해서 소리 소문 없이 연구 중에 있다는 말씀드립니다.

그 다음 세 번째는 위헌심사의 기준과 방식에 관해서 질문하셨는데, 저는 대단히 중요하고 아주 핵심을 찌르는 말씀이라고 저는 높이 평가를 합니다. 지금 우리 헌법재판소의 위헌심사의 기준과 방식이 아직 정리가 안 되어 있고 통일이 안 되어 있고 좀 혼란, 혼란까지는 아니지만 동요하고 있는 것은 틀림이 없습니다.

그 이유가 첫째는 우리가 독일식의 비례심사의 방식을 무비판적으로 그냥 도입했기 때문에 그렇습니다. 그런데 지금 실정헌법 제37조 제 2 항의 위헌심사의 기준에 의하면 독일식의 비례심사기준과 방식이 반드시 합당하고 옳은 것이냐에 대해서는 저는 다른 입장을 갖고 있습니다. 또 그렇다고 해서 그러면 미국식의 방식이 과연 옳으냐? 저는 미국식도 대단히 뭐라 그럴까요 유럽 대륙식에 비해서는 정치하지 못하고 비논리적인 부분이 없지 않다고 저는 봅니다. 따라서 저는 금년도 제가 시무식 사회에서 강조를 했지만 저는 이제 독일과 미국식의 위헌심사기준과 방식을 종합해서 지향하는 그래서 우리나라의 풍토에 맞는 제 3 의 길을 찾고자 합니다. 그래서 지금 그 방식에 관해서 저 나름대로 고민도 하고 연구도 하고 젊은 연구관들하고 팀을 만들어서 논의도 하고 있습니다만 앞으로 쉽지는 않겠지만 하여튼 최선을 다해서 제 3 의 길을 찾아내보려고 노력을 할 겁니다.

제가 이제 제 4 대 소장으로 취임을 했습니다만 저는 선배들에 대해서 참 고맙게 생각합니다. 제가 창립20주년기념사에서 누누이 강조를 했습니다만 그 선배들의 피눈물 나는 노력과 헌신 덕택에 헌법재판소가 이렇게 쉽게 빠른 시일 내에 자리 잡았고 지금 많은 영향력을 확보하고 있어서 국민들로부터 많은 지지와 존경을 받고 있습니다. 지금 이렇게 선배들의 피땀 어린 노력의 결정체인 현재의 헌법재판소가 선배들에게 누를 끼치지 않고 또 선배들의 믿음에 보답하는 길은 좀 더 헌법재판소의 결정과 판단의 수준을 높이고 또한 국민들의 시대정신과 국민들의 뜻에 맞는 그런 판단을 함으로써 헌법재판소가 국민들로부터 더 큰 사랑과 신뢰를 받는 길로써 보답을 해야 하지 않을까하는 그런 생각을 굳건히 가지고 있습니다.

국민들로부터 좀 더 큰 존경과 사랑과 신뢰를 받는다면 헌법재판소를 대법원에 통합해야 한다는 등 이런 문제는 부차적이고 사소한 문제로 그칠 것입니다.

그런 의미에서라도 저희 헌법재판소 제 4 기 재판부는 오로지 국민과 역사만을 보면서 묵묵하게 매진할 각오입니다.

경청해 주셔서 감사드립니다.

사 회 자 : 소장님의 … 말씀이 있으셨습니다. 이제 마쳐야 될 시간입니다.

작년에 저희들이 아시아헌법포럼이라는 한·중·일 모임이 있었는데 거기에서 중국학자, 일본학자들이 저희 헌법학자보고 굉장히 부러움을 표시했습니다. 바로 헌법이론이 날로 발전하고 있고 축적되어 오고 있기 때문이지요. 그 축적의 원동력은 바로 헌법재판소가 있기 때문입니다. 이 이상 헌법재판소의 존립목적이 더 어디 있겠습니까? 더불어 작년에 세계헌법재판소장회의가 성공적으로 끝나서 더욱 품격이 격상, 또 나라의 국격이 올라갔다고 생각됩니다. 앞으로 할일도 많은 것 같습니다.

우리 소장님께서 역점적으로 추진하시는 헌법연구원도 꼭 빛을 보기를 바라는 마음입니다.

그동안 전·현직재판관님들의 노고는 이루 말할 수도 없겠습니다.

더불어 뒷받침해 드리는, 보필해 드리는 우리 헌법연구관들의 열정도 바로 이러한 열매를 이루는데 중요한 밑알이 되었다고 생각이 됩니다.

너무 늦은 시간 저희 사회의 능력이 모자라서 또 욕심도 있었습니다. 이 자리에 참석하신 많은 분들의 의견을 귀하게 들어 볼려고 했던 욕심 때문에 시간이 많이 늘어난 점 대단히 송구하게 생각하면서 이상으로 제100회 헌법실무연구회 월례발표회를 모두 마치겠습니다.

감사합니다.

헌법불합치결정의 사례분석에서 나타난 한정적 청구와 한정적 판단의 필요성 검토

남 복 현*

Ⅰ. 글머리에

1. 현 황

근래 우리 헌법재판소가 결정주문의 채택과 관련해서 보여준 주목할 만한 현상과 그에 대한 대법원 등의 반응을 지목하고자 한다.

먼저, 헌법불합치결정의 주문을 채택한 사례가 매우 빈번해졌으며, 그것도 주로 계속적용의 법적 효과를 지향하는 불합치결정이 선호되고 있다는 점이다. 우리 헌법재판소는 지난 2009. 8. 31.현재 총 63건의 헌법불합치결정을 선고한 바 있다.[1] 구체적으로 살펴보면, 제 1 기 재판부(1988. 9.부터 1994. 9.까지)가 4건, 제 2 기 재판부(1994. 9.부터 2000. 9.까지)가 13건, 제 3 기 재판부(2000. 9.부터 2006. 9.까지)가 25건, 그리고 제 4 기 재판부(2006. 9.이래 2009. 8.말까지)가 21건[2]이었다.

다음, 헌법재판소는 종래 한정합헌결정이나 한정위헌결정을 선호하였다.[3] 그런데 한정합헌결정은 2002년 이후[4] 주문으로 채택되질 않고 있다. 한정위헌결정은 2004년 이후[5] 채택되지 않다가 2008년에서야 비로소 새로이 선고[6]되고 있다.

* 호원대학교 법경찰학부 교수.

1) 본고에서는 헌법재판소가 헌법불합치로 결정한 사건의 수를 심판대상인 법률조항의 숫자나 접수되어 병합처리된 사건수를 기준으로 하지 아니하고, 헌법재판소가 판시사항이나 결정요지를 제시해서 헌법재판소 판례집이나 헌법재판소 공보에 공시한 건수를 기준으로 산정하고자 한다.

2) 그 후 같은 해 12.말까지 두 건의 불합치결정이 추가로 선고되었다. 그러니 결국 23건이 되는 셈이다.

3) 각주 1번에 따른 기준으로 분류할 때, 2004. 12. 31.현재 한정합헌결정은 총 16건(헌가절차에서 9건, 헌바절차에서 7건)이, 한정위헌결정은 28건(헌가절차에서 8건, 헌마절차에서 6건, 헌바절차에서 14건)이 각각 선고되었다.

4) 헌재 2002. 4. 25, 99헌바51, 판례집 14-1, 279.

5) 헌재 2004. 12. 16, 2003헌마226, 판례집 16-2하, 580.

6) 헌재 2008. 5. 29, 2006헌마1096, 판례집 20-1하, 270~286; 헌재 2008. 10. 30, 2003헌바10, 판례

그런가 하면, 법률해석을 다툼의 대상으로 삼는 것으로 지목된 한정위헌심판청구의 적법성에 대해 헌법재판소는 종래의 견해를 정리하고자 하였지만, 실효를 거두진 못하고 재판관들의 의견만 다양함을 확인하였을 따름이다.[7)]

이와 관련해서 대법원은 지난 2009. 2. 12. 상속세부과처분무효확인등의 판결[8)]에서 "상속개시 전에 피상속인으로부터 구 상속세법 제 4 조에 의하여 상속재산가액에 가산되는 재산을 증여받고 상속을 포기한 자"는 "법 제18조 제 1 항 소정의 상속세 납세의무를 부담하는 '상속인'에 해당한다고 보기 어렵고" "상속세를 납부할 의무가 없다"고 하였다. 그런데, 이 사건 판결은 헌법재판소가 지난 2008. 10. 30. 구 상속세법 제18조 제 1 항 본문을 한정위헌으로 결정한 계기를 제공한 헌법소원심판사건[9)]과 관련된 소송사건의 상고심판결이다.[10)] 이 사건 관련 결정에서 헌법재판소는 구 상속세법 제18조 제 1 항 본문 중 '상속인' 부분은 위 '상속인'의 범위에 "상속개시 전에 피상속인으로부터 상속재산가액에 가산되는 재산을 증여받고 상속을 포기한 자"가 포함되지 않는 것으로 해석하는 한 헌법에 위반된다고 선고하였다.

그런가하면, 2009. 8. 20. 서울행정법원은 헌법재판소가 공무원연금법 제64조 제 1 항 제 1 호 위헌소원사건[11)]에서 이 조항에 대해 헌법불합치로 결정함과 아울러 이 조항의 잠정적인 계속적용을 명한 것과 관련해서 심판대상인 법률조항이 합헌부분과 위헌부분으로 그 구분이 가능하다면, 합헌부분에 대해서만 계속적용을 명한 취지로 이해하고, 위헌부분은 개선입법시점의 도과로 효력상실된 것으로 파악하였다.[12)]

2. 문제의 제기

헌법불합치결정은 단순위헌으로 결정할 경우 초래될 법적 혼란이나 법적 공백이라는 부작용을 해소하기 위해 채택된 결정형식이다. 이 결정은 법적용자에 대한 법적 효과를 지향함에 있어 불합치법률의 적용을 중지하고 개선입법에 따른 처리를 명하는 경우가 있고, 불합치법률을 개선입법시점까지 잠정적으로 계속적용을 명하

집 20-2상, 727; 헌재 2008. 10. 30, 2006헌바1, 판례집 20-2상, 774.

7) 헌재 2008. 11. 27, 2004헌바54, 공보 제146호, 1706 참조.

8) 대법 2009. 2. 12. 선고 2004두10289 판결.

9) 헌재 2008. 10. 30, 2003헌바10, 판례집 20-2상, 727.

10) 대법 2004두10289 판결은 최종심이고, 항소심은 광주고법 2004. 8. 19. 선고 2003누284 판결이며, 제 1 심은 광주지법 2003. 1. 16. 선고 99구225 판결이다. 여기서 이 사건 관련 결정에 있어 당해 헌법소원과 관련된 소송사건은 광주지법 2003. 1. 16. 선고 99구225 판결이었다.

11) 헌재 2007. 3. 29, 2005헌바33, 헌판집 19-1, 211.

12) 서울행정법원 2009. 8. 20. 선고 2008구합9379 판결, 법률신문 제3777호, 2009. 9. 14.자, 13-14면 참조.

는 경우도 있다. 전자를 적용중지 불합치결정이라 하고, 후자를 계속적용 불합치결정이라 한다. 양자의 관계는 전자가 원칙이고 후자가 예외이다.[13)]

그런데 불합치결정의 선고실제를 분석하면, 제 3 기 재판부 이래부터, 즉 실질적으로 그 임기가 개시된 2001년 이후부터 헌법불합치결정의 선고 사례가 집중되어 있음은 물론이고, 전자와 후자의 관계가 역전되었음을 볼 수 있다.[14)] 게다가, 불합치결정의 주문이나 법적 효과가 그 결정에서 다투어진 핵심쟁점과 전혀 조화를 이루지 못하는 경우가 적지 않다는 점이다.

그런가 하면, 한정위헌청구는 헌법불합치결정의 실태분석과 관련해서 아주 이격된 것으로 보이기도 한다. 하지만 논의의 연결점은 심판대상에 있다. 현재 헌법재판소에서는 한정위헌청구의 적법여부, 그 적법성 판단의 기준과 허용범위 및 청구의 적법성을 인정할 경우 심판대상이나 본안의 판단범위 등을 둘러싸고 심각한 의론이 있는 상태이다.

그런 반면, 헌법불합치결정의 사례를 분석한 결과, 심판대상을 한정적인 형태로 설정하거나 심판대상에 대해 한정적으로 판단함으로써 기존의 결정사례보다 훨씬더 구체적 타당성이 제고되는 경우가 나타난다는 점이다. 이는 한정적인 청구나 한정적인 판단이 현재까지 축적된 헌법재판소의 불합치결정사례와 밀접한 연관성을 지니고 있음을 의미하는 단초이다.

여기서 다루는 주제는 논리적으로는 심판청구, 심판대상의 획정, 심판과정에서의 한정적 판단, 결정주문의 선택과 그에 따른 법적 효과의 설정 등의 순서로 접근함이 옳을 것이다. 하지만, 이 발표에서는 순서를 뒤바꾸기로 한다. 즉, ① 헌법불합치결정의 주문 및 그 법적 효과와 그 결정상 핵심쟁점과의 부조화 분석이다. ② 이를 통해 심판대상의 축소나 심판대상의 한정적 판단 필요성을 확인한다. 이 과정에서 헌법재판소가 한정적인 형태의 결정을 선고한 사례들도 분석 대상에 포함시키기로 한다. ③ 심판대상을 한정적인 형태로의 축소나 심판대상에 대한 한정적 판단으로 유형화하고, 이러한 각각의 방안이 지닌 법적 효과 내지 결정주문의 효력에 대해서도 검토한다. ④ 아울러 심판대상의 획정이나 심판대상의 축소가 한정적 심판청

13) 이에 관한 상세한 내용은 남복현, 법률의 위헌결정의 효력에 관한 연구, 박사학위논문, 한양대 대학원, 1994, 305면 이하; 남복현, "헌법재판소 결정의 효력에 관한 쟁점과 해결방안," 헌법재판연구 제 7 권. 헌법재판소 결정의 효력에 관한 연구, 헌법재판소, 1995. 12, 368면 참조. 아울러 헌재 2007. 5. 31, 2005헌마1139에서 이동흡·송두환 재판관의 반대의견, 판례집 19-1, 711, 734-735 참조.

14) 발표자가 분석한 통계에 따르면, 제 1 기와 제 2 기에서 17건이, 제 3 기와 제 4 기에서 46건으로, 총 63건이 불합치로 결정되었다. 그 중 2001년 이래, 다시 말해서 제 3 기와 제 4 기 재판부에서 총 46건인데, 그 중 계속적용이 33건, 적용중지가 11건, 그리고 양자 모두가 2건이었다. 이에 관한 상세한 내용은 남복현, 헌법논총 제20집, 251-252면 참조.

구와 연관된 의미를 파악한다. 이는 한정적 심판청구의 적법성 논란이 종국에는 심판대상의 획정문제로 환원됨을 의미하는 것이다. ⑤ 이상의 분석 및 검토를 통해서 문제의 해결방안을 모색하기로 한다.

그리고 이 발표에서는 자료분석상 구조적인 한계가 있음을 인정한다. 헌법불합치로 결정된 사례로 한정했다는 점이다. 단순위헌이나 합헌으로 결정되었음에도 이와 관련해서 쟁점이 될 만한 요소가 존재할 것이다.

Ⅱ. 헌법불합치결정 사례의 실태분석

1. 불합치결정의 유형화와 평가요소

앞서 말한 바와 같이 우리 헌법재판소는 2009. 8. 31. 현재 총 63건의 헌법불합치결정을 선고하였다. 불합치로 결정한 원인을 추적하면, 대체로 5가지 형태로 구분지을 수 있다.[15)]

첫째는 불완전한 형태로 이루어진 법률조항에 대한 위헌여부의 다툼에서, 부진정 입법부작위에 대한 위헌확인을 헌법불합치로 결정한 경우이다. 다시 말해서 사건에서 핵심적으로 다투어진 사항이 기성의 입법에 반영되어야 하였음에도 그렇지 못해 다투어진 경우이다. 그로 인해 헌법상 보장된 기본권을 실현하는데 불완전한 입법상태가 초래된 것이다. 세부적인 내용으로는 ① 적법한 기본권침해에 대한 代償措置를 결여한 경우, ② 평등원칙으로 위헌논증을 한 경우, 그리고 ③ 그 밖의 심판기준(예컨대 과잉금지원칙, 법적 청문권 침해)으로 위헌논증을 한 경우이다.[16)]

둘째는 평등원칙의 위반에 관한 경우이다. 세부적인 내용으로는 ① 같은 것을 다르게 규율한 경우와 ② 다른 것을 같게 규율한 경우로 크게 구분지을 수 있다. 평등원칙은 원래 불합치결정과 아주 친근한 심판기준이다.

셋째는 합헌부분과 위헌부분의 경계를 획정하기에 곤란한 경우이다. 이에 관해 헌법재판소는 자유권에 해당하는 영역의 문제로 구획하고 해명하려 시도한다. 하지만, 이 경우는 후술하는 일반적인 경우와는 구분지어야 한다. 여기에도 일정한 특색이 있으며, 둘로 유형화할 수 있다. ① 제도는 합헌이지만, 그 내용에 위헌성이 있는

15) 이하에 관해 상세한 내용은 남복현, 헌법논총 제20집, 253 이하 참조.

16) 그런데 후술하는 평등원칙위반과 중첩되는 경우가 적지 않게 나타난다. 하지만, 계쟁집단에 대한 입법적 반영의 실패로 인해 야기된 것이므로, 여기서 다룸이 적절하다 본다.

경우이고, ② 원칙적으로 위헌이지만, 부분적으로는 합헌성이 있는 경우이다.

넷째로는 입법형식의 잘못에 관한 경우이다. 여기에서는 포괄위임입법금지원칙, 명확성원칙 및 법률유보원칙 등과 관련해서 논의된다.

다섯째로는 일반적인 경우이다.[17]

이상과 같이 유형화한 사건에 대해 결정개요, 결정주문, 심판대상, 위헌성, 불합치결정 내지 계속적용(또는 적용금지) 사유, 입법자에 대한 효과 내지 개선입법의 입법방향 등의 순서로 소개한 다음, 결정례별로 분석하고 평가하기로 한다.

다음, 분석을 가함에 있어 사안에 적합한 주문제시의 필요성이 크다는 시각에서 접근한다. 첫째로는 심판대상이나 결정이유 등과 연관지어 봤을 때, 지향하고자 하는 법적 효과를 결정주문이 제대로 반영하였는지에 주목한다. 채택된 결정주문의 적합성 문제이다. 둘째로는 결정주문이 결정이유에서 제시된 의미를 제대로 반영하기 위해서 심판대상을 조정할 필요성은 없는지에 대해서도 분석한다. 그리고 셋째로는 불합치결정을 둘러싼 제반요소, 즉 당해사건, 심판대상, 위헌성, 불합치사유, 계속적용이나 적용금지사유, 법적 효과 등에 비추어 보아 다른 형태의 주문 채택이 바람직한 것은 아니었는지에 대해서도 검토한다.

결국 여기서 분석의 핵심은 두 가지이다. 그 하나는 헌법재판소가 불합치결정을 하면서 결정주문과 그 법적 효과와 그 결정상 핵심적인 쟁점과의 부조화라는 시각에서 조화를 이루게 하는 방법을 결정사례의 구체적인 분석을 통해 드러나게 하는 것이다. 다른 하나는 이 발표의 주제에 맞춰 심판대상을 조정하거나 심판과정에서 심판대상을 한정적으로 판단하는 경우 구체적 타당성이, 즉 사안의 적합도가 제고되는 방안을 모색하는 것이다.

그러면, 항목을 바꿔 각 유형별·세부유형별로 대표적인 결정례를 분석함과 아울러 검토한다. 그리고 각 유형별로 특징적인 사항을 점검한다.

17) 이상과 같은 분류는 일의적인 것이 아니다. 하나의 사건에 다양한 쟁점이 제기된 경우, 위의 구분유형이 서로 중첩될 수 있다. 또 위에 제시된 다양한 구분유형에 관한 쟁점이 이미 내포된 경우도 있다. 가장 대표적인 것이 평등원칙위반과 부진정 입법부작위에서 나타난다. 합헌과 위헌부분의 경계가 불분명한 경우도 그렇다.

2. 결정의 원인별 유형화에 따른 대표적인 결정주문별 검토

가. 부진정 입법부작위에 해당하는 경우

1) 적법한 기본권침해에 대한 대상조치를 결여한 경우

가) 구 소득세법 제101조 제2항 위헌소원

2003. 7. 24. 구 소득세법 제101조 제2항 위헌소원사건[18]에서 결정주문은

> "소득세법 제101조 제2항은 헌법에 합치되지 아니한다. 법원 기타 국가기관 및 지방자치단체는 위 법률조항의 적용을 중지하여야 한다."

고 표시되었다. 이 사건 심판대상은 소득세법 제101조 제2항의 위헌 여부이었다. 구체화시키면 두 가지이다. 그 하나는 양도소득에 대한 소득세를 부당하게 감소시키기 위하여 대통령령에서 정하는 특수관계자에게 자산을 증여한 후 그 자산을 증여받은 자가 그 증여일부터 2년 내에 다시 이를 타인에게 양도한 경우에는 증여자가 그 자산을 직접 양도한 것으로 보아 증여자에게 양도소득세 납부의무를 발생하게 하는 것이다. 다른 하나는 증여의제의 효과를 수증자에게도 미치도록 함으로써 수증자의 증여세액 등을 환급하도록 하는 등의 규율이 전혀 없는 상태에 관한 것이다. 여기서 헌법재판소는 전자에 관해서는 합헌으로, 후자에 관해서는 이중과세의 효과 발생을 방치한다는 점에서 위헌성을 인정하였다.

불합치로 결정하면서 적용중지를 하는 것에 대해 김영일 재판관은 반대의견을 제시한다. 즉,

> "이 사건 법률조항은 다수의견이 적절히 논증한 바와 같이 그 자체로는 헌법에 위반되지 아니한다. … 문제는 이 사건 법률조항을 원인으로 하여(또는 이 사건 법률조항에 연유하여) 이중과세의 위헌적인 결과가 발생하였는데, 그 위헌성을 해소할 규정 즉, 관련 수증자의 증여세 및 양도소득세에 대한 환급 내지 공제 등의 규정이 흠결된 데 있다. 입법자가 이 점을 부주의로 간과하여 실질적 조세법률주의에 반하는 위헌상태를 야기한 것이라고 볼 수 있다. 따라서, 그 입법부작위가 위헌임을 지적함으로써 문제를 해결하여야 한다."

고 한다.[19]

---

18) 헌재 2003. 7. 24, 2000헌바28, 헌판집 15-2상, 38.

19) "따라서, 이 사건 해결을 위한 주문은 다음에 제시하는 바와 같이 주문 제1항에서 구 소득세법 제101조 제2항에 대하여 합헌선언을 한 다음, 주문 제2항에서 관련 수증자의 증여세 및 양도소득세에 대한 환급규정을 두지 아니한 입법부작위의 위헌을 확인하는 것이 적절하고, 또한 타당하다고 할 것이다. 그러므로 그 주문은 마땅히 아래와 같이 하여야 한다. 「1. 구 소득세법 제101조 제2항

분석하면, 이 사건 결정에서는 양도의제시 증여자에게의 양도소득세 부과는 합헌인 반면, 수증자에 대한 증여세액 등 환급조치에 관해서는 부진정 입법부작위에 해당하는 것으로 보아 다수의견은 헌법불합치로 결정하게 된 것이다. 이에 대해 김영일 재판관은 후자에 대해서는 진정 입법부작위로 보아 별도로 위헌확인이 이루어져야 함을 주장한 것이다. 관련해서 지적한다.

첫째, 양도의제시 증여자에게 양도소득세를 부과할 수 있도록 함으로써 '부인된 증여행위에 기초한 과세'와 '의제된 양도행위에 기초한 과세'를 서로 양립하게 함으로써 이중과세가 된다는 점이다. 수증자에 대한 증여세와 양도소득세를 수증자에게 환급하는 등의 조치가 필요함에도 이를 입법자가 반영하지 못하였다는 점에 문제가 있음을 다수의견이나 반대의견 모두 인정하고 있다. 다만, 외형적으로 어떻게 표출할 것인지의 방식이 다투어진 것이다.

둘째, 부진정 입법부작위와 관련된 다른 결정에서 나타나듯이, 이 사건 결정에서도 입법부작위 부분이 주문에 드러나지 않는다는 점이다. 그로 인해 사태에 대한 명확한 인식을 저해하는 한계를 드러내게 된다.

셋째, 이 사건 결정에서는 심판대상인 법률조항 자체의 적용중지를 명하고 있는 바, 그렇게 할 경우 개선입법시점까지 양도의제시 증여자에게의 양도소득세 부과가 불가능하게 되는 문제를 초래하게 된다.

이상과 같은 문제점을 해결하기 위해서는 수증자에 대한 증여세액등 환급조치에 관한 부진정 입법부작위 부분을 적극적으로 결정주문에 제시하는 방안을 모색함이 바람직하다. 즉,

> "1. 구 소득세법 제101조 제 2 항에 의하여 증여자에게 양도소득세를 부과하는 경우에 그와 관련하여 수증자가 납부한 증여세 및 양도소득세를 수증자에게 환급하도록 하는 규정을 두지 아니한 한도에서 헌법에 합치되지 아니한다.
> 2. 주문 제 1 항의 불합치부분에 대해서는 입법자가 개정할 때까지 그 적용이 중지된다."

나) 검 토

이상에서 소개한 결정 이외에도 적법한 기본권침해에 대해 대상조치를 결여한 부진정 입법부작위에 해당하는 결정으로는 두 건이 있다.

그 하나는 1998. 12. 24. 도시계획법 제21조의 위헌여부에 관한 헌법소원사건[20] 이다. 이 사건 결정에서는 개발제한구역(이른바 그린벨트) 지정으로 인한 토지재산권

은 헌법에 위반되지 아니한다. 2. 위 구 소득세법 제101조 제 2 항에 의하여 증여자에게 양도소득세를 부과하는 경우에 그와 관련하여 수증자가 납부한 증여세 및 양도소득세를 수증자에게 환급하도록 하는 규정을 두지 아니한 것은 헌법에 위반됨을 확인한다.」"

20) 헌재 1999. 10. 21, 97헌바26, 헌판집 11-2, 383.

제한은 사회적 제약에 속하지만 사회적 제약을 넘는 가혹한 부담이 발생하는 예외적인 경우에 대해서는 보상이 필요하며 보상규정을 두지 아니한 것에 위헌성이 있는 것으로 보았다. 이 역시 부진정 입법부작위에 해당한다.

다른 하나는 1999. 10. 21. 도시계획법 제 6 조 위헌소원사건[21]이다. 도시계획시설결정은 합헌이지만, 도시계획시행과정에서 시설결정의 장기적인 시행지연으로 말미암아 토지소유자에게 발생하는, 사회적 제약을 넘어선 가혹한 부담에 대해 보상규정을 두지 않은 것에 위헌성이 있다는 것이다.

2) 평등원칙으로 위헌논증을 한 경우

가) 재외동포법 제 2 조 제 2 호 위헌확인

2001. 11. 29. 재외동포법(원래 정식 명칭은 '재외동포의출입국과법적지위에관한법률'이다) 제 2 조 제 2 호 위헌확인사건[22]에서 결정주문은

> "1. 재외동포법 제 2 조 제 2 호, 재외동포법시행령 제 3 조는 헌법에 합치하지 아니한다. 2. 이들 조항은 2003. 12. 31.을 시한으로 입법자가 개정할 때까지 계속 적용된다."

고 표시되었다. 이 사건 심판대상은 정부수립이전이주동포를 재외동포법의 적용대상에서 제외한 것이 평등원칙에 위반되는지 여부였다.

분석하면, 이 사건 결정에서는 재외동포법이 외국국적동포들에게 혜택을 부여하는 입법을 하였음에도 정부수립이전이주동포들에게는 혜택을 부여하지 아니한 부진정 입법부작위를 평등원칙에 근거하여 다투고 있다. 계쟁집단은 정부수립이전이주동포이고, 비교대상집단은 정부수립이후이주동포이다. 사실상의 차이는 국외에 이주한 시기이다. 차별은 재외동포법의 적용대상에서 제외하는 것이다.

그러면, 쟁점적인 사항에 대해 검토한다. 이 사건 결정 역시 결정이유에서는 정부수립이전이주동포를 재외동포법의 적용대상에서 제외함으로써 그렇게 한 것은 자의적인 차별이고, 이는 곧 헌법 제11조의 평등원칙에 위배됨을 지적한다. 하지만, 결정주문에는 그런 내용이 드러나지 않고, 오로지 계속적용만이 제시된다. 이 사건 결정의 취지는 정부수립이후이주동포에게는 재외동포법이 그대로 적용되어야 하지만, 정부수립이전이주동포에 대해서는 개선입법을 통해 적용대상에 포함시켜야 함을 제시한 것으로 보인다.

이 사건 결정에서는 외국국적동포는 정부수립이전이주동포와 정부수립이후이주동포로 명확히 구분됨을 전제로 할 때, 심판대상을 축소할 수 있었다. 그리고 정

21) 헌재 1999. 10. 21, 97헌바26, 헌판집 11-2, 383.
22) 헌재 2001. 11. 29, 99헌마494, 헌판집 13-2, 714.

부수립이전이주동포에 대해서만 불합치로 결정하는 것이다. 이는 포함불합치결정에 해당할 것이다. 즉, 심판대상은 "정부수립이전이주동포를 재외동포법의 적용대상에 포함시키지 아니한 것의 위헌여부"로 한다. 그리고 결정주문은

> "재외동포법 제 2 조 제 2 호, 재외동포법시행령 제 3 조는 정부수립이전이주동포를 재외동포법의 적용대상에 포함시키지 않았으므로 헌법에 합치하지 아니한다."

고 한다. 그리고 입법자나 법적용자에 대한 법적 효과는 규율하지 않는다.

나) 검 토

이상에서 소개한 것 이외에도 이에 해당되는 결정에 관해 사건명과 부진정 입법부작위 부분을 나열한다.

① 2000. 7. 20. 형사소송법 제482조 제 1 항의 위헌심판제청사건[23]에서는 상소제기기간을 미결구금일수 산입에 있어 법정통산의 대상에서 제외하고 있는 것이,

② 2001. 6. 28. 고엽제후유의증환자지원등에관한법률 제 8 조 제 1 항 제 1 호 등 위헌확인[24]사건에서는 월남전에 참전한 자가 생전에 고엽제후유증환자로 등록신청을 하지 아니하고 사망한 경우 그 유족에게 유족등록신청자격을 부인하는 것이,

③ 2001. 9. 27 세무사법중개정법률 중 제 3 조 제 2 호를 삭제한다는 부분 등 위헌확인사건[25]에서는 통산근무기간의 요건을 충족시키지 못한 집단에 대해 세무사자격의 부여대상에서 배제하는 것이,[26]

④ 2002. 9. 19. 약사법 제16조 제 1 항 등 위헌소원사건[27]에서는 약사들로 구성된 법인의 약국설립 및 운용을 금지시키는 것이,

⑤ 2004. 1. 29. 민법부칙 제 3 항 위헌제청 등의 사건[28]에서는 1998. 5. 27. 전에 상속개시 있음을 알고 위 일자 이후 상속채무초과사실을 안 상속인에 대해 민법부칙 제 3 항이 규율하지 아니한 것이,

⑥ 2007. 6. 28. 주민투표법 제 5 조 위헌확인사건에서는[29] 국내거소신고를 한 재외국민을 주민투표권자로 인정하지 않은 것이,

⑦ 같은 날 공직선거및선거부정방지법 제15조 제 2 항 등 위헌확인사건[30]에서

---

23) 헌재 2000. 7. 20, 99헌가7, 헌판집 12-2, 17.
24) 헌재 2001. 6. 28, 99헌마516, 헌판집 13-1, 1393.
25) 헌재 2001. 9. 27, 2000헌마152, 헌판집 13-2, 338.
26) 이런 점은 변리사법 부칙 제 4 항 위헌확인사건(헌재 2001. 9. 27, 2000헌마208, 헌판집 13-2, 363)에서도 마찬가지이었다.
27) 헌재 2002. 9. 19, 2000헌바84, 헌판집 14-2, 268.
28) 헌재 2004. 1. 29, 2002헌가22, 헌판집 16-1, 29.
29) 헌재 2007. 6. 28, 2004헌마643, 헌판집 19-1, 843.
30) 헌재 2007. 6. 28, 2004헌마644, 헌판집 19-1, 859.

는 참정권행사에 관해 규정하면서 주민등록자만 규정하고 국내거소신고나 재외공관에 재외국민등록을 한 재외국민을 포함시켜 규정하지 아니한 것이,

⑧ 같은 날 공직선거및선거부정방지법 제38조 등 위헌확인사건[31]에서는 국외의 구역을 항해하는 선박에 장기 기거하는 선원들에게 아무런 선거방법을 마련하지 않고 있는 것이,

⑨ 2008. 9. 25. 학교용지확보등에관한특례법 제 2 조 제 2 호 등의 위헌심판제청사건[32]에서는 기존 학교건물을 증축하여 기부채납한 경우를 부담금의 필요적 면제사유로 정하지 아니한 것[33]이 각각 다툼의 대상이었다. 이것들이 각각에서 부진정 입법부작위에 해당되는 것이었다.

3) 그 밖의 심판기준으로 위헌논증을 한 경우

가) 구 사립학교법 제53조의 2 제 3 항 위헌소원

2003. 2. 27. 구 사립학교법 제53조의 2 제 3 항 위헌소원사건[34]에서 결정주문은

> "구 사립학교법 제53조의 2 제 3 항은 헌법에 합치하지 아니한다."

고 표시되었다. 심판대상은 외형상으로는 대학교원의 기간임용제의 위헌여부이었지만, 실제로는 재임용이 거부된 교원에게 객관적인 기준의 재임용거부사유, 재임용에서 탈락하게 된 교원이 자신의 입장을 진술할 수 있는 기회, 그리고 재임용거부를 사전에 통지받을 규정이 없으며, 나아가 재임용이 거부되었을 경우 사후에 그에 대해 다툴 수 있는 제도적 장치를 마련하지 아니한 것의 위헌여부이었다. 심판기준은 교원법정주의이었다.

이 사건 결정에서 위헌논란에 놓인 것은 기간임용제 그 자체가 아니고, 재임용거부사유 및 그 사전 절차, 그리고 부당한 재임용거부에 대하여 다툴 수 있는 사후의 구제절차에 관하여 아무런 규정도 하지 않음으로써 재임용을 거부당한 교원이 구제받을 수 있는 길을 완전히 차단한 데 있다. 즉 부진정 입법부작위에 해당한다. 헌법재판소는 입법부작위를 위헌확인하는 차원에서 헌법불합치로 결정한 것이다.

이 사건 결정 역시 심판대상을 구 사립학교법 제53조의 2 제 3 항 전문에서 '재임용거부의 사전절차와 사후구제절차를 규율하지 아니한 부분'의 위헌 여부로 함이

---

31) 헌재 2007. 6. 28, 2005헌마772, 헌판집 19-1, 899.

32) 헌재 2008. 9. 25, 2007헌가9, 헌판집 20-2상, 424~451.

33) 이에 관한 상세한 내용은 남복현, "판례평석 : 한정적 헌법불합치결정의 필요성 검토. 헌재 2008. 9. 25. 2007헌가9결정을 중심으로," 공법학연구 제10권 제 1 호, 한국비교공법학회, 2009. 2, 53면 이하 참조.

34) 헌재 2003. 2. 27, 2000헌바26, 헌판집 15-1, 176.

바람직하였을 것이다. 그와 아울러 이에 대해 한정적 불합치로 결정주문을 제시하고, 당해 헌법소원과 관련된 소송사건을 위해서는 불합치부분의 적용중지를 명한다. 즉,

> "1. 구 사립학교법 제53조의 2 제3항 전문은 기간임용제에 의하여 임용되었다가 그 임용기간이 만료되는 대학교원이 재임용거부되는 경우에 그 사전절차 및 그에 대해 다툴 수 있는 구제절차규정을 두지 아니한 한도에서 헌법에 합치하지 아니한다.
> 2. 주문 제1항의 불합치부분에 대해서는 입법자가 개정할 때까지 그 적용이 중지된다."

나) 검 토

이상에서 소개한 결정 이외에도 평등원칙 이외의 다른 심판기준이 적용된 부진정 입법부작위에 관한 결정으로는 세 가지를 들 수 있다.

그 하나는 2002. 5. 30. 지적법 제28조 제2항 위헌확인사건[35]이다. 이 사건에서는 지적기술자의 자격을 취득한 자가 비영리법인을 설립하지 않는 한 초벌측량의 대행용역활동을 자신의 독립적인 직업으로 선택할 수 없도록 규율한 것을 위헌성의 핵심내용으로 보았다.

그 둘은 2003. 12. 18. 교원지위향상을위한특별법 제9조 제1항 등 위헌소원사건[36]이다. 이 사건 심판대상 조항 중 사립학교법 조항의 위헌성은 기간임용제 그 자체에 있는 것이 아니라 재임용을 거부당한 교원이 구제를 받을 수 있는 길을 완전히 차단한 데 있고, 교원지위법조항도 그 자체가 위헌인 것이 아니라 재심청구 대상에 임용기간의 만료로 재임용이 거부되는 대학교원이 그에 대해 다툴 수 있도록 포함되어야 함에도 그러하지 못한 점에 있었다. 이 역시 부진정 입법부작위에 해당된다.

그 셋은 2004. 3. 25. 형사소송법 제214조의 2 제1항 위헌소원사건[37]이다. 이 사건 결정에서 핵심은 "입법자가 '헌법 제12조 제3항에 따라서 수사단계에서 발부된 영장에 근거하여 이루어진 구속'이라는 적용영역에 관하여 헌법위임에 따른 입법형성을 제대로 하지 아니함으로써 법적 공백이 발생하였다는 점"이다. 그로 인해 검사의 전격기소라는 일방적 행위로 인하여 피구속자의 절차적 기회가 박탈된다는 것이다. 이 사안은 부진정 입법부작위에 해당한다. 헌법위임에 따른 입법형성이 제대로 이루어져 법적 공백상태의 발생을 방지하였더라면, 문제되지 않았을 것이다. 즉, 구속적부심사청구권의 청구인적격에 피고인을 포함시키지 않음으로써 나타나는 문제점을 해소시켜야 함을 의미한다.

---

35) 헌재 2002. 5. 30, 2000헌마81, 헌판집 14-1, 528.
36) 헌재 2003. 12. 18, 2002헌바14, 헌판집 15-2하, 466.
37) 헌재 2004. 3. 25, 2002헌바104, 헌판집 16-1, 386.

4) 분 석

이상에서는 부진정 입법부작위에 관해 헌법불합치로 결정한 사례를 검토하였다.

부진정 입법부작위에 있어 주문채택의 논리형식은 제도 자체는 합헌이고, 입법 규율상 흠결이 있어 그 부분이 위헌이라는 점이다. 그런데, 주문채택의 배경을 설명하는 내용을 살펴보면, 심판대상으로 삼은 제도 자체를 위헌으로 하면 안 되므로, 피치 못하게 불합치로 결정하면서 잠정적인 계속적용을 명할 수밖에 없다는 것이다. 헌법재판소는 부진정 입법부작위를 특정 조항과 연관지어 심판대상을 획정하는 형태를 취하고 있다. 그렇게 하다 보니 논리구조가 꼬이는 상황이 초래된 것이다.

부진정 입법부작위 그 자체를 심판대상으로 삼거나 결정주문의 내용에 반영하게 되면, 법적 효과의 측면에서 볼 때, 계속적용의 불합치결정은 거의 불필요하게 된다. 왜냐하면, 헌법재판소가 계속적용을 명한 이유는 심판대상인 조항이 추구하는 제도 자체를 보호하고자 한 것이었기 때문이다.

이를 해소하기 위해서는 먼저 쟁점적인 사항을 심판대상으로 드러내야 하고, 이어서 그에 대해 포함불합치로 결정하거나 해석기준으로 반영해서 한정적 불합치로 결정할 필요성이 더욱 부각되었다고 하겠다.

나. 평등원칙의 위반에 관한 것인 경우

1) 같은 것을 달리 처우한 경우

가) 구 전통사찰보존법 제 6 조 제 1 항 제 2 호 등 위헌소원

2003. 1. 30. 구 전통사찰보존법 제 6 조 제 1 항 제 2 호 등 위헌소원사건[38]에서 결정주문은

> "구 전통사찰보존법 제 6 조 제 5 항 중 같은 조 제 1 항 제 2 호 소정의 '동산 또는 대통령령이 정하는 부동산의 양도'에 관련된 부분은 헌법에 합치하지 아니한다. 위 규정부분은 입법자가 개정할 때까지 계속 적용된다."

로 표시되었다. 심판대상은 전통사찰의 경내지 등에 대한 모든 유형의 소유권변동이 전통사찰을 훼손할 수 있음에도 불구하고, 다른 소유권변동원인과 달리 '공용수용'으로 인한 소유권변동에 대해서는 아무런 규제를 하지 아니한 것의 위헌여부이었다. 그리고 심판기준은 평등원칙이다.

분석한다. 이 사건 결정은 민족문화유산의 보존이라는 헌법적 보호법익을 위해 전통사찰의 경내지 등의 모든 유형의 소유권변동에 대해 규제를 하는 것에 견주어

38) 헌재 2003. 1. 30, 2001헌바64, 헌판집 15-1, 48.

제 3 자적 국가기관이 공용수용에 의한 소유권변동에 대해서는 규제하지 않는 것은 헌법 제 9 조의 규정을 무력화시키는 것이라는 점에서 위헌성을 찾는다.

계쟁집단은 제 3 자적 국가기관의 공용수용으로 소유권변동을 당하는 자이고, 비교대상집단은 전통사찰의 경내지 등에 대한 모든 유형의 소유권변동을 당하는 자이다. 양자에 있어 차별내용은 관할행정청의 허가필요 여부이다. 평등의 원칙은 같은 것은 같게 다른 것은 다르게 취급하도록 한다. 그런데 국가기관의 공용수용에 의한 소유권변동이나 다른 모든 소유권 변동이 민족문화유산의 보존이라는 헌법적 보호법익을 침해함은 동등하다. 주체와 형식이 차별기준이어서는 안 되고, 관할국가기관이 전통사찰의 훼손이 불가피한 것인지 여부와 이러한 보존 및 훼손에 대한 판단·결정을 정당하게 수행할 수 있는지 여부가 중심적인 판단기준이어야 한다는 것이다. 결국 여기서 위헌성은 같은 것을 다르게 취급한다는 점이다.

이상과 같은 시각에서 비추어 보면, 입법자는 이 사건 결정의 쟁점에 해당하는 제 3 자적 국가기관의 공용수용에 의한 소유권변동과 관련해서 전통사찰을 실효성 있게 보존할 수 있는 방안을 입법에 반영해야 한다.

그런데, 이 사건 결정 역시 헌바절차로 문제된 것이었다. 결정주문과 이유를 한정하지 않고 제시함으로써 결정의 의도가 드러나지 않는 한계를 지닌다. 그런 점에서 이 사건 결정 역시 한정적 불합치결정이 적절할 것이다. 아울러 당해 헌법소원과 관련된 소송사건을 위해서는 불합치법률의 적용을 중지시켜야 할 것이다. 즉,

> "구 전통사찰보존법 제 6 조 제 5 항 중 같은 조 제 1 항 제 2 호 소정의 '동산 또는 대통령령이 정하는 부동산의 양도'에 관련된 부분은 제 3 자적 국가기관이 공용수용에 의해 전통사찰의 소유권을 변동시키려 하는 것에 대해 규제하지 않는 한, 헌법에 합치되지 아니한다. 헌법불합치 부분에 대해서는 입법자가 개정할 때까지 그 적용을 중지한다."

나) 검 토

이상에서 소개한 것 이외에도 이에 해당되는 결정에 관해 사건명과 핵심적인 쟁점을 나열한다.

① 2000. 8. 31. 국적법 제 2 조 제 1 항 제 1 호의 위헌심판제청사건[39]에서는 구법상 부가 외국인이기 때문에 대한민국 국적을 취득할 수 없었던 한국인 모의 자녀 중에서 신법 시행 전 10년 동안에 태어난 자에게만 대한민국 국적을 취득하도록 한 것이,

② 2001. 4. 26. 지방세법 제233조의 9 제 1 항 제 2 호 위헌소원사건[40]에서는

39) 헌재 2000. 8. 31, 97헌가12, 헌판집 12-2, 167.
40) 헌재 2001. 4. 26, 2000헌바59, 헌판집 13-1, 941.

제조담배의 재반입시 담배소비세의 환급사유를 '제조장 또는 보세구역에서 반출된 제조담배가 포장 또는 품질의 불량등의 사유로 제조장 또는 수입판매업자의 제조담배의 보관장소로 반입된 경우'로 한정한 것이,

③ 2006. 2. 23. 국가유공자등예우및지원에관한법률 제31조 제 1 항 등 위헌확인사건[41]에서는 명시적인 헌법적 근거 없이 국가유공자의 가족들에게 만점의 10%라는 높은 가산점을 부여한 것이,

④ 2008. 5. 29. 우체국예금 · 보험에관한법률 제45조 위헌소원사건[42]에서는 우체국보험금 및 환급금 청구채권 전액에 대하여 무조건 압류를 금지한 것이,

⑤ 2008. 11. 27. 방송법 제73조 제 5 항 등 위헌확인사건[43]에서는 한국방송광고공사와 이로부터 출자를 받은 회사가 아니면 지상파방송사업자에 대해 방송광고 판매대행을 할 수 없도록 한 것이,

⑥ 2009. 4. 30. 국세징수법 제78조 제 2 항 후문 위헌제청사건[44]에서는 국세징수법상 공매절차에서 매각결정을 받은 매수인이 대금납부의무를 불이행한 경우 그가 제공한 계약보증금을 국고에 귀속시키는 것이 각각 핵심적인 쟁점이었다.

2) 다른 것을 같게 처우한 경우

가) 공무원연금법 제64조 제 1 항 제 1 호 위헌소원

2007. 3. 29. 공무원연금법 제64조 제 1 항 제 1 호 위헌소원사건[45]에서 결정주문은

> "1. 공무원연금법 제64조 제 1 항 제 1 호는 헌법에 합치되지 아니한다. 2. 위 법률 조항은 2008년 12월 31일을 시한으로 입법자가 개정할 때까지 그 효력을 지속한다."

로 표시되었다. 이 사건 심판대상은 공무원연금법 제64조 제 1 항 제 1 호의 위헌여부이다.

이러한 주문제시에 대해 일부 단순위헌, 일부 불합치의 의견은

> "이 사건 법률조항의 '재직중의 사유' 중 '공무원의 신분이나 직무와 관련 없는 사유' 부분은 헌법 제11조 제 1 항에 위반되고 그 부분을 구분하여 특정할 수 있으므로 그 부분에 대하여는 위헌을 선언하여야 한다. 그러나 '공무원의 신분이나 직무와 관련 있는 사유' 부분은 비례의 원칙에 맞지 아니하여 헌법 제11조 제 1 항 및 제37조 제 2 항에 위반되는 부분과 헌법에 합치되는 부분이 뒤섞여 있고 양자를 구분할 수 없으므로 그 전체에

41) 헌재 2006. 2. 23, 2004헌마675, 헌판집 18-1상, 269.
42) 헌재 2008. 5. 29, 2006헌바5, 헌판집 20-1하, 91~114.
43) 헌재 2008. 11. 27, 2006헌마352, 헌판집 20-2하, 367~396.
44) 헌재 2009. 4. 30, 2007헌가8, 공보 제151호, 816.
45) 헌재 2007. 3. 29, 2005헌바33, 헌판집 19-1, 211.

대하여 헌법불합치를 선언하고 2008. 12. 31.까지 개선 입법을 촉구하여야 한다."

고 한다.

이 사건 결정은 분석할 여지가 많다.

첫째, 이 사건에서 계쟁집단은 두 가지 형태이다. 그 하나는 공무원의 신분이나 직무와 관련 없이 범죄를 범한 자이고, 다른 하나는 공무원의 신분이나 직무와 관련된 범죄의 과실범이다. 비교대상집단은 양자 모두 동등하게 공무원의 신분이나 직무와 관련된 범죄의 고의범이다. 전자인 계쟁집단은 비교대상집단과 비교할 때, 공무원범죄 예방과 공무원의 성실근무유도와는 전혀 무관하다는 점에서 사실상의 차이를 인정할 수 있다. 후자를 비교할 때, 공무원에게 부여된 강한 주의의무 내지 결과발생의 가중된 비난가능성이 없다는 점에서 사실상의 차이가 있다고 하겠다. 그런데, 이러한 차이가 있음에도 차별 없이 동등하게 퇴직급여 및 퇴직수당의 일부감액을 부과한다는 점이다. 이는 다른 것을 같게 취급하는 불합리를 발생하게 한다.

둘째, 이 사건 결정의 법정의견은 합헌부분과 위헌부분 구분 없이 잠정적인 계속적용을 명했다. 그럼에도 불구하고, 서울행정법원은 양자의 구획이 가능하다면, 합헌부분에 대해서만 계속적용을 명한 취지로 이해하고, 위헌부분에 대해서는 개선입법시점의 도과로 효력상실된 것으로 파악하였다.[46] 그러나 원래의 결정취지에 비추어 보면, 좀 성급했던 것으로 비추어진다.

셋째, 이 사건 결정의 법정의견은 불합치결정을 활용해서 위헌결정을 회피하였다는 비판을 면할 길 없다. 분명 재직중의 사유로 인한 범죄를 직무범죄와 비직무범죄로 구분할 수 있다. 여기서 후자로 인한 경우에 대해서도 퇴직급여등을 제한하는 한, 위헌이라는 한정위헌주문도 가능하였을 것이다.

넷째, 이 사건 결정에서는 합헌부분의 효력을 존속시켜 주기 위해 불합치법률의 잠정적인 계속적용을 명한 것으로 보인다. 그로 인해 위헌부분에 기반을 둔 당해 헌법소원과 관련한 소송사건의 처리가 불분명해지는 상황이 초래되었다.[47] 결정주문에 따르면, 이런 경우는 계속적용을 요구하였으므로 구제대상에 포함될 수 없다. 하지만, 결정이유를 보고 선해하면 개선입법에 따라 처리하도록 한 취지로 이해된

46) 서울행정법원 2009. 8. 20. 선고 2008구합9379 판결, 법률신문 제3777호, 2009. 9. 14.자, 13-14면 참조.

47) 개선입법시점이 도과됨으로써 불합치결정된 법률은 도과시점인 2009. 1. 1.에 효력이 상실된 것으로 보아, 그때 위헌결정이 이루어진 것으로 서울행정법원이나 헌법재판소는 파악한다. 그럼으로써 이른바 일반사건에 해당할 사건을 불합치결정시점과 개선입법의무를 이행해야 할 시점 사이에 이루어졌음을 이유로 결정 당시 법원에 계속중인 사건으로 전환시키고 있다. 이는 매우 부적절한 처사라 본다. 이에 대해서는 다른 기회에 상세하게 검토하기로 한다.

다. 이는 결정주문의 의미를 결정이유가 제한하는 것이 된다. 이는 처음부터 심판대상을 축소하거나 결정주문을 사태에 적합하게 세부적으로 표기하였어야 함을 의미한다.

다섯째, 이 사건 결정에서 쟁점은 재직중의 사유에 공무원의 신분이나 직무상 의무와 관련이 없는 범죄까지 포함하는 것으로 보는 경우와 공무원의 신분이나 직무상 의무와 관련된 범죄라 할지라도 과실범의 경우에 대해서도 고의범과 동등하게 처리하는 경우의 위헌여부이다. 이렇게 구분할 때, 전자는 위헌이고, 후자는 불합치의 대상이 될 것으로 보인다. 이런 점에서 보면, 일부의 단순위헌과 나머지 일부의 불합치를 제시한 의견이 타당한 것으로 보인다.

아무튼, 정리하면

> "1. 공무원연금법 제64조 제 1 항 제 1 호의 '재직중의 사유'에 공무원의 신분이나 직무와 관련없는 사유를 포함시킨 것은 헌법에 위반된다.
>
> 2. 위 호의 '재직중의 사유' 중 공무원의 신분이나 직무와 관련된 사유에 과실인 경우를 포함시킨 것은 헌법에 합치되지 아니한다. 여기서 불합치부분은 입법자가 개정할 때까지 그 적용을 중지한다."

나) 검 토

이상에서 소개한 것 이외에도 이에 해당되는 결정에 관해 사건명과 핵심적인 쟁점을 나열한다.[48]

2006. 5. 25. 부동산실명법 제 5 조 제 2 항의 위헌심판제청사건[49]에서는 명의신탁관계가 종료된 후에 과징금을 부과하는 경우에도 의무위반상태가 종료된 후인 과징금부과 당시의 시가를 기준으로 과징금을 산정하도록 한 것이었고,

2007. 12. 27. 의료법 제 2 조 등 위헌확인사건[50]에서는 의료인에게 하나의 의료기관만을 개설할 수 있도록 한 것이었다.

3) 분 석

평등원칙위반에 관한 사례를 보면, 불합리한 차별기준의 설정으로 인해 위헌문제가 나타난 것으로 보여진다. 이에 의거 다음 단계 논의가 전개될 수 있게 된다. 이는 두 가지로 구획된다. 그 하나는 계쟁집단과 비교대상집단 간에 아무런 사실상

---

48) 군인연금법 제33조 제 1 항 제 1 호 위헌제청사건(헌재 2009. 7. 30, 2008헌가1)도 같은 취지이다. 이 사건 결정주문은 "1. 군인연금법(1995. 12. 29. 법률 제5063호로 개정된 것) 제33조 제 1 항 제 1 호는 헌법에 합치되지 아니한다. 2. 위 조항은 2009년 12월 31일을 시한으로 입법자가 개정할 때까지 그 효력을 지속한다"로 표시되었다.

49) 헌재 2006. 5. 25, 2005헌가17, 헌판집 18-1하, 1.

50) 헌재 2007. 12. 27, 2004헌마1021, 헌판집 19-2, 795.

의 차이가 없음에도 불구하고 편익을 배제하거나 더 많은 법익의 제약을 가져오는 경우이다. 다른 하나는 계쟁집단과 비교대상집단 간에 사실상의 차이가 뚜렷하여 서로 달리 취급되어야 함에도 동일하게 취급하는 경우를 들 수 있다. 즉 정당하게 받아야 할 법익의 향유대상에서 배제하거나 보다 덜 제약을 받아야 함에도 동등하게 제약이 가해지는 경우이다.

여기서 분석대상이 된 결정들은 모두 평등원칙위반에 따른 해소방안을 입법자의 몫으로 돌린 것이다. 그렇기 때문에 여기서의 분석대상에 포함될 수 있었다. 이와 관련된 좀더 세부적인 분석은 항을 바꾸어 다루기로 한다.

하지만 논리적으로는 세 가지가 가능하다. 그 하나는 헌법재판소가 기존에 제공된 편익을 단순위헌으로 결정해서 소거해버리는 방법이다. 그 둘은 이른바 조건부위헌 내지 한정위헌의 형태를 취하면서 헌법재판소가 나서서 법적인 틈새를 메꾸어버리는 방법이다. 그 셋은 입법자로 하여금 국가재정을 배려하거나 다양한 입법대안을 모색하면서 개선입법을 하도록 맡기는 방안이다. 여기서 논의되는 평등원칙은 모두 세 번째 방안을 입법자로 하여금 수행하도록 헌법재판소가 요구한 것이다.

다. 합헌부분과 위헌부분의 구획이 불명확한 경우

1) 제도는 합헌이지만, 그 내용에 위헌성이 있는 경우

가) 구 종합부동산세법 제 5 조 등 위헌소원

2008. 11. 13. 구 종합부동산세법 제 5 조 등 위헌소원사건[51]에서 불합치 관련 결정주문은

> "2. 구 종합부동산세법 제 7 조 제 1 항, 제 8 조, 제 9 조 전단, 종합부동산세법 제 7 조 제 1 항 전문 중 괄호 부분을 제외한 부분, 제 8 조 제 1 항, 제 9 조 제 1 항 · 제 2 항은 헌법에 합치되지 아니한다. 위 각 법률조항은 2009. 12. 31.을 시한으로 입법자가 개정할 때까지 계속 적용된다."

로 표시되었다. 불합치 관련 심판대상은 결정주문에 제시된 바 그대로 아무런 조정 없이 그대로 채택되었다. 그런데, 이 사건 결정에는 '주문 제 2 항의 위헌성 표시 범위'에 관한 의견이 제시되었다.[52]

---

51) 헌재 2008. 11. 13, 2006헌바112, 헌판집 20-2하, 1~117.

52) "다수의견은 종합부동산세를 부과하는 제도는 세대합산제도를 제외하고 전반적으로 헌법에 합치되지만 주거목적의 1주택 중 장기보유자나 다른 재산 · 소득이 없는 경우에도 일률적으로 적용하는 것은 헌법에 합치되지 아니한다고 하면서, 주문 제 2 항에서는 종합부동산세의 주택분 납세의무자 조항 전부가 헌법에 합치되지 아니한다고 표시하고 있다.

이러한 주문 표시는 이유에서 밝힌 위헌성의 범위를 넘어선 것일 뿐만 아니라 이유에서 헌법에 합치된다고 밝힌 부분까지 포함하여 헌법에 합치되지 아니한다고 선언하는 것이다. 그 결과 적용시

그러면, 이 사건 결정이 지닌 문제점을 분석한다.

첫째, 위 반대의견이 적절히 지적한 바와 같이 주택분 종합부동산세 부과규정 전체에 대해 합헌성이나 위헌성에 대한 구별 없이 일괄해서 헌법불합치로 결정하고 있다는 점이다. 그럼으로써 합헌인 부분조차도 불합치결정의 대상이 되었다.

둘째, 이 사건 결정에 따르면, 불합치법률을 개선입법시점까지 잠정적으로 계속 적용하도록 함으로써 주거목적의 1주택 중 장기보유하거나 다른 재산·소득이 없는 경우에도 개선입법시점까지는 불합치법률을 일률적으로 적용받지 않으면 안 되게 되었다는 점이다. 다시 말해서 개선입법시점까지는 종합부동산세의 주택분을 납부해야만 한다는 것이다. 이는 불합치결정에의 편익에 참여할 수 없음을 의미한다.

생각건대, 이 사건 결정에서 위 문제점이 드러나게 된 요인은 합헌부분까지도 심판대상에 포함시킨 것이다. 주택분 종합부동산세 부과규정을 주거목적의 1주택인 경우에도 적용하는 것의 위헌여부로 심판대상을 한정하였어야 합당하다. 그렇게 하면서 불합치법률의 잠정적인 계속 적용을 명하기보다는 한정적인 헌법불합치주문을 제시함[53]과 아울러 한정된 부분에 대해서만 불합치법률의 적용을 중지시키고 개선입법에 따라 처리하도록 하는 것이다.[54] 이렇게 함으로써 2주택 이상인 경우에 대해서는 종합부동산세가 부과될 것이다. 그리고 주거목적의 1주택 중 장기보유이거나 다른 재산 소득이 없는 경우에 관해 개선입법[55]으로 부과대상에서 제외하게 되

한으로 정한 2009. 12. 31.이 지나면 주택분 납세의무자 조항 전부가 효력을 상실하게 된다.

따라서 주문 제2항은 종합부동산세의 주택분 납세의무자에 관한 조항을 주거목적의 1주택 중 장기보유하거나 다른 재산·소득이 없는 경우에도 일률적으로 적용하는 것은 헌법에 합치되지 아니한다고 표시하여 위헌성이 있는 부분을 특정하여야 한다."

53) 결국 핵심은 두 가지이다. 그 하나는 종합부동산세의 주택분 납세의무자에 관한 조항의 적용대상으로서 주거목적의 1주택에 해당되지 아니한 경우에 대해서는 어떻게 처리하며 또 어떠한 실체법적·절차법적 효력을 인정할 것인가 하는 점이다. 다른 하나는 주거목적의 1주택 중에 불합치의 범위를 구획하는 기준을, 즉 장기보유하거나 다른 재산·소득이 없는 경우를 주문에 제시할 것인가 하는 점이다. 전자에 관련해서 불명료하다면, 주거목적의 1주택에 해당되지 아니한 경우에 대해서는 별도로 합헌주문을 제시하면 될 것이다. 필자의 의견은 구태여 그리 획정하지 않는다 하더라도, 일단 심판대상에 포함된 이상 주문에 대한 반대해석이 가능하고, 따라서 한정결정에 있어 합헌해석부분에 의거한 논의체계로 환입시킬 수 있다고 본다. 후자와 관련해서는 불합치의 범위를 구획하는 기준을 주문에 제시하는 여부가 핵심이다. 이는 법적용절차의 중지와 개선입법에 따른 처리를 전제로 한다. 입법자와 관련해서는 결정이유이든 주문까지이든 구획기준을 제시된 바에 대해 입법과정에서 결정취지를 존중함이 바람직할 것이다. 법적용자는 불합치법률의 제정시점부터 개선입법의 시행시점까지의 사이에 법률관계를 형성한 사건을 입법자가 개선입법한 바에 따라 처리하면 될 것이다. 그런데 여기서 불합치범위의 구획기준을 볼 때, 합헌에 해당함이 분명하고, 즉 개선입법된 결과에서 반영될 개연성이 아주 미약한 경우에 해당하고 신속한 처리의 필요성이 있을 때, 이와 관련해서 법적용자의 활동이 문제될 수 있다. 법적용자와 관련해서는 주문은 물론 결정이유의 중요한 부분의 기속력을 인정하는 입장에서는 논란의 여지가 없지만, 주문의 기속력만을 인정하려 하는 입장에서는 달리 파악하려 할 것이다.

54) 상세한 내용은 남복현, 공법학연구 제10권 제1호, 73면 참조.

55) 향후 개선입법이 이루어질 때, 헌법재판소의 헌법불합치결정의 취지를 반영한다는 점에서, 주거

면, 그에 의거해서 권리구제의 기회를 향유하게 될 것이다.[56] 즉,

> “2. 구 종합부동산세법 제 7 조 제 1 항, 제 8 조, 제 9 조 전단, 종합부동산세법 제 7 조 제 1 항 전문 중 괄호 부분을 제외한 부분, 제 8 조 제 1 항, 제 9 조 제 1 항 · 제 2 항은 주거목적의 1주택에도 일률적으로 적용하는 한, 헌법에 합치되지 아니한다. 위 각 불합치 부분은 2009. 12. 31.을 시한으로 입법자가 개정할 때까지 그 적용이 중지된다.”

나) 검 토

이상에서 소개한 것 이외에도 이에 해당되는 결정에 관해 사건명과 핵심적인 쟁점을 나열한다.

① 1989. 9. 8. 국회의원선거법 제33조 제34조의 위헌심판사건[57]에서는 기탁금제도 자체와 기탁금의 국고귀속제도 자체는 합헌이지만, 과다한 고액의 기탁금액수와 기탁금이 국고에 귀속되지 않고 반환받기 위해 얻어야 할 지나치게 높게 설정된 득표율에 위헌성이 있다는 것이었다.[58]

② 1997. 8. 21. 근로기준법 제30조의 2 제 2 항 등의 위헌소원사건[59]에서는 ‘퇴직금’부분이 ‘퇴직금’중 ‘최종 3월의 퇴직금’으로 한정되지 아니하고, 무제한적으로 열려져 있다는 점에서 위헌성을 찾는다.

③ 2001. 5. 31. 부동산실명법 제10조 제 1 항의 위헌심판제청사건[60]에서는 부동산 가액의 30%라는 고율의 과징금을 부과한다는 점과 과징금의 액수가 일률적이라는 점이었다.

④ 2003. 9. 25. 지방세법 제121조 제 1 항 위헌소원사건[61]에서는 법정기한내에 취득세 신고는 하였으나 납부하지 않는 자에 대하여 신고와 납부의무를 모두 이행하지 않는 자와 동일한 율로 가산세를 부과하고, 또한 가산세 산정시에 취득세가 미납된 기간을 전혀 고려하지 않은 것이 다투어졌다.

⑤ 2007. 5. 31. 공직자등의병역사항신고및공개에관한법률 제 3 조등 위헌확인

목적으로 주택 한 채만을 보유하고 있는 자로서, 그 중에서도 특히 일정한 기간 이상 이를 보유하거나 또는 그 보유기간이 이에 미치지 않는다 하더라도 과세 대상 주택 이외에 별다른 재산이나 수입이 없어 조세지불 능력이 낮거나 사실상 거의 없는 자 등에 대해 납세의무자의 예외를 두거나 과세표준 또는 세율을 조정하여 납세의무를 감면하는 등의 형태로 나타나게 될 개연성이 높다.

56) 주거목적의 1주택 중 장기보유도 아니고 또 다른 재산 소득이 있는 경우에 대해서는 그런 혜택에의 참여가 배제될 것이다.

57) 헌재 1989. 9. 8, 88헌가6, 헌판집 1, 199.

58) 지방의회의원선거법 제36조 제 1 항에 대한 헌법소원사건(헌재 1991. 3. 11, 91헌마21, 헌판집 3, 91)도 같은 취지라 보여져 생략한다.

59) 헌재 1997. 8. 21, 94헌바19, 헌판집 9-2, 243.

60) 헌재 2001. 5. 31, 99헌가18, 헌판집 13-1, 1017.

61) 헌재 2003. 9. 25, 2003헌바16, 헌판집 15-2상, 291.

사건[62]에서는 4급 이상 공무원 본인의 질병명 공개 강제에 위헌성이 인정되었다.

⑥ 2008. 11. 27. 공직선거법 제56조 제1항 제1호 위헌확인사건[63]에서는 기탁금제도 자체가 아니라 5억 원이라는 기탁금 액수가 지나치게 고액이라는 점에 위헌성을 인정하였다.

⑦ 2009. 3. 26. 공직선거법 제261조 제5항 제1호 위헌제청사건[64]에서는 의무위반자에 대하여 부과할 과태료의 액수를 감액의 여지없이 일률적으로 '제공받은 금액 또는 음식물·물품 가액의 50배에 상당한 금액'으로 하는 것에 위헌성을 인정하였다.

⑧ 2009. 6. 25. 공직선거법 제200조 제2항 단서 위헌확인사건[65]에서는 '임기만료일 전 180일 이내에 비례대표국회의원에 궐원이 생긴 때' 부분에 위헌과 합헌 부분이 혼재한다는 것이었다.

2) 원칙적 위헌이지만, 부분적 합헌인 경우

가) 학교보건법 제6조 제1항 제2호 등 위헌제청

2004. 5. 27. 학교보건법 제6조 제1항 제2호 등 위헌제청사건[66]에서 불합치 관련 결정주문은

> "2. 학교보건법 제6조 제1항 본문 제2호 중 '극장' 부분 가운데 초·중등교육법 제2조에 규정한 각 학교에 관한 부분은 헌법에 합치하지 아니한다. 법원 기타 국가기관 및 지방자치단체는 입법자가 개정할 때까지 이 부분 법률조항의 적용을 중지하여야 한다."

고 하였다. 이 사건 심판대상은 학교보건법 제6조 제1항 본문 제2호 중 '극장' 부분의 위헌여부이다. 학교정화구역내의 극장 시설 및 영업을 금지하고 있는 이 사건 법률조항이 정화구역 내에서 극장업자의 표현의 자유 내지 예술의 자유와 학생들의 행복추구권을 침해한 것인지 여부가 다투어졌다. 아울러 이 사건 법률조항을 대학의 정화구역과 유치원 및 초·중·고등학교의 정화구역으로 구분해서 전자에 대해서는 일반적 금지가, 후자에는 절대적 금지가 각각 적용되는 바, 그로 인해 직업의 자유가 침해되는 여부가 또한 다투어졌다.

분석한다.[67] 이 사건 법률조항은 극장운영자의 직업의 자유, 표현의 자유, 예술

---

62) 헌재 2007. 5. 31, 2005헌마1139, 헌판집 19-1, 711.
63) 헌재 2008. 11. 27, 2007헌마1024, 헌판집 20-2하, 477~499.
64) 헌재 2009. 3. 26, 2007헌가22.
65) 헌재 2009. 6. 25, 2008헌마413, 공보 제153호, 1317.
66) 헌재 2004. 5. 27, 2003헌가1, 헌판집 16-1, 670.
67) 이 사건 불합치결정은 심각한 논란의 대상으로 불거지고 말았다. 간략하게 소개한다. 이 사건 불합치결정에 따라 국회는 학교보건법 관련조항을 개정하였다(법률 제7396호, 2005. 3. 24, 일부개정).

의 자유 등의 기본권을, 그리고 대학생 및 아동·청소년의 행복추구권을 각각 침해하는 법률로서 위헌적인 법률조항이다. 그렇지만, 합헌과 위헌부분의 경계가 불분명하므로 단순위헌으로 대처하기 어렵기 때문에 불합치결정을 한다는 것이다. 적용중지를 명하는 사유는 이 사건 법률조항이 학교보건법 제19조와 결합하여 형사처벌조항을 이루고 있으므로 잠정적으로 적용하게 할 경우 위헌성을 담고 있는 이 사건 법률조항에 기하여 형사처벌절차가 진행될 가능성을 부인하기 어렵다는 점을 든다. 결국 원칙적으로 위헌이지만, 합헌부분과의 구획이 어렵다는 점에 주안점이 있다고 하겠다.

나) 검 토

관련하여 1993. 3. 11. 노동쟁의조정법에 관한 헌법소원사건[68]에서는 국가·지방자치단체에 종사하는 근로자에게 쟁의행위를 금지시키는 점이 헌법 제33조 제2항에 저촉되지만, 일부 공무원에게 단체행동권을 배제하는 것은 합헌적인 면에 해당하는 것으로 보았다.

3) 분 석

합헌부분과 위헌부분의 구획이 불분명한 경우에 대해서도 헌법재판소는 불합치결정을 선호한다. 그런데 좀더 세부적으로 살펴보면, 제도 자체는 합헌이고 내용에 위헌부분과 합헌부분이 혼재되어 있는 경우 헌법재판소는 스스로 구분선을 긋지 아니하고 입법자에게 그 역할의 수행을 떠넘긴다는 점이다. 그러면서 잠정적인 계속적용의 필요성을 강조한다. 이런 점은 헌가절차나 헌바절차와 같이 불합치법률의 제정시점부터 결정시점까지의 시적 공간에 결정이 반응을 보여줘야 하는 경우에는 즉각적으로 심판결과에 갈등을 초래하게 된다. 이는 종합부동산세의 주택분 납세의무자에 대한 사례에서 대표적으로 제기되었다.[69]

제청법원인 광주지방법원은 개선입법에 근거하여 정지된 당해사건의 재판을 계속해서 제청신청인인 소송당사자에 대해 무죄판결을 하였다(광주지법 2004. 10. 6. 선고 2004노1401 판결). 이에 검사는 대법원에 상고하였다. 그러나 대법원은 2009. 1. 15. 검사의 상고를 기각하면서 원심판결의 이유설시에 다소 미흡한 점이 있으나, 검사의 주장을 모두 배척하고 무죄를 선고한 제1심판결을 그대로 유지한 원심의 결론은 정당하다고 판결하였다(대법 2009. 1. 15. 선고 2004도7111판결). 대법원 판결의 핵심은 실체적 형벌법규에 대해 그 법적 효과가 불합치법률의 적용중지와 개선입법에 따른 처리를 내용으로 하는 헌법불합치결정이 선고되었다 할지라도, 불합치법률의 적용이 배제됨과 아울러 개선입법도 행위시의 법률이 아니어서 개선입법을 적용하면 헌법 제12조 제1항과 제13조 제1항에 위배되므로 적용해서는 안 되고, 따라서 처벌법규가 없으므로 무죄라는 것이었다. 결국 대법원은 위헌결정과 헌법불합치결정의 차이를 사실상 부인하는 셈이 되었다. 이에 관한 상세한 내용은 남복현, "판례평석 : 위헌결정과 헌법불합치결정의 법적 효과에 있어 편차. 대상판례 : 대법 2009. 1. 15, 선고 2004도7111판결," 한양법학 제20권 제2집, 한양법학회, 2009. 5, 329-355면 참조.

68) 헌재 1993. 3. 11, 88헌마5, 헌판집 5-1, 59.

69) 헌재 2008. 11. 13, 2006헌바112, 헌판집 20-2하, 1-117 참조.

원래 위헌결정은 기본적으로 합헌부분의 일정한 내포를 전제로 한다. 그래서 합헌부분을 회복하고자 하면 국회가 개선입법을 할 필요성을 느끼게 되는 것이다. 물론 합헌부분에 대한 위헌으로의 취급이 또다른 중대한 위헌상태를 초래한다면, 그런 경우에 대해서는 달리 해야겠지만, 그 정도에 이르지 않는 한, 헌법불합치로 결정하는 것보다는 단순위헌이 바람직하다고 하겠다.

라. 입법형식의 잘못에 관한 것인 경우

입법형식의 잘못도 중요한 불합치결정의 대상이 된다. 이에 해당되는 심사기준으로는 명확성의 원칙, 포괄위임금지원칙 및 법률유보원칙을 들 수 있다.

이러한 심사기준에 위반된 경우, 즉 위헌성이 입법형식의 잘못에 지나지 않는 경우에 대해서는 ① 불합치법률의 적용을 중지하고 개선입법에 따라 처리하도록 하거나 ② 불합치법률의 잠정적인 계속 적용을 명하거나 또는 ③ 잠정합헌으로 결정하는 것이 구체적인 사건의 처리에는 아무런 차이도 없다는 점이다. 예컨대, 포괄위임금지의 원칙에 어긋난 사항을 개선입법에 반영함으로써 그로써 합헌이 되는 셈이기 때문이다. 그럼에도 불구하고 그런 경우 적용중지를 명한다 하더라도, 입법내용의 잘못에 해당하지 않는 한, 그 의미를 독자적으로 갖기는 어렵다. 그래서 입법형식의 잘못인 경우 헌가절차나 헌바절차라 할지라도, 단순위헌으로 결정하지 않는 한, 적용중지나 계속적용은 사실상 아무런 차이도 없게 된다.

이에 해당하는 결정을 살펴본다. 먼저, 포괄적 위임입법금지원칙이 심판기준으로 동원된 결정으로는 ① 1995. 11. 30. 소득세법 제60조 등의 위헌소원사건,[70] ② 1999. 12. 23. 지방세법 제111조 제 2 항의 위헌심판제청사건,[71] ③ 2000. 1. 27. 법인세법 제59조의 2 제 1 항 등 위헌소원사건,[72] ④ 2001. 6. 28. 구 상속세법 제 9 조 제 1 항 위헌소원사건,[73] ⑤ 2005. 4. 28. 정부투자기관관리기본법 제20조 제 2 항 등 위헌소원사건,[74] ⑥ 2005. 6. 30. 국가를당사자로하는계약에관한법률 제27조 제 1 항의 위헌심판제청사건,[75] ⑦ 2008. 7. 31. 영화진흥법 제21조 제 3 항 제 5 호 등의 위헌심판제청사건[76] 등을 들 수 있다. 다음, 법률유보원칙에 위반된 경우로는 1999. 5.

---

70) 헌재 1995. 11. 30, 91헌바1, 헌판집 7-2, 562.
71) 헌재 1999. 12. 23, 99헌가2, 헌판집 11-2, 686.
72) 헌재 2000. 1. 27, 96헌바95, 헌판집 12-1, 16.
73) 헌재 2001. 6. 28, 99헌바54, 헌판집 13-1, 1271.
74) 헌재 2005. 4. 28, 2003헌바40, 헌판집 17-1, 508.
75) 헌재 2005. 6. 30, 2005헌가1, 헌판집 17-1, 796.
76) 헌재 2008. 7. 31, 2007헌가4, 헌판집 20-2상, 20~49.

27. 한국방송공사법 제35조 등 위헌소원사건[77]을 들 수 있다.

마. 일반적인 경우

이 항목에서 분류된 것은 앞서 논의한 바와 같이 유형화함에 있어 어느 형태로든 특징지을 수 없는 것들이다. 특히 심판대상이나 결정이유와 결정주문의 관계 또는 결정상 핵심쟁점과 결정주문의 부조화라는 측면에서 특징적인 모습을 찾아내긴 어렵다. 이에 해당되는 결정을 유형적으로 소개한다.

먼저, 가족제도와 관련해서는 ① 친생부인의 소의 제척기간을 규정한 민법 제847조 제 1 항의 위헌심판제청,[78] ② 동성동본금혼을 규정한 민법 제809조 제 1 항 위헌제청,[79] ③ 상속인이 상속개시 있음을 안 날로부터 3월내에 한정승인이나 포기를 하지 아니한 때에는 단순승인을 한 것으로 보는 민법 제1026조 제 2 호의 위헌심판제청,[80] ④ 호주제를 규정한 민법 제781조 제 1 항 본문 후단 부분의 위헌심판제청,[81] 그리고 ⑤ 부성주의를 규정한 민법 제781조 제 1 항의 위헌심판제청[82]사건에서 불합치결정이 있었다.

다음, 재판청구권에 관한 경우로는 1995. 9. 28. 특허법 제186조 제 1 항 등 위헌제청사건[83]과 국가정보원직원이 사건당사자로서 직무상의 비밀에 속한 사항을 진술하고자 할 때에는 미리 원장의 허가를 받아야 하도록 규정한 국가정보원직원법 제17조 제 2 항의 위헌심판제청사건[84]에서도 불합치결정이 있었다.

그리고, 선거구획정에 관한 경우로는 ① 공직선거및선거부정방지법 제25조 제 2 항 [별표1] 위헌확인,[85] ② 공직선거법 제26조 제 1 항에 의한 별표2 위헌확인,[86] 그리고 ③ 경상북도 시·군의회의원 선거구와 선거구별 의원 정수에 관한 조례 [별표] 위헌확인[87] 등에서 불합치결정을 하였다.

그 외에도 1994. 7. 29. 토지초과이득세법 제10조 등 위헌소원,[88] 2008. 7. 31.

77) 헌재 1999. 5. 27, 98헌바70, 헌판집 11-1, 633.
78) 헌재 1997. 3. 27, 95헌가14, 헌판집 9-1, 193.
79) 헌재 1997. 7. 16, 95헌가6, 헌판집 9-2, 1.
80) 헌재 1998. 8. 27, 96헌가22, 헌판집 10-2, 339.
81) 헌재 2005. 2. 3, 2001헌가9, 헌판집 17-1, 1.
82) 헌재 2005. 12. 22, 2003헌가5, 헌판집 17-2, 544.
83) 헌재 1995. 9. 28, 92헌가11, 헌판집 7-2, 264.
84) 헌재 2002. 11. 28, 2001헌가28, 헌판집 14-2, 584.
85) 헌재 2001. 10. 25, 2000헌마92, 헌판집 13-2, 502.
86) 헌재 2007. 3. 29, 2005헌마985, 헌판집 19-1, 287.
87) 헌재 2009. 3. 26. 2006헌마67, 공보 제150호, 661.
88) 헌재 1994. 7. 29, 92헌바49, 헌판집 6-2, 64.

태아의 성별고지금지를 규정한 의료법 제19조의 2 제 2 항 위헌확인소원,[89] 2007. 8. 30. 일반 불법행위와는 달리 경과실에 의한 실화의 경우에는 민법 제750조의 적용을 배제하고 있는 실화책임에관한법률의 위헌심판제청,[90] 그리고 5급 공채시험의 응시연령 상한을 '32세까지'로 정한 국가공무원법 제36조 등 위헌확인[91]사건에서도 불합치결정이 이루어졌다.

하지만, 이 발표의 주제와 관련해서는 특별한 논의의 대상이 되지 아니한다.

Ⅲ. 불합치결정의 실태분석 결과에서 드러난 한정적 판단의 필요성

1. 개　　설

앞의 항목에서는 헌법불합치결정의 사례를 분석하고 개별 결정례를 유형화함과 아울러 문제점에 대해 대안을 제시하였다. 거기서 주목할 만한 핵심적인 사항은 두 가지이었다. 그 하나는 계속적용 불합치결정의 부적절함이었고, 다른 하나는 한정적인 또는 포함적인 형태의 불합치결정을 채택하는 것이었다.

이미 지적한 바와 같이 결정주문과 핵심쟁점과의 부조화현상이 심각한 상태이다. 그러나 우리 헌법재판소가 헌법불합치결정과 관련해서 심판대상을 한정적인 형태로 축소하거나 심판대상에 대해 한정적으로 판단하는 경우는 없었다.[92] 바로 여기에 문제의 핵심이 또 현상에 대한 해결책이 놓여 있다고 본다. 이는 심판대상을 법률 조항 자체로 함을 고집할 것이 아니고, 보다 유연하게 한정적인 형태로도 획정하는 방안을 모색해야 함을 의미한다. 다시 말해서 심판대상을 구체적 사안에 맞춰 조정하고, 이를 결정주문에 반영할 필요성이 매우 큼을 웅변하는 것이다.

그러면, 여기서는 먼저 심판대상의 획정에 관해 다루고, 이어 심판대상에 대해 한정적으로 판단하는 것에 관해 살펴본다. 그 다음에는 한정적인 판단에 조응한 결정주문의 채택방안에 대해서도 검토하기로 한다.

89) 헌재 2008. 7. 31, 2004헌마1010 · 2005헌바90(병합), 헌판집 20-2상, 236~268.

90) 헌재 2007. 8. 30, 2004헌가25, 헌판집 19-2, 203.

91) 헌재 2008. 5. 29, 2007헌마1105, 헌판집 20-1하, 329~339.

92) 그러나 소수의견에서는 한정적 판단에 따른 주문표시의 필요성을 역설한다. 예컨대, 헌재 2007. 6. 28, 2004헌마644, 헌판집 19-1, 859; 2008. 11. 13, 2006헌바112, 헌판집 20-2하, 1 등에서 조대현 재판관의 의견 참조.

2. 심판대상의 획정

헌법재판에 있어 심판대상은 헌법재판소 결정의 효력이 미치는 범위를 정하는 표준이 된다는 점에서 매우 중요한 실체적 의미를 가진다.[93] 그러므로 제청법원이나 심판청구인은 당해 소송에서 재판의 전제가 되는 법률조항이 명백히 분할될 수 있으면 가능한 한 세분하여 적용의 대상이 되는 부분을 좁혀 위헌심판제청을 하여야 하고, 헌법재판소의 심판범위는 일반법원이 위헌심판을 제청한 범위에 한정하는 것이 원칙이다.

그런데, 여기서 청구인이나 제청법원이 청구취지나 제청취지를 존중함을 전제로 심판대상을 더욱 축소할 수 있는지의 문제가 제기된다. 물론, 심판제청이나 청구가 한정적인 형태로 이루어지는지와 무관하게 헌법재판소는 직권으로 심판대상을 획정할 수 있다. 여기서 두 가지 측면으로 논의가 전개될 수 있다.

그 하나는 법률 조항 자체의 위헌여부가 다투어졌지만, 당해사건과의 관련성 등에 비추어 볼 때, 한정적인 형태로 획정하는 것이 훨씬 더 유연하게 대응할 수 있을 경우 심판대상의 축소가 가능한가 하는 점이다. 다른 하나는 후술하는 바와 같이 한정위헌청구가 이루어졌을 경우 청구취지를 그대로 심판대상으로 삼는 것이 가능한가 하는 점이다.

발표자의 짧은 식견으로는 심판대상이 법률 자체가 아닌 법률해석이라 지칭된다 할지라도 한정적인 형태로의 축소도 가능하다고 본다. 그럼으로써 구체적 타당성에 훨씬 더 기여하게 될 것이기 때문이다. 그러나 여기서 한정적인 형태라 함은 규범이 설정하고 있는 구성요건이 포섭하려는 영역을 일정한 생활사태를 중심으로 유형화할 수 있거나 구획할 수 있는 경우를 말하는 것이고, 또 법원에 의하여 일정한 생활영역에 따른 사례군이 집적되었을 경우[94]가 이에 포함된다고 하겠다.

심판대상을 이와 같이 획정하였을 경우 그에 대해 청구인용의 형태로 결정주문이 제시될 때에는 그렇게 획정된 부분에 대해서만 인용결정의 효력이 발생한다.[95] 이는 일종의 양적 일부위헌 내지 이른바 포함위헌의 형태가 된다고 하겠다.

---

93) 헌법재판소, 헌법재판 실무제요, 40면.

94) 상세한 내용은 손인혁, 한정위헌청구의 적법성, 22면 참조.

95) 이에 대해 합헌결정이 이루어질 경우 실체법적 효력은 기존의 법적 상태가 합헌임을 권위적으로 확인함에 지나지 않기 때문에 별달리 논의의 여지가 없지만, 절차법적인 측면에서는 심판대상이 된 부분에 대해서 거듭 다투고자 한다면, 사정변경의 사유가 발생하였음을 후소에서 입증해야 한다는 점에서 그 의미를 지닌다. 물론 헌법재판소나 다수설은 발표자와는 다른 시각을 지니고 있다.

3. 심판대상에 대한 한정적 판단

가. 한정위헌결정과 심판대상

한정위헌결정이란 법률의 위헌여부에 대한 헌법재판에 있어서, 그 법률에 다의적인 해석가능성이 있을 때 합헌적인 한정축소해석을 한 후, 그 타당영역밖에 있는 경우까지 법률의 적용범위를 넓히는 것은 위헌이라는 결정을 말한다.[96] 이에 해당하려면 몇 가지 조건이 충족되어야 한다. 첫째, 주문이 위헌결정의 형식으로 나타나야 한다. 둘째, 심판대상이 후술하는 포함위헌이나 적용위헌결정의 경우와 같이 특정사안례군으로 한정되어서는 안 되고 최소한 특정 조문의 양적 일부로 범위가 획정되어야 한다. 셋째, 심판대상에 대해 해석기준이 설정되어야 한다.

그런데, 견해에 따라서는 한정위헌결정을 포함위헌결정과 구분하지 않고 일률적으로 한정위헌결정으로 지칭한다.[97] 그러나 외형적으로는 동일한 것처럼 보이지만, 하나는 심판대상에 대해 한정적 판단을 한 것이고, 다른 하나는 심판대상 자체를 한정적으로 설정한 것이라는 점에서 구분된다고 하겠다.

나. 포함결정과 한정결정의 차이

포함(적용)결정 내지 포함(적용)위헌결정[98]이란 법률 조문상의 단위나 조문상의 명시적인 일부를 심판대상으로 삼은 것이 아니고 그것을 보다 더 세분화시켜 해석례나 적용례의 일부로 한정해서 심판대상으로 삼아 위헌여부를 판단하는 결정, 특히 위헌결정을 말한다.[99] 이러한 유형에 포괄될 가장 대표적인 사례가 사죄광고의 위헌결정[100]

---

96) 헌재 1997. 12. 24, 96헌마172 등, 판례집 9-2, 842, 861. 그러나 한정위헌결정이란 "단순위헌결정이 그 주문에서 당해 법률이나 법률조항의 전부 또는 일부에 대하여 위헌결정을 선고함으로써 그 효력을 상실시켜 법률이나 법률조항이 폐지되는 것과 같은 결과를 가져 온 것이 아니라 그에 대하여 특정의 해석기준을 제시하면서 그러한 해석에 한하여 위헌을 선언하는 방식"이라고 한다. 대법 1996. 4. 9. 선고 95누11405 판결(공1996상, 1442 이하).

97) 황도수, 헌법논총 제10집, 247-250면; 이준상, 헌법논총 제18집, 308면 이하; 김현철, 법학논총 제29집 제 2 호, 298면 이하 참조.

98) 이러한 용어사용이 적절한 것인지에 대해서는 의문이 없지 않지만, 대안이 마땅치 않기 때문에 그대로 사용하기로 한다. 이와 같은 표현을 사용하게 된 요인은 사죄광고의 위헌결정이나 국유재산 중 잡종재산의 시효취득금지의 위헌결정의 사례가 여기서 논의하는 포함(적용)결정 내지 포함(적용)위헌결정을 가장 먼저 적절하게 형상화하고 있기 때문이다. 게다가 이러한 결정유형은 후술하는 한정결정이나 부분위헌 내지 일부위헌결정과도 구분시켜야 할 필요성이 크기 때문이다.

99) 이에 관해서는 남복현, 공법학연구 제10권 제 1 호, 74-75면 참조.

100) 헌재 1991. 4. 1, 89헌마160, 헌판집 3, 149, 150. 이 사건 결정에서 헌법재판소는 심판대상을 "사죄광고를 민법 제764조 소정의 '명예회복에 적당한 처분'에 포함시킬 때 위 조항이 위헌인가의 여부"로 획정하고, "민법 제764조의 '명예회복에 적당한 처분'에 사죄광고를 포함시키는 것은 헌법에 위반된다"는 주문을 제시하였다. 여기서 주목해야 할 바는 사죄광고 이외의 명예회복에 적당한 처분이 위헌인지 여부는 여기서 판단의 대상이 되지 않았다는 점이다.

과 국유재산 중 잡종재산의 시효취득금지의 위헌결정[101]이다.[102]

그에 비해 한정결정이란 '… 로 해석하는 한, 헌법에 위반되지 아니한다' 또는 '… 로 해석하는 한 헌법에 위반된다'는 한정적인 형태의 결정을 말한다.[103] 이러한 한정결정이 선고되기 위해서는 먼저 심판대상 규범의 可分 여부가 판단되어야 하고, 그 다음 해석기준이 제시되어야 한다. 그로 인해 심판대상규범의 내용이 일부 제한되거나 보충되는 결과가 초래되어야 한다. 한정합헌결정, 한정위헌결정, 조건부 위헌결정 및 합헌적 법률해석 등이 이에 해당된다.

포함결정은 법률 조문상의 단위나 조문상의 명시적 일부를 심판대상으로 삼아 위헌으로 결정하는 부분위헌결정과는 구분된다. 그리고 여기서 주목해야 할 바는 심판대상이 되지 아니한 해석례나 적용례에 대해서는 주문의 효력이 미치지 않는다는 점이다. 그에 대해 나중에 위헌심판이 제청되거나 청구된다면, 헌법재판소는 전소의 결정과는 무관하게 독립적으로 심판하고 또 본안판단이 이루어졌을 경우 판단에 따른 적절한 결정유형을 선택할 것이다. 이 점에서 한정결정과는 구분된다.[104]

그리고 포함결정은 심판대상이 된 부분에 대한 전부위헌결정이고, 한정결정은 심판대상에 대해 일응 해석기준을 제시하고 그 기준에 의거해서 합헌해석부분과 위헌해석부분을 구획하는 것이다. 그에 비해 포함결정은 합헌해석부분이나 위헌해석부분 중 어느 한 부분만을 심판대상으로 삼고, 그에 대해 위헌이면 위헌, 합헌이면

---

101) 헌재 1991. 5. 13, 89헌가97, 헌판집 3. 202, 203. 이 사건 결정에서 헌법재판소는 심판대상을 "국유재산 중 잡종재산을 시효취득의 대상에서 제외하는 국유재산법 제 5 조 제 2 항이 헌법에 위반되는 여부"로 하였고, "국유재산법 제 5 조 제 2 항을 동법의 국유재산 중 잡종재산에 대하여 적용하는 것은 헌법에 위반된다"는 주문을 제시하였다. 여기서도 마찬가지로 국유재산 중 행정재산이나 보존재산에 대해 시효취득의 금지를 규정한 부분의 위헌여부는 판단되지 아니하였다.

102) 적용위헌이나 포함위헌에 해당하는 결정례에 관한 분석으로는, 남복현, 헌법논총 제 9 집, 912-913면, 927-946면 참조. 이러한 유형에 해당하는 것으로 파악된 결정례로는 헌재 1991. 6. 3, 89헌마204, 헌판집 3, 268, 272(결정주문은 "화재로인한재해보상과보험가입에관한법률 제 5 조 '특수건물' 부분에 동법 제 2 조 제 3 호 가목 '4층 이상의 건물'을 포함시키는 것은 헌법에 위반된다."고 하였다. 이 사건 심판대상을 "화보법 제 5 조의 '특수건물'부분에 동법 제 2 조 제 3 호 가목 소정의 '4층 이상의 건물'부분을 포함시키는 것이 위헌인지 여부"로 축소함이 타당하였을 것이다.); 헌재 1992. 1. 28, 91헌마111, 헌판집 4, 51, 54(결정주문 제 2 항은 "행형법 제62조는 그 중 행형법 제18조 제 3 항을 미결수용자의 변호인 접견에도 준용하도록 한 부분은 헌법에 위반된다"고 하였다); 헌재 1992. 10. 1, 92헌가6, 헌판집 4, 585, 589; 헌재 1992. 11. 12, 91헌가2, 헌판집 4, 713, 715(결정주문은 "1980년해직공무원의보상등에관한특별조치법 제 2 조 제 2 항 제 1 호의 '차관급이상의 보수를 받은 자'에 법관을 포함시키는 것은 헌법에 위반된다"고 하였다. 심판대상은 같은 법 제 2 조 제 2 항 제 1 호 중 '… 차관급 상당 이상의 보수를 받은 자'라는 부분이 헌법에 위반되는지의 여부에 관한 것이다) 등 참조.

103) 상세한 내용은 남복현, 헌법논총 제 9 집, 915-922면 참조.

104) 동지 : 김현철, 법학논총 제29집 제 2 호, 300면.

합헌이라 결정하는 것이다.[105)]

정리하면, 양 결정유형은 두 가지 핵심적인 차이점을 지닌다. 그 하나는 해석기준에 해당되는 부분이 심판대상의 획정으로 작용하는지의 여부이다. 다른 하나는 심판대상의 내부에서 또다른 해석기준을 제시해서 반대해석이 가능한지 여부이다.

다. 한정위헌결정과 한정위헌청구의 관계

한정위헌청구란 헌재법 제68조 제 2 항의 헌법소원과 관련해서 청구인이 법률 또는 법률조항 자체의 위헌여부를 다투는 것이 아니라 그 법률 또는 법률조항의 특정한 해석방법이나 적용영역의 위헌여부를 다투는 것을 말한다. 이러한 청구가 한정위헌결정과 어떠한 연관성이 있는지가 문제된다.

이에 관해 견해에 따라서는 한정위헌결정이 부인되는 것과 마찬가지로 한정위헌청구도 부인되어야 함을 주장한다.

그러나 한정위헌결정이 반드시 한정위헌청구를 전제로 해야 하는 것도 아니고, 한정위헌청구를 인정한다 하더라도 바로 그 심판대상이 그 부분으로 한정되어야 하는 것도 아니다.[106)] 한정위헌결정은 그 전에 먼저 심판대상을 논의해야 하고, 그 심판대상을 한정적으로 판단한 결과가 한정위헌결정일 뿐이다. 그런 심판대상이 되기 위해서는 한정위헌청구의 취지를 그대로 받아들이면 안 되고 청구취지를 확장하지 않으면 안 된다.[107)]

이상에 비추어 볼 때, 한정위헌청구를 한정위헌결정과 연결지우는 것은 적절치 않다. 한정위헌청구는 적법요건 단계에서 논의대상일 뿐이고, 심판대상을 해석기준을 통한 획정여부가 한정위헌결정과 연관관계를 지닌다 할 것이다.

4. 한정적 판단에 따른 결정주문의 채택 개연성

심판대상에 대해 한정적인 판단을 하고 청구인용 형태의 결정을 선고함에 있어 채택될 결정주문의 유형을 살펴본다.

---

105) 양자의 효력상 편차에 관해서는 이미 다른 곳에서 상세하게 논의하였으므로 생략한다. 그 구체적인 내용에 관해서는, 남복현, 헌법논총 제 9 집, 1047-1050면 참조.

106) 손인혁, 한정위헌청구의 적법성, 5면, 각주 4번.

107) 이준상, 헌법논총 제17집, 307면. 만약 청구취지를 심판대상으로 그대로 받아들이게 되면, 발표자의 표현으로 표시하면 포함위헌청구 내지 양적 일부위헌청구가 될 것이다.

가. 한정위헌결정과 헌법불합치결정의 관계

1) 양자는 대체관계인가? 보완관계인가?

한정위헌결정이 헌법불합치결정과 대체관계로 기능할 수 있는지가 문제된다.

이에 관해 법원이 한정위헌결정을 위헌결정으로 보려하지 않는 것에 착안해서 대체관계로 보려는 견해가 있다.[108] 즉, "헌법재판소가 판단하기에 대법원이 채택한 법률해석에 의하면 당해 법률조항에 합헌적인 적용영역과 위헌적인 적용영역이 있는데 조문의 일부에 대한 일부위헌결정으로서는 그 위헌적 적용범위를 제거할 수 없고, 그렇다고 당해 법률조항 전부에 대하여 단순위헌결정을 한다면 당해 법률조항의 합헌적인 적용영역까지 제거되는 결과가 되고 그것이 단순합헌으로 하는 경우보다 오히려 더욱 위헌성이 심한 법적 공백상태에 이르게 된다고 보는 경우에는, 당해 법률조항에 대하여 헌법불합치결정을 하여 입법자에게 합헌적인 적용영역을 살리는 법개정을 촉구하고 개선된 법률에 따라 법률관계가 규율될 수 있도록 한다면 한정결정유형을 활용하지 않고도 위와 같은 문제점을 해결할 수 있을 것이다. 헌법불합치결정에 대하여도 법원도 위헌결정의 한 형식으로 그 효력을 인정하고 있으므로 법원과의 갈등문제도 생기지 않고 당사자의 권리구제에도 훨씬 실효성이 있을 것"이라고 한다.[109]

이는 몇 가지 측면에서 문제점을 지적할 수 있다. 첫째로는 한정위헌결정은 법률해석에 지나지 않는다는 법원의 견해를 그대로 관철시키려는 의도를 바탕으로, 이에 대한 헌법재판소의 통제를 모면하려는 것이다. 둘째로는, 이런 태도는 헌법재판소에게 부여된 자유로운 결정주문선택권을 침해하는 위헌적인 발상이다. 셋째, 헌법재판소가 한정위헌결정을 통해서 해석기준을 정하고 그 기준에 따라 재판하도록 법원에 맡기면 될 일을 가지고 개선입법시점까지 절차를 중지시키고 권리구제를 지체시킴은 전혀 바람직스럽지 못하다는 점이다.

생각건대, 각각의 결정형식은 그 자체마다 고유한 규율공간을 지니고 있다. 심판대상의 범위를 획정하는 문제와 시적인 범위를 획정하는 문제는 서로 다른 차원에서 접근해야 할 사안이다.[110] 물론 부분적으로는 수긍이 갈만한 요소가 없는 것은

108) 최완주, 한정결정, 선택인가 필수인가?, 법률신문 2002. 10. 3.자, 14면 참조.

109) 이에 대해서는 김현철, 법학논총 제29집 제 2 호, 305-306면 참조.

110) 부진정 입법부작위에 대한 헌법불합치결정은 입법적 흠결이라는 대상적 범위의 문제를 다룬 것이지, 시적 범위를 다룬 것은 아니라고 지적한다. 김현철, 법학논총 제29집 제 2 호, 306면 각주 63번 참조. 그러나 입법부작위부분은 대상적 범위에 관한 것이고, 이를 시한을 설정하면서 개선입법의무를 부과한 것은 시적 범위에 관한 것이다.

아니다.[111)]

후술하는 바와 같이 한정위헌결정과 헌법불합치결정이 서로 대체관계에 놓일 수는 있다. 그러나 이는 평등원칙위반을 해소하는 경우에 한정된 것이고, 또 그렇다 할지라도 좀더 세부적으로 살펴보면, 한정위헌이 바람직한 영역과 헌법불합치가 바람직한 영역은 구분된다는 점에 유념해야 할 것이다.

이와 같이 부분적으로는 대체관계로 보이기도 하지만, 그보다는 오히려 양자는 서로 보완관계에 놓여 있음을 후술하는 바와 같이 주목해야 한다.

2) 한정결정과 불합치결정의 결합

원래 한정결정과 불합치결정이 지향하는 효력영역은 기본적으로 서로 다르다.[112)] 한정결정은 심판대상에 대해 해석기준을 제시하거나 심판대상을 제약하는 형태, 즉 대상적 효력영역을 구획하는 속성을 지닌다. 그에 반해, 불합치결정은 법적 효과를 시적으로 제약하는 형태, 즉 시적 효력영역을 구획하는 속성을 지닌다. 이와 같은 서로 다른 속성은 양자의 결합을 가능하게 한다. 그에 따라 주문은 '… 로 해석하는 한 헌법에 합치되지 아니한다' 또는 '… 하는 범위 내에서 헌법에 합치되지 아니한다'로 제시될 수 있을 것이다. 이 경우는 해석기준에 따라 합헌해석과 헌법불합치해석으로 나뉘어질 수 있게 된다.[113)] 각각의 해석부분에는 각각의 해석 방향에 상응한 결정의 효력이 발생하게 된다. 다시 말해서, 그 결정에 따른 절차법적 효력을 당연히 인정할 수 있고, 실체법적 효력에 있어서는 헌법불합치해석된 부분은 헌법불합치결정과 동일한 형태의 법적 효과가 발생한다. 물론 여기서는 개선입법의 촉구와 더불어 법적용자로 하여금 불합치해석된 부분의 적용절차를 중지하고 개선입법에 따르도록 명하는 것과 불합치해석된 부분의 잠정적인 계속 적용을 명함도 가능하다고 하겠다.

그러면, 한정결정과 불합치결정이 결합될 수 있는 상황을 상정해본다. 먼저, 위헌심판절차를 진행하면서 심판대상에 대해 한정적인 판단의 필요성을 느껴야 할 것이다. 이 때 합헌부분과 위헌성 판단부분으로 구획할 수 있게 된다. 그 다음에는 심판대상을 단순위헌으로 결정할 경우 법적 공백상태나 법적 혼란 상태의 초래를 방지할 필요성을 인식해야 한다. 이 두 가지 요소를 결합시킴으로써 위헌성이 있다고 판단되는 부분에 대해서만 불합치결정의 법적 효과가 발생하게 하는 것이다. 여기서

---

111) 상세한 내용은 후술하는 '불합치원인별 주문 채택 가능성'부분 참조.

112) 이에 관한 상세한 내용은, 남복현, 헌법논총 제 9 집, 952면; 남복현, 공법학연구 제10권 제 1 호, 71-72면 참조.

113) 이 점은 비교법적 시각에서 볼 때에도, 특히 독일에서도 아주 자주 활용되는 결정형식이라는 점을 강조하고자 한다.

는 또 반대해석이 가능해서 해석기준으로 설정된 나머지 영역은 합헌으로 파악하게 된다.

나. 포함불합치와 한정불합치의 차이

한정적 불합치결정과 밀접한 관련성을 지닌 것이 포함불합치결정이다.[114] 포함불합치결정이란 법률 조문상의 단위나 조문상의 명시적인 일부를 심판대상으로 삼은 것이 아니고 그것을 보다 더 세분화시켜 해석례나 적용례의 일부로 한정해서 심판대상으로 삼아 위헌여부를 판단한 다음, 그 일부에 대해서만 헌법불합치로 하는 결정유형을 말한다.

포함불합치를 한정불합치와 어떻게 구획해내는가가 문제된다. 이는 궁극적으로 한정결정과 포함결정에서 구분하는 틀을 원용해서 구획할 수 있다. 즉 한정불합치의 경우 심판대상을 넓게 획정하고 해석기준을 제시해서 합헌해석부분과 불합치해석부분으로 구획하는 것이고, 포함불합치의 경우에는 심판대상을 해석부분의 일부분으로 한정하고 그 일부분 전체에 대해 불합치로 파악하는 것이다. 이런 점은 전술한 한정결정과 포함결정의 핵심적인 차이점과 동일하다.

다음, 이와 같은 포함불합치를 주문으로 제시할 경우 일반적인 불합치결정의 사례와 동일하게 결정이유에서 입법자에게 입법기준이나 원칙을 제시할 수도 있으며, 그에 대한 기속력이 인정될 수 있는지가 문제된다. 이에 대해서는 헌법재판소가 입법자에 대해 그렇게 제시할 수 있을 것이다. 궁극에는 헌법재판소의 결정취지를 제대로 반영하지 아니한 개선입법을 심판대상으로 삼음으로써 헌법재판소는 전소의 결정취지를 관철시킬 수 있을 것이다.

아무튼 심판대상으로 한정한 부분에 대해서만 헌법불합치로 결정한 것이기 때문에 법적용자에게는 그 한도에서만 주문만이 아니라 중요한 이유도 기속력이 인정된다.

다. 불합치원인별 주문채택가능성

이 글에서 분석대상이 된 불합치결정의 사례 중 부진정 입법부작위의 경우, 평등원칙위반의 경우 및 합헌부분과 위헌부분의 경계가 명확하지 아니한 경우 등에서는 불합치주문과 그에 기초한 계속적용의 법적 효과에 대해 다른 형태로의 접근이 가능함은 이미 지적한 바와 같다(〈표 1〉 참조).

---

114) 남복현, 공법학연구 제10권 제1호, 75-76면 참조.

〈표 1〉 불합치원인별 결정주문의 조정 내용분석

분석 조정내용	부진정 입법부작위	평등원칙 위반	합헌위헌 불분명	입법형식 잘못	일반적인 경우	합 계
단순불합치	1	3	4	7	12	27
한정불합치	11	1	6			18
포함불합치	6	3				9
위헌(단순·한정)		4	1		2	7
합헌(한정·잠정)			1	1		2
소 계	18	11	12	8	14	63

그러면, 여기서는 심판대상과 결정상 핵심쟁점과의 연관관계를 고려하면서 적절한 대안을 제시하기로 한다.

1) 부진정 입법부작위의 경우

헌법재판소는 부진정 입법부작위를 특정 조항과 연관지어 심판대상으로 획정하는 형태를 취하고 있다. 그러면서 입법상 제도 자체는 합헌이고 입법상 규율이 흠결된 사항을 부진정 입법부작위로 본다.

그런데, 부진정 입법부작위의 경우 기본적으로 한정적인 형태의 심판청구라는 모습을 띠지 않을 수 없다. 오히려 특정 법률조항의 위헌여부를 다투는 형태로 청구가 된다 할지라도, 헌법재판소는 직권으로 심판대상을 부작위부분으로 한정함이 타당하다. 특히 제도 자체에 대해 위헌 여지가 존재하지 않는 한, 그렇다.

이런 시각에서 접근할 때, 부진정 입법부작위의 경우에 대해서는 부작위부분만을 심판대상으로 삼거나 예외적으로 특정 조항의 위헌여부를 심판대상으로 삼고 한정적으로 판단함이 옳다고 본다. 그래서 그 부작위에 대한 위헌확인의 차원에서 헌법불합치로 결정하는 것이다. 이렇게 할 경우 포함불합치나 한정불합치가 적절할 것이다.[115)]

2) 평등원칙 위반의 경우

평등원칙 위반과 한정적 판단의 관계를 논의하기 위해서는 몇 가지 전제된 요소를 필요로 한다. 그 하나는 계쟁집단과 비교대상집단이 정해져야 하고, 그 둘은 이들 사이에 사실상 차이와 차별(처우)을 드러내야 하며, 그 셋은 그 논의는 제한(제

115) 부진정 입법부작위의 경우 그 위헌성을 논증함에 있어 평등원칙의 위반에 해당하는 경우도 있다. 이 경우는 거의 대부분 불합리한 차별기준을 설정해서 같은 것을 달리 취급하게 된 것이었고, 결국 규율대상에 포함시키지 않아 그로 인해 편익에의 참여대상에 배제됨을 다투는 형태를 취하게 된 것이다. 이에 대해서는 후술한다.

약, 부담부과)영역과 급부제공영역에서 달리 나타난다. 그 넷은 평등이 지향하는 바는 같은 것을 같게, 다른 것을 달리 취급하도록 하는 것인데, 같은 것을 달리 처우하거나 다른 것을 같게 처우하는 경우가 쟁점으로 등장하게 된다. 그 다섯은 자의적인 차별문제가 등장하는 요인은 거의 대부분 불합리한 차별기준을 설정함으로 인해 야기된 것이라는 점이다.

평등원칙위반으로 인한 위헌성을 해소하는 방법은 논리적으로 세 가지이다.[116] 그 하나는 계쟁집단과 비교대상집단의 관계에 있어 단순위헌을 통해 비교대상집단에게 가해진 편익적 효과를 제거함으로써 평등을 구현하는 것이다(단순위헌결정).[117] 그 둘은 계쟁집단을 수혜대상에서 배제하는 한 위헌임을 선언하는 것이다(한정위헌결정). 그 셋은 계쟁집단이나 비교대상집단에게 제공될 편익을 적정한 범위에서 조정하도록 입법자에게 불합치결정을 통해 맡기는 것이다(헌법불합치결정).[118]

위 방법 중 계쟁집단에게 가해진 차별의 편차를 해소하는 방안은 좀더 분석되어야 한다. 첫째는 한정위헌결정의 주문을 채택하는 것이다. 이 방안은 발표자의 분류방식에 의하면, 조건부 위헌결정에 해당할 것이다.[119] 심판대상을 한정축소하기보다는 보완적인 형태를 취하기 때문이다. 둘째는 한정불합치결정의 주문을 채택하는 것이다. 이는 해석기준을 제시하는 한편, 앞의 사례와 같이 입법적 보충이 필요한 영역을 입법자에게 맡기는 것이다. 셋째로는 포함불합치결정의 주문을 제시하는 것이다. 이는 처음부터 심판대상을 한정적인 형태로 획정한 다음, 그에 대해 불합치

---

116) 여기서 유형화시키는 사례는 같은 것을 달리 취급함으로써 계쟁집단을 수혜대상에서 제외한 경우를 전제로 한다.

117) 헌재 2008. 11. 27, 2006헌마352(방송법 제73조 제5항 등 위헌확인)사건에서는 불합치주문이 제시되었지만, 비교대상집단인 한국방송광고공사와 이로부터 출자를 받은 회사에게만 지상파방송사업자에 대해 방송광고 판매대행을 할 수 있도록 규정한 것을 위헌으로 결정함이 오히려 바람직하였다고 본다. 그리고 헌재 1998. 9. 30, 98헌가7(금융기관의연체대출금에관한특별조치법 제3조 위헌제청)사건에서는 강제경매에 관한 부분은 위헌이고, 담보권실행을 위한 경매에 관한 부분은 합헌이라는 점에서 한정위헌결정으로 분류되어 있지만, 이는 오히려 부분위헌결정으로 보아야 한다.

118) 이에 해당하는 결정으로는 헌재 2006. 2. 23, 2004헌마675; 2008. 5. 29, 2006헌바5; 2009. 4. 30, 2007헌가8 참조.

119) 헌재 1992. 3. 13, 92헌마37 등, 판례집 4. 137. 헌법재판소는 이 사건의 결정에서 "국회의원선거법 제55조의 3(정당연설회)의 규정 중 '정당연설회에 당해 지역구후보자를 연설원으로 포함시킨 부분'과 같은 법 제56조(소형인쇄물의 배부등)의 규정 중 '정당이 후보자를 추천한 지역구마다 2종의 소형인쇄물을 따로 더 배부할 수 있도록 한 부분'은 당해 지역구에서 정당이 그와 같은 정당연설회를 개최하거나 소형인쇄물을 제작 배부하는 경우에는, 무소속후보자에게도 각 그에 준하는 선거운동의 기회를 균등하게 허용하지 아니하는 한 헌법에 위반된다"는 주문을 제시하였다. 이것은 헌법재판소가 위 조항을 위헌으로 선언하면서 무소속입후보자에게 정당추천 입후보자와 동일하게 정당연설회에 준한 선거운동의 기회와 2종의 소형인쇄물 제작허용이라는 보완입법을 사실상 수행한 것이었다. 이는 시간적 촉박성 때문에 불가피한 것으로 보여졌다. 상세한 내용은 남복현, 헌법논총 제9집, 939-941면 참조.

주문을 내는 것이다. 이상의 방안은 모두 비교대상집단이 정당한 입법영역에 자리하고 있음을 전제로 하고 있음은 물론이고, 계쟁집단이나 비교대상집단에게 제공된 법익을 적절하게 입법자에게 조정하도록 할 여지가 없음을 전제로 한다. 오로지 계쟁집단으로 하여금 개선입법이 규율한 편익에 참여할 수 있도록 입법자에게 촉구하거나 직접 헌법재판소가 나서서 규율하는 것이라고 하겠다.

3) 위헌부분과 합헌부분의 구획이 불분명한 경우

이 경우도 단순불합치로 결정해서 그 취지가 불분명하게 방치되도록 하기 보다는 한정적인 불합치를 적극 활용하도록 함이 바람직할 것이다. 보다 근본적으로는 한정결정, 즉 중에서도 한정위헌결정이 바람직할 것이다. 종래 국가보안법 관련조항에 대해 "각 그 소정 행위가 국가의 존립·안전을 위태롭게 하거나 자유민주적 기본질서에 위해를 줄 경우에 적용된다고 할 것이므로 이러한 해석하에 헌법에 위반되지 아니한다"는 형식[120]을 그대로 채용할 수 있다고 본다.

Ⅳ. 한정적 청구취지의 심판대상에의 수용

1. 개 설

현재 헌법재판소에는 한정위헌청구의 적법성 인정 여부를 둘러싸고 논의가 분분하다. 특히 헌재법 제68조 제 2 항에 따른 헌법소원과 관련해서 그 논의가 집중되어 있다. 이러한 논의에서 핵심은 한정위헌청구가 법률 자체를 다투는 것이 아니고 법률해석을 다투는 것이라는 점이다. 한정위헌청구를 허용할 경우 사법권의 본질적 내용을 침해하는 것이라는 인식을 바탕으로 한다.[121]

한정위헌청구를 둘러싼 논의는 한정위헌청구의 적법여부, 그 적법성을 인정할 경우 판단기준과 허용범위, 그리고 한정위헌청구와 심판대상이나 본안의 판단범위 등으로 구분된다.[122]

종래 한정위헌청구는 적법성단계에서만 논의되었을 뿐이다. 그 다음 단계에서 그리 심각하게 문제되지 아니한 요인은 거의 대부분 합헌으로 결정되었기 때문으로

---

120) 예컨대, 헌재 1990. 4. 2, 89헌가113, 헌판집 2, 49 참조.

121) 한정위헌청구 문제는 입법자와 관계되는 사안이기보다는 법원의 법률해석권과의 관할권충돌문제로 쟁점이 된 사안이다.

122) 이준상, 헌법논총 제17집, 277면.

풀이된다. 헌법재판소는 그 청구 자체를 심판대상으로 보지 않고 한정청구된 법률조항 자체의 위헌여부로 본다. 그런데 한정위헌청구가 있을 경우 법률 자체의 다툼으로 선해하여 본안판단에 들어가서 위헌성을 확인하게 되었을 경우 그때 어떻게 결정주문을 제시해야 하며 그 법적 효과가 미치는 범위의 획정문제가 그대로 드러나게 된다.

여기서의 논점은 한정적 청구취지가 심판대상으로 채택되는 형태에 따라 청구인용의 결정에 있어 그 결정주문이나 그 법적 효과에 영향을 미친다는 점이다. 이론적으로나 실무상으로 그에 대한 숙려가 미흡해서 앞서 논의한 헌법불합치결정의 사례분석에서 나타나는 그런 부조화를 초래한 것이 아닌가 한다.

그러면, 여기서는 한정위헌청구에 관한 헌법재판소의 입장 및 이를 둘러싼 각종 견해를 간략하게 소개한다. 그에 이어 위의 논점과 관련해서 논의를 전개한다.

2. 한정위헌청구에 관한 헌법재판소의 입장

헌법재판소는 한정위헌청구의 적법여부[123]와 관련해서 "헌재법 제68조 제 2 항에 의한 헌법소원에 있어서는 법률이 헌법에 위반되는지 여부가 당해사건의 재판의 전제로 되어야 하고, 여기서 '법률이 헌법에 위반되는지 여부'는 '법률' 자체의 경우를 말하며 '법률의 해석'의 경우를 제외한다고 봄이 상당하다. 일반적으로 법률조항 자체에 대한 다툼과 법률의 해석에 관한 다툼은, 그 구분이 모호한 경우가 많지만, 일응 구분되는 것으로 보아야 한다"고 한다.[124]

한편 이와 관련하여 헌재법 제68조 제 2 항의 헌법소원을 제기하면서 법률의 해석에 관한 청구, 즉 법률조항에 대한 '한정위헌'의 판단을 구하는 청구에 대하여 헌법재판소는 법 제68조 제 2 항이 '법률의 위헌여부심판의 제청신청이 기각된 때에는'이라고 규정함으로써 심판의 대상을 '법률'에 한정하고 있으므로, 일반적으로 법률조항 자체의 위헌판단을 구하는 것이 아니라 법률조항을 '… 하는 것으로 해석하는 한 위헌'이라는 판단을 구하는 청구는 법 제68조 제 2 항의 청구로 적절치 아니하지만, 청구인의 주장이 단순히 법률조항의 해석을 다투는 것이 아니라, 법률조항 자체의 위헌성을 다투는 경우로 이해되는 경우에는 법 제68조 제 2 항의 적법한 청구로 받아들여진다고 하였다.[125]

123) 이에 관한 상세한 내용은, 헌법재판소, 헌법재판실무제요, 293-294면.

124) 헌재 1999. 3. 25, 98헌바2, 판례집 11-1, 200, 208; 헌재 2001. 9. 27, 2000헌바20, 판례집 13-2, 322, 328-329.

125) 헌재 1997. 2. 20, 95헌바27, 판례집 9-1, 156, 162; 헌재 1995. 7. 21, 92헌바40, 판례집 7-2, 34,

헌법재판소가 그동안 적극적으로 심판대상으로 삼아 판단한 경우는 대개 다음과 같이 분류된다. ① 법률조항(법규정) 자체의 불명확성을 다투는 것으로 보는 경우[126]이다. 헌법상의 명확성 원칙의 위반을 다투는 경우 혹은 조세법률주의(과세요건 명확주의) 위반을 다투는 경우가 이에 해당한다. ② 소위 심판대상규정에 대한 일정한 해석이 상당기간에 걸쳐 형성, 집적되어 법원의 해석에 의하여 구체화된 심판대상규정이 위헌성을 지닌 경우[127]이다. ③ 위 두 가지 경우에 해당되지는 않지만 한정위헌의 판단을 구하는 청구가 법률조항 자체에 대한 다툼으로 볼 수 있는 경우[128]라고 한다.

3. 한정위헌청구에 관한 각종 견해

가. 한정적 청구의 원칙적 부적법설

이 견해는 한정위헌청구가 원칙적으로 부적법하지만, 예외적으로 적법한 청구로 받아들여질 수 있다는 것이다. 헌법재판소의 법정의견이 이에 해당된다.[129]

즉, "헌재법 제68조 제 2 항의 헌법소원심판은 '법률'의 위헌 여부가 재판의 전제가 된 경우 당사자의 법률의 위헌여부심판의 제청신청이 기각된 때에 신청을 한 당사자의 청구에 의하여 규범심사를 하는 구체적 '규범'통제절차이고, 한편 구체적 사건에서 법률을 해석하고, 적용하는 권한은 법원의 재판의 본질적 내용에 해당하며 법원의 재판에 대한 헌법소원심판청구는 허용되지 아니한다(헌재법 제68조 제 1 항). 따라서 단순히 법원의 사실관계 인정과 평가 및 '법률의 해석 · 적용'에 관한 문제를 들어 법원의 '재판'을 다투는 한정위헌청구는 허용되지 아니한다"는 것이다.

예외적으로 한정위헌청구의 허용범위를 확대할 필요성에 관해서는 "'법률의 해석 · 적용'의 위헌 확인을 구하는 경우와 '법률'의 위헌 확인을 구하는 경우를 준별하

37.

126) 헌재 1995. 7. 21, 92헌바40, 판례집 7-2, 34, 36-37; 헌재 1997. 2. 20, 95헌바27, 판례집 9-1, 156, 161-162; 헌재 1999. 3. 25, 98헌바2, 판례집 11-1, 200, 208-209; 헌재 1999. 7. 22, 97헌바9, 판례집 11-2, 112, 121; 헌재 1999. 11. 25, 98헌바36, 판례집 11-2, 529, 536; 헌재 2000. 6. 1, 97헌바74, 공보 46, 448, 449.

127) 헌재 1995. 5. 25, 91헌바20, 판례집 7-1, 615, 626; 헌재 1998. 7. 16, 97헌바23, 판례집 10-2, 243, 251-252; 헌재 2001. 8. 30, 2000헌바36, 판례집 13-2, 229, 231-232.

128) 헌재 2000. 6. 29, 99헌바66등, 판례집 12-1, 848, 865; 헌재 2000. 6. 1, 97헌바74, 공보 46, 448-449.

129) 이에 똑같이 기초하고 있지만, '반인권적 국가범죄로 인한 손해배상채권에 관한 소멸시효를 배제하지 아니하는 경우'가 예외적인 경우에 해당되어 적법성을 갖추었다고 보는 견해와 그에 해당되지 않아 부적법하다는 견해로 구분된다. 이에 관해서는 헌재 2008. 11. 27, 2004헌바54에서 이강국 · 이동흡 재판관의 의견과 이공현 재판관의 의견 비교 참조.

여 적법 여부를 판단하는 것은 자의의 개입소지가 있다거나 국민의 권익보호에 충분하지 못하"다는 제시한다.

하지만, ① 법률조항이 내포하고 있는 모든 추상적, 유형적 개념범주를 해체하여 위헌의 가능성을 제거하려는 시도는 자칫 입법자의 의사를 왜곡하여 민주적 정당성에 기초한 입법권 행사를 침해할 가능성이 있다는 점, ② 헌재법 제68조 제 1 항의 헌법소원의 대상에서 법원의 재판을 제외한 취지에 반할 우려가 있다는 점, ③ 심판의 대상에서 제외된 당해 법률조항의 '법률해석 등'에 관하여 본안판단이 필요하고 가능한 것인지 여부 및 결정의 기속력의 인정 여부 · 범위에 관하여 실무상 해결하기 어려운 문제를 야기한다는 점, 그리고 ④ 규범통제제도가 지니는 객관적 법질서보호의 측면을 약화시키고 지나치게 구체적 사건 해결의 면으로 편향되게 할 위험성이 있다는 점 등이 한정적 청구에 대해 소극적일 수밖에 없는 논거로 제시된다.

나. 한정적 청구의 허용범위 확대설

1) 제 1 설 : 구체적 사실관계와 관계없이 법률의 의미와 적용범위에 있어 심판대상이 객관적·개념적·추상적으로 분리될 수 있는 경우

위헌법률심판 및 헌재법 제68조 제 2 항의 헌법소원은 법률 또는 법률조항의 위헌 여부를 심사하는 것이다(헌재법 제45조). 그러므로 법률 또는 법률조항의 질적 일부청구인 한정위헌청구가 적법하기 위하여는 그 질적 일부가 양적 일부에 상응할 만큼 객관적 · 개념적 · 추상적으로 분리가능하여야 한다. 즉, 한정위헌청구된 심판대상이 구체적 사실관계와 관계없이 법률의 의미와 적용범위에 있어서 객관적 · 개념적 · 추상적으로 분리될 수 있어야 하는 것이다. 그리고 이러한 판단에는, 심판대상이 의미와 적용범위에 있어서 독립된 개념으로 분리될 수 있는지 여부는 물론, 해당 법률에 포함된 다른 법률조항의 규정, 다른 법률의 규정, 헌법재판소가 종전 한정위헌결정을 한 사례, 집적된 대법원판례가 있는지 여부 등도 아울러 고려되어야 한다는 것이다.[130)]

2) 제 2 설 : 법률조항의 적용대상 중 유형적·추상적인 일부 영역에 관한 경우

법률의 적용대상이 유형적 · 추상적으로 한정되어 다른 것들과 구별되는 경우에도 그 한정되는 적용영역에 대한 위헌심판청구는 결국 법률조항에 대한 심판청구로

130) 이에 반하여, 한정위헌청구된 심판대상이 구체적 사실관계를 떠나서는 객관적 · 개념적 · 추상적으로 분리될 수 없다면 이는 법률 또는 법률조항에 대한 청구가 아니고 구체적 사실관계에 대한 법률의 해석 · 적용을 다투는 것으로서 이는 일반 법원의 판단대상일 뿐(일반 법원은 증거에 의하여 사실관계를 확정한 후, 법률의 해석을 통하여 해당 법률이 그 사실관계에 적용되는지 여부를 판단한다) 헌법재판의 심판대상이 될 수 없으므로 부적법하다고 할 것이다.

볼 수 있는 것이다. 즉, 법률조항의 적용대상이 상당한 영역을 가질 때 그 적용대상의 구체적 범위는 개별사건에 대한 재판에서 법원의 해석에 의하여 물론 결정되지만 그 적용대상 중 다른 것과 유형적·추상적으로 구별이 되는 특정한 범위의 것을 한정하고 이에 대하여 위헌 여부의 심판을 청구하는 것은, 그것이 재판의 전제가 되는 한도에서, 법률조항에 대한 위헌 여부의 심판청구에 해당하므로 이는 헌법재판소의 권한에 속하고 여기서 유형적이라고 하는 것은 객관적인 징표와 기준에 의하여 다른 것들과 구별할 수 있는 하나의 범주로 파악이 가능한 것을, 추상적이라고 하는 것은 개별적 행위나 사실에 관한 구체적 판단 이전에 개념적·일반적으로 한계 획정이 가능한 것을 말한다.

이 견해에 따르면, 헌법재판소가 제시한 예외적인 경우 외에 법률조항의 적용대상 중 유형적·추상적인 일부 영역에 관한 경우에도 법률조항에 대한 심판청구로 보아야 한다는 것이다.

3) 제 3 설 : 추상적 일반적 규범다발에 해당하는 경우

헌법재판소가 규범통제에 대한 법률해석을 유권적으로 할 수 있다는 전제에서 규범문언에 포함되는 추상적 규범다발 또는 사건규범은 입법기술상 규범문언에 표출되지 않았을 뿐이지 엄연히 규범내용을 이루며 따라서 이러한 부분을 법질서에서 배제하는 것은 규범문언의 제거와 다를 바 없다는 것이다.

규범문언은 횡적으로 수많은 관점에서 규범다발로 나눌 수 있지만, 종적으로도 한없이 세분화될 수 있으며 종국에는 특정사건에 대하여 적용되는 개별사건 규범다발이 있을 수 있는데, 이 개별사건 규범다발에 대하여 판단하는 것은 재판소원금지에 위반하는 것이 된다. 따라서 일정한 규범다발로 추상적 일반적으로 구획할 수 있고 헌법이나 기본권의 의미나 보호범위에 상당한 비중있는 문제가 개입되어 있다면 이는 규범통제에 해당한다는 것이다.

4) 제 4 설 : 법률해석이 규범력을 갖는 경우

헌재법 제68조 제 2 항에 의한 헌법소원의 심판은 당사자가 법원에 위헌심판제청을 신청하였다가 기각된 법률 또는 법률조항을 대상으로 하는 것이지만, 여기서 '법률'이란 '법률의 내용'을 의미하는 것이고 '법률의 내용'은 법률에 대한 해석을 통하여 구체화된다. 법률에 대한 해석은 법률을 집행하는 행정기관이나 법률을 적용하는 법원에 의하여 이루어지고, 헌법재판소도 법률 내용의 위헌 여부를 심판하기 위하여 "법률의 해석·적용에 관한 의견"을 판시하고 변경할 수 있다(헌재법 제23조 제 2 항 제 2 호). 이러한 해석에 의하여 구체적으로 형성된 법률의 내용이 규범력(規

範力)을 가지고 구체적인 행정처분이나 재판의 기준으로 된다.

헌법재판소의 심판대상은 법률해석을 통하여 내용이 특정되고 구체적인 규범력을 가지게 된 '법률의 내용'이고, 해석에 의하여 내용이 특정되기 전의 '법률' 자체가 아니다. 법률에 대한 해석의 내용이 통일되고 異論이 없을 경우에는 '법률' 자체와 '법률의 내용'은 동일한 것이라고 볼 수 있지만, 동일한 법률조항에 대하여 다른 내용의 해석이 존재하거나 가능할 때에는 양자는 동일하다고 볼 수 없다.

따라서 법률에 대한 특정의 해석 내용을 한정하여 그 위헌 여부의 심판을 청구하는 것(한정위헌심판청구)도 그러한 해석 내용이 규범력을 가지고 있는 이상 허용된다고 보아야 한다. 한정위헌심판청구의 대상으로 삼은 법률내용이 독단적인 해석으로서 구체적으로 적용되지 아니하여 규범력을 가지지 못할 경우에는 심판할 필요가 없다고 할 수 있지만, 특정의 해석내용이 구체적으로 적용되어 규범력을 가지고 있다면 집행사례나 재판선례가 집적되어 있지 않더라도 그 위헌 여부를 심판하여 위헌적인 해석 내용의 규범력을 제거할 필요가 있는 것이다.

4. 한정적 청구에 따른 심판대상의 획정

가. 논의대상의 제한

이 발표는 한정위헌청구의 적법여부, 허용범위 및 그 논거의 타당성 검토를 대상으로 하지는 않는다. 그렇기 때문에 여기서는 한정위헌청구의 핵심쟁점으로 자리하고 있는 법률해석권의 귀속주체나 헌재법 제68조 제 2 항의 헌법소원이 지닌 예외적인 기능적 속성 등에 대해서는 논의대상에서 제외하고자 한다.

이 발표의 기본적 지향점은 헌법불합치결정의 실태분석에서 나타난 한정적 판단이나 한정적 청구를 허용할 필요성에 관한 것이다. 그러다보니 한정위헌청구의 적법성 인정이 기본적인 전제가 되어야 하고, 이를 인정하는 요인이 법률해석도 당연히 그 자체로서 심판대상이 될 수 있음에서 나타난 것인지, 한정적인 청구가 법률 그 자체의 다툼으로 환치되어 나타나게 된 것인지에 대해서도 주목하지 않으면 안된다.

아무튼, 한정위헌청구의 형태로 헌법재판소에서 다루어지지만, 이 문제는 심판대상의 축소와 결정주문의 관계에 관한 것이다. 심판청구가 한정위헌을 구하는 형태로 이루어졌을 경우 적법요건을 갖춘 것으로 보는 논리체계는 전술한 바와 같이 여러 가지 형태로 나타나고 있음을 본다. 하지만, 여기서는 청구취지와 심판대상의 관계 및 그와 관련된 결정주문의 법적 효과를 중심으로 다루기로 한다.

나. 위 각 견해별 청구취지와 심판대상의 관계

헌법재판소가 한정위헌청구에 대해 원칙적으로든 예외적으로든 적법요건을 갖춘 것으로 보아 본안판단에 들어가기 위해서는 심판대상을 직권으로 획정하여야 한다. 이 때, 전술한 한정적 청구의 허용범위를 둘러싼 각종 견해들은 한정위헌청구의 취지와 심판대상의 관계에 관해 어떠한 태도를 취하는지 검토하기로 한다.

먼저, 헌법재판소의 법정의견, 즉 원칙적 부적법설은 한정적 청구를 예외적으로 허용하지만, 법률 자체의 다툼으로 선해하는 자세를 취한다. 그렇기 때문에, 청구취지와 심판대상은 그 동일성이 인정될 여지가 없다. 오히려 심판대상이 청구취지보다 확대됨이 보편적일 것이다.

다음, 허용범위 확대설 중 제 1 설, 제 2 설 및 제 3 설은 모두 법률해석으로 치부되는 사항을 규범적인 틀로 파악한다. 그렇게 함으로써 헌재법 제68조 제 2 항상의 법률로 끌어들이고자 한다. 이는 비록 직접적이거나 명시적인 언급은 없지만, 결국 한정적인 청구취지를 확대해서 법률 그 자체를 심판대상으로 보려고 하는 것이다.

관련해서 특히 제 1 설은 원칙적 부적법설이 제시한 세 가지 예외적인 한정청구의 허용사유를 한정청구에 대한 예외로 볼 것이 아니라 법률조항 자체의 위헌청구로 보아야 함을 주장한다. 게다가 '법원의 해석에 의하여 구체화된 심판대상규정의 위헌성 문제가 있는 것으로 볼 만큼, 일정한 사례군이 상당기간 걸쳐 형성·집적된 경우'는 적법성 판단의 타당기준이 아니라고 비판한다. 그러면서 "규범통제라는 헌법재판의 고유기능에 비추어 볼 때, 선례의 판시는, '한정위헌청구는 원칙적으로 적법하되, 다만 그 전제로서 법률조항의 일부라고 인정될 만한 적법요건을 갖추어야 한다'고 변경되어야 한다"고 한다. 결국 이 견해 역시 심판대상을 법률 그 자체로 보아야 함을 제시한 것에 지나지 않는다.

이어서 허용범위 확대설 중 제 4 설, 즉 법률해석이 규범력을 갖는 경우에는 한정위헌청구를 허용해야 한다는 견해에 따르면, 법률 그 자체가 적용되려면 해석을 통해 법률내용이 확정되어야 하고, 헌재법 제68조 제 2 항이 규율한 법률의 의미도 그런 차원에서 이해해야 함을 제시한다. 이렇게 파악할 경우 한정적인 청구취지도 그 자체로 심판대상에 반영될 수 있고, 헌법재판소가 필요로 할 경우 직권으로 청구취지보다 심판대상을 확장하거나 적절하게 조정도 가능하다고 할 것이다.

다. 청구취지의 심판대상에의 수용 정도에 따른 결정주문의 법적 효과

이상에 논의된 사항은 크게 두 가지로 유형화가 가능하다. 그 하나는 심판대상을 획정함에 있어 한정위헌청구의 취지만을, 즉 법률해석만을 그대로 심판대상으로 삼는 방안이다. 다른 하나는 한정위헌청구의 취지를 받아들이긴 하지만 헌재법 제68조 제2항의 해석에 충실한 자세로서 법률 자체로 심판대상을 확장하는 방안이다.

먼저, 전자를 살펴본다. 이 방안은 구체적 사건과의 관련성이 제고됨에 따라 이에 대해 본안판단이 이루어져 청구인용의 결정을 선고할 경우에는 그 법적 효과가 명료하게 구획될 수 있다고 하겠다. 즉 청구취지와 심판대상을 그대로 반영하는 형태로 법적 효과가 발생하게 된다. 이때의 주문형식은 양적 일부위헌(포함위헌) 형태를 취하게 될 것이다.

그러나 비판으로는 헌법재판소가 구체적 분쟁사건에 적용되는 법률의 해석을 심판대상으로 삼음으로써 사법권의 본질적 내용을 침해하고, 헌재법 제68조 제2항에 어긋난다는 점이 제기될 것이다.

다음, 후자를 살펴본다. 이 경우 청구취지에 포함되지 아니한 부분을 심판대상에 포함시킴으로써 본안판단에 어려움을 겪을 것이다. 또한 청구취지에 해당하는 부분에 대해 청구인용의 결정을 선고하고자 할 경우 청구취지가 아닌 부분에 대한 처리문제가 추가적으로 발생하게 된다. 청구인용 형태의 결정을 선고하게 될 때, 청구되지 아니한 부분에 대해 결정주문 내지 법적 효과에 반영할 것인지 여부가 새로운 쟁점으로 등장하게 된다.

이미 불합치결정의 실태분석에서 검토된 바와 같이, 헌법불합치결정에서 결정주문이나 법적 효과가 그 결정상 핵심쟁점과 부조화를 초래하는 주된 요인도 핵심쟁점 내지 한정적인 청구 그 자체로 심판대상을 획정하지 아니하고 법률 자체로 확대함으로 인해 비롯된 바 크다. 특히 헌재법 제68조 제2항의 헌법소원절차에서 다투어지는 물건은 '법률' 자체이지 '법률의 해석'이 아님을 이유로, 심판대상을 법률 자체로 확대하고 그에 의거해서 심판절차를 진행하고, 청구인용 형태의 결정주문을 채택함에 있어서도 원래 청구되지 아니한 부분이나 다투어지지 아니한 부분에 대해 법적 효과를 배제하는 형태를 취하지 않을 수 없었던 것이다. 게다가, 대법원이 한정위헌결정을 부인하는 자세를 취함에 따라 이에 조응하다보니 그런 모순적인 현상이 나타나게 된 것이다.

V. 글 마무리에

이상에서는 헌법불합치결정 사례의 실태분석을 바탕으로 한정적 판단의 필요성은 물론이고 한정위헌청구의 취지와 심판대상의 관계를 논구하였다. 이 발표에서도 확인된 바는, 물론 집중적인 논의의 대상으로 삼지는 않았지만, 핵심쟁점은 역시 법률해석권의 실체규명이었고, 그로 인해 심판대상의 획정은 물론이고 결정주문의 체계 자체가 흐트러지는 상황에 이르게 되었다 하겠다. 그러면, 문제의 해결방안을 제시한다.

첫째, 한정위헌결정이나 한정합헌결정이 적합한 심판대상에 대해서는 헌법불합치로 결정해서는 안 된다는 점이다. 사안에 적합한 주문형식을 채택함이 옳다고 하겠다.

둘째, 심판대상을 축소시킴이 구체적인 사건의 해결에 적합하고 또 법적 안정성에 기여할 경우 과감하게 축소시켜 결정주문과 그 법적 효과를 연결지움으로써 그 결정상 핵심적인 쟁점과의 편차를 없앰이 좋을 것이다.

셋째, 한정주문과 불합치주문을 결합시킴으로써 사안적합성이 제고되거나 합헌부분과의 구획이 명료해진다면, 적극 활용함이 좋을 것이다.

넷째, 한정위헌청구에 대해 그 적법성이 인정됨은 당연하고 청구취지를 심판대상에 반영함에 있어 양자를 동일하게 하는 방안도 또 헌법재판소가 필요에 따라 심판대상을 직권으로 확장하는 방안도 고려될 수 있다.

다섯째, 한정적 청구에 있어 '법원의 해석에 의하여 구체화된 심판대상규정의 위헌성 문제가 있는 것으로 볼 만큼, 일정한 사례군이 상당기간 걸쳐 형성·집적된 경우'와 같이 추상적 일반적으로 구분될 수 있다면, 그 자체를 그대로 심판대상으로 반영할 수 있다고 본다. 그런 경우 포함위헌결정이나 포함불합치결정도 가능하다고 할 것이다.

참 고 문 헌

김하열, "법률해석과 헌법재판, 법원의 규범통제와 헌법재판소의 법률해석," 저스티스, 통권 제108호, 2008. 12, 한국법학원, 5-53면.

김현철, "한정위헌결정과 한정합헌 · 헌법불합치결정과의 관계," 법학논총 제29집 제 2 호, 2009. 12, 전남대 법학연구소, 291-314면.

남복현, "판례평석 : 한정적 헌법불합치결정의 필요성 검토. 헌재 2008. 9. 25, 2007헌가9결정을 중심으로," 공법학연구 제10권 제 1 호, 한국비교공법학회, 2009. 2, 53-81면.

______, "헌법불합치결정의 사례별 결정주문과 핵심쟁점의 부조화분석," 헌법논총 제20집, 헌법재판소, 2009. 12, 243-285면.

______, "헌법불합치결정의 원인별 유형화에 따른 결정주문의 사례검토. 헌법재판소 제 1 기와 제 2 기 재판부를 중심으로," 호원대 논문집 제32집, 호원대학교, 2010. 2, 75-95면.

______, "헌법불합치결정의 원인별 유형화에 따른 결정주문의 사례검토. 헌법재판소 제 3 기 재판부를 중심으로," 한양법학 제21권 제 1 집(통권 제29집), 한양법학회, 2010. 2, 315-347면.

______, "헌법재판소 제 4 기 재판부 전반기의 헌법불합치결정 주문 사례의 검토," 공법학연구 제11권 제 1 호, 한국비교공법학회, 2010. 2, 27-53면.

박순성, "한정위헌청구의 적법성," 헌법실무연구회 제78회 월례발표회, 2007. 9. 27, 헌법실무연구회.

손인혁, "한정위헌청구의 적법성," 연세 공공거버넌스와 법 제 1 권 제 1 호(창간호), 연세대학교 법학연구원, 2010. 2, 229-259면.

이명웅, "헌법재판소법 제68조 제 2 항의 헌법소원제도. 실무상 쟁점을 중심으로," 헌법논총 제12집, 2001. 12, 헌법재판소, 309-340면.

______, "헌법재판에서 사실인식의 문제," 헌법논총 제10집, 1999. 12, 헌법재판소, 253-282면.

이준상, "한정위헌청구의 허부 및 허용범위에 관하여," 헌법논총 제17집, 2007, 헌법재판소, 273-339면.

한수웅, 헌법재판소법 제68조 제 2 항에 의한 헌법소원심판에서 한정위헌결정의 문제점. 한정위헌청구의 문제를 계기로 하여, 홍익법학 제 8 권 제 2 호, 2007, 홍익대 법학연구소, 2007, 137-171면.

헌법재판소, 헌법재판 실무제요, 제 1 개정증보판, 2008.

황도수, "한정위헌결정과 한정합헌결정에 관한 연구," 헌법논총 제10집, 헌법재판소,

1999, 209-252면.
______, “한정위헌청구의 적법성,” 헌법실무연구회 제78회 월례발표회, 2007. 9. 27, 헌법실무연구회.

第101회 발표회 지정토론문

이 명 웅*

남복현 교수님은 헌법재판소 초기부터 헌법재판소 결정유형과 효력 그리고 개선방안 등에 대해서 방대한 연구를 해 왔으며, 오늘 발제내용도 그 연장선상에서 개별 사건들에 대한 구체적 분석과 대안을 제시하고 있어, 앞으로의 헌법재판실무에 매우 큰 도움이 될 것이라고 생각한다.

발제문의 분석과 대안 제시방식에 대하여 기본적으로 긍정하며, 한정적 헌법불합치결정을 도입할 경우 법률조항 전체의 일률적인 적용중지, 잠정적용으로 인한 문제점을 줄일 수 있으며 법원의 후속사건 처리실무에도 명확한 기준을 줄 수 있는 장점이 있을 것이라고 본다. 다만 이러한 접근방법에 있어서는 몇 가지 추가적인 고려가 필요하다고 생각하므로 이하에서 이 점을 언급하고자 한다.

1. 발제문에서 언급된 것처럼 종전 헌법불합치결정에서 결정의 주문 및 그 법적 효과와 그 결정상 핵심쟁점과의 부조화가 나타나는 경우가 존재할 수 있다. 예를 들어 서두에 언급된 2000헌바28 구 소득세법 사건의 경우, 양도의제시 증여자에게 양도소득세 부과는 합헌인 반면, 수증자에 대한 증여세액등 환급조치에 관해서는 헌법불합치 상태라고 본 것인데, 주문만 볼 경우 법률조항 자체의 적용중지로 인하여 개선입법시까지 양도의제시 증여자에게의 양도소득세 부과가 불가능하게 될 수 있는 문제가 있으며, 이는 결정취지에 어긋나는 것이다.

그런데 이 문제에는 '결정주문의 기속력' 문제가 내포되어 있다고 생각된다. 논란이 있지만 입법자로서는 어떤 것이 헌법불합치된 내용인지를 알기 위해서는 주문내용을 실어나르는 중요한 이유 부분을 볼 수밖에 없을 것이고, 따라서 중요한 결정이유에 대해서도 기속력을 인정하고, 그 결정이유와 주문을 상응시킬 경우, 양도소득세 부과 자체가 불가능하다고 단정하기는 어렵다고 생각한다.

한편 발제문이 보는 그러한 문제가 있더라도, 그 때문에 바로 '심판대상의 축소나 심판대상의 한정적 판단'이 필요하다고 나아가는 것에는 신중을 요한다. 왜냐하

---

* 헌법재판소 부장연구관.

면 입법자로서는 헌법불합치상태를 교정할 수단을 다양하게 선택할 수 있고, A조항의 위헌성을 연관된 B조항을 개정함으로써 교정할 수도 있다. 즉 헌법재판소는 계쟁대상인 법률조항에서 청구인이나 제청법원이 지적한 입법의 헌법적 불충분성을 판단하지만, 입법자는 그 법률조항을 넘어서서 전반적으로 해당 제도 자체를 재검토하는 방법 등으로 합헌적 질서를 도모할 수 있는 것이다. 그러므로 양 기관의 '기능적 차이'가 고려될 필요성이 있다.

위 사건의 경우 입법자는 극단적인 경우 양도의제제도 자체를 수정하는 방식으로 교정을 할 수도 있을 것이다. 그런데 만일 주문에 한정적으로 헌법불합치의 내용을 구체적으로 열거할 경우 그러한 입법재량을 헌법재판소가 지나치게 축소하고, 스스로 입법자적인 처방을 내리게 되는 문제점이 있게 되는 것이다. 이 점에서 종전의 헌법불합치결정들은 한정적 주문형식보다는 상대적으로 포괄적인 조항 자체에 대한 주문형식을 취한 것이라고 볼 수 있다. 물론 한정적 주문형식이 생소한 것이어서 이에 대한 충분한 고려가 없지 않았나 하는 점도 지적될 수 있겠다.

그렇다면 발제문의 제안을 받아들이는 경우 한정적 헌법불합치 주문방식은 '합헌적 교정을 위한 입법재량의 여지가 달리 없는 경우'에 한정되어야 하며, 따라서 어떤 불합치결정 사안이 이에 해당하는가를 가리는 작업이 매우 중요해지지 않을까 생각한다. 예를 들어, 평등원칙 위반의 경우 합헌적 질서회복을 위한 입법자의 옵션이 다양하므로 그러한 주문방식의 채택이 더 어려울 것이다.

2. 이러한 관점은 심판대상을 확정하는 것에도 연관될 수 있다. 입법의 헌법적 불충분성을 지적하는 경우 구체적으로 A조항에서 그 불충분성이 나오는 것인지, B조항에서 나오는 것인지 애매한 경우가 있고, 법률조항들 간의 연관성을 고려할 때, 어느 한 조항 혹은 관련된 모든 조항을 심판대상으로 삼을지에 대해서는 확고한 정답이 있기 어렵다. 그리하여 헌법불합치결정 사건의 경우 심판대상 확정의 중요성은 상대적으로 다른 사건들보다 약해지며 결정이유의 내용으로 중점이 이동되는 경향이 있다. 이러한 점이 고려되면서 심판대상에 대한 접근이 이루어질 필요가 있다.

3. 헌법불합치결정은 본래 위헌결정의 소급효나 파급효를 줄이기 위하여 헌법재판의 실무상 채택될 결정유형이며 헌법재판소가 구체적인 위헌내용을 스스로 확정하지 않고, 입법개선을 촉구한다는 점에서, 위헌결정과 근본적인 차이가 있다. 이러한 결정유형은 법적 혼란과 공백을 줄이고, 입법형성을 존중한다는 취지에서 행해지지만 변형결정이라는 점에서 헌법불합치결정의 사유는 가급적 한정되는 것이 바

람직하다고 생각한다. 이 점에서 발제문이 합헌과 위헌의 경계가 불분명하다는 사유만으로 헌법불합치결정을 하는 것을 자제하여야 한다는 취지(20쪽 하단)가 주목되어야 할 것으로 본다.

4. 한정위헌사건에 있어서의 심판대상은 발제문처럼 애초부터 유형화된 한정적 심판대상으로 확정하는 것이 결정과 일관성과 명확성을 강화시켜 줄 것이나, 헌법재판소로서는 한정위헌결정의 법원에 대한 효력 문제를 떠나 규범통제기관으로서 법문에 전혀 나타나지 않는 질적 부분을 애초부터 한정하여 심판대상으로 삼는 것에 조심스러울 수밖에 없다. 결과가 유형화된 한정위헌결정으로 나타난다고 해서 다시 심판대상을 돌이켜 그 결정취지에 맞게 한정하기도 쉽지 않다. 왜냐하면 결정은 결과이고 심판대상을 대상이라는 점에서 구분되기 때문이다. 또한 청구취지가 반드시 한정된 범위에 대한 것인지가 청구서상 불분명할 경우도 있다. 어쨌든 발제문의 대안은 추후 실무에 있어서 중요한 시사점이 될 것이다.

5. 한정결정과 불합치결정의 결합에 있어서는, 토론자로서 발제문 취지를 잘 이해했는지 의문이 있지만, 애초부터 한정위헌결정을 하면 될 것을 왜 그러한 결합주문을 내는지에 대한 비판에 대해 충분한 설득력이 갖춰져야 할 것이다.

6. 한정위헌청구의 적법성에 대해서는 여러 가지 관점이 존재하지만, 순수한 법률해석이 아니라 규범내용의 한 유형화로 볼 수 있는 경우라면 적법성이 인정된다는 것이 결합된 다수의견이라고 볼 수 있다. 한편 그런 사건에서도 심판대상을 한정하는 것은 당사자가 그 부분만을 심판청구했을 경우에 가능한 논의이다. 이를 판단하기 쉽지 않지만, 한정위헌청구를 적법한 것으로 인정하고 그 부분만 심판청구했다면, 그 부분에 심판대상을 한정하여 판단이 이루어지는 것이 논리적 정합성을 갖추게 될 것이다. 이 경우 합헌결정은 종전의 한정합헌결정이 아니라 한정된 합헌결정으로 이해되어야 할 것이다.

제101회 발표회 토론요지

사 회 자: 정재황(교수)

토론참여자: 김희옥(헌법재판관), 이명웅(부장헌법연구관), 박종보(연구위원), 신미용(헌법연구관), 전종익(교수), 신동승(선임부장연구관), 최완주(수석부장연구관), 박진영(헌법연구관), 배보윤(비서실장), 황치연(헌법연구관), 성왕(헌법연구관), 조영식(헌법연구관)

간　　사 : 반갑습니다. 헌법실무연구회 간사 손인혁 연구관입니다.

지금부터 헌법실무연구회 제101회 월례발표회를 시작하겠습니다.

지난 12월에 100회 월례발표회를 가졌습니다.

이번에는 새로운 100회를 위해서 첫 번째로 또 발표회를 시작하게 되었습니다.

이번에는 특히 헌법재판소에 방문학자로 와계셨던 남복현 교수님께서 1년간의 연구성과를 발표하는 자리입니다.

오늘 진행은 정재황 교수님께서 해 주시겠습니다.

사 회 자 : 여러분 안녕하세요. 경인년 새해를 맞아서 소장님 또 저희 회장님이신 김희옥 재판관님을 비롯하여 여러 연구관님들 새해 많은 좋은 일들 생기시기를 바라고요. 건승을 기원합니다.

이제 벌써 101회째가 되는 것 같습니다.

그 이전에 또 중요한 일은 저희 연구회에서는 새로 김희옥 재판관님께서 저희 회를 이끌어주시게 되었습니다. 그래서 오늘 사실상 지난 연말에 이·취임식이 있었습니다만 오늘 실질적인 취임식이라고 생각되고요. 그래서 마무리 즈음에 재판관님 청해서 말씀을 여쭤보기로 하겠습니다.

처음에 모시고 말씀을 부탁드리는 게 결례인 것 같아서 우선은 저희들의 본업인 열공을 먼저 시작하는 게 좋을 것 같습니다.

방금 우리 손인혁 비서실장께서 소개 말씀 있은 대로 남복현 교수님의 발표를 듣겠습니다.

남 교수님은 여러분이 잘 아시다시피 이 분야에 오랜 연구를 해 오신 분이기도 하고요. 한양대학교에서 법학석사, 법학박사를 받으셨고, 법률에 관한 위헌결정의 효력에 관한 연구입니다. 바로 오늘 발표주제도 관련이 많지요. 독일의 쾰른대학교 국가철학 및 법정책학연구소 객원교수를 역임하셨고요. 이제 헌법재판소 방문학자로서 지난 1년간 연구년을 보람 있게 보내시고 오늘 그 결과를 여러분하고 같이 나누시면서 이제 정든 헌법재판소를 떠나게 되었습니다. 그래서 기리는 그런 의미를 가지겠습니다.

헌법불합치결정 사례분석에서 나타난 한정적 청구와 한정적 판단의 필요성검토라는 제목으로 우리 남 교수님을 모셔서 듣도록 하겠습니다.

부탁드리겠습니다.

〈 주제발표자 발표 〉

사 회 자 : 남복현 교수님, 수고 많으셨습니다.

이 방대한 분석을 아마 역대, 101회째 지금 맞이하고 있습니다만 발표문이 제일 길었지 않나 생각이 드는데요. 1년간 연구를 집대성하셨는데 이것을 압축발표를 해 주신 점 감사말씀 드립니다. 또 한편으로는 이 원고는 이미 배부가 되었고, 우리가 실무에서 헌법불합치, 한정위헌에 관한 논의를 많이 했고, 늘 사건검토에 있어서 한정위헌청구가 들어온다든지 이런 사건에서 고민을 많이 했던 것이기 때문에 여러분들께서 이해를 하실 수 있으리라고 생각을 했고요. 좀 발표시간이 적었던 부분은 토론 때 말씀해 주시면 감사하겠습니다.

제가 요약을 해서 말씀드리는 것도 외람됩니다만 사례분석을 통해서 한정위헌 헌법불합치결정례를 분석을 해 주시고 결국은 양자 간에 보완적 기능이 있지 않겠느냐, 그러면서 심판대상확정의 문제를 좀 더 고민을 하자는 거고요. 결정주문을 어떻게 할 것이냐 까지도 다루어서 분석을 해 주셨습니다. 앞으로 이 부분 우리가 더 연구가 많이 되어야 될 부분인 듯 한데요. 그래서 유익한 발표를 잘 들었습니다.

이어서 토론을 해 주실 분은 이명웅 부장연구관님이십니다.

연초인데다가 지금 연구부가 많이 바뀌고 있는 가운데 굉장히 바쁘신 시간에 부탁을 드리는 것을 굉장히 송구스럽게 생각을 하면서도 이 분야에 많이 연구를 하셨고 또 여러 연구관들하고 고민을 많이 하셨기 때문에 모시게 되었습니다.

어려운 시간을 내주셔서 감사를 드리고요.

우리 이명웅 부장님 소개드리면 외람되지요. 연세대학교 졸업하시고 그 다음에 서울대학교 대학원 법학석사·박사, 우리 손 간사님이 이것을 주시니까 제가 또 읽어야지 준비해 온 것을, 무엇보다도 스탠포드대학 로스쿨에서 비지팅스칼라를 보내셨고요.

〈 지정토론자(이명웅) 발표 〉

사 회 자 : 이명웅 부장님 수고하셨습니다.

토론의 요지는 주로 발제하신 남 교수님의 연구결과에 대한 반론보다는 이것이 어떻게 실무에서 되새김질할 수 있겠느냐 그 고민을 털어놓으신 것으로 생각이 됩니다. 차분히 지정토론 해 주셨기 때문에 제가 정리를 할 필요는 없는 것 같고요. 오늘은 사실 발제하신 남 교수님께도 좀 짧게 해 주시라고 부탁을 드린 것은 가능하면 이 문제는 현안이 되어 있는 것이기도 하고 해서 여러 연구관님들 또 학자들의 자유로운 의견을 많이 들어보는 시간을 더 많이 가지자는 뜻에서 발제하고 토론시간을 좀 줄였고요. 거기에 맞추어서 시간을 알맞게 조절해 주셨습니다.

그러나 우선 토론에 대해서 우리 남 교수님께서 다시 의견을 다시거나 답변의 필요성이 있으시면, 그것은 잘 없지요?

이 명 웅 : 알겠습니다.

쭉 이렇게 항목을 잡아주시고 이렇게 차근차근 짚어 주셔가지고요, 간략 간략하게 거기에 맞추어서 말씀 올리도록 하겠습니다. 먼저 결정취지에 어긋나는 문제, 기속력문제, 사실은 이부장님 말씀해 주셨던 대로 하다보니까 어떤 문제가 있냐하면 결정주문을 결정이유가 뒷받침하는 게 아니고 결정주문의 효력범위를 결정이유가 내용을 제약하는 형태로 나타납니다.

사실은 그게 다 모아져가지고 나온 게 결론이어야 되는데 그 결론에, 다시 말해서 결론에 매듭지어져야 되는데 들어가지 말아야 될게 들어갔다는 것을 결정이유에서 빼낼려고 그럽니다. 다시 말하면 주문을 제약하는 형태로 결정이유가 나온단 말씀이지요. 바로 그 부분에서 굉장히, 이 발표상의 내용에는 들어가 있지 않은데 다른 데는 그 내용을 집어넣은 데가 있습니다. 바로 그런 부분에 주목이 되어 가지고 그렇게 해보는 게 어떻냐 라는 제안을 하게 된 것이었고요.

그 다음에 2페이지에 양도의제방식을 수정하는 것까지도 가능할 것 아니냐, 입법자가 개선입법을 하는데 있어서요. 저는 물론 그렇습니다. 헌법재판소 결정주문이 특히 효력을 인정하고 또 결정이유에 대한 특히 중요한 이유의 기속력을 인정하려고 하는 그런 취지들이 입법자의 헌법해석을 통제하려고 하기보다는 법 적용자인 법원이나 행정청에게 헌법재판소 결정의 취지를 명확하게 일깨워줘서 그에 따라서 처리하도록 하라는 그런 취지가 강하다고 알고 있습니다.

그랬을 때 마찬가지로 불합치결정의 주문의 또는 이유의, 그 중요한 이유의 효력도 마찬가지로 입법자에 대해서는 사실 한정된 그 부분에 대한 개선입법의무를 부과한 것으로 그렇게 이해되고, 만약에 그렇지 않은 나머지 다른 영역에서 있다면 그것은 입법재량으로 파악을 해야 된다는 거지요. 그렇지만 어쨌든 간에 그렇게 새로운 개선입법이 되었다면 그 개선입법된 것은 또 다른 다음의 새로운 심판대상으로 삼아서 다투면 그 헌법재판소가 의도했었던 바를 관철시킬 수 있는 것 아닌가? 그렇게 생각을 해 봤습니다.

그 다음에 두 번째 관점의 재외국민선거권제한과 관련해서 심판대상 획정의 어려움 말씀을 해 주셨습니다. 사실 이 부분도 부진정 입법부작위거든요. 그러다보니까 이들이 규율이 되어야 되는데 규율이 안 되었고 그러면 어느 조항에 빗대어서 할기냐 하다보니까 그런데서 아주 곤욕을 치루었다는 그런 생각이 듭니다. 그래서 그런 부분에 대해서는, 물론 관련되는 조항 옆에다가 그것을 가지고서 부진정 입법부작위 형태로 연관시켜서 할 수밖에 없지 않을까 그런 생각을 해봤습니다.

그 다음에 3쪽에 다섯 번째에서 한정위헌결정을 하면 될 것을 왜 결합해 가지고 한정적 불합치 내냐? 그 말씀 지적해 주셨는데, 그거 아까도 간략하게 말씀드렸습니다만 아까 말씀드렸었던 정당연설회요, 무소속 입후보자에게 정당연설에 준하는 기회제공, 사실 그게 가능했었던 것은 선거운동기간이 며칠 안 남았었던 상태에 그 결정이 나온 겁니다. 다시 말하면 입법자에게 맡겨서 입법자가 그것을 수행할 수 있는 시간이 없었기 때문에 그런 한정위헌 그러니까 다른 한정위헌과는 달리 일종의 입법의 보충을 필요로 하는 법문의 보충을 필요로 하는 그런 형태의 결정이었습니다. 그래가지고 이게 입법자의 역할을 대신하는 것 아니냐 라는 지적을 받은 거지요 사실은. 바로 계쟁집단하고 비교 대상집단하고의 그 편차를 한정위헌결정을 통해서 헌법재판소가 메꾸게 되었을 경우 그때에 지적되는 부분이 바로 헌재가 입법자의 역할을 대신하는 것 아니냐는 비판일겁니다. 아마 그게 한정위헌에서 여기서 그러느니 차라리 그런 경우는 그거 메꿔야 되는데 시간적 여유가 좀 있으니까 헌법재판소가 메꾸지 않고 '입법자 당신들이 메꾸십시오. 이 부분은 불합치합니다.' 이렇게 지적해 주는 그런 의미로 이해한다면 별무리 없을 것이다 그런 생각을 해봤습니다.

그 다음에 여섯 번째 한정된 합헌결정, 바로 한정된 영역에서의 합헌결정으로서 소송법적인 효력의 측면에서는 매우 중요하다고 생각을 합니다.

이상입니다.

사 회 자 : 발제자께서 적절한 의견을 내주셨는데 혹시 이부장님 발제자 의견에 대해서, 다른 의견 없습니까?

그러면 이제 플로어라고 얘기를 해야 되나요? 함께 자리하신 분들께서 뭐든지

의견을 자유롭게 개진해 주시면 좋겠습니다.

연구부가 지금 인사이동이 되고 교체가 된 바쁜 와중에 또 연초에 공사다망한 상황이고 구정이 얼마 전에 끝났습니다만 귀중한 시간을 내주셨는데요. 뭐든지 말씀을 해 주셔도 괜찮겠습니다. 이 문제가 좀 예민한 문제가 있다고 생각을 하셔서 자제하실 필요는 없겠고요.

금년에 첫출발이어서 그런지 상당히 신중하게 생각을 하시고 말씀들을 아끼시는데요. 우리 박종보 교수님 한 말씀?

박 종 보 : 지정토론자께서 말씀하셨지만 워낙 이 분야를 20년 정도 깊이 파고 들고 계신 분 공력 앞에 제가 무슨 말을 하기가 겁이 납니다. 지정을 하시니까 그냥 소박한 질문 좀 드릴까합니다.

저같이 아둔한 사람한테 도움되려면 헌법재판소가 실체적인 필요성 때문에 굉장히 다양하게 해놓은 주문형태를 좀 단순화하고 유형화해 가지고 결국은 굉장히 복잡한 것 같지만 알고 보니까 네 개밖에 없다 이렇게 해 주면 저는 좀 도움이 되는데, 아주 현미경으로 이게 신경수술 하듯이 저는 대충 한 네 다섯 개밖에 안 되는 것으로 알았던 것을 해체해 가지고 한 스무개로 만들어 놓으셔가지고 굉장히 헷갈리거든요. 혹시 아까 말씀 중에 어떤 문장이 제 귀에 딱 들어오던데 그것 때문에 그렇게 많이 해체를 하시는가 싶어서 그냥 여쭤봅니다.

아까 어떤 말씀하셨냐하면 '주문과 심판대상이 일치해야 된다.' 정확한 표현은 모르겠는데 그런 취지로 말씀하셨던 것 같습니다. 그런데 심판대상과 결정주문이 일치를 해야 되나요? 심판대상은 지금 우리 하고 있듯이 헌가사건 같으면 재판의 전제성이 있다 해 가지고 심판하면 되는 것이고, 헌마사건 같으면 관련성 찾고 뭐 찾고 해가지고 하면 될 것 같고 그래서 심판이 필요한 대상은 그것으로 확정해 버리고 그 다음에 따지다보니까, 이것은 전부 위헌이 아니고 일부만 무효화시킬 필요가 있어서 다양한 변형결정이 생기는 것 같은데, 주문형태가 다양하기 때문에 심판대상까지 그렇게 막 세분화할 필요가 있는지 하는 의문이 듭니다.

무소속후보자에게도 같은 기회를 주지 않으면 위헌이다 하는 것, 그것을 예로 드셨는데, 저는 초기에 그런 선례가 있기는 했지만 앞으로 반복은 안 될 것 같은 생각이 들고, 저는 지금 주문형태니 이런 복잡한 것은 모르겠습니다만, 그때 헌법재판소가 그런 주문형태를 취했던 것은 나름대로 이유가 있었을 텐데 결과적으로는 저는 좀 큰 효과가 없었다는 생각이 듭니다. 왜냐하면 입법자가 개선입법을 하지 않은 상태에서 내일 모레 선거일인데 정당소속 후보자한테는 정당연설기회를 주고 무소속한테는 안 주면 안 된다. 그러면 결국은 집행기관이 그것을 책임져야 될 것 아닙니까? 그것도 중앙선관위도 아니고 연설회를 주관하는 각급 지역구 선거관리위원회가 우리 구에서는 정당연설회하고 그러면 개인연설회 기회를 주자 아니면, 그거 불가능한 선택일 것 같거든요. 입법이 없는 상태에서 어떻게 선관위가 개인한테 연설회를 할 수 있겠어요? 결국은 그 경우에는 정당연설회 하지 말라는 얘기밖에 안 되는데 다만, 이번 선거에는 하지 말고 다음 선거부터는 개인연설회를 만들든지 말든지 하라는 이런 선택이었는데 그런 결정이 과연 헌법재판소가 선택할 수 있는 것인지 선거를 앞두고, 그것 자체가 의문스러운데 이와 관련해서 오늘 주제하고 관련해 가지고 설명을 좀 하셨거든요. 제가 그 부분이 좀 이해가 안 되어서 부연설명을 부탁드리겠습니다.

발 표 자 : 우선 먼저 심판대상과 주문의 관계는 주문의 효력은 그 심판대상에 대해서만 미칩니다. 그 판단되지 않은 영역들은 심판대상에 들어와야 판단대상이 되었다고 보는 것이고요. 그래야만 주문의 효력이 미친다고 보지 않으면 복잡합니다. 굉장히 복잡합니다. 왜냐하면 어디까지가, 소송법적인 측면에서 기본적으로 심판대상에 따라서 그렇게 획정하는 것 같고요.

그 다음에 지금 개인연설회 말씀하셨는데 개인연설회가 아니고 정당연설회에 준하는 기회입니다 정확히 표현하면 무소속입후보자에게. 그러니까 그때 당시 개인연설회제도가 없었어요. 그래서 정당연설회는 오로지 정당공천 입후보자에게만 인정이 되었었거든요. 그런데 무소속입후보자에게는 그런 기회가 박탈이 되었었던 겁니다. 그리고 그때 당시에 선거운동에 대해서 이 법이 규정한 만큼만 허용되고 나머지는 금지되는 포괄적 규제형식이었고 예외적 허용형식이었습니다. 그렇기 때문에 만약에 그것을 평등원칙을 관철시키기 위해서 무소속후보자에게 차별하니까 차별하는 그 제도 자체를 없애는 방법도 있었거든요. 그러면 그것이 선거운동의 자유보장이라고 하는 측면에서 더 위헌적인 상황일 수도 있었다는 거지요. 그러니까 단순위헌을 못한 거라고 봅니다.

그런데 만약에 그러면 헌법불합치 했으면 될 거 아니냐? 헌법불합치를 하자니 선거가 보름도 안남은, 일주일도 안남은 그런 상황이었던 거지요. 그리고 그러다보니까 이것을 어떻게 할 것이냐? 그래서 헌법재판소에서는 그때 '그것을 허용하지 않는 한 위헌이다.' 이렇게 해 가지고 그거 허용해야 합헌인 것처럼 이렇게 해서 그 헌법재판소 결정취지에 맞추어서 중앙선거관리위원회에서 그 무소속입후보자에게도 정당공천입후보자와 동등한 기회를 제공한 겁니다. 그래서 합헌상태를 회복시킨 거지요.

바로 그런 측면에서 필요하고 그런 필요한 사례를 또 하나 대표적인 쉬운 사례

하나 말씀드리면, 학교용지부담금 위헌결정 나고서 그 다음에 개선입법이 이루어졌지 않습니까? 그러면서 학교용지를 제공한 경우에는 학교용지부담금 부과대상에서 제외를 시키고 있었습니다. 그런데 거기서 다툰 사람들은 누구냐 하면 그러면 학교용지는 제공하지 않았지만 교육청하고 협의해 가지고 기존의 학교를 증개축해 준 경우는 어떻게 될 거냐? 그러면 거기에 대해서도 학교용지부담금을 부과하는 것이 정당한 것이냐 했을 때 헌법재판소에서 바로 '기존의 학교건물을 증축하고 개축한 경우까지 그 학교용지부담금을 부과하는 한 위헌이다.' 이렇게 했다면 사실은 증개축한 그 업자들한테 그것을 한정위헌의 형태로 해가지고 그 부담금 부과대상에서 면제시킬 수도 있었거든요. 사실 그런 경우가 조건부 위헌 아까하고 논리체계가 똑같습니다. 부진정 입법부작위 중에 평등원칙 위반사례는 전부 다 거기에 해당됩니다. 박 교수님이 지적해 주신 그 부분에 해당됩니다. 일종의 조건부 위헌으로 해도 전부 다 가능한 영역들입니다. 그런데 그것을 했을 경우 입법자를 헌법재판소가 대신한다고 하는 그런 비판적 측면이 있기 때문에 타협의 방법으로 그냥 그렇게 점잖게 에둘러 표현한 겁니다.

사 회 자 : 또 다른 질문이나 의견, 우리 박 교수님께서 물꼬를 터주셨기 때문에 연구관님들께서도 이야기를 좀 하실 수 있을 것 같아요. 분위기가 좀 풀려가지고.

신미용 연구관님.

신 미 용 : 아무도 말씀을 안 하셔서 그냥 제가 이 부분들 질문하시기 편하라고 약간 동떨어지는 듯 한지도 모르지만 간단하게 질문 드리면, 부진정부작위사건의 경우에 부작위 자체를 심판대상으로 하자 이렇게 말씀하셨지요? 맞습니까?

그러면 예를 들면 일반화시켜서 얘기하면 A라는 법률조항이 있는데 그 법률조항의 규율대상은 1, 2, 3이다. 그런데 어떤 청구인이 4가 규율대상에 포함되지 않았다고 해서 청구를 해왔는데 그것을 지금까지와 같이 부진정입법부작위로 해서 1, 2, 3만을 규율대상으로 하고 있는 법률조항을 심판대상으로 잡으면, 1, 2, 3은 규율대상이 되는데 4는 규율대상이 되지 않는 이점에 대해서 우리가 심리를 하고 심판해왔던 것으로 알고 있는데요. 그냥 무엇인가가 규율대상이 안 되었다라고 하는 것만 가지고 예를 들면 심판을 하려면 그 법률의 규범의 논리상 5, 6, 7까지 이렇게 규율대상이 가능한 범위면 그러면 4는 규율대상이 안 되는게 문제고 5, 6, 7은 규율대상이 안되어도 괜찮고 이렇게 우리가 심리를 해야 하는지? 부진정부작위라고 하는 것을 심판대상으로 잡으면 그러니까 지금 규율대상으로 포함된 작위된 부분과 부작위된 부분을 비교하는 것이 아니고 부작위된 영역 중에서 지금 문제 삼고 있는 그 부분을 다른 부작위까지 같이 우리가 비교해야 되는 문제는 없는지? 그런 문제가 만약에 생긴다면 이게 지금 제가 예로든 것처럼 그 규범논리상 한정적으로 할 수 있는 범위라면 별문제가 없겠는데 어떤 범위에서는 어떤 규범은 이게 한정하기 굉장히 어려운 그런 규범도 있을 수 있는데 그럴 때는 우리가 어떤 범위에서 이것을 한정을 해가지고 4라고 하는 것을 규율대상에 포함시키지 않은 것에 대해서 합헌성여부를 심사할 수 있을지? 여태까지 실무해본 기준에서 보면 잘 감이 안 잡히거든요. 그러한 지점을 생각해 놓으신 게 있으면 말씀 좀 해 주십사 합니다.

사 회 자 : 실무에서 고민을 물어보시는 것 같아요.

남 복 현 : 두 가지 형태로 말씀드리겠습니다. 첫째로는 6쪽이나 8쪽, 7쪽 정도 될 텐데 상단에 헌법재판소가 행했던 결정주문을 제가 마음대로 한번 바꿔봤습니다. 바꿔본데 표시를 해놨거든요. 예를 들어서 주문 제 1 항 '구 소득세법 제101조 제 2 항에 의하여 증여자에게 양도소득세를 부과하는 경우에 그와 관련하여 수증자가 납부한 증여세 및 양도소득을 수증자에게 환급하도록 하는 규정을 두지 아니한 한도에서 헌법에 불합치한다.' 이렇게 부작위부분을 특정해 주는 겁니다. 이 조항을 열거해 주면서.

그 다음에 또 한 가지가 뭐냐 하면 한 8쪽 이후에 부작위부분 전부 다 열거해 놓았습니다. 부작위부분 특정해 놓았고 그것이 그런 한도에서 헌법에 불합치한다 이렇게 표시를 하는 거지요.

신 미 용 : 그런데 제가 질문드린 것은 부작위라고 하는 그 대상이 된 것을 어떻게 이렇게 한정해서 또 그렇게 한정해서 또 어떻게 심리할 수 있는지?

남 복 현 : 예를 들어서 이런 것이지요. 제 생각에는 그렇게 했을 경우 일단 심판청구가 이루어졌고 그 청구취지에 의해서 일단 특정될 수 있지 않겠습니까? 결국은 청구취지가 있기 때문에 그것에 바탕해서 심판대상이 획정될 수 있을 것이고요. 그렇게 1단계 심판대상 획정했지만 검토과정에서 그거 가지고는 안 되겠다, 확대시켜야 될 필요성 아니면 축소시켜야 될 필요성, 변경시켜야 될 필요성 여러 가지가 판단되겠지요. 그래서 예를 들어서 여기서 정리하면 4라는 부분이 부작위 되었기 때문에 그 부작위한 것은 헌법에 합치되지 아니한다. 이런 식으로 나갈 수밖에 없겠지요. 5, 6, 7에 대해서는 판단을 함부로, 어떤 판단의 자료가 있고 충분하다면 객관화시킬 수 있다면 가능하겠지만 그렇지 않다고 한다면, 그렇다고 해서 5, 6, 7이 배제된 것은 아니지 않습니까?

신 미 용 : 지금 예를 드신 이런 경우에도 이게 불합치라고 볼 수도 있고 한정불합치라고도 볼 수도 있을 텐데, 이런 경우도 어디까지나 지금 적극적으로 이 규범이 포함하고 있는 그 규정내용을 기준으로 해서 부작위하고 있는 것을 얘기하고 있

는 것 아닙니까? 적극적인 규범내용을 기준으로 해서 부작위를 얘기하는 것이기 때문에 그렇게 얘기하면 교수님 입장으로 치면 그냥 이것은 한정불합치라고도 볼 수 있고, 아닐까요? 그렇다고 하면 꼭 심판대상을 부작위로 이렇게 삼지 않아도 한정불합치로 할 수 있다면 이런 것도 할 수 있는 것 아닐까요?

남 복 현 : 사실은 지금 우리가 논의하고 있는 부진정 입법부작위는 거의 대부분 저는 포함불합치라는 표현으로 해가지고 딱 잘라서 그냥 그것만 딱딱 끊어놓았습니다. 그러니까 심판대상을 부작위부분을 특정하고 그것이 불합치한다 이런 식으로요. 그러니까 다시 말하면 심판대상을 특정해 놓았기 때문에 심판대상이 되지 아니한 부분에 대해서는 결정의 효력이 미치지를 않는 거지요. 그러니까 기존상태가 합헌으로 그냥 놔둔 것이지요. 판단 안했다는 얘기는 판단해 가지고 합헌이다, 판단하니까 제도 자체는 합헌이어서 유지시켜준다 그런 표현이 필요없다는 것이지요. 판단범위에 집어넣지 않거나 또는 반대해석이 가능하게 하거나 그렇다고 한다면 기존의 상태가 합헌과 별로 차이가 없게 만들어 놓는 그게 바람직하다는 것이지요.

지금 그런데 우리 헌법재판소가 문제 삼았던 모든 것들은 사실은 제도 자체는 합헌이고 그 제도를 유지시켜 주기 위해서 계속 적용한다는 얘기 같거든요. 그러면 그렇게 했을 때 청구인들이 다투고 구제받고 싶었던 것은 부작위부분은 어디 갔냐는 거지요. 그리고 결정이유에 대한 효력을 인정한다는 게 특히 중요한 이유에 대한 기속력을 인정한다는 게 보편적인 사고의 틀이라면 별문제는 없습니다. 문제가 없는 것은 아니고 덜하지요. 그런데 우리 법원이나 이런데서 그것을 인정합니까? 안하잖아요.

사 회 자 : 사회자가 끼어서 미안합니다만 우리 신 연구관님의 질문 취지는 우리 남 교수님 의견과 상치되는 그런 의미가 아니고 실무에서, 어느 정도까지 우리가 직권으로 판단할 수 있겠느냐 이런 고민이지요 그렇지요? 신연구관님. 그래서 예를 들어서 A, B, C, D가 있는데 그것 외에 부작위는 여러 가지가 있을 수 있는데 어느 범위까지 우리가 한정해서 심판대상으로 할거냐 라는 그런 문제 같거든요. 그래서 결국은 직권의 범위가 어떻게 되느냐? 구체적 규범통제라는 한계가 갖고 있는 것은 어떻게 되느냐 이런 문제가 나올 것 같네요.

신 미 용 : 저는 교수님 설명 잘 들었고 질문하기전보다 더 선명하게 저 자신에게 이해된 부분이 많고요. 질문할 때 다른 분들 부담감을 덜어드리기 위해서 질문했기 때문에.

사 회 자 : 알고 있습니다. 그 취지를. 이제 자전거에 매고 다니던 쇠뭉치를 끊을 시간이 왔기 때문에 분위기를 자유롭게, 그래야지 또다시 금메달이 나올 것 같습

니다.

예, 전종익 전 연구관.

전 종 익 : 주로 부진정입법부작위 부분에 관해서 말씀을 많이 하셨는데 7페이지에 제시되어 있는 주문형태하고 저 뒤에 쓰신 한정위헌, 한정적 청구, 이 부분하고 연결해서 생각을 해봤습니다.

그런데 저희가 보통 한정위헌, 한정위헌청구, 한정위헌결정이라고 하면 해석의 일부, 개념정의를 할 때 해석이 이렇게도 되고 저렇게도 될 때 A라는 해석이 가능하고 B라는 해석이 가능할 때 A라는 해석으로 하면 이 부분이 위헌 이런 식으로 생각을 주로 설명을 하고 있는데, 부진정입법부작위에서의 한정저 청구와 한정저 위헌결정이라고 하는 것은 사실은 해석으로는 커버가 안 되는 부분에 대한 위헌주장이고 판단 아닌가? 그렇다면 여기서 얘기하는 '한정적'이라고 하는 것은 저희가 통상 얘기하는 개념정의로서의 한정위헌, 한정합헌하고는 다른 그러니까 아까 '포함' 뭐 이런 표현을 쓰셨는데 개념정의가 조금 다른, 오히려 일부위헌과 일부위헌청구, 일부위헌결정에 가까운 것이 아닌가? 글쎄 모르겠습니다. 발표문의 제목 자체가 한정적 청구와 한정적 판단이라는 한정적이라는 표현을 쓰셔서 그런 것까지를 포함하실려고 하신 것인지는 모르지만 그런 부분이 설명이 덜 되어 있어서 그 부분 조금 보충 설명해 주시면 고맙겠습니다.

발 표 자 : 좋은 말씀해 주셨고요. 사실은 아까 이런 말씀 올렸었습니다. 한정위헌결정을 보통들 굉장히 넓은 개념으로 생각하는데 제가 생각하는 한정 지금 말씀하셨던 그런 것이 있고요. 또 하나는 포함위헌이라고 이렇게 표현을 했었는데 사실은 일부위헌청구나 일부위헌결정의, 양적인 일부위헌입니다. 사실은, 그거 두 개를 포용하는 의미가 통상적으로 활용하는 한정위헌결정이다. 그러다보니까 그러면 제가 생각하는 한정위헌결정과 제가 생각하는 일부위헌, 양적일부위헌 또는 포함위헌과의 결정적인 차이점은 뭐냐? 하나는 심판대상 자체에 대해서 좁게 설정을 한 다음에 그것을 통째로 다 위헌으로 알리는 것이고, 하나는 심판대상을 어느 정도 똑같다고 해도 여기다 해석기준으로 해서 이렇게 하면 합헌, 이렇게 하면 위헌이다 그렇게 구분이 된다는 것이지요. 그러니까 예를 들어서 아까 말씀드린 사죄광고라든가 또는 잡종재산이라든가 이런 결정에 대해서 지금 사실은 이게 한정위헌결정이냐, 이게 양적일부위헌결정이냐, 보니까 사실 김현철 교수님 전북대 법학논총에 게재된 게 사실은 저한테 심사가 왔더라고요. 그래서 그거 읽어서 알았는데, 거기서 '아, 몇 분이 그렇게 분류하고 있구나. 그래서 다행스럽다.' 그렇게 생각하는데 보편적인 흐름은 그렇지는 않은 것 같아요. 그래서 사실 제목을 그렇게 뽑아놓은 것이고, 한정적

청구를 갖다가 해서 아까 말씀드린바와 같이, 또 헌법재판소에서 법률 자체로 선회해서 이렇게 나누어서 한정적 청구가 가능하다는 그 부분은 사실은 그렇게 나누어서 가능하다면 그것은 그 자체가 통째로 위헌으로 결정되었다면 포함위헌 여기서는 양적일부위헌 그런 개념으로 파악이 되어야 될 겁니다.

사실 한정적 청구도 냉정하게 얘기하면 그야말로 한정적 청구도 있고 제가 말씀드린 일부위헌청구도 있고, 여기서 한정위헌결정도 제가 말씀드리고자 하는 한정위헌결정과 양적인 일부위헌결정, 포함위헌이라든가 그게 같이 있는 개념을 갖다가 끌어올리고 저는 그냥 편하게 이렇게 심판대상가지고 조율해서 쓴 겁니다.

결국 핵심은 심판대상입니다.

사 회 자 : 방금 우리 전종익 교수님하고 발제자 분 얘기를 하셔서, 그렇다면 아마 이 자리에는 그 당시에 잡종재산결정 같은 경우가 아주 대표적일 겁니다. 그게 일부위헌이냐 아니면 한정위헌이냐 아니면 심지어 조건부 위헌이냐 이런 논란이 결정이 있고 나서 있었던 기억이 나거든요. 그래서 아마 재판소에서 연말 이후지요. 판례집을 분류를 할 때 일부위헌, 한정위헌 이렇게 분류가 되고 있습니다. 그때 아마 잡종재산 —국유재산이지요— 그 사건 아마 일부위헌이었나요, 분류가?

남 복 현 : 그렇게 나왔지요.

사 회 자 : 그렇게 되면 그 당시에, 우리 재판소도 어느 덧 20년이 넘어서 적지 않은 세월인데 그 당시의 논의 같은 것도 도움이 되지 않을까 생각이 들고.

배보윤 실장님, 여러 가지로 다망하신데 혹시, 아! 신동승 실장님도 오래된 야사를 갖고 계시고 그래서 한번 이야기를 해 주시지요.

신 동 승 : 발표문 5페이지에 좀 전에 말씀하신 구 소득세법 제101조 제 2 항 위헌소원 해 가지고 결정주문이 나와 있습니다. '소득세법 제101조 제 2 항은 헌법에 합치되지 아니한다.' 이렇게 되어 있고요. 그 다음에 남 교수님께서 지금 7페이지 위에 한게 결정주문 대안을 제시하신 게 있습니다. 그거지요? 그런데 5페이지에 있는 우리 원래 주문대로하면 '101조 2항이 헌법에 합치되지 아니한다.' 그 다음에 '적용중지해야 된다.' 그러면 일단 양도소득세가 증여자에게 부과되는 게 중지가 되기 때문에 가구제가 됩니다. 가구제가 되고 개선입법이 되면 그것에 따라서 수증자에게 환급하는 규정을 둔다든지 하면 해결이 되는데, 지금 대안으로 해 주신 그 주문을 보면 지금 헌법에 합치되지 아니한다는 부분이 '환급하도록 하는 규정을 두지 아니하는 한도에서' 이렇게 되어 있거든요. 그리고 그 불합치부분에 대해서 적용중지를 한다 그랬는데 이것을 가지고 집행을 하면 구제가 안 되거든요. 그래서 이런 식으로 주문을 내면 이게 해결이 되는지? 그러니까 적용중지는 그렇더라도 대안으로 제시

한 방안이라 하더라도 적용중지는 제101조 제 2 항을 적용중지를 시켜야지 불합치부분을 적용중지를 시킨다는 것이 과연 무슨 의미가 있는 것인지, 그게 실효성이 있는 것인지, 그게 좀 제가 문외한으로서 궁금하네요. 한번 말씀해 주시지요.

남 복 현 : 사실 두지 않는 한도에서 불합치하고 그것을 갖다가 입법자가 개선입법을 한단 말씀이죠. 환급규정을 두고 그 환급규정이 만들어지면 만들어진 환급규정을 가지고 개선입법에 의해서 소급처리 하라는 얘기입니다. 2항에 의거해서.

그런데 기존의 여기 헌재의 결정주문만을 봐가지고는 아까 여기도 지적했습니다만 문제가 되면 개선입법시점까지 양도의제시 증여자에게 양도소득세부과가 불가능하게 되는 그런 부작용이 있습니다. 왜냐하면 적용중지 시키지 않아도 될 것을 갖다가 적용중지 시켜 버렸거든요. 그래서 이 부과 자체는 '하다' '할 수 있다' 대신에 이중과세가 되었기 때문에 이중과세에 대해서 환급하는 규정을 만들어 가지고 나중에 사후적으로 수습해 줘라 그런 취지로 이해하시면 어떨까 싶습니다.

사 회 자 : 우리 신실장님께서 질문하신 내용은 아마 주문 제 2 항이 적용중지되는 대상은 한정적으로 불합치되는 부작위부분, 이 부분이 부작위인데 이것이 적용중지된다는 것이 좀 어색하지 않느냐, 집행이 어렵지 않느냐? 그 점에서 좀 더 산뜻한 주문을 한번 만들어 보시지요.

남 복 현 : 그러니까 목표는 바로 그겁니다. 그 부작위부분을 개선입법에 의해서 개선입법이 이루어지고 이 개선입법된 내용이 그 부작위가 이루어졌기 때문에 환급규정이 다시 말해 없었던 것이거든요. 환급받아야 되는데 못 받고 있던 것이거든요. 그래서 환급받아야 되는데 못 받고 있는 사람한테 환급, 물론 안 해주는 거나 중지시키는 거나 별 차이가 있냐 하지만 이것은 물론 소극적, 적극적인 측면에서 나타난 논리이기는 한데 바로 그 부분에서 입법자로 하여금 예컨대 적용중지시키면 최소한 체납처분절차라든가 이런 거 못할 거 아닙니까? 그렇지요? 그러면 바로 그런 효과가 있기 때문에 그래서 개선입법이 되면 그것을 소급적용해 가지고 그들한테 그렇게 환급안된 것을 환급시켜 줘라 그런 취지지요.

최 완 주 : 제가 … 가능한 한 안 나설려고 그랬는데, 아까 한정위헌결정하고 불합치결정 대체관계에 있는 면도 있지만 보완관계에 있는 면도 있다. 제가 7, 8년 전에 진짜 별 생각없이 쓴 것도 다 인용을 하셔가지고 글은 함부로 쓸게 못 되는구나 일깨워주신 점 감사드리고, 보완관계에 있다는 것은 당시 솔직히 말해서 생각을 못했습니다. 사람은 보고 싶은 것만 본다고, 대체관계에 있는 측면만 생각을 했는데 좋은 점 일깨워주셔서 감사드립니다.

이것과 관련해서 저도 좀 의문을 가지고 있었는데 우선 이 문제점, 현실적으로는 6페이지 셋째의 문제점, 양도소득세 부과가 불가능하게 되는 문제를 해결하기 위한 수단으로서 제시를 하셨는데, 제 생각에는 과연 이렇게 된다고 해서 부과를 하게 될 수 있나 그런 생각이 듭니다. 그 규정을 두지 아니한 한도 내에서 헌법에 합치되지 아니한다 했는데 그 규정을 두지 아니한 채 부과하는 것은 헌법에 합치되지 아니한다라고 해석될 수도 있거든요. 그 규정을 두지 않은 상태에서 양도세를 부과하는 것은. 그렇다면 결국 먼저 번에 주문하고 별 차이가 없지 않나 싶은 생각도 들고, 또 그렇지 않게 해석을 한다하더라도 5페이지에 나온 주문에 의하더라도 그것은 소급입법의 소급효의 문제이지 이 주문가지고 해결을 꼭 해야만 되는 문제는 아니지 않는가. 즉 5페이지와 같은 실제주문에 의하더라도 개선입법에 의해서 소급규정을 둠으로써 해결할 수 있는 방법이 있지 않나 그런 생각이 드는데 어떻습니까?

남 복 현 : 그런데 만약에 그렇다면 이런 부분도 문제가 되겠지요? 만약에 그게 세금을 돌려주는 문제는 소급입법적용이 되는데 세금을 부과하는 것은 소급입법을 하면 좀 어렵지 않겠어요? 그리고 그런 부분에서는 저는 양도소득세를 받지 말아야 된다는 게 정상적인 게 아니고 이중으로 받는 것 자체가 문제라는 것이지요. 그런데 그 부분만 해석을 시켜야 되는 것이지, 양도소득세의 어떤 특수관계인이 세금 탈루하는 것을 막는 방법을 마련해야 된다고 생각을 합니다. 대신에 그런 제도의 미비로 인해서 이중과세가 발생해 가지고 납세자에게 부당의 피해를 입혀서는 안 된다는 것이지요. 그리고 세법질서도 유지시켜줘야 되고요. 목표는 그겁니다. 그래서 환급규정을 해결해서 문제를 해결하자.

최 완 주 : 원래 이 주문, 실제 이 주문에 의해서도 충분히 해결이 가능한 것 아닌가 하는 생각이 들어서요.

남 복 현 : 그런데 주문에 의해서는 이런 부분, 아까 말씀드렸지만 결정주문의 영역을 결정이유가 재단해 버리는 문제가 생깁니다. 그러니까 결정이유의 결론이 주문이라고 한다면 그 주문을 결정이유에서 제한했다면 그것이 주문으로 끌어올려져야 된다는 것이지요. 결정주문에서 이렇게 늘려놓고서 이유 어느 구석에 살짝 했다고 그것이 논리체계의 정합성이 있느냐는 겁니다.

최 완 주 : 그것은 이해가 가는데 결국 그것은 불합치결정이라든지 한정위헌결정의 문제가 아니라 기속력의 범위문제 아닙니까?

남 복 현 : 아니 그게 다 연관이 된다는 거지요. 그것을 갖다가 한 가지 틀로 보지 마시고 기속력도 어디까지 이게 기속력이 인정되나 안 되나 그런 차이가 있다고 할 때 ….

최 완 주 : 입법부작위부분에 한정해서 보면 주문에다가 이유의 요지를 넣은 그

런 형식이거든요 입법부작위의 경우에는, 결국 남 교수님께서 하신 말씀은 결정이유에도 중요한 이유에도 기속력이 인정이 되어야 되는데 다른 데서 인정을 안 하니까 그것을 주문으로 끌어올리자 ….

남 복 현 : 그것은 그렇게 보시면 안 되고요. 명료하게 사실은, 우리 박 교수님은 그것을 갖다가 힘들다고 그러셨지만 오히려 이렇게 끌어올려서 표시를 해 주면 우리 국민들은 더 수월할 수도 있지 않을까?

사 회 자 : 우리 박진영 연구관이 아까 전부터 계속 손을 드셨는데.

박 진 영 : 박진영 연구관입니다.

발표 잘 들었고요. 구체적으로 예를 들어서 또 대체주문을 내놓으시니까 질문하기가 편해서 좋은 측면이 있습니다. 아는 것에 대해서 질문할 수 있으니까요. 비슷하게 마찬가지로 부진정입법부작위에 관한 주문인데, 저는 9페이지 구 사립학교법 제53조의 2 제3항 위헌소원 이 사건입니다. 일단 교수님 발표하신 취지에는 상당히 공감합니다. 관련된 사건은 제가 다루어본 적이 있어서 기억이 남아서 말씀드리고 또 질문드리는 건데요. 2003년 2월 27일 구 사립학교법 제53조의 2 제3항 위헌소원 사건 이게 아마 기간임용제에 관한 조항일겁니다. 그런데 문제가 되는 것은 기간임용제 자체의 위헌여부를 구하지 않고 기간임용제에 관해서는 그 이전에 2000년인가 이미 결정 나간 게 있었거든요. 그러니까 부진정입법부작위로 재임용거부의 사유 그 다음에 재임용거부에 있어서 자기 입장을 진술할 수 있는 기회 그 다음에 사전에 통지받는 규정이 없다, 사전사후의 절차가 미흡하다, 이 부분을 문제 삼아서 부진정입법부작위를 이유로 하면서 제53조의 2 제3항에 대해서 헌법소원을 제기한 것이었거든요. 맞습니다. 그 이전에 기간임용제 자체에 대해서 합헌결정을 할 때의 심판대상은 기간임용제가 위헌이냐 아니냐 하는 것이었고, 이 2003년 이 사건에서의 심판대상은 기간임용제 자체는 합헌이라는 것을 전제로 그것은 당사자 자신도 주장하지 않았으니까요. 그 이전에 사전, 사후 구제절차가 미흡하다하는 부분이 심판대상이었습니다. 그런데 부진정입법부작위로 해서 똑같이 제53조의 2 제3항을 심판대상으로 삼다보니까 사실상 다룬 것은 기간임용제가 아니라 그 사전, 사후절차의 미비이고 그러니까 심판대상이 선례랑 전혀 다르지요. 그런데 주문은 앞에 것은 합헌으로 나오고 뒤에 것은 이 조항에 대해서 헌법불합치로 나갔거든요. 그렇게 할 수밖에 없지요. 이 사건에서는 불합치를 하면서 계속적용을 명할 수밖에 없습니다. 왜냐하면 이 조항은 기간임용제에 관한 거니까 그것을 불합치를 하면서 적용중지를 명할 수가 없지요. 그러면 기간임용제에 대한 규정이 적용이 중지가 되는 거니까, 바로 맞습니다. 그래서 그 문제가 된 심판의 대상이 틀리다는 것을 심판대상에 정확히 포착을 해 주고 그것을 주문에 나타내주자, 이 생각에는 상당히 공감합니다. 저도 이 사건 후속사건을 보면서 그렇게 느꼈던 것이 이것과 관련되어서 개선입법이 있으면서 문제가 된 사안이었거든요. 한번 볼 때 주문이 이상하다 그거에 그치는 것이 아니라 파생되는 사건을 발생시키는 것을 보고 그런 생각을 했었습니다.

이게 개선입법이 될 때 그러면 2003년에 불합치결정을 할 당시에 계속적용을 명했기 때문에 불합치결정하고 개선입법 사이의 시점에 괴리가 있게 됩니다. 그 사이에 임용기간이 만료된 사람에 대한 구제절차를 개선입법에 규정해야 되느냐 하는 문제가 똑같이 발생하거든요. 이렇게 심판대상을 정확히 포착을 해 주면 그런 문제가 안 생긴다. 그러면 개선입법에서도 당연히 그 사람들에 대한 구제절차 또 들어가 주어야 된다는 결론이 나오기 때문에 이것은 실무에서도 중요합니다. 그리고 일단 이 결정이 날 때 선례를 변경한다고 하고 있었거든요. 심판대상조문은 제53조의 2 제 3 항이고 기간임용제 자체는 합헌이라고 선례가 판시를 했었고, 그 이후 사건에서도 기간임용제가 합헌이라는 것은 부정하지 않으면서 선례를 변경한다고 해서 이게 무슨 얘기인가 이해가 안 되었고 후속사건이 생기고 그랬습니다.

그래서 이게 문제가 생기는 것이 존재하는 입법 자체를 적극적으로 다투어야지 입법부작위는 다투면 안 된다는 대전제를 놓고 보니까, 그러나 현실적으로 부작위를 문제삼아야 될 필요가 있다, 그래서 부진정입법부작위라는 개념을 만들어 내고 그렇더라도 존재하는 적극적인 입법이 대상이 되어야 되기 때문에 규정이 없는, 사실은 그 부분에 관해서는 전혀 규정이 없는 조항을 심판대상이다 하고 놓다보니까 이런 괴리가 생기는 것이거든요. 사고를 좀 전향해서 솔직하게 어떤 경우에 있어서는 입법부작위를 심판대상으로 삼자, 그럴 필요성이 있다, 그리고 어떤 경우에 그것을 할 수 있는가를 적극적으로 규명을 해서 밝혀 보자, 이런 시도가 필요한 것이 아닌가 그런 생각을 했었고요. 그래서 여기서 시론으로 만들어 놓으신 주문 1항 그 부분 취지에는 공감한다는 것을 말씀드리면서 한 가지 의문으로 질문을 드리고 싶은 것은, 이렇게 심판대상을 입법부작위를 다투는게 맞다는 것으로 특정을 해 줄 경우에 그냥 위헌이라고 내면 되지 왜 그때도 불합치를 하면서 적용중지를 명해야 될 실익이 뭔가? 만약에 입법부작위가 심판대상으로 된 경우라면 그 부작위가 위헌이라고 하면 여전히 입법자한테는 개선의무가 생길 것 같거든요. 입법이 없는 게 위헌이라고 했으니까. 그러면 마찬가지로 개선입법에 의해서 그렇게 하면 되는데 왜 이때 불합치를 하면서 또 적용중지를 명해야 되는지? 심판대상을 이렇게 한정해서 정확히 해 주면 바로 그것을 위헌이라고 하면 되지 왜 그때도 불합치결정을 하고 적용중지를 명해야 되는지 그 부분이 의문이 있습니다.

남 복 현 : 절차규정을 만들어야 됩니다. 절차규정. 그 절차규정을 구체적인 이런 측면에서 세분화된 절차규정이 필요하다 그 말씀드리고. 그 절차규정을 통해서 다툰 사람들이 사후적으로라도 다툴 수 있게 기회를 만들어 주자는 겁니다. 그 절차규정을 다툰 심판청구인이나 당해사건 소송당사자들에게 사후적으로라도 다툴 수 있게 기회를 갖게 하자는 겁니다. 적용중지 시켜주는 목적은.

그 다음에 위헌확인입니다, 위헌확인이 되었거나 헌법불합치거나 사실은 그에 따른 개선입법은 당연히 필요하겠지요. 그래서 엄격히 말하면 부진정입법부작위는 위헌확인대상이지 불합치대상은 아니다 그런 지적이 맞을 수는 있습니다.

그래서 그것은 갔다가 따로 위헌확인이라는 것을 따로 놓지 말고 그래서 그냥 불합치로 끌어들여서 말씀드린 것 뿐입니다.

사 회 자 : 박진영 연구관님 답변이, 말하자면 구제절차가 재임용이 거부된 사람의 의견진술절차라든지 이런 것은 어느 정도 이미 구체화되어 있지 않느냐? 그러면 재판소에서 그런 절차를 거치지 않았다라고 바로 적시하면 될 것을 굳이 이렇게 적용중지하면서 헌법불합치로 가야 되느냐 이런 뜻이었나요? 남 교수님 말씀은 절차규정이 필요하다는 것은 그것을 좀 더 구체화시키는데,

남 복 현 : 그렇지요. 예를 들어서 누가 그것을 어느 부서에서 어떻게 할 것이며, 그런 문제가 생겼을 때 예를 들어서 물론 지금 교원소청심사위원회에 관할권을 줘가지고 업무를 수행하게 하고 있습니다. 그런데 그것들이 절차적 기본권은 청구권적기본권으로서 입법자가 입법을 해줘야 만이 비로소 향유될 수 있지 않습니까? 대표적인 예로. 물론 여기서 특정지어서 얘기할 것은 아니지만. 그래서 저는 이런 것이야말로 헌법재판소가 나서서 경과규정을 처리하기는 굉장히 고민될 것이다. 차라리 이런 경우야말로 세부적으로 구체화시키는 것은 입법자의 몫이다. 오히려 제일 그런게 명료한게 이것일 것 같은데요.

박 진 영 : 저는 이 적용중지를 명한 이 주문이 들어있는 것을 보고 혹시 교수님께서는 헌법불합치결정의 경우에만 입법자에게 개선의무가 생긴다는 것을 전제로 하시는 게 아닌지? 부작위 자체를 솔직하게 심판대상으로 삼아서 부작위가 위헌이라고 확인하면 그 경우에도 입법자에게는 개선의무가 생기는 것으로 볼 수 있지 않는지 그것을 여쭤보는 겁니다.

남 복 현 : 맞습니다.

사 회 자 : 방금 질문에 관한 아이템 이 문제는 떠나는 것으로 할까요?

배 실장님께서는 다른?

배 보 윤 : 아닙니다. 이와 관련해서 보완적으로 말씀을 드리겠습니다.

사회자님이 지적하시니까 제가 지금 정신이 좀 없는데, 말씀하신 박진영 연구관님이 지적하신 그 부분과 결부되어서 잠깐 말씀드려보면, 지금 박진영 연구관이 말씀하시는 것은 부진정입법부작위 형태로 현재 법률조항을 가지고 제기하는 경우라 하더라도 때에 따라서는 부진정입법부작위가 아니고 진정입법부작위적인 성격을 강하게 띠는 것이 있는데 그 부분에서는 부작위로 그냥 심판대상으로 삼고 그것을 가지고 판단을 하게 되면 오히려 한정되고 그것이 더 효과적이지 않겠느냐 이런 말씀이었습니다.

그런데 그렇게 되는 경우에 과거에 헌법재판소가 그런 것도 고려를 안 한 바가 아니라고 저는 보는데, 왜냐하면 그 부작위에 대해서 우리가 부작위를 위헌이라고 했다고 칩시다. 그럴 때 입법자가 개선하지 않으면 원래 법률은 그대로 시행되고 있습니다. 적용이 되지요 계속. 그런데 부작위 위헌이라고 했는데 부작위라는 것은 입법자가 하지 않으면 그냥 계속 놔둬도 입법자가 개선하지 않으면 아무 제재할 방법은, 그렇다고 해서 탄핵을 하겠습니까? 그게 사실은 난망이거든요. 그러나 이것을 현재 법률조항가지고 결부시켜서 법률조항 자체를 불합치해 버리면 그것을 잠정적용을 하든 적용중지를 하든 일정한 시간까지 개정되지 않으면 효력이 없어집니다. 원래 조항이. 그렇기 때문에 입법자에게 압박을 가하는 효과가 있거든요. 그런 효과가 있기 때문에 사실은 청구인들을 오히려 입법개선을 더 효과적으로 시키기 위해서 정책적인 고려도 있을 수 있겠다 그 점에서는.

두 번째로는 지금 남복현 교수님께서 헌재 오셔서 여러 가지 불합치결정에 대해서도 여러 가지 논문도 많이 내시고 연구성과를 발표하셨는데, 지금 주문에 올리자는 말씀이신 것 같은데 결론적으로는. 그런데 그렇게 되는 경우에는 논증이 좀 더 부가되어야 되지 않느냐라는 생각이 듭니다.

뭐냐 하면 사실은 지금 주로 예로 들어놓으신 개선주문까지 내놓으신 케이스들이 소위 부진정입법부작위 카테고리가 많이 보이는데요. 그러니까 현재 입법에서는 규정이 없는 겁니다. 그것이 포함이든 어쨌든 구체적인 절차규정이든 또는 구성요건대상이 빠져있든 예컨대 재외동포법처럼 아예 구 만주계통 동포는 아예 빠져있는 것 그러한 경우든지 아니만 절차규정이 빠져 있든 어쨌든 현재 규정이 없는 부분을 가지고 하는 경우에 어쨌든 심판대상은 현재 있는 법률규정이거든요. 그렇기 때문에 우리가 주문에는 그 법률이 이런 이런 조항을 안 두는 것이 평등원칙에 어긋난다든지 또는 다른 기본권 침해가 된다든지 또는 헌법질서위반이라고 해서 위헌이 있기 때문에 이 법률은 불합치다, 그리고 이러한 개선의무는 입법자가 지는 것이다, 이렇게 가는 것이거든요 구도가. 그런데 그것을 구체적으로 이유에 있는 것을 주문으로 올리자고 해 버리면 거기에서 헌법에 합치하지 않는다는 적용중지의 대상이라든지 또는 잠정적용의 대상은 사실은 현재 효력이 있는 법률규정이라야 그게 논리적으로 맞게 되는데, 지금 부작위부분까지 포함을 시켜서 마치 이것이 가공에 있는 것처럼 하면서 이렇게 하는 것이 그것이 논리적으로, 가령 법률이 있는 데를 가지고 한정위헌결정을 할 때는, 원칙적인 한정위헌결정을 할 때는 규정이 있기 때문에 구체적인 것을 한정을 하게 되면 그것이 다 들어맞는데, 없는 규정을 갈 때는 부진정이든 이게 진정이든 작위이든 그렇게 될 때는 그런 주문이 효력을 적용중지나 이게 효과적으로 부합이 될 수 있을지 그 점이 좀 의문이 듭니다.

사 회 자 : 의견이신데 꼭 답변을 하셔야 되겠습니까?

남 복 현 : 좀 있다 말씀드리도록 하겠습니다.

사 회 자 : 예, 모아서 얘기해 주시고요.

황치연 박사님.

황 치 연 : 저도 의견을 좀 얘기해서 발표자의 부담을 덜어드리고 싶습니다.

가급적이면 토론회에서 얘기하는 것보다는 이제는 논문이나 책을 써서 얘기를 해야 겠다 이런 생각도 많이 들기 때문에 자제를 했는데 제 의견은 먼저 여러 가지 분류를 하거든요. 포함위헌 이런 식으로. 그런데 규범의 적용영역을 한정하여 위헌결정을 하는 경우를 적용위헌, 규범의 해석을 한정하여 위헌결정하는 경우를 해석위헌이라고 이렇게 구분하기도 합니다.

그런데 규범의 적용영역을 한정하건 규범의 의미영역을 한정하건 본질적으로 그것은 동일한 한정위헌결정이지 않느냐. 왜냐하면 '기타 명예회복에 적당한 처분' 이게 그 규범내용에 사죄광고명령이 포함되는 식으로 했는데 기타 적정한 처분에 이게 해당되느냐 안 되느냐 해석의 문제가 있기 때문에 그렇습니다.

두 번째로 한정위헌청구는 적법요건단계에서만 논의대상일 뿐이라고 하고 있는데, 결국 헌법재판도 신청주의에 입각할 때 본안판단의 범위의 문제는 신청과 연관시킬 수밖에 없거든요, 그런 점에서 좀 문제가 있지 않나 생각합니다.

최완주 부장님께서는 한정위헌결정과 헌법불합치결정이 보완관계, 대체관계에 있다고 그랬는데, 저는 한정위헌결정과 헌법불합치결정은 호환관계에 있거나 보완관계에 있는 것도 아니라고 봅니다. 이것은 물리학적으로 공간과 시간이 구별되는 것과 비교되는 것입니다. 한정위헌결정은 위헌의 범위에 관한 문제이고 헌법불합치결정은 위헌의 시기에 관한 문제이기 때문입니다. 즉 헌법불합치결정은 위헌결정시 위헌결정을 불합치결정으로 대체할 경우 사실상 위헌결정 이후의 입법적 규율문제에 불과합니다. 모두 종국적으로 개선입법의 영역으로 환원될 수 있다는 점에서 이렇게 혼동하는 이유가 존재하는 것 같습니다. 일반재판영역에서는 한정위헌결정이 기속력에 의해 직접 규율영역으로 재판실제에 적용될 수 있지만 헌법불합치결정은 적용중지이건 계속적용이건 종국적으로는 개선입법이 있은 후에 재판실제의 사건을 해결하게 됩니다.

그리고 한정위헌결정권이 사법권의 본질적 내용을 침해한다 이런 건데, 제 생각에는 헌법재판소가 배타적, 독점적 위헌결정권이 있다는 그 명제는 타당하지만 대법원을 비롯한 일반법원이 법률해석권을 가진다는 그 명제도 타당하지만 대법원이나 일반법원이 배타적, 독점적 법률해석권을 가진다는 명제는 타당하지 않다고 봅니다.

왜냐하면 헌법재판을 분석해 보면 법률의 해석 그 앞 단계가 있고 그 법률의 해석을 심판하는 단계 이 두 가지로 구분되어 있기 때문에 후자만 인정하고 전자만 부인하면 그것은 논리적으로 있을 수가 없는 결과라고 보기 때문에 그렇습니다.

발제자는 한정적 불합치개념을 얘기하고 있는데 원래 불합치결정이라는 것이 위헌결정으로 법적공백 내지 법적혼란이 생겨서 헌법적으로 더욱더 멀어지는 상황을 극복하기 위한 것이 불합치결정인 것을 다 알고 있을 겁니다. 그러면 한정위헌결정으로 이러한 경우가 발생하는 때에만 한정위헌결정과 헌법불합치결정의 결합가능성이 존재한다고 봅니다. 그런데 그러한 경우를 예상하기 어렵습니다. 한정위헌결정으로 법적공백이나 법적혼란이 야기되어서 그것을 시기를 조절하는 이런 문제로 귀결시키는 문제가 생길 수 있느냐 이거지요. 그래서 그런 측면에서 좀 문제가 있지 않느냐?

궁극적으로는 우리가 규범의 내용을 얘기할 때 그 규범과 규범텍스트를 구분해서 규범내용은 결국 언어로 이루어진 규범텍스트 안에 모든 해석가능성의 총체로서 합계로서 거기에 포함되어 있지 않느냐? 그러니까 그 해석가능성 하나를 위헌이라고 주장하면서 청구할 수도 있고 또 헌법재판소가 일정한 해석가능성에 의한 해석결과를 내용으로 해서 위헌결정할 수 있고 저는 이렇다고 봅니다.

이상 줄이겠습니다.

사 회 자 : 감사합니다. 다른 의견이나?

성왕 연구관, 손드셨지요?

성　　왕 : 아까 손을 들려고 했었는데요. 제가 하려던 얘기를 앞에서 다 하셔서, 기본적으로 교수님이 말씀하신 어떤 심판대상을 한정을 하고 주문과의 판단을 일치시킬 필요성이 있는 부분에 대해서는 저도 굉장히 공감을 하는 부분인데, 교수님이 논리전개를 펼치심에 있어서 부진정입법부작위개념을 가지고 오시면서 많은 혼동이 생기는 것 같습니다.

부진정입법부작위라는 개념 자체가 명확한 개념이 아니고 사실 실무를 하다보면 이게 진정입법부작위인지 부진정입법부작위인지도 구별이 안 되고, 부진정입법부작위라는 것이 그러니까 개념적으로는 입법자가 규율했어야 되는 것을 하지 않았다라는 부작위라고 개념정의를 하지만 실질적으로 이게 청구인들이 청구를 한다거나 할 때는 입법의 결함이 아니라 입법자가 배제하겠다는 의사를 가지고 그러니까 묵시적인 배제도 부진정입법부작위로 다투는 경우가 있고 하기 때문에 그런 부진정입법부작위의 개념 안에서도 굉장히 다양한 스펙트럼이 있는데 이것을 그냥 부진정입법부작위라는 개념으로 설명을 하시니까 그런 부분에서 많은 혼란이 생기는 것이 아닌가 하는 생각을 해봤습니다.

사 회 자 : 의견을 말씀해 주셨고요. 제가 떠나있는 동안에 두 분정도 제가 잘 뵙지를 못한 분이 계셔서 사회자가 이런 재량도 좀 있어야 되지 않겠습니까? 그래서 새로 부임을 하신 것 같기도 하고 또는 외국에 나가셨다가 연수를 마치시고 돌아오신 분도 계실 것 같기도 하고요. 그렇다고 김주경 연구관님 긴장하실 필요는 없고요.

조영식 연구관님, 저하고 오버랩 되었습니다. 그죠? 제가 떠날 무렵에 오신 것 같기도 하고, 한 말씀 부탁드리겠습니다.

제 목표는 모든 분이 한 말씀 다 하시는 겁니다.

토 론 자 : 2월 1일자로 부임한 조영식 연구관입니다.

오늘 헌법실무연구회 한다고 해서 일단 참여에 의미를 두고 왔는데 역시 오늘 주제가 저한테 상당히 벅찬 것 같습니다.

한정위헌이나 헌법불합치나 전부 다 헌법의 가장 어려운 영역이라고 알고 있는데 또 결합을 시켜 놓으니까 솔직히 말씀드리면 제가 논문을 다 읽고 와야지 오늘 교수님 말씀 이해가 될 것 같은데 논문을 다 읽어보지 못했고요. 그래서 죄송스럽다는 말씀드리고, 앞으로는 좀 더 준비를 하고 참여를 하도록 하겠습니다.

사 회 자 : 감사합니다.

이때까지 가장 명쾌한 의견이었습니다.

남 복 현 : 한정적 청구, 청구인의 청구취지를 존중하는 범위 내에서 조정 가능하다고 봅니다. 간단히. 그 다음에 성왕 연구관님, 입법부작위가 사실 입법자의 입법결함 내지는 입법자의 입법의 의식적인 배제, 사실 그 두 가지 다 봤는데요. 그럼에도 불구하고 둘 다 어떤 것에 의해서든 청구인은 그로 인해서 자신의 법익이 침해된다. 따라서 그냥가자. 그렇게 해가지고 그냥 왔습니다.

그 다음에 배보윤 부장님, 실장님 되겠지요? 진정입법부작위와 부진정입법부작위의 현재 우리 헌법재판소 입장은 헌마절차에 의해서만 진정입법부작위가 가능하도록 하고 있지요. 사실 입장 바꾸어야 될 거예요. 만일 진정입법부작위로 하면 헌법재판소의 입장 바꾸어야 되니까 아마 이런 것 때문에 안했을 수도 있겠다. 저는 그렇게 추정을 했습니다. 그래서 그것까지 다룰까 하다가 초점이 너무 번지는 것 같아서 생략했습니다.

그 다음에 입법자를 압박하는 것, 사실은 저는 아까 모두에도 말씀드렸지만 저는 그거 반대합니다. 왜냐하면 그 역할은, 저는 그래서 그것을 국가배상청구소송의 형태로 해 가지고 입법자를 어떤 식으로든 국민들이 억압해야지 입법자의 영역을 헌법재판소가 범하는 것은 반대합니다. 그러면 괜히 어려울까봐 소중해서 그것까지 가지 말라고 자꾸 부탁드리는 겁니다.

그 다음에 결정주문 논증이 부가되어야 되고 가공이 있는 것 문제, 부작위부분을 말씀하셨는데, 사실 그로 인해서도 기본권이 침해됩니다. 부작위에 의해서. 그리고 아까 말씀드렸듯이 아까 좋은 지적해 주셨는데, 예를 들어서 기간임용제 자체가 위헌이 아니고 기간제임용에서 재임용이 탈락되었을 때 그때 권리구제를 받아야 되는데 절차를 안 만들어 준겁니다. 그래서 절차 안 만들어 줘서 다퉜는데 계속적용해라 그랬단 말이지요. 그렇게 이해하고 그냥 적용해 버렸습니다. 권리구제 못 받게 하면 안 되지요. 원래 의도는 저 사람을 다투게 해서 권리구제절차가 없기 때문에 못 나퉜던 것을 이제부터는 나투게 해 주겠나. 그래서 입법을 만들고 그것을 적용중지 시켜서 입법이 될 때까지 기다렸다가 그렇게 한번 다퉈봐라 절차적으로. 실제적으로 권리구제가 되는지 안 되는지는 그 다음 문제다. 기회는 주겠다. 그런 개념으로 이해한다면 실효성은 다 있다고 봅니다. 그리고 거기서 의미를 찾을 수도 있고요.

그 다음에 황치연 연구관님, 시적 범위와 대상적 범위는 이 소송문제에서는 다 다릅니다. 따라서 같이 공존할 수 있다고 봅니다. 그래서 같이 결합시켜가지고 하면 훨씬 더 시너지효과가 있을 것으로 믿어 의심치 않습니다. 왜? 그러면 불필요하게 제도 자체가 합헌인데 그거 살려주자 그런 얘기 안 해도 되거든요. 불합치부분 문제있는 위헌성 있는 부분만 딱 뗀다는 얘기는 다시 말하면 심판대상을 그만큼 팍 축소시킨다는 얘기입니다. 축소시켜 놓고서 입법자로 하여금 시켜야 될 일이 있고 헌법재판소가 할 때도 있고 그렇지만 분명한 것은 아까 말씀드린 정당연설회처럼 아주 절박하고 그랬을 경우에는 하지만 그렇지 않고 입법자한테 맡겨도 시간적 여유가 있어서 할 수 있겠다하면 맡겨놓는 거지요. 그럼으로써 부담을 더는 어떤 헌법정책적인 시각으로 접근해야 되는 것이 아닌가 그런 생각을 해봤습니다.

사 회 자 : 네, 감사합니다.

시간이 너무 많이 흘렀습니다, 9시가 넘었습니다.

사실은 욕심이 있었습니다. 첫해이고 해서 여러분들 말씀을 많이 듣고 싶고 특히 안미영 부장검사님도 검찰에서 오셨기 때문에, 검찰에서 보는 좋은 얘기 있을 것 같은데 다음 뒤풀이가서 얘기를 많이 할 수 있을 것 같고, 다음에는 진정입법부작위, 부진정입법부작위 구분 문제같은 것을 주제로 올렸으면 하는 생각이 방금 듭니다.

교수재인용은 저희들이 거론하기 곤란한 게 저희들이 교수이기 때문에 힌들지만 좀 넓혀서 교육에 관한 헌법판례라든지 다뤄보면 하는 생각이 갑자기 들어서 좋은 유익한 아이디어도 나왔습니다.

그럼 끝으로 김희옥 재판관님, 회장님께서 취임의 말씀과 더불어 강평을 해주셨으면 하고 부탁드리겠습니다.

회 장 : 오늘 금년도 들어와서 첫 번째 실무연구회에 많은 분들이 특히 주제발표하신 남복현 교수님하고 많은 노고를 하셔서 진지하고 열띠게 진행되었습니다.

향후 우리 연구회가 보다 더 회원들의 중지를 모으고 좋은 아이디어를 많이 내서 실무연구, 헌법학 발전에 있어서 보고가 되었으면 하는 생각을 간절히 갖고 있습니다.

저 자신도 여기 들으면서, 이렇게 쭉 실무를 해 왔는데, 3년 반 정도, 여러 가지 생각을 하는 기회가 되기도 했습니다.

한정위헌청구 이 부분에 관해서 남 교수님이 34페이지의 논문을 쓰셨는데 제가 생각하기에는 현재 소개하신 주129에 있는 결정, 이게 한정위헌청구의 적법성에 관해서 가장 최근 것이 아닌가 생각합니다.

그 전해에 문신 사건이 있었고 한데 이 문신 사건하고 이 예산회계법 사건하고는 많이 의견이 달라졌습니다. 거의 획기적으로 달라져서 저의 생각으로는 거의 대부분의 경우에 한정위헌청구를 인정해야 된다는 것이 현재 재판부의 입장으로 정리된 것으로 생각합니다.

조금만 더 자세하게 이야기하면, 이 사건은 국가가 고문, 사유재산박탈 등 반인도적범죄행위를 함으로써 직접 피해를 입은 국민에게도 예산회계법 제96조 제 2 항의 5년이라는 소멸시효기간을 적용한 유일한 이런 청구입니다.

헌바 사건이었는데, 여기에 5가지 의견이 나와 있습니다.

결국 이 사건 자체에 있어서도 6대3으로 적법성을 인정했고, 그런데 5가지 의견이 나뉘어 있는데 적법의견이라고 적시된 먼저 두 분의 의견도 결국 헌법재판을 위해서는 법률해석을 헌재가 해야된다면 할 수 있고, 그리고 청구형식이 한정위헌을 구하는 것으로 구성되어 있다고 하더라도 조항자체의 위헌성을 다투는 것으로 이해해야 되기 때문에 적법하다는 것이고, 두 사람이. 또 세분은 아까 소개됐습니다만, 그 조항이 유형적, 추상적으로 한정돼서 다른 것들과 구별되고 있는 경우에도 한정되는 영역에 대한 청구는 결국 그 조항에 대한 심판청구로 봐야 된다. 그리고 한 분은 물론 헌재도 법률해석을 해야 되고 법률조항 해석을 통해서 특정된 내용은 뭐든지 심판청구가 가능하다고 6사람 의견이 되어 있고, 그 다음에 부적법하다고 낸 세 사람 중에서도 한 분은 완전히 이건 규범통제이기 때문에 해석적용에 관한 문제이기 때문에 한정위헌청구 불가능하다는 것이고, 나머지 두 분은 질적 일부청구인 한정청구가 적법하기 위해서는 그 조항의 의미와 적용범위에서 질적 일부가 양적 일부에 상응할 만큼의 객관적, 개념적, 추상적으로 분리 가능해야 한다고 정리하면서 이 사건에 있어서는 부적법하다고 봤는데, 사실은 이게 한정위헌청구를 광범하게 인정해야 할 이론적 받침을 해 놓은 것입니다. 그래서 8대 1정도의 내부의견으로 한정위헌청구를 광범하게 인정한 것으로 정리한 것이 여기 주129에 소개된 그 결정으로 전 알고 있고, 또 실제로 사건을 하다 보면 가능하면 청구인의 여러 가지 적법요건이 있고 적법성을 우선 따지게 되지만 가능하면 본안판단을 해 줘야 한다는 인식을 저 자신도 하고 있고 또 다른 분들도 하는 것이 한 3년 넘게 이쪽에 헌법재판 해 본 분들의 생각이라는 것으로 정리될 수 있겠습니다.

아무튼 오늘 좋은 발표와 토론을 해주셔서 우리 헌법실무연구회의 앞날이 탄탄한 것 같습니다. 이제 새봄이 접근하고 있습니다. 해서 또 설도 지냈고 한데 그 동안 건강하시고 복도 많이 받으시고 내달에는 또 좋은 주제를 가지고 보다 많은 분들이 특히 교수 회원님들이 많이 참여해서 오늘처럼 열띤 진지한 토론과 발표를 하고 그것이 헌법학과 실무에 많은 도움이 되도록 그런 기회가 됐으면 합니다.

감사합니다.

사 회 자 : 재판관님 말씀에 감사드립니다.

오늘 주제는 한정적 청구와 한정적 판단이었지만 여기에서 끝나는 것은 시간이 한정돼서 그렇다는 것이지, 이 연구는 무한정입니다.

앞으로 계속되어야 하고 저희 헌법실무연구회도 계속 앞으로 매진해 나갈 것 같습니다.

여러분들 구정 이후에 교체기에 많이 바쁘실 텐데도 이렇게 참석해주셔서 좋은 의견 내 주셔서 감사드리고요. 아울러 우리 재판소의 무궁한 발전이 있기를 기대하고 회장님 방금 말씀하신대로 저희 학계에서 많은 분들이 참여할 수 있도록 박종보 교수님하고 저희들이 노력해야 되겠습니다.

오늘 101회 헌법실무회는 여기서 마치도록 하겠습니다.

감사합니다.

제102회(2010. 3. 12) 발표문

법률에 의한 쟁의행위의 금지와 근로삼권의 제한*

정　인　섭**

1. 사안의 개요

청구인은 인천국제공항공사와 용역계약관계에 있는 경비업체인 시큐리티코리아에 소속되어 인천국제공항에 근무하는 특수경비원으로서, 인천국제공항 특수경비용역업무에 종사하는 노동자로 조직된 인천국제공항 보안검색노동조합의 조합원이다.

인천공항 보안검색 노동조합과 용역업체의 단체교섭이 결렬되는 경우 노동조합이 파업찬반투표를 실시하거나 공사 사장실을 항의방문하는 일이 거의 매번 반복되고 있는 상황이었다. 특히 용역업체를 통한 아웃소싱을 추진하는 공사와 이로 인한 고용불안 및 실질임금 하락에 반대하는 노동조합 사이에서의 긴장은 2006년 용역계약의 갱신을 위한 입찰과정에서 최고조에 달하게 되었다. 입찰과정에서 생긴 긴장은 용역계약의 갱신 기간을 종전의 3년에서 2년 더 연장하겠다는 방침이 밝혀지면서 일단 완화되었지만 2007년 4월 1일자 시큐리티코리아와 공사 사이에 체결된 용역연장계약서가 공개되면서 공사 사장실의 점거농성사태까지 발생하게 되었다. 그후 대부분의 노조간부와 노조탈퇴를 거부하는 조합원들이 재계약에서 제외되는 사태가 있었던 것으로 보인다.

이에 인천국제공항에 근무하는 다른 노동자들의 노동조합과는 달리, 보안검색노동조합의 경우에는 소속 조합원들인 특수경비원의 쟁의행위를 경비업법이 직접 전면금지하고 있어 이른바 '노동기본권 쟁취'를 주요현안을 여기게 되었고 2007. 11. 29. 본건 헌법소원심판 청구에 이르게 되었다.

---

* 애당초 발표자는 "법률에 의한 단체행동의 금지와 근로삼권의 제한"이라는 제목으로 헌법실무연구회의 공지를 부탁했었지만, 원고를 준비하는 과정에서 논점을 보다 분명히 하기 위해서 '단체행동의 금지'보다는 '쟁의행위의 금지'라는 표현이 더 적절할 것이라고 생각하여 원고에서는 제목을 수정하였음을 밝혀 둔다.

** 숭실대학교 법과대학 교수.

2. 쟁점 및 결정의 요지

(1) 쟁의행위 금지의무 위반에 대한 형사처벌

경비업법의 처벌규정 중 쟁의행위 금지의무 위반에 대한 규정(경비업법 제28조 제4항 제2호)에 대해서, 그 전제가 되는 쟁의행위 금지가 위헌이므로 그 제재규정도 위헌이라는 것이 청구인의 주장요지다. 이에 대해서 평석대상 결정은 다음과 같이 판시하였다.

> 이 사건 심판대상조항들 중 경비업법 제28조 제4항 제2호는 그 전제인 행위금지조항(제15조 제3항)이 따로 있고 이를 위반하는 경우에 벌칙을 부과하는 벌칙조항인데 청구인은 위 벌칙조항의 법정형이 체계정당성에 어긋난다거나 과다하다는 등 그 자체의 고유한 위헌성을 다투는 것이 아니라 전제되는 행위금지조항이 위헌이어서 그 제재조항도 당연히 위헌이라는 취지로 주장하는 것이므로 위 벌칙조항은 기본권 침해의 직접성이 인정되지 아니한다.

하지만 이 심판사건 자체에서 기본권 침해의 직접성 인정 여부는 별론으로 하더라도, 어떤 처벌규정의 법정형이 체계정당성에 어긋나거나 과다하다는 등 고유한 위헌성 여부가 문제된다면 기본권 침해의 직접성이 인정될 수 있다는 점은 헌법재판소가 인정하고 있는 바이므로[1)] 경비업법의 쟁의행위 금지의무 위반에 대한 처벌규정이 정한 법정형의 체계정당성등에 대한 검토가 필요하다.

(2) 평등권 위반

청구인이 침해를 주장하는 기본권은 행복추구권, 평등권, 집회결사의 자유 및 단체행동권이다. 쟁의행위의 금지로 인하여 이들 기본권이 침해되었다는 것이다. 이에 대해서 평석대상 결정은 다음과 같이 판시하였다.

> 헌법소원에 있어서는 대상이 되는 규범에 의하여 여러 기본권이 동시에 제약을 받는 기본권 경합의 경우에 기본권 침해를 주장하는 청구인의 의도 및 기본권을 제한하는 입법자의 객관적 동기 등을 참작하여 사안과 가장 밀접한 관계에 있고 또 침해의 정도가 큰 주된 기본권을 중심으로 해서 그 제한의 한계를 검토하면 족한 것이고 관련 기본권을 모두 심사할 필요는 없다.
>
> 청구인은 경비업법 제15조 제3항(이하 "이 사건 법률조항"이라 한다)으로 인하여 행복추구권, 평등권, 집회결사의 자유 및 단체행동권을 침해받았다고 주장하나 이 사건 법

---

1) 헌법재판소 2006. 6. 29, 2005헌마165, 314, 555, 807, 2006헌가3(병합); 헌법재판소 2006. 11. 30, 2004헌마431, 700(병합); 헌법재판소 2008. 11. 27, 2007헌마860; 헌법재판소 2009. 4. 30, 2007헌마103; 헌법재판소 2008. 11. 27, 2007헌마860.

률조항과 가장 밀접하게 관련되고 가장 침해의 정도가 큰 기본권은 근로 3 권의 하나인 단체행동권이므로 이에 한정하여 판단하기로 한다.

이러한 판단은 쟁점을 정리하여 판단을 집중하는 헌법재판소의 실무에 따른 것으로 보인다. 유사한 결정례로는, 공무원노조법이 소방공무원의 단결권, 단체교섭권, 단체행동권, 평등권을 침해하였는지 여부가 다투어진 사안에서 ① 심판대상조항이 단결권에 관한 조항이고, ② 공무원노조법 자체가 단결권의 주체에게는 단체교섭권도 인정하고 있고 단체행동권은 허용하고 있지 않기 때문에 별도로 단체교섭권 및 단체행동권의 침해 여부를 검토할 필요성이 없으며, ③ 결사의 자유가 근로의 영역에서 구체화된 것이 단결권이므로 별도로 결사의 자유의 침해 여부를 검토할 필요성이 없고, ④ 행복추구권은 단결권 및 평등권에 대한 보충적 지위에 있기 때문에 별도로 행복추구권의 침해 여부를 검토할 필요성이 없다고 판시했지만 평등권의 침해 여부에 대해서는 판단했던 사례가 있다.[2)]

따라서 그동안의 헌법재판소의 실무경향에 따르더라도 최소한 평등권의 침해 여부에 대한 검토가 필요하다. 더군다나 사안 자체가 특수경비원이라는 특정한 업무를 수행하는 자에 대해서 그 지위를 이유로 한 쟁의행위의 일률적 금지이므로 일반 근로자와의 차별, 다른 경비원과의 차별 및 제도의 연혁상 청원경찰과의 차별의 정당성에 대한 판단이 추가되었어야 할 것으로 본다.

(3) 쟁의행위 금지의 헌법적 근거

특수경비원에게 쟁의행위를 금지하는 경우 그 헌법적 근거가 문제될 수 있다. 하지만 헌법에서는 특수경비원의 단체행동권에 대해서 달리 특별한 정함이 없으므로 만일 문제된 경비업법 규정의 합헌성을 일응 전제로 하더라도, 기본권의 일반적 제한의 근거인 헌법 제37조 제 2 항 이외에는 헌법상의 근거를 찾을 수 없다. 이에 대해서 평석대상 결정에서 다수의견은 다음과 같이 판시하였다.

> 헌법 제33조 제 1 항에서는 근로자의 단결권·단체교섭권 및 단체행동권을 보장하고 있는바, 현행 헌법에서 공무원 및 법률이 정하는 주요방위산업체에 종사하는 근로자와는 달리 특수경비원에 대해서는 단체행동권 등 근로 3 권의 제한에 관한 개별적 제한규정을 두고 있지 않다고 하더라도, 헌법 제37조 제 2 항의 일반유보조항에 따른 기본권제한의 원칙에 의하여 특수경비원의 근로 3 권 중 하나인 단체행동권을 제한할 수 있음은 의문의 여지가 없는 것이다.
>
> 따라서 이 사건에서는 국가에 대한 관계에서 자유권적 측면으로서의 근로 3 권 중 단체

2) 헌법재판소 2008. 12. 26, 2006헌마462.

행동권의 제한에 해당하는 이 사건 법률조항의 규정 내용, 즉 '파업·태업 그 밖에 경비업무의 정상적인 운영을 저해하는 일체의 쟁의행위의 금지'가 기본권제한입법의 한계조항인 헌법 제37조 제2항의 과잉금지원칙에 위반되는지 여부가 문제된다.

이에 대하여 이 사건 법률조항은 헌법이 인정한 일반근로자의 단체행동권을 전면적으로 박탈하고 있으므로 헌법 제33조 제1항 자체에 위반된다는 반대견해가 있다. 그러나 이 사건 법률조항에 의한 쟁의행위의 금지는, 특수경비원에게 보장되는 근로3권 중 단체행동권의 제한에 관한 법률조항에 해당하는 것으로서, 헌법 제37조 제2항의 과잉금지원칙에 위반되는지 여부가 문제될 뿐이지, 그 자체로 근로3권의 보장에 관한 헌법 제33조 제1항에 위배된다고 볼 수는 없는 것이다. 특히 반대견해에서는 헌법 제33조 제2항과 제3항의 규정에서 '공무원'과 '주요방위산업체에 종사하는 근로자'에 대해서만 특별히 유보조항을 두고 있는 점을 근거로 제시하고 있으나, 앞서 언급한 바와 같이 이 사건 법률조항에 의한 단체행동권의 제한은 헌법 제33조 제2항과 제3항의 개별유보조항에 의한 것이 아니라 헌법 제37조 제2항의 일반유보조항에 의한 것인 만큼, 헌법 제33조 제2항과 제3항으로부터 이 사건 법률조항이 헌법 제33조 제1항에 위배된다는 결론은 도출될 수 없는 것이다.

한편 이 쟁점에 대한 재판관 김종대, 송두환의 반대의견은 다음과 같다.

헌법이 구체적으로 보장하는 독립된 기본권을 헌법하위규범인 법률이 이를 없앨 수는 없다. 법률은 헌법상 기본권을 일정 한도에서 제한할 수는 있어도(헌법 제37조 제2항) 전면적 박탈을 할 수는 없다. 앞에서 본 것처럼 헌법 제33조 제1항상의 단결권, 단체교섭권, 단체행동권에 대해 각각 독립한 기본권으로서의 독자성을 인정할 경우, 이 사건 법률조항은 헌법이 인정한 일반근로자의 단체행동권을 전면적으로 '박탈'하고 있는 것인바, 이는 우리 헌법의 근로3권 보장 연혁 및 규정 문언에 비추어 볼 때 헌법 제33조 제1항 자체에 위반됨을 면할 수 없다고 본다.

발표자가 기본권에 관한 가장 기초적인 법리조차 과문한 탓인지는 모르겠으나, 특수경비원에게 쟁의행위를 금지하는 것이 단체행동권의 침해인지 여부를 판단함에 있어서 헌법 제37조 제2항 위반인지 헌법 제33조 제1항 위반인지를 검토해야 할 실익에 대해서 확신할 수 없다는 생각을 지울 수 없다. 기본권의 행사를 전면금지하거나 본질적 내용을 침해하는 법률이라면 해당되는 개별적인 기본권을 보장한 헌법규정 위반이기도 하고 기본권 제한법률의 한계를 벗어난 것으로 헌법 제37조 제2항 위반이기도 하다고 생각하기 때문이다.

아마도 반대의견에서 "일반근로자에 대한 근로3권의 제한이 정당화되려면 적어도 헌법 제37조 제2항이 정한 엄격한 요건을 충족시켜야 할 것이 요구되는바, 가사 다수의견이 심사기준으로 삼고 있는 과잉금지원칙을 적용하여 보더라도 …"라고 적시하고 있는 점에 비추어 보면, 헌법 제37조 제2항 위반 여부가 문제이고 기본권의 본질적 내용 침해인지 여부의 심사가 필요하며 헌법 제33조 제1항 위반 여부가 문제된다면 기본권의 본질적 내용 침해인지 여부의 심사가 불필요하다는 취지인 것으로 짐작된다.

그렇다면 결국 개념적으로는 경비업법상의 쟁의행위 금지가 ① 다수의견처럼 '근로삼권의 제한'에 해당하고 기본권 제한의 한계를 벗어난 것인지 여부를 판단해야 할 문제인지, ② 재판관 김종대, 송두환의 반대의견처럼 '단체행동권의 금지'에 해당하고 기본권 제한의 한계 여부를 떠나 그 자체로 기본권 침해인지 여부를 판단해야 할 문제인지가 견해 차이의 핵심이라고 할 수 있을 것이다. 이는 후술하는 바 헌법이 예상하는 노동관계에 대한 입장의 차이와 연관될 수밖에 없는 문제라고 생각한다.

(4) 과잉금지원칙

기본권 제한법률의 헌법적합성 판단에는 과잉금지의 심사가 필요하다. 세부적으로는 목적의 정당성, 수단의 적합성, 침해의 최소성, 법익의 균형성, 본질적 내용의 침해금지가 요청된다. 이 쟁점에 대한 청구인의 주장요지는 특수경비원의 신분을 가진 자에 대해 장소와 시간, 업무의 내용을 불문하고 일체의 쟁의행위를 금지하고 있으므로 과잉금지원칙에 위반된다는 것이다.

이에 대해서 평석대상결정의 다수의견은 다음과 같이 판시하였다.

> (목적의 정당성과 수단의 적합성) 이 사건 법률조항은 특수경비원들이 관리하는 국가 중요시설의 안전을 도모하고 방호혼란을 방지하려고 하는 것이므로 그 목적의 정당성을 인정할 수 있고, 특수경비원의 쟁의행위를 금지함으로써 위와 같은 입법목적에 기여할 수 있다 할 것이므로 수단의 적합성도 인정할 수 있다.
>
> (침해의 최소성) 특수경비원 업무의 강한 공공성과 특히 특수경비원은 소총과 권총 등 무기를 휴대한 상태로 근무할 수 있는 특수성 등을 감안할 때, 특수경비원의 신분이 공무원이 아닌 일반근로자라는 점에만 치중하여 특수경비원에게 <u>근로3권 즉 단결권, 단체교섭권, 단체행동권 모두를 인정하여야 한다고 보기는 어렵고</u>, 적어도 특수경비원에 대하여 단결권, 단체교섭권에 대한 제한은 전혀 두지 아니하면서 <u>단체행동권 중 '경비업무의 정상적인 운영을 저해하는 일체의 쟁위행위'만을</u> 금지·제한하는 것은 입법목적 달성에 필요불가결한 최소한의 수단이라고 할 것이다.
>
> (법익의 균형성) 특수경비원의 단체행동권이 제한되는 불이익을 받게 되는 것을 부정할 수는 없으나 국가나 사회의 중추를 이루는 중요시설 운영에 안정을 기함으로써 얻게 되는 국가안전보장, 질서유지, 공공복리 등의 공익이 매우 크다고 할 것이므로, 이 사건 법률조항에 의한 기본권제한은 법익의 균형성원칙에 위배되지 아니한다.

반면 재판관 조대현의 반대의견은 다음과 같다.

> (본질적 내용의 침해금지) 헌법 제33조가 근로자의 단체행동권을 기본권으로 보장하는 이유는 근로조건의 향상을 위한 것이므로, 파업·태업 기타 사용자의 업무에 지장을 주는 단체행동권(쟁의행위권)을 보장하지 않으면 근로자의 단체행동권은 유명무실하게 되어 기본권으로 보장한 취지를 구현하지 못하게 된다. 따라서 이 사건 법률조항이 경비업무의 정상적인 운영을 저해하는 쟁의행위를 금지하는 것은 특수경비원의 단체행동권의 본질적인 내용을 침해하는 것이라고 봄이 상당하다.

또한 재판관 김종대, 송두환의 반대의견은 다음과 같다.

> (본질적 내용의 침해금지) 근로자의 단체행동권이 전제되지 않은 단체결성이나 단체교섭이란 무력한 것이어서 단체결성이나 단체교섭권만으로는 노사관계의 실질적 대등성이 확보될 수 없다고 볼 것이므로, 이 사건 법률조항이 일반근로자인 특수경비원의 쟁의권을 박탈한 것은 이와 같이 노사관계의 실질적 대등성을 확보하는 데에 필수적인 전제이자 중핵적인 권리라 할 수 있는 단체행동권을 전면적으로 부인한 것으로 헌법상 근로 3권의 본질적인 내용을 침해한 것이라 하지 않을 수 없다.
>
> (수단의 적합성) 단체행동권 제한 내지 금지 사유로서 이러한 '대상조치론'의 타당성에 대한 학계 일부의 비판은 별론으로 하고, 사실상 이는 헌법재판소가 그간 일반근로자의 단체행동권을 제한 내지 금지하는 입법의 위헌 여부를 심사할 때 '최소침해성' 요건 충족 여부와 관련하여 가장 실질적으로 고려한 정당화 요소 중 하나로 볼 수 있다. 그런데 앞서 밝힌 바와 같이 특수경비원은 교원이나 청원경찰과는 달리 법률상은 물론 사실상으로도 공무원에 유사한 신분보장을 받고 있지도 않을 뿐만 아니라, 그 외 쟁의권을 박탈하는 대신 이와 관련하여 부여된 다른 적절한 대상조치도 찾기 어렵다.
>
> (침해의 최소성) 무기 소지가 가능하다는 업무의 특수성으로 인해 특수경비원의 쟁의권에 대한 제한의 필요성이 크다 하더라도, '노동조합 및 노동관계조정법'이 폭력이나 파괴행위 또는 생산 기타 주요업무에 관련되는 시설을 점거하는 형태의 쟁의행위 및 사업장의 안전보호시설에 대하여 정상적인 유지·운영을 정지·폐지 또는 방해하는 행위를 금지하고 있는 점(제42조 제 1 항, 제 2 항), 그리고 경비업법 역시 특수경비원이 엄격한 요건 하에 무기를 휴대할 수 있으나, 기본적으로 무기 휴대와 관련하여 관할 경찰서장의 감독을 받도록 하고 있으며, 정당한 사유없이 무기를 소지하고 배치된 경비구역을 벗어나는 경우에는 형사처벌(2년 이하의 징역 또는 2천만 원 이하의 벌금)을 가하고 있는 점(경비업법 제14조, 제28조 제 3 항) 등에 비추어 볼 때, 이는 기본적으로 현행 법률이 마련하고 있는 틀 안에서도 적절하고 상당한 규제가 가능하다고 본다.

반대의견은 수단의 적합성이나 침해의 최소성에 대해서도 판단한 부분이 포함되어 있지만 그 중점은 단체행동권의 본질적 내용의 침해에 해당한다는데 있다. 반면 다수의견은 본질적 내용의 침해금지에 대해서는 직접적으로 판단하고 있지 않다. 다만 침해의 최소성에 대한 판단 부분에서 본질적 내용의 침해가 아니라고 보고 있는 것으로 추단할 수 있다. 결국 이 문제도 후술하는 바 헌법이 예상하는 노동관계에 대한 입장의 차이에서 비롯된다고 할 수 있다.

3. 평 석

(1) 쟁의행위 금지의무 위반에 대한 형사처벌

경비업은 1976. 12. 31. 법률 제2946호로 제정되고 1999. 3. 31. 법률 제5940호로 법률명칭이 '경비업법'으로 변경된 구용역경비업법의 규율을 받고 있었는데 이 시기에는 특수경비업에 관한 별도의 정함이 없었다. 특수경비업이 경비업의 하나로 규정된 것은 2001. 4. 7. 법률 제6467호로 개정된 경비업법(2001. 7. 8. 시행)이 '공항(항공기를 포함한다) 등 대통령령이 정하는 국가중요시설(이하 "국가중요시설"이라 한다)의 경비 및 도난·화재 그 밖의 위험발생을 방지하는 업무'를 특수경비업으로 정의하고(경비업법 제 2 조 제 1 항 마목), 소정의 경비업법 규정에 따라 경비업의 허가를 받은 법인인 경비업자가 채용한 경비원으로 특수경비의 업무를 수행하는 자를 특수경비원으로 정의하면서(경비업법 제 2 조 제 3 호 나목)부터이다.

대통령령이 정하는 국가중요시설이란 '공항·항만, 원자력발전소 등의 시설중 국가정보원장이 지정하는 국가보안목표시설과 통합방위법 제21조 제 4 항의 규정에 의하여 국방부장관이 지정하는 국가중요시설'을 말하는 것이며, 이 사안의 인천국제공항도 이에 해당한다. 따라서 이 사안의 신청인은 바로 경비업법 소정의 특수경비원이다.

경비업법은 이러한 특수경비원에게는 경비원의 일반적인 의무 이외에, 국가중요시설에 대한 경비업무 수행중 국가중요시설의 정상적인 운영을 해치는 장해를 일으키지 않을 의무, 무기를 소지하고 배치된 경비구역을 벗어나지 않을 의무, 일정한 경우 이외에는 사람에게 위해를 끼치지 않을 의무, 직무상 명령에 대한 복종의무, 정당한 사유없이 경비구역을 벗어나지 않을 의무, 쟁의행위를 하지 아니할 의무, 무기의 안전사용수칙을 준수할 의무를 부과하고 있다. 또한 각 의무위반에 대해서 처벌하는데, 유형에 따라서 ① 위급사태의 발생시와 같은 일정한 요건을 부가하여 처벌하거나 ② 과실까지 처벌하거나 ③ 의무위반으로 일정한 형법상의 죄를 범한 경우 가중하여 처벌하기도 한다. 이를 정리하면 다음의 표와 같다.

한편 특수경비원의 경우에도 경비원의 일반적인 의무가 인정된다고 해석되므로 직무를 수행함에 있어 타인에게 위력을 과시하거나 물리력을 행사하는 등 경비업무의 범위를 벗어난 행위를 하여서는 아니될 의무(경비업법 제15조의 2) 및 그 의무위반

〈표 1〉 특수경비원의 의무와 의무위반에 대한 벌칙

<table>
<tr><th>의 무</th><th>벌 칙</th><th>비 고</th></tr>
<tr><td rowspan="2">국가중요시설에 대한 경비업무 수행중 국가중요시설의 정상적인 운영을 해치는 장해를 일으키지 않을 의무
제14조 제 2 항</td><td>7년 이하의 징역 또는 5천만원 이하의 벌금
제28조 제 1 항</td><td></td></tr>
<tr><td>3년 이하의 징역 또는 3천만원 이하의 벌금
제28조 제 2 항 제 4 호</td><td>과실</td></tr>
<tr><td>무기를 소지하고 배치된 경비구역을 벗어나지 않을 의무
제14조 제 4 항</td><td>2년 이하의 징역 또는 2천만원 이하의 벌금
제28조 제 3 항</td><td></td></tr>
<tr><td>항거억제등 일정한 경우 이외에는 사람에게 위해를 끼치지 않을 의무
제14조 제 8 항 단서</td><td rowspan="2">그 죄에 정한 형의 1/2까지 가중
제29조</td><td rowspan="2">상해 등 일정한 형법상의 죄를 범한 경우</td></tr>
<tr><td>무기의 안전사용수칙 준수의무
제15조 제 4 항</td></tr>
<tr><td>직무상 명령에 대한 복종의무
제15조 제 1 항</td><td rowspan="2">3년 이하의 징역 또는 3천만원 이하의 벌금
제28조 제 2 항 제 5 호</td><td rowspan="2">경비구역 안에서 시설물의 절도, 손괴, 위험물의 폭발 등의 사유로 인한 위급사태가 발생한 때에 위반한 경우</td></tr>
<tr><td>정당한 사유없이 경비구역을 벗어나지 않을 의무
제15조 제 2 항</td></tr>
<tr><td>쟁의행위를 하지 않을 의무
제15조 제 3 항</td><td>1년 이하의 징역 또는 1천만원 이하의 벌금
제28조 제 4 항 제 2 호</td><td></td></tr>
</table>

에 대한 1000만원 이하의 벌칙(경비업법 제28조 제 5 항)을 제외하면, 특수경비원에게 적용될 수도 있는 벌칙 중에서는 법정형이 낮다. 그렇다면 체계정당성이 인정된다고 볼 여지도 있을 것이다. 하지만 다른 법률에 의한 쟁의행위 금지와 비교해 보면 조금 의문이 생긴다.

쟁의행위를 금지하는 다른 법률에는 노조법, 교원노조법, 공무원노조법이 있는데, ① 헌법 자체가 근로삼권에 대해서 법률로 달리 정할 수 있음을 인정하고 있다는 근거로(헌법 제33조 제 2 항) 쟁의행위를 일반적으로 금지하여 벌칙을 부과하는 경우, ② 헌법 자체가 법률이 정하는 바에 의하여 단체행동권을 제한하거나 인정하지 아니할 수 있음을 인정하고 있다는 근거로(헌법 제33조 제 3 항) 쟁의행위를 일반적으로 금지하여 벌칙을 부과하는 경우, ③ 단체행동권을 제한하거나 인정하지 아니할 수 있음을 전제로 하지는 않지만 기본권 제한의 일반적인 근거에 따라(헌법 제37조

제2항) 노조법이 일정한 쟁의행위를 금지하고 벌칙을 부과하는 경우, ④ 공무원의 노동운동 금지가 적용될 수 있는 경우가 있다. 이를 정리하면 다음의 표와 같다. 요컨대 ①②의 경우에는 '5년 이하의 징역 또는 5천만원 이하의 벌금'을 법정형으로 하고 있지만, ③의 경우에는 '3년 이하의 징역 또는 3천만원 이하의 벌금'부터 '1천만원 이하의 벌금'을 법정형으로 하고 있다. 경비업법의 경우에는 ③ 유형의 쟁의행위 금지이고 노조법에 규정되어 있는 다른 ③ 유형의 쟁의행위 금지의무 위반에 대한 벌칙이나 ④ 유형의 쟁의행위 금지의무 위반에 대한 벌칙에 비하여 벌칙 규정 자체의 위헌성이 문제될 정도로 무거운 법정형을 정하고 있는 것은 아니다. 따라서 경비업법이 정하는 법정형은 가볍기 때문에 체계정당성이 문제되지 않는다고 볼 여지도 있다.

〈표 2〉 쟁의행위 금지의무 위반에 대한 벌칙

경비업법 제15조 제3항	업무의 정상적인 운영을 저해하는 일체의 쟁의행위 금지	1년 이하의 징역 또는 1천만원 이하의 벌금 제28조 제4항 제2호
공무원노조법 제11조	업무의 정상적인 운영을 저해하는 일체의 행위 금지	5년 이하의 징역 또는 5천만원 이하의 벌금 제18조
교원노조법 제8조	업무의 정상적인 운영을 저해하는 일체의 쟁의행위 금지	5년 이하의 징역 또는 5천만원 이하의 벌금 제15조 제1항
노조법 제41조 제2항	일정한 주요방위산업체 종사자의 쟁의행위 금지	5년 이하의 징역 또는 5천만원 이하의 벌금 제88조
노조법	쟁의행위의 기본원칙 위반 등	3년 이하의 징역 또는 3천만원 이하의 벌금 제89조
	쟁의행위 기간 중의 임금지급 요구 쟁의행위 등	2년 이하의 징역 또는 2천만원 이하의 벌금 제90조
	보안업무위반 쟁의행위 등	1년 이하의 징역 또는 1천만원 이하의 벌금 제91조
	단체협약의 내용 중 쟁의행위에 관한 사항 위반	1천만원 이하의 벌금 제92조
국가공무원법 제66조	노동운동의 금지	1년 이하의 징역 또는 300만원 이하의 벌금 제84조 (다른 법률에 보충적)
지방공무원법 제58조	노동운동의 금지	1년 이하의 징역 또는 300만원 이하의 벌금 제82조 (다른 법률에 보충적)
경찰공무원법 제30조	노동운동의 금지	2년 이하의 징역 또는 200만원 이하의 벌금 제31조 제3항
청원경찰법 제11조	노동운동의 금지	1년 이하의 징역 또는 200만원 이하의 벌금 제11조

결국 경비업법의 쟁의행위 금지의무 위반에 대한 벌칙 규정 자체에 대해서 체계정당성이 없다거나 과다하여 위헌이라고 볼 수는 없다는 결론에 이르게 된다. 하지만 쟁의행위를 일반적으로 금지하는 다른 법률에 비하여 법정형이 낮다는 사실은 비판이나 비난까지는 어렵지만 그 정당성 내지는 체계성에 대해서 의구심을 갖기에는 적어도 발표자에게는 충분하다고 생각한다. 특히 청원경찰법상의 노동운동금지 위반에 대한 벌칙에 대해서는 과잉형벌, 형벌체계상의 균형성 상실, 책임과 형벌의 비례에 대해서 상세하게 판시했던 사례에[3] 비하면 더욱 그렇다.

(2) 평등권 위반

헌법재판소가 근로삼권과 동시에 평등권 침해가 문제된 사례에 대해서 근로삼권 이외에도 평등권 침해에 대해서는 그동안 판단을 해 왔던게 그동안의 헌법재판소의 판단경향이라고 볼 수 있다.

예컨대 교원노조법이 시행되기 이전에 사립학교 교원의 근로삼권이 문제된 사안에서는 일반 근로자 및 공립학교 교원과 사립학교 교원 사이의 평등권이 문제되었고,[4] 공무원노조법이 시행되기 이전에 공무원의 근로삼권이 문제된 사안에서는 일반 근로자 및 노동운동이 허용된 공무원과 공무원 사이의 평등권이 문제되었고,[5] 공무원노조법이 시행된 이후 공무원노조법에 의해 단결권이 허용되는 공무원과 그렇지 않은 공무원 사이에서 평등권이 문제되었고,[6] 1996. 12. 31. 법률 제5244호로 폐지되기 전의 노조법상 공익사업에서의 직권중재와 관련하여 공익사업에 종사하는 근로자와 일반사업에 종사하는 근로자 사이의 평등권이 문제되었고,[7] 방위산업체에 종사하는 자의 쟁의행위 금지와 관련하여 일반 근로자와 사이에서 평등권이 문제되었고,[8] 공공적 성격을 갖기 때문에 예산 등의 제약으로 단체교섭권이 제한받는 기관에서의 단체교섭과 관련하여 일반 근로자와 사이에서 평등권이 문제되었고,[9] 안전보호시설의 유지의무와 관련하여 안전보호시설에 종사하는 자와 일반 근로자 사이에서 평등권이 문제되었고,[10] 유니온숍에 의한 단결강제와 관련하여 다수노조와

3) 헌법재판소 2008. 7. 31, 2004헌바9.
4) 헌법재판소 1991. 7. 22, 89헌가106; 헌법재판소 1999. 6. 24, 97헌바61.
5) 헌법재판소 1992. 4. 28, 90헌바27; 헌법재판소 2005. 10. 27, 2005헌바49; 헌법재판소 2007. 8. 30, 2005헌가5 · 2003헌바51; 헌법재판소 2008. 4. 24, 2004헌바47 등.
6) 헌법재판소 2008. 12. 26, 2005헌마971; 헌재 2008. 12. 26, 2006헌마462.
7) 헌법재판소 1996. 12. 26, 90헌바19.
8) 헌법재판소 1998. 2. 27, 95헌바10.
9) 헌법재판소 2004. 8. 26, 2003헌바65; 헌법재판소 2004. 8. 26, 2003헌바28; 헌법재판소 2005. 6. 30, 2003헌바74.
10) 헌법재판소 2005. 6. 30, 2002헌바83.

소수노조 사이에서 평등권이 문제되었고,[11] 노동조합이라는 명칭의 사용과 관련하여 설립신고를 마친 노동조합과 그렇지 않은 경우 사이에서 평등권이 문제되었다.[12] 물론 이들 사례는 이유는 달리하지만 거의 한결같이 평등권 위반이라는 주장을 배척하였다.

근로삼권과 관련하여 평등권 심사를 아예 배제한 것은 평석대상결정이 가장 처음인 것으로 보인다. 평석대상결정이 선례로 인용한 소방공무원의 근로삼권에 관한 사례에서도 단체교섭권, 단체행동권, 결사의 자유, 행복추구권의 침해 여부에 대한 판단만을 배제했을 뿐 평등권 침해 여부에 대해서는 판단하였다.[13] 뿐만 아니라 소방공무원의 근로삼권에 관한 결정례가 인용한 선례도 음란·저속간행물을 발간한 출판사에 대한 등록취소가 언론·출판의 자유, 직업선택의 자유 및 재산권을 침해하였다는 주장에 대해서 출판사등록취소제도의 위헌성을 심사한 사안이다. 특히 구체적인 재판사건(출판사등록취소처분취소소송)에서 당사자가 위헌제청신청을 하였고 이를 받아들여 법원이 위헌법률심사를 제청하였는데 제청사유가 언론·출판의 자유의 침해를 주장하는데 있고, 법률도 출판내용을 규제하는데 일차적인 의도가 있으며, 규제수단도 언론·출판의 자유를 더 제약하기 것으로 보이기 때문에 언론·출판의 자유를 '중심으로' 판단한 사안일 뿐이지 단체행동권 위반 여부에 대한 심사로 평등권 위반의 심사를 갈음할 수 있다는 판단의 근거로 원용하기에는 문제가 있다고 생각한다.

그런데 전술한 바와 같이 근로삼권과 동시에 평등권 침해가 문제된 사례에서 이처럼 한결같이 평등권 위반 주장을 기각하는 것이 일반적인 경향이라면 평석대상결정처럼 아예 평등권에 대한 판단을 하지 않고 곧장 근로삼권에 대해서만 판단하더라도 결론에 있어서 차이는 없을지도 모른다. 하지만 그동안 헌법재판소가 근로삼권의 침해와 동시에 평등권이 문제된 사안에 대해서 평등권 위반 여부에 대해 판단한 내용을 보면 문제는 그렇게 간단한 것이 아니다.

공무원노조법이 시행되기 이전에 노동운동이 허용되는 사실상의 노무에 종사하는 공무원과 그렇지 않은 공무원 사이의 평등권 위반 여부에 대해서 헌법재판소는 다음과 같이 판시한 바 있다.[14]

> 위 법률조항이 사실상 노무에 종사하는 공무원에 대하여서만 노동 3 권을 보장하고 그

11) 헌법재판소 2005. 11. 24, 2002헌바95.
12) 헌법재판소 2008. 7. 31, 2004헌바9.
13) 헌법재판소 2008. 12. 26, 2006헌마462.
14) 헌법재판소 2007. 8. 30, 2003헌바51.

이외의 공무원들에 대하여는 노동 3 권의 행사를 제한함으로써 일반 근로자 또는 사실상 노무에 종사하는 공무원의 경우와 달리 취급하는 것은 헌법 제33조 제 2 항에 명문의 근거를 두고 있을 뿐만 아니라 위에서 본 바와 같은 합리적인 이유 또한 있다 할 것이므로 헌법 제11조 제 1 항에서 정한 평등의 원칙에 위반된다고 하기 어렵다.

설립신고하지 않은 경우 노동조합이라는 명칭사용 자체를 제한하는 것이 평등권 위반인지에 대한 헌법재판소의 판단은 다음과 같다.[15]

> 차별의 내용은 노동조합의 명칭을 사용하는 데 대한 것으로서 이를 위반하는 경우에 형사처벌을 받기는 하나, 기본적으로 명칭을 사용하는 것 자체가 헌법상의 기본권, 즉 단결권의 본질적인 내용이라고 보기는 어렵고 단지 넓은 의미에서 단결권을 제한하는 정도에 지나지 아니하여 차별로 인한 불이익의 내용과 정도가 그리 크다고 할 수 없다.
>
> 한편 실질적인 요건을 갖춘 헌법상 근로자의 단결체라면 언제라도 행정관청에 간단히 신고를 함으로써 노동조합이라는 명칭을 사용할 수 있는 지위를 획득할 수 있고, 행정관청의 심사도 비교적 간단하여 그 신고과정이나 절차가 단결체에게 부담이 될 정도로 복잡하다거나 실질적이라고 보기도 어려우므로, 적법한 신고를 기준으로 삼아 명칭의 사용 여부를 결정하는 것에는 합리적인 이유가 있다고 할 것이다.

평등권 위반의 판단에 있어서 비교적 중요하다고 생각되는 구체적인 판단방법까지 제시한 사례로 단지 두가지 예에 지나지 않기는 하지만, ① 헌법 제33조 제 2 항이 공무원의 근로삼권에 대해서는 광범위한 입법형성권을 인정하고 있다는 점 ② 차별에 의한 불이익의 정도가 크지 않고 비교적 쉽게 기본권 제한을 벗어날 수 있다는 점을 고려하고 있음을 알 수 있다. 그렇다면 특수경비원에 대한 이 사안에서도 쟁의행위를 전면금지해도 된다는 점이 헌법에 명시되어 있을 정도로 합리적인 차별임을 명시하고 있는지 여부, 특수경비원이 쟁의행위의 전면금지에 의해서 일반 근로자 · 일반 경비원 · 청원경찰에 비하여 받는 불이익의 정도가 크지 않다고 볼 수 있는지 여부에 대한 판단이 필요했을 것으로 보는 것이 타당하다.

특히 2001. 4. 7. 법률 제6467호 경비업법 개정의 핵심적인 내용은 종전에 청원경찰이 수행하던 업무의 일부를 대행할 수 있는 특수경비업을 신설하는데 있다고 보아도 과언이 아니다.[16] 그렇다면 특수경비원은 종전 청원경찰이 수행하던 업무를 수행할 것이 예견되어 있는 것이며 청원경찰의 근로삼권 보장 내용과 특수경비원의 근로삼권 보장 내용의 비교를 통해 평등권 위반 여부는 반드시 심사대상에 포함시켰어야 할 것이다.

경비업법의 개정으로 특수경비업이 신설된 시기와 같은 시기에 청원경찰에 대

15) 헌법재판소 2008. 7. 31, 2004헌바9.
16) 2000. 11. 21.자 정부의 경비업법중개정법률안(의안번호 160366)의 제안이유.

해서 단결권과 단체교섭권을 인정하고 단체행동권을 금지하는 취지의 정부의 법률 개정안이 있었다.[17] 하지만 최종적으로는 청원경찰의 복무에 대해서 경찰공무원에 관한 규정을 준용하던 것(2001. 4. 7. 제6466호로 개정되기 이전의 청원경찰법 제 5 조 제 4 항)을 국가공무원법 및 경찰공무원법의 일정한 규정을 준용하는 것(2001. 4. 7. 제 6466호로 개정된 이후의 청원경찰법 제 5 조 제 4 항)으로 개정하였을 뿐 근로삼권에 대한 전면금지는 유지되었다. 이 당시 이렇게 수정가결된 이유는 찾아보기 어렵다. 청원경찰의 근로삼권 전면금지에 대해서는 헌법재판소가 합헌 4인, 위헌 4인, 한정위헌 1인의 결정을 내렸던 바 있는데 이중 합헌의견은 다음과 같이 근거를 제시했던 바 있다.[18]

> 청원경찰은 청원주가 임명하는 것이므로 기본적으로 공무원이 아니고 일반 근로자에 불과하나, 앞서 본 바와 같이 그 신분이나 업무의 내용을 보면 공무원 특히 경찰공무원과 유사하다. 즉, 청원경찰은 주로 경찰업무를 수행하게 되므로 임용자격에는 일정한 제한이 설정되어 있고 임용에 있어서도 지방경찰청장의 승인을 받게 되며, 청원경찰법상 경찰공무원을 기준으로 한 일정금액 이상의 임금을 보장받고 있고 의사에 반한 면직이 금지되는 등 신분보장에 있어서 공무원과 매우 유사한 대우를 받고 있다(2005. 8. 4. 법률 제7662호 개정법에서는 제10조의 7로 국가기관 또는 지방자치단체에 근무하는 청원경찰의 휴직 및 명예퇴직에 관하여 국가공무원법을 준용하도록 하는 규정이 추가되었다). 또한, 보수의 측면에서 보면 적어도 국가나 지방자치단체에 소속된 청원경찰의 경우에는 그 보수를 국가나 지방자치단체가 부담하는 것으로서 실질적으로 국민전체의 부담이 되는 점에서는 공무원과 같고, 이러한 국가기관에 근무하는 청원경찰의 비율이 60%를 상회하며, 여기에 국영기업체까지 포함하면 그 비율은 80%에 이른다(2005. 6. 경 통계로, 강창일 의원 등이 대표발의한 청원경찰법 개정법률안에 대한 국회검토보고서 참조). … (중략) …
>
> 사립학교 교원의 근로 3 권을 제한한 구 사립학교법 조항에 대한 위헌제청사건에서는, 헌법 제31조 제 6 항의 교원지위법정주의를 근거로 하고 교육의 본질에 따른 교육제도의 구조적 특성, 교원직무의 공공성 · 전문성과 자주성, 그리고 교원의 근로관계 및 법적 규율의 특수성 등을 고려하여 공무원이 아닌 일반근로자의 근로 3 권 제한규정의 합헌성을 인정한 바 있다(헌재 1991. 7. 22, 89헌가106, 판례집 3, 387-483). 그러므로 이러한 취지에 따르면, 국가공무원(헌재 1992. 4. 28, 90헌바27등, 판례집 4, 255 이하)이나 지방공무원(헌재 2005. 10. 27, 2003헌바50등, 판례집 17-2, 238 이하) 뿐만 아니라 업무의 공공성이 매우 큰 영역에 근무하는 근로자인 청원경찰에 대하여는 근로 3 권이 전부 제한될 수도 있다고 할 것이다.

17) 2000. 10. 18.자 정부의 청원경찰법중개정법률안(의안번호 160220)의 제 5 조의 2 신설.
18) 헌법재판소 2008. 7. 31, 2004헌바9. 재판관 이공현, 김희옥, 이동흡, 목영준의 합헌의견.

이 판단 부분은 평등권 위반에 대한 것은 아니다. 그렇지만 적어도 청원경찰의 근로삼권 제한을 합헌이라고 판단하는데 있어서 공무원에 준하는 신분과 근로조건의 보장과 담당하는 업무의 공공성을 무엇보다도 큰 근거로 삼고 있다. 그렇다면 이러한 청원경찰에 대한 '쟁의행위의 제한'(정확하게는 노동운동의 금지)과 특수경비원에 대한 쟁의행위의 금지의 평등권 위반 여부에 대한 심사과정을 통해서, 특수경비원에게는 청원경찰과 같은 공무원에 준하는 신분과 근로조건의 보장이 없으면서도 쟁의행위의 금지가 합리화될 수 있는 이유 유무에 대해서까지도 당연히 판시하였어야 할 것으로 본다.

(3) 쟁의행위 금지의 헌법적 근거

그동안 쟁의행위 금지가 문제된 사건에서 헌법재판소는 공무원과 방위산업체 종사자의 경우에는 직 · 간접적으로 '금지'라는 개념을 언급하면서 헌법 제33조 제 2 항 또는 제 3 항을 근거로 든다.

공무원 : 공무원노조법 제11조[19)]

공무원이 쟁의행위를 통하여 공무원 집단의 이익을 대변하는 것은 국민전체에 대한 봉사자로서의 공무원의 지위와 특성에 반하고 국민전체의 이익추구에 장애가 되며, 공무원의 보수 등 근무조건은 국회에서 결정되고 그 비용은 최종적으로 국민이 부담하는바, 공무원의 파업으로 행정서비스가 중단되면 국가기능이 마비될 우려가 크고 그 손해는 고스란히 국민이 부담하게 되며, 공공업무의 속성상 공무원의 파업에 대한 정부의 대응수단을 찾기 어려워 노사 간 힘의 균형을 확보하기 어렵다. 따라서, 공무원에 대하여 일체의 쟁의행위를 금지한 공노법 제11조는 헌법 제33조 제 2 항에 따른 입법형성권의 범위 내에 있어, 헌법에 위배되지 아니한다.

공무원 : 노동운동의 금지[20)]

헌법 제33조 제 2 항이 직접 '법률이 정하는 자'만이 노동 3 권을 향유할 수 있다고 규정하고 있어서 '법률이 정하는 자' 이외의 공무원은 노동 3 권의 주체가 되지 못하므로, '법률이 정하는 자' 이외의 공무원에 대해서도 노동 3 권이 인정됨을 전제로 하여 헌법 제37조 제 2 항의 과잉금지원칙을 적용할 수는 없는 것이다. 한편, 법 제66조 제 1 항은 근로 3 권이 보장되는 공무원의 범위를 사실상 노무에 종사하는 공무원에 한정하고 있으나, 이는 헌법 제33조 제 2 항에 근거한 것이고, 전체국민의 공공복리와 사실상 노무에 공무원의 직무의 내용, 노동조건 등을 고려해 보았을 때 입법자에게 허용된 입법재량권의 범위를 벗어난 것이라 할 수 없다.

---

19) 헌법재판소 2008. 12. 26, 2005헌마971, 1193, 2006헌마198(병합).
20) 헌법재판소 2008. 4. 24, 2004헌바47; 헌법재판소 2007. 8. 30, 2003헌바51, 2005헌가5(병합).

방위산업체 종사자 : 노조법 제41조 제 2 항[21)]

위 조항은 단체행동권의 제한 또는 금지를 규정하고 있는 헌법 제33조 제 3 항을 직접 근거로 하고 있고, 단체행동이 금지되는 것은 주요방산업체에 있어서 방산물자의 생산과 직접 관계되거나 그와 긴밀한 연계성이 인정되는 공장에 종사하는 근로자에 한정하는 것으로 해석상 그 범위의 제한이 가능하며, 단체교섭에 있어서 발생하는 노동쟁의에 대하여 노동위원회의 알선, 조정을 받을 수 있는 등 대상조치가 마련되어 있으므로, 위 조항이 평등의 원칙에 반한다거나 근로자의 단체행동권의 본질적 내용을 침해하고 과잉금지의 원칙에 위배된 규정이라고 볼 수 없다.

그렇지만 공무원과 방위산업체 종사자가 아닌 경우에는 헌법 제37조 제 2 항을 근거로 드는 것이 보통이기는 하지만 반드시 분명한 것은 아니다.

교원 : 교원노조법 이전의 사립학교법[22)]

이 사건 심판의 대상이 된 위 각 법률조항은 근로자인 사립학교 교원에게 비록 헌법 제33조 제 1 항에 정한 근로 3 권의 행사를 제한 또는 금지하고 있다고 하더라도 이로써 사립학교 교원이 가지는 근로기본권의 본질적 내용을 침해한 것으로는 볼 수 없고, 그 제한은 입법자가 앞서 본 교원지위의 특수성과 우리의 역사적 현실을 종합하여 공공의 이익인 교육제도의 본질을 지키기 위하여 결정한 것으로서 필요하고 적정한 범위 내의 것이라 할 것이므로 헌법 제33조 제 1 항은 물론 헌법 제37조 제 2 항에도 위반되지 아니한다.

이 결정의 경우에는 '본질적 내용을 침해한 것으로는 볼 수 없고'라는 표현이나 '헌법 제37조 제 2 항에도 위반되지 아니한다'라는 표현을 보면 교원노조법 이전의 사립학교법이 헌법 제37조 제 2 항의 기본권 제한에 해당한다는 것을 전제로 과잉금지가 아니라는 입장이다. 특이한 점은 근로삼권의 행사를 '제한'하는 경우 뿐만 아니라 '금지'하는 것도 본질적 내용의 침해가 아니라고까지 판시하고 있는 점이다.

청원경찰 : 청원경찰법 제11조[23)]

청원경찰법 제11조는 청원경찰의 근로 3 권을 제한함으로써 청원경찰들이 관리하는 국가 등의 중요시설의 안전을 기하려고 하는 것으로서 그 입법목적의 정당성과 수단의 적정성을 인정할 수 있다. 청원경찰 업무의 특성상 단결권행사나 단체교섭권의 행사만으로도 시설의 경비업무에 지장을 초래할 가능성이 높고, 청원경찰에 대한 신분보장과 그 업무의 공공성, 업무수행의 특수성 등을 고려할 때, 군인이나 경찰관과 마찬가지로 청원경찰에 대하여도 단체행동권뿐만 아니라 단결권과 단체교섭권도 제한할 필요성이 충분히 인정되므로, 제한의 필요성과 피해의 최소성도 갖추었다. 또한 청원경찰법 조항으로 인하여 입는 청원경찰의 불이익에 비하여 국가나 사회의 중추를 이루는 중요시설의 운영에

21) 헌법재판소 1998. 2. 27, 95헌바10.
22) 헌법재판소 1991. 7. 22, 89헌가106.
23) 헌법재판소 2008. 7. 31, 2004헌바9.

안정을 기함으로써 얻게 되는 국가안전보장, 질서유지 등의 공익이 매우 크므로 법익의 균형성도 갖추었고, 유사한 집단행위 또는 쟁의행위에 대한 처벌 규정에 비추어 볼 때 과잉형벌의 문제를 제기하지 아니하며, 형벌체계상의 균형을 상실하였다거나 책임과 형벌 간의 비례원칙에 위반된다고 보기도 어렵다.

교원에 관한 앞의 사례와는 달리 청원경찰에 관한 사례에서는 합헌의견은 '금지'라는 표현을 사용하고 있지 않다. 다만 판단과정에 비추어 청원경찰법상의 노동운동 금지가 청원경찰에 대한 기본권의 '제한'이며 헌법 제37조 제 2 항의 한계를 벗어난 것이 아니라고 판시하고 있다.

결국 다른 기본권에 관한 헌법재판소의 모든 결정례를 검토한 뒤에 이른 결론은 아니라는 제한이 필요하기는 할 것이지만, 최소한 근로삼권에 관한 한 그리고 헌법이 직접 명시하고 있는 공무원과 방위산업체에 종사하는 자가 아닌 한, 헌법재판소는 '금지'와 '제한'을 동일하게 보고 있는 듯하다. 법률의 규정형식이 동일하게 '파업 · 태업 그밖의 일체의 쟁의행위 금지'라고 하더라도 공무원과 방위산업체에 종사하는 자의 경우에는 헌법이 위임한 입법형성권의 범위 내이므로 합헌이고 공무원과 방위산업체에 종사하는 자가 아닌 경우에는 그것은 '금지'가 아니라 '제한'이고 제한의 정도도 본질적 내용의 침해가 아니므로 합헌이라고 보는 것이 헌법재판소의 입장이라고 정리하더라도 과언이 아니라고 본다.

평석대상결정도 기본적으로는 이러한 입장에 서 있는 것으로 이전의 결정례들에 비하여 특별히 다른 문제가 있는 것은 아닐 수도 있다. 하지만 평석대상결정은 이전의 결정례들과는 다른 새로운 문제를 안고 있다. 즉 이전의 결정례들은 방위산업체에 종사하는 자에 관한 사례를 제외한다면 모두 근로삼권을 전면적으로 인정하지 않는 법률이 문제된 사례인데, 헌법에 직접 근거가 있는 공무원에 관한 사례이거나 공무원에 준해서 볼 수 있는 사립학교 교원이나 청원경찰에 관한 사례이다. 하지만 특수경비원의 사례는 공무원처럼 헌법에 명시적인 근거가 있는 경우도 아니고 공무원에 준해서 볼 수 있을 만한 근거가 없음에도 불구하고 쟁의행위의 금지를 합헌이라고 인정하고 있다. 특히 후술하는 바처럼 그것이 본질적 부분의 침해 금지가 아닌 이유는 단결권과 단체교섭권은 고스란히 보장되고 있다는데 있다. 따라서 평석대상결정은 단결권과 단체교섭권은 인정하면서 쟁의행위를 금지하는 법률의 헌법적 합성이 문제된 실질적인 첫 번째 사례로서, 앞으로 이러한 입법기술을 허용하게 되는 선례로 손쉽게 원용되지 않을까 하는 점이 우려된다.

(4) 과잉금지원칙

평석대상결정의 다수의견은 쟁의행위 금지가 과잉금지에 반하는지를 판단함에 있어서 근로삼권의 상호관계에 대해서는 직접적으로 언급하고 있지 않다. 단지 "단결권, 단체교섭권, 단체행동권 모두를 인정할 필요는 없다"고 설시하고 있을 뿐이다.

하지만 재판관 조대현의 반대의견은 쟁의행위의 금지가 기본권의 본질적 내용의 침해에 해당된다는 것으로 단결권·단체교섭권·단체행동권이 각자 독립된 기본권이라는 점을 들고 있다.

> 단결권·단체교섭권 및 단체행동권은 모두 근로자의 근로조건의 향상을 위하여 인정되는 기본권이지만, 3개의 권리가 각자 독립된 기본권이므로 어느 하나의 권리, 예컨대 단체행동권에 대해서만 본질적인 내용을 침해하는 경우에도 헌법 제37조 제2항에 위반된다.

재판관 김종대, 송두환의 반대의견도 재판관 조대현의 반대의견과 마찬가지로 단결권·단체교섭권·단체행동권은 각자 독립적인 기본권이라고 하면서, 동시에 독립적인 기본권이라는 판단이 근로삼권의 상호관계, 단결권·단체교섭권·단체행동권의 독자적 권리성, 유기적 관련성에 관한 기본관념과 모순되는 것은 아니라는 점까지 논증하고 있다. 어쨌건 쟁의행위의 금지가 기본권의 본질적 내용의 침해라는 것이다.

> 다수의견은, 명시적으로 표현하고 있지는 않지만, 헌법 제33조상 단체행동권은 독립적인 기본권이 아니므로 이 사건 법률조항과 같이 일체의 쟁의행위를 금지하는 입법은 단체행동권이라는 기본권을 전면적으로 '박탈'하는 것이 아니라 근로 3 권의 일부를 '제한'하는 것으로 보고 있는 것으로 보인다. 그러나 이와 같은 취지의 해석은 우리 헌법이 단결권, 단체교섭권, 단체행동권을 근로 3 권이란 하나의 묶음으로 표현하지 아니하고 각각을 독자적 기본권으로서 나누어 개별적으로 규정하고 있는 취지에 반하는 것으로 허용될 수 없다고 본다.

이러한 반대의견은 설시는 "단결권, 단체교섭권, 단체행동권 모두를 인정할 필요는 없다"는 다수의견의 일견 간결하면서도 단호한 입장에 대한 것이다. 반대의견이 다소 장황하게 다수의견을 비판하기는 했지만, 근로삼권의 상호관계나 쟁의행위인 단체행동과 쟁의행위가 아닌 단체행동의 구분이나 단결권·단체교섭권·단체행동권의 독자적 권리성, 청원경찰이나 공무원 신분보장 내지는 대상조치 등에 관한 논법을 떠나서 과잉금지 문제에 관한 한 사실 다수의견은 논리적인 설득력이 떨어진다는 것은 두말할 나위도 없다.

다수의견의 논리는 비유적으로 말한다면 "표현의 자유가 보장되어야 한다고 해서 언론의 자유, 출판의 자유, 집회의 자유, 결사의 자유 모두를 인정할 필요는 없다"는 논리와 다를바 없어 보인다. 특별한 법리적인 고려없이 ① 헌법에 명시적인 근거가 있는 금지에 대해서는 그 명시적 근거를 원용하다가 ② 헌법에 명시적인 근거가 없는 금지에 대해서는 그 명시적 근거를 원용할 수 있는 공무원 지위와의 유사성을 근거로 원용하다가 ③ 헌법의 명시적 근거를 원용할 수 없는 공무원이 아닌 자에 대한 금지에 대해서는 단체행동권에 대해서만 금지하는 것은 근로삼권 전체에 대해서는 제한에 불과하다는 논거를 찾은데 불과하다. 문제는 오히려 다른 곳에 있다. "단결권, 단체교섭권, 단체행동권 모두를 인정할 필요는 없다"는 다수의견이 가장 의도한 바는 '단결권 없는 근로삼권'이나 '단체교섭권 없는 근로삼권'이 아니라 '단체행동권 없는 근로삼권'임은 쉽게 추측할 수 있다. 이러한 입장은 사실 뿌리가 깊다.

4. 결 론

헌법이 단결권·단체교섭권·단체행동권을 보장하여야 한다고 선언한 것은 근로자의 단결권·단체교섭권·단체행동권이 근로자의 인권으로 규범적으로 보장됨을 전제로 한 노동관계가 사회 전체의 발전에 필요하다는 문명사회의 규범적 확신을 표현한 것이다. 재판관 김종대, 송두환의 반대의견은 이를 다음과 같이 표현하고 있다.

> 우리 헌법이 근로3권을 보장하는 취지는 노동관계 당사자가 상반된 이해관계로 말미암아 계급적 대립·적대의 관계로 나아가지 않고 활동과정에서 서로 기능을 나누어 가진 대등한 교섭주체의 관계로 발전하게 하여 분쟁을 평화적으로 해결하게 함으로써, 종국적으로는 <u>근로자의 이익과 지위의 향상을 도모하는 사회복지국가 건설의 과제</u>를 달성하고자 함에 있다 할 것이고(헌재 1990. 1. 15, 89헌가103, 판례집 2, 4, 13-14; 헌재 1993. 3. 11, 92헌바33, 판례집 5-1, 29, 40; 헌재 1998. 7. 16, 97헌바23, 판례집 10-2, 243, 253 참조), 근로자의 단체행동권이 전제되지 않은 단체결성이나 단체교섭이란 무력한 것이어서 단체결성이나 단체교섭권만으로는 노사관계의 실질적 대등성이 확보될 수 없다고 볼 것이므로(헌재 1996. 12. 26, 90헌바19등, 판례집 8-2, 729, 772, 재판관 5인의 위헌의견 참조), 이 사건 법률조항이 일반근로자인 특수경비원의 쟁의권을 박탈한 것은 이와 같이 노사관계의 실질적 대등성을 확보하는 데에 필수적인 전제이자 중핵적인 권리라 할 수 있는 단체행동권을 전면적으로 부인한 것으로 헌법상 근로3권의 본질적인 내용을 침해한 것이라 하지 않을 수 없다.

다수의견은 단결권·단체교섭권·단체행동권이 모두 전제로 되지 않은 노동관계만으로도, 반대의견이 강조하는 바 '사회복지국가 건설의 과제'를 담보하기에 충분하다는 입장이며 그러한 입장이 현행 헌법에 어긋나지도 않는다는 것이다. 즉 단체행동권이 보장되지 않는 노동관계도 입법으로 형성할 수 있으며 위헌이 아니라는 입장에 서 있다. 겉보기에는 다수의견과 반대의견의 차이는 과잉금지의 해석의 차이지만, 보다 근본적으로는 쟁의행위에 대한 기본관념의 차이를 반영하고 있다. 다수의견은 단체행동권이 없는 근로삼권의 보장이 가능하다는 것이며 반대의견은 단체행동권이 없는 근로삼권의 보장은 무의미하다는 것이다.

사실 이러한 입법이 경비업법에만 있는 것은 아니다. 비록 헌법에 별도의 명문근거가 있기는 하지만 방위산업체에 종사하는 자의 쟁의행위를 금지한 노조법은 방위산업체에서 쟁의행위없는 노동관계를 상정하고 있는 셈이며, 마찬가지로 교원노조법과 공무원노조법도 쟁의행위 없는 노동관계를 설계하고 있다. 또한 입법에까지는 이르지 않았지만 외국인 근로자, 경제특구입주업체에 종사하는 근로자, 그리고 전술한 바와 같이 청원경찰의 경우에도 단체행동권의 보장이 없는 노동관계를 입법화하자는 주장이 제기되었던 바 있다. 그리고 개념적으로 근로자는 아니라는 입장을 전제로 하고 있기는 하지만 특수형태근로종사자에 대해서도 단결권과 단체교섭권에 유사한 권리는 인정하되 단체행동권은 부정하는 형태로 법률관계를 설정하자는 입법론이 있었다. 헌법에 명문의 근거는 없지만 쟁의행위없는 노동관계를 설정하려는 주장은 새삼스러운 것은 아니다.

헌법에서 근원을 찾아보면 일정한 범주의 근로자에게 단체행동권을 전면금지할 수 있는 근거가 명시된 것은 "공무원과 국가·지방자치단체·국영기업체·공익사업체 또는 국민경제에 중대한 영향을 미치는 사업체에 종사하는 근로자의 단체행동권은 법률이 정하는 바에 의하여 이를 제한하거나 인정하지 아니할 수 있다."는 1972. 12. 27. 제 8 호 대한민국헌법 제29조 제 3 항이 있다. 이른바 유신헌법이 그것이다. 그 범위가 '국가·지방자치단체·국공영기업체·방위산업체·공익사업체 또는 국민경제에 중대한 영향을 미치는 사업체'로 변경되었다가(1980. 10. 27. 제 9 호 대한민국헌법 제31조), '법률이 정하는 주요방위산업체'만 남은 것이 현행헌법 제33조 제 3 항이다. 최소한 문리해석만으로도 유신헌법·1980년헌법과 현행헌법의 차이를 다음과 같이 정리할 수 있다.

> 법률이 정하는 주요방위산업체라면 몰라도, 그리고 현행 헌법이 시행된 1988. 2. 25. 이전의 시점이라면 몰라도, 국가·지방자치단체·국공영기업체·방위산업체·공익사업체 또는 국민경제에 중대한 영향을 미치는 사업체에 종사하는 근로자의 단체행동권을 법률

이 정하는 바에 의하여 "제한하는 것"은 헌법 제37조 제 2 항의 범위 내에서는 위헌이 아닐 수도 있지만 어떠한 이유로도 "인정하지 않는 것"은 위헌이다.

물론 이러한 이치는 헌법재판소가 다른 사건에서도 이미 인정한 바이다. 사실상 노무에 종사하는 공무원에게까지 쟁의행위를 금지하는 것으로 해석될 수 있도록 "국가 · 지방자치단체 및 방위산업에관한특별조치법에 의하여 지정된 방위산업체에 종사하는 근로자"의 쟁의행위를 금지하고 있었던 구 노쟁법 제12조 제 2 항(1996. 12. 31. 제5244호로 폐지되기 전의 것)에 대해서 헌법재판소는 다음과 같이 판시했던 바 있다.[24)]

헌법적 위임은 고려하지 않은 채 종래처럼 "국가 · 지방자치단체 … 에 종사하는 근로자는 쟁의행위를 할 수 없다."는 규정을 그대로 놓아 두고 있다. 이와 같은 규정은 위에서 본 바 전문 개정의 현행 헌법 이전의 구 헌법 제31조의 규정에 부합된다 하여도 현행 헌법 제33조의 규정을 도외시한 것이다.

이러한 결정에 따른다면 현행 헌법 제33조 제 3 항의 반대해석으로 주요방위산업체에 종사하는 자가 아닌 자인 특수경비원에게 쟁의행위를 금지하는 법률은 헌법의 근거가 없다고 해석하는 것이 타당할 것이다. 재판관 김종대, 송두환의 반대의견도 이 결정례를 선례로 원용하지는 않았지만[25)] 같은 맥락에서 판단하고 있다.

우리 헌법 제33조 제 1 항은 단결권 · 단체교섭권 및 단체행동권의 주체를 '근로자'로 규정하면서 별다른 단서를 두고 있지 않고, 다만, "공무원인 근로자"는 법률이 정하는 자에 한하여 단결권 · 단체교섭권 및 단체행동권을 가지고(제 2 항), "법률이 정하는 주요방위산업체에 종사하는 근로자"의 단체행동권은 법률이 정하는 바에 의하여 이를 제한하거나 인정하지 아니할 수 있다(제33조 제 3 항)고 규정하고 있다. 그렇다면 근로 3 권에 관한 헌법 제33조에 대한 체계적 해석상, 헌법이 특별히 개별적 유보조항을 두고 있는 '공무원'과 '주요방위산업체에 종사하는 근로자'가 아닌 '일반근로자'의 경우에 단체행동권을 전면적으로 금지하는 '법률'은 현행 헌법상 허용될 수 없다고 보아야 할 것이다.

그렇지만 평석대상결정의 다수의견은 이러한 해석을 명시적으로 거부하고 있다.

24) 헌법재판소 1993. 3. 11, 88헌마5.

25) 평석대상결정의 반대의견은 "구 헌법(1980. 10. 27. 개정되고 1987. 10. 29. 개정되기 이전의 것, 이하 구 헌법이라 한다)과 현행 헌법의 근로 3 권에 관한 규정의 구조를 비교해 볼 때, 현행 헌법은 공익사업에 종사하는 근로자들에게 단체행동권을 부여하는 것을 원칙으로 하고 있다고 해석된다. 즉 구 헌법 제31조는 근로 3 권에 관하여 (중략) 제 3 항에서 "국가 · 지방자치단체 · 국공영기업체 · 방위산업체 · 공익사업체 또는 국민경제에 중대한 영향을 미치는 사업체에 종사하는 근로자의 단체행동권은 법률이 정하는 바에 의하여 이를 제한하거나 인정하지 아니할 수 있다."고 규정하였으므로 위 제 3 항의 규정 자체에 의하여 공익사업에 종사하는 근로자의 단체행동권을 법률로써 제한하거나 박탈할 수 있었다고 할 것이다"라는 헌법재판소 1996. 12. 26. 90헌바19등 결정에서 재판관 5인의 위헌의견을 원용하고 있다.

반대견해에서는 헌법 제33조 제 2 항과 제 3 항의 규정에서 '공무원'과 '주요방위산업체에 종사하는 근로자'에 대해서만 특별히 유보조항을 두고 있는 점을 근거로 제시하고 있으나, 앞서 언급한 바와 같이 이 사건 법률조항에 의한 단체행동권의 제한은 헌법 제33조 제 2 항과 제 3 항의 개별유보조항에 의한 것이 아니라 헌법 제37조 제 2 항의 일반유보조항에 의한 것인 만큼, 헌법 제33조 제 2 항과 제 3 항으로부터 이 사건 법률조항이 헌법 제33조 제 1 항에 위배된다는 결론은 도출될 수 없는 것이다.

요컨대 평석대상결정의 다수의견은 헌법 제33조 제 3 항으로부터 특수경비원에게 쟁의행위를 금지해서는 안 된다는 결론을 도출할 수 없다는 것인데, 굳이 따져보자면 앞서 사실상 노무에 종사하는 공무원에게까지 쟁의행위를 금지하고 있었던 구 노쟁법은 헌법 제33조 제 2 항의 문제니까 헌법 제37조 제 2 항의 문제인 특수경비원의 사례에는 원용될 수 없다는 논법이라고 평가할 수밖에 없다.

결국 쟁의행위를 금지하는 것이 기본권 침해인가 아닌가의 법리논쟁은 거의 말장난 수준에 빠져 버렸으며, 경비업법이 합헌인가 여부 나아가서는 우리 헌법이 상정하는 노동관계의 모습은 어떠한 것이어야 하는가 여부와 같은 논의는 적어도 근로삼권에 관한 한 더 이상은 기대하기는 어렵지 않은가 하는 것이 평석대상결정을 읽고 난 이후 발표자의 결론이다.

헌법, 특히 기본권 보장에 관한 부분은 그에 대한 사회적 합의의 수준을 반영한다. 따라서 헌법은 쟁의행위 없는 노동관계를 설계하는 것이 위헌이 아니라는 평석대상결정의 다수의견이 함의하고 있는 사회적 합의수준을 반영하는 것이어야 한다. 그렇다면 헌법을 개정해야 한다. 헌법이 법률의 근거규범이 아니라 법률에 맞춰 헌법이 개정되어야 한다는 셈이다. 하지만 이것도 새삼스러운 일은 아니다.

1949. 8. 12. 제44호로 제정 국가공무원법은 "공무원은 정치운동에 참여하지 못하며 공무 이외의 일을 위한 집단적 행동을 하여서는 아니 된다"(제37조)라고만 규정하고 있었을 뿐, 노동운동의 금지를 명시하고 있지는 않았다. 이 조항이 개정되어 "공무원은 정치운동에 참여하지 못하며 노동운동 기타 공무 이외의 일을 위한 집단적 행동을 하여서는 아니 된다"라고 개정되어 노동운동의 금지가 법률에 명시된 것은 1961. 9. 18. 제721호 법률에서부터이며, 이 부칙은 "본법은 공포일로부터 시행한다"고 규정하고 있으므로 결국 국가공무원에 대한 국가공무원법에 의한 노동운동의 금지가 법률적으로 시작된 시기는 1961. 9. 18.이다. 그렇지만 그 헌법적 근거가 될 수 있는 현행 헌법 제33조 제 2 항에 해당하는 헌법조문이 신설된 것은 1962. 12. 26. 제 6 호 대한민국헌법에서부터이다. 즉 공무원의 노동운동 금지는 법률에 먼저 규정되었고 헌법은 그 뒤를 이었을 뿐이다.

경비업법도 마찬가지로 하면 될 것이다. 앞으로 헌법 제33조 제3항에 주요방위산업체와 함께 나란히 '경비업체'라는 문구만 삽입하면 평석대상결정처럼 "단결권·단체교섭권·단체행동권을 모두를 인정할 필요는 없다"거나 "경비업법의 문제는 헌법 제37조 제2항의 문제다"라는 구차한 법리는 필요없게 될 것이다. 아니면 헌법 제33조 제1항만 두고 헌법 제33조 제2항도 헌법 제33조 제3항도 모두 삭제하는게 더 간명한 방안일지도 모른다. "근로자는 단결권·단체교섭권·단체행동권을 가진다"는 헌법 규정만이 있더라도 헌법 제37조 제2항이 있는 한 쟁의행위없는 노동관계를 설계하는 법률은 목적의 정당성, 수단의 적합성, 침해의 최소성, 법익의 균형성, 본질적 내용의 침해금지라는 걸림돌은 평석대상결정의 다수의견처럼 얼마든지 해석으로 피해갈 수 있을 것이다. 쟁의행위의 금지는 근로삼권의 제한에 불과하기 때문이다. 나아가 꼭 근로삼권 뿐 아닐 것이다. 앞서 표현의 자유처럼 어떤 기본권이건 그 구체화에 있어서는 여러 가지 기본권 보장이 결합되는 것이 보통이므로 그 여러 가지 기본권 중에서 어떤 하나는 아예 인정하지 않아도 위헌의 의심은 피해갈 수 있을 것이다.

발표자 나름대로는 단순히 상상이나 개인의 주관에만 의존해서 내린 결론이 아니라 헌법재판소실무연구회라는 자리에서 발표할 원고로 준비하면서 내린 결론이기는 하지만 평석대상결정의 다수의견이 정말 발표자가 예상한 정도까지의 결론까지를 의도한 것일지 의문이 들기는 한다. 그것은 아니기를, 발표자의 추론이 틀렸기를, 발표자의 결론과 무관하게, 희망하기는 한다.

제102회 발표회 지정토론문

김 진 곤*

오늘 귀중한 자리에 토론자로 초청해 주신 헌법실무연구회와 좋은 내용의 발표문을 접하게 해주신 정인섭 교수님께 깊이 감사드립니다.

1. 개 요

오늘 주제는 노사관계 영역에서 가장 많은 문제를 포함하고 있으며, 구체적인 규율을 시도하는 규범정립자인 입법자가 어느 범위와 수준으로 법률규범에 대하여 형성의 자유(형성재량권)를 향유하면서 헌법적 이념을 구현할 것인가라는 문제와 밀접하게 관련성을 갖고 있는 것이다. 특히 노동 3 권의 체계성과 헌법 제33조의 나열적 구조의 특이성으로 말미암아 이 세 가지 권리가 어떤 방향에서 법률로 구체화될 것인지는 해당 헌법 조항의 문제와 더불어 헌법 제37조 제 2 항의 심사와 깊은 연결통로를 구비하고 있다.

이제까지 어떠한 문제의식도 없이 단순히 입법적 규율로 치부하고, 그에 대하여 심각한 논의를 거쳐보지도 못한 채 장기간 은연중에 형성된 우리의 규범의식 속에서 잠자고 있던 문제점을 오늘 이 시점에 정인섭 교수님의 발제로 새롭게 조명해 볼 기회를 갖게 된 것은 시의적절한 것으로 생각한다. 그리고 정교수님의 전체적인 비판적 견해와 규범적 구조에 대한 분석에 상당히 공감하는 바가 크다고 할 수 있다.

그 가운데 헌법 제33조가 갖고 있는 체계적 특성과 그로부터 도출해 내야 할 규범적 논증을 제 나름대로 의견을 개진하면서 토론을 전개해 나가도록 하겠다.

2. 개념적 정의와 그 관계

헌법은 노사관계를 규율하는 기본권으로서 제33조에서 '근로자'에게 단결권, 단체교섭권 및 단체행동권을 부여하고 있다. 헌법전에서는 근로자가 집단적으로 사용

* 광운대학교 법과대학 교수.

자를 향하여 행사할 수 있는 권리를 단체행동권으로 규정하였으며, 이 용어는 하위 규범인 「노동조합 및 노동관계조정법」 제 2 조에서 일부 다른 측면에서 '쟁의행위'[1] 라는 표현으로 등장하고 있다. 그런데 쟁의행위는 그 권리행사의 주체가 노동관계 당사로 규정하였기에 근로자와 사용자 모두를 포괄하는 형태로 삼았다. 이런 점에서 단체행동권은 그 행사주체가 오로지 근로자로 한정되지만, 쟁의행위권은 근로자와 사용자 모두에게 허용되는 권리에 해당한다. 두 법적 용어는 서로 개념적으로 중첩되기도 하지만 또 일정 부분에서 그 포섭범위가 달리 나타나고 있는 것이다. 기본권 주체의 측면에서 헌법은 오로지 근로자만 단체행동권의 주체가 됨을 명시적으로 밝혔기 때문에 사용자는 단체행동권의 주체로 포함될 수는 없으며, 단지 재산권 내지 직업선택의 자유라는 헌법적 근거에서 직장폐쇄권(쟁의행위의 한 방식)을 행사할 수 있다. 오늘 우리가 다루고 있는 이 쟁점도 그런 점에서 근로자가 권리주체로 등장하는 쟁위행위권의 일부분으로 한정하여야 할 것이다. 근로자가 행사하는 쟁의행위권은 업무의 정상적 운영을 저해하는 상태를 전제로 하기 때문에 비록 집단행동에 돌입한 어떠한 행위양태가 나타나더라도 그것이 단체행동[2]의 범주에 해당할 수는 있으나 아직 쟁의행위의 개념에 포섭될 수 없는 상황을 전제해 볼 수도 있다. 단체행동권과 쟁의행위권의 개념은 서로 긴밀하고 중첩적 영역이 존재하는 것이 분명해 보이지만, 반드시 동일한 영역을 포괄하는 개념으로 볼 것은 아니다. 이 개념적 관계에 대하여 정 교수님의 자세한 의견을 듣고 싶습니다.

3. 쟁의행위의 금지와 법률규정

우선 근로자의 일정한 특성에 따라 '쟁의행위'를 금지하는 규정은 크게 몇 가지 범주로 나눌 수 있으며, 이것은 근로자의 측면에서만 문제되는 것이므로 논의의 대상은 한정된다. 아래 열거한 사항은 헌법적 근거 내지 해석의 기초에 대한 강도와 쟁의행위의 제한 양태가 완화되는 정도를 기준으로 배열한 것이다.

첫째, 법률이 정하는 주요 방위산업체에 종사하는 근로자는 헌법 제33조에 근거하여 단체행동권이 제한되거나 부인될 수가 있는데, 「노동조합 및 노동관계조정

1) 「노동조합 및 노동관계조정법」 제 2 조 제 6 호 : "쟁의행위"라 함은 파업·태업·직장폐쇄 기타 노동관계 당사자가 그 주장을 관철할 목적으로 행하는 행위와 이에 대항하는 행위로서 업무의 정상적인 운영을 저해하는 행위를 말한다.

2) 물론 이러한 행위태양을 단결권에 내포된 조합활동권의 한 내용으로 해석할 가능성은 열려있다. 이 부분의 개념포섭은 헌법 제33조 제 1 항의 단체행동권의 범주와 그 해석에 따라 쟁의행위를 금지한 법률규정이 헌법 제37조 제 2 항의 위반인지, 헌법 제33조 제 1 항의 위반인지를 논증하는 구조적 차이를 발생시킨다.

법」 제41조 제 2 항에 그 내용을 구체적으로 명시하면서 쟁의행위를 금지하였다.[3]

둘째, 교원은「교원의 노동조합 설립 및 운영 등에 관한 법률」제 8 조에서 쟁의행위를 금지하고 있다.

셋째, 공무원은「공무원의 노동조합 설립 및 운영 등에 관한 법률」제11조에서 쟁의행위를 금지하고 있다.

넷째, 청원경찰은「청원경찰법」제 5 조 제 4 항에 따라「국가공무원법」제66조 제 1 항이 준용됨으로 인하여 노동운동 등이 제한을 받고 있다.[4]

다섯째, 특수경비원은「경비업법」제15조 제 3 항에 따라 쟁의행위를 할 수 없다.[5]

여섯째, 선원은「선원법」제27조에 따라 일정한 사유가 있는 경우에 쟁의행위를 할 수 없다.

지금까지 찾을 수 있는 쟁의행위금지규정은 크게 여섯 가지로 열거될 수 있는데, 그렇다면 이들 규정들은 어떤 근거와 차별성 때문에 다른 근로자와 달리 취급될 수 있는지가 논증되어야 한다.

(1) 여섯 가지 경우 중에서 가장 헌법적 근거가 명확하게 밝혀진 것은 법률이 정하는 주요 방위산업체에 종사하는 근로자에 관한 부분이다. 헌법제정권자는 헌법 제33조 제 1 항에서 일반 근로자의 노동 3 권을 병렬적으로 열거하면서, 제 2 항에서 특수한 규율영역으로서 공무원집단을 분리하여 규율할 수 있는 근거를 두었고, 또한 제 1 항의 특례를 규정하면서 법률이 정하는 주요 방산업체의 근로자에 대하여 단체행동권의 제한 또는 금지의 헌법적 근거를 둔 것이다. 일단 이 경우에는 입법자가 적어도 일반 근로자에 해당하는 집단에 속하더라도 단체행동권의 측면에서는 차별적 규율을 도입할 수 있는 명확한 근거를 갖게 되었다. 그러므로 헌법 제33조 제 3 항이 같은 조 제 1 항에 위반되는 헌법규범이라는 논리를 수용하지 않는 한 헌법 제33조 제 3 항의 위헌성 내지 그에 근거한 법률규정이 바로 위헌이라는 논증은 타당성을 얻기가 어렵다(이른바 헌법에 위반되는 헌법규범).

(2) 공무원과 교원은 헌법 제33조 제 2 항, 제 7 조 그리고 제31조 제 6 항 등에 대한 체계적 해석으로 특수한 예외적 규율이 가능하도록 근거지울 수 있다. 헌법 제33조 제 2 항이 같은 조 제 1 항의 특별규정에 해당하고, 교원은 국공립교원과 사립

3) ②「방위사업법」에 의하여 지정된 주요방위산업체에 종사하는 근로자중 전력, 용수 및 주로 방산물자를 생산하는 업무에 종사하는 자는 쟁의행위를 할 수 없으며 주로 방산물자를 생산하는 업무에 종사하는 자의 범위는 대통령령으로 정한다.

4) 이에 대한 것으로 헌재결 2008. 7. 31, 2004헌바9 참조.

5) 이에 대한 것으로 헌재결 2009. 10. 29, 2007헌마1359 참조.

교원을 하나의 규율체계로 묶으면서 업무의 동질성과 신분보장의 유사성에 기초하여 차별적 규율이 아니라 동일집단으로 입법체계를 구성하였다고 하더라도 그것이 바로 위헌임을 징표하지는 않는다.

(3) 위 두 가지의 예외적 규율방식은 헌법의 직접적 표현이나 헌법체계적 해석에 근거하여 달리 규율될 가능성은 열려 있다. 하지만 나머지 근로자에 해당하는 청원경찰, 특수경비원, 선원의 경우에는 공무원 신분을 갖는 자와 갖지 못한 자 사이의 차별적 취급이 아니라, 일반 근로자적 신분에 속해 있지만 그들이 누리는 노동 3권 중 단체행동권의 온전한 보장이 배제 내지 제한되어 있다는 점이다. 물론 그 내용은 단결권과 단체교섭권의 차별적 취급이 아니라 단체행동권의 배제 또는 제한적 허용에 있다는 점이다. 위 세 부류의 근로자는 일단 헌법 제33조 제 1 항의 규율범위에 포섭되는 신분에 속해 있음에도 입법자가 쟁의행위와 관련하여 달리 규율하고, 그 법률적 규정 양태도 각각 다른 모습을 하고 있으므로 구체적으로 평가해 볼 여지가 있다. 첫째, 청원경찰의 경우는 「국가공무원법」 제66조 제 1 항의 준용으로 말미암아 단체행동권이 부인되는 형태로 입법이 이루어져 있다. 둘째, 특수경비원의 경우는 경비업법 제15조가 직접적으로 쟁의행위의 금지를 규율하고 있는데, 업무의 정상적 운영을 저해하는 일체의 행위로 규정하였다. 셋째, 선원의 경우는 「선원법」 제27조[6]에서 쟁의행위를 금지하는 특별한 예외사유를 열거하는 방식으로 제한하여 그 사유에 들지 않는 상황이라면 쟁의행위를 할 수 있다. 위 세 부류의 근로자는 일반 근로자와 달리 쟁의행위가 배제되거나 일정 부분 제한되는 형태로 입법화되어 있는데, 이들을 달리 취급해야 할 공익적 사유를 어디서 구체화할 것인가가 문제이다. 오늘 우리가 다루는 '특수경비원'의 경우에 다른 일반 근로자와 어떠한 측면에서 달리 취급될 수 있으며, 그것이 헌법적으로 정당성을 확보할 수 있는가가 그 핵심이라 할 수 있다. 이 부분에 대하여 정 교수님은 발제문에서 헌법재판소가 평등권에 대한 심사를 제외한 것을 지적하시면서 그 부분에 대한 논증이 필요함을 강조하

---

6) 제27조(쟁의행위의 제한) 선원은 다음 각호의 어느 하나에 해당하는 경우에는 선원근로관계에 관한 쟁의행위를 하여서는 아니된다.

1. 선박이 외국의 항구에 있는 경우
2. 여객선이 승객을 태우고 항행 중인 경우
3. 위험물운송을 전용으로 하는 선박이 항행 중인 경우로서 위험물의 종류별로 국토해양부령이 정하는 경우
4. 제 9 조의 규정에 의하여 선장이 선박의 조종을 직접 지휘하여 항행 중인 경우
5. 어선이 어장에서 어구를 내릴 때부터 이를 들어 올리고 냉동처리 등을 완료할 때까지의 일련의 어획작업 중인 경우
6. 그 밖에 선원근로관계에 관한 쟁의행위로 인하여 인명이나 선박의 안전에 현저한 위해를 줄 우려가 있는 경우

고 계십니다. 그와 같은 입장에 섰을 때 과연 어떠한 견지에서 평등권의 침해성 여부를 논증할 수 있는지 그 의견을 듣고 싶습니다.

4. 노동 3 권의 체계성과 논증구조의 차이

발제문 2. (3) 부분에서 교수님께서는 헌법재판소가 헌법 제33조 제 1 항의 위반인지 헌법 제37조 제 2 항의 위반인지에 대하여 어떠한 실익이 있는가라고 의문을 표하고 계십니다. 이 부분에 대하여 헌법재판소의 다수의견과 반대의견을 검토해 보면 다음 사실을 추론할 수 있다. 첫째, 노동 3 권의 전체적 조망의 차원(세 권리의 일체성에 보다 중심을 둠)에서 그 중 단체행동권을 박탈하는 것이라 하더라도 이 쟁점은 단지 헌법 제37조 제 2 항의 문제에서 다룰 것이므로 심사의 전체적 체계가 달라지지 않는 것으로 본다.[7] 둘째, 헌법 제33조 제 1 항에서 일반 근로자라면 당연히 단체행동권이라는 기본권을 보유한 채 그 실제 행사 절차나 그 범위에서만 제한할 수 있어야 한다는 것이다. 따라서 심판대상 법률조항이 그 사항을 전적으로 박탈하는 입법형성이 이루어져 있기 때문에 단체행동권의 전면 부인에 해당하여 헌법 제37조 제 2 항의 과잉금지원칙에 따른 심사에 우선하여 헌법 제33조 제 1 항에 기초하여 위헌성을 도출할 수 있다는 것이다.[8] 셋째, 단체행동권의 범주는 업무의 정상적 운영을 저해하지 않는 경우와 업무의 정상적 운영을 저해하는 경우가 모두 포함될 수 있으므로 심판대상 법률은 후자의 경우가 문제이므로 헌법 제37조 제 2 항의 문제로 논증하여야 하는 것도 체계적 이해의 차이에서 비롯한다.[9] 이 같은 세 가지 구조적 이해의 차이에서 논리구성이 이루어졌다고 보는데, 이 부분에 대하여 정 교수님의 보다 자세한 의견을 구하고 싶습니다.

---

7) 헌재결 2009. 10. 29, 2007헌마1359 다수의견(… 이 사건 법률조항에 의한 쟁의행위의 금지는, 특수경비원에게 보장되는 근로 3 권 중 단체행동권의 제한에 관한 법률조항에 해당하는 것으로서, 헌법 제37조 제 2 항의 과잉금지원칙에 위반되는지 여부가 문제될 뿐이지, 그 자체로 근로 3 권의 보장에 관한 헌법 제33조 제 1 항에 위배된다고 볼 수는 없는 것이다. …).

8) 헌재결 2009. 10. 29, 2007헌마1359 재판관 김종대, 송두환의 반대의견(… 근로자의 생활보장을 위하여 우리 헌법이 보장하고 있는 것은 '근로 3 권'이라는 하나의 기본권이 아니라 '단결권', '단체교섭권' 및 '단체행동권'이라는 세 개의 노동기본권이다. 따라서 일반근로자인 특수경비원의 쟁의행위를 전면적으로 금지하고 있는 이 사건 법률조항은 헌법이 보장하고 있는 독립된 기본권인 단체행동권을 전면 박탈하는 것으로 헌법 제33조 제 1 항에 위반된다. …).

9) 헌재결 2009. 10. 29, 2007헌마1359 재판관 조대현의 의견(… 근로자의 단체행동권은 업무에 지장을 주는 단체행동(쟁의행위)과 업무에 지장을 주지 않는 단체행동을 모두 보호하는 것이다. 이 사건 법률조항은 파업 · 태업 기타 경비업무의 정상적인 운영을 저해하는 일체의 쟁의행위만 금지하고 경비업무의 정상적인 운영을 저해하지 않는 단체행동권은 금지하지 않고 있으므로, 특수경비원의 단체행동권을 전면적으로 부정하는 것은 아니라고 할 수 있다. …).

5. 법률의 헌법압도적 상황

노동관계의 현황에서 예전부터 내려온 관행이나 관례는 이해관계 당사자의 갈등적 상황에서 문제해결에 중요한 요소에 해당하는 것은 분명하다. 또한 그것이 법률로 명시된 경우에 그에 대한 해석과 적용이 아무런 의문 없이 사회에서 수용되고 받아들여졌다면 그 자체가 합법성을 간직한 것으로 볼 수는 있다. 하지만 오늘날 헌법재판이 꽃핀 시대에 규범심사가 가능하게 된 그 상황에서 오랜 기간 당연한 것으로 인지된 법률을 현실에 적용하면서 심사기준으로 작용해야 할 헌법이 오히려 역전되어 헌법의 법률적합성을 정당화하는 방식으로 주객이 전도될 경우에는 기본권 주체는 그와 관련된 문제에서 보호의 사각지대로 빠져버릴 우려가 제기된다. 따라서 헌법이 제시한 궁극의 가치가 이해관계가 첨예한 노동관계에서도 본질의 궤도를 벗어나지 않도록 하기 위하여 기본권 우호적 해석이 전개될 필요가 있다고 본다.

第102回 발표회 지정토론문

김 선 수*

1. '근로삼권'이라는 용어의 문제

• 헌법이나 법률에 근로삼권이라는 용어는 없음. 그럼에도 헌재와 대법원이 이 용어를 사용하고 있음.

• 집단적 '노'사관계라 하지 '근'사관계라 하지 않고, '노동'조합이라 하지 '근로'조합이라 하지 않으며, '노동'쟁의라 하지 '근로'쟁의라 하지 않음.

• '노동'삼권이라 하지 않고 '근로'삼권이라 하는 이유는 무엇인가?

• 임종률 교수는 근로삼권이라는 용어를 사용하는 것은 순전히 정치적 고려가 작용한 것으로 노동조합을 근로조합, 노동쟁의를 근로쟁의라고 부르는 것만큼이나 어감을 고려하지 않은 것으로 부적절하다고 지적함.1)

• 이명박 정부에서 초대 노동부장관을 역임한 이영희 교수조차 교과서에서 '노동'기본권이라 하고 '근로자'가 아니라 '노동자'라는 용어를 사용함.2)

• '노동'이라는 용어에 대한 족쇄를 풀어줄 단계에 이르지 않았나?

2. 노동삼권에 관한 헌법의 규정과 현실

가. 헌법의 규정

• 1948년 제정된 제헌헌법 제18조 "근로자의 단결, 단체교섭 및 단체행동의 자유는 법률의 범위 내에서 보장한다. 영리를 목적으로 하는 사기업에 있어서는 근로자는 법률의 정하는 바에 의하여 이익의 분배에 균점할 권리가 있다."

• 1980년 5·17 쿠데타 이후 개정된 제8차 개정헌법(제5공화국헌법) 제31조 "① 근로자는 근로조건의 향상을 위하여 자주적인 단결권·단체교섭권 및 단체행동권을 가진다. 다만, 단체행동권의 행사는 법률이 정하는 바에 의한다. ② 공무원인

---

* 변호사.

1) 임종률, 노동법(제8판), 박영사(2009), 3면 및 5면.

2) 이영희, 노동법, 법문사(2001).

근로자는 법률로 인정된 자를 제외하고는 단결권·단체교섭권 및 단체행동권을 가질 수 없다. ③ 국가·지방자치단체·국공영기업체·방위산업체·공익사업체 또는 국민경제에 중대한 영향을 미치는 사업체에 종사하는 근로자의 단체행동권은 법률이 정하는 바에 의하여 이를 제한하거나 인정하지 아니할 수 있다."

• 1987년 개정된 현행 헌법 제33조 "① 근로자는 근로조건의 향상을 위하여 자주적인 단결권·단체교섭권 및 단체행동권을 가진다. ② 공무원인 근로자는 법률이 정하는 자에 한하여 단결권·단체교섭권 및 단체행동권을 가진다. ③ 법률이 정하는 주요방위산업체에 종사하는 근로자의 단체행동권은 법률이 정하는 바에 의하여 이를 제한하거나 인정하지 아니할 수 있다."

• 일반근로자의 노동삼권에 대한 개별적 법률유보를 완전히 폐지하고, 단체행동권에 대한 개별적 법률유보 대상을 주요방위산업체 종사 근로자로 한정한 점에서 진일보한 측면 있음.

• 제헌헌법에 보장되었던 노동자의 이익균점권(利益均霑權)을 5·16 이후 폐지하고는 복원하지 못하고 있는 점에서는 후퇴상태를 유지하고 있음.

나. 노동삼권 보장의 현실

• 노동삼권을 구체화한 법률들이 오히려 헌법상 기본권인 노동삼권을 부당하게 제한하고 있어 굳이 그러한 법률들이 꼭 필요한가 하는 점에 대한 의문이 있는 지경임.

• 특히 노조법상의 설립신고제도, 단체교섭과 쟁의행위에 관한 수많은 제한 및 처벌규정들은 노동삼권의 행사를 공안적 시각에서 규제하고 파업을 범죄시하고 있어 그 타당성이 의문시됨.

• 이러한 법률 전체를 폐지하고 헌법 규정만으로도 충분히 노동현실을 규율할 수 있지 않을까 하는 견해가 설득력 있게 제기되고 있음.

• 거기다가 헌재와 대법원이 위헌심사나 법률적용과정에서 노동삼권에 대한 제한을 더욱 폭넓게 인정하는 해석을 하고 있는 실정임.

• 그 결과 무노조경영을 공개적으로 천명하는 기업이 대한민국 최고의 기업으로 자리 잡고 있는데도 헌재와 법원을 비롯한 국가기구가 이러한 현실을 시정하지 못하고 있는 상황임.

• 노동쟁의를 검찰 공안부가 담당하는 있는바, 이는 노동쟁의를 정상적인 사회현상으로 보는 것이 아니라 국가와 사회의 안전을 해치므로 탄압의 대상으로 삼아야 한다는 공안적 시각이 관철된 후진적 현상임.

• 평화적인 방법으로 파업하는 노동자도 업무방해죄로 감옥에 보내고, 천문학적 손해배상으로 옥죄는 나라가 바로 대한민국임.

• 결국 헌법상의 노동삼권은 장식품에 불과하거나, 세련되지 못하고 힘없는 일부 사용자에게만 힘을 발휘하는 초라한 조항에 불과하다는 자조적인 평가가 일반화되어 있음.

3. 노동삼권의 보장형식

• 헌법으로 보장하는 국가와 법률로 보장하는 국가가 있음.

• 헌법으로 보장하는 경우에도 독일처럼 헌법에서 단결의 자유만 보장하고 단체교섭권과 단체행동권은 단결의 자유 속에 당연히 포함된 것으로 이해하는 예, 프랑스나 이탈리아처럼 단결권과 파업권을 명확히 구분하여 보장하는 예, 일본과 우리나라처럼 노동삼권을 명문으로 보장하는 예로 구분할 수 있음.

• 노동삼권을 헌법상 기본권으로 보장하고 있는 형태를 취한 우리나라의 경우 노동삼권의 문제는 실정 노동법의 관점에 아니라 헌법 차원에서 먼저 확정해야만 함. 그런데 발표자의 지적과 같이 그동안 노동법을 통해 노동삼권을 파악하고 이를 통해 헌법을 규정짓는 본말이 전도된 태도를 보여 왔음.

• 노동삼권을 모두 보장한 우리 헌법은 2010. 1. 1. 개정된 노조법이 도입한 복수노동조합의 단체교섭창구 단일화 강제 조항의 위헌성 판단에서 중요한 의미를 갖게 됨. 우리나라와 같이 노동삼권 모두를 헌법으로 보장하고 있는 일본은 복수노동조합의 자유교섭제도를 채택하고 있음.

4. 기본권의 법적 성질 구분론 극복

• 전통적인 인권이론에 의하면 헌법상 보장된 기본적 인권을 자유권과 사회권으로 구별하고, 노동삼권에 대해서도 자유권인가 사회권인가 아니면 둘의 성질을 모두 가진 혼합권인가를 두고 논란이 있어 왔음.

• 자유권은 국가가 자기억제라는 소극적 의무를 부담하는 시민적·정치적 권리이고, 사회권은 국가의 적극적 의무 이행을 통해 신장하는 경제적·사회적 권리라고 설명. 자유권은 국가의 침해로부터 개인을 보호하는 권리를 지칭하며, 사회권은 사람들의 결핍이나 욕구를 해결하기 위해 국가가 개인에게 제공하는 권리보호를 말하는 것으로 이해함. 자유권은 사법심사에 적합한 권리인 반면, 사회권은 사법적 판단

의 대상이라기보다는 단지 어떤 정책적 지향성을 나타내는 프로그램적 권리의 성격을 갖는다고 설명해왔음. 국제인권법 분야에서도 이러한 구분이 적용되어 국제인권규약도 시민적·정치적 권리에 관한 국제규약(자유권규약 또는 B규약)과 경제적·사회적·문화적 권리에 관한 국제규약(사회권규약 또는 A규약)으로 구분되어 채택되었음.

• 현재는 노동삼권에 법적 성질과 관련하여 '사회적 보호기능을 담당하는 자유권' 및 '사회권적 성격을 띤 자유권'의 양면적 성격을 긍정하는 입장으로 정리.

• 노동삼권의 사회권적 성격을 강조한 견해는 사회권 보장을 위한 국가의 적극적 입법의무를 내세워 노동삼권을 제한하는 법률의 합헌성을 담보하려는 의도에서 비롯된 것으로 평가됨. 노동삼권의 사회권성으로부터 나오는 입법자의 입법의무가 결과적으로 자유권으로서의 노동삼권을 제한하는 정당한 사유로 작용함.

• 인권을 자유권과 사회권으로 이분하는 견해에 대해 근본적인 비판이 설득력 있게 제기되고 있음.[3] 모든 인권은 서로 나눌 수 없고 서로 의존하며 서로 연관되어 있는 불가분성이 있다고 봄. 사회권의 경우에도 사법심사 적합성을 인정할 여지가 충분히 있다고 보며, 사법부의 적극적 역할을 강조함. 사법부는 인권과 민주주의의 보루 역할을 수행할 수 있는데, 사법부의 민주적 역할은 국가의 정치적 책무성을 강화하고, 심의민주주의를 촉진하며, 평등을 장려하고, 평등한 시민들 간의 사회적 대화를 촉진할 수 있는 도구 내지는 사회적 대화의 공간으로서 기능할 수 있다는 것임.

• 모든 인권에는 그에 대응하는 국가의 의무가 존재하는 것으로 파악함. 존중할 의무(duties to respect) 내지 회피할 의무(duties to avoid), 보호할 의무(duties to protect), 충족시킬 의무(duties to fulfill) 내지 지원할 의무(duties to aid), 그리고 조직 및 절차권리(right to organization and procedure)를 입법화할 의무 등이 있다는 것임.

• 헌법상 기본적 인권의 주관적 권리로서의 성질과 객관적 법규범으로서의 성질이라는 '기본권의 양면성' 또는 '기본권의 이중성'을 극복하고 기본권의 '다중성'을 인정하여 그에 상응한 국가의 의무를 인정하는 견해[4]도 주목할 만함. 헌법 제10조 제 2 문의 "국가는 개인이 가지는 불가침의 기본적 인권을 확인하고 이를 보장할 의무를 진다"는 규정에 근거한 국가의 기본권 보장의무를 구체화하는 것으로 파악하여 국가의 기본권 보장의무의 구체적인 내용으로 기본권 존중의무, 기본권 구조의무, 기본권 보호의무, 국제적 보호의무, 자연재해방지의무 등을 제시함.

• 국가의 대응의무라는 관점에서 노동삼권을 이해할 필요가 있음. 노동조합 조

---

3) 샌드라 프레드먼 지음, 조효제 옮김, 인권의 대전환, 교양인(2009).

4) 허완중, "기본적 인권을 확인하고 보장할 국가의 의무," 저스티스 제115호, 한국법학원, 2010. 2, 68면 이하.

직률이 10% 정도에 머물러 있는 것은 국가가 단결권을 지원하고 충족시킬 의무를 제대로 이행하지 않았기 때문으로 볼 수 있음. 그렇다면 국가는 노동조합 조직률을 제고하기 위한 정책을 입안하고 실시할 의무를 부담함. 비정규직 근로자들의 경우 고용불안정으로 말미암아 노동조합의 조직에 큰 장애를 입고 있으므로 단결권 보장에 상응하는 국가의 지원할 의무의 내용으로 고용을 안정시킴으로써 노동조합 조직에 대한 장애요인을 제거하여야 할 의무가 도출됨. 단체행동권의 행사에 대해 형사처벌을 하는 것은 충족시킬 의무는 고사하고 가장 기초적 의무인 존중할 의무조차도 무시하는 것임.

5. 노동삼권의 상호관계

• 노동삼권에 의하여 보장되어야 할 기본권의 구체적인 내용을 노동삼권의 상호 연계성의 측면에서 볼 때 어느 범위까지 인정할 수 있을 것인가를 정함에 있어서 노동삼권 중 어느 권리를 가장 중핵적·우선적인 권리로 볼 것인지에 관하여 견해가 대립되어 있고, 단결권 중심설, 단체교섭권 중심설, 단체행동권 중심설 등의 입장이 있음.

• 헌법상 단결권, 단체교섭권, 단체행동권을 열거하여 독자적으로 보장하고 있는데, 거기서 어느 권리가 핵심이고 중심인가를 구분하는 것은 문리해석에 반함. 만약에 세 기본권 사이에 차별적 위상을 갖는 것으로 규정할 의사였다면 규정방식을 달리 했을 것임. 예컨대 제 5 공화국 헌법과 같이 개별적 법률유보를 별도로 마련하는 것과 같은 방식.

• 대법원이 단체교섭권 중심설의 입장을 취한 이유는 단체행동권의 수단성 및 대상조치론을 근거로 단체행동권을 제한하는 다양한 입법을 적법한 것으로 인정하려는 태도에서 비롯된 것에 불과함. 어느 권리가 보다 중심적인 권리인가를 논하는 것은 중심적인 권리 이외의 권리를 부수적인 권리로 보게 됨으로써 독자적 권리로 보장되고 있고 또한 전체적이고 통일적인 시각에서 파악해야 하는 노동삼권의 보장에 부정적인 효과를 미치게 됨. 근로자의 자기 결정에 대한 실질적 관여를 위한 단결체의 동적 측면이 단체교섭으로 수렴되는 것은 결코 아니므로 쟁의행위 등 단체행동을 모두 단체교섭에 종속시켜 이해하는 단체교섭권 중심설은 부당함.

• 세 기본권의 유기적 관련성을 인정한다고 하더라도 세 기본권의 독자적 의미는 존중되어야 하고 특히 단체행동권이 전제되지 않은 단체결성이나 단체교섭이란 무력한 것이어서 단체결성이나 단체교섭권만으로는 노사관계의 실질적 대등성이 확

보될 수 없다는 현실적인 측면과 노동삼권 쟁취의 역사가 주로 단체행동권의 법적 승인의 과정이었다는 연혁적인 측면에 비추어 보면 단체행동권의 고유한 성격은 특히 강조되어야 할 것임.

• 단체행동권의 고유한 성격으로부터 그 독자성, 일상성, 보편성이라는 특징적 성격이 도출됨.[5] 단체행동권의 독자성은 종래의 시민법적 자유권이 아니라 근로자가 생활상의 지위를 향상시키기 위하여 사용자와 국가의 억압에서 자유롭게 단체적 행동을 할 수 있는 새로운 독자적 자유권이라는 의미와 단결권 및 단체교섭권과 반드시 연계할 필요 없이 단체행동권을 독자적으로 행사할 수 있다는 의미임. 일상성은 그 독자성에서 비롯된 특성으로 단체행동권 행사의 최후수단원칙을 부정하여 그 목적 실현을 위하여 필요한 때에는 언제든지 일상적으로 행사할 수 있다는 것을 의미함. 보편성은 노동조합만이 이를 배타적으로 행사할 수 있는 것이 아니라 노동조합이 아닌 근로자단체 또는 일시적인 근로자집단이나 개별근로자도 공동적·집단적 행사를 하면 보편적으로 그 주체성을 인정할 수 있는 권리라는 것을 의미함.

6. 헌재의 노동삼권 제한 규정에 대한 결정례의 시사점

• 노동삼권과 관련된 법률조항들에 대한 헌재 결정례들을 검토하여 보면 인권의 쟁취와 확대는 사법기관의 판단에 의해 이루어지는 것이 아니라 관계 당사자의 투쟁에 의해 이루어진다는 역사적 진리를 확인하게 됨.

• 헌재 결정 중 노동삼권 제한 규정을 위헌으로 선언한 유일한 예로 모든 공무원의 단체행동권을 부정한 구 노동쟁의조정법 제12조 제 2 항에 대한 결정[6]이 있으나, 헌법재판소 결정이 있기 전에 이미 대법원이 쟁의행위가 금지되는 공무원의 범위에 사실상 노무에 종사하는 공무원은 제외하는 것으로 해석하였고,[7] 헌재의 위 결정이 단순위헌이 아니라 헌법불합치결정을 하되 1995. 12. 말까지 위 법률조항이 그 효력을 지속하는 것으로 결정하였기 때문에 그 의미가 반감되었음.

• 헌재가 합헌 결정을 한 많은 조항들, 공무원과 사립학교 교원의 노동삼권을 전면적으로 부정하는 조항, 제 3 자 개입금지 조항, 방위사업체 종사 근로자의 단체

5) 이흥재, "단체행동권의 법적 구조," 고 조영래 변호사 13주기 추모 단체행동권의 보장과 한계, 서울대학교 BK21 법학연구단 공익인권법연구센터, 2003.

6) 헌법재판소 1993. 3. 11. 선고 88헌마5 결정.

7) 대법원 1991. 5. 24. 선고 91도324 판결은 "철도청 소속공무원으로서 기관사의 직무를 수행하는 자는 '사실상 노무에 종사하는 기능직공무원'에 해당하므로 노동쟁의조정법 제12조 제 2 항 소정의 쟁의행위의 주체가 될 수 없는 공무원이 아니다"라고 판시하였다.

행동권 금지 조항, 필수공익사업의 직권중재제도 조항들이 결국 후에 폐지되거나 개정되었음.

• 이러한 상황을 보면 "왜 사법기관이 먼저 위헌선언을 하지 못하는 것일까? 사법기관의 본질적 한계인가 아니면 우리나라 사법기관 담당자들의 용기와 인권감수성 부족의 문제인가? 사법기관의 적극적 역할을 기대한다는 것은 연목구어의 희망사항에 불과한가?"라는 의문을 갖게 됨.

7. 평석대상 결정[8]에 대한 의견

가. 다수의견은 문리해석에 반함

• 헌법상 명문으로 보장된 기본권을 전면적으로 금지하기 위해서는 헌법에 개별적 법률유보가 있어야 하고, '본질적 내용을 침해할 수 없다'고 규정한 헌법 제37조 제 2 항의 규정을 근거로 할 수는 없다고 보아야 함. 전면적 금지가 본질적 침해가 아니라면 무엇이 본질적 침해인가? 헌법 제37조 제 2 항에 의하여 단체행동권의 전면적 금지가 가능한 것으로 해석한다면 단체행동권에 대한 개별적 법률유보를 규정한 제 5 공화국 헌법 제31조 제 1 항 단서를 삭제한 의미가 없게 됨. 헌법 개정의 의미를 무력화시키는 해석이라 하지 않을 수 없음.

• 헌재 1993. 3. 11. 선고 88헌마5 결정은 구 노동쟁의조정법 제12조 제 2 항 중 "국가 · 지방자치단체에 종사하는 노동자"에 관한 부분은 현행 헌법 제33조 제 2 항의 규정과 저촉되고 충돌되는 것으로 헌법 제37조 제 2 항의 일반적 법률유보조항에 의해서도 정당화될 수 없는 것이라고 판단하였음. 대상판결은 위 88헌마5 결정의 입장과 모순되는 것으로 보임.

• 일단 권리행사의 길을 열어놓고 그 행사로 인한 부작용을 최소화하기 위해 다양한 조정방안을 모색하는 것이 헌법 제37조 제 2 항의 취지에 부합함.

• 이와 같은 관점에서 보면 청원경찰의 노동삼권을 전면적으로 금지하는 조항에 대한 헌재의 합헌결정[9]도 문리해석에 반한다고 할 수 있음.

• 개인적으로 법관의 법창조 역할[10]과 사법적극주의에 전적으로 동의하는 입장이지만, 그러한 역할은 약자의 인권과 권익을 보장하고 향상하는 방향으로 수행되어야지 그 역의 방향으로 수행되는 것에는 납득하기 어려운 점이 있음.

---

8) 헌법재판소 2009. 10. 29. 선고 2007헌마1359 [경비업법 제15조 제 3 항 등 위헌확인].

9) 헌법재판소 2008. 7. 31. 선고 2004헌바9 결정.

10) 헤르만 칸토르비츠 지음, 윤철홍 역, 법학을 위한 투쟁, 책세상, 2006.

나. 국가의 기본권보장의무 위반에 대한 정당화

• 헌재는 청원경찰의 경우 그 신분이나 업무의 내용이 경찰공무원과 유사하다는 이유로 노동삼권 전체를 금지하고, 특수경비원의 경우 업무의 강한 공공성과 무기를 휴대한 상태로 근무할 수 있는 특수성 등을 이유로 단체행동권을 금지하는 것의 합헌성을 인정하였음. 청원경찰에 대해 노동삼권 전체를 금지하려면 경찰공무원의 신분을 부여하고, 특수경비원에 대해 단체행동권을 금지하려면 공무원의 신분을 부여하는 것이 합헌적 방안임.

• 공무원 신분을 박탈하여 지위와 신분 및 대우 등에 대해서는 사기업에 맡기면서 헌법상 기본권 행사를 막는 것은 국가의 기본권보장의무를 정면으로 위반하는 것임.

• 그런데도 헌법재판소가 이를 정당화시켜 주는 입장을 취하는 것은 국가의 기본권보장의무에 대한 사법기관으로서의 견제적 기능을 포기하는 것으로 볼 수밖에 없음.

다. 평등권 침해에 대한 판단 누락의 문제점

• 대상 결정이 평등권 침해에 대해 아무런 판단도 하지 않은 것과 관련하여 그동안의 헌재의 실무경향과 실질적으로 비교대상자가 존재하는 점에 비추어 일반근로자, 다른 경비원 등과의 관계에서 차별의 정당성에 대한 판단이 필요했다는 발표자의 지적에 동의함.

• 쟁의행위가 전면적으로 금지된 특수경비원의 지위는 공무원노조법과 교원노조법이 적용을 받는 공무원과 교원, 주요방위사업체 종사 근로자와 유사함. 이들과의 관계에서 달리 취급해야 할 정당한 사유가 있음에도 이를 무시하고 동등하게 취급함으로써 평등원칙에 반하는지 여부도 검토되어야 할 것임.

라. 쟁의행위 금지 규정 위반에 대한 형사처벌 조항의 문제점

• 쟁의행위가 금지된 근로자집단이 쟁의행위를 한 경우 형사처벌하는 것이 형벌의 최후수단성 원칙 등에 비추어 정당화될 수 있는지 하는 점에 대한 본격적인 검토가 필요함.

• 입법례상으로 쟁의행위 과정상에 형사벌 위반 행위가 수반되지 않았음에도 쟁의행위 자체를 처벌대상으로 하는 예가 있는지?

• 독일의 경우 공무원의 파업 금지는 독일기본법상의 직업공무원제도에서 전래

된 기본원칙의 하나로서 판례와 학설에 의해 인정되고 있으나, 1973년 단행된 항공관제사연합의 파업에 대해 손해배상과 징계가 이루어졌고 형사처벌은 이루어지지 않았음.[11)]

• 미국의 경우 1947년의 태프트-하트리법(Taft-Hartley Act, Labor Management Relations Act) 제305조는 합중국 또는 공법인 등 정부기관에 고용되어 있는 개인이 파업에 참가하는 것은 위법이 되고, 파업을 행한 자는 즉시 해고되고 공무원으로서의 신분을 박탈당하며, 이후 3년간 합중국 또는 정부기관에 재고용될 자격까지 상실한다고 규정하고 있으나, 형사처벌 조항은 없음.[12)]

• 일본의 경우 국영기업체 및 지방공영기업체 직원의 쟁의행위를 금지하고 있으나 그 위반에 대해서는 해고할 수 있다는 규정만 있을 뿐 형사처벌 규정은 없음(공무원의 경우에는 처벌 조항 있음).

• 쟁의행위를 금지하는 경우에도 형사처벌하는 것은 별도의 보호법익을 침해할 경우에 한하여야 하고 쟁의행위 자체를 형사처벌의 요건으로 하는 것은 자제되어야 할 것임. 업무방해죄가 평화적 파업을 탄압하는 수단으로 사용되는 후진적인 상황을 극복하는 것은 대한민국의 국제적 위상을 위해서도 시급한 상황임.

---

11) 김선욱, "독일 공무원의 스트라이크 금지에 관한 법이론," 한국민사법학의 현대적 전개 : 연람 배경숙교수화갑기념논문집, 박영사, 1991, 973-987면.

12) 민경식, "미국에서의 공무원의 파업권," 미국헌법연구 : 해암 문홍주박사 팔순기념논문집 제 8 호, 사단법인 미국헌법학회, 1997, 355-385면.

제102회 발표회 토론요지

사 회 자: 강성태(교수)

토론참여자: 김선수(변호사), 김진곤(교수), 김복기(헌법연구관), 황치연(헌법연구관)

간 사 : 헌법실무연구회를 시작하도록 하겠습니다.

제102회 월례발표회입니다.

저는 간사를 맡고 있는 손인혁 연구관입니다.

오늘은 법률에 의한 쟁의행위 금지와 관련해서 숭실대 법대 정인섭 교수님께서 발제를 해 주시겠습니다.

그리고 오늘 사회는 한양대 법학전문대학원의 강성태 교수님이십니다.

박수로 맞아주시기 바랍니다.

지금부터는 강성태 교수님께서 진행해 주시겠습니다.

사 회 자 : 사회를 맡은 한양대 강성태라고 합니다.

헌법재판소가 다루는 사건 중에 예민하지 않은 게 없습니다만 특히 제가 노동법을 해서 그런지 몰라도 단체행동권 특히 그중에서 쟁의행위에 관련된 것은 그 갈등의 정도나 갈등의 양상이라고 하는 것이 사회의 어떤 분야보다도 크고 넓고 중대한 문제입니다. 그리고 앞으로 이런 류의 사건들이 계속 발생할 것 같아서 오늘의 발표와 토론이 상당한 의미가 있다고 저는 생각합니다.

오늘 발제를 맡게 되신 분과 토론을 하실 분들에 대해서 간단히 소개를 해 드리도록 하겠습니다.

발표를 맡으신 정인섭 교수님은 서울대에서 법학박사를 마치시고 숭실대에 현재 재직 중입니다. 박사학위논문이 바로 오늘 발표하는 것과 관련이 있습니다.

지정토론을 맡으신 김선수 변호사님은 따로 소개가 필요 없을 정도로 노동관련 사건들을 아주 많이 다루어오셨고 노동문제전반에 관해서 깊은 학식과 조예를 가지고 있습니다. 아마 오늘 토론자로서는 적격이다 이런 생각이 듭니다.

다음에 두 번째로 지정토론을 해 주실 김진곤 교수님께서는 연세대학에서 학위를 하시고 독일 쾰른대학에서 연구를 하셨고 학위논문이 오늘 다루는 것과 아주 밀접한 관계가 있습니다. 헌법상 노동삼권의 보호와 제한에 관한 연구입니다.

이 세 분이 오늘 토론회의 기본 틀을 잘 꾸며 주실 것으로 기대하고 있습니다.

발표는 30분을 원칙으로 하고 토론은 10분을 원칙으로 하겠습니다.

다만 꼭 해야 될 이야기가 있을 경우에는 약간의 여유를 두고 하셔도 무방하겠습니다.

그러면 바로 정인섭 교수님의 발표를 듣도록 하겠습니다.

〈 주제발표자 발표 〉

사 회 자 : 헌재결정을 대상으로 해서 상당히 꼼꼼하게 검토를 하신 것 같습니다.

첫 번째 지정토론을 맡으신 김선수 변호사님의 토론을 듣도록 하겠습니다.

〈 지정토론자(김선수) 발표 〉

사 회 자 : 사람이 당혹스러운 것은 새로운 이야기를 한꺼번에 많이 들을 때 그런 것 같습니다. 같은 전공에 있는 저도 지금 좀 멍하거든요. 안방에 들어와서 주인장 잘못했다고 호통 칠 수 있는 사회구나 하는 생각이 들어서 한편으로는 기분이 좋습니다. 다만, 오해하지 마실 것은 오늘 발표와 토론을 맡아주신 분들이 조금 지나치게 솔직하신 분들이어서 그렇지 노동법 하는 사람들 중에서도 저처럼 애 둘러서 이야기하는 사람도 꽤 있다라는 점입니다. 그래서 직설화법 때문에 조금 당혹스럽거나 생경하게 느끼시는 부분은 감안해서 들으시면 '아 전공의 특성이겠다'가 아니고 '오늘의 특성이다' 이렇게 생각을 하시면 되겠습니다. 웃자고 한 이야기였습니다.

다음은 김진곤 교수님께서 두 번째로 지정토론을 해 주시겠습니다.

〈 지정토론자(김진곤) 발표 〉

사 회 자 : 예, 이렇게 정해진 발표와 토론을 모두 들었습니다.

이제는 자유롭게 말씀을 하셔도 좋습니다만 질문을 하시거나 의견을 말씀하실 때에는 먼저 성함을 좀 말씀해 주시기 바랍니다.

질문을 하려고 해도 워밍업이 필요하니까요. 지정토론자들이 발표자에게 궁금해 하는 또는 의문을 제시했던 것에 대해서 자세히 이야기를 풀어가면서 좀 더 자세하게 이야기가 될 거라고 저는 생각을 합니다만, 우선 발표자께서 거기에 관해서 간단하게 언급을 해 주시기 바랍니다.

정 인 섭 : 김선수 변호사님 토론에 관해서 몇 가지 말씀드리겠습니다.

앞으로 노동삼권이라고 쓰겠습니다. 잘못했습니다. 별 특별한 생각 없이 그냥 많이 쓰는 용어라서 썼는데 노동삼권이라고 써야 될 것 같습니다.

그 다음에 특별히 저한테 물으신 것은 외국 얘기인 것으로 생각하는데요. 제가 빠뜨리지 않았는지 모르겠습니다만, 외국 얘기는 제가 아는 것보다 더 자세히 정리해 주셨는데요. 미국에서 파업을 주도한 자의 경우에 형사처벌이 있다. 그 다음에 일본 공무원의 경우에도 역시 그냥 참가자 말고 주도한데 대한 책임이 있다. 마치 우리 선원법의 쟁의행위금지하고 비슷한 형식이 됩니다. 선원법이 쟁의행위 자체를 금지하고 처벌하기 보다도 그것을 주도하는 행위를 오히려 규제하고 있거든요. 그거 비슷하게 처벌규정이 미국과 일본에 일부 있지만 그것은 지적하셨다시피 실질적으로 적용이 안 되고 있는 것 같습니다. 그런데 쟁의행위라는 것 자체가 도대체 쟁의행위를 금지한다했을 때 거기서 전제로 되는 행위유형이 잘 안 떠오르거든요. 쟁의행위의 경우에는. 그래서 쟁의행위를 금지한다, 노동운동을 금지한다는 조항을 만들 때 입법자가 어떤 행위유형을 금지하고자 한 것인지 사실은 저는 알 수가 없거든요. 그래서 처벌법규를 외국과 비교해서 찾아보려고 해도 많은 경우에 막히더라고요. 행위유형 자체가 분명하지가 않으니까. 파업이 본질인 것 같은데 그것을 형사처벌하는 외국의 예는 기대하시는 만큼 많이 알지는 못합니다.

빠뜨린 것 있으면 또 말씀을 해 주시고요.

그 다음에 김진곤 교수님의 질문에 대해서 답변하는 형식으로 말씀드리겠습니다.

단체행동권하고 쟁의행위가 개념이 다르지요. 개념이 물론 다릅니다. 그래서 단체행동권에는 좀 더 넓은 개념이 있다고 일반적으로 설명을 하지만 기본적으로는 단체행동을 헌법상 기본권으로 보장한다 할 때 적어도 노동관계에 있어서 가장 핵심적인 의미는 형사면책하고 민사면책에 있다고 얘기를 합니다. 즉 뭐냐 하면 형사면책, 민사면책이라는 것은 노동법 같은데서 시민법원리라는 말을 대립되는 법 원리로서 많이 쓰는데요. 시민법에서는 흔히 예상하지 못했던 즉 범죄구성론인가요? 구성요건에 일응 해당하는 것으로 볼 수 있지만 노동기본권이 보장되는 경우에 형사상 책임을 지지 않는다. 그 논리적인 구도로 노동법 내에서는 그게 위법성조각이 아니라 아예 구성요건 자체가 조각되는 것으로 봐야 된다. 노동법에서 그런 얘기가 있기는 있습니다만 제가 볼 때 그렇게 중요한 것 같지는 않고, 형사상의 범죄로 문제삼지 않는다. 민사상 책임을 묻지 않는다는 게 근로삼권보장의 핵심이라고 얘기를 합니다. 그래서 단결권, 단체교섭권, 단체행동권이 보장이 되고 그런 헌법구도 하에서 단결권의 내용이 뭐고 단체교섭이 뭐고 단체행동의 내용이 뭐라는 것보다는 실질적으로 노동자들이 말을 섞어가지고 우리 얼마로 임금을 올려주지 않을 때는 일제히 노동력의 제공을 거부한다는 게 담합으로 취급되지 않는다는 게 본질이지요.

그게 근로자들의 인권, 기본권의 행사라고 취급되는 거지요. 그러니까 어떻게 보면 단체행동권을 헌법에 보장한다했을 때는 일반적으로 바로 말씀드리자면 그것입니다. 우리가 노사관계 선진국으로 알고 있는 나라들에서 그동안 규범제도로 확인해 온 바에 따르면 단체행동권이 보장되는 것은 결국은 파업입니다. 일을 하지 않는 것이 근로계약위반이나 또는 자유로운 시장에서의 거래를 저해하는 담합행위로 취급되지 않는다는 게 본질인 것 같습니다. 그러니까 단체행동권은 우리가 알고 있는 노동관계 선진국에서는 사실은 파업과 동일한 의미입니다. 조금 더 나가면 쟁의행위의 유형에는 파업, 태업이 있고 피케팅이 있고 등등 교과서에 나오는 얘기 다 아실 겁니다. 그런데 사실은 파업만 단체행동권의 행사라는 극단론도 가능합니다. 그러니까 쟁의행위를 금지하는 것은 단체행동 자체를 아예 금지한 것이나 마찬가지다 이렇게 저는 생각합니다.

그 다음에 제33조하고 제37조 얘기를 해 주셨는데 항복할께요. 모르겠습니다. 저는 여전히 모르겠어요. 제37조의 범위를 벗어나서 기본권을 제한하거나 제한의 정도가 100%에 이르면 해당되는 기본권조항 위반 아닌가요? 사전검열제하고 허가제 얘기를 하셨는데, 검열제하고 허가제가 기본권을 제한하는 정도가 100%에 이르러서 표현의 자유에 해당되는 기본권보장의 위반이라고 보는게 맞지 않는가. 저는 다시 한번 아까 발표에서 말씀드린 얘기를 반복합니다. 그래서 제가 볼 때는 어떤 차이가 있는지 사실은 모르겠습니다.

그 다음에 평등권의 심사로 들어갈 때 어떤 심사가 있을 거냐는 것을 한번 얘기해 봐라. 과연 평등권심사를 한다면 이런 심사가 가능할 거냐? 이렇게 얘기 하셨는데, 가장 기본적으로는 연혁적으로 볼 때 청원경찰이 하던 업무를 특수경비원이 대신하게 그런 특수경비업이라는 사업부문을 신설하고 거기에 종사하는 자를 특수경비원이라고 하고 무기소지 등 예전에 청원경찰이 담당하던 업무를 일부 할 수 있는 것을 특수경비업이라는 새로운 사업을 허용하는 형태니까 예전에 청원경찰의 근로삼권 보장의 정도하고 비교해야 된다라고 하는 얘기입니다. 그래서 김선수 변호사님 토론문중에는 다른 식으로 표현이 되어 있는데요. 특수경비원에게 청원경찰과 마찬가지의 신분보장이 되면 평등비교가 가능하지 않겠는가 하는 얘기입니다. 단결권, 단체교섭권이 보장되니까 단체행동권은 제한될 수 있다 이런 얘기는 적어도 전제로 하지 않는다 그러면 청원경찰과 비교할 때 청원경찰과 동일한 정도가 되면 안한다 하는 얘기지요. 그런데 노동법에서 그런 얘기가 있거든요. 파업의 정당성과 관련해서 경영주체의 고도의 의사결정부분은 이른바 경영상의 의사결정이기 때문에 단체교섭의 대상이 아니다. 파업으로 요구할 수 없다 이렇게 얘기를 합니다. 그런데 그로 인해서 근로조건에 영향을 미치는 한도 내에서 단체교섭의 대상이 되고 그것을 유리하게 이끌기 위해서 파업을 할 수 있다고 그럽니다. 노동법에 그렇고 판례도 그렇고 그렇게 많이 나옵니다. 맞는지 모르겠습니다만 어쨌든 그게 실무를 강하게 지배하는 경향입니다.

어떤 회사에서 생산라인을 중국으로 옮기는 것을 검토를 했답니다. 그런데 짐작하시겠지만 생산라인을 옮길 때에는 완전히 중국에 새로운 라인을 만드는 게 아니라 핵심인력은 따라가는 거 아시지요? 핵심인력을 데려가려고 하다보니까 그 핵심인력에 해당하는 사람이 주력이 되고 노조가 그게 사업장 이전이 근로조건에 미치는 영향이라 그러고 중국어학원 다니게 해 달라, 자녀들이 중국의 학교에 갔을 때 어떻게 하게 해 달라는 것을 단체교섭에서 요구했답니다. 실무상 문제될게 없지요 그죠? 경영상의 결정으로 인해서 근로조건에 미치는 영향에 대해서 교섭하는 것이니까요. 그래서 죽 하다보니까 주판알을 튕겨보니까 돈이 더 많이 들더래요. 중국으로 라인을 옮겨서 노동비용을 세이브하려고 그랬더니 옮기는데 우리 데려가려면 이 정도를 보장하라고 그래서 그 사람 요구를 들어 줄려고 하다보니까 더 많이 들더래요. 그래서 관뒀답니다. 어떤 회사에서 실제로 있었던 일이랍니다.

청원경찰이 하던 일을 특수경비업을 허용을 하고 특수경비원에게 이 일을 하게 할 때는 그 사업을 해가지고 이익을 얻는 사람이 있거든요. 아시죠? 이익을 얻는 사람이 있거든요. 그 이익을 얻는 사람이 청원경찰과 동일한 정도의 신분보장을 하면서 특수경비원을 데리고 특수경비업을 할 필요는 없지요. 그렇지 않습니까? 노골적으로 말씀드리면 청원경찰정도의 보장을 안 할려고 특수경비업이라는 것을 설정을 하고 특수경비원이라는 것을 만들었는데 그 사람들한테 청원경찰이라는 신분보장을 하면서 특수경비업이라는 사업을 설정할 실익은 없잖습니까? 결국 그렇게 안하겠지요, 라는게 평등권심사의 핵심적인 내용이 아닐까 그런 생각이 듭니다.

질문에 대해서는 다 말씀드린 것 같습니다.

이상입니다.

사 회 자 : 자유롭게 질의 또는 의견을 말씀해 주시기 바랍니다.

김 복 기 : 헌법재판소의 김복기 연구관입니다.

발제, 지정토론 다 감사히 잘 들었습니다. 먼저 말씀드릴 것은 몇 년 전에 있었던 일인데요. 대통령 당선된 사람이 당선자냐 당선인이냐 가지고 사회가 한번 홍역까지는 아니어도 좀 시끄러웠던 적이 있습니다. 개인적으로는 그때 헌법에 당선자라고 되어 있으니까 법률에 있는 당선인보다는 당선자로 쓰는 게 맞지 않느냐 그렇게 생각을 했었습니다. 그렇게 썼고요. 우리 헌법 제33조에 일단은 '근로자는' 그랬으니까 혹시 제가 노동삼권이 아니라 근로삼권이라고 해도 김선수 변호사님께서 너그러이 양해해 주시기 바랍니다. 제가 알기로 헌재는 혼용을 하고 있는 것 같습니다. 근로삼권으로 이렇게 의식적으로 쓰는 것은 아닌 것 같고요. 또 이렇게 해서 검색해 봤는데 노동삼권으로 안 나오면 제가 좀 면목이 안서지만 혼용하는 것으로 알고 있습니다.

이 사건에서 제가 보기에 핵심사실은 근로삼권영역의 특수성문제도 있지만 저희 헌법재판 실무하는 사람 입장에서는 과연 헌법에서 명시적으로 보장한 개별기본권을 우리가 흔히 말하는 그래도 일단 주고 뺏는 제한이 아니라 완전히 안주는 것도 우리 헌법상 가능한 것인가? 저는 그렇게 생각하고 있습니다. 그래서 꼭 근로삼권문제가 아닌 그런 중요한 쟁점이 있는 것 같습니다. 그거 관련해서 저는 그럴 수는 없다. 일단 기본권의 주체성이 인정된 사람한테는 일단 인정되는 것이고 많이 뺏는 것은 우리가 제한문제로 과잉금지나 본질적침해금지문제로 판단하는 것이 아니겠느냐. 그러니까 아예 안주는 것은 우리 제37조 제 2 항이 이 각 개별기본권 명문에서 예를 들어서 '법률이 정하는 자에 한하여'라든지 '법률이 정하는 누구에게' 이런 유보가 없는 경우에는 일단 박탈은 헌법상 용인되는 것이 아니지 않는가 그렇게 생각합니다. 그래서 일단 먼저 질문을 김진곤 교수님도 전반적으로는 발제자하고 같은 입장이신 것 같은데, 중간에 제가 느끼기에는 교원문제도 조금 그렇기는 한데 청원경찰 같은 경우에도 마찬가지인데 혹시 개별기본권이 명문으로 보장되는 경우에도 그 기본권을 아예 박탈하는 그런 것이 고도의 공익상의 이유로 가능한 것인가? 그렇게 생각하시는 것인지 제가 확인삼아 먼저 여쭙고 싶고요.

그 다음에 발제자께는 발제자의 기본입장에 저도 기본적으로 공감을 합니다. 그래서 특별히 그 부분에 대해서는 반론 질문할 것은 없는데 사실 우리 헌재가 제가 보기에는 근로삼권 관련된 사건에서 입장이 두 가지 입장 같은데요. 사립학교교원 이전에 교원노조사건이라고 그러는데 교원노조사건이나 청원경찰사건 그리고 이번과 같이 특수경비원사건 같이 아예 근로삼권 또는 노동삼권 중 전부나 일부를 아예 안주는 사건에 있어서는 다수의견이 뭔지 우리 노동법학계에서 말하는 근로삼권은 뭔가 상호 연관되어 있어서 전체가 한 덩어리라는 아주 구체적으로는 표현을 안했지만 그런 바탕에 깔고 얘기하는 것 같고, 나머지 사건, 일반적으로 제한이 문제된 그런 사건에 있어서는 각 개별권이 독립된 것이 당연한 것처럼 논리를 전개하고 있는 것 같습니다. 제가 보기에는. 그런데 만약에 노동법학계에 논의되는 것처럼 요즘은 그렇게 활발하게 논의되는 것인지는 모르겠는데요. 근로삼권이 실제로 이 사건 다수의견이 구체적으로 얘기하고 있지는 않지만 독일도 김선수 변호사님께서 소개하셨듯이 헌법상 단결권으로 보장하고 있고 단결권내에 단체행동권까지 해석상 인정되는 것 아닙니까? 뭔지 세 개로 되어 있지만 세 개가 사실상 하나의 기본권으로 포괄적으로 그렇게 보고 해석하고 거기서 더 나아가서 일부 학설처럼 그중에서 중심은 단체교섭이다라는 입장에 선다면 이 다수의견이 그래도, 제가 다수의견을 옹호하려는 것이 아니라 헌재에 문제된 그런 사건들, 사립학교교원이라든지 청원경찰 오늘의 사건 이런 것들이 그렇게는 해석될 수 있는 것인지 한번 오히려 제가 여쭙고 싶습니다. 그런 부분에서.

그리고 이것은 질문은 아닌데요. 제37조 제 2 항 문제가지고 발제자하고 토론자께서 얘기하셨는데 조심스러운 평가인데 동료연구관도 있는데 제가 잘못 알고 있는 것을 토로하는 것일 수도 있는데, 사실상 어떤 기본권이 침해된다 할 때 우리 헌재가 표현을 그 기본권을 보장한 그 근거조항의 침해라고 할 때도 있지만 또 제37조 제 2 항 침해라고 할 때도 어법의 차이도 있는 것 같습니다. 그런데 적어도 이 사건은 그냥 제한이 아니라 일부를 제한하는 것이 아니라 아예 안준 것이 문제되었기 때문에 특히 소수의견에서 이것은 일반적인 제한의 논의와는 다르다는 것을 보다 강조하기 위해서 제33조 제 1 항이라는 그런 위반으로 표현한 것이 좀 더 큰 것이 아닌가 그런 생각이 들고요.

평등권심사는 우리 김 교수님께서도 얘기하셨지만 실질적으로 평등권심사를 갖더라도 특히 의미 있는 판단이 없다는 그런 암묵적인 판단이 있지 않았을까 그런 생각이 듭니다.

질문은 김 교수님하고 정 교수님께 하나씩 드렸습니다.

사 회 자 : 김 교수님이 먼저 답을 하시겠습니까?

김 진 곤 : 기본권이 부여되었음에도 불구하고 전면적 박탈에 대한 문제인 것 같은데요.

김 복 기 : 예를 들어서 표현의 자유는 다 보장되지 않습니까? 표현의 자유영역이 많은데 예를 들어서 특수경비원은 표현의 자유가 없다, 표현의 자유를 행사할 때 형사처벌한다, 약간 그런 법은 있을 수도 없고 있어서도 안 되지만 사실 형식적인 구도는 단체행동하고 쟁의행위가 같냐 틀리냐 그런 논의가 있지만 사실 헌재의 기존 선례는 어떻게 보면 같다라는 입장이거든요. 그러니까 만약 같다고 전제하면 결국 어떤 특정한 개별기본권을 박탈하는 것이 헌법상 가능한가를 좀 여쭙고 싶습니다.

김 진 곤 : 굉장히 어려운 문제이기는 한데, 제 생각에는 평상시에는 주어진 기본권을 전면박탈은 할 수 없다고 생각을 합니다. 그래서 어떻게 하면 헌법에서 만약에 저희들이 계엄법과 관련해서 일정한 기본권에 대한 특수한 조치라는 규정을 제

가 한번 살펴봤고, 그 다음에 만약에 단체행동권을 전면적으로 박탈할 수 있는 경우는 어떤 경우를 상정할까를 한번 고민해 봤습니다. 그런데 제가 고민 고민한 끝에 내린 결론은 절대 평시에는 헌법이 부여한 개별기본권의 전면박탈은 이루어 질 수가 없다. 그렇지만 긴급입법이 만약 이루어지는 경우에 그것도 일시적으로 긴급상태에 대한 대처방안으로서 나타나는 문제일 때는 만약에 긴급상황인데 어떤 재난사태가 발생했을 경우 그 제품이 꼭 필요한데 그 제품을 생산하고 있는 기업이 지금 파업중이다라고 했을 때 그 파업자체를 완전히 중단시키고 일정기간동안 파업권자체를 행사하지 못하게 하는 경우 이런 경우가 아니라면 평상시에는 개별기본권이 헌법에 의해서 주어졌는데 전면적 박탈은 있을 수 없다고 저는 생각합니다.

정 인 섭 : 그간에 있었던 단체교섭의 중심의 입장에서 다수의견을 해석할 수는 없냐? 이게 맞습니까?

김 복 기 : 아니 헌법 개정하는 것보다는 오히려 다수의견 논지를 정리하는게 낫지 않을까?

정 인 섭 : 그러니까 다수의견을 단체교섭의 중심논거와 일련의 논리를 같이 하는 것으로 평가할 수 있겠는가 라는 것을 질문의 요지로 받아들여도 됩니까?

김 복 기 : 다수의견에 대한 평가를 떠나서 그렇게 만약에 논의를 연결시킨다면 그래도 합헌론은 불가능한 것인가? 그런 가정적인 질문을 드린 겁니다.

정 인 섭 : 단체교섭중심론에 의한 단체행동권제한이 가능하려면 대상조치가 있어야 됩니다. 근로조건이 실질적으로 대등하게 결정될 수 있는 다른 방도가 보장되어 있는 경우에 단체행동권제한이 정당화되거든요. 필수공익사업에서 직권중재에 관한 사건이 바로 그러한 대표적인 예입니다. 필수공익사업에서 근로조건이 실질적으로 대등하게 결정될 수 있는 구조가 전제로 되어 있기 때문에 그를 대신해서 갈음하는 쟁의행위를 통한 근로조건의 실질적 결정을 갈음하는 제도를 설정할 수 있다는 게 단체교섭중심론의 핵심입니다. 다수의견은 그런 얘기를 언급을 안했습니다. 꼭 모두를 인정해야 되느냐라는 짧은 말만 했어요. 그래서 경비업법을 차라리 넣는 게 맞다는 결론을 제가 말씀드린겁니다.

사 회 자 : 여전히 무겁지요. 분위기가.

박 진 영 : 헌법재판소에 근무하는 박진영 연구관입니다.

발제해 주신 내용 잘 들었고요. 공부도 많이 된 것 같은데. 두 가지 점을 말씀드리고 싶은데, 한 가지는 지적이라 그러면 좀 건방진 표현이고 지적과 동시에 질문이고요. 한 가지는 저의 개인적인 소견을 말씀드리고 싶은 부분입니다.

먼저 첫 번째로 왜 평등권심사 안했느냐 하시는데 그거 참 뼈아픈 지적인 것 같습니다. 지금까지 선례에서 쭉 해 왔었고 또 여기 청구인의 주장에 평등권에 위배된다 이런 말도 있었기 때문에 했어야 되는 거 아닌가? 그 부분은 가슴이 아프고요. 그 다음에 그러나 평등심사를 했을 때도 이게 특별히 엄격히 심사를 해야 하는 영역으로 보이지는 않기 때문에 결론에 있어서는 차이가 없었을 것이다 하는 점은 조금 위안이 되는 점이고, 그래서 평등심사를 했어야 되는데 왜 안했느냐 그 부분은 전적으로 수긍을 하면서도 평등심사를 하면서 그러면 어떤 방식으로 할 거냐 하는 거에 대해서 써 놓으신 부분은 조금 수긍이 안 가는 면이 있습니다.

14면에 보면 청원경찰하고 특수경비원을 놓고 청원경찰하고는 다르다. 청원경찰에 비해서는 공익목적이 덜하고 사익의 침해는 더하다. 청원경찰하고 다른 집단인데 왜 다르게 취급을 안하고 같게 취급해서 둘 다 제한했느냐 이래서 평등권침해다 이런 구조로 가시는 것 같은데, 이것은 일반적으로 지금 실무례에서 취하고 있는 방식이 아니고요. 그런 방식에 비교를 하게 되면 논리에 점프가 생긴다하는 점을 지적하고 싶습니다.

먼저 이 평등권침해에 대한 판단을 할 때 비교집단은 그러니까 수혜를 받고 있는 사람하고 없는 사람이 비교집단이 되어야 되지요. 한쪽은 받고 있고 한쪽은 못받는데 둘이 본질적으로는 유사해 보일 때 그렇게 비교집단을 잡습니다. 그래서 지금 기본권은 보상이 원칙이고 제한이 예외라면 그 원칙에 따라서 보상을 받고 있는 유사한 다른 집단하고 그 다음에 원칙에 벗어나서 제한을 받고 있는 집단하고 그렇지 그 두 집단이 본질적으로는 유사해 보일 때 그렇게 비교집단을 설정하고 비교를 하거든요. 그러니까 이 경우 같으면 특수경비원하고 일반경비원하고 비교, 일반적으로 상정할 수 있는 비교집단은 일반경비원이 될 거고 좀 더 넓히자면 다른 일반근로자하고도 비교를 해야 되느냐, 그 정도는 너무 광범위하기 때문에 비교를 안해도 되느냐, 고민을 할 수 있을 겁니다. 지금 청원경찰하고 특수경비원을 비교를 하게 되면 권리가 보장되는 A집단이 있고 보장이 안 되는 B집단이 있고 또 보장이 안 되는 C집단이 있을 때 이 가운데 집단, 성격상으로도 가운데쯤 된다고 할 때 B집단이 C집단하고 다르다고 해서 그러면 B집단은 보장되어야 된다는 논리가 바로 나오지는 않지요. 두 개가 다르다까지는 논증이 가능할지 모르지만 두 개가 다르면 두 개다 하나는 반드시 보장을 하고 한쪽은 제한해야 되느냐? 두 개가 다르지만 둘 다 제한되는 것도 가능할 수 있거든요. 결국 여기서는 권리보장을 받는 집단하고 제한을 당하는 특수경비원집단하고 이렇게가 비교대상이 되어야 되기 때문에 청원경찰하고의 차이를 확인한다고 해서 바로 청원경찰은 제한되니까 우리는 보장되어야 된다 역으로, 거기에는 논리적으로 비약이 있다고 생각됩니다. 그래서 평등권심사를 하더라도 비교집단은 일반경비원집단이 되어야 되지 않느냐. 그리고 그 두 집단 간에 본질적인 차이가 있느냐 내지는 차별의 합리성이 있느냐? 그렇게 해서 차별의 합리성이 없다면 특수경비원도 당연히 보장되어야 된다가 나오겠지요. 그래서 그 비교집단 선정하고 평등권을 논증하는 부분에 있어서 청원경찰하고 비교를 해야 된다 이 부분은 조금 의아하게 느껴져서 그 부분은 질문을 드리고 싶고.

그 다음에 한 가지는 전체 이 사건의 결론에 대한 부분인데 왜 이렇게 사법부가 소극적이냐부터 해서 전체적으로 매를 많이 얻어맞았습니다만, 그러니까 그 말씀은 맞는 것 같습니다. 헌법 개정의 역사적 배경, 역사적 해석과 문리적 해석 그 두 가지만 종합하면 제33조 제 1 항, 제33조 제 2 항, 제33조 제 3 항의 문리해석에 충실하고 또 헌법이 개정되어온 역사에 충실하면 제 3 항에 의해서 일부근로자에 한해서 단체행동권만 제한할 수 있는 것 아니냐? 제 3 항에 속하지 않는 근로자에 대해서는 보장이 되어야 되는 것 아니냐? 결국 제33조 제 2 항에 대해서 헌법재판소가 법률이 정하는 공무원에 대해서만 근로삼권이 보장된다고 했기 때문에 그것 자체에 의해서 입법형성권의 한계를 일탈했느냐 만을 심사하고 제37조 제 2 항에 의한 과잉금지심사는 안했거든요. 그것과 마찬가지로 지금 교수님 지적하신 것은 제33조 제 1, 2, 3 항의 조화적인 해석에 의하면 결국 일반 근로자에 대한 근로삼권 제한에 있어서는 제37조 제 2 항은 적용 안해야 되는 거 아니냐? 제 1 항하고 제 3 항만 갖고 봐서 제 3 항에 해당되는 근로자라면 단체행동권을 제한할 수 있고 그거 아닌 나머지 근로자는 다 인정되는 게 원칙 아니냐, 결국 이런 얘기신 것 같거든요. 그러니까 역사적 해석과 문리적 해석만 놓고 보면 그런데 제가 한 가지 의견을 덧붙이고 싶은 것은 헌법규범과 헌법현실의 괴리 이런 게 이것하고 연관이 있는 거 아닌가. 제33조에 한해서는 유독 우리 헌법이 너무나 선진적으로 개정되었다 저는 개인적으로 그렇게 생각하거든요. 그 개정의 속도에 일반국민 특히 사법부 구성원들의 인식은 못 따라잡는 것 아니냐, 그래서 이런 해석상으로 동의할 수 없는 결과가 나오는 측면도 있지 않느냐 싶은데, 그래서 그것하고 연결되어서 생각해 본다면 굳이 헌법개정을 할 필요야 있겠는가? 차라리 시간은 좀 걸리지만 규범의식의 제고, 헌법현실과 규범사이의 간격을 좁히려는 노력을 좀 더 하면 언젠가는 규범하고 현실의 그 괴리가 좁혀질 때 조금 차이가 있는 것은 사법부도 한 발짝 뗄 수 있거든요. 그런 의미에서 본다면 굳이 헌법개정까지는 안 해도 되지 않나, 현실을 좀 더 끌어올리려는 노력이 현 단계에서 더 필요한 것 아닌가, 개인적인 소감을 말씀드렸습니다.

사 회 자 : 바로 답을 하시겠습니까? 아니면 시간 좀 더 드릴까요?

정 인 섭 : 채점을 하신다면 한 50점짜리 답밖에 못할 것 같습니다. 지금 강성

태 교수님께서 시간 더 드릴까요 그랬는데 시간 더 쓴다고 해서 점수가 나아질 것 같지 않고 바로 답하기 때문에 그 정도 밖에 못한다고 그냥 변명하겠습니다.

아까 김선수 변호사님 얘기 빠뜨렸네요. 법정형이 결코 낮은 게 아니다 얘기하셨는데, 왜 5년으로 규정되어 있는 규정형식을 가지고 오면서 1년으로 했을까 라는 게 의문이라는 얘기를 말씀 드렸는데요. 뭐라고 논리적으로 설명하기는 힘듭니다.

그리고 지금 연구관님께서 말씀해 주셨듯이 일반적으로 평등심사를 할 때 수혜집단, 비수혜집단 즉 말씀하신 것 맞고요. 특수경비원의 평등권침해를 문제삼는다면 일반근로자와 비교해서 쟁의행위가 인정되는, 쟁의행위금지가 없는 일반근로자, 경비원과 특수경비원을 비교하는 게 맞습니다. 그런데 아까 법정형비교에서도 제가 거꾸로 갔지 않습니까? 마찬가지입니다. 그게 실질적으로 평등심사인지 아닌지 모릅니다. 실무적으로 평등권심사인지 아닌지는 모르겠고 말씀하신 것처럼 특수경비원과 일반근로자, 특수경비원과 일반경비원인 근로자를 비교하게 되면 평등권심사에 있어서 사실은 어떤 특별한 결론이 안 나올지도 모릅니다. 왜? 무기를 휴대하고 있기 때문에 쟁의행위를 제한해야 될 목적의 필요성을 전제로 하고 있기 때문에 그렇습니다. 무기를 가진 사람은 쟁의행위를 해서는 안 된다라는 얘기지요. 즉 그로 인해서 그 쟁의행위를 제한할 필요가 있다고 만일 상정을 한다 했을 때 그로 인한 불이익한 대우가 그 사람에게 미치는 불이익의 정도에 대한 심사가 필요하다는 얘기거든요. 그러면 무기를 휴대해서 쟁의행위를 제한할 입법목적의 필요성이 인정된다 그랬을 때 그 입법목적에 의해서 쟁의행위의 전면금지라는 수단을 당한 특수경비원인 근로자 그 다음에 예를 들면 안전보호시설에 종사하기 때문에 안전보호시설의 어떤 노조법의 제한이 수반되는 근로자, 그로 인해서 받는 불이익의 정도를 비교해보면 전면금지로 인한 불이익의 정도가 크지 않다는 결론이 아마도 나올 겁니다.

그게 제가 생각할 때 그간에 헌법재판소의 평등권심사의 논리에 맞을 겁니다.

그런데 분명히 이 사건은 실질적으로는 청원경찰과의 비교가 따라야 된다는 얘기를 말씀드린겁니다. 이정도고요.

뒤에 것은 소견만 말씀하신다고 했는데 제가 또 얘기할께요.

제33조가 선진적이라고 말씀하셨잖아요? 너무 선진적이었다고. 그러면 맞춰야지요. 특수경비원 무기 휴대한 사람한테 쟁의행위를 인정하지 않는 게 사람들의 의식이라 그러면 헌법을 그렇게 다르게 놔둘게 아니라 헌법을 그렇게 바꾸어야 되지 않나요? 문리해석으로는 맞다고 얘기를 하셨는데 글쎄요, 저는 헌법강의 안 해서 관계없습니다만 본질적인 내용의 침해금지하고 이 헌재결정을 대학교에서 어떻게 논리적으로 강의를 할지는 좀 난감합니다. 여전히 개정이 필요하다고 생각합니다.

황 치 연 : 여러 토론자님과 발제자님으로부터 많이 배웠습니다.

그런데 제가 항상 느끼는 것은 어떤 개별법을 전공한 분들은 헌법을 보는 창을 개별법의 그 창을 통해서 헌법을 인식하는 것 같아요. 민법학자는 민법의 헌법학 또 노동법학자는 노동법중심의 사고에서 헌법을 침투해서 보는 거 아닌가 이렇게 생각을 합니다. 그러니까 먼저 헌법 제33조를 이해하는데 근로자가 근로조건의 향상을 위해서 갖는 단결권, 단체교섭권, 단체행동권을 일단 문리적으로 봤을 때도 이것을 통일적인 체계로 이해하느냐 개별적인 권리들을, 헌법학자의 시각에서 하나의 각 단계의 개별적인 권리로 이해하느냐 이게 다를 수가 있거든요. 그래서 이러한 논거에 의해서 아, 이게 하나의 헌법상의 기본권으로 인정되었으니까 제37조 제 2 항에 의한 일반적 기본권제한의 한계논리에 따라서 제37조 제 2 항에 의한 심사가 가능하다 이런 논리가 인정되는 겁니다.

그리고 우리 헌법은 '모든 국민은 근로의 권리를 갖는다' 이런 표현을 썼어요. 그러니까 영어로 얘기할 때 '더 라잇 투 워크, 더 라잇 투 레이버(The right to work, The right to labor)' 노동할 권리를 갖는가? 근로할 권리를 갖는가? 이게 각각 주어진 위치에 따라서 뉘앙스 차이가 있을 겁니다. 그러나 헌법에서는 가치중립적으로 명확하게 근로의 권리를 갖는다고 얘기하고 있고, 헌법 제33조 제 1 항에서도 '노동삼권을 가진다.' 이런 표현을 쓰고 있지 않습니다. 그러니까 예컨대 노동삼권이라고 해서 그것이 어떠한 헌법적 효과가 있는지 그런 어떠한 헌법이론적인 측면에서 특별한 의미가 있을 때 그 언어사용 독섬에 대한 정당한 이유가 있지 않겠는가 이렇게 생각을 합니다.

그리고 제한과 금지의 문제가 본질적 내용의 침해냐의 문제에 있을 때 본질적 내용을 확정할 수 있다면, 만약에 단결권, 단체교섭권, 단체행동권을 통일적인 체계로 이해한다면 여기에서 본질적인 내용은 뭔지? 개별적으로 이해했을 때와 단체행동권을 얘기했을 때 본질적인 내용이 뭔지? 이것이 확정되었다면 본질적 내용의 침해에 위반이다 이런 논거가 가능하겠지요. 그런데 제한과 금지의 관계에 있어서 주체의 측면에서 일정 배제하는 것, 방법의 측면에서 일정 배제하는 것, 범위의 측면에서 일정 배제하는 것 이것도 다 제한의 카테고리 안에 들어갈 수 있는 겁니다. 그러니까 이 제한의 문제로 귀결된다면 결국 제33조상에 인정된 근로삼권에 관한 문제를 제37조 제 2 항에 의해서 심사가 가능하다는 논리가 되요. 이런 측면에서 이해를 해 주시면 어떤가 생각을 하고요.

두 번째로는 노동현실, 노동관계법의 바람직한 규율방법 그러니까 입법정책적인 바람직한 구현방법의 측면에서 역으로 '아, 이래야 되는데. 아, 이게 헌법적 가치

판단에서 위헌이 안 나오는 것이 문제가 있다' 이런 것은 좀 구별해야 하지 않을까? 입법정책적인 측면에서 우리가 바람직한 구현방법과 헌법적 가치판단은 다른 위상과 차원에 있다 이렇게 생각합니다.

발제자께서는 완전 배제하는 경우에 이런 경비업법의 경우를 헌법에 두면 그게 합헌이지 않느냐 논리적으로. 그러나 이것은 헌법규범과 거기에 대해서 심판대상규범과의 관계를 역으로 하는 것 아닌가 이렇게 생각을 합니다.

다른 사람들의 토론기회를 위해서 일단 여기서 마치도록 하겠습니다.

사 회 자 : 일단이라고 하면 2차를 염두에 두고 하시는 거지요? 1차에서는 다시 특별한 사정이 없는 한 기회가 가지는 않을 것 같고요.

바로 답을 하시겠습니까?

황 치 연 : 이 경비업법의 경우에 주체의 배제에 해당되는 법률이라고 저는 생각을 하는 겁니다. 그런데 주체 배제의 경우에 그 주체이기 때문에 배제를 했을 때에는 지금 예를 들어주신 방법의 배제라든가 범위의 배제의 경우에 비해서 제한되는 정도가 포괄적일 수밖에 없고, 특히 그것이 평등권심사가 필요했던 이유가 아닌가 그런 생각을 했던 겁니다. 그래서 주체의 배제의 경우에는 특히 좀 더 헌법에 근거를 요구했던 게 제33조 제 2 항, 제 3 항의 입법영역이었다는 점을 감안을 하면 특수경비원의 경우에 배제의 경우에도 유사한 판단구도를 가졌어야 맞지 않는가. 이것은 예를 들면 어떤 쟁의의 방법을 시기를 제한하는 것과는 다른 판단이 필요했다는 생각이고요.

그 다음에 입법정책의 문제하고 헌법적 가치판단 얘기를 하셨는데요. 글쎄요. 저는 헌법적 가치판단의 문제라는 식으로 정리를 하기는 했습니다. 여기까지만 말씀드리겠습니다. 저도 일단 여기까지만.

사 회 자 : 의견을 말씀하신 선생님께서 황치연 선생님 맞습니까?

김선수 변호사께서 의견을 말씀하실 부분이 있다 그러니까 의견을 좀 듣고, 약 1분 이내에서 질문과 답이 이루어질 수 있는 문제, 예를 들면 2차장소가 어디입니까? 이런 정도의 질문 하나가 있다면 추가로 받고, 아니면 사회자의 가장 큰 역할인 시간을 지키기 위해서 다른 질문은 더 시간의 제한이 없는 곳에서 진행하는 것이 좋을 듯합니다.

김선수 변호사님.

김 선 수 : 질문과정 중에서 나온 의견들과 관련해서 제 생각을 간단하게 말씀드리겠습니다. 우선 김복기 연구관 말씀처럼 이 삼권을 통일적으로 유기적 권리로서 한 덩어리로서 파악할 수 있는 그런 견해들이 보통 그렇지요. 헌재의 다수견해 이런

데서도 이 세 개는 한 덩어리 유기적이기 때문에 그중에 단체행동권을 금지하더라도 나머지 두개의 권리가 보장되어 있으면 본질적 내용 침해까지는 아닌 것으로 볼 수 있지 않겠느냐 그런 견해인데, 그런데 사립학교 교원하고 청원경찰은 그 세 개의 권리를 완전히 다 금지하는 것도 이것도 합헌으로 하는 것은 그런 관점에서도 이게 안 맞는 것 같고, 그리고 아까 말씀드렸듯이 이 세 개를 한 덩어리로 본다 하더라도 만약에 그중에 보다 중심적인 게 있고 덜 중심적인 게 있다고 보면 이 헌법 제33조 제 1 항에서의 규정방식이 달랐어야 된다고 봅니다. 아까 얘기했듯이 개별적 법률유보를 특별하게 둔다든가 그렇게 했어야지 그렇지 않고 각각 명시적으로 세 개의 권리를 별도로 보장한다고 해놓았는데 그 중에서 하나를 완전히 이렇게 하는 것은 아무리 유기성이나 한 덩어리로 파악하는 그런 방법에 의하더라도 그것은 심각하게 문제가 많다.

그리고 아까도 말씀하시기를 제37조 제 2 항에서의 주체에 있어서의 제한의 문제로 볼 수가 있지 않느냐, 그 주체에 있어서 일부범위를 배제하는 게. 그런데 그 주체의 입장에서는 그게 단순히 어떤 일정한 제한이나 이런 게 아니라 권리 자체가 완전히 배제가 되고 있는데 그것을 어떻게,

김 복 기 : 예컨대 모든 근로자에게 단체행동권을 배제한다. 이 주체에서 만약에 그런 표현을 썼다면 헌법 제33조 제 1 항에서는 명백히 '근로자' 이렇게 했는데 근로자 전부에 대해서 그것을 배제했다고 봅시다. 이는 명백히 제33조에 위반되고 제37조 제 2 항 … 침해될 수가 있지요.

김 선 수 : 예컨대 제37조 제 2 항에서 그럼에도 불구하고 그 근로자에게 보장된 세 개의 권리 중에 하여간 일정한 부분을 완전히 배제하는 것을 제37조 제 2 항 가지고 그것을 정돈하기는 저는 어렵다고 봅니다. 만약에 그런 것이 가능할려면 제33조에서 아까 얘기했듯이 개별적 법률유보가 있을 때나 가능한 것이지, 그러니까 일반적 법률유보에 있어서의 본질적 내용침해라는 것을 갖고 주체에 있어서 일부를 완전히 제외하는 형태로 그것은 합리화되기 어렵다고 봅니다.

그 다음에 헌법규범과 헌법현실의 괴리를 말씀하셨는데 모르겠습니다. 우리 헌법이 얼마나 선진적인 것인지는 모르겠지만 세 개의 권리를 각각 개별적으로 독자적으로 보장하고 있는 측면에서는 유럽도 그렇지 않고 일본하고 우리 같은데, 그런 경우에 있어서는 규범을 현실로 끌어내려서 적어도 사법기관에 있어서는 이렇게 해서는 안 되는 것 아니겠습니까? 현실을 규범으로 끌어올리는 방향으로, 그리고 그렇게 현실을 규범으로 끌어올릴 때 나타나는 부작용이 있으면 그것을 어떻게 최소화할 수 있을까하는 그런 방법에 있어서 여러 가지 그런 것을 개발하는 것이지, 그러

니까 사법기관에서 규범에 맞게 판단을 해 주면 정부나 국가에서 그 부분을 보완할 수 있는 여러 가지 노력들을 할 수가 있어요. 그런데 그런 노력을 할 수 있는 그런 것들을 오히려 사법부에서 노력하지 않은 것을 정당화시켜 주는게 이게 과연 사법부의 적정한 그런 역할이겠는가 먼저의 그런 방법하고.

그 다음에 입법정책적 방법과 헌법가치적 판단, 다를 수 있지요. 다를 수 있는데 그런데 지금 합헌으로 판단했지만 그 후에 입법에 의해서 해결된 문제들 그 시기가 그렇게 얼마, 긴 경우 10년 되기도 하고 짧은 것은 몇 년 만에 다시 입법으로 이렇게 정리되기도 했는데, 모르겠습니다. 그런 부분에 있어서는 어떤 사법기관의 한계 '그게 한계다. 사법권의 역할은 거기까지다' 그렇게 한다면 솔직한 거니까 그럴 수 있다고 인정하고 '우리 헌재의 역할은 거기까지다' 그렇게 그러면 좋습니다. 그것은 좋은 데, 그런데 거기서 한 단계 더 나갈 수도 있지요. 지금 교원노조 그때 90년인가요? 그런데 97년에 했나요? 하여간 10년인가 몇 년 그때 헌재가 그렇게 결정했어도 그렇게 충분히 갈 수 있었을 겁니다. 그런데 그거 안 된 것 때문에 무수한 희생을 거쳐서 그 후에 됐는데 그런 부분에 있어서의 판단, 역할을 어디까지로 볼 것인가 그런 부분에 대해서 고민이 필요하겠지요.

사 회 자 : 모든 분들이 바라는 대로 사회자가 직권을 발휘하도록 하겠습니다.

질의와 응답은 이것으로 마치겠습니다. 단결권, 단체교섭권, 단체행동권이라고 이야기하지만 모태적 권리는 단결권이지요. 거기서부터 시작되었으니까요. 또 그것 없으면 다른 게 안 되니까 모태적 권리가 단결권이라는 것은 맞는데, 단체교섭 안하는 단결권이라고 하는 것은 계모임이지요. 계모임입니다. 그래서 단결권을 행사한다고 할 때 단결교섭은 중심적으로 지향이 될 수밖에 없습니다. 그런데 단결교섭을 할 때 단체행동을 할 수 없다 그러면 그것은 집단적 구걸이지요. 아니면 애원이거나. 이것은 제가 한 표현이 아니고 독일 노동법교과서에 나오는 이야기이기도 합니다. 그래서 왜 그냥 단결권이라고 표현해도 거기에 파업권이나 쟁의권 같은 것이 당연히 포함될 수밖에 없는가를 갖다가 설명한 것이 그렇습니다. 그럼에도 불구하고 이미 200년 전부터 그렇다고 하는 것이 학자들 사이에서 공유되었음에도 불구하고 아직도 많은 나라에서는 쟁의행위에 대해서 다 겁을 내고 금지하는 규정들을 두고 있습니다. 형사처벌을 하는 것은 별론으로 하더라도. 그래서 오늘 다루는 주제는 굉장히 논쟁적입니다.

그리고 제가 하나 단언할 수 있는 것은 이 부분에 관해서 유사한 표현이나 동일한 표현을 쓰고 있는 헌법이 거의 없습니다. 일본과 우리나라도 다릅니다. 그럴 정도로 이 부분은 각 나라에서 굉장히 역사도 고통도 흔적도 많은 부분이라는 점,

그래서 아마 비교법적인 일반론을 끌어내는 것만으로도 쉽게 답이 나오지 않는 그런 영역이어서 오늘과 같은 이런 토론이 자주 있고 그래서 논의가 적어도 연구자들 사이에서는 좀 축적이 되고 그래야 이 문제에 관한 사회적인식도 점차 바뀌어 나갈 것이라는 생각을 하게 됩니다.

오늘 발표와 지정토론 및 토론에 열심히 참여해 주신 여러분께 감사를 드립니다.

수고하셨습니다.

제103회(2010. 4. 16) 발표문

인터넷과 선거운동*

황 성 기**

"이제 모든 미디어는 소셜(social)이고 모든 소셜은 미디어이다"1)

－스티브 루벨(Steve Rubel, 미국 소셜미디어 전문가)

Ⅰ. 들어가는 말

올해 6월 지방선거를 앞두고 있는 국회나 정치권에서는 요즘 소위 SNS(social network service)서비스 중의 하나로 작년부터 각광을 받고 있는 '트위터(twitter)'나 '네이버 미투데이', '다음 요즘' 등의 마이크로블로그2)에 대한 관심이 여야를 떠나서 매우 지대하다. 그 이유는 중앙선거관리위원회가 이러한 마이크로블로그를 이용한 선거운동도 현행 공직선거법 제93조 제 1 항에서 금지하고 있는 '그밖에 이와 유사한 것'에 의한 선거운동으로 간주하겠다는 입장을 갖고 있기 때문이다. 여기서 '여야를 떠나서' 관심을 갖고 있는 이유는 정치인들의 입장에서 보면 선거운동의 효율성이나 효과성의 측면에서 기존의 UCC만큼 혹은 그 이상으로 마이크로블로그가 최근 모바일의 상징으로 부각된 '스마트폰'과 결합하여 매우 강력한 수단이 될 수 있다는 점을 인식하기 시작했기 때문이다.

바로 여기서 이 글의 문제의식은 시작된다. 즉 이 글은 다음과 같은 두 가지 문제의식에서 출발하고자 한다.

---

* 이 발표문은 2010년 4월 16일 헌법재판소 헌법실무연구회에서 발표한 원문을 그대로 실은 것이다. 참고로 필자는 헌법실무연구회에서의 발표 이후 헌법실무연구회측의 양해를 얻어 발표문을 수정·보완하여 한국언론법학회의 학회지인 「언론과 법」에 투고하였고, 제 9 권 제 1 호(2010년 6월 30일 발행) 177-229면에 게재되었음을 밝혀둔다. 황성기, "인터넷과 선거운동," 언론과 법 제 9 권 제 1 호, 한국언론법학회, 2010. 6, 177-229면 참조.

** 한양대학교 법학전문대학원 부교수.

1) "페이스북이 차세대 구글 … 가입자 10억까지 간다," http://blog.hankyung.com/kim215/369010.

2) 블로그와 메신저기능이 결합된 것으로서, 긴 블로그 대신 짧고 즉각적인 메시지를 포스팅하는 SNS이다.

첫째, 현재의 공직선거법상의 선거운동 규제장치들이 과연 '합리적'이냐의 문제의식이다. 선거의 場은 매우 중요한 '정치적 공론장'이라 할 수 있다. 그런데 과연 현재의 공직선거법이 채택하고 있는 입법정책적 수단들이 이러한 정치적 공론장의 '합리화'를 위해 적절한가에 대해서는 필자 개인적으로는 굉장히 의문이다. 선거의 헌법적 의미를 고려하면, 선거야말로 정치적 표현의 자유가 최대한 보장되어야 할 영역이다. 하지만 현재의 공직선거법의 특징은 '선거에 직접적으로 참여하는 후보자나 정당에 대한 규제'만 갖고 있는 것이 아니라, '후보자나 정당을 비판하는 일반국민에 대한 규제'까지 포함하는 '포괄적 규제'방식을 채택하고 있다. 물론 '선거의 공정성'은 유권자의 합리적 선택을 위한 매우 중요한 공익임은 부인할 수 없다. 하지만 선거의 공정성이라는 공익은 그 자체 스스로가 자기목적적이어서는 안 된다. 선거의 공정성은 유권자의 자유롭고도 합리적인 선택, 그 이전에 표상정치의 담당자 혹은 국민의 대표자(후보자, 정당 포함)에 대한 합리적 비판을 위한 '수단적'인 개념이다. 하지만 현재의 공직선거법은 그리고 지금까지의 공직선거법에 대한 헌법재판소의 판례의 경향을 보면, 선거의 공정성은 하나의 '도그마'로 확고하게 자리잡고 있는 느낌이다.[3)]

둘째, 현재의 공직선거법이 과연 시대의 흐름에, 보다 구체적으로 매체환경의

---

3) 특히 선거운동 규제와 관련된 공직선거법상의 장치들에 대해서는 주로 합헌결정을 해 온 경향이 있는 것으로 보인다. 예컨대 법정의 방법 이외의 방법으로 인쇄물, 광고 등을 제작, 배부하는 방식의 선거운동을 금지하였던 구 지방의회의원선거법상의 선거운동방법의 제한규정에 대한 합헌결정(헌재 1995. 4. 20, 92헌바29, 구 지방의회의원선거법 제181조 제 2 호 등 위헌소원), 이와 유사한 취지의 내용을 규정하였던 구 공직선거및선거부정방지법 및 현행 공직선거법상의 탈법방법에 의한 문서 등의 배부 등 금지조항 및 처벌조항들에 대한 수 건의 합헌결정들(헌재 1995. 4. 20, 92헌바29; 헌재 2001. 8. 30, 99헌바92등(병합), 공직선거및선거부정방지법 제93조 제 1 항 위헌소원 등; 헌재 2001. 10. 25, 2000헌마193, 공직선거및선거부정방지법 제58조 제 1 항 등 위헌확인; 헌재 2001. 12. 20, 2000헌바96등(병합), 공직선거및선거부정방지법 제90조 등 위헌소원; 헌재 2002. 5. 30, 2001헌바58, 공직선거및선거부정방지법 제255조 제 2 항 제 5 호 등 위헌소원; 헌재 2006. 5. 25, 2005헌바15, 공직선거및선거부정방지법 부칙 제17조 등 위헌소원; 헌재 2007. 1. 17, 2004헌바82, 공직선거및선거부정방지법 제255조 제 2 항 제 5 호 등 위헌소원; 헌재 2009. 7. 30, 2007헌마718, 공직선거법 제93조 제 1 항 위헌확인), 선거운동의 선전벽보에 비정규학력의 게재를 금지하는 공직선거및선거부정방지법규정에 대한 합헌결정(헌재 1999. 9. 16, 99헌바5, 공직선거및선거부정방지법 제64조 제 1 항 등 위헌소원), 선거기간중 서신에 의한 선거운동방법을 전면 금지한 구 공직선거및선거부정방지법상의 규정에 대한 합헌결정(헌재 2007. 8. 30, 2004헌바49, 공직선거 및 선거부정방지법 제109조 제 1 항 단서 위헌소원) 등을 들 수 있다. 물론 위헌결정이 전혀 없었던 것은 아니다. 예컨대 일정범위 내의 사람에 대해서만 선거운동을 허용한 구 대통령선거법 제36조 제 1 항 본문에 대한 한정위헌결정(헌재 1994. 7. 29, 93헌가4등(병합), 구 대통령선거법 제36조 제 1 항 위헌제청, 구 대통령선거법 제34조 등 위헌제청), 공무원이 그 지위를 이용하였는지 여부에 관계없이 선거운동의 기획행위를 일체 금지하는 것이 정치적 의사표현의 자유를 과도하게 제한한 것으로 보아 공직선거법 제86조 제 1 항 제 2 호에 대해서 내려진 한정위헌결정(헌재 2008. 5. 29, 2006헌마1096, 공직선거법 제86조 제 1 항 제 2 호 등 위헌확인)을 들 수 있다.

변화에 '적절하게' 부합하고 있느냐의 문제의식이다. 이 문제의식은 단순히 현재의 공직선거법상의 '규제의 틀' 내에 새로운 매체나 커뮤니케이션수단을 포섭시켜서 기존의 규제방식을 그대로 적용시키고 있느냐의 차원이 아니다. 오히려 새로운 매체나 커뮤니케이션수단들의 특성을 간파하여 이들 매체나 수단들이 국민의 정치적 표현의 자유를 극대화하는 메커니즘으로 작동할 수 있도록 '배려'하고 있는가의 차원에서이다. 따라서 이 문제의식은 위에서 제기한 문제의식과 연동될 수밖에 없다. 한편 여기서 제기하는 문제의식은 정치적 공론장으로서의 선거에 대한 규제에 있어서 '무조건' 혹은 '오직' 국가만이 그 역할을 해야 하는가의 문제의식을 내포하고 있다. 입헌주의적 시민헌법국가에서의 국가의 역할은, 특히 우월적 지위를 갖는 정치적 표현의 영역에서 국가의 역할은 제한적이어야 한다고 생각한다. 이러한 관념은 사회국가적 헌법국가에서도 여전히 유의미하다. 국민의 참여공간으로서 선거의 의미, 표현의 자유의 이념, 국가와 사회의 이분론 등을 전제로 할 때, 사회영역에서의 자정메커니즘이 정치적 공론장에서 제대로 작동하지 않을 때만, 국가가 개입하는 것이 타당하다. 그러면 정치적 공론장의 영역에서 사회의 자정메커니즘이 제대로 작동하는가 여부는 무엇에 의해 결정되는가의 문제가 등장한다. 물론 여러 가지 판단요소와 판단기제가 있겠지만, 오늘 필자가 여기서 제기하는 화두는 바로 '매체의 특성과 기능'이다. 즉 그 특성과 기능상 사회의 자정메커니즘이 제대로 작동할 수 있는 매체나 커뮤니케이션수단이라면 국가의 개입은 자제되어야 한다는 것을 의미하는 것이다.

위와 같은 두 가지 문제의식에서 출발하여, 이 글은 현행 공직선거법상 인터넷과 선거운동 규제 관련 주요 조항들의 문제점을 분석하는 것을 목적으로 한다.[4)]

Ⅱ. 인터넷, 선거운동 그리고 정치적 표현의 자유

1. 인터넷의 특성과 표현의 자유와의 관계

인터넷이란 무엇인가? 인터넷에 대한 개념정의는 매우 다양하고, 아직 그에 대한 불변의 확고한 개념정의는 없는 것으로 보인다. 다만 필자가 보기에 확신할 수 있는 것은 인터넷이란 '네트워크들의 네트워크(a network of networks)'라는 것이다.[5)]

4) 이 글은 위헌론적 입론과 입법정책론적 입론을 포함하고 있다.

5) "인터넷은 물리적이거나 유형의 실체가 아니다. 그보다는 수많은 컴퓨터 네트워크들의 집단을 서

그리고 헌법적 관점에서 보면 '의사표현의 매개체'임은 분명하다.[6] 의사표현의 매개체 혹은 매체로서의 인터넷의 특성은 개방성, 상호작용성, 탈중앙통제성, 이용비용의 저렴성을 포함하는 의미에서의 접근의 용이성, 정보의 다양성 등에 있으며, 특성 그 자체가 '본질'이다. 인터넷의 철학적 기반은 '참여와 개방 그리고 공유'에 있다. 여기서 '참여와 개방 그리고 공유'는 UCC로 대표되는 웹 2.0의 철학적 기반으로 소개되어 왔으나, 사실 인터넷 자체가 태생적으로 이러한 철학적 기반에서 출발한 것이다.

위에서 필자는 인터넷에 대한 개념정의는 매우 다양하고, 아직 그에 대한 불변의 확고한 개념정의는 없다고 했는데, 그것은 인터넷을 기반으로 하는 매우 다양한 서비스들이 가능하다는 것을 전제하였기 때문이다. 인터넷은 '개방된 네트워크'이기 때문에, 인터넷을 기반으로 하는 서비스는 무궁무진하게 개발될 수 있다.[7] 다만 이들 서비스들의 공통점은 인터넷의 특성이자 본질인 개방성, 상호작용성, 탈중앙통제성, 접근의 용이성, 다양성 등을 기반으로 한다는 것이다. 최근 주목을 받고 있는 마

로 연결한 거대한 네트워크라 할 수 있다. 그러므로 그것은 네트워크들의 네트워크(a network of networks)이다"(ACLU v. Reno, 929 F.Supp. 824, 1996).

6) 헌재 2002. 6. 27, 99헌마480, 전기통신사업법 제53조 등 위헌확인; "정보통신망의 발달로 선거기간 중 인터넷언론사의 선거와 관련한 게시판·대화방 등도 정치적 의사를 형성·전파하는 매체로서 역할을 담당하고 있으므로, 의사의 표현·전파의 형식의 하나로 인정되고 따라서 언론·출판의 자유에 의하여 보호된다고 할 것이다"(헌재 2010. 2. 25, 2008헌마324등(병합), 공직선거법 제82조의 6 제1항 등 위헌확인, 공직선거법 제82조의 6 제1항 등 위헌소원).

7) 최근 기존 「정보통신망 이용촉진 및 정보보호 등에 관한 법률」(이하 '정보통신망법'이라 함)상의 정보통신망 내지 정보통신서비스라는 개념 대신에 인터넷과 관련된 고유의 개념으로서 '인터넷기반서비스'라는 개념을 새롭게 만들어 내려는 움직임이 있는데, 그 내용을 보면 인터넷을 기반으로 하는 서비스가 얼마나 다양한지를 알 수 있다. 예컨대 인터넷기반서비스는 그 기능에 따라 콘텐츠의 생성과 이용을 주요 목적으로 하는 '콘텐츠서비스'와 이러한 콘텐츠 또는 서비스의 전달·중개 등 원활한 유통을 목적으로 콘텐츠제공서비스를 가능케 해주는 '플랫폼서비스'로 분류된다. 보다 구체적으로 인터넷콘텐츠서비스는 인터넷 등을 활용하여 최종 이용자에게 정보 또는 서비스의 내용물을 제공하는 서비스의 형태를 총칭하는데, 이러한 인터넷콘텐츠서비스는 다시 서비스의 기능에 따라 정보제공서비스와 인터넷거래서비스로 세분화된다. 정보제공서비스는 인터넷상에서 정보를 생성, 편집하여 이용자에게 제공하는 서비스로서, 인터넷언론, 인터넷게임, 종합정보(포털사이트), 전문정보(금융, 의료, 법률 등), 오락정보(음악, 영화 등), 교육정보(이러닝서비스 등), 인터넷광고를 제공하는 서비스를 말한다. 인터넷거래서비스는 인터넷상에서 거래(전자상거래)를 제공하는 서비스로 인터넷쇼핑몰과 같은 기업과 소비자간(B2C)의 거래서비스, 기업과 기업간(B2B)의 거래서비스, 정부조달서비스와 같은 기업과 국가간(B2G)의 거래서비스를 말한다. 한편 인터넷플랫폼서비스는 웹호스팅, 전자인증서, 전자결제 등 인터넷의 활용 또는 콘텐츠 관련 각종 서비스를 중개·연계·지원하는 기능을 담당하는 서비스를 의미하는데, 이는 다시 그 기능에 따라 인터넷접속 및 관리서비스(웹호스팅, 백신서비스, 도메인등록관리, 홈페이지 제작 등), 인터넷거래지원서비스(문서교환, 전자화폐/온라인신용카드결제, 전자문서보관, 전자서명 및 인증, 온라인예약 등), 정보제공중개서비스(포털서비스를 제공하는 포털사이트, 전자상거래를 중개하는 오픈마켓 등), 인터넷기반응용서비스(Open API 등) 등으로 분류되고 있다. 한국정보화진흥원, 인터넷기반서비스 법제 개선방안 연구, 2009. 12, 31-32면 참조.

이크로블로그 등의 SNS서비스는 웹을 기반으로 하는 기존의 서비스(홈페이지, 게시판, 블로그, 카페 등)보다 이용자 혹은 의사표현주체들 간의 연동성과 관계성, 상호작용성을 더 강화시키는 서비스일 뿐이다. 즉 어떻게 보면 SNS서비스는 새로운 것이 아니다. 인터넷 시작과 동시에 소셜 네트워킹이 시작되었다고 볼 수 있는 것이다. 결국 SNS는 인터넷 발전에 따라 네트워크가 진화된 형태일 뿐일 수도 있다.

그러면 위와 같은 인터넷의 특성은 표현의 자유와 관련하여 어떠한 의미를 가지는가? 인터넷이 의사표현의 매개체가 분명하다고 하면, 표현의 자유에 의한 보호를 받는 것은 그 법리상 당연하다. 다만 여기서 인터넷의 매체적·구조적 특성이 표현의 자유와 어떠한 구체적 관련성을 갖는지가 규명되어야 한다. 바로 여기서 매개고리가 되는 것이 표현의 자유가 추구하는 이념들 중의 하나인 '사상의 자유시장'이다. 즉 "커뮤니케이션의 경로에 대해서 비교적 쉽게 접근할 수 있는 곳에서 진정한 사상의 자유시장이 존재한다"[8]고 한다면, 의사표현주체의 접근과 이용이 용이한 커뮤니케이션 경로 내지 매체일수록 사상의 자유시장에 가장 근접하고 있다고 평가할 수 있을 것이다. 따라서 국가의 개입이 없더라도 커뮤니케이션과 정보의 다양성이 확보될 수 있는 매체의 경우에는, 국가개입이나 국가규제의 정당성은 인정될 수 없을 것이다. 바로 이러한 관점에서 출발하는 것이 바로 '매체특성론적 접근방법(medium-specific analysis)'이다. 즉 "매체의 구조적 특성은 당해 매체에 대한 규제의 기준과 정도의 수준을 결정한다"는 접근방법이다.[9]

따라서 매체특성론적 접근방법이 나름대로 유의미하고 여전히 타당하다고 한다면, 인터넷의 특성이자 본질인 개방성, 상호작용성, 탈중앙통제성, 접근의 용이성, 정보의 다양성은 인터넷 대한 규제의 기준과 정도의 수준을 결정하는데 중요한 고려요소가 되어야 하며, 보다 구체적으로 기존의 매스미디어에 대한 규제보다는 '완화된 기준과 덜 엄격한 정도의 수준'으로 규제시스템이 적용되어야 한다는 것을 의미한다. 우리 헌법재판소도 이러한 이론을 이미 수용한 적이 있다.[10] 그렇다면 개방

8) Miami Herald Publishing Co. v. Tornillo, 418 U.S. 241(1974).

9) 이러한 접근방법에 따라 인터넷에 대한 내용규제의 기준과 정도의 수준을 제시한 것으로는 황성기, "언론매체규제에 관한 헌법학적 연구 —방송·통신의 융합에 따른 언론매체 규제제도의 개선방안—," 서울대학교 법학박사학위논문, 1999. 8. 참조.

10) 헌재 2002. 6. 27, 99헌마480, 전기통신사업법 제53조 등 위헌확인 : "인터넷은 공중파방송과 달리 "가장 참여적인 시장," "표현촉진적인 매체"이다. 공중파방송은 전파자원의 희소성, 방송의 침투성, 정보수용자측의 통제능력의 결여와 같은 특성을 가지고 있어서 그 공적 책임과 공익성이 강조되어, 인쇄매체에서는 볼 수 없는 강한 규제조치가 정당화되기도 한다. 그러나 인터넷은 위와 같은 방송의 특성이 없으며, 오히려 진입장벽이 낮고, 표현의 쌍방향성이 보장되며, 그 이용에 적극적이고 계획적인 행동이 필요하다는 특성을 지닌다. 오늘날 가장 거대하고, 주요한 표현매체의 하나로 자리를 굳힌 인터넷상의 표현에 대하여 질서위주의 사고만으로 규제하려고 할 경우 표현의 자유의 발전에 큰 장애를 초래할 수 있다. 표현매체에 관한 기술의 발달은 표현의 자유의 장을 넓히고 질적 변화를

성, 상호작용성, 탈중앙통제성, 접근의 용이성, 다양성 등이 더욱 더 강화된 매체나 커뮤니케이션수단들이 등장한다면? 바로 여기에서 마이크로블로그 등과 같은 SNS 서비스 등의 새롭고도 변화하는 매체기술과 환경이 등장하게 되었을 때 현행 공직선거법이 딜레마에 빠질 수밖에 없는 상황이 발생하게 되는 것이다.

2. 정치적 표현의 자유와 선거운동의 자유

주지하다시피 선거는 대표자의 선발을 통해 국가기관(대의기관)을 구성하는 기능, 국민의 대표자가 행사하는 국가권력에 대하여 민주적 정당성을 부여하는 기능, 국민의 참정권을 실현하는 기능, 국가기관을 정치적으로 통제하는 기능 등 다양한 정치적 기능을 가진다.[11] 이러한 측면에서 선거과정을 통하여 국민이 정치적 의사를 충분히 표현하고 국민의 정치참여를 최대한 실현하기 위해서는, 선거과정에서의 참여행위가 원칙적으로 자유롭게 행하여질 수 있도록 최대한 보장되어야 한다.[12] 선거과정에서의 참여행위는 선거과정에서의 정치적 표현행위로 나타나고, 선거과정에서의 정치적 표현행위는 곧 선거운동으로 구현되기도 한다. 이러한 맥락에서 현행 공직선거법도 제58조 제 2 항 제 1 문에서 "누구든지 자유롭게 선거운동을 할 수 있다"고 규정함으로써, 원칙적으로 선거운동의 자유를 인정하고 있다.[13]

그런데 여기서 필자가 던지고 싶은 화두는 "선거과정에서의 정치적 표현행위는 모두 선거운동인가?"와 "선거운동에 대한 규제의 기준과 수준의 정도는 무엇에 의해 결정되어야 하는가?"이다.

야기하고 있으므로 계속 변화하는 이 분야에서 규제의 수단 또한 헌법의 틀 내에서 다채롭고 새롭게 강구되어야 할 것이다."(밑줄은 필자 강조)

11) 권영성, 헌법학원론, 법문사, 2010, 201면.

12) "민주정치는 주권자인 국민이 되도록 정치과정에 참여하는 기회가 폭넓게 보장될 것을 요구한다. 이는 국민주권의 원리로부터 나오는 당연한 요청이다. 특히 대의민주주의를 원칙으로 하는 오늘날의 민주정치 아래에서의 선거는 국민의 참여가 필수적이고, 주권자인 국민이 자신의 정치적 의사를 자유로이 결정하고 표명하여 선거에 참여함으로써 민주사회를 구성하고 움직이게 하는 것이다. 따라서 국민의 주권행사 내지 참정권 행사의 의미를 지니는 선거과정에의 참여행위는 원칙적으로 자유롭게 행하여질 수 있도록 최대한 보장하여야 한다"(헌재 1994. 7. 29, 93헌가4등(병합); 헌재 1995. 4. 20, 92헌바29등(병합); 헌재 1999. 9. 16, 99헌바5).

13) "선거운동의 자유는 널리 선거과정에서 자유로이 의사를 표현할 자유의 일환이므로 표현의 자유의 한 태양이기도 하다. 표현의 자유, 특히 정치적 표현의 자유는 선거과정에서의 선거운동을 통하여 국민이 정치적 의견을 자유로이 발표·교환함으로써 비로소 그 기능을 다하게 된다 할 것이므로 선거운동의 자유는 헌법에 정한 언론·출판·집회·결사의 자유 보장규정에 의한 보호를 받는다." (헌재 1994. 7. 29, 93헌가4등(병합); 헌재 1995. 4. 20, 92헌바29등(병합); 헌재 1999. 9. 16, 99헌바5).

(1) 선거과정에서의 정치적 표현행위는 모두 선거운동인가?

먼저 첫 번째 화두와 관련하여 필자가 보기에 현행 공직선거법은 선거과정에서의 정치적 표현행위를 사실상 모두 선거운동으로 '포섭'시킴으로써, 즉 "선거과정에서의 정치적 표현행위는 모두 선거운동이다"라는 것을 기본전제로 하여, 선거운동에 대한 규제가 곧 선거과정에서의 정치적 표현행위에 대한 규제로 작동하도록 하고 있는 특징을 가진 것으로 보인다.

물론 현행 공직선거법은 '선거운동'을 "당선되거나 되게 하거나 되지 못하게 하기 위한 행위"로 정의를 내리면서도, "선거에 관한 단순한 의견개진 및 의사표시, 입후보와 선거운동을 위한 준비행위, 정당의 후보자 추천에 관한 단순한 지지·반대의 의견개진 및 의사표시, 통상적인 정당활동"은 선거운동으로 보지 않음으로써 그 외연의 범위가 무한정 확대되는 것은 차단하려고 시도하고 있다. 그리고 헌법재판소는 공직선거법에 의한 규제대상으로서의 선거운동의 표지로 ① 당선 내지 득표(반대후보자의 낙선)에의 목적성, ② 그 목적성의 객관적 인식가능성, ③ 능동성 및 계획성을 제시한 적이 있다.[14] 여기서 어떤 행위가 선거운동인가의 여부는 그 행위의 태양·시기·방법·내용·대상 등을 종합적으로 고려하여 그 행위가 특정 후보자의 당선 또는 낙선을 위한 목적의식에서 한 행위인가 또는 특정후보자의 득표를 위하여 직접 또는 간접적으로 필요하고 유리한 행위인가 하는 실질적 판단에 의할 수밖에 없을 것이다.[15] 하지만 선거운동에 대한 공직선거법의 개념정의, 선거운동의 범위에 관한 헌법재판소 및 중앙선거관리위원회의 유권해석이 선거운동의 외연이 무한정 확대되는 것을 막으려는 시도를 함에도 불구하고, 공직선거법상의 선거운동 개념이 갖는 다음과 같은 문제점들 때문에, 결국 "선거과정에서의 정치적 표현행위는 모두 선거운동이다"라는 기본전제가 성립될 수밖에 없다는 점을 지적하고자 한다.

첫째, 현재의 개념정의 및 해석기준은 선거운동과 선거운동이 아닌 것, 특히 선거에 관한 단순한 의견개진 및 의사표시와의 구별을 가능하게 하는 잣대로서 실질적으로 기능하기 어렵다는 점이다.

둘째, 현재의 공직선거법상의 '선거운동'의 개념이 갖는 그 내용상의 애매성이

14) "선거운동이라 함은 특정 후보자의 당선 내지 이를 위한 득표에 필요한 모든 행위 또는 특정 후보자의 낙선에 필요한 모든 행위 중 당선 또는 낙선을 위한 것이라는 목적의사가 객관적으로 인정될 수 있는 능동적, 계획적 행위를 말하는 것으로 풀이할 수 있다. 즉, 단순한 의견개진 등과 구별되는 가벌적 행위로서의 선거운동의 표지로 당선 내지 득표(반대후보자의 낙선)에의 목적성, 그 목적성의 객관적 인식가능성, 능동성 및 계획성이 요구된다 할 것이다"(헌재 1994. 7. 29, 93헌가4 등(병합)).

15) 정병욱, 공직선거법, 제 4 판, 박영사, 2006, 120면.

나 범위상의 광범성은 여타의 선거운동에 대한 규제장치(대표적으로 사전선거운동금지)와 맞물려서 결과적으로 선거과정에서의 일반국민의 정치적 표현의 자유를 제한하는 수단으로서 작용할 수도 있다는 점이다.

그러면 여기서 우리는 다시 "선거과정에서의 정치적 표현행위는 모두 선거운동인가?"라는 문제를 던질 수밖에 없다. 이와 관련하여 우리가 주목해야 할 것은 선거운동은 선험적 개념이 아니라, 대의제도의 구성요소인 선거제도에 의해 규정되는 개념이라는 점이다. 즉 선거운동의 자유는 대의제도를 채택할 때 인정되는 것이지만, 정치적 표현의 자유는 대의제도의 채택 여부 이전에 인정되는 기본권이라는 점이다.[16] 이것은 선거운동의 자유와 정치적 표현의 자유와의 관계, 헌법 제116조 제1항이 규정하고 있는 선거운동의 제한에 대한 입법형성권 및 선거의 공정성에 비추어 보았을 때, 선거운동에 대한 규제가 정치적 표현의 자유에 대한 규제로 변질되어서는 안 된다는 것을 의미한다. 즉 "선거운동과 정치활동은 구분되어야 한다"는 것을 의미한다. 이러한 맥락에서 결국 선거운동의 개념을 어떻게 정의내리고, 선거운동의 범위의 외연을 어떻게 확정하느냐의 문제는 현재의 공직선거법이 과연 '합리적'이냐의 문제를 해결하는데 있어서 출발점이 될 수밖에 없고, 현행 공직선거법은 그 출발점부터 근본적인 문제점을 안고 있다는 평가가 가능하게 된다.

그러면 대안이나 해결방안은 무엇인가? 필자가 생각하기에 위와 같은 문제점들을 갖고 있는 현행 공직선거법상 선거운동의 개념은 개념표지에 있어서 '주체' 부분을 포함시켜야 어느 정도 해소될 것으로 보인나.[17] 이것은 후보사나 정낭의 선거운동과 일반국민의 정치활동(정치적 표현행위)을 구분해야 한다는 것을 의미한다. 물론 현행 헌법은 선거운동 그 자체에 대한 개념정의를 내리지 않고, 입법자에게 맡기고 있다. 하지만 헌법재판소도 판시하였다시피, 선거운동의 개념정의 및 범위설정, 선거운동의 규제장치들의 모델링에 있어서 전적으로 입법자의 재량이 인정될 수는 없다.[18] 선거운동의 개념정의 및 범위설정, 선거운동의 규제장치들의 모델링에 있어서

16) 정종섭, 헌법학원론, 박영사, 2009, 1305-1306면.

17) 이러한 주장에 기반한 선거운동 개념의 재구성은 예컨대 "후보자나 정당 등이 하는 것으로서, 당선되거나 되게 하거나 되지 못하게 하기 위한 행위"로 선거운동의 개념정의하는 것을 상정할 수 있을 것이다.

18) "헌법 제116조 제1항은 "선거운동은 각급 선거관리위원회의 관리하에 법률이 정하는 범위 안에서 하되, 균등한 기회가 보장되어야 한다"라는 별도의 규정을 두고 있다. 그러나 이 규정의 의미를 선거운동의 허용범위를 아무런 제약 없이 입법자의 재량에 맡기는 것으로 해석하여서는 아니된다. 오히려 위에서 본 바와 같이 선거운동은 국민주권 행사의 일환일 뿐 아니라 정치적 표현의 자유의 한 형태로서 민주사회를 구성하고 움직이게 하는 요소이므로 그 제한입법에 있어서도 엄격한 심사기준이 적용된다 할 것이다"(헌재 1994. 7. 29, 93헌가4등(병합); 헌재 1995. 4. 20, 92헌바29등(병합); 헌재 1999. 9. 16, 99헌바5).

입법자의 재량권을 제한하는 요소는 바로 일반국민의 정치적 표현의 자유라고 할 것이다. 물론 이것이 후보자나 정당의 선거운동에 대한 무제한적인 규제를 허용하는 것으로 이해되어서는 곤란하다. 후보자나 정당의 선거운동에 대한 규제도 선거운동의 자유라는 맥락에서 분명히 헌법적 한계가 존재한다. 다만 필자가 주장하는 것은 후보자나 정당의 선거운동과 일반국민의 정치활동을 구분하고 차별화하자는 이야기이다. 후보자나 정당의 선거운동과 일반국민의 정치활동의 차별화를 전제로 하여 선거운동에 대한 법적 개념정의를 재구성할 필요가 있다는 것이다. 현행 공직선거법상 선거운동 개념의 문제점과 필자가 제안하는 후보자나 정당의 선거운동과 일반국민이 정치활동이 차별화를 전제로 하는 선거운동 개념의 재구성은, 특히 아래에서와 같이 인터넷과 선거운동이 접목되는 경우 선거의 공정성과 정치적 표현의 자유의 보장을 조화시키기 위한 매우 유의미한 접근방법이라고 생각한다.

(2) 선거운동에 대한 규제의 기준과 수준의 정도는 무엇에 의해 결정되어야 하는가?

선거운동이 선험적 개념이 아니라, 대의제도의 구성요소인 선거제도에 의해 규정되는 개념이라고 한다면, 선거운동은 선거제도의 목적과 기능, 본질을 왜곡시키지 않아야 하는 것은 논리필연적이다. 따라서 선거제도의 목적과 기능, 본질을 왜곡시키는 선거운동에 대해서는 국가에 의한 규제가 요청되고 필연적이다. 그리고 이러한 맥락에서 선거운동을 제한할 수 있는 헌법적 근거로 작동하는 것이 바로 헌법 제116조 제 1 항에서 파생되는 선거의 공정성이라고 할 것이다. 그리고 여기서 선거의 공정성은 곧 선거운동에 있어서 '기회의 불균형성', '불투명성', '고비용성'을 제거하는 것을 의미한다고 볼 수 있다. 이러한 기회의 불균형성, 불투명성, 고비용성을 제거하기 위한 입법정책적 수단은 다양한 측면에서 강구될 수 있다. 예컨대 정당추천후보자와 무소속후보자간의 비합리적인 차별의 철폐 및 균등한 기회부여,[19] 후보자나 정당 등에 의해 모집 혹은 지출되는 선거비용의 총액통제나 선거비용회계의 투명성 강화, 구체적인 선거운동기간, 선거운동주체, 선거운동방법, 선거운동매체 등의 제한 등이 강구될 수 있을 것이다.

하지만 여기서 필자가 주로 다루고자 하는 부분은 선거운동매체의 제한 문제이다. 현행 공직선거법은 선거운동을 위해 활용할 수 있는 매체로서 선거벽보(제64조),

---

19) 여기에서는 정당추천후보자와 무소속후보자 모두에 대해서 일정한 방법을 이용한 선거운동을 못하게 하는 네거티브방식과 일정한 방법을 이용한 선거운동을 동일하게 할 수 있도록 허용하는 포지티브방식이 존재할 것이다.

선거공보(제65조), 선거공약서(제66조), 현수막(제67조), 어깨띠 등 소품(제68조), 신문광고(제69조), 방송광고 및 방송연설(제70조 및 제71조), 공개장소에서의 연설·대담(제79조), 대담·토론회(제81조 내지 제82조의 3), 정보통신망(제82조의 4), 인터넷광고(제82조의 7) 등을 제한적으로 허용하면서도, 시설물설치 등의 금지(제90조), 확성장치와 자동차 등의 사용제한(제91조), 영화 등을 이용한 선거운동금지(제92조), 탈법방법에 의한 문서·도화의 배부·게시 등 금지(제93조), 신문·잡지 등의 통상방법외의 배부금지(제95조), 구내방송 등에 의한 선거운동금지(제99조), 녹음기 등의 사용금지(제100조), 서신·전보 등에 의한 선거운동의 금지(제109조) 등 광범위한 금지행위를 열거하고 있다.

그러면 여기서 우리는 "선거운동에 대한 규제의 기준과 수준의 정도는 무엇에 의해 결정되어야 하는가?"라는 화두를 선거운동을 위해 활용하는 매체의 특성과 관련하여 다음과 같은 화두로 변형이 가능하다고 볼 수 있다. 즉 "선거운동을 위해 활용되는 매체에 대한 규제의 기준과 수준의 정도는 무엇에 의해 결정되어야 하는가?"이다. 필자는 이에 대한 답은 바로 '매체의 특성'이라고 말하고 싶다. 그렇다면 선거운동규제의 목적은 선거의 공정성이고, 선거의 공정성은 곧 선거운동에 있어서 '기회의 불균형성', '불투명성', '고비용성'의 제거를 의미하며, 선거운동을 위해 활용되는 매체에 대한 규제의 기준과 수준의 정도는 매체의 특성에 의해서 결정된다는 논리가 성립된다. 이것은 결국 당해 매체의 특성과 본질 그 자체가 '기회의 균형성, 투명성, 저비용성의 제고'라는 선거운동규제의 목적에 부합한다고 한다면, 당해 매체를 활용한 선거운동의 규제는 여타의 매체보다 '완화된 기준과 덜 엄격한 정도의 수준'으로 이루어져야 한다는 것을 의미한다. 만약 이러한 명제가 타당하다면, 결국 인터넷은 본질상 개방성, 상호작용성, 탈중앙통제성, 용이성, 정보의 다양성 등을 그 특성으로 갖고 있으므로, 인터넷을 활용한 선거운동의 규제는 여타의 매체를 활용한 선거운동의 규제보다는 '완화된 기준과 덜 엄격한 정도의 수준'으로 이루어져야 한다는 것을 의미한다.

필자는 지금까지 논의를 통해 나름대로 다음과 두 가지 명제를 추출하였다.

첫째, "후보자나 정당의 선거운동과 일반국민의 정치활동(정치적 표현행위)은 구분되어야 한다." 이것을 이하에서는 '후보자와 일반국민의 차별화명제'라고 부르고자 한다.

둘째, "당해 매체의 특성과 본질 그 자체가 '기회의 균형성, 투명성, 저비용성의 제고'라는 선거운동규제의 목적에 부합한다면, 당해 매체를 활용한 선거운동의 규제는 여타의 매체보다 '완화된 기준과 덜 엄격한 정도의 수준'으로 이루어져야 한다."

이것을 이하에서는 '매체특성론적 차별화명제'라고 부르고자 한다.

이하에서는 필자가 나름대로 분석기준으로 제시하고 있는 위 두 가지 명제 내지 관점에 따라, 인터넷과 선거운동규제의 문제를 다루고자 한다. 우선 아래에서 UCC 및 트위터와 관련된 공직선거법상의 규제의 문제점을 예시로 제시한 다음, 보다 구체적인 현행 공직선거법상의 인터넷 관련 규제조항들의 문제점을 분석하고자 한다.

3. 인터넷과 선거운동

위에서 필자는 현행 공직선거법상 선거운동개념의 문제점들을 지적한 바 있다. 필자가 보기에 이러한 문제점들이 극명하게 드러나는 대표적인 경우가 바로 정보통신망을 이용한 선거운동에 관한 규정(제82조의 4 제 1 항)과 탈법방법에 의한 문서·도화의 배부·게시 등 금지규정(제93조 제 1 항)이다. 이 두 규정은 UCC 및 트위터를 이용한 일반국민들의 정치활동을 규제하는 대표적인 장치이기 때문이다.

현행 공직선거법은 원칙적으로 사전선거운동을 금지하고 있다. 즉 선거운동은 원칙적으로 후보자등록마감일의 다음날부터 선거일 전일까지만 할 수 있으며(제59조 본문), 따라서 선거운동기간 이전에 행해지는 선거운동은 사전선거운동이 되어 공직선거법에 의해 처벌받게 된다.[20] 하지만 예외적으로 후보자, 후보자가 되고자 하는 자가 자신이 개설한 인터넷 홈페이지를 이용하여 선거운동을 하는 경우는 선거운동기간 이전이라도 가능하다(제59조 제 3 호). 그런데 공직선거법 제82조의 4 제 1 항에 의하면, 정보통신망을 이용한 선거운동은 '선거운동기간 중'에 국한해서 허용된다. 따라서 인터넷을 이용한 일반국민의 정치적 의사표현행위 내지 정치활동이 공직선거법 제82조의 4 제 1 항에 의해 허용되느냐 아니면 금지되느냐를 판단하는 제1차적인 기준은 공직선거법상의 '선거운동'에 해당하느냐이다.

그리고 공직선거법 제93조 제 1 항은 누구든지 선거일전 180일부터 선거일까지 선거에 영향을 미치게 하기 위하여 공직선거법의 규정에 의하지 아니하고는 정당 또는 후보자를 지지·추천하거나 반대하는 내용이 포함되어 있거나 정당의 명칭 또는 후보자의 성명을 나타내는 광고, 인사장, 벽보, 사진, 문서·도화, 인쇄물이나 녹

20) 공직선거법 제254조 제 2 항은 "선거운동기간 전에 이 법에 규정된 방법을 제외하고 선전시설물·용구 또는 각종 인쇄물, 방송·신문·뉴스통신·잡지, 그 밖의 간행물, 정견발표회·좌담회·토론회·향우회·동창회·반상회, 그 밖의 집회, 정보통신, 선거운동기구나 사조직의 설치, 호별방문, 그 밖의 방법으로 선거운동을 한 자는 2년 이하의 징역 또는 400만원 이하의 벌금에 처한다"고 규정하고 있다.

음·녹화테이프 그 밖에 이와 유사한 것을 배부·첩부·살포·상영 또는 게시할 수 없도록 하고 있다. 공직선거법 제93조 제 1 항 자체는 선거운동이라는 개념을 사용하는 대신, '선거에 영향을 미치게 하기 위한'이라는 주관적 구성요건과 '정당 또는 후보자를 지지·추천하거나 반대하는 내용' 또는 '정당의 명칭 또는 후보자의 성명'이라는 객관적 구성요건을 개념표지로 사용하고 있다. 그리고 마지막으로 '이와 유사한 것'이라고 하여, 광고, 인사장, 벽보, 사진, 문서·도화, 인쇄물이나 녹음·녹화테이프 이외의 방법도 포섭될 수 있는 여지를 열어 놓고 있다. 따라서 공직선거법 제93조 제 1 항의 적용대상이 되느냐를 판단하는 기준, 특히 인터넷을 이용한 일반 국민의 정치적 의사표현행위 내지 정치활동이 공직선거법 제93조 제 1 항이 금지하는 탈법방법에 의한 문서·도화의 배부·게시 등 금지에 해당하느냐를 판단하는 기준은, '선거에 영향을 미치게 하기 위한'이라는 주관적 구성요건, '정당 또는 후보자를 지지·추천하거나 반대하는 내용' 또는 '정당의 명칭 또는 후보자의 성명', '이와 유사한 것'이라는 객관적 구성요건에 해당하느냐이다.

그런데 중앙선거관리위원회는 다음 예시에서 볼 수 있다시피 2007년도에 '선거 UCC'와 관련하여, 선거운동의 개념적 표지를 특정 정당이나 후보자의 당선 내지는 낙선에 유리하거나 불리하게 하기 위한 혹은 선거에 영향을 미치기 위한 행위로 보면서도, 비록 그 내용이 단순한 의견개진이나 의사표시라고 하더라도 '계속성'이 인정되면, 선거운동으로 간주한 적이 있다.[21]

> 인터넷상의 토론방·자유게시판 등에 게시하는 '선거 UCC' 내용이 선거에 관하여 선거인이 가지는 관심의 일단을 표현하는 행위(예 : 인품이나 경력으로 볼 때 ○○가 되었으면 좋겠어, □□은 떨어져야 돼 등)는 선거에 관한 단순한 의견개진과 의사표시로서 선거운동에 해당되지 않지만, 그 내용이 특정 정당이나 후보자의 당선 내지는 낙선에 유리하거나 불리하게 하기 위한 의도를 포함하는 경우(예 : ○○가 당선되도록 도와주자, □□가 떨어지도록 힘을 모으자 등)는 선거운동에 해당될 수 있습니다. 또한 <u>선거에 관한 단순한 의견개진이나 의사표시라 할지라도 이를 반복하여 다수의 인터넷 사이트에 계속 게시하거나 퍼나르기로 유포시키는 행위는 선거에 영향을 미치기 위한 의도로써 선거운동에 해당되어 규제를 받게 됩니다</u>.

또한 중앙선거관리위원회는 2010년 2월초 트위터를 통해 선거 관련 '할 수 있는 행위'와 '할 수 없는 행위'를 규정해 발표하였는데,[22] 이 중에서 중앙선거관리위원회가 규정한 트위터에서 할 수 없는 사례 중 일부만 추려보면 다음과 같다.

---

21) 중앙선거관리위원회, '선거 UCC' 운용기준 안내, 2007, 2면.
22) http://twitter.com/nec3939.

선거운동기간(5월 20일~6월 1일) 전에 할 수 없는 행위

－예비후보자 외에 누구든지 정당 또는 입후보예정자 등에 대한 지지·반대 등 선거운동 내용 게시 행위

－예비후보자가 보낸 '선거운동정보'를 받은 예비후보자의 팔로어가 자신의 또다른 팔로어에게 예비후보자의 '선거운동정보'를 돌려보기(RT : Retweet)하는 행위

위 사례들을 전제로 해서 필자가 문제를 제기하고 싶은 것은 다음 것들이다. 이러한 문제들은 위에서 제기한 선거운동 개념의 문제점 두 가지와 연동되기도 하고, 공직선거법 제82조의 4와 제93조 제 1 항 간의 체계부정합성의 문제점과도 연동되기도 한다.

첫째, 선거 UCC 관련 기준에서 제시되고 있는 예들 예컨대, "인품이나 경력으로 볼 때 ○○가 되었으면 좋겠어, □□은 떨어져야 돼 등"과 "○○가 당선되도록 도와주자, □□가 떨어지도록 힘을 모으자 등"이 실질적으로 구별될 수 있는가의 문제이다. 물론 예시되고 있는 문장 자체로만으로는 어느 정도 구분이 가능할 수 있다. 하지만 인터넷에 게시되는 글이라는 것은 여러 가지 맥락과 배경을 갖고 있고, 그 문장의 장단은 천차만별이다. 즉 글의 '내용'상으로는 선거운동과 선거에 관한 단순한 의견개진이나 의사표시의 구분이 거의 불가능한 경우가 다반사라는 것이다. 이러한 문제점은 UCC뿐만 아니라, 트위터의 경우에도 마찬가지로 발생한다. 왜냐하면 이것은 표현이 전달되는 '매체의 문제'가 아니라 표현의 '내용의 문제'이기 때문이다.

둘째, UCC나 트위터를 공직선거법 제93조 제 1 항의 '이와 유사한 것'에 포함시키는 경우, 공직선거법 제82조의 4 제 1 항과 제93조 제 1 항 간의 체계부정합성의 문제가 발생할 수 있다는 점이다. 즉 "인품이나 경력으로 볼 때 ○○가 되었으면 좋겠어, □□은 떨어져야 돼 등"이 '선거운동'에 해당하지 않고 선거에 관한 단순한 의견개진과 의사표시에 해당한다고 하더라도, 그 내용상 '선거에 영향을 미치게 하기 위한 정당 또는 후보자의 지지·추천 또는 반대'에 해당될 가능성이 높으며, 그 자체가 이미 문장 속에 '정당의 명칭 또는 후보자의 성명'을 포함할 수밖에 없으므로, '정당의 명칭 또는 후보자의 성명을 나타내는 것'에 해당되게 된다. 결국 공직선거법 제82조의 4 제 1 항이 규정하고 있는 '선거운동'에 해당하지 않는다고 하더라도, UCC나 트위터를 '이와 유사한 것'에 포함시키는 한, 사실상 공직선거법 제93조 제 1 항이 적용되게 된다. 여기서 공직선거법 제82조의 4 제 1 항과 제93조 제 1 항 간의 관계와 관련하여 다음과 같은 두 가지 해석가능성과 문제점이 발생한다.

① '정보통신망을 이용한 선거운동'과 '선거에 영향을 미치게 하기 위하여 정당

또는 후보자를 지지·추천하거나 반대하는 내용을 포함하거나 정당의 명칭 또는 후보자의 성명을 나타내는 UCC나 트위터 문자를 배포하는 행위'가 동일한 개념이고, 공직선거법 제82조의 4 제 1 항이 제93조 제 1 항의 특별법적 규정으로 해석하는 경우이다. 이 경우에는 비록 제93조 제 1 항이 '선거일전 180일이 되는 시점 이전'에는 '선거에 영향을 미치게 하기 위하여 정당 또는 후보자를 지지·추천하거나 반대하는 내용을 포함하거나 정당의 명칭 또는 후보자의 성명을 나타내는 UCC나 트위터 문자를 배포하는 행위'를 허용한다고 하더라도, 공직선거법 제82조의 4 제 1 항이 우선적으로 적용되기 때문에, 선거운동기간 이전에는 '그 기간에 상관없이' UCC나 트위터를 이용한 일반국민의 정치적 의사표현행위 내지 정치활동이 사실상 전면금지되는 효과를 유발한다는 점이다. 위에서 본 선거 관련 UCC와 트위터에 관하여 중앙선거관리위원회가 제시한 기준은 바로 이러한 해석을 전제로 하는 것으로 보인다.

② '정보통신망을 이용한 선거운동'과 '선거에 영향을 미치게 하기 위하여 정당 또는 후보자를 지지·추천하거나 반대하는 내용을 포함하거나 정당의 명칭 또는 후보자의 성명을 나타내는 UCC나 트위터 문자를 배포하는 행위'가 다른 개념이고, 공직선거법 제82조의 4 제 1 항과 제93조 제 1 항은 별개의 규정으로 해석하는 경우이다. 이 경우에는 두 규정의 '중첩적인' 적용으로 인하여, 공직선거법 제82조의 4에 의해 허용되는 선거운동기간 중이라 하더라도 일반국민의 정치적 의사표현행위 내지 정치활동은 사실상 금지될 가능성이 높다는 점이다. 왜냐하면 공직선거법 제93조 제 1 항의 적용기간은 '선거일전 180일부터 선거일까지'로 설정되어 있기 때문이다.

셋째, 헌법재판소나 중앙선거관리위원회가 상정하고 있는 선거운동 개념의 표지인 의견개진 또는 의사표시의 '능동성', '계획성', '계속성'은 인터넷, 특히 웹의 고유한 속성이라는 점이다. 특히 최근에 논란이 되고 있는 마이크로블로그 등의 SNS서비스는 이용자 혹은 의사표현주체들 간의 연동성과 관계성, 상호작용성을 웹을 기반으로 하는 기존의 서비스(홈페이지, 게시판, 블로그, 카페 등)보다 더 강화시키는 서비스이다. 개별 트위터 계정에 등록되어 있는 팔로어들은 수명에서 수십명 사이, 혹은 수백명에서 수천명까지 매우 다양할 수 있다. 예컨대 甲의 트위터 계정에는 수십명이 팔로어로 등록되어 있고, 乙의 트위터 계정에는 수백명이 등록되어 있으며, 丙의 계정에는 수천명이 등록되어 있다고 하자. 그런데 甲, 乙, 丙 각각이 위에서 중앙선거관리위원회가 제시한 기준에 따라 현재 서울시장 후보로 거론중인 정치인들에 대한 평가를 "인품이나 경력으로 볼 때 ○○가 되었으면 좋겠어, □□은 떨어져야 돼 등"의 내용으로 트위팅했다고 하자. 甲, 乙, 丙의 트위팅은 선거운동에 해당하는가? 트위팅 자체가 능동적이고 계획적인 행위이기 때문에 선거운동에 해당될 가능성이 있다. 설령 선거운동에 해당하지 않는다고 하더라도 '선거에 영향을 미치게 하기 위한 정당 또는 후보자의 지지·추천 또는 반대'에 해당될 가능성이 높으며, 그 자체가 이미 문장 속에 '정당의 명칭 또는 후보자의 성명'을 포함하므로 '정당의 명칭 또는 후보자의 성명을 나타내는 것'에 해당되어 금지된다. 그렇다면 甲, 乙, 丙이 트위팅한 문자들을 다시 팔로어들이 '인용'의 형태로 자신의 팔로어들에게 리트위트했을 경우는? 위의 기준에 따르면 '계속적으로 유포한 행위'이므로, '분명히' 선거운동에 해당한다. 이것은 무엇을 의미하는가? 개방성, 상호작용성, 탈중앙통제성, 용이성, 정보의 다양성이라는 인터넷의 특성 및 본질을 감안할 때, 인터넷상에서 특정 콘텐츠(그것이 UCC건 트위팅 난문 문자이건 차이가 없다)가 과연 능동적·계획적·계속적으로 게시·배포되었는지를 판단하는 것이 쉽지 않다는 것을 의미하고, 결과적으로 일반국민이 게시·배포하는 '모든' 선거관련 인터넷 콘텐츠를 금지할 수밖에 없는 결론에 이르게 된다는 것을 의미한다.

과연 위와 같은 UCC와 트위터에 대한 공직선거법 제82조의 4 제 1 항 및 제93조 제 1 항의 해석과 적용이 선거의 의미, 선거운동의 자유, 정치적 표현의 자유라는 맥락에서 합리적이라고 볼 수 있는가? 생각건대 현행 공직선거법의 선거운동 규제체제에 대해서 다음과 같은 잠정적인 평가가 가능하다고 본다.

첫째, 현행 공직선거법상의 '선거운동' 개념은 공직선거법 제82조의 4 제 1 항 및 공직선거법 제93조 제 1 항과 연동되어, 인터넷의 철학적 기반인 '참여와 개방 그리고 공유'에 전혀 부합하지 못한다는 점이다. 즉 현행 공직선거법의 선거운동 규제체제는 인터넷의 특성과 본질을 제대로 이해하지 못하고 있다는 것을 의미한다.

둘째, 일반국민의 UCC 및 트위터 등의 이용현황에 비추어 볼 때, 그에 대한 규제가 실제로 거의 불가능하기 때문에, '규제의 실효성'의 측면에서도 문제될 수밖에 없다는 점이다.[23)]

셋째, 오프라인시대에 금권선거나 관권선거를 막고 후보자간 공평한 기회제공을 위해 설계되고 적용되었던 선거운동 규제체제가 '가장 참여적인 시장'이자 '표현촉진적인 매체'인 인터넷의 특성을 반영하지 않은 채 그대로 온라인에도 동일하게 적용됨으로써, 결과적으로 인터넷을 통한 일반국민의 정치적 표현의 자유를 너무 과도하게 제한하거나 정치적 담론의 형성을 위축시키고 있다는 점이다.[24)] 따라서 현

23) 특히 글로벌 인터넷서비스를 언제 어디서나 거리낌없이 사용할 수 있게 된 세상에서, 이미 글로벌화된 서비스에 계정을 차단하거나 게시물을 삭제하기란 물리적으로 불가능하다는 지적도 이루어진다. 전자신문 미래기술연구센터, "인터넷 서비스와 선거법 적용의 딜레마 —트위터 등 소셜 미디어 규제에 대한 전문가 조사와 해외 사례를 중심으로—," 2010. 3, 12면.

24) 같은 취지의 비판으로는 신상민, "패러디와 네티즌의 정치참여," 언론과 법 제 3 권 제 1 호, 한국

행 공직선거법의 선거운동 규제체제는 '규제의 정당성'의 측면에서도 적절치 못하다는 평가가 가능하다.

그러면 여기서 위와 같은 문제점들을 극복할 수 있는 방안이 무엇인가에 대한 고민이 필요하다. 가장 우선적으로 생각할 수 있는 방안은 공직선거법 제82조의 4 제 1 항이 규정하고 있는 선거운동의 개념범위를 가능한 좁게 해석하는 방안일 것이다. 그리고 공직선거법 제93조 제 1 항에서의 '이와 유사한 것'에는 인터넷상의 커뮤니케이션수단들이 해당되지 않는다고 해석하는 방안일 것이다. 하지만 이 방안이 근본적인 처방이 될 수 없다고 본다.

사실 지금까지 살펴본 인터넷이라는 매체의 특성과 본질, 정치적 표현의 자유의 헌법적 의미, 정치적 표현으로서의 선거운동개념이 갖는 맥락에서 볼 때, 인터넷이라는 매체영역에서는 선거운동의 규제가 완화되어야 할 영역임에도 불구하고, 현재의 공직선거법상의 선거운동 규제체제는 여전히 기존의 패러다임을 벗어나지 못하고 있다는 점에 근본적인 문제점이 존재한다. 이러한 맥락에서 입법론적 해결은 필수적이라고 생각한다.

이러한 입법론적 해결로서 그동안 인터넷에서는 과감하게 선거운동을 자유화하자는 주장[25]이라든지 인터넷 선거운동을 상시적으로 허용할 필요가 있다는 주장[26] 등이 전개되어 왔다. 필자도 기본적으로 이러한 주장에 동의하는데, 보다 구체적으로 선거운동 개념을 '주체'의 요소를 삽입하는 방식 등으로 재구성하는 것이 필요하다고 보며, 공직선거법 제93조 제 1 항을 폐지하거나 적어도 '이와 유사한 것'의 개념범위에 UCC나 트위터 등의 인터넷 커뮤니케이션수단은 포함되지 않는 방식으로 개정이 필요하다고 본다.

물론 여기서 이 문제를 전적으로 입법론에만 의존하는 것은 무책임할 수 있다. 필자가 생각하기에 공직선거법상의 인터넷 관련 규제조항의 헌법적합성 심사에 있어서 인터넷의 특성은 과잉금지의 원칙 위반 여부를 판단하는데 있어서 중요한 고

언론법학회, 2004, 114면 참조.

25) 온라인에서의 선거운동의 자유화를 주장하는 논거로는 첫째, 인터넷 선거운동은 오프라인에서의 선거운동과 다르게 고비용구조가 아니라는 점, 둘째, 인터넷 선거운동은 은밀하게 이루어질 수 없고 공개적으로 이루어지기 때문에, 시장의 자율적 기능에 의하여 통제가 가능하거나 객관적 감시기구에 의한 통제가 가능하다는 점, 셋째, 인터넷 선거운동에 대한 타율적 규제는 기준설정이나 적시성 면에서 문제가 많다는 점 등이 제시된다. 임종훈, "인터넷 선거운동과 공직선거법 —인터넷 선거운동의 상시 자유화에 대한 고찰을 중심으로—," 홍익법학 제 8 권 제 2 호, 홍익대학교 법학연구소, 2007. 8, 15-16면.

26) 임성규, "공직선거법과 선거 UCC," 국회도서관보 제44권 제 3 호(통권 제334호), 국회도서관, 2007, 44면.

려요소가 되어야 한다고 생각한다. 즉 매체적 특성 그 자체로 인해 인터넷에 대해서는 선거의 공정성이 추구하는 '선거운동에 있어서의 기회의 불균형성, 불투명성, 고비용성의 제거'가 적용될 여지가 원천적으로 없거나 기존의 매체에 비하여 약하다고 한다면, 기존의 선거운동 규제장치가 인터넷에 적용되는 경우에는 선거의 공정성이라는 공익적 목적은 희박해지는 반면, 선거운동의 규제로 인한 선거운동의 자유나 정치적 표현의 자유의 제한은 과도할 수 있기 때문이다.

이하에서는 지금까지 전개한 논리와 관점에 따라서, 보다 구체적으로 공직선거법상 인터넷과 선거운동 규제 관련 조항들의 헌법적 문제점을 분석하고자 한다.

Ⅲ. 공직선거법상 인터넷과 선거운동 규제 관련 조항들의 헌법적 문제점

현행 공직선거법상 인터넷과 관련되어 있는 조항들은 여러 가지 존재한다.[27] 이하에서는 이들 중 인터넷과 선거운동의 규제와 직접적으로 관련되어 있고, 필자가 보기에 헌법적으로 문제점을 갖고 있다고 판단되는 몇 가지 조항들을 중심으로 논의를 전개하고자 한다. 이를 위해 이들 조항들의 내용을 정리한 다음, 그 헌법적 문제점을 분석해 보고자 한다.

1. 공직선거법상 인터넷과 선거운동 규제 관련조항들의 내용

(1) 인터넷선거보도심의위원회 및 정정보도제도에 관한 제8조의 5 및 제8조의 6

우선 인터넷과 관련되어 있는 공직선거법상의 각종 규제장치 중 주목을 요하는 것이 공직선거법 제8조의 5 및 제8조의 6이 규정하고 있는 인터넷선거보도심의위원회 및 정정보도제도를 들 수 있다. 그 내용을 간단히 살펴보면 다음과 같다.

중앙선거관리위원회는 인터넷언론사의 인터넷홈페이지에 게재된 선거보도(사설·논평·사진·방송·동영상 기타 선거에 관한 내용을 포함)의 공정성을 유지하기 위하

27) 본문에서 그 문제점을 분석하고 있는 조항들 이외에도, 예컨대 사이버선거부정감시단에 관한 규정인 제10조의 3, 인터넷 홈페이지를 이용하여 선거운동을 하는 경우에 있어 선거운동기간의 제한을 적용하지 않는 규정인 제59조 제3호, 인터넷광고에 관한 규정인 제82조의 7, 인터넷을 통한 의정활동보고도 인정하고 있는 제111조, 국외선거운동 방법에 관한 특례로서 인터넷 홈페이지를 이용한 선거운동과 인터넷광고를 허용하고 있는 제218조의 14 등이 있다.

여 상설기구인 인터넷선거보도심의위원회를 설치·운영하여야 한다(제8조의 5 제1항). 인터넷선거보도심의위원회는 직권으로 혹은 정당 또는 후보자의 이의신청에 따라 인터넷언론사의 인터넷홈페이지에 게재된 선거보도의 공정 여부를 조사하여야 하며, 조사결과 선거보도의 내용이 공정하지 아니하다고 인정되는 때에는 당해 인터넷언론사에 대하여 해당 선거보도의 내용에 관한 정정보도문의 게재 등 필요한 조치를 명하여야 한다(제8조의 6 제1항 내지 제3항). 또한 왜곡된 선거보도로 인하여 피해를 받은 정당 또는 후보자와 인터넷언론사 간의 반론보도 협의가 이루어지지 않은 경우에는, 인터넷선거보도심의위원회가 당해 정당 또는 후보자의 반론보도청구에 따라 반론보도청구의 인용 여부를 결정할 수 있다. 그리고 인터넷선거보도심의위원회가 인용결정을 하여 인터넷언론사에게 통지한 때에는, 당해 언론사는 지체 없이 이를 이행하여야 한다(제8조의 6 제4항 내지 제6항). 인터넷언론사가 인터넷선거보도심의위원회의 정정보도문게재조치명령 또는 반론보도의 인용결정에 해당하는 통보를 받고 지체 없이 이행하지 아니한 경우에는 2년 이하의 징역 또는 400만원 이하의 벌금에 처해질 수 있다(제256조 제2항 제3호 라목).

(2) 정보통신망이용 선거운동의 허용 및 규제에 관한 제82조의 4

우선 정보통신망을 이용한 선거운동을 허용함과 동시에 일정한 정보에 대한 규제를 규정하고 있는 제82조의 4를 들 수 있다.

제82조의 4 제1항은 선거운동을 할 수 있는 자[28]는 선거운동기간 중에 정보통신망을 이용하여 인터넷 홈페이지 또는 그 게시판·대화방 등에 선거운동을 위한 내용의 정보를 게시하거나 전자우편을 전송하는 방법, 전화를 이용하여 송·수화자간 직접 통화하는 방식으로 선거운동을 하는 방법, 문자(문자 외의 음성·화상·동영상 등은 제외한다)메시지를 이용하여 선거운동정보를 전송하는 방법(이 경우 컴퓨터 및 컴퓨터 이용기술을 활용한 자동 동보통신의 방법으로 전송할 수 있는 사람은 후보자에 한정하며, 그 횟수는 예비후보자로서 행한 횟수를 포함하여 5회를 넘을 수 없다)으로 선거운동을 할 수 있도록 하고 있다. 하지만 정보통신망을 이용하여 후보자(후보자가 되고자 하는 자 포함), 그의 배우자 또는 직계존·비속이나 형제자매에 관한 허위사실의 유포나 공연히 사실을 적시하여 비방하는 것이 금지된다(동조 제2항 본문). 물론 이 경우에 진실한 사실로서 공공의 이익에 관한 때에는 처벌하지 않음으로써, 위법성 조각사유

28) 공직선거법은 누구든지 자유롭게 선거운동을 할 수 있도록 하여 원칙적으로 선거운동의 자유를 보장하고 있으면서도(제58조 제2항), 예외적으로 미성년자(19세 미만의 자), 선거권이 없는 자, 국가공무원이나 지방공무원 등은 선거운동을 할 수 없도록 하고 있다(제60조 제1항).

를 규정하고 있다(동조 제 2 항 단서).

한편 각급선거관리위원회(읍 · 면 · 동선거관리위원회를 제외)는 공직선거법에 위반되는 정보가 인터넷 홈페이지 또는 그 게시판 · 대화방 등에 게시되거나, 정보통신망을 통하여 전송되는 사실을 발견한 때에는 당해 정보가 게시된 인터넷 홈페이지를 관리 · 운영하는 자에게 해당 정보의 삭제를 요청하거나, 전송되는 정보를 취급하는 인터넷 홈페이지의 관리 · 운영자 또는 정보통신서비스제공자에게 그 취급의 거부 · 정지 · 제한을 요청할 수 있다(동조 제 3 항). 각급선거관리위원회의 정보삭제요청 또는 취급거부 · 정지 · 제한요청을 받은 인터넷 홈페이지 관리 · 운영자 또는 정보통신서비스제공자는 지체 없이 이에 따라야 하며(동조 제 4 항), 이러한 요청을 이행하지 아니하는 경우에는 2년 이하의 징역 또는 400만원 이하의 벌금에 처해질 수 있다(제256조 제 2 항 제 1 호 마목). 그리고 취급거부 · 정지 · 제한요청을 받은 인터넷 홈페이지 관리 · 운영자 또는 정보통신서비스제공자는 그 요청을 받은 날부터, 해당 정보를 게시하거나 전송한 자는 당해 정보가 삭제되거나 그 취급이 거부 · 정지 또는 제한된 날부터 3일 이내에 그 요청을 한 선거관리위원회에 이의신청을 할 수 있다(동조 제 5 항).

(3) 인터넷언론사 게시판 · 대화방 등의 실명확인제에 관한 제82조의 6

공직선거법 제82조의 6 제 1 항은 인터넷언론사로 하여금 선거운동기간 중 당해 인터넷홈페이지의 게시판 · 대화방 등에 정당 · 후보자에 대한 지지 · 반대의 문자 · 음성 · 화상 또는 동영상 등의 정보(이하 '정보 등'이라 한다)를 게시할 수 있도록 하는 경우에는 행정자치부장관 또는 「신용정보의 이용 및 보호에 관한 법률」 제 2 조 제 4 호에 따른 신용정보업자가 제공하는 실명인증방법으로 실명을 확인받도록 하는 기술적 조치를 하도록 인터넷언론사에 대해 의무를 부과하고 있다. 다만, 인터넷언론사가 「정보통신망 이용촉진 및 정보보호 등에 관한 법률」 제44조의 5에 따른 본인확인조치를 한 경우에는 그 실명을 확인받도록 하는 기술적 조치를 한 것으로 보고 있다(동항 단서). 그리고 동조 제 2 항은 정당 · 후보자가 자신의 명의로 개설 · 운영하는 인터넷홈페이지의 게시판 · 대화방 등에 정당 · 후보자에 대한 지지 · 반대의 정보 등을 게시할 수 있도록 하는 경우에 대해서도 적용하되, 이 경우에는 임의적 형태로 규정하고 있다(동조 제 2 항). 행정안전부장관 및 신용정보업자는 제 1 항 및 제 2 항의 규정에 따라 제공한 실명인증자료를 실명인증을 받은 자 및 인터넷홈페이지별로 관리하여야 하며, 중앙선거관리위원회가 그 실명인증자료의 제출을 요구하는 경우에는 지체 없이 이에 따라야 한다(동조 제 3 항). 인터넷언론사는 실명인증을 받은 자가 정보 등을 게시한 경우 당해 인터넷홈페이지의 게시판 · 대화방 등에 '실명인증' 표시가 나타나도록 하는 기술적 조치를 하여야 하고(동조 제 4 항), 인터넷언론사는 당해 인터넷홈페이지의 게시판 · 대화방 등에서 정보 등을 게시하고자 하는 자에게 주민등록번호를 기재할 것을 요구하여서는 아니된다(동조 제 5 항). 인터넷언론사는 당해 인터넷홈페이지의 게시판 · 대화방 등에 '실명인증'의 표시가 없는 정당이나 후보자에 대한 지지 · 반대의 정보 등이 게시된 경우에는 지체 없이 이를 삭제하여야 하고(동조 제 6 항), 인터넷언론사는 정당 · 후보자 및 각급선거관리위원회가 제 6 항의 규정에 따른 정보 등을 삭제하도록 요구한 경우에는 지체 없이 이에 따라야 한다(동조 제 7 항).

한편 제82조의 6 제 1 항의 규정을 위반하여 기술적 조치를 하지 아니한 자에 대해서는 1천만원 이하의 과태료가 부과되고(제261조 제 1 항 제 1 호), 제82조의 6 제 6 항의 규정을 위반하여 실명인증의 표시가 없는 문자 · 음성 · 화상 또는 동영상 등의 정보를 삭제하지 아니한 자에 대해서는 300만원 이하의 과태료를 부과된다(제261조 제 3 항 제 3 호).

(4) 소위 UCC이용 선거운동방법의 처벌에 관한 제93조 제 1 항

공직선거법 제93조는 '탈법방법에 의한 문서 · 도화의 배부 · 게시 등 금지'라는 제하에서 특히 제 1 항은 누구든지 선거일전 180일부터 선거일까지 선거에 영향을 미치게 하기 위하여 이 법의 규정에 의하지 아니하고는 정당 또는 후보자를 지지 · 추천하거나 반대하는 내용이 포함되어 있거나 정당의 명칭 또는 후보자의 성명을 나타내는 광고, 인사장, 벽보, 사진, 문서 · 도화, 인쇄물이나 녹음 · 녹화테이프 그 밖에 이와 유사한 것을 배부 · 첩부 · 살포 · 상영 또는 게시할 수 없도록 하고 있다. 그리고 제93조 제 1 항의 규정에 위반하여 문서 · 도화 등을 배부 · 첩부 · 살포 · 게시 · 상영하거나 하게 한 자에 대해서는 2년 이하의 징역 또는 400만원 이하의 벌금에 처하도록 하고 있다(제255조 제 2 항 제 5 호).

2. 공직선거법상 인터넷과 선거운동 규제 관련조항들의 헌법적 문제점

(1) 인터넷선거보도심의위원회제도 및 정정보도제도에 관한 제 8 조의 5 및 제 8 조의 6

인터넷선거보도심의위원회제도 및 정정보도제도는 공직선거법 제 8 조의 2가 규정하고 있는 선거방송심의위원회제도와 공직선거법 제 8 조의 3이 규정하고 있는 선거기사심의위원회제도와 함께 언론의 선거방송, 선거기사, 선거보도의 공정성을 확보하기 위한 장치로 제도화되어 있는 것이고, 기본적으로 정정보도 및 반론보도제도를 적용하고 있다는 점에서 공통점을 가지고 있다. 그런데 이 중에서 인터넷선거보도심의위원회제도 및 정정보도제도는 다음과 같은 관점에서 몇 가지 문제점을 갖고 있는 것으로 판단된다.[29]

첫째, 인터넷선거보도심의위원회제도 및 정정보도제도의 적용대상이 되는 '인터넷언론'의 개념범위가 너무 포괄적이고 광범위할 수 있다는 점이다.[30] 공직선거법 제 8 조의 5 제 1 항은 인터넷언론사를 "「신문 등의 진흥에 관한 법률」(이하 '신문법'이라 함) 제 2 조 제 4 호의 규정에 따른 인터넷신문사업자 그 밖에 정치 · 경제 · 사회 · 문화 · 시사 등에 관한 보도 · 논평 · 여론 및 정보 등을 전파할 목적으로 취재 · 편집 · 집필한 기사를 인터넷을 통하여 보도 · 제공하거나 매개하는 인터넷 홈페이지를 경영 · 관리하는 자와 이와 유사한 언론의 기능을 행하는 인터넷 홈페이지를 경영 · 관리하는 자"로 정의하고 있다.[31] 이러한 개념정의에 비추어 볼 때, 공직선거법상의 '인터넷언론'개념은 "신문법상의 인터넷신문, 정치 · 경제 · 사회 · 문화 · 시사 등에 관한 보도 · 논평 · 여론 및 정보 등을 전파할 목적으로 취재 · 편집 · 집필한 기사를 인터넷을 통하여 보도 · 제공하거나 매개하는 인터넷 홈페이지, 이와 유사한 언론의 기능을 행하는 인터넷 홈페이지"로 정의내릴 수 있다.[32]

---

29) 인터넷선거보도심의위원회제도 및 정정보도제도에 대해서는 필자가 이미 이전에 문제점들을 분석한 적이 있다. 황성기, "인터넷이용자 제작 콘텐츠(UCC)와 관련한 법적 문제점," 방송문화연구 통권 제19권 1호, KBS 한국방송, 2007. 6, 118-121면 참조. 이 글에서는 이전의 논문에서 제시한 문제점들을 바탕으로 좀 더 정밀하게 그리고 이전에 다루지 못했던 관점에서 문제점들을 다루고자 한다.

30) 인터넷언론사 관련 규정의 불명확성과 광범성의 문제점에 관해서는 김종철, "공직선거법상 인터넷언론규제에 대한 비판적 고찰," 언론과 법 제 8 권 제 2 호, 한국언론법학회, 2009. 12, 15-20면 참조.

31) 공직선거법상의 인터넷언론의 개념정의가 특히 신문법상의 인터넷신문 보다 넓게 이루어진 것과 관련하여, 공직선거법에서의 인터넷언론의 정의목적이 사이버공간의 선거보도가 특정 정당이나 후보자를 음해하거나 유 · 불리하게 작용하여 불공정선거가 되는 것을 방지하기 위해 대상이 되어야 하는 인터넷사이트를 결정하는 것이기 때문에 일반적 개념의 인터넷언론 혹은 매체 관련법 속의 인터넷언론의 개념과 동일할 필요는 없다는 견해도 있다. 안명규, "인터넷선거보도 심의의 현실과 법제에 관한 고찰," 언론과 법 제 8 권 제 2 호, 한국언론법학회, 2009. 12, 61면.

32) 중앙선거관리위원회의 「주요 심의대상 인터넷언론사의 관리 등에 관한 규정」 제 2 조는 인터넷언론사의 범위와 관련하여 "1. 「신문 등의 자유와 기능보장에 관한 법률」 제 2 조 제 3 호의 신문사업자와 같은 조 제 4 호의 인터넷신문사업자, 「잡지 등 정기간행물의 진흥에 관한 법률」 제 2 조 제 1 호 가목의 잡지와 「방송법」 제 2 조 제 1 호의 방송을 경영 · 관리하는 자, 「뉴스통신진흥에 관한 법률」 제 2 조 제 3 호의 뉴스통신사업자 등이 직접 운영하거나 별도 법인으로 운영하는 인터넷홈페이지, 2. 자체적으로 기사 · 논평 · 칼럼 등을 생산하여 신문 · 방송 · 웹진 등의 형태로 보도하는 인터넷 홈페이지, 3. 인터넷포털사이트(뉴스공급원으로부터 뉴스나 기사를 제공받아 편집 · 가공하거나 매개하여 제공하는 경우를 포함한다), 4. 그 밖에 위 각 호의 어느 하나에 해당하지 아니하는 경우로서 심의위원회가 인터넷언론사로 결정한 인터넷홈페이지"로 규정하고 있고, 제 4 조 내지 제 7 조에

이러한 인터넷언론의 개념정의 중 '신문법상의 인터넷신문'은 그 의미를 분명히 알 수 있다.[33] 문제는 '정치 · 경제 · 사회 · 문화 · 시사 등에 관한 보도 · 논평 · 여론 및 정보 등을 전파할 목적으로 취재 · 편집 · 집필한 기사를 인터넷을 통하여 보도 · 제공하거나 매개하는 인터넷 홈페이지'라는 개념이다. 이 개념은 기존 신문사업자, 방송사업자, 잡지사업자, 뉴스통신사업자 등이 운영하는 인터넷홈페이지,[34] 신문법상의 인터넷신문의 요건을 충족시키지 않지만 인터넷신문과 동일한 기능을 수행하는 인터넷홈페이지[35]와 인터넷뉴스서비스[36]를 의미하는 것으로 해석될 수 있다.

하지만 공직선거법 제 8 조의 5 제 1 항이 규정하고 있는 인터넷언론사의 개념정의 자체만 갖고 판단한다면, 어떤 특정한 주제에 대한 여론형성이나 정보제공을 목적으로 운영되는 홈페이지나 사이트들도 포함될 가능성이 있다. 예컨대 중앙선거관리위원회의 「주요 심의대상 인터넷언론사의 관리 등에 관한 규정」 제 2 조 제 2 호가 규정하고 있는 '자체적으로 기사 · 논평 · 칼럼 등을 생산하여 신문 · 방송 · 웹진 등의 형태로 보도하는 인터넷홈페이지'의 경우, 기존의 매스미디어를 통한 여론형성과

서는 인터넷언론사를 결정할 때에는 작성기준일 전 3개월 동안 최소 1회 이상의 새로운 보도기사를 게재하고 있는 지 등을 확인하여 매 분기 첫 달의 10일 이내에 결정하여 이를 인터넷선거보도심의위원회 홈페이지에 공개하도록 하고 있다.

33) 신문법상 인터넷신문은 "컴퓨터 등 정보처리능력을 가진 장치와 통신망을 이용하여 정치 · 경제 · 사회 · 문화 등에 관한 보도 · 논평 및 여론 · 정보 등을 전파하기 위하여 간행하는 전자간행물로서 독자적 기사 생산과 지속적인 발행 등 대통령령으로 정하는 기준을 충족하는 것"으로 정의되고 있다(신문법 제 2 조 제 2 호). 그리고 신문법시행령 제 2 조 제 1 항은 '독자적 기사 생산과 지속적인 발행 등 대통령령으로 정하는 기준'으로, 독자적인 기사 생산을 위한 요건으로서 '취재 인력 2명 이상을 포함하여 취재 및 편집 인력 3명 이상을 상시적으로 고용할 것'과 '주간 게재 기사 건수의 100분의 30 이상을 자체적으로 생산한 기사로 게재할 것' 두 가지를 모두 충족할 것을 요구하고 있으며, 지속적인 발행요건으로서 주간 단위로 새로운 기사를 게재할 것을 요구하고 있다. 그리고 동법시행령 제 2 조 제 2 항은 소위 종속형 인터넷신문도 신문법상의 인터넷신문에 해당될 수 있도록 규정하고 있다.

34) 중앙선거관리위원회의 「주요 심의대상 인터넷언론사의 관리 등에 관한 규정」 제 2 조는 제 1 호가 규정하고 있는 '「신문 등의 자유와 기능보장에 관한 법률」 제 2 조 제 3 호의 신문사업자와 같은 조 제 4 호의 인터넷신문사업자, 「잡지 등 정기간행물의 진흥에 관한 법률」 제 2 조 제 1 호 가목의 잡지와 「방송법」 제 2 조 제 1 호의 방송을 경영 · 관리하는 자, 「뉴스통신진흥에 관한 법률」 제 2 조 제 3 호의 뉴스통신사업자 등이 직접 운영하거나 별도 법인으로 운영하는 인터넷홈페이지'가 대표적일 것이다.

35) 중앙선거관리위원회의 「주요 심의대상 인터넷언론사의 관리 등에 관한 규정」 제 2 조 제 2 호가 규정하고 있는 '자체적으로 기사 · 논평 · 칼럼 등을 생산하여 신문 · 방송 · 웹진 등의 형태로 보도하는 인터넷홈페이지'가 대표적일 것이다.

36) 신문법 제 2 조 제 5 호는 '인터넷뉴스서비스'를 "신문, 인터넷신문, 「뉴스통신진흥에 관한 법률」에 따른 뉴스통신, 「방송법」에 따른 방송 및 「잡지 등 정기간행물의 진흥에 관한 법률」에 따른 잡지 등의 기사를 인터넷을 통하여 계속적으로 제공하거나 매개하는 전자간행물"로 정의내리면서, 신문법 제 2 조 제 2 호의 인터넷신문 및 「인터넷 멀티미디어 방송사업법」 제 2 조 제 1 호에 따른 인터넷 멀티미디어 방송, 그 밖에 대통령령으로 정하는 것을 제외시키고 있다.

정보제공을 점차적으로 대체하고 있는 오늘날의 '1인미디어 시대'에 있어서 어떤 특정한 주제에 대한 여론형성이나 정보제공을 목적으로 개인이 운영하는 홈페이지나 블로그와 과연 쉽게 구분할 수 있는지는 의문이다. 특히 '자체적으로 기사·논평·칼럼 등을 생산하여 신문·방송·웹진 등의 형태로 보도하는 인터넷홈페이지'는 신문법상의 인터넷신문의 요건을 충족하지 않는 것으로서 아주 소규모의 형태 내지는 1인이 운영하는 형태의 것이라는 점을 염두에 둔다면, 더욱 그러하다.

그리고 '기사를 매개하는 인터넷 홈페이지'라는 부분 때문에도, 인터넷언론의 개념범위가 무한히 확장될 여지가 존재하는데, 특히 이 문제는 다음 두 가지 맥락에서 제기될 수 있다.

① 인터넷뉴스서비스를 제공하지 않고 단순히 기사에 대한 검색기능만 제공하는 인터넷포털사이트나 검색엔진[37]도 포함될 가능성이 높다는 점이다. 만약 인터넷뉴스서비스를 제공하지 않고 단순히 기사에 대한 검색기능만 제공하는 인터넷포털사이트와 검색엔진도 인터넷언론에 포함된다고 해석한다면, 인터넷검색의 기본원리나 메커니즘에 대한 몰이해를 드러내는 것이다. 왜냐하면 검색기능이라는 것은 '정보의 위치정보'를 알려주는데 불과하므로, 이것을 전통적인 의미에서의 언론의 보도기능으로 이해하는 것은 타당하지 못하기 때문이다.

② 심지어 개인 홈페이지나 개인 블로그, 카페도 인터넷언론에 해당될 수 있는 여지가 존재한다. 예컨대 인터넷이용자가 기존 언론기관이 보도한 선거관련기사나 동영상을 자신의 홈페이지나 블로그, 카페 등에 소위 '펌질'을 통해 게시하거나 링크를 걸어 놓았을 경우에도, '기사의 매개'에 해당될 수 있기 때문이다.

마지막으로 '이와 유사한 언론의 기능을 행하는 인터넷 홈페이지'도 마찬가지의 문제점을 갖고 있다. 「언론중재 및 피해구제 등에 관한 법률」(이하 '언론중재법'이라 함) 제 2 조 제 1 호가 '언론'을 '방송, 신문, 잡지 등 정기간행물, 뉴스통신 및 인터넷신문'으로 정의내리고 있는 점에 비추어 볼 때, 어느 정도 그 의미를 파악할 수 있으나, '이와 유사한 언론의 기능'이라는 개념 때문에, 그 범위가 확장될 수 있는

---

37) 예컨대 구글(Google)이 대표적일 것이다. 그런데 중앙선거관리위원회의 「주요 심의대상 인터넷언론사의 관리 등에 관한 규정」 제 2 조 제 3 호는 '인터넷포털사이트(뉴스공급원으로부터 뉴스나 기사를 제공받아 편집·가공하거나 매개하여 제공하는 경우를 포함한다)'를 규정하고 있는데, 규정방식에 비추어 보면, 인터넷뉴스서비스를 제공하는 인터넷포털사이트만을 의미하는 것이 아니라, 인터넷뉴스서비스를 제공하지 않는 인터넷포털사이트와 인터넷뉴스서비스를 제공하지 않고 단순히 기사에 대한 검색기능만 제공하는 검색엔진도 포함될 가능성이 있는 것으로 보인다. 하지만 인터넷선거보도심의위원회의 홈페이지에서 예시하고 있는 인터넷언론사의 현황을 찾아보면, 구글은 포함되어있지 않다. 이것이 인터넷뉴스서비스를 제공하지 않고 단순히 기사에 대한 검색기능만 제공하는 검색엔진은 인터넷언론사의 범위에 포함시키지 않는다는 의미인지, 아니면 구글이 외국계열회사이기 때문에 포함시키지 않는다는 의미인지는 분명하지 않다.

여지는 존재한다.[38]

물론 인터넷선거보도심의위원회가 인터넷 홈페이지의 게시내용·운영 및 이용양태 등을 고려하여 인터넷언론사로 인정하지 아니하는 인터넷 홈페이지는 공직선거법 제 8 조의 5 제 1 항의 규정에 의한 인터넷언론사로 보지 아니할 여지는 있고,[39] 실제로 인터넷선거보도심의위원회가 인터넷언론사의 범위에 관한 결정을 통해서 무한정 그 범위가 확장되는 것을 막을 수 있지만, 여전히 공직선거법 제 8 조의 5 제 1 항 자체가 규정하고 있는 인터넷언론의 개념은 법문상으로는 적용범위의 포괄성과 광범성의 문제를 여전히 안고 있다.

위와 같은 문제점들은 결국 기존의 매스미디어를 중심으로 형성되어 왔던 '언론'의 개념을 인터넷의 특성이자 본질인 개방성, 상호작용성, 탈중앙통제성, 접근의 용이성, 정보의 다양성 등에 대한 고려없이 인터넷에 그대로 적용하는 데에서 비롯된다고 할 수 있다.[40] 인터넷상에서는 모든 인터넷이용자들이 일정한 기술과 디바이스를 이용하여 출판(publish)할 수도 있고, 방송(broadcast)을 할 수도 있다. 이러한 매체적 특성을 갖고 있는 인터넷에 대해서 인터넷선거보도심의위원회가 선거보도의 공정성을 이유로 정정보도 및 반론보도제도를 강제적으로 적용하는 것이 과연 적절한가의 의문은 본질적인 차원에서 제기될 수 있는 것이다. 더 나아가서 인터넷언론의 개념범위가 적절하게 통제되지 않고 무한정 확대되는 경우에는, 공직선거법 제 8 조의 6이 규정하고 있는 정정보도제도나 반론보도제도가 현실적으로 집행이나 적용이 가능한가의 문제뿐만 아니라, 선거의 공정성확보 또는 신속한 피해구제라는 취지보다는 오히려 인터넷상의 정치적 표현의 자유를 위축시킬 수 있는 위험성을 갖고 있다고 할 것이다.

결론적으로 현행 공직선거법 제 8 조의 5 제 1 항이 규정하고 있는 인터넷언론의 개념정의 및 그 범위와 관련하여서는, 인터넷선거보도심의위원회제도 및 정정보

---

38) 중앙선거관리위원회의 「주요 심의대상 인터넷언론사의 관리 등에 관한 규정」 제 2 조 제 4 호도 '그 밖에 위 각 호의 어느 하나에 해당하지 아니하는 경우로서 심의위원회가 인터넷언론사로 결정한 인터넷홈페이지'가 인터넷언론사의 범위에 포함될 수 있도록 함으로써, 이러한 가능성의 여지를 열어 놓고 있다.

39) 「인터넷선거보도심의위원회의 구성 및 운영에 관한 규칙」 제 2 조는 인터넷언론사의 범위와 관련하여, 정당 또는 후보자(후보자가 되고자 하는 자 포함)가 설치·운영하는 인터넷 홈페이지, 선거운동을 하는 기관·단체가 설치·운영하는 인터넷 홈페이지, 기타 심의위원회가 인터넷 홈페이지의 게시내용·운영 및 이용양태 등을 고려하여 인터넷언론사로 인정하지 아니하는 인터넷 홈페이지를 공직선거법법 제 8 조의 5 제 1 항의 규정에 의한 인터넷언론사로 보지 아니한다고 규정하고 있다.

40) "인터넷이 간편하고 저렴한 방법으로 話者(speaker)가 잠재적인 수백만의 대규모 청중들에게 다가갈 수 있게 해 주기 때문에, 이와 같은 인터넷 내용의 다양성이 가능하다. 인터넷 통신에 수반되는 설치와 운영 비용이 텔레비전, 라디오, 신문, 그리고 잡지와 같은 다른 형태의 대중커뮤니케이션에 수반되는 비용보다 상당히 저렴하다"(ACLU v. Reno, 929 F.Supp. 824, 1996).

도제도의 취지에 비추어 볼 때, 입법론적으로 기존 신문사업자, 방송사업자, 잡지사업자, 뉴스통신사업자 등이 운영하는 인터넷홈페이지와 신문법상의 인터넷신문에 국한하는 것이 적절한 것으로 보인다. 인터넷포털사이트가 제공하는 인터넷뉴스서비스의 경우에는 정정보도제도나 반론보도제도를 적용하는 것이 서비스의 성격상 현실적으로 적절하지 못할 뿐만 아니라, 아래에서 설명하는 바와 같이 심의대상의 중복이라는 문제 때문에 인터넷언론 개념범위에 포함시키는 것이 의미가 없는 것으로 보인다.

둘째, 선거방송심의위원회 및 선거기사심의위원회와의 업무중복의 문제가 발생할 여지가 있다는 점이다. 예컨대 기존 신문사업자, 방송사업자, 잡지사업자, 뉴스통신사업자 등이 운영하는 인터넷홈페이지에서 제공하는 기사들 대부분은 오프라인 신문, 잡지, 방송을 통해서 이미 제공된 것들이다. 물론 오프라인 신문, 잡지, 방송을 통해서 제공되지 않은 것들을 인터넷홈페이지만을 통해서 제공할 여지는 있다. 이러한 측면에서는 업무중복의 문제는 발생하지 않을 것이다. 하지만 인터넷포털사이트의 인터넷뉴스서비스를 인터넷언론의 범주에 포함시키는 한 '심의대상의 중복'이라는 문제는 분명하게 발생할 수 있다. 왜냐하면 인터넷포털사이트의 인터넷뉴스서비스가 제공하거나 매개하는 뉴스는 기본적으로 방송, 신문, 잡지, 인터넷신문 등에서 제작하는 기사이고, 인터넷뉴스서비스는 기사에 대한 내용수정을 하지 않은 채 그대로 제공하거나 매개하기 때문이다.[41] 그리고 기존 신문사업자, 방송사업자, 잡지사업자, 뉴스통신사업자 등이 운영하는 인터넷홈페이지, 신문법상의 인터넷신문, 자체적으로 기사 · 논평 · 칼럼 등을 생산하여 신문 · 방송 · 웹진 등의 형태로 보도하는 인터넷홈페이지는 이미 인터넷언론사의 범위에 포함되어, 인터넷선거보도심의위원회의 심의대상이 되기 때문이다.

위와 같은 문제점들 중에서 업무중복의 문제는 제도운영의 효율성이라는 관점에서 해결될 수도 있다.[42] 예컨대 선거방송심의위원회 및 선거기사심의위원회에서 심의를 받는 방송, 신문, 잡지 등의 기사가 신문사업자, 방송사업자, 잡지사업자, 뉴

41) 특히 네이버(naver)의 뉴스캐스트서비스는 뉴스박스화면의 편집권을 전적으로 뉴스제공사업자에게 부여하고 있다는 점에서, 포털이 내용이나 제목을 편집하거나 수정하는 것은 원천적으로 불가능하다. 뿐만 아니라 뉴스캐스트서비스가 아닌 다른 방식으로 뉴스서비스를 제공하는 다음(Daum) 등의 포털의 경우에도 뉴스제공사업자와의 계약 때문에 내용이나 제목을 편집하거나 수정하는 것은 불가능하다.

42) 종이신문이건 인터넷언론의 보도이건 선거보도라는 점을 강조할 경우 심사의 중복으로부터의 비경제성, 결론이 상이할 경우 심의기관에 대한 불신감 등의 비판이 제기될 가능성을 전제로, 법질서의 통일성을 위해서 각 심의기관 간의 유기적인 연결을 통해 중복심의의 경우 중앙선거관리위원회로 통합하는 방안이 제기되기도 한다. 강미은, "인터넷매체 선거보도심의의 법제도적 기준과 적용에 관한 연구," 정보법학 제12권 제 1 호, 한국정보법학회, 2008. 7, 276면.

스통신사업자 등이 운영하는 인터넷홈페이지에서 제공되는 경우에는 인터넷선거보도심의위원회가 심의하지 않는 방식으로 해결할 수도 있다. 그리고 심의대상의 중복문제도 인터넷포털사이트의 인터넷뉴스서비스가 제공하거나 매개하는 뉴스가 기본적으로 방송, 신문, 잡지, 인터넷신문 등에서 제작하는 기사라고 한다면, 인터넷포털사이트의 인터넷뉴스서비스도 인터넷선거보도심의위원회가 심의하지 않는 방식으로 해결할 수도 있다.[43] 이러한 측면에서 보면, 사실상 인터넷포털사이트의 인터넷뉴스서비스를 인터넷언론의 개념범위에 포함시킬 실익이 없게 된다. 이러한 맥락에서도 현행 공직선거법상 인터넷언론의 개념범위의 포괄성 내지 광범위성 문제는 제기될 수 있는 것이다.

셋째, 방송이나 신문법상의 정기간행물(신문, 잡지 등)을 각각 심의하는 선거방송심의위원회와 선거기사심의위원회는 일정한 기간 동안에만 설치·운영되는 임시기구로 설정하고 있는 반면에, 인터넷선거보도심의위원회는 상설기구로 설치·운영되고 있는 점은 형평성이나 평등원칙이라는 관점에서도 문제점으로 지적될 수 있을 것이다. 인터넷선거보도심의위원회제도 및 정정보도제도가 적용되는 대상인 '인터넷언론'의 범위를 좁게 해석하여 인터넷신문과 같이 전통적인 '언론'과 동일한 기능을 수행하는 인터넷매체만 인터넷언론의 범위에 포함된다고 한다면, 방송이나 신문, 잡지 등의 경우와 차별적으로 규율할 아무런 이유가 없게 된다. 그리고 내용적으로 볼 때도, '선거방송', '선거기사', '선거보도'가 어떠한 차이점이 있는지도 불분명하다. 이러한 상설적인 국가기관에 의하여 선거와 관련된 일정한 기간에 상관없이 인터넷언론에 대해서 항시적으로 모니터링을 해서 강제적인 정정보도제도나 반론보도제도를 적용하는 것은 인터넷언론사의 언론의 자유라는 관점에서도 분명히 문제가 있다. 더욱이 인터넷언론의 범위가 개인 홈페이지나 개인 블로그, 카페 등까지 포섭할 정도로 확대된다고 한다면, 인터넷을 이용한 정치적 표현 전반에 대하여 국가기관에 의한 항시적인 감시체계가 구축될 수 있다는 점에서 문제는 더욱 심각해질 수 있다.

결론적으로 인터넷언론의 범위를 좁게 설정한다면, 입법론적으로 인터넷선거보도심의위원회도 선거방송심의위원회나 선거기사심의위원회와 마찬가지로, 선거와 관련된 일정한 기간 동안에만 설치·운영하는 것이 적절하다.

넷째, 공직선거법 제 8 조의 6이 규정하고 있는 정정보도제도나 반론보도제도는 형사벌에 의해 그 강제력이 담보된다는 점도 문제점으로 지적할 수 있다. 즉 인터넷

43) 하지만 인터넷선거보도심의위원회 홈페이지에서 공개하고 있는 인터넷언론사의 범위에는 우리나라 4대 포털인 다음, 네이버, 네이트, 야후코리아가 모두 포함되어 있다.

언론사가 인터넷선거보도심의위원회의 정정보도문게재조치명령 또는 반론보도의 인용결정에 해당하는 통보를 받고 지체 없이 이행하지 아니한 경우에는 2년 이하의 징역 또는 400만원 이하의 벌금에 처해질 수 있는데(제256조 제2항 제3호 라목),[44] 이것이 과연 적절한가의 문제이다. 일상적인 언론보도에 대해서 적용되는 언론중재법상의 정정보도제도나 반론보도제도는 형사벌에 의해서 강제적으로 적용되는 것이 아니다. 물론 언론중재법상의 정정보도제도나 반론보도제도가 언론보도로 인한 피해자의 인격권 침해에 대한 구제를 기본취지로 설정하고 있다는 점에서, 선거의 공정성이라고 하는 국가적 법익의 보호를 목적으로 하는 공직선거법상의 정정보도제도나 반론보도제도와 그 목적의 차이점은 분명히 존재할 수 있다. 하지만 특히 공직선거법 제8조의 6 제1항 내지 제3항이 규정하고 있는 정정보도문게재조치명령제도의 경우 그 핵심적인 실체적 구성요건이라 할 수 있는 인터넷언론사의 인터넷홈페이지에 게재된 '선거보도의 내용이 공정하지 아니하다고 인정되는 경우'라든지 '인터넷언론사의 선거보도가 불공정하다고 인정되는 경우'를 법원이 아닌 인터넷선거보도심의위원회가 판단하는 것이 적절하냐의 문제[45]와 선거보도의 불공정성이 과연 형사벌에 의해 금지될 만큼 범죄로서의 비난가능성이 있느냐의 문제[46]가 등장하게 된다.

공직선거법 제8조의 6 제4항 내지 제6항이 규정하고 있는 반론보도제도의 경우에도 마찬가지이다. 이 제도는 선거의 공정성 확보 이외에도 인터넷언론사의 왜곡된 선거보도로 인하여 피해를 받은 정당 또는 후보자의 인격권을 보호한다는 취지도 갖고 있는 제도라는 점을 염두에 둔다면, 동일한 반론보도제도이지만 언론중재

---

44) 이 문제는 선거방송이나 선거기사의 경우에도 동일하게 발생한다. 왜냐하면 공직선거법 제256조 제2항 제3호는 제8조의 2(선거방송심의위원회) 제5항 및 제6항[제8조의 3(선거기사심의위원회)제6항에서 준용하는 경우를 포함한다]의 규정에 의한 제재조치 등, 제8조의 3 제3항의 규정에 의한 사과문 또는 정정보도문의 게재, 제8조의 4(선거보도에 대한 반론보도청구) 제3항의 규정에 의한 반론보도의 결정에 해당하는 통보를 받고 지체 없이 이를 이행하지 아니한 자에 대해서도 동일한 형사벌을 부과하고 있기 때문이다.

45) 이러한 맥락에서 인터넷선거보도심의위원회가 직권이든 이의신청에 의한 것이든 중재절차없이 인터넷언론 선거보도의 공정성 여부를 조사하여 형사벌에 의해 그 강제력이 담보되는 정정보도문게재조치명령 등의 준사법적 판단을 하면서도, 그에 대한 이의신청이나 법원에의 소송제기절차를 마련하지 않고 오히려 그 불이행에 대해 형사벌을 부과하는 것은 적법절차의 원리에 반할 수 있다는 지적은 타당하다고 할 것이다. 강경근, "인터넷언론의 선거보도와 법적·제도적 쟁점," 언론과 법 제3권 제1호, 한국언론법학회, 2004, 30면.

46) 물론 형사벌은 인터넷선거보도심의위원회의 정정보도문게재조치명령 또는 반론보도의 인용결정에 해당하는 통보를 받고 지체 없이 이행하지 아니한 경우에 부과되는 것이지, 선거보도가 불공정하다는 이유만으로 곧바로 부과되는 것은 아니다. 하지만 선거보도가 불공정하다는 이유로 정정보도문게재조치명령이 내려지고, 지체 없이 이행하지 아니한 경우에 형사벌이 부과되는 구조는 사실상 선거보도가 불공정하다는 이유로 형사벌이 부과되는 구조와 거의 유사하다고 할 것이다.

법에서는 형사벌에 의해 강제적으로 적용하지 않으며, 또한 공직선거법 자체가 허위사실공표죄(제250조), 후보자비방죄(제251조) 등의 규제장치가 별도로 존재한다는 점에서, 입법체계적으로도 문제가 될 뿐만 아니라 과잉금지의 원칙에 반할 정도로 인터넷언론사의 언론의 자유를 침해할 가능성이 높다고 본다.

(2) 정보통신망이용 선거운동의 허용 및 규제에 관한 제82조의 4

정보통신망을 이용한 선거운동을 규정하고 있는 제82조의 4 중 특히 제 3 항에서 제 6 항까지는 인터넷에 공직선거법 위반 정보가 유통되는 것을 막기 위하여 각급선거관리위원회가 인터넷 홈페이지 관리자 등에게 해당 정보의 삭제를 요청하거나 그 취급을 거부 · 정지 · 제한하도록 요청할 수 있도록 하고 있다. 따라서 법해석상 '공직선거법 위반 UCC나 트위터 문자'도 여기서 말하는 '공직선거법 위반 정보'에 해당될 수 있다. 그런데 각급선거관리위원회에 의한 공직선거법 위반 정보에 대한 삭제요청 또는 취급거부 · 정지 · 제한요청제도는 다음과 같은 점들에서 헌법적으로 정당한 것인가의 문제제기가 가능하다고 본다.

첫째, 그 대상이 공직선거법을 위반한 '불법'정보라고 하더라도, 정보의 불법성 여부에 대한 종국적인 판단권이 사법부에 있다는 점을 염두에 둘 때, 과연 사법부의 판단 이전에 선거관리위원회가 일정한 정보에 대해서 불법성을 이유로 삭제요청 혹은 당해 정보의 취급거부 · 정지 · 제한요청과 같은 규제조치를 부과하고, 그 불응시 형사벌을 부과하는 것이 헌법적으로 정당한가라는 의문이다.[47] 이와 관련하여서는 '사법작용과 행정작용의 구분'이라고 하는 매우 본질적인 문제가 존재한다. 즉 일정한 정보에 대해서 불법성을 이유로 삭제요청 혹은 당해 정보의 취급거부 · 정지 · 제한요청을 하는 것이 행정작용에 해당하는가 아니면 사법작용에 해당하는가의 문제이다. 만약 행정작용에 해당한다고 한다면, 일단 선거관리위원회가 정보의 공직선거법 위반 여부에 대한 판단을 전제로 삭제요청 혹은 당해 정보의 취급거부 · 정지 · 제한요청을 하는 것 자체는 헌법적으로 정당화될 여지가 있을 것이다. 반면에 사법작용에 해당한다고 한다면, 현행 헌법상 사법권은 법관으로 구성된 법원에 속하기 때문에(헌법 제101조 제 1 항), 법원이 아닌 선거관리위원회가 정보의 공직선거법 위반 여부에 대한 판단을 전제로 삭제요청 혹은 당해 정보의 취급거부 · 정지 · 제한요청을

47) 이 제도는 연혁적으로 볼 때, 「정보통신망 이용촉진 및 정보보호 등에 관한 법률」(이하 '정보통신망법'이라 함) 제44조의 7이 규정하고 있는 불법정보에 대한 방송통신위원회의 취급거부 · 정지 · 제한명령제도에서 원용해 온 것이다. 따라서 이러한 헌법적 정당성의 문제제기는 정보통신망법 제44조의 7이 규정하고 있는 불법정보에 대한 방송통신위원회의 취급거부 · 정지 · 제한명령제도에 대해서도 동일하게 적용된다.

하는 것 자체가 헌법에 반할 것이다.[48] 만약에 재판이 대표적인 사법작용의 형태이고, 재판을 "법적 권리 및 의무에 관한 분쟁에 있어서 권위적 해결의 제공(the provision of authoritative settlements of disputes about legal rights and duties)"으로 이해한다면,[49] 정보의 공직선거법 위반 여부에 대한 판단을 전제로 이루어지는 삭제요청 혹은 당해 정보의 취급거부·정지·제한요청은 사법작용에 해당할 가능성이 높다. 따라서 원칙적으로 이러한 것은 사법부에 의해 이루어져야 한다고 생각한다.

둘째, 경찰행정법리상 사법부에 의해 불법성 여부가 판단되기 이전에 금지대상행위나 위법행위에 대하여 사법부가 아닌 행정기관이나 기타 국가기관이 일정한 규제조치를 부과할 수 있다고 하더라도, 그 대상이 표현의 자유에 의해 보호를 받는 표현물이나 정보일 경우에도 적용하는 것이 과연 적절한가의 문제이다. 예컨대 영업시간을 위반하였다는 이유로 영업정지명령을 내렸을 경우(영업시간위반에 대해서는 별도의 형사적 제재가 가해진다고 가정하자)와 표현물이나 정보에 대해서 행정기관이 규제조치를 부과하는 경우를 동일하게 파악하여야 하는지의 문제이다. 표현의 자유가 여타의 기본권과 비교해 볼 때, 우월적 지위를 지니는 것이 일반적인 헌법이론이자 법리라는 점, 표현물이나 정보라는 것은 그 내용판단에 있어서 이념적·가치적 요소가 개입될 수 있다는 점, 공직선거법 위반 여부에 대한 판단에 있어서 선거관리위원회의 자의적인 판단의 가능성이 존재할 수 있다는 점 등에 비추어 볼 때, 표현물이나 정보에 대해서 사법부가 아닌 기타 국가기관이 직접적인 내용규제조치를 부과하는 것은 부적절하다고 생각한다.

셋째, 검열의 금지라는 관점에서도 공직선거법 위반 정보에 대한 삭제요청 또는 취급거부·정지·제한요청제도는 그 문제점이 지적될 수 있다.[50] 선거관리위원회

---

48) 물론 모든 사법작용이나 사법기능을 반드시 법원이 담당해야 하는 것은 아니라고 한다면, 헌법 위반의 문제가 곧바로 발생하는 것은 아니라고 할 것이다. 한편 헌법재판소는 불온통신 규제제도에 관한 사건에서 "온라인매체상의 정보의 신속한 유통을 고려한다면 표현물 삭제와 같은 일정한 규제조치의 필요성 자체를 부인하기는 어렵다고 하더라도, 내용 그 자체로 불법성이 뚜렷하고, 사회적 유해성이 명백한 표현물 – 예컨대, 아동 포르노, 국가기밀 누설, 명예훼손, 저작권 침해 같은 경우가 여기에 해당할 것이다 – 이 아닌 한, 청소년보호를 위한 유통관리 차원의 제약을 가하는 것은 별론으로 하고, 함부로 내용을 이유로 표현물을 규제하거나 억압하여서는 아니된다. 유해성에 대한 막연한 의심이나 유해의 가능성만으로 표현물의 내용을 광범위하게 규제하는 것은 표현의 자유와 조화될 수 없다"라고 판시하여(99헌마480), 행정기관에 의한 표현물 삭제와 같은 일정한 규제조치의 필요성을 어느 정도 인정하는 듯한 입장을 취한 적이 있다. 하지만 이 사건에서는 불온통신의 내용과 범위의 불명확성 및 포괄성이 핵심쟁점이었고, 행정기관에 의한 표현물 삭제와 같은 일정한 규제조치의 헌법적 정당성 그 자체는 본격적으로 다루어지지 않았다.

49) Peter H. Russel, "Toward a General Theory of Judicial Independence," in Peter H. Russel & David M. O'Brien, *Judicial Independence in the Age of Democracy: Critical Perspectives from around the World*, University Press of Virginia, 2001, 9면.

50) 헌법재판소는 공직선거법 위반 정보에 대한 삭제요청 또는 취급거부·정지·제한요청제도와 거의

에 의해 이루어지는 공직선거법 위반 여부에 대한 판단은 사후심의의 형태를 띠고 있어서 우리 헌법이 절대적으로 금지하는 '사전검열'에는 해당되지 않겠지만, 지속적이고도 상시적인 모니터링을 통해서 공직선거법 위반 정보에 대한 삭제요청 또는 취급거부 · 정지 · 제한요청이 형사벌을 담보로 하여 이루어지고, 실제로 인터넷 홈페이지의 관리 · 운영자 및 정보통신서비스제공자에 의해 삭제 등이 이루어지는 경우에는 사전검열과 다름없는 효과를 유발할 수 있기 때문이다.[51)]

넷째, 설령 정보의 공직선거법 위반 여부에 대한 판단을 전제로 이루어지는 삭제요청 혹은 당해 정보의 취급거부 · 정지 · 제한요청이 '준사법적 기능'으로서 선거관리위원회가 담당하는 것이 헌법적으로 문제되지 않는다고 하더라도, 또한 이러한 것이 신속성 및 파급성이라고 하는 온라인매체의 특수성을 감안하여 필요하다고 하더라도, 공직선거법 제82조의 4 제 3 항은 그 대상을 '이 법의 규정에 위반되는 정보'라고 하여 그 대상범위를 매우 포괄적으로 설정하고 있다는 점에서 문제는 여전히 남는다. 특히 그 대상이 선거와 관련된 정보라는 점, 현행 공직선거법상의 선거운동개념이 갖고 있는 그 내용상의 애매성이나 범위상의 광범성의 문제점, 공직선거법 제82조의 4와 공직선거법 제93조 제 1 항간의 체계부정합성의 문제점 등을 감안하면, 공직선거법 위반 정보에 대한 삭제요청 또는 취급거부 · 정지 · 제한요청제도는 UCC나 트위터를 이용한 일반국민의 정치적 의사표현행위 내지 정치활동을 과도하게 제한할 위험성을 갖고 있는 것이다.[52)]

결론적으로 공직선거법 위반 정보에 대한 선거관리위원회의 삭제요청 또는 취급거부 · 정지 · 제한요청제도는 위와 같이 사법부가 아닌 국가기관에 의한 직접적인 표현물 내용규제조치의 헌법적 정당성이라고 하는 근본적인 문제를 갖고 있을 뿐만 아니라, 설령 헌법적으로 정당화된다고 하더라도 가능한 일반국민의 정치적 의사표현이나 정치활동을 제약하지 않는 방향으로 개정되어야 할 것으로 보인다.

동일한 구조를 갖고 있던 불온통신 규제제도에 관한 사건에서 "형식적으로는 표현의 자유에 대한 사후제한이지만, 이용자－전기통신사업자 및 전기통신사업자－정보통신부장관의 역학관계에 비추어 볼 때 전기통신사업자는 정보통신부장관의 취급거부 등 명령이 없더라도 미리 사용약관 등에 의하여 이용자의 통신내용을 규제하고 이에 따라 이용자는 스스로 조심할 수밖에 없는, 실질적으로는 상시적인, 자체 검열체계로 기능하기 쉽다"고 판시한 적이 있다(99헌마480).

51) 이러한 맥락에서 미국에서는 행정기관의 사후심의도 사전제한(prior restraint)에 포함시켜 위헌이라는 법리가 형성된 것으로 이해된다. 자세한 것은 박경신, "사전검열 법리와 정보통신윤리위원회의 활동 : 법과학적 방법으로," 인권과 정의 통권 제312호, 대한변호사협회, 2002. 8, 71-93면 참조.

52) 각급선거관리위원회에 의한 취급거부 · 정지 · 제한요청제도에 대해서 개념의 불명확성과 포섭범위의 광범위성으로 인해 정치적 표현의 자유가 위축될 위험성이 존재하므로 신중하고 구체적인 요건화가 필요하다는 지적도 바로 이와 같은 맥락에서 제기되는 것으로 이해된다. 조소영, "인터넷 선거운동(E-Campaigning)에 대한 헌법적 고찰," 헌법학연구 제11권 제 2 호, 한국헌법학회, 2005. 6, 433면.

(3) 인터넷언론사 게시판·대화방 등의 실명확인제에 관한 제82조의 6

공직선거법상의 인터넷언론사 게시판·대화방 등의 실명확인제와 관련하여서는 헌법재판소는 최근에 구 공직선거법상의 실명확인제에 대해서 합헌결정을 내렸다.[53] 이하에서는 헌법재판소의 합헌결정을 전제로 하여 실명확인제의 문제점을 분석하기로 한다.[54]

먼저 공직선거법상의 실명확인제의 문제점을 분석하기 위해서는 실명확인제의 목적이 무엇인가에서부터 출발해야 할 것이다. 이와 관련하여 구 공직선거법상의 실명확인제에 대한 합헌결정의 다수의견은 "선거기간 중 인터넷홈페이지의 게시판·대화방 등에서 후보자에 대한 인신공격과 흑색선전이 난무하는 경우가 많고, 부당한 선거운동이나 소수에 의한 여론 왜곡으로 선거의 평온과 공정이 위협받을 가능성이 있기 때문에, 이로 인한 사회경제적 손실과 부작용을 방지하고 선거의 공정성을 확보하기 위한 것"을 실명확인제의 입법목적으로 이해하면서, "정당·후보자에 대한 지지·반대의 글을 게시할 수 있도록 하는 경우에는 실명확인을 거치도록 함으로써 후보자에 대한 인신공격이나 각종 흑색선전이 줄어들 수 있고, 이로 인하여 선거의 공정성의 확보 효과를 거둘 수 있음이 예상되므로 수단의 적합성도 인정되고 그 제한의 실효성이 의심된다는 이유만으로는 이를 부정할 수는 없다고 할 것"이라고 판시하면서 수단의 적합성도 인정하고 있다. 결국 다수의견에 따르면, 실명확인제의 입법목적은 실명확인을 통해 후보자에 대한 인신공격과 흑색선전, 부당한 선거운동이나 소수에 의한 여론왜곡을 막는데 있다는 것이고, 그 효과성을 인정하고 있는 셈이다. 여기서 필자는 다음과 같은 두 가지 질문을 던지고자 한다.

첫째, 실명이 확인되지 않은 상태, 즉 소위 '익명성'과 '후보자에 대한 인신공격과 흑색선전, 부당한 선거운동이나 소수에 의한 여론 왜곡'이 어떠한 논리적 상관성을 가지는가이다. 이 문제제기는 익명성과 해악적인 의사표현간의 논리적 상관성에

53) 헌재 2010. 2. 25, 2008헌마324등(병합), 공직선거법 제82조의 6 제 1 항 등 위헌확인, 공직선거법 제82조의 6 제 1 항 등 위헌소원. 이 사건에서의 심판대상조항은 2005. 8. 4. 법률 제7681호로 개정되고, 2008. 2. 29. 법률 제8879호로 개정되기 전의 구 공직선거법 제82조의 6이었다. 그런데 2005. 8. 4. 개정 이전의 구 공직선거법 제82조의 6이 규정하고 있던 실명확인제, 즉 2004년 3월 12일 개정된 공직선거법상에서 최초로 도입되었던 실명확인제에 대해서 헌법재판소는, 실제로 시행되지도 못한 채 개정되고 2005. 8. 4.부터 개정법이 시행되었으므로, 청구인들이 실명확인조항으로 인하여 기본권을 현실적으로 침해당하였다고 보기 어렵고, 청구인들에게 실명확인조항의 위헌확인을 청구할 주관적 권리보호의 이익이 있다고 볼 수 없다는 이유로 각하결정을 내린 적이 있다. 헌재 2007. 12. 27, 2004헌마218, 공직선거 및 선거부정방지법 제82조의 6 위헌확인 등.

54) 공직선거법상의 실명확인제에 대해서는 이미 필자가 그 위헌성을 논증한 적이 있다. 황성기, "인터넷 실명제에 관한 헌법학적 연구," *法學論叢* 제25집 제 1 호, 한양대학교 법학연구소, 2008. 3, 14-26면 참조.

관한 것이다. 기본적으로 "익명성은 도덕적으로 중립적이다(anonymous communication online is morally neutral)"는 원칙을 감안한다면,[55] 익명성과 해악적인 의사표현 간의 논리적 상관성은 분명하지 않다.[56] 실제로 공직선거법상의 실명확인제라든지 정보통신망법상의 본인확인제의 소위 '악플억제효과 혹은 역기능억제효과'에 대해서는 현재 논란이 분분하다. 만약 익명성과 해악적인 의사표현간의 논리적 상관성이 존재한다면, 익명성과 유익한 의사표현간의 논리적 상관성도 존재하는 것이다.[57] 따라서 이 원칙에 입각하면, 익명성에 대한 도덕적 가치판단을 전제로 해서 모든 인터넷상의 일탈행위 내지 역기능의 원인이 익명성에 있고, 그 익명성을 제거하면 이러한 역기능이 해소될 것이라는 관점은 전혀 과학적이지 못할 뿐만 아니라 논리의 비약이라고 할 것이다.

둘째, 실명을 확인하는 것이 익명성을 제거하는 것인가이다. 이 문제제기는 실명확인과 익명성 제거간의 논리적 상관성에 관한 것이다. 실명을 확인하기 위한 가장 일반적인 방법은 본인의 '실명과 주민등록번호와의 일치 여부'일 것이다.[58] 그런데 실명과 주민등록번호와의 일치 여부는 주로 초기 전자상거래에 있어서 거래의

---

55) '미국과학발전협회(American Association for the Advancement of Science)'가 1997년 11월 회의에서 향후 인터넷에 대한 규제시스템이나 규제정책들을 설계함에 있어서 온라인에서의 익명커뮤니케이션(anonymous communication online)을 보장하기 위해 제시한 4가지 원칙들 중의 하나이다. "익명성은 도덕적으로 중립적이다"라는 원칙은 익명성을 이용하여 야기될 수 있는 양면성, 즉 순기능적 측면과 역기능적 측면을 구분하는 것이 중요하고, 역기능적 측면이 순기능적 측면을 불필요하게 제한하는 근거로 활용되어서는 안 된다는 것을 강조하는 의미를 갖고 있다. 한편 이들 4가지 원칙들에 관한 설명으로는 Rob Kling, Ya-ching Lee, Al Teich & Mark S. Frankel, "Anonymous Communication Policies for the Internet: Results and Recommendations of the AAAS Conference," in Robert M. Baird, Reagan Ramsower & Stuart E. Rosenbaum(ed.), *Cyberethics: Social & Moral Issues in the Computer Age*, Prometheus Books, 2000, 99-101면 참조.

56) 이 점은 구 공직선거법상의 실명확인제에 대한 합헌결정에서의 반대의견도 분명하게 인식하고 있다. "선거운동기간 중에 인터넷 게시판 등에서 이루어지는 실명확인제가 흑색선전을 막기 위한 실효성 있는 수단이라고 볼 수 있을지도 의문이다. 선거후보자에 대한 흑색선전은 단순한 후보자 비판의 문제가 아니라, 치밀한 사전계획에 입각하여 조직적으로 이루어지는 것이 일반적이므로 인터넷 실명제를 실시한다고 하여도 방지되기 어려운 활동이다. 즉, 해악적인 의사표현은 사회적 상황의 여러 조건들이 변수로 작용하여 나타나는 것이지, 익명표현을 허용함에 따라 필연적으로 발생하는 문제라 볼 수 없다. 정당한 익명표현과 해악적 익명표현을 구분하기 위해 해악의 범위를 가늠할 수 있는 명확한 사회적 합의도 도출하기 어려운 상황에서, 책임 있는 의견이 개진되거나 위법한 표현행위가 감소될 것이라는 추상적인 가능성만으로 해악적 익명표현 뿐만 아니라 유익한 익명표현까지 사전적이고 포괄적으로 규제하는 것은 정치적 의사표현을 위축시켜 선거의 공정이라는 입법목적 달성에 오히려 장애가 된다고 할 것이다"(2008헌마324결정의 반대의견).

57) 참고로 필자는 지금까지 인터넷언론기사에 악플을 달거나 인터넷게시판에 타인을 모욕하거나 명예를 훼손하는 글을 쓴 적이 없다. 그런데 필자는 악플이 아닌 선플이라든지 타인의 모욕이나 명예훼손과 상관없는 글도 쓰고 싶지 않다. 왜냐하면 실명확인이나 본인확인의 창이 뜨면, '기분이 나빠지기 때문이다'. 이것이 바로 '위축효과(chilling effect)'가 아닐까?

58) 물론 타인의 주민등록번호를 도용해서 실명확인을 받는 경우에는 실명확인제 자체가 전혀 무의미해진다.

투명성과 안전성을 확보하기 위해 필요한 거래당사자의 신원확인용 혹은 본인확인용으로 사용하였던 방법이었다.[59] 따라서 본인인지 여부가 확인되었다고 해서 익명성이 완전히 제거된다고 보기는 힘들다. 즉 인터넷이용자의 실명이 게시판이나 대화방 등에 표출되지 않는 이상은 익명성이 완전히 제거된다고 보기는 힘들다. 이 말은 곧 실명확인이나 본인확인방법은 '후보자에 대한 인신공격과 흑색선전, 부당한 선거운동이나 소수에 의한 여론 왜곡의 방지' 혹은 '의사표현의 내용에 대한 통제'를 위한 '적절하고도 적합한' 방법이 아니라는 것을 의미한다. 이러한 관점에서 보면, 실명확인이나 본인확인방법은 '사후의 추적가능성'을 담보하기 위한 것이고, 이러한 법집행기관의 추적가능성을 수단으로 의사표현에 대한 위축효과를 얻고자 한다는 것인데, 이렇게 국민을 잠재적 범죄자로 취급하는 것이 선거과정을 통하여 국민이 정치적 의사를 충분히 표현하고 국민의 정치참여를 최대한 실현해야 한다는 원칙에 부합하는지는 의문이다.

위에서는 익명성과 해악적인 의사표현간의 논리적 상관성, 실명확인과 익명성 제거간의 논리적 상관성에 관한 문제제기를 하였다. 이러한 문제점 이외에 실명확인제는 구체적인 실명확인의 방법과 관련된 문제점을 지적할 필요가 있다.

실명을 확인하기 위한 가장 일반적인 방법은 본인의 '실명과 주민등록번호와의 일치 여부'이다. 그런데 재미있는 것은 공직선거법 제82조의 6 제 5 항은 "인터넷언론사는 당해 인터넷홈페이지의 게시판·대화방 등에서 정보 등을 게시하고자 하는 자에게 주민등록번호를 기재할 것을 요구하여서는 아니된다"고 규정하고 있다는 점이다. 바로 여기서 의문이 하나 생긴다. "인터넷언론사는 어떠한 방법으로 실명확인을 할 수 있는가?"

사실 공직선거법 제82조의 6 제 1 항이 규정하고 있는 '행정안전부장관 또는 신용정보업자가 제공하는 실명인증방법'은 바로 '실명과 주민등록번호와의 일치 여부'를 통한 방법을 의미한다. 일반적으로 실명확인 메커니즘은 ① 인터넷이용자가 인터넷언론사의 게시판에 글을 게시하고자 하는 경우 실명과 주민등록번호의 입력을

---

59) 이러한 측면에서 공직선거법상의 실명확인제와 정보통신망법상의 본인확인제는 그 구조나 원리가 동일하다. 이에 따라 공직선거법 제82조의 6 제 1 항 단서는 인터넷언론사가 정보통신망법 제44조의 5에 따른 본인확인조치를 한 경우에는 그 실명을 확인받도록 하는 기술적 조치를 한 것으로 보고 있다. 그런데 정보통신망법상의 본인확인제는 동법 제44조의 5 제 1 항 제 2 호 및 동법시행령 제30조 제 1 항에 의거하여, '전년도 말 기준 직전 3개월간의 일일평균 이용자수가 10만명 이상인 정보통신서비스제공자'에 대해서 적용되므로, 공직선거법상의 실명확인제가 적용되는 대상은 쉽게 이야기하면 일일평균 이용자수가 10만명 이하인 중소규모의 인터넷언론사가 될 것이다. 그런데 행정안전부과 관리하는 주민등록번호 DB가 개방되지 않는 경우 인터넷언론사는 신용정보업자가 관리하는 DB를 활용할 수밖에 없는데, 이 경우에는 비용이 발생하기 때문에, 중소규모의 인터넷언론사의 입장에서는 비용부담의 문제가 현실적으로 발생할 수 있다.

요구하는 창이 뜨고, ② 인터넷이용자가 자신의 실명과 주민등록번호를 입력하면, ③ 자동적으로 행정안전부과 관리하는 주민등록번호 DB나 신용정보업자가 관리하는 DB에 전송되어 그 일치 여부를 확인한 뒤, 다시 인터넷언론사에 전송되면, ④ 인터넷이용자가 글을 게시할 수 있거나 못하게 하는 방식으로 이루어진다. 이러한 실명확인 메커니즘을 염두에 둔다면, 공직선거법 제82조의 6 제 1 항과 제 5 항은 상호모순 내지 충돌되는 내용을 담고 있다.

물론 주민등록번호를 활용하지 않는 실명확인방법을 상정할 수 있다. 그러한 것으로는 다음 두 가지 정도일 것이다.

첫째, 실명과 매칭시킬 수 있는 정보를 주민등록번호가 아닌 기타 개인정보, 예컨대 주소, 전화번호 등을 활용하는 방법이다. 실제로 일부 인터넷포털사이트에서는 회원가입시 주민등록번호를 요구하지 않고 있다. 문제는 실제로 이러한 방법이 '행정안전부장관 또는 신용정보업자가 제공하는 실명인증방법'에 포함되어 제공되고 있느냐이다. 그렇지 않다면 인터넷언론사의 입장에서는 공직선거법 제82조의 6 제 5 항으로 인해 실명인증방법이 아예 불가능하다고 판단하여 실명확인을 위한 기술적 조치의무를 준수하지 않거나, 아니면 공직선거법 제82조의 6 제 5 항을 아예 무시하여 주민등록번호의 기재요구 금지규정을 준수하지 않거나, 아니면 아예 게시판 등을 개설하지 않거나의 방법 중에서 하나를 선택할 수밖에 없게 되는 것이다. 물론 인터넷언론사가 회원모집시 자체적으로 수집한 주소, 전화번호 등을 활용하는 방법을 상정할 수 있지만, 이러한 방법을 과연 현재 모든 인터넷언론사가 일반적으로 채택하고 있는지는 의문이며, 또한 이러한 방법 자체는 공직선거법 제82조의 6 제 1 항이 규정하고 있는 '행정안전부장관 또는 신용정보업자가 제공하는 실명인증방법' 자체를 무의미하게 만들어 버린다.

둘째, 공인인증서라든지 아이핀(i-pin)[60]을 활용하는 방법이다. 먼저 아이핀의 현재 보급률은 전체 인터넷이용인구비율 대비 1%도 안되는 수준인데, 행정안전부와 주요 인터넷포털사이트에서만 활용하고 있는 형편이다. 공인인증서의 경우에는 인터넷뱅킹의 일반화로 이전보다는 많이 보급되었지만, 여전히 모든 국민을 커버할 수는 없다. 결국 이 문제는 헌법상 평등원칙, 즉 공인인증서나 아이핀이 없는 사람들을 차별한다는 점에서 평등원칙의 위반의 위험성이 항시 존재한다.

60) 아이핀(Internet Personal Identification Number, i-PIN)은 정부가 아닌 민간 기업에서, 그 중에서도 특히 인터넷의 웹사이트에서 개인의 주민등록번호를 수집하고 이용하는 일이 많아짐에 따라 주민등록번호의 대규모 유출, 주민등록번호의 도용 및 각종 범죄에의 악용 등의 부작용이 나타나자 이를 해결하기 위해 정보통신부(2008년 폐지)와 한국정보보호진흥원(2009년 한국인터넷진흥원으로 통합)이 개발한 사이버 신원확인 번호체계이다. 일종의 인터넷 가상 주민등록번호라고 볼 수 있다.

위와 같이 실명확인방법과 관련된 문제점들은 공직선거법상의 실명확인제 그 자체의 내부적 모순의 문제점, 입법체계상의 문제점, 현실적인 실현가능성 및 실효성의 문제점 등을 극명하게 보여주는 사례라고 할 것이다.

마지막으로 인터넷언론사의 범위가 포괄적이고 광범위할 수 있다는 문제점과 맞물리는 경우에는, 실명확인제가 갖는 전반적인 위축효과는 더욱더 커질 수 있다는 점 또한 지적할 수 있겠다.[61)]

결론적으로 공직선거법상의 실명확인제는 실명이 확인된 사람만 선거운동기간 중 정당·후보자에 대한 지지·반대의사를 표명할 수 있게 제한함으로써, 사실상의 위축효과로 인해 일반국민의 정치적 표현을 상당한 정도로 위축시킬 위험성을 갖고 있다.[62)] 즉 일반국민의 정치적 표현행위와 정치활동은 정치적 표현의 자유라는 관점에서 최대한 보장되어야 할 것인데, 공직선거법상의 실명확인제는 일반국민의 정치적 표현행위와 정치활동을 '장려'하기보다는 오히려 '억제'하는 방향으로 입안된 정책이라는 점에서, 그 위헌 여부는 별도로 차치하더라도 '후보자와 일반국민의 차별화명제'에 전혀 부합하지 않는 것이다.

더 나아가서 공직선거법상의 실명확인제는 '매체특성론적 차별화명제'에도 부합하지 않는다. 왜냐하면 일반국민이 선거과정을 통하여 국민이 정치적 의사를 충분히 표현하고 국민의 정치참여를 최대한 실현할 수 있는 대표적인 매체가 바로 인터넷게시판이다. 인터넷게시판에는 '데스크'가 없기 때문에 자유롭게 의사표현을 할 수 있어서 의사표현기회의 균형성이 확보될 수 있고, 모든 인터넷이용자들이 볼 수 있기 때문에 투명성이 확보되며, 게시판에 글을 올리는 데에는 비용이 거의 들지 않기 때문에 저비용성이 제고된다. 그렇다면 인터넷게시판에서 일반국민들이 정당·후

61) 이 점은 구 공직선거법상의 실명확인제에 대한 합헌결정에서의 반대의견도 분명하게 지적하고 있다. "이 사건 법률조항의 규제대상인 '인터넷 언론사'의 범위가 모호하고 광범위하다는 문제점 역시 지적될 수 있다. '인터넷 언론사'란 "'신문 등의 자유와 기능보장에 관한 법률' 제 2 조 제 7 호의 규정에 따른 인터넷신문사업자 그 밖에 정치·경제·사회·문화·시사 등에 관한 보도·논평·여론 및 정보 등을 전파할 목적으로 취재·편집·집필한 기사를 인터넷을 통하여 보도·제공하거나 매개하는 인터넷홈페이지를 경영·관리하는 자와 이와 유사한 언론의 기능을 행하는 인터넷홈페이지를 경영·관리하는 자"를 말한다(공선법 제 8 조의 5 제 1 항). 그런데 누구나 관심사항을 인터넷에 올리고 전파할 수 있는 현대사회의 특수성을 고려한다면, 사실상 모든 웹사이트들이 인터넷 언론사에 해당될 수 있을 뿐만 아니라, 기사를 취재, 편집하는 경우뿐만 아니라 단순히 '매개'하는 경우까지 이에 해당된다고 보아 그 범위를 한정하기 곤란하며, '이와 유사한 언론 기능' 이라는 부분 역시 모호하므로 규제대상이 무한정 확대될 우려가 있다"(2008헌마324 결정의 반대의견).

62) 조소영 교수는 익명에 의한 정치적 표현행위의 헌법적 가치를 고려할 때, 공직선거법의 실명확인제가 표현 내용에 대한 규제로서 작동한다는 점, 익명적 표현행위자의 개인적 측면에서 불이익을 강요한다는 점에서 헌법적 문제점을 갖고 있는 것으로 분석하고 있다. 조소영, "인터넷 선거운동 법제화의 현실검토와 헌법적 범주에서의 새로운 법제화를 위한 연구 ―인터넷 실명제 검토를 중심으로―," 공법학연구 제 9 권 제 4 호, 한국비교공법학회, 2008. 11, 247-253면 참조.

보자에 대한 지지·반대의 글을 자유롭게 게시하는데 장애가 되는 '허들'을 법적으로 강제해서는 안 된다. 즉 정치적 공론장으로의 진입 자체를 어렵게 하거나 불편하게 해서는 안 되는 것이다. 하지만 공직선거법상의 실명확인제는 바로 이러한 허들을 법적으로 그리고 제재조치를 담보로 해서 국가가 강제한다는 점에서 인터넷에 대한 규제는 여타의 매체보다 '완화된 기준과 덜 엄격한 정도의 수준'으로 이루어져야 한다는 명제에 부합하지 않는 것이다.

마지막으로 필자가 생각하기에 실명확인제의 채택 여부는 각 개별 인터넷언론사들에게 맡겨야 할 문제라고 생각한다. 다시 말하면 실명확인제의 채택 여부는 국가가 강제할 것이 아니라, 각 개별 인터넷언론사들이 자신의 경영전략 내지 경영정책 중의 하나로 활용할 수 있게 하는 것이 타당하다.[63] 예컨대 A인터넷언론사는 게시판서비스를 제공함에 있어서 철저하게 실명제를 채택할 수도 있고, B인터넷언론사는 게시판서비스를 제공함에 있어서 비실명제를 채택할 수도 있다. 이 경우 어느 인터넷언론사를 이용할지는 인터넷이용자의 선택에 맡기는 것이다. 자신의 개인정보를 제공하는 위험이나 불편함을 무릅쓰고도 보다 '순화된' 것이라고 생각되는[64] 선거관련정보를 얻고 싶은 이용자는 A인터넷언론사의 게시판서비스를 이용하면 될 것이고, 자신의 개인정보를 제공하거나 신원을 확인받고 싶지 않은 이용자는 상대적으로 좀 '터프한' 선거관련정보들이 게시되는 B인터넷언론사의 게시판서비스를 이용하면 될 것이다. 다만 후자의 경우에도 후보자의 명예를 훼손하거나 비방하는 정보나 허위사실을 유포하는 정보에 대해서는 공직선거법상의 규제장치들이 여전히 적용될 수 있고, 또한 자체적으로 개발해서 적용하는 자정메커니즘을 통해 보다 순화된 방식으로 자신의 게시판이 운용되도록 B인터넷언론사가 노력을 할 것이다. 이렇게 사회영역에서의 자율에 맡겨야 하는 이유는, 바로 인터넷의 특성이자 본질인 개방성, 상호작용성, 탈중앙통제성, 접근의 용이성, 다양성 등이 선거관련정보의 다양성과 여과기능을 소셜(social)하게 형성할 수 있게 해줌으로써 정치적 공론장에서

---

63) 이것이 바로 위에서 언급한 온라인에서의 익명커뮤니케이션(anonymous communication online)을 보장하기 위해 제시한 4가지 원칙들 중의 하나인 '커뮤니티의 자율성 원칙'이다. 즉 "온라인커뮤니티에 대해서 익명커뮤니케이션의 이용에 관한 자신만의 고유한 정책이나 조건을 설정할 수 있게 허용되어야 한다"는 원칙이다(online communities should be allowed to set their own policies regarding the use of anonymous communication). 이것은 결국 개인이 실명으로 의사표현을 하든 익명으로 의사표현을 하든, 또한 게시판 등의 온라인커뮤니티를 운영하는 자가 실명제방식으로 그것을 운영하든 익명제방식으로 운영하든, 각 개별 주체에게 선택권을 보장해야 한다는 원칙을 의미한다.

64) 물론 이 경우 '객관적'으로 순화된 것인지 아니면 '주관적'으로 순화된 것인지에 대한 평가는 여기서 보류하겠다. 그리고 완전실명제를 채택하고 있는 인터넷언론사의 게시판이나 댓글들이 악플의 전형인 경우도 많다.

의 자정메커니즘이 작동할 수 있는 환경이나 구조를 마련해 주기 때문이고, 또한 정치적 공론장에서의 자정메커니즘이 제대로 작동하지 않을 때만 국가가 법적으로 개입하는 것이 타당하기 때문이다.

(4) 소위 UCC이용 선거운동방법의 처벌에 관한 제93조 제 1 항

현행 공직선거법 제93조 제 1 항과 이와 거의 유사한 취지의 내용을 담고 있던 조항들에 대해서 우리 헌법재판소는 줄곧 합헌결정을 선고해 왔다.[65] 그런데 2009년도에 인터넷상의 UCC에 대해서도 공직선거법 제93조 제 1 항의 '이와 유사한 것'에 해당한다고 판단하여 처벌하는 것이 위헌 여부와 관련하여서도 합헌결정이 내려졌다.[66] 그리고 위에서 살펴본 바와 같이 트위터와 같은 마이크로블로그도 공직선거법 제93조 제 1 항의 '이와 유사한 것'에 해당한다는 것이 중앙선거관리위원회의 유권해석이다.

공직선거법 제93조 제 1 항의 문제점을 분석하기 위해서는 그 입법목적부터 살펴보아야 할 것이다. 먼저 헌법재판소는 위의 합헌결정에서 공직선거법 제93조 제 1 항의 입법목적으로 "헌법 제116조 제 1 항의 선거운동 기회균등 보장의 원칙에 입각하여 선거운동의 부당한 경쟁 및 후보자들 간의 경제력 차이에 따른 불균형이라는 폐해를 막고, 선거의 평온과 공정을 해하는 결과의 발생을 방지"하는 데 있는 것으로 보고 있다.

그런데 위와 같은 입법목적에 비추어 볼 때, 공직선거법 제93조 제 1 항의 '이와 유사한 것'에 UCC와 트위터를 포함시켜 규제하는 것은 다음과 같은 점들에서 문제점이 발생할 수 있다.

첫째, 공직선거법 제82조의 4 제 1 항이 규정하고 있는 정보통신망을 이용한 선거운동 허용규정으로 인하여, UCC와 트위터 등 인터넷을 활용하는 경우에 한해서는 사실상 공직선거법 제93조 제 1 항이 무의미한 조항이 될 수 있다는 점이다. 특히 이러한 문제점은 현재의 선거운동개념을 전제로 하는 경우에 발생한다. 즉 '정보통신망을 통한 선거운동행위'와 '선거에 영향을 미치게 하기 위하여 정당 또는 후보자를 지지·추천하거나 반대하는 내용을 포함하거나 정당의 명칭 또는 후보자의 성명을 나타내는 UCC나 트위터 문자를 배포하는 행위'가 어떠한 차이가 있는가 하는 점이다. 사실상 차이가 없다고 해석한다면, 비록 공직선거법 제93조 제 1 항이 '선거일

65) 헌재 1995. 4. 20, 92헌바29; 헌재 2001. 8. 30, 99헌바92등(병합); 헌재 2001. 10. 25, 2000헌마193; 헌재 2001. 12. 20, 2000헌바96등(병합); 헌재 2002. 5. 30, 2001헌바58; 헌재 2006. 5. 25, 2005헌바15; 헌재 2007. 1. 17, 2004헌바82.

66) 헌재 2009. 7. 30, 2007헌마718, 공직선거법 제93조 제 1 항 위헌확인.

전 180일부터 선거일까지'로 금지기간을 설정하고 있지만, 공직선거법 제82조의 4 제 1 항과의 조화적인 해석을 고려하면, 공직선거법 제93조 제 1 항이 적용되는 기간은 '선거일전 180일부터 선거운동기간 개시 전일까지'가 된다.[67] 바로 여기서 문제가 발생한다. 즉 '정보통신망을 통한 선거운동행위'와 '선거에 영향을 미치게 하기 위하여 정당 또는 후보자를 지지·추천하거나 반대하는 내용을 포함하거나 정당의 명칭 또는 후보자의 성명을 나타내는 UCC나 트위터 문자를 배포하는 행위'가 어떠한 차이가 없다고 한다면, UCC나 트위터 등 인터넷을 활용한 정치적 의사표현에 한해서는 공직선거법 제93조 제 1 항 자체가 무의미한 조항이 되어 버린다는 것이다. 왜냐하면 공직선거법 제82조의 4 제 1 항만으로도 충분히 규율할 수 있기 때문이다. 더 나아가서 앞에서도 지적한 바 있지만, 오히려 공직선거법 제82조의 4 제 1 항으로 인하여 선거운동기간 이전에는 '그 기간에 상관없이' UCC나 트위터를 이용한 일반국민의 정치적 의사표현행위 내지 정치활동이 전면금지될 수도 있다.[68]

둘째, 설령 공직선거법 제93조 제 1 항이 나름대로 유의미하고 필요한 조항이라고 하더라도, 공직선거법 제93조 제 1 항의 '이와 유사한 것'에 UCC와 트위터를 포함시켜 규제하는 것이 타당하냐의 문제점이 제기된다. 이와 관련하여 주목을 요하는 것이 공직선거법 제93조 제 1 항의 입법목적인 '선거운동 기회균등 보장의 원칙에 입각하여 선거운동의 부당한 경쟁 및 후보자들 간의 경제력 차이에 따른 불균형 방지'이다. 이러한 입법목적은 다음 두 가지 차원에서 공직선거법 제93조 제 1 항의 규제방식과 조화될 수 없다.

① 공직선거법 제93조 제 1 항은 주체를 '누구든지'로 설정함으로써, 후보자나 정당뿐만 아니라 일반국민도 수범자로 상정하고 있다. 그런데 헌법재판소가 확정한

---

67) 2009년도의 2007헌마718결정에서 제시되었던 합헌의견도 바로 이 점을 인정하고 있다. "공직선거법 제82조의4 제 1 항은 선거운동을 할 수 있는 자가 선거운동기간 중에 정보통신망을 이용하여 인터넷 홈페이지 또는 그 게시판·대화방 등에 선거운동을 위한 내용의 정보를 게시하거나 전자우편을 전송하는 방법으로 선거운동을 하는 것을 허용하는바, 'UCC(이용자제작콘텐츠)'의 배포는 이미 상당한 범위에서 허용되어 있다. 결국 이 사건 법률조항에 의한 'UCC(이용자제작콘텐츠)'의 배포금지는 후보자나 후보자가 되고자 하는 자, 예비후보자에 해당하지 아니하는 일반 유권자 등이 선거운동기간 이전에 'UCC(이용자제작콘텐츠)'를 배포하는 것과 같은 일정범위 내에서 적용되는 바"(2007헌마718결정의 합헌의견).

68) 필자의 의견과 약간 다른 맥락이지만, 문제가 있는 선거 UCC를 개별적으로 선별하여 이러한 선거 UCC에 공직선거법 제82조의 4 제 2 항 및 제 3 항, 제82조의 5 제 1 항과 제 4 항 등 이미 정보통신망을 이용한 정보의 전송 등으로 인하여 발생할 폐해를 방지하기 위한 법적 조치와 공직선거법 제 8 조의 5 및 제 8 조의 6의 인터넷선거보도심의위원회제도 및 정정보도제도를 적용하여 UCC의 배포로 인한 폐해를 최소화시킬 수 있다는 점에서, 공직선거법 제93조 제 1 항에서 선거 관련 UCC의 배포를 일률적으로 금지하는 것은 최소침해의 원칙에 반한다는 견해도 존재한다. 이희훈, "공직선거법 제93조 제 1 항의 헌법재판소 2009. 7. 30, 2007헌마718 결정에 대한 평석 —UCC의 배포금지에 대한 비판을 중심으로—," 언론과 법 제 8 권 제 2 호, 한국언론법학회, 2009. 12, 393면.

입법목적의 달성을 위해서 가장 '적확한' 규제방식은 후보자나 정당에 의하여 이루어지는 탈법방법에 의한 선거운동만을 그 대상으로 해야 한다. 하지만 공직선거법 제93조 제 1 항은 모든 일반국민을 수범자로 설정함으로써, 그 입법목적에 비하여 규제대상범위가 과도하게 확장되어 있는 것이다.69) 이것은 초두에서 필자가 제시한 명제 중의 하나인 '후보자와 일반국민의 차별화명제'에도 부합하지 않는다고 할 것이다.

② 공직선거법 제93조 제 1 항의 입법목적이 타당하다면, 후보자들 간의 경제력 차이에 따른 불균형이 발생하지 않는 매체를 활용하는 경우에는 규제를 하는 것이 아니라 오히려 허용되고 장려되어야 하는 것이, 선거운동의 자유나 정치적 표현의 자유라는 관점에 부합한다. 따라서 여기서도 '매체특성론적 차별화명제'는 여전히 유의미하다. 즉 UCC나 트위터는 누구나 접근할 수 있고 손쉽게 활용할 수 있는 매체이다. 따라서 UCC나 트위터를 이용한 선거운동이나 정치적 의사표현에 있어서는 후보자들 간의 경제력 차이에 따른 불균형이 발생하지 않는다. 그렇다면 UCC나 트위터를 이용한 선거운동이나 정치적 의사표현을 '이와 유사한 것'에 포함시키는 것은 입법목적에 비하여 과도한 제한이라고 할 수밖에 없는 것이다.70)

결론적으로 필자는 공직선거법 제93조 제 1 항 자체가 선거운동의 자유와 정치적 표현의 자유에 대한 과도한 제한으로서 위헌성이 높다고 생각한다.71) 설령 보수

69) 유권자의 선거운동의 자유에 대한 실질적 보장이라는 맥락에서 UCC이용 선거운동방법의 처벌에 관한 2009년 합헌결정에 대한 비판으로는 고민수, "유권자의 선거운동의 자유에 대한 제한과 문제점 —「공직선거법」 제93조 제 1 항 위헌확인사건(2007헌마718)에 대한 헌법적 고찰—," 언론과 법 제 8 권 제 2 호, 한국언론법학회, 2009. 12, 29-48면 참조.

70) 2009년도의 2007헌마718 결정에서 제시되었던 4인의 위헌의견도 바로 이 부분을 지적하고 있다. "이용자제작콘텐츠(UCC)는 인터넷 홈페이지 등에 게시되거나 정보통신망을 통하여 배포됨으로써 한 번에 후보자에 대한 정보를 유권자에게 알릴 수 있고, 유권자 입장에서도 확인과 보관 및 그에 대한 의견교환이 용이하다는 점에서 편리한 선거운동 방법일 뿐 아니라 그 비용도 비교적 저렴하여 후보자의 경제력에 따른 불균형문제가 심각하지 않다. 또한, 현재와 같이 우리나라 유권자의 대부분이 인터넷을 사용하고 있으므로 이를 선거운동방법으로 허용한다 하여 후보자 간의 공정성을 해치지 않을 뿐 아니라, 이용자제작콘텐츠(UCC)의 성격상 선거의 평온을 깨뜨린다고 볼 수도 없다. 공직선거법이 사전선거운동 금지조항에도 불구하고 후보자는 물론 후보자가 되고자 하는 자는 선거운동기간 전이라도 자신이 개설한 인터넷 홈페이지를 이용하여 언제든지 선거운동을 할 수 있도록 하고(제59조 제 3 호), 예비후보자의 경우 전자우편을 이용하여 각종 정보를 전송할 수 있도록 규정하고 있는 것도(제60조의 3) 이와 같이 인터넷을 이용할 경우 경비가 절약되고 정보수용자의 선택 내지 수신자의 수신행위를 매개로 정보가 전달된다는 점에서 선거의 불공정성을 초래할 위험성이 다른 매체보다 적기 때문이라는 맥락에서 이해할 수 있다"(2007헌마718결정의 4인의 위헌의견).

71) 이러한 측면에서 필자는 2009년도의 2007헌마718결정에서 제시되었던 조대현 재판관의 위헌의견에 기본적으로 동의한다. "나는 이미 2004헌마217, 2004헌바82 사건 등에서 공직선거법 제93조 제 1 항 본문이 헌법에 위반된다는 의견을 표시하였다. 문서·도화 등을 이용한 선거운동은 후보자를 가장 정확하게 알리고 가장 정확하게 파악할 수 있는 선거운동방법이며 비용도 저렴하고 선거의 공정성을 해칠 위험도 적기 때문에, 정치적 표현의 자유로서 보장되어야 하고, 이를 금지하는 것은 선

적으로 생각한다고 하더라도, 최소한 UCC나 트위터를 이용한 선거운동이나 정치적 의사표현을 ‘이와 유사한 것’에 포함시키는 것은 과잉금지의 원칙에 반하고, 입법론적으로는 UCC나 트위터 등 인터넷을 활용한 정치적 의사표현은 전면적으로 허용되어야 한다고 생각한다.72)

Ⅳ. 나오는 말

선거영역은 매우 중요한 ‘정치적 공론장’이다. 정치적 공론장의 기본적인 철학적·이념적 기초는 ‘사상의 자유시장’을 그 이념으로 하는 정치적 표현의 자유라고 할 수 있다. 물론 정치적 공론장의 실패와 정치적 표현의 자유의 극대화를 어떻게 조화시킬 것인가는 쉬운 문제는 아니다. 하지만 이전보다는 성숙된 현재의 한국사회의 정치문화, 정치참여에 대한 국민의 욕구증대, 이러한 욕구증대를 충족시킬 수 있는 매체의 등장 등에 비추어 볼 때, 이제 공직선거법은 패러다임적 전환이 필요하다고 본다.

이러한 패러다임적 전환으로서, 선거에 직접적으로 참여하는 후보자나 정당에 대한 규제 및 후보자나 정당을 비판하는 일반국민에 대한 규제까지 포함하는 ‘포괄적 규제’에서 선거에 직접적으로 참여하는 후보자나 정당에 대해서만 규제하는 ‘제한적 규제’로 축소될 필요가 있고, ‘정부나 국가에 의한 직접적 규제’에서 ‘사회적·구성원상호간 규제’로 전환될 필요가 있다. 즉 정치적 공론장에 대한 규제는 일반국민들을 대상으로 하는 국가나 정부의 직접적인 규제방식보다는 정치적 공론장이나 사상의 자유시장에 참여하는 참여자들 상호간에 의한 규제방식으로 전환되어야 한다. 이것이야말로 정치적 공론장의 취지를 몰각시키지 않으면서도 정치적 표현의 자유를 극대화함과 동시에 정치적 공론장의 실패를 보완할 수 있는 보다 효율적이고 정당한 방법이라고 생각한다.

거운동의 자유를 정당한 사유도 없이 제한하는 것이다. UCC는 문자·언어·사진·동영상·음악·미술 등을 이용한 복합적 의사표현방법이지만, 그것을 이용한 선거운동도 문자·도화 등을 이용한 선거운동과 마찬가지로 금지할 이유가 없다고 생각한다. 따라서 UCC를 공직선거법 제93조 제1항 본문의 “기타 이와 유사한 것”에 해당된다고 보아 UCC를 이용한 선거운동을 금지하는 것은 헌법 제37조 제2항에 정해진 기본권 제한사유도 없이 선거운동의 자유를 제한하는 것이어서 헌법에 위반된다고 할 것이다”(2007헌마718 결정의 조대현 재판관의 위헌의견).

72) 공직선거법 제93조 제1항 자체가 필요하다면, 최소한 UCC나 트위터를 이용한 선거운동이나 정치적 의사표현을 ‘이와 유사한 것’에 포함시키지 않는 해석론이나 ‘이와 유사한 것’을 삭제하는 입법론을 고려할 수도 있을 것이다.

또한 이것은 공직선거법을 비롯한 각종 인터넷 규제정책이나 법제도가 '인터넷의 역기능을 줄이는 직접적인 규제'에서 '인터넷의 순기능을 강화하여 역기능을 줄여나가는 간접적인 규제'로 탈바꿈되어야 한다는 것을 의미한다. 이와 관련된 다음의 한 블로그 게시글을 소개하면서 이 글을 마치고자 한다.

> "흔히 트위터(twitter)를 소셜 네트워크 서비스라고 합니다. 그러나 트위터는 매체적으로는 단순히 140자를 나의 지인(실제 수만 명 수십만 명의 팔로워를 가진 경우는 네트워크 멱함수(power law)의 이론에 의해 소수이며, 다수는 수십에서 수백 명의 팔로워를 가집니다)에게 전송할 수 있는 문자서비스입니다. 우리나라에서는 트위터가 있기 이전부터 '그룹 문자 보내기' 또는 '무료 단문 서비스 보내기'가 존재해 왔습니다. 물론 최근 '네이버 미투데이'와 '다음 요즘'이 소셜 네트워크 서비스로 각광받고 있습니다. 이처럼 기술적으로 단문서비스를 여러 명에게 보내는 것은 딱히 어려운 것이 아닙니다. 그러나 트위터가 보여준 네트워크 시대의 이정표는 다른 곳에 있습니다. 사적 영역을 공적 영역으로 옮기는 시도를 할 때, 누가 어떻게 어떤 방식으로 욕설(abuse)을 통제하고 관리할 것인가에 대한 두려움과 염려를 해결하는 방식과 이해에 있습니다. … 우리 정치 현장에서 선거는 대립되는 권력이 치열하게 경쟁하는 공간으로 드러나 집니다. 따라서 시민의 참여는 'UCC의 방식이든 문자방송의 매체이든', 정치 정보의 다양성과 여과 기능을 소셜(social)하게 형성하여 우리나라 정치 문화를 한 단계 승격시킬 것입니다."[73)]

73) 강장묵, "트위터와 일상의 정치[제 1 편] : 좌/우의 경계에서 좌/우 사이의 충만한 연결고리로, 소셜 네트워크 서비스," http://blog.daum.net/openuser/11259138.

제103회 발표회 지정토론문

박 경 신*

Ⅰ. 발제자의 주장

발제자의 주장을 토론자의 입장에서 정리해보자면 다음과 같다.

	적용대상	적용범위	해 석
선거운동	선거운동을 하는 자(?)	제58조 "선거운동"이라 함은 당선되거나 되게 하거나 되지 못하게 하기 위한 행위 제59조 선거운동은 후보자등록마감일의 다음날부터 선거일전일까지에 한하여 이를 할 수 있다(예외 : 후보자의 자기 홈페이지 선거운동). 제82조의 4 선거운동기간 중에 정보통신망을 이용하여 선거운동을 할 수 있다.	① 당선 내지 득표(반대후보자의 낙선)에의 목적성, ② 그 목적성의 객관적 인식가능성, ③ 능동성 및 계획성을 제시한 적이 있다.[1]
정치활동에 대한 규제	누구든지	제93조 누구든지 선거일전 180일부터 선거일까지 선거에 영향을 미치게 하기 위하여 이 법의 규정에 의하지 아니하고는 정당 또는 후보자를 지지·추천하거나 반대하는 내용이 포함되어 있거나 정당의 명칭 또는 후보자의 성명을 나타내는 광고, 인사장, 벽보, 사진, 문서·도화, 인쇄물이나 녹음·녹화테이프 그 밖에 이와 유사한 것을 배부·첩부·살포·상영 또는 게시할 수 없다.	???

1. 국민과 선거운동원은 구별되어야 한다. 선거운동과 정치활동은 구분되어 정

* 고려대학교 법학전문대학원 교수.

1) "선거운동이라 함은 특정 후보자의 당선 내지 이를 위한 득표에 필요한 모든 행위 또는 특정 후보자의 낙선에 필요한 모든 행위 중 당선 또는 낙선을 위한 것이라는 목적의사가 객관적으로 인정될 수 있는 능동적, 계획적 행위를 말하는 것으로 풀이할 수 있다. 즉, 단순한 의견개진 등과 구별되는 가벌적 행위로서의 선거운동의 표지로 당선 내지 득표(반대후보자의 낙선)에의 목적성, 그 목적성의 객관적 인식가능성, 능동성 및 계획성이 요구된다 할 것이다"(헌재 1994. 7. 29, 93헌가4 등(병합)).

치활동은 허용되어야 한다. 그러나 아래와 같이 선거운동의 정의가 너무 폭넓게 되어 있어 정치활동 자체를 금지하고 있다. 뿐만 아니라 제93조는 선거일전 180일의 기간동안에는 선거운동여부에 관계없이 의도적인 후보자지지반대를 금지하고 있어 역시 정치활동을 금지하고 있다.

2. 커뮤니케이션 수단 자체들이 올바른 의미의 '선거의 공정성'을 유지할 수 있는 순기능을 가지고 있으므로 이것이 발휘될 수 있도록 국가가 내버려둬야 한다.

선거운동규제의 목적은 선거의 공정성이고, 선거의 공정성은 곧 선거운동에 있어서 '기회의 불균형성', '불투명성', '고비용성'의 제거를 의미하며, 선거운동을 위해 활용되는 매체에 대한 규제의 기준과 수준의 정도는 매체의 특성에 의해서 결정된다는 논리가 성립된다. 이것은 결국 당해 매체의 특성과 본질 그 자체가 '기회의 균형성, 투명성, 저비용성의 제고'라는 선거운동규제의 목적에 부합한다고 한다면, 당해 매체를 활용한 선거운동의 규제는 여타의 매체보다 '완화된 기준과 덜 엄격한 정도의 수준'으로 이루어져야 한다는 것을 의미한다. 만약 이러한 명제가 타당하다면, 결국 인터넷은 본질상 개방성, 상호작용성, 탈중앙통제성, 용이성, 정보의 다양성 등을 그 특성으로 갖고 있으므로, 인터넷을 활용한 선거운동의 규제는 여타의 매체를 활용한 선거운동의 규제보다는 '완화된 기준과 덜 엄격한 정도의 수준'으로 이루어져야 한다는 것을 의미한다.

Ⅱ. 질 문

1. 제82조와 제93조의 충돌 문제

발제자는 82조가 '정보통신망을 이용한 선거운동'을 선거기간에만 할 수 있도록 하고 93조가 '기타 유사한 방법'으로 '후보를 지지반대하는 행위'를 선거전 180일동안 금지하는데 기타 유사한 방법에 정보통신망이 들어가버리면 법률해석에 문제가 발생한다고 주장한다.

우선 선거운동이 의도적인 후보지지반대와 같은 것이라며 82조가 선거기간외에는 그러한 행위를 모두 금지함으로써 93조의 180일 제한이 의미가 없어지고, 선거운동이 의도적인 후보지지반대와 다른 것이라면 의도적인 후보지지반대가 선거운동보다 더 넓은 개념이 될텐데 93조의 선거전 180일기간에 선거기간이 들어 있어

82조의 조항의 '선거기간'의 의미가 없어져버린다. 결국 이러한 충돌은 '이와 유사한 것'에 정보통신망을 포함시키면서 발생한다고 보는 것이다.

토론자는 종국적으로는 이러한 문제제기에 동의하지만 논의과정을 수정하면 어떠할까 의견을 제시하고자 한다. 93조에는 도리어 '이 법에 의하지 아니하고는'이라는 예외조항이 있어서 82조를 통한 선거운동은 허용이 된다. 의도적인 후보지지반대와 선거운동이 같다면 180일 동안에는 이러한 행위들이 금지되지만 예외적으로 선거기간 동안에는 이러한 행위들이 허용된다고 해석하면 되는 것이다. 물론 82조가 이들 행위들을 선거기간 중에만 허용하고 있으므로 180일의 의미가 없어지는 문제가 발생한다. 결국 의도적인 후보지지반대와 선거운동은 다른 것이라고 볼 수밖에 없다. 그렇다면 의도적인 후보지지반대는 선거운동 보다 더 넓은 개념이 될 것이다. 의도적인 후보지지반대 중에서 더 의도적인 것이 선거운동이 될 것이다. 즉

180일전	180일부터 선거기간전	선거기간
모두 할 수 있음	의도적인 후보지지반대를 못함	선거운동을 할 수 있음
	82조는 선거운동금지에만 관한 것이고 후보지지반대 금지는 아니므로 180일기간은 의미가 있음.	93조에 대한 예외이므로 선거운동을 하기 위한 의도적인 후보지지반대는 허용됨

물론 선관위가 그렇게 다르게 해석하고 있는가 하면 실무에서는 그러하지 아니하다. 즉 180일부터 선거기간 전의 단속행위에 있어서도 '선거운동에 이르는가'를 기준으로 단속하고 있다. 이렇게 하는 것은 선관위 스스로가 93조 1항의 위헌성을 인식하고 스스로 93조의 개정의견을 국회에 제출한 바 있어 되도록이면 93조 1항에 의지하지 않고 단속을 하려는 것으로 보인다. 지난 2010년 2월 12월 트위터관련 발표에서도 82조 위반만을 거론하였을 뿐 93조에 대해서는 한마디도 언급하고 있지 않다.

발제자가 구성하였던 문제는 결국 발생하기는 한다. 즉 180일 동안에 선거운동에 이르지 않고 후보지지반대를 하는 사람들은 단속을 피할 수 있게 되고 그렇다면 실질적으로는 180일에 관계없이 후보지지반대는 계속해서 할 수 있게 된다. 실질적으로는 180일이 의미가 없어져버리는 것이다. 거꾸로 이미 선거운동이 너무 폭넓게 정의가 되어 있어서 이미 의도적인 후보지지반대행위와 구별이 되고 있지 않으면 선관위의 자료를 보아도 '선거운동에 이르는가'를 주로 다룰뿐 '의도적인 후보지지반대행위'인지를 구별하고 있지는 않다.

그런데 재미있는 것은 선관위는 180일 기간에 들기 전에는 적극적인 단속행위를 하고 있지 않는 것으로 보인다. 위의 법률체계의 부조화 문제가 위헌성의 문제로 전환이 되려면 180일 이전에 후보지지반대행위를 해놓고 82조 하에 '사전선거운동'으로 처벌받은 사람이 93조 하의 180일 기간을 들어 명확성의 원칙 위반을 거론하면 되겠지만 그러한 사건 자체가 발생하지 않는 것이다.

결국 법률체계의 부조화 문제가 어떻게 위헌성의 문제로 전환될 수 있을지에 대해서는 숙고가 필요하다.

2. '선거의 공정성'과 인터넷의 문제

발제자의 주장은 단순히 인터넷에 다른 매체와 똑같은 규제를 적용해서는 안 된다는 소극적인 주장을 넘어선다. 필자의 주장에 동의한다. 우선 선거비용에 대한 규제만 철저하다면 양적으로 더욱 많은 소통이 선거를 더욱 공정하게 할 것이다. 그리고 인터넷은 양적으로 더욱 많은 소통을 가능케 한다.

현행 선거법은 선거기간 동안에 후보자들의 자질에 대해 논의할 표현의 자유에 대해서만큼은 계엄령과 같은 효력을 가지고 있다. 그 근거는 "금력, 권력, 폭력, 학연, 지연, 혈연"에 의한 "과열"선거의 예방이라고 한다(헌법재판소 2001. 12. 20, 2000헌바96, 공직선거및선거부정방지법제90조등위헌소원).

그러나, "금력"에 의한 선거는 선거비용에 대한 철저한 규제를 통해 막을 수 있다. "권력"에 의한 선거는 공무원의 중립성을 요구하는 공무원법의 철저한 집행을 통해 막을 수 있다. "폭력"에 의한 선거는 폭력 자체가 불법이므로 경찰이 열심히 뛰면 예방할 수 있다.

학연, 지연 및 혈연"에 의한 선거는 도리어 현행 선거법에 의해 북돋아지고 있다. 선거운동의 절대량을 제한함으로써 도리어 이미 학연, 지연 및 혈연을 통해 많은 유권자를 확보하고 있는 기득권세력에게 유리한 것이다. 주류경제학이론에서도 광고의 양을 규제하면 할수록 이미 지명도를 획득하고 있는 대기업 및 기득권자가 시장경쟁에서 유리하다(N. Gregory Mankiw, Principles of Economics). 시장의 경쟁성(competitiveness)은 시장에서의 정확한 정보를 신속하게 교환할 수 있는 방법의 발전과 궤를 같이 한다. 정보교환의 양을 극대화하고 있는 인터넷이 대기업들에 도전할 수 있는 벤처기업들을 만들어 내었다. 물론 불필요하게 높은 광고비용이 소비자에게 전가되는 것을 우려하는 경제학자들도 있지만 이들의 우려는 선거에는 적용되지 않는다. 선거비용 자체가 규제되기 때문이다. 국민이 선거기간을 맞아 후보자들에 대해 자유롭게 의견을 교환할 수 있는 공간과 시간이 제한되면 제한될수록 학연 혈연 지연이 그대로 선거 결과로 반영되어 나타나게 된다〈토론자의 2010년 2월 19일 정동영 의원실 초청 토론회 발표문〉.

게다가 59조 3항의 문제가 있다.

서울북부지방법원 2004고합239 선고(2004. 7. 2)의 1심 판사들(박철(재판장), 고제성, 김양훈)은 제59조는 후보자는 어느때고 자신이 개설한 홈페이지를 통해 선거운동을 하도록 허용하고 있음을 언급한 후, 다음과 같이 논리를 전개한다.

> "무릇 법 앞에 만인은 평등하다. 차등을 정당화할 만한 합리적 이유가 없는 인종, 성별, 나이, 사상에 불구하고 모든 국민은 동등하게 법의 보호를 받아야 한다는 평등의 원칙은 이 나라의 자유민주적 기본질서의 근간을 이루는 것이고, 이 법원을 포함한 사법시스템이 추구하여야 할 이상이다 … 공직선거법 제93조 제1항을 해석 적용함에 있어서, 후보자와 정치인의 홈페이지 게시판에 당해 후보자를 지지하는 글을 표현하는 행위와 반대하는 글을 표현하는 행위에 대하여 양자 모두 위 규정이 금지하고 있다고 해석하거나 허용하고 있다고 해석하는 것만이 허용되고, 양자 중 하나는 허용되고 하나는 금지된다는 해석은 … 타당하지 않을 것이다.
>
> … [중략] …
>
> 따라서 후보자의 홈페이지 게시판에 국민이 그 후보자를 지지 또는 반대하는 내용의 문서를 게시하였다는 것만으로는, … <u>공직선거법 제93조 제1항에 금지하고 있는 탈법방법에 의한 문서게시 등의 선거운동이라고 할 수 없으며</u>, 위 규정 또한 이러한 후보자의 홈페이지를 통한 공개토론 자체를 금지하기 위한 의도로 입법한 것이라고 보이지 않는다. 만에 하나 이를 금지한 것이라고 본다면 이는 국민의 자유로운 정치적 의견개진의 권리를 정당한 이유없이 과도하게 제한한 위헌성을 피하기 어려울 것이다."

법 제59조 제3항은 후보자가 인터넷을 통해 선거운동을 하는 것은 언제라도 허용하고 있다. 어떤 후보가 선거운동하면서 자신을 비판하는 글을 올리겠는가. 온-오프라인을 통틀어 후보비판은 불가능하니 선거 전체가 '직업정치인들, 그들만의 잔치'가 되어 버린다. 후보 자신들의 홍보는 허용하면서 이들에 대한 비판은 금지하는 것은 지지비판을 모두 금지하는 것보다 훨씬 더 공정한 선거를 저해한다〈토론자의 한겨레 2010년 3월 2일 칼럼〉.

그러나 소극적인 주장 자체에 아직 해결되지 않는 문제가 있는데 바로 '알바고용'의 문제이다.

2009년도의 2007헌마718 결정에서 제시되었던 4인의 위헌의견도 바로 이 부분을 지적하고 있다. "이용자제작콘텐츠(UCC)는 인터넷 홈페이지 등에 게시되거나 정보통신망을 통하여 배포됨으로써 한 번에 후보자에 대한 정보를 유권자에게 알릴 수 있고, 유권자 입장에서도 확인과 보관 및 그에 대한 의견교환이 용이하다는 점에서 편리한 선거운동 방법일 뿐 아니라 그 비용도 비교적 저렴하여 후보자의 경제력에 따른 불균형문제가 심각하지 않다. 또한, 현재와 같이 우리나라 유권자의 대부분이 인터넷을 사용하고 있으므로 이를 선거운동방법으로 허용한다 하여 후보자 간의 공정성을 해치지 않을 뿐 아니라, 이용자제작콘텐츠(UCC)의 성격상 선거의 평온을 깨뜨린다고 볼 수도 없다〈발제문 각주 70번〉.

과연 후보자의 경제력에 따른 불균형 문제가 심각하지 않을까?

그리고 발제자는 "공직선거법 제93조 제 1 항에서의 '이와 유사한 것'에는 인터넷상의 커뮤니케이션수단들이 해당되지 않는다고 해석하는 방안일 것이다. 하지만 이 방안이 근본적인 처방이 될 수 없다고 본다"고 하고 있는데 무슨 의미인지 우선 밝혀주었으면 한다.

3. 트위터가 과연 '배포'인가?

인터넷매체도 다양하며 매체에 따라 별도의 접근이 필요하지 않을지. 예를 들어 트위터의 경우 과연 '배포'라고 볼 수 있을까? 팔로우를 하겠다는 사람을 거부할 수는 있지만 팔로우는 동의를 받고 이행되는 것은 아니다. 그렇다면 트위터 사용자는 자신의 일기장에 쓰고 싶은 글을 쓰면 보고싶은 타인들이 와서 보는 것인데 이를 과연 배포라고 볼 수 있을지. 머릿속으로 생각한 내용을 브레인스캔을 통해 취재해 가는 것과 더 비슷하다고 볼 수 있지 않을까.

4. 익명성에 대한 이해

"익명성은 도덕적으로 중립적이다(anonymous communication online is morally neutral)"는 말의 의미를 익명성이 보장되면 더욱 자유롭게 반론을 제기할 수 있다는 의미는 아닐지.

5. 책임인가 실명인가[2)]

도리어 실명제를 전혀 사용하지 않는 미국의 웹사이트를 보면 욕설이 많이 보

2) 이와 비슷한 주장으로 Bruce Schneier, "Anonymity Won't Kill the Internet," 2006년 1월 12일, Wired News. 〈http://www.schneier.com/essay-104.html〉 2009년 6월 19일 방문.

이지 않는데 왜 그럴까. 이용자의 분신인 사이버인격에 책임을 지도록 하기 때문이다. 즉 익명제 하에서도 게시물은 특정 아이디와 결부되어 올려지는데 사이버 상의 언행에 대해서는 그 아이디가 대표하는 사이버인격이 책임을 지게 할 수 있다. eBay를 보면 잘 알 수 있다. eBay에 물건을 사고 팔기위해 실명을 쓰지 않는다. 각 아이디를 통해 이루어진 거래내역에 대해 신뢰성에 대한 등급이 매겨진다.

그리고 그 등급은 eBay의 다른 사용자들에 의해 투표로 매겨지는데 중요한 것은 이와 같은 소비자들의 평가 역시 익명으로 이루어진다는 점이다. 이렇게 되면 등급이 낮은 아이디와는 소비자들이 거래를 피하게 된다. 실명제 없이도 사이버인격에게 거래에 대한 책임을 지우는 것으로 실제인물에 책임을 지우게 되는 것이다. 물론 이와 같은 시스템이 우리나라 상황에서 욕설을 막는데 그대로 이용될 수는 없을 것이다. 그러나 중요한 것은 확실하다. 욕설을 줄이는 방법은 욕을 한 사이버인격의 실명을 아는 것이 아니라 그 욕설에 대해 책임을 사이버인격에 지우는 것이다. 그리고 그 책임을 사이버인격에 가장 빨리 효과적으로 지우는 길은 다른 네티즌들이 자유롭게 논평을 할 수 있도록 하는 것이고 이를 위해서는 익명성이 필수불가결하다 〈박경신, 헌법학연구 제15권 제 3 호(2009. 9), 32쪽〉.

6. 영장주의의 침해

제82조의 6(인터넷언론사 게시판 · 대화방 등의 실명확인) …
③ 행정안전부장관 및 신용정보업자는 제 1 항 및 제 2 항의 규정에 따라 제공한 실명인증자료를 실명인증을 받은 자 및 인터넷홈페이지별로 관리하여야 하며, 중앙선거관리위원회가 그 실명인증자료의 제출을 요구하는 경우에는 지체 없이 이에 따라야 한다〈개정 2008. 2. 29〉.

위 내용은 영장주의의 침해가 아닐지. 정보통신망법상의 실명제에도 비슷한 규정이 있고 다음과 같이 그 위헌성이 논의될 수 있다.

Ⅲ. 헌법 제12조 제 3 항 영장주의의 침해[3)] — 전기통신사업법 제54조 제 3 항

우리나라의 수사기관들은 위의 제한적 본인확인제에 의해 취득된 개인식별정보를 현재 영장이나 일체의 사법적 통제 없이 취득하고 있다.[4)] 이 절차는 수사기관이 인터넷에 공개된 게시물들 중에서 범죄와 연관된 것으로 보이는 게시물이 있을 경우 그 게시물의 작성자가 누구인지 신원을 확인하기 위해 광범위하게 이용되고 있다. 이용자가 글, 그림 등을 게시하기 위해서는 자신의 주민등록번호와 실명을 입력하도록 되어 있고 게시판서비스제공자가 이를 보관하고 있다가 수사기관이 전기통신사업법 제54조상의 요청을 하게 되면 영장이나 일체의 법원허가가 사전 사후적으로 전혀 없어도 포털측은 정보를 제공하고 있는 것이다.

이는 영장주의에 대한 심각한 침해이다. 프라이버시는 프라이버시 주체의 신원도 포함된다. 그것은 특정 행위나 통신내용이 공개되어 있다고 할지라도 마찬가지이다. 이것은 모두에게 공개되어 있는 공공장소를 걸어다니는 사람도 국가기관이 그 사람의 신원을 확인하기 위해서는 영장을 받거나 경찰관직무집행법이나 주민등록법에 따른 절차를 밟아야 하는 것과 마찬가지의 이치이다. 왜냐하면 신원을 확인하기 위한 신분증도 본인이 자발적으로 제출하지 않는 한 자신의 프라이버시에 해당되기 때문이다. 즉 제한적 본인확인제를 통해 자신의 주민등록번호와 실명을 게시판서비

---

3) 헌법 제12조 제 3 항 체포·구속·압수 또는 수색을 할 때에는 적법한 절차에 따라 검사의 신청에 의하여 법관이 발부한 영장을 제시하여야 한다.

4) 전기통신사업법 제54조(통신비밀의 보호) ① 누구든지 전기통신사업자가 취급중에 있는 통신의 비밀을 침해하거나 누설하여서는 아니된다.

② 전기통신업무에 종사하는 자 또는 종사하였던 자는 그 재직중에 통신에 관하여 알게 된 타인의 비밀을 누설하여서는 아니된다.

③ 전기통신사업자는 법원, 검사 또는 수사관서의 장(군 수사기관의 장, 국세청장 및 지방국세청장을 포함한다. 이하 같다), 정보수사기관의 장으로부터 재판, 수사(「조세범처벌법」 제11조의 2 제 1 항, 제 4 항 및 제 5 항의 범죄 중 전화, 인터넷 등을 이용한 범칙사건의 조사를 포함한다), 형의 집행 또는 국가안전보장에 대한 위해를 방지하기 위한 정보수집을 위하여 다음 각호의 자료의 열람이나 제출(이하 "통신자료제공"이라 한다)을 요청받은 때에 이에 응할 수 있다〈개정 2002. 12. 26, 2007. 1. 3〉.

1. 이용자의 성명
2. 이용자의 주민등록번호
3. 이용자의 주소
4. 이용자의 전화번호
5. 아이디(컴퓨터시스템이나 통신망의 정당한 이용자를 식별하기 위한 이용자 식별부호를 말한다)
6. 이용자의 가입 또는 해지 일자

〈이하생략〉

스제공자에게 위탁할 때는 이 정보는 위탁자의 개인정보이며 이를 취득하기 위해서는 영장이 필요한 것이다〈박경신, 헌법학연구 제15권 제 3 호(2009. 9), 33쪽〉.

第103回 발표회 지정토론문

윤 석 근*

Ⅰ. 인터넷을 이용한 선거운동 가능 범위

할 수 있는 행위

◎ 언제든지

▸ 후보자, 후보자가 되고자 하는 자가 자신이 개설한 인터넷 홈페이지를 이용하여 선거운동을 하는 경우(§59)

▸ 선거에 관한 단순한 의견개진 및 의사표시를 하는 행위(§58 ①1.)

▸ 정당의 후보자 추천에 관한 단순한 지지·반대의 의견개진 및 의사표시(§58 ①3.)

◎ 예비후보자 등록 후

▸ 예비후보자가 전자우편을 이용하여 문자·음성·화상 또는 동영상 기타의 정보를 전송하는 행위(§60의 3 ①3.)

▸ 예비후보자가 「공직선거법」규정에 의한 “선거운동정보”임을 명시하여 자신의 팔로워에게 선거와 관련한 지지·반대 등 선거운동내용을 전송하는 행위(§60의 3 ①3. 및 §82의 5 ②)

◎ 선거운동기간 중

▸ 후보자가 인터넷언론사의 인터넷 홈페이지에 선거운동을 위한 광고를 하는 행위(§82의 7 ①)

▸ 선거운동을 할 수 있는 자가 자신의 트위터 계정을 통하여 선거운동을 하거나 「공직선거법」 규정에 의한 “선거운동정보”임을 명시하여 자신의 팔로워에게 선거와 관련한 지지·반대 등 선거운동내용을 전송하는 행위(§82의 5 ②)

▸ 타인이 보낸 “선거운동정보”를 받은 팔로어가 자신의 또다른 팔로워에게 후

* 중앙선거관리위원회 법제과장.

보자의 "선거운동정보"를 돌려보기(RT : Retweet) 하는 행위(§ 82의4)

할 수 없는 행위

◎ 언제든지

▸ 누구든지 입후보예정자 및 그의 가족을 비방하거나 허위사실을 공표하는 행위(§ 250 · § 251)

▸ 선거운동기간이 아닌 때의 선거운동(§ 254)

※ 입후보예정자의 자신의 인터넷 홈페이지를 이용한 선거운동, 예비후보자의 전자우편 발송 가능

◎ 선거운동기간 중

▸ 선거운동 할 수 없는 자의 선거운동(§ 60)

◎ 선거일

▸ 누구든지 정당 또는 후보자 지지 · 반대 등 선거운동 내용 게시행위(§ 254)

▸ 정당 또는 후보자 등이 투표를 독려하는 내용 게시행위(§ 254)

Ⅱ. 단순한 의사표시와 선거운동 구분이 가능한가?

1. 헌법재판소의 입장

◎ 헌법재판소와 대법원의 입장에 따르면 선거운동은 ① 특정한 선거에서 ② 특정한 후보자를 위하여 ③ 당선 또는 낙선을 목적으로 하는(목적성) ④ 능동적이고(능동성) ⑤ 계획적인(계획성) 행위라고 할 수 있음.

◎ 헌법재판소는 "당선되거나 되게 하거나 되지 못하게 하기 위한 행위"와 "단순한 의견개진"이 애매하고 불명확한 요소가 있고, 광범위한 해석의 여지가 없지 않지만 당선 내지 득표에의 목적성, 그 목적의 인식 가능성, 능동성 및 계획성을 기준으로 판단하면 둘을 구분할 수 있기 때문에 죄형법정주의의 명확성의 원칙에 위배되지 않는다고 함.

2. 선관위가 사전선거운동으로 본 사례('10. 4. 13. 삭제요청)

(1) 특정 후보자가 당선되어야 하는 이유

안상수 님이 인천시장이 되어야 하는 분명한 이유

6. 2 지방선거 이제 50일 밖에 남지 않았다. 지금 현재 여권은 안상수 한나라당 인천시장을 확정하고 표밭가꾸기에 들어갔으나, 야권은 송영길의 출마로 민주당은 송영길과 유필우 두 사람의 대결로 압축되어 4월 24일 경선을 통해 인천시장 후보를 경선할 예정인 게다.

민주당이야 관심이 없으니 그냥 넘어 가는 것으로 하고, 한나라당 후보로 확정받은 안상수 시장은 익히 알려진 대로 참 도시경영이라 불러도 전혀 손색이 없는 명품인천국제도시 창출이 선구자이다.

안상수!

이제 2선고지를 넘어 수도권에서 유일하게 3선고지에 과연 득점할 것인가? 귀추가 주목되는 가운데 본인은 안상수 시장의 3선은 무난할 것으로 예상된다.

안상수가 인천시장이 되어야 함은 물론, 그가 당선이 될 이유를 보면,

첫째,

그의 고향을 향한 진솔한 향수심으로 정성스럽게 챙겨온 노하우란 몫이 바로 승리의 밑그림을 그리는데 크게 기여한다는 것이다. 그 밑바닥엔 이곳 인천은 국제명품신도시로 새롭게 발돋음하는 곳으로서 인천지역에 충청도 인구가 전체의 30%를 차지하고 있는 것으로 그의 충청표심의 향배는 당락에 지대한 영향력을 행사할 것이라 자부한다.

둘째,

인천광역시 전체가 어디에 무엇이 들어가야 하며 어디에 뭐가 있는지 속속들이 꿰차고 있는 그의 인천을 위한 미래지향적 비젼이 바로 정립되어 있는 유일한 인물이란 것이다. 다시 말하면, 그의 인천발전을 위한 풍부한 8년간의 시정 경험과 인천경제자유구역 1단계 사업 성공, 인천대교 개통 등 지역 발전 공헌은 물론, 신도시에 세계 유수 대학 유치 및 기업의 투자를 이끌어 내었고, 심지언 수도권의 대학을 인천에 유치시키는 등 그가 벌여 놓은 광대한 프로젝트에 의한 사업은 그가 아니고선 그 누구도 이 일을 해결할 사람이 없다는 인천시 발전을 위한 대안부재론이 바로 그의 당선을 확실시 한다는 것이다 … (이하 생략).

(2) 선거운동 권유

우리 자발적으로 선거운동 합시다

자 이제 우리의 서울시청 광장을 되찾아 줄 분이 오실겁니다. 그분을 위해서 우리 모든 것을 떠나서 팍팍 밀어줍시다. 총리를 지내 신 분이 그것도 일개 시장을 하시겠다고 나섰으니 서울을 위해서 또 민주주의를 위해서 그분을 시장에 당선시켜야 합니다.

한사람 이 한사람 설득운동을 합시다. 예전에 해방 이후 공산당이 기하급수적으로 늘어났는지 아세요 바로 점조직이었습니다. 물론 공산당은 나쁘지만 그들이 써먹은 점조직은 대단한 것이었어요 바로 일대일로 사람을 설득하는 겁니다. 자 아고라 여러분 한명숙 총리를 서 울시청의 수장으로 임명합시다. 우리 자발적으로 나서서 그분이 우리에게 광장을 돌려줄 겁니다. 그러니 기대들 가지시고 팍팍 밀어 줍시다. 한명숙 총리가 서울시장이 되는 길 만이 이나라 민주주의가 살아나는 길입니다. (이하 생략)

(3) 특정 입후보예정자 반대

개이름을 한맹숙으로 지어주니까……

개가 이상해졌어요.

1. 국산사료를 안먹습니다. 딸라주고 사온 미제사료만 먹어요 … 이거 미친거 아냐????
2. 사료를 먹고나서도 안 먹은 척해요.
3. 아무리 물어도 딴데만 쳐다봅니다. 못들은 척해요.
4. 사료를 의자위에 올려놓으면, 쥐도 새도 모르게 잽싸게 쳐먹고는 안먹은 척합니다. 개새끼가 돌아버렸나 봅니다. 광견병인가??? 돌아오는 복날을 기대해 봅니다. ㅋㅋㅋㅋㅋㅋㅋㅋㅋㅋㅋㅋㅋ

(4) 계속적인 유포

★ 나경원 의원님은 대한민국의 희망…ㅎ

대한민국의 보석중의 으뜸인 알흠다운 다이아몬드…
대한민국의 한줄기 빛…
대한민국의 이상…
대한민국의 민주주의 대명사…
대한민국의 도덕성의 대명사…
대한민국의 상징…
대한민국의 대표…
대한민국의 주어…

인정하시죠?^^ㅎㅎ

3. 쟁 점

◎ 실무에서 위법여부 판단에 어려움은 없는가?

◎ 계속성 · 반복성이 위법의 판단 요소인가? 그렇다면 그 기준은?

◎ 최근의 트위터와 관련한 쟁점들

Ⅲ. 사이버 선거법위반행위 조치 현황

◎ 2004년 제17대 국회의원선거 이후 4차례 실시된 선거별 사이버 선거법위반행위 적발·조치현황을 살펴보면, 위반건수는 대통령선거가 가장 많고 다음은 국회의원선거, 지방선거 순으로 나타나고 있어 선거의 비중과 위반건수는 어느 정도 비례관계에 있다고 볼 수 있음.

◎ 위반행위유형도 사전선거운동이 차지하는 비율이 높고, 비방·허위사실공표의 경우 제17대 국선(37%), 제 4 회 지방선거(18%), 제17대 대선(7%), 제18대 국선(5%) 등으로 선거가 거듭될수록 점차 낮아지는 경향을 보이고 있다.

≪2004년 이후 선거별 사이버선거법위반행위 유형별 조치현황≫ (단위 : 건수)

선거별	위반유형	총계	조치						삭제요청
			소계	고발	수사의뢰	경고	주의	이첩	
제18대 국 선 (08. 4. 9)	계	10,623	42	3	6	28	2	3	10,581
	사전선거운동	9,475	7		2	22	2	1	9,448
	비방·허위사실	600	9	2	4	1		2	591
	기 타	548	6	1		5			542
제17대 대 선 (07. 12. 19)	계	87,812	59	7	29	23			87,753
	사전선거운동	76,277	24	2	5	17			76,253
	비방·허위사실	6,752	30	4	24	2			6,722
	기 타	4,783	5	1		4			4,778
제 4 회 지 선 (06. 5. 31)	계	6,831	110	9	21	56	19	5	6,721
	사전선거운동	4,814	61	3	4	37	17	0	4,753
	비방·허위사실	1,248	23	4	11	2	2	4	1,225
	기 타	769	26	2	6	17		1	743
제17대 국 선 (04. 4. 15)	계	13,209	303	13	58	106	114	12	12,906
	사전선거운동	7,171	72	5	15	67	84	1	6,999
	비방·허위사실	4,972	90	6	42	15	17	10	4,882
	기 타	1,066	41	2	1	24	13	1	1,025

◎ 이번 지방선거와 관련해서는 현재까지 총 6,604건을 적발하여, 1건을 고발하고 15건에 대하여는 경고조치하였으며, 나머지 6,588여건에 대해서는 삭

제요청 하였는바, 위반행위 유형별로는 사전선거운동 395건, 비방·허위사실 공표 437건, 기타 5,756건이며, 트위터 등 SNS를 이용한 전송물은 현재까지 8건을 조치하였으며, 모두 여론조사 결과공표제한 규정 위반 사례였다.

Ⅳ. 선거법 개정 전망

◎ 선거관리위원회는 인터넷상에서의 국민의 정치적 의사표현의 자유와 선거운동의 자유를 확대하기 위하여 2003년, 2005년, 2006년 및 2008년에 각각 관련 개정의견을 국회에 제출하는 등 인터넷을 이용한 선거운동은 기간제한 없이 허용하는 입장을 제시하였음.

◎ 국회논의 과정에서는 정치적 표현의 자유 확대 등 긍정적 측면이 있다고 하면서도 비방·흑색선전물의 유통 등 폐해를 우려하여 인터넷 사전선거운동을 허용하지 아니하였음.

◎ 인터넷 비방 및 명예훼손사건이 빈발하는 상황에서 사후적 조치와 구제로는 실효성을 확보하기 어렵기 때문임.

덧붙임 : 인터넷 선거운동 관련 판례

[덧붙임]

인터넷 선거운동 관련 판례

사례 I 자신의 블로그에 선거관련기사를 그대로 복사·게시 가능[1)]

자동차영업사원 A씨는 제17대 대통령선거와 관련하여 '07. 9. 13. "오마이뉴스"에 있는 "대통령 자질 의심케 하는 △△△ 후보의 성매매 발언"이라는 제목의 '고▲▲ 칼럼' 기사를 퍼와 자신의 블로그[2)]에 이를 게재하는 등 '07. 11. 19.까지 모두 12회에 걸쳐 △△△ 후보를 반대하는 내용의 글을 게시하였음.

[게시물의 일부내용]

이○○ △△당 대통령 후보가 지난 8월 28일 서울 시내 한 중국음식점에서 주요 중앙일간지 편집국장 10명 가량과 저녁식사를 하는 도중 '여성'에 관한 부적절한 비유를 한 것으로 알려지고 있다. 이○○ 후보는 이 자리에서 '특수 서비스업'에 종사하는 여성을 선택하는 방법에 대한 '인생의 지혜'로써 '현지에서 가장 오래 근무한 선배는 마사지 걸들이 있는 곳을 갈 경우 얼굴이 덜 예쁜 여자를 고른다더라. 왜 그럴까 생각했는데 얼굴이 예쁜 여자는 이미 많은 남자들이 … (일부 생략) 그러나 얼굴이 덜 예쁜 여자들은 서비스도 좋고 … (일부생략)'식의 이야기를 했다고 한다.
－후 략－

[게시물의 내용 및 특징]

순번	내 용	특 징
1	이○○ 후보의 '성매매 발언' 관련	이○○ 후보의 발언을 들은 언론사 편집국장들이 왔 그 사실을 기사화하지 않느냐는 비판이 주된 취지
2	〃	왜곡된 보도라는 이○○ 후보측의 반박이 함께 실림
3	경부운하 정책 관련	운하 정책이 계속 바뀌고 있으므로 현장조사 후 정책내용을 확정하라는 주장

1) 서울고법 2008노726.
2) 블로그란 웹로그(Weblog=Web+Log)의 줄임말로 인터넷 공간에 자신의 경험, 일상 등을 기록하는 사적인 기록공간의 의미로 시작되었으나, 현재 그 운영형태가 주위 사람들과의 친목을 도모하고 인맥을 관리하는 정도의 지극히 개인적인 형태에서부터, 불특정 다수에게 자신의 의견이나 지식을 적극적으로 전달하는 '1인 미디어'의 형태에 이르기까지 매우 다양함.

4	이○○ 후보의 공약 남발	이○○ 후보를 유력한 대통령 후보로 인정하고, 깊이 있는 공약을 내세울 것을 요구
5	김△△의 귀국 관련 내용	김△△ 귀국과 관련된 한나라당의 이중적 태도 지적, 한나라당의 해명을 함께 적음
6	BBK 사건의 쟁점 포인트 2가지	BBK 사건과 관련하여 주목해야 할 점을 정리, ▲▲당의 반박내용도 함께 실림.
7	이○○ 후보가 MAF 회장설 질문에 제대로 답하지 않은 것과 맞춤법을 틀린 내용	이○○ 후보측의 해명이 함께 실림
8	이○○ 후보의 경제정책에 대한 전반적인 비판	이○○ 후보의 정책이 경제를 더 어렵게 할 것이라는 취지
9	김△△의 횡령액이 이○○ 후보의 LKE 뱅크계좌로 입금됐다는 내용	이○○ 후보측의 반박도 함께 실림
10	이○○의 지지도가 떨어지고 있다는 내용	각 언론사의 여론조사 결과 적시

[법원이 위반이 아니라고 판단한 이유]

➢ A씨의 지위, 블로그의 평소 운영방식, 이 사건 글의 게시 경위와 내용 및 글은 모두 A씨 스스로 작성한 것이 아니라 모두 인터넷신문 등에 게시된 기사나 칼럼 등을 스크랩하여 자신의 블로그로 옮긴 것이고, 그 내용 중 일부는 △△△ 후보측의 반박도 포함되어 있는 점 등에 의하면 A씨는 이 사건 당시 △△△ 후보에 대하여 부정적인 내용의 기사나 칼럼이외에도 제17대 대통령선거에서 후보자로 출마할 가능성이 있던 ▲▲▲ 외 3인에 대한 기사 등도 자신의 블로그에 게시하였고,

➢ 또한 △△△ 후보가 발표한 교육공약의 비판에 대한 <u>○○당측의 반박 내용의 기사와 함께 △△△ 후보의 동정을 보도한 기사 등도 게재한 사실이 인정되는 점 등을 종합하여 고려</u>하면, A씨에게 '선거에 영향을 미치게 할 목적' 내지는 '특정인을 당선 또는 낙선시키려는 목적의지'가 객관적으로 드러난 것이라고 볼 수 없음.

[블로그에 게시된 선거관련 게시물의 위법여부 판단]

➢ 블로그가 1인 미디어의 형태로 사용되는 측면이 있으므로 개인 블로그에 게시되었다는 사정만으로 '선거에 영향을 미치게 할 목적' 내지 '특정인을 당선 또는 낙선하려는 목적의지'가 없다고 단정할 수는 없음.

➢ 그러나 블로그 운영자가 개인적인 일상, 취미, 관심사 등을 기록 및 수집하는 것을 목적으로 블로그를 운영해 왔고, 그 관심사의 하나로서 정치 · 선거관련 글을 기록 또는 수집하여 게시한 경우로서, 그러한 게시가 피고인이 일상적으로 해 오던 블로그 운영의 틀 내에 있다면 그러한 행위에 대하여까지 위와 같은 목적 내지 목적의지가 있는 것으로는 보기 어려울 것임.

➢ 결국 선거에 영향을 주려는 의사 내지 특정인의 당선 또는 낙선을 위한 목적의지가 있는 행위인지 아니면 블로그의 일상적인 운영의 틀 내의 행위인지 여부를 판단함에 있어서는, 블로그의 개설 경위, 전체적인 취지, 구성, 게시된 글의 내용, 글의 출처, 이용자와의 상호 작용성, 운영자의 지위 등을 종합적으로 고려하여야 함.

사례 II 개인블로그에 특정 후보자를 반대하는 글을 게시하는 행위[3)]

A씨는 2007. 10. 30.부터 11. 11.경까지 자신의 개인블로그에 특정 후보자를 반대하는 글을 다음과 같이 총 5회에 걸쳐 게시한바, 이는 법 제255조 제2항에 위반됨(선고유예).

① **제목 : 나○○ 의원님 맞을래요?**(게시일자 : 2007. 11. 11)

[관련기사 : 한나라 "○○○아들은 상근직원, 딸은 비상근직원." …] 위장전입은 자식 탓 … 천만 원 짜리 핸드백은 사위 탓 … 차라리 늘 하던 대로 능력 없는 아들 딸 놈이 돈이 궁하다고 해 자식을 사랑하는 마음에서 이런 불법을 행하게 됐다 그렇게 이해해 달라라고 하지 자신의 영위를 위해 가족까지 팔아넘긴 것이 한 두 번이 아니 잖은가 ….

② **제목 : ○○○이 나오든 ○○○이 나오든…**(게시일자 : 2007. 10. 30)

뭐~ 아무튼 좋다. ○○○도 좋고 ○○○도 좋고 다 좋으니 … 제발 이 인간만 내 눈앞에서 사라지게 해달라. 보기만 해도 역겨운 인간 … 인간이 얼마나 부패할 수 있는지 … 더럽고 치졸할 수 있는지 보여주는 인간(Extreme Dirt Mr, Lee~!!라는 문구라 기재된 ○○○사진 삽입)! 그냥 장난이 아니고 하나은행 보고서까지 나오는 상황에 뻔뻔함을 유지하는 것이 너무 역겨워 … 정말 토할 것 같어.

③ **제목 : ○○○의 뇌구조가 궁금하다**(게시일자 : 2007. 10. 19.)

와~ ○○○씨가 숨겨진 여자가 있었구나 많이 알려야 겠네요^^ 그동안 말도 못하고 이거 도덕성에 치명적이네~! 좋은 정보 감사~ 이렇게 댓글을 남기는 것으로 만족하기로. … 도대체 어떤 생각들이 있길래, 이런 식의 홍보 전략을 세누는지 … 이해가 되지 않는다. 하기사, 그쪽 사람들에게 상식적인 것을 기대한다는 것이 넌센스다. … 그 머리에 멀 바라겠는가.

④ **제목 : 일해공원 묻지마! 곤란해**(게시일자 : 2007. 10. 19)

여성관 : 못생긴 여자가 서비스가 좋다, 복지관 : 애를 낳아본 여자만 보육에 대해 말할 수 있다, 불구로 태어나느니 낙태하는 것이 좋다. —중 략— 노동관 : 교수들이 노조라니? 음악가들이 노조라니? 바이올린 줄이 금속으로 만들어져서 금속노조에 가입했나 봅니다. * 직업에 자부심이 있으면 노조에 가입 안 한다는 희한한 이론을 만들었죠^^, 교육관 : 국어나 국사를 영어로 가르치면 사교육비를 줄일 수 있다. * 댓글 달아주시면 추가합니다^^ —생 략—

3) 서울남부지법 2008고합7.

⑤ **제목 : 아 ○○○ 해도 너무한다**(게시일자 : 2007. 10. 19.)

김유찬 씨 위증교사 관련 CD 녹취록으로 ○○○은 드디어 끝장나나 보다. 그 더럽고, 비열한 인간 하나 날라 가는데 이렇게 많은 노력이 필요하다는 것이 너무나도 무섭다.

[법원이 위 글들을 위반된다고 판단한 이유]

게시물에는 특정 정당이나 후보의 당선에 불리한 구체적인 사실이 모욕적인 표현과 함께 적시되어 있는 점, 게시 장소가 누구나 볼 수 있는 공개된 블로그인 점 등 제반사정을 종합해 볼 때, A씨가 이를 게시한 행위는 단순히 '선거인이 가지는 관심의 일단을 표현하는 행위, 선거에 관한 단순한 의견개진 또는 의사표시, 특정 입후보예정자에 관한 과거경력, 정책, 활동에 관한 글을 게시하는 행위'를 넘어 특정 정당과 후보자의 당선에 불리하게 하기 위한 의도를 포함하는 행위 또는 선거에 영향을 미치게 하기 위한 행위에 해당함.

사례 Ⅲ 인터넷언론사의 특정 후보자 인터뷰 기사게시를 광고로 본 사례[4)]

2006. 5. 4. (주)○○인터넷뉴스 사무실에서 (주)○○인터넷뉴스 사이트에 'A씨 ○○시장 출마인터뷰'라는 제목으로 A씨의 출마동기, 정견, 경력 등에 관한 내용을 게재하는 등으로 선거에 영향을 미치게 하기 위하여 A씨를 지지하거나 유리한 내용의 기사를 게재한바, 이는 법 제93조 제 1 항 및 제255조 제 2 항에 위반됨(벌금 100만원).

사례 Ⅳ 인터넷카페 게시판에 특정 후보자를 반대하는 글 게시사례[5)]

A씨는 2007. 10. 13.경 자신의 주거지에서 인터넷 다음카페 정치방 게시판에 "난 이○○이가 이정도일 줄은 몰랐다"는 제목으로 후보자를 반대하는 내용의 글을 올린 것을 비롯하여 그때부터 11. 1.까지 5차례에 걸쳐 다음과 같이 후보자를 반대하는 글을 게시한바, 이는 법 제93조 제 1 항, 제255조 제 2 항에 위반됨.

① **제목 : 난 이○○이가 이정도일 줄은 몰랐다**(게시일자 : 2007. 10. 13)

엊그제 100분 토론에서 이○○이 말하는 것 보고 기가차서 말이 안나오더군요. 의식수준이 설마 그 정도 개판일줄 몰랐습니다. 우리나라는 반 기업정서가 팽배해 외국투자가들이 투자를 꺼린다고 그 책임을 노조에 크게 두더군요…그리고 기업회장들 툭하면 집행유예나 보석으로 풀려나오는 것에 대한 대답이 아주 지랄같더군요.

4) 논산지원 2006고합76.
5) 서울고법 2008노602.

현재 대한민국의 경제도 어렵고, 여러 가지 상황을 고려하여 재판부가 판단한 것 같다고 대답하더군요. 미친 소리져. 그럼 경제가 좋으면 그리고 상황이 좋으면 구속된다는 소리입니까? 말도 안되는 소리죠. 만약 미국에서 기업 회장들이 그런 범죄를 저질렀다면, 평생 감옥에서 썩었을 것이고, 경제가 안좋으니 그런 판결이 나왔을 것이다라고 이야기 하는 미국 정치인이 있었다면 그 정치인 정치생명 끝납니다. 이○○ 의식수준이 가히 알만합니다. 그러면서 선진국을 이야기하는 것 보면 저런 사람 대통령되면 대한민국 독재시대로 돌아가고, 딸린 식구들 너무많아 먹여살리려면 기업들 등골빠지고, 그 피해는 고스란히 국민들 몫이 된다고 생각들더군요. 사람에 따라서 시대에 따라서 때에 따라서, 상황에 따라서 법적용이 다르다면 그게 법입니까? 그렇게 대답하는 의식수준 가히 말도 안나옵디다. 마치 봉건주의 왕조시대나 통할 말들이죠. 저혼자 법도 만들고 판결도 지 맘대로 해석하고 하는 것 보니 이○○이가 혼자 원맨쇼하는 법관과 의식수준이 아주 비슷하더군요. 입법, 행정, 사법 혼자 다 하는 오지랖떠는 인간은 김정일과 뭐가 다릅니까? －생 략－

② **제목 : 맹바기의 재산불리기**(게시일자 : 2007. 10. 14)

이번 대선은 친일, 국제세력, IMF주범, 부정부패, 사대주의 세력과 보수 및 자유민주주의 범여권 세력의 대결구도입니다.

③ **제목 : 역시 차떼기당이다**(게시일자 : 2007. 10. 17)

'차떼기'로 물의를 일으켰던 최○○ 전의원을 최근 당 상임고문에 임명한 것으로 알려져 논란이 되고 있다. … 박실장은 "이○○ 후보도 이 같은 취지를 받아들였다"면서 "당 원로들에 대한 예우차원"이라고 덧붙였다….

④ **제목 : 모든게 정치공작, 음모?**(게시일자 : 2007. 10. 23)

한나라당 차떼기로 해먹을 때, 니네도 받았다. —물타기! 한나라당 최○○ 성추행 했을때, 기억이 없다. — 오리발! 한나라당 정○○ 불륜행각 발각시, 정부의 음모다. —음모론! 한나라당 이○○, 김경준과 주가조작 사기극— 정치공작이다! 전부 음모고, 공작이면 교도소가 왜 필요해! 철거해 신당은 뭐하나. 지지율 올릴 프로젝트가 있는데 … 네거티브말고…△△당 지지율이 높은게 … －이하 생략－

⑤ **제목 : 한나라당은 갈라질까?**(게시일자 : 2007. 11. 1)

지금하는거 보면 내부에서도 줄서기에 바쁘던데, 이재오는 일찌감치 이○○의 2인자로 나서고 있고, 박○○파는 이○○이 대통령되면 실업자 된다. ㅋㅋ 박○○가 비례대표로 공천한 전○○, 송 머시기 같은 말도 안 되는 애들이 국회의원 되는 세상은 이제 볼 수가 없겠지. 이○○이 당선되면 △△당은 분열된다. 왜냐면 개네들 몸집이 너무 크거든. 몸집이 크면 나눠먹을게 적어지거든. 그러니 몸집 줄여야지.

만약 그대로 간다면 대한민국 기업들 아작나지. 차떼기는 조족지혈이 되는거지. 기업들 사업해볼라치면 특혜받아야지. 특혜받을라치면 돈 싸들고 찾아가야지. 이○○이 대통령되면 나도 이리 살란다. 법이 어딨어. 중국처럼 부정부패 아무리 많아도 라인만 든든하면 안걸리지. 두둑한 빽만 있으면 잡혀서 감방 갈일은 없지. 대한민국 어차피 갈데까지 간 나라야. 해먹을 때 마구 해먹자구. 어차피 콩가루인데 뭐, 법치주의 실현해서 바로 잡는다면 대한민국 다 죽어나거든. 빙신소리 듣고, 노후에 국민연금 삭감시 눈가에 눈물흘리지 말고.

사례 V 인터넷언론사에 특정 입후보예정자 지지하는 선거운동[6)]

A씨는 2007. 12. 19. 실시된 제17대 대통령선거 입후보예정자였던 박○○를 지지하는 자로서 2007. 4. 4.경부터 5. 4.까지 인터넷언론사의 홈페이지의 △△당 토론방에 9회에 걸쳐 다음과 같이 박○○의 지지를 호소하는 글을 게시한바, 이는 법 제254조 제3항에 위반됨(벌금 50만원).

① **제목 : 한○○ "중국인이 존경하는 한국인은 박씨 두 사람"**(게시일자 : 2007. 4. 4)

… "지금 여러 가지 어려움에 처해 있는 우리나라는 참으로 많은 애국적 전문가가 필요하다"며 "그러한 CEO들이 경험적으로 사회, 경제, 문화 각 분야에서 능력발휘를 해줘야 한다. 그리고 그들을 적재적소에 중용할 수 있는 국가 지도자의 사심없는 신뢰의 리더십이 필요한 때"라고 박 전 대표가 차기 대통령 적임자임을 주장했다.

② **제목 : 박○○는 왜 "국민후보"인가?**(게시일자 : 2007. 4. 6)

… 국민언니 박○○는 재력이 몇 백억 되는 것도 아닙니다. 무작정 띄워 주는 언론도 없습니다. 국민누나 박○○는 현명한 '국민들의 개미군단'으로부터 힘이 나옵니다. 그래서, 대개 '국민후보 박○○'라고 생각합니다. 국민후보 박○○ 국민누나 박○○, 국민언니 박○○, 깨끗한 정치, 진실한 나라와 결혼했고, 국민이 가족인 박○○, 참 좋은 대통령 박○○로부터 시작될 것입니다. 이것이 '박○○ 혁명'입니다. 어느 네티즌분 글입니다.

③ **제목 : 박○○쪽에 마음이 가는 이유**(게시일자 : 2007. 4. 10)

1. 때가 묻지 않아 좋습니다. 이것은 국가 지도자의 가장 중요한 덕목입니다.

2. 말실수를 하지 않아서 좋습니다. 이는 생각이 정리되었음을 의미하며, 생각이 정리될 수 있는 것은 경험과 지식을 근거로 신념체계가 형성되어 있음을 의미합

6) 서울서부지법 2008고합31.

니다.

3. 통합과 화해를 주도할 수 있는 조건을 갖춰서 좋습니다. 기성세대가 "○○" "○○"하고 부른 친근감이 있고, 어려서부터 국가를 생각하는 가정에서 자라났기에 누구보다 통합의 리더십을 발휘할 수 있으며, 쌈박질만 하는 남성이 아니기에 화해를 주도하는데 유리합니다. －이하 생략－

④ **제목 : 야비한 비양심범, 전과자 MB**(게시일자 : 2007. 5. 4)

…. 찬란하게 떠오르는 눈부신 태양 차기 대통령 박○○님을 어렵게 만들고 당을 망하게 할 것입니다. 그리고 찬란하게 떠오르는 눈부신 태양 차기 대통령 박○○님은 아마 대선에 아마 어렵게 당선이 될 것이라고 생각이 듭니다….

사례Ⅵ 팬클럽 홈페이지에 특정 입후보예정자를 위한 선거운동[7)]

A씨는 ○○당 당원으로서 이○○을 지지하는 자인바, 2007. 5. 13.경부터 6. 3.까지 총 7회에 걸쳐 ○○사랑 인터넷홈페이지 자유게시판에 다음과 같이 특정 입후보예정자를 위하여 선거운동의 글을 게시한바, 이는 법 제254조 제3항에 위반됨(벌금 50만원).

① **제목 : 박○○, 막말 노△△을 능가한다**(게시일자 : 2007. 5. 13)

박○○가 막말을 하고 있다. 기가 막힌다. 고스톱을 친다. 걸레 같다. 이것이 대권후보라는 정숙한 어성이 쓸 단어인가. 대한민국을 고스톱 공화국으로 만들고 대한민국을 걸레들이 판치는 창녀국가로 만들려고 하는가. 옛 어르신 말들이 딱 들어맞는다. 수신제가치국평천하 하고 가정도 없이 정서적으로 불안한 박양이 후보라니. 정말로 걱정이다. 박양은 아버지 팔아 먹는 정치를 빨리 중지하고 국민들 민심을 경청하여 사퇴해야 된다. 국민들은 이젠 박양을 버리고 있다.

② **제목 : 박○○는 정신적 안정이 필요한 것 같다**(게시일자 : 2007. 5. 15)

이상한 가정에서 자라고 부모들은 총탄에 사라지고 주변에는 마약 연기와 연하남자와의 스캔들로 항상 떠들썩하다. 그녀가 대권을 넘본다면 정신적인 검증이 반드시 필요하다. 히스테리나 정신불안감이 있어서 미사일 발사기 아무 때나 누르면 안되기 때문이다. 물속에서 건져준 엠비님보고 자기가 양보했다고 완전히 걸레 같은 말이다. 정말로 대한민국이 걱정이다.

③ **제목 : ·박○○가 되면은 나라 망친다**(게시일자 : 2007. 5. 25)

과거의 이념의 노예들 미친 광기에 사로잡혀서 박양을 밀고 있는 수구꼴통들

---

7) 서울서부지법 2008고합18.

그들이 박양의 핵심 지지세력이다. 그들이 과연 무엇을 할수 있는가. 박양의 자세에도 문제가 있다. 박양은 나라를 어떻게 경영하고 이끌어 가겠다는 이야기는 없다. 매일 같이 검증타령이다. 대통령후보라는 사람이 남 흠잡기, 비판하기, 쌈박질하기 이런 자세는 분명 문제가 있다. 박양은 기본적으로 나라를 강하게 하고, 건설하고 발전시키는 재주는 없다. 오로지 쌈박질이다.

④ **제목 : 박○○ 여태까지 도둑질한 것으로 먹고살아**(게시일자 : 2007. 5. 29)

진실위원회 정수장학회는 강탈한 것, 그렇게 원칙 좋아한다는 여자는 지것은 원칙을 안따지나 개만도 못하다. 원칙을 따질려면 그리고 검증을 할려면 자기 주변부더 해야지 자기는 똥묻은게 남민 뭣하고 사는구나.

⑤ **제목 : 박양은 대처는 결혼한 여자라는 것을 명심하라**(게시일자 : 2007. 5. 30)

대처 대처 하지마라. 대처는 확실하게 알고 이야기 하라. 대처는 결혼했고 자식도 키운 안정적인 감정의 소유자다. 박○○같이 이상한 가정에서 정서적인 불안감을 가진 여자가 아니다 대처는 안정적인 남편의 내조 그리고 건전한 가정의 안정적인 감성의 소유자다. 팔자 쎄고 불안정한 정서의 소유자인 박○○와는 기본적으로 다른 것이다.

⑥ **제목 : 북한 괴뢰군 같은 박○○**(게시일자 : 2007. 5. 31)

이 정서불안 같은 박양은 혼자서 무엇을 하겠다. 대한민국을 위해서 어떤 일을 하겠다 하는 것이 아니고 무조건 남흠만 잡고 끌어 내리려한다. 더군다나 지랄같은 것은 북한 괴뢰 도당 같이 함정을 파고 이○○님이 빠지기 만을 기다리는 것이다. 에이

* 같은 여자야 그게 정치냐 함정파고 기다리는게 정치냐 더욱 더 확신한다 박양이 집권하면 나라 망치는 지름길이다.

⑦ **제목 : 박양은 과거 청와대를 피로 물들게 한 전력이 있다**(게시일자 : 2007. 6. 3)

아버지한테 충언도 못하고 희희낙낙하다가 결국은 총탄으로 아버지 사망. 아버지 하나 보필 못하고 퍼스트 레이디 역할 한번 못한 무능한 짓을 한 것이다. 그런데 또 다시 청와대에 들어간다고 개가 웃는다.

사례Ⅶ 포털사이트에 퍼 나르기를 통한 특정 입후보예정자 선거운동[8)]

A씨는 2006. 11. 23. 자신의 주거지에서 네이버, 조선닷컴, 야후코리아, 중앙일보 조인스 등의 각 인터넷 사이트 게시판에 타인이 작성한 특정 입후보예정자에게

8) 부산고법 2008노134.

유리하거나 불리한 다음의 글을 네이버 게시판에 퍼 나르기 하는 방법으로 게시한 바, 이는 법 제254조 제3항에 위반됨(벌금 100만원).

① **제목 : 이○○, 비인간적인 사례**(게시일자 : 2007. 5. 11)

이번 이○○의 경선룰 어거지는 국민을 우롱하는 처사이다. 이러한 이○○의 어거지를 마치 합리적인 경선룰로 발악적으로 포장하려는 일부 〈이○○의 하수인들〉과 〈명빠들〉 또한 국민들을 우롱하기는 마찬가지이다. 이러한 시비는 곧 이○○ 자신이 정상적인 인간이 아님을 그대로 보여주는 〈사례(case)〉인 것이다.

② **제목 : 박○○가 승리한다**(게시일자 : 2007. 5. 25)

대세의 흐름이 조금씩 가닥 잡혀가고 있다. 박○○의 시대적인 의미를 이해하기 시작하면서 고건의 인사들과 과거 민주화의 본산인 인사들이 박○○를 지지 선언한다고 한다. 이△△을 보면 그가 얼마나 경박하고 사리분별력이 없는지 확신하게 되는 것이다. 부패하고 타락한 이△△이 운운하는 것은 어불성설이며 위선적인 태도인 것이다.

③ **제목 : 홍△△, "박○○, 위기관리능력 탁월" 극찬**(게시일자 : 2006. 11. 10)

홍△△ 의원이 차기 대선 후보에게 필요한 덕목으로 위기관리능력을 꼽았고, 박○○ 전 대표는 위기관리능력이 탁월하다는 취지의 말을 하였다는 '서울=데일리서프라이즈/뉴시스' 기사내용

④ **MB로 인해 비애를 느꼈습니다**(게시일자 : 2007. 5. 14)

MB로 인해 비애를 느꼈습니다. 제가 이○○ 전 시장에게 조언이든 충언이든 할 통로가 있었다면 '정치공학에 의한 편법이나 변칙이 아니라 의로운 도덕성을 중요시하는 모습을 더욱 더 진지하게 선택하셔야 합니다.'라고 말씀드렸을 것입니다는 취지의 글

⑤ **제목 : 여론조사/대통령적합도/박 29.4%/이 27.5%**(게시일자 : 2007. 6. 1)

대통령 적합도 박 29.4%, 이 27.5%, 박○○가 잘했다. 28.4%, 이△△이 잘했다. 14.4%의 여론조사 결과가 나왔다는 취지의 '김상연 기자' 명의의 글

⑥ **제목 : 이○○씨는 과욕을 버려야 한다**(게시일자 : 2007. 5. 7)

이○○ 씨는 과욕을 버려야 합니다. 이○○의 반칙 NO! 취지의 '이휘용 칼럼리스트' 명의의 글

⑦ **제목 : 임△△, "강○○ 중재안 때문에 대선 패할 수도"**(게시일자 : 2007. 5. 13.)

임△△ "강○○ 중재안 때문에 대선 패할 수도"라는 취지로 인터뷰를 하였다는 '김동현 기자' 명의의 글

⑧ **제목 : 총대 맨 전△△, 멍석까는 강○○**(게시일자 : 2007. 5. 13)

총대맨 전△△, 멍석 까는 강○○, 요즘 세상이 참으로 재미있습니다. 배신자 전△△에 이어 강○○이도 이제 정치생명을 다 했습니다. 사심없는 한마음으로 위기의 나라를 구하고자 고난속에서도 정도를 걷는 그녀에게 천하의 대의명분, 천심과 민심이 함께 하기 때문입니다.는 취지의 '푸른벌판' 명의의 글

⑨ **제목 : 박○○ 첨단기술 보호나섰다 … 3년간 100조 피해**(게시일자 : 2007. 5. 24)

△△당 대선 예비후보인 박○○ 전 대표가 24일 '산업기술의 유출방지 및 보호에 관한 법률 일부 개정 법률안'을 국회에 제출했다는 취지의 '전용기기자' 명의의 글

사례Ⅷ 정치기사에 댓글을 게시하여 특정 입후보예정자 선거운동[9)]

A씨는 한국금융증권에서 안전관리실장으로 일하고 있는 회사원으로 2007. 10. 26.부터 2007. 11. 9.까지 자신의 사무실에서 인터넷 정치기사의 기사하단에 '의견쓰기'란에 다음과 같은 글을 게시하여 특정 입후보예정자에 대한 선거운동을 한바, 이는 법 제255조 제 2 항에 위반됨(선고유예).

① **제목 : 이○○ 박정희식 '동원정치' 부활 꾀하나**(프레시안, 게시일자 : 2007. 10. 26)

저런 인간이 대통령이 되면 나라는 온통 독재국가가 된다. 전국 땅투기로 부자들만 배부르고 서민은 죽어라 일만하고 … 지금이라도 안 늦었다. 자진사퇴하고 근혜한테 넘겨라. 안그럴려면 가진 전 재산, 친인척포함 전 재산을 국가에 헌납하고 대통령 끝나고서도 연금까지 반납한다고 각서쓰고 당당 가진 재산 처분한다면 믿어줄게 … 수천만원짜리 핸드백들고 다니는 네 마누라는 필리핀의 이멜다하고 다를바없잖이? 국민들이 속을 줄 이느냐? 차리리 좌빨들이 5년 더 해먹기를 바라는게 훨낫다.

② **제목 : 정○○ "나는 정치인 중에 5 · 18 현장에 섰던 유일한 후보"**(뷰스앤뉴스, 게시일자 : 2007. 10. 26)

현장에 섰다고? 그럼 전형적인 좌빨이네 … 선전선동하고 무지한 광주시민들을 죽음으로 몰고 간 사람이잖아 … 민주화항쟁한다면서 무고한 사람 끌어다가 많이도 죽게했잖아. … 그래서 국군아저씨들을 용병이라 하고, 그럼 대통령되면 용병총사령관이겠네? 젊은이들 피를 팔아서 먹고 사는 괴수, 수령이잖아 … 땅바기같은 사람도, 당신같은 선전선동가도 대통령이 되어서는 결코 안될 위험인물이다.

9) 서울북부지법 2008고합25.

③ **제목 : 권○○ "이건희 회장 감옥행이 비정규직 해법"**(아시아경제, 게시일자 : 2007. 10. 31)

이놈 좌빨공산당 아닌가? 북한에 퍼준 돈의 100분의 1만 써도 비정규직 전부 해소하고 아파트 한 채씩 분양해 줘도 될텐데 … 그런거 지적은 하지 않고 재벌 총수들 감옥에 쳐 넣어? 완전히 공산당같은 놈이네 … 비록 이건희 씨가 잘못된 것이 있더라도 국가에 기여한게 얼만데 … 인민재판하자는 건가?

④ **제목 : 문○○ 부부, 탈법으로 전원주택 신축 '의혹'**(국민일보, 게시일자 : 2007. 11. 1)

우리 정치 더럽게 더럽게; 캐치프레이즈를 들고 나온 그 양반, 우리땅 몰래 몰래 불법으로; 라는 또 하나의 구호를 들고 나왔군 … 대선에서 떨어지고 나서 꼭 주말 농장가서 땅이나 파고 살거라, 콩 심은데 콩 나고 팥 심은데 팥 나는거잖아 ….

사례Ⅸ 인터넷언론사의 기사에 대한 댓글 게시[10)]

A씨는 2008. 3. 27.～4. 7.까지 도내 2개 인터넷언론사의 기사 하단에 H후보를 비방하고 허위의 사실을 담은 댓글을 4차례에 걸쳐 게시함으로써 법 제251조에 위반됨(벌금 500만원).

① **제목 : 27년 정치를 한 사람이 이렇게 감각이 없어서야 …** (2008. 3. 27. 게시)

k후보는 4년 정치해도 당신이 27년 정치한 것보다 더 많은 의정활동을 했고… 그러니까 최우수 국회의원으로 선정된 거는 아시겠지요. 4년 전에는 재산이 14억 몇천만원인데, 이번에는 28억 몇천만원이던데 혹시 차떼기 한 돈 남겨 놓은건지….

⇨ 진실한 사실 : 위 후보자 △△△는 제17대 국회의원선거 당시 선거관리위원회에 신고한 재산은 2,692,836,000원이었고, 제18대 국회의원선거시는 2,841,788,000원을 신고하였음.

② **제목 : 역전은 힘들거요**(2008. 4. 4. 게시)

오차범위에서 계속 뒤지다가 역전하니 10만원짜리들이 대단하구먼. 그래도 승리는 ▲▲▲ 국회 최우수 국회의원하고 16대 꼴찌 h후보하고는 정책과 소신이 달라요. 금전살포가 극성을 부린다는데 여기 꾼들도 10만원짜리들이구먼. 열표 가져오면 10만원이라는 소식이 맞는 모양이지요. ○○시민들은 최우수 국회의원을 다 알고 있어요. 4월 9일 반드시 승리할거요….

⇨ 진실한 사실 : 당시 피고인은 위 △△△ 후보자측에서 선거구민들에게 금품

10) 2008. 4. 9. 고발, 광주고법 2008노296.

을 살포한다는 내용의 풍문을 전해들었을 뿐이고, 위 ▲▲▲ 후보자 선거사무실에서 활동하는 사람들이 그 풍문을 확인하기 위하여 순찰을 하기도 하였으나 그 풍문이 사실이라는 아무런 근거도 발견하지 못하였음.[11]

③ **제목 : 그 소문이 사실로 드러났네**(2008. 4. 7. 게시)

후보측에서 돈다발 선거를 한다고 시내에 소문이 파다하던데 사실로 드러났네. ○○도민들이 깨끗한 공명선거로 선거를 축제 분위기로 만드는데 h후보는 돈다발이라니 선관위가 철저히 조사하세요. 시내 전역에 돈다발 살포한다는게 사실로 드러났어요. 돈을 받고 양심선언하세요. 돈 선거하는 후보 4월 9일 반드시 퇴출시킵시다.

④ **제목 : 돈받은 사람들 양심 선언하세요**(2008. 4. 7. 게시)

차떼기 하던 실력이 서서히 드러나는군요. ○○시내에 현 후보측에서 돈다발을 뿌린다는 소문이 사실로 드러났네. 이외에도 엄청난 돈다발을 뿌린다는데 선관위가 철저히 조사해서 다시는 청정 ○○를 오염시키지 않도록 조사해 주세요. h후보에게 돈받은 사람들 양심선언하세요…

➪ 진실한 사실 : ○○도위원회의 고발내용으로도 △△△ 후보자측에서 선거구민들에게 돈을 직접 지급한다는 사실을 추단할 수 없고, 소문에 대한 아무런 근거도 가지고 있지 아니하였음.

사례 X 1심 무죄, 2심·3심 유죄인정 사례[12]

A씨는 2007. 12. 19. 제17대 대통령선거를 앞두고 2007. 6. 22.부터 11. 26.경까지 야후사이트에 게시된 기사에 총 315회에 걸쳐 이○○후보자를 반대하거나 박△△ 후보자를 지지하는 다음과 같은 댓글을 게시한바, 1심에서는 무죄로 인정하였으나 고등법원에서 유죄로 인정하였고, 대법원에서 확정되었음.

[댓글내용]

1. 기사 : 당선 의혹 없다는데 국민도 동의할까?(2007. 6. 22.)

➪ 댓글 : 박△△님은 믿는데, 맹바기것은 증거가 나왔잖아요. 즉 맹바기는 못믿어요

---

11) 대법원 2001모193 허위사실공표죄에서는 공표되어진 사실이 허위라는 것이 구성요건의 내용을 이루는 것이기 때문에, 행위자의 고의의 내용으로서 그 사항이 허위라는 것의 인식이 필요하나 어떠한 소문을 듣고 그 진실성에 강한 의문을 품고서도 감히 공표한 경우에는 적어도 미필적 고의가 인정될 수 있고, "어떠한 소문이 있다"라고 공표한 경우 그 소문의 내용이 허위이면 소문이 있다는 사실 자체는 진실이라 하더라도 허위사실공표죄가 성립됨.

12) 수원지법 2008고합21; 서울고법 2008노1021; 대법원 2008도5633.

2. 기사 : 李 "내 성취 사회 돌려줘야" 재산 환원 시사(2007. 7. 19)

➪ 댓글 : 맹바가!! 아주 쑈를 하네 … 재산 환원후 대통령 된 후 몇백배 해쳐먹으려구? 거짓말쟁이를 누가 믿겠니…ㅉㅉㅉ 니가 말하고도 쑥스럽지 않니? ㅋㅋㅋ

3. 기사 : 박△△ 100번 외친 송□□ 의원(2007. 8. 13)

➪ 댓글 : 박△△님을 믿는다. 이제는 깨끗하고, 강한 카리스마를 가진 분이 지도자가 되어야 한다. 무조건 여자라서 싫다는 것은 남자의 오만이다. 나도 남자지만 박△△님이 좋다. 맹바기는 너무 더러워 싫어. 지도자감 아니다.

4. 기사 : '싱글벙글쇼' 강석도 학력위조 … 인터뷰서 사실 인정(2007. 8. 7)

➪ 댓글 : 거짓말쟁이를 정치에서도 몰아냅시다. 잘 들어라 땅박아…

5. 기사 : 이○○ 후보 친형 이**씨 교통사고(2007. 8. 28)

➪ 댓글 : 천벌이 시작되는 느낌이 팍 드네 … 축 입원?

6. 기사 : 오늘 이○○ "참 좋은 대통령 되겠다"(2007. 11. 26)

➪ 댓글 : 웃기는 똥개, 걱정마. 어차피 안 될 거니까 … 참 좋은 사기꾼 … ㅋㅋ

7. 그 밖의 주요 댓글

➪ 여전사 박△△ 후보를 적극적으로 밀자. 맹바기는 너무 드러워…도저히 못 믿을 사람

➪ 맹바기는 남자라는 장점 이외에는 별 장점이 없다. 부동산투기, 병역미필, 운하 허풍, 학군 이전, 망각, 실수 … 알면 알수록 신뢰가 안 간다.

➪ 이○○씨는 양심이 있으면 사퇴하는 것이 마땅하다. 대권에 눈멀어 거짓말로 국민 속이면 안 된다.

➪ 의혹 덩어리가 국가 지도자가 되면 정말 나라 망합니다. 약점 많은 사람이 어떻게 기 피고 나라를 호령하며 다스리겠습니까

[1심] 무죄판결이유

A씨가 이○○을 반대하고 박△△를 지지하는 내용의 댓글을 야후사이트의 뉴스기사에 게시한 것은 법 제93조 제1항의 금지규정에 위반하여 같은 법 제255조 제2항 제5호의 객관적 구성요건 요소에 해당하나,

댓글 내용은 후보자가 되고자 하는 이○○에 대한 자신의 반대감정이나 박△△에 대한 지지감정을 뉴스기사에 대응하여 다소 과도하거나 저속한 표현의 짧은 글로 나타내고 있는 점, 당시 인터넷에 게시되는 글들은 중앙선거관리위원회의 사이버선거부정감시단과 수사기관 등의 사이버수사대에 의하여 계속적 모니터링이 되었

으나, 후보자를 지지·추천 또는 반대하는 내용을 게시하였다는 이유만으로 삭제요청까지 나아가지 아니한 점, 정당과 관련없는 일반시민으로서 인터넷 뉴스기사에 댓글을 다는 행위가 법에서 허용하지 않는 행위라는 것을 인식할 계기가 특별히 없었던 상황(A씨의 댓글이 선관위의 요청 등으로 삭제된 경험이 없음)에서 단순히 정치적 의견을 개진한다는 소박한 생각에서 위와 같은 행위를 한 점 등을 볼 때 A씨에게 법 제93조 제 1 항 위반의 범의가 있다 할 수 없음.

또한, A씨의 댓글의 게시 행위는 선거에 관련한 뉴스에 자신의 단순한 정치적 감정이나 의견을 표현한 것에 불과할 뿐이고 A에게 선거에 영향을 미칠 목적이 있다고 할 수 없음.

[2심 · 3심] 유죄판결이유

A씨의 댓글은 이○○ 후보를 악의적으로 비난하고 박△△를 지지하는 내용으로 일관하고 있어 선거에 관한 단순한 의견표명이나 정치적 사건에 대하여 자신의 견해를 밝히는 것을 넘어서 이○○에 대하여 반대하고 박△△를 지지하는 내용임이 명백하며, 댓글을 인터넷포털사이트의 뉴스기사 아래에 게재함으로써 해당 홈페이지에 접속하는 사람이면 누구나 댓글을 볼 수 있게 하였고 그 게시 횟수가 315회에 이르고, 그와 같은 댓글을 인터넷에 게시함으로써 제17대 대통령선거와 관련하여 선거일전 180일부터 선거일까지 이○○ 후보를 반대하고 박○○를 지지하는 내용이 포함되어 있는 문서를 게시한다는 인식이 있었다 할 것이므로 법 제93조 제 1 항 위반의 주관적 구성요소인 고의가 인정되고, 자신의 그러한 행위가 선거에 영향을 미칠 수 있다고 미필적으로나마 인식하였다고 봄이 상당함.

제103회 발표회 토론요지

사 회 자: 장영수(교수)

토론참여자: 김희옥(헌법재판관), 박경신(교수), 윤석근(중앙선관위 법제과장), 손형섭(헌법연구원), 오동운(헌법연구관), 김진한(헌법연구관), 박종보(연구위원)

간 사 : 헌법실무연구회 정기발표회를 시작하도록 하겠습니다.

저는 헌법실무연구회 간사 손인혁 연구관입니다.

잠시 두 가지 공지사항 말씀드리겠습니다.

5월달 정기발표회는 연구회 내부 사정으로 쉬기로 했습니다. 여러 가지 행사도 있고 지금 정기적으로 첫째 주 금요일에 발제를 하고 있는데 계속 시간이 안 맞아서 셋째 주, 넷째 주로 미뤄져 오고 있습니다.

그래서 6월부터 맞추기 위해서 5월 한달은 쉬기로 했습니다.

그리고 헌법실무연구회 주제는 어떤 방식으로 결정되는가 하면 헌법실무연구회 운영위원회에서 논의를 해서 결정하게 됩니다.

지금 뒤에 계시는 정재황 교수님께서 위원장으로 계십니다. 이번 5월부터 한 2, 3회에 걸쳐 선거운동과 관련한 쟁점을 집중적으로 보기로 했습니다.

첫 번째 오늘 주제로서 '인터넷과 선거운동'을 주제로 잡았습니다.

지금부터는 오늘 사회를 맡아주신 장영수 교수님께서 진행해 주시겠습니다.

사 회 자 : 예, 여러분 반갑습니다. 장영수입니다.

지금 간사께서 설명을 해주셨습니다만 선거운동이 관심이 높아지고 있고, 그로 인해서 이번 발표부터 시작해서 몇 차에 걸쳐서 선거에 관한 주제들이 논의가 될 모양인데요, 오늘은 현실적인 문제하고 직접 연결되는 인터넷과 선거운동, 지금 현안으로써 당장 떠오르고 있습니다.

이 주제를 가지고 인터넷 문제에 관해서 많은 글을 발표해 주셨던 한양대학교 법학전문대학원 황성기 교수님께서 발제를 맡아주시겠습니다.

잠시 황성기 교수님에 대해서 소개를 드리면 서울대 법대와 같은 학교 대학원에서 법학박사학위를 받으셨고 헌법재판소에서 헌법연구원을 역임하셨고 지금 한양대 교수로 계시는 걸로 간단하게 소개를 드립니다.

그러면 발표 부탁드리겠습니다.

〈 주제발표자 발표 〉

사 회 자 : 수고 하셨습니다.

가끔 보면 사회자가 발표자의 발표내용을 요약해서 다시 정리하는 경우도 있는데 그걸 제가 이 자리에서 하는 것은 시간문제뿐만 아니라 내용과 관련해서도 오히려 왜곡이 있을 것 같아서 바로 토론으로 마이크를 넘기도록 하겠습니다.

토론은 두 분 지정토론자가 나와 계시는데요, 먼저 박경신 교수님께서 토론말씀을 해주시겠습니다.

박경신 교수님은 하버드대학교 물리학과를 졸업하고 UCLA에서 J.D.를 받으셨고 미국 캘리포니아주와 워싱턴주 변호사 자격을 가지고 있으면서 현재 고려대학교 법학전문대학원 교수로 재직 중이십니다.

토론 부탁드립니다.

〈 지정토론자(박경신) 발표 〉

사 회 자 : 예, 수고 하셨습니다.

그러면 두 번째 지정토론자로서 중앙선관위의 윤석근 법제과장님이 나오셨습니다.

윤 과장님은 동아대 법대와 연세대 행정대학원을 나오셨고 중앙선관위에서 법규해석과장 사이버조사팀장 등을 거쳐서 현재 법제과장으로 계십니다.

토론 부탁드립니다.

〈 지정토론자(윤석근) 발표 〉

사 회 자 : 예, 감사합니다.

지금 여러분들께서 황 교수님의 발제에 이어서 두 분 지정토론자들의 토론내용을 들어보셨습니다.

보면 황 교수님의 발제내용이 인터넷을 선거운동에서 어느 정도까지 허용해야 되느냐라고 하는 그런 점에 있다면, 박경신 교수님께서는 그 내용과 관련된 직접적인 질문들을, 윤석근 과장님께서는 실무에 있어서 여러 가지 다양한 문제점들을 지적해 주셨는데.

일단 플로어 토론에 들어가기에 앞서서 황 교수님께서 질문받은 내용들에 대해서 간단하게 답변하실 부분들 답변하시고, 그리고 거기서도 조금 더 숙성시켜야 될 조금 더 깊은 논의가 필요한 부분이라면 플로어 토론과 함께 연결시켜도 좋을 것 같습니다. 짧게 답변해주시기 바랍니다.

발 표 자 : 두 분 토론 진심으로 감사드립니다.

먼저 제가 과문한 탓인지 아니면 머리가 안 좋아서 그런지 모르겠지만 윤석근 과장님의 설명을 들어도 아직도 제82조의 4와 제93조 관계가 전혀 선명하게 정리가 안 되는 것 같습니다. 그 만큼 현행 공직선거법은 문제가 많지 않을까하는 그런 생각하는데 법률전문가가 들어도 이해가 잘 안 될 정도로 그런데, 아무튼 간에 박경신 교수님께서 여러 가지 내용상의 지적을 해주셨는데 굉장히 감사하게 생각하고 있습니다.

쉽게 말해서 제가 제시하는 논리라든지 문제점을 잘 지적해 주신 것 같은데요.

첫 번째 말씀하신 게 후보자와 일반 국민과의 차별화 명제라는 방법론, 접근방법이 재고되어야 하지 않느냐라고 말씀하시는데, 사실은 이런 원칙이나 기준을 제가 나름대로 생각하는 이유는 사실은 박경신 교수님이 제안했던 대안과 목적은 동일합니다. 선거운동의 자유든, 정치적 표현의 자유든 최대한 보장해주자. 다만 그러한 선거운동의 자유나 정치적 표현의 자유를 최대한 보장하기 위한 접근방법에 있어서 어떤 방식을 취하느냐 차이점일 뿐인데 저는 절충론적인 입장을 취한거지요. 왜냐하면 워낙 우리나라에서는 선거의 공정성의 도가 워낙 확고하기 때문에 과감한 철폐는 아마 받아들여지지 않을 것이다. 따라서 이렇게 이원화된 차별론으로 접근하는 게 오히려 더 현실적으로 유리하지 않겠느냐는 관점에서 제가 말씀드렸기 때문에 목적은 기본적으로 동일합니다.

두 번째 말씀하신 게 제82조의 4와 제93조 제 1 항의 체계불명확성과 관련해서 논증의 방식을 바꿀 필요가 있지 않느냐고 말씀하셨는데, 그것도 충분히 일리가 있는 지적이라고 생각합니다. 다만 저는 이 문제를 제기했던 이유가 바로 이 정도로 일반국민의 정치적 표현의 자유를 과도하게 제한할 가능성이 높다, 실질적으로 그렇게 작동되고 있지 않느냐라는 문제제기를 위해서 제가 지속적으로 이런 해석의 문제를 제기한 것이기 때문에 그런 점에서 보면 문제의식도 동일하다고 생각하고 있습니다.

마지막으로 "익명성은 도덕적으로 중립적이다"라는 의미가 저와 약간 해석에 차이가 있는데, 어떻게 보면 결론은 동일하지요, 사실은.

왜냐하면 박경신 교수님께서 말씀하신 것은 "익명성으로 인해서 오히려 도덕적 평가가 면제되어야 한다"라는 맥락에서 말씀하신 것 같고 저는 그전에 익명성 자체는 도덕적 평가의 대상이 아니라는 전제를 깔았기 때문에 사실은 결론은 동일하다고 볼 수 있습니다. 그런 점에서 약간의 해석상의 차이가 있지만 크게 논란의 여지가 있는 것은 아니라고 생각 하고 있습니다.

사 회 자 : 사실 충분한 논의를 위해서는 더 깊이 들어가야 될 부분들이 많겠지만 플로어 토론의 시간을 위해서 짧게 답변하시도록 부탁을 드렸구요.

여러분들 이건 한번 더 깊이있게 논의해 봐야 되겠다라고 생각하신다면 지금 질문하시고 답변하셨던 내용들과 관련한 그런 내용들을 다시 특정해서 질문하셔도 괜찮을 것 같습니다.

먼저 여러분들께 플로어 토론에 들어가기에 앞서서 한 가지 부탁드릴 것은 여기 대부분 서로 잘 아시는 분들도 있지만 그렇지 못한 분들도 있으니까 질문하기에 앞서서 본인 소개를 누굽니다 정도는 간단하게 얘기를 하고 질문을 해주시기 바랍니다.

그리고 시간을 절약하기 위해서 질문 하나 받고 답변하고, 하나 받고 답변하고 이렇게 하기는 좀 그러니까요, 사람수 보다는 질문수를 가지고 질문이 두 세 개 모이면 거기에 대해서 의견이 오고 가는 걸로 그런 식으로 진행했으면 합니다.

의견 있으신 분들 질문이나 코멘트를 해주시기 바랍니다.

손 형 섭 : 손형섭 연구원이라고 합니다.

발표 아주 잘 들었습니다.

선거법에 관련해서 굉장히 어떻게 이 선거법 문제를 해결해야 되느냐에 대해서 상당히 쉽지 않은 문제인데 일단 주체를 정하거나 주체를 구분한다는 것하고 매체 특성을 구분한다는 큰 틀은 굉장히 좋은 아이디어이고 상당히 눈이 번쩍 뜨이는 느낌을 받았습니다.

그런데 역시 박경신 교수님께서 질문하신 것 같은, 주체를 구분해도 본질적으로 그러면 등록된 선거운동원이 아닌 다른 사람에 의한 조직적인 선거활동을 어떻게 제대로 법적으로 규제할 수 있느냐는 문제도 있는데요.

일단 제가 질문을 드릴 것은 지금 트위터도 얘기가 나와서 지금 현재 제93조 제 1 항에 의한 규정하고, 제82조 제 4 항에 있는 규정이 인터넷 홈페이지를 이용한 자유를 좀 더 열어주는 것 같은데, 그러면 지금 현재 트위터 같은 것은 어디에 포함된다고 해야 하는거냐 라는 것에 대해서 일단 질문드리고 싶습니다.

예컨대 제82조 제 4 항에 포함된다고 하시는 분도 있을 수 있고 문언상으로 봐서 지금 저희 헌법재판소가 UCC에 관해서 제93조 제 1 항으로 봤던 것처럼 그렇게 보면 결국은 트위터를 굉장히 제한하고 선거운동을 제한하는 방식으로 해야 되는데, 만약에 그렇지 않고 양쪽에 해당하지 않는다, 새로운 것이다 그러면 이것은 전혀 통제할 수 없는 새로운 선거법에서 전혀 손댈 수 없는 새로운 유형이 되니까 입법의 불비라는 문제가 되는데, 그것도 문제가 있는 것 같고요.

그래서 트위터 같은 매체들, 소위 누가 말하는 새로운 웹 2.0시대의 매체라고 이야기하는 이런 매체들은 어디에 포함시켜야 되느냐? 이것에 대해서 한번 여쭙고 싶고요.

그 다음에 또 하나는 매체특성에 대해서 얘기를 하는데 그래서 결국 인터넷 매체는 매체특성이 있으니까 제한을 다른 매체보다는 하지 않아도 괜찮다, 그것도 상당히 동감하는 문제인데 거꾸로 말해서 매체특성은 매체특성인데 선거운동기간 중의 특성이 있기 때문에 짧은 기간 동안 잘못된 의도적인 표현이 계속되면 그것에 대해서 짧게 빨리 시정해야 하는 문제가 생길 수도 있는 매체특성 말고 선거기간의 독특한 특성을 고려해야 되지 않나, 그런 두 가지 질문을 드리고 싶고요.

박경신 교수님께 대해서는 보통 미국 문헌을 보면 대부분 선거는 선거비용문제를 통제하면 되지 다른 우리나라나 일본처럼 개별적으로 선거운동 행위를 규제하면 안 된다 이렇게 얘기하는데, 사실 인터넷 선거운동은 상대적으로 비용이 덜 드는 것이라는 인식이 있고요.

물론 박경신 교수님께서도 '알바' 같은 것을 써야 되기 때문에 인터넷 선거도 결국 비용이 든다라고 얘기 했는데 그래도 상대적으로 덜 든다면 역시 미국에서도 선거비용만으로 선거를 통제하는데 한계가 있는 분야가 바로 인터넷 분야가 되지 않을까? 그래서 이것에 대해서 어떻게 생각하시는지 하나 여쭙고 싶고요.

그 다음에 중앙선관위 윤석근 박사님께는 선거운동에 관련해서는 선거법이 개정되기 힘들 것이다 라는 얘기도 들어보니까 정말 지당한 것 같습니다.

그렇지만 트위터나 UCC같은 매체, 새로운 웹 2.0의 매체가 아니라 그 이상의 매체가 나왔을 때 우리 선거법이 입법불비이거나 분명히 구멍 나는 부분이 생길건데, 그런 문제도 결국 해결하려면 개정되어야 하지 않는가? 하는 생각하고.

그 다음 개인적으로는 지금 교수님께서 말씀해 주신 아이디어는 너무 뛰어난 아이디어라고 생각하는데 투박한 아이디어를 결국은 선거운동에 대한 개념을 구체적으로 입법에다가 헌법재판소 결정에 있던 내용 같은 것을 입법에 그대로 반영해서 선거운동의 개념을 아주 좁게 인정하거나 아니면 선거운동으로서 인정할 수 있는 예외적인 것을 계속 열거적으로 규정하는 그런 입법방식을 결국 취해야 되지 않나, 그 정도 생각하고 있습니다.

이상입니다.

사 회 자 : 예, 지금 손형섭 연구원께서 작심을 하고 나오신 것 같은데, 일단 워

낙 질문이 여러 개가 나왔기 때문에 그리고 발제자뿐만 아니라 토론자 두 분께도 골고루 질문을 드렸기 때문에 여기에 대한 답변을 듣고 넘어가는 게 좋을 것 같습니다.

황 교수님 먼저.

황 성 기 : 선거운동원이 아닌 기타 사람들의 조직적인 선거운동을 어떻게 규제할 것인가의 문제를 생각하면 굉장히 힘들어지죠. 그런데 저는 결국은 선거비용 통제가 분명히 이루어지고 있으니까 그런 측면에서 보면 선거운동원을 등록되지 않은 사람들에 대해서 '알바', 아까 박경신 교수님께서 말씀하신 알바, 돈 주고 사는 것이니까 기본적으로, 선거비용 통제를 통해서 물론 직접적인 통제는 불가능하겠지만 나름대로 간접적인 통제로서 가능성은 있지 않을까라는 생가을 해보고요. 이렇게 까지 규제할 필요가 있을까요? 자꾸 선거의 공정성 표어만 생각하다 보니까 당연히 규제해야 된다고 생각하는데, 좀 떠들게 놔두는 것도 나름대로 필요하지 않을까 생각해봤는데, 하여튼 이런 문제는 어떻게 보면 제가 취하는 접근방법의 딜레마 내지는 약점이라고 할 수 있습니다. 그런 부분은 저도 좀 더 깊게 생각해 볼 수 있을 것 같기도 하고요.

그 다음에 트위터는 제82조의 4 제 1 항의 정보통신망에 해당되느냐, 아니면 제93조 제 1 항의 이와 유사한 것에 해당하는가에 대해서 질문하셨는데요.

트위터는 정보통신망이라는 개념은 정보통신망법에 규정되어 있고요 당연히 정보통신망에는 인터넷이 포함됩니다. 그리고 트위터는 기본적으로 인터넷을 기반으로 하는 서비스이기 때문에 당연히 정보통신망에 포함된다고 할 수 있지요. UCC도 마찬가지이고요.

그런데 저는 문제는 오히려 왜 이와 유사한 것에 중앙선관위가 이걸 포함시켰을까?

저는 그게 아직도 의문입니다. 오히려 입법부의 권한을 침탈한 것이 아닌가 하는 그런 느낌을 받습니다.

왜냐하면 입법적으로 그냥 전형적인 오프라인 매체, 녹음기라든지 테이프, 문서라든지 도화를 예상했는데 '이와 유사한 것'이라는 개념에 이걸 포섭시키는 것 자체가 너무 과도한 확장해석이 아닌가라는 생각을 했고, 실제로 포섭시켜 보니까 제82조의 4 간의 체계불명확성의 문제가 계속 제기되지 않는가 라는 문제제기를 하고 있는 것이지요.

그런 점에서 보면 저는 이 부분에 대해서 여전히 의문이고, 해석을 통해서 포함시키지 말아야 되고, 입법론적으로는 제93조 제 1 항 자체를 폐지하는 것이 타당하고, 설령 보수적으로 유지한다 하더라도 '이와 유사한 것'이라는 용어를 삭제해야 한다. 그래서 트위터라든지 UCC가 포함되지 않게 해야 된다는 게 저의 기본적인 입법론적인 대안입니다.

그 다음에 세 번째가 굉장히 어려운 문제를 제기하시는데요, 선거운동기간에 막상 아무리 인터넷이 개방된 매체이고 국민의 정치적 참여를 제고시켜야 한다 하더라도 나름대로의 신속성, 파급성 때문에 선거운동 기간에 한번 후보자 비방에 관한 예컨대 왜곡 정보가 유통되는 경우에 컨트롤 할 수 없지 않느냐 굉장히 타당한 지적이십니다. 바로 이것이 인터넷이 갖고 있는 규제의 딜레마입니다.

쉽게 말해서 매체의 특성 내지 본질 때문에 규제가 완화됨에도 불구하고 또 인터넷이 갖고 있는 양면성 때문에 한편으로 규제를 강화해야 한다는 논리로서 활용되고 있는 논거가 바로 신속성과 파급성이라는 부분인데요.

사실은 여전히 저는 이 부분에 대해서도 후보자비방죄, 허위사실유포죄가 따로 있으니까 어느 정도 과감한 패러다임적 전환을 위해서는 어느 정도 출혈을 감내해야 한다, 이 정도는 받아들일 수밖에 없지 않느냐? 이런 것까지 다 일일이 생각하면 결국은 인터넷도 기존의 패러다임에 따라서 규제할 수밖에 없지 않느냐?

그러면 우리나라에서의 공직선거 규제 시스템은 발전이 없다, 진화할 수 없다는 그런 생각을 하고 있습니다.

사 회 자 : 예, 박경신 교수님께도 아까 질문이 하나 나왔었지요. 답변주시기 바랍니다.

박 경 신 : 미국의 경우에는 매체 차별화 명제나 주체 차별화 명제가 운영되지 않는거죠.

그러니까 선거비용 규제만 하고 선거행위는 주체가 누가 됐든 매체가 뭐가 됐든 다 풀려있는 거죠.

그러다 보니까 인터넷도 돈을 들여서 알바를 고용해 선거를 불공정하게 만들 수 있지 않느냐? 이런 우려와 의미가 없는 게 결국엔 알바를 고용하기 위한 돈줄을 제대로 통제하게 되면 결국엔 선거의 공정성이 보장될 것이라는 믿음이 있는 것이고.

그런데 지금 제가 토론자라서 그런 자격이 있는지 모르겠습니다만 잠깐 이야기가 겉돌고 있는 것 같아서 한 말씀만 드리면, 이것은 윤 과장님께서 말씀하신 것에 대한 코멘트이기도 한데, 틀림없이 지금 제93조 제 1 항을 적용 안하고 계시다는 게 아니라, 제93조 제 1 항을 적용해야 하는데 제93조 제 1 항은 선거에 영향을 끼치기 위하여 후보자를 지지 · 반대하는 행위를 찾아서 단속하면 되는데, 그걸 단속하지 않고 실무에서는 어떤 걸 기준으로 하고 있냐하면 선거운동이냐 아니냐를 가지고 하고 있단 말입니다.

그런데 선거운동이냐 아니냐를 가지고 단속을 하게 되면 지금 황성기 교수님이 계속 말씀하시는 것은 그러면 사전선거운동을 금지하는 제254조가 들어오면서 어떤 문제가 발생하냐 하면 선거운동기간 전에는 모든 선거운동이 다 금지되지 않습니까?

그런데 그 선거운동의 의미하고 제93조의 후보자 지지·반대하는 행위하고 동일시 해버리면 180일이라는 기간이 의미가 없어져 버린다는 거예요.

180일 전이든 후든 선거운동은 다 금지되는 거니까 결국에는 365일 계속, 선거기간 2주든 3주든 그 때만 빼놓고 계속 전부 다 후보자 지지를 반대하는 것은 다 불법화가 되어 버린다는 거지요. 그래서 제93조 제1항이 있으나마나 한 조항이 되어 버린다는 거지요. 그래서 거기에 대한 아직 답변이 없는 것 같아서 다시 한번 말씀을 드렸습니다.

발 표 자 : 제 주장이고, 박 교수님도 같은….

박 경 신 : 예, 저도 발제자의 주장을 답변이 없는 것 같아 가지고 다시 한번 한 것이고.

그리고 선거기간의 특성 그러니까 선거기간이 2~3주 짧으니까 더욱더 빨리 대응해야 될 필요가 있지 않느냐? 선거기간의 특성을 고려해야 되지 않느냐라고 말씀하셨는데 바로 그 특성에 대응하는 게 인터넷이라는 매체가 되겠지요.

제 개인적인 의견으로는 매체 차별화 명제, 주체 차별화 명제를 사실은 다 폐기하고 결국에는 선거비용규제만 하고 선거행위에 대한 규제는 하지 말자라는 게 개인적인 의견이지만, 그렇게 되지 않고 매체 차별화 명제를 어느 정도 유지를 할 거라면 매체 차별화 명제 하에서 인터넷은 빠른 시간에 어떤 불법적인 정보가 나왔을 때 거기에 아주 빠르게 대응할 수 있는 매체다, 이렇게 생각을 합니다.

사 회 자 : 이제 윤 과장님 의견 들어보겠습니다.

윤 석 근 : 입법적인 흠결일 수 있다면 제93조와 같은 것들이 개정되어야 되지 않느냐라고 하셨는데, 통합선거법이 94년도에 만들어질 때 제93조가 처음 들어오면서 사전선거운동보다도 더 강한 규제를 한다고 하면서 들어왔습니다.

그러면서 구성요건이 '선거에 영향을 미치게 하기 위하여'라는 표현을 썼습니다. '선거운동'하고 '선거에 영향을 미치게 하기 위하여'하고 구분을 하실 수 있겠습니까?

하나는 운동이고 캠페인입니다. 캠페인.

하나는 '위하여'라는 의도나 목적성, 동기나 이유만 있으면 됩니다. 물론 다음 행위의 양태들이 붙어야 되겠지만. 그래서 좀더 '선거에 영향을 미치게 하기 위하여'가 포괄적으로 넓은 것 같다 라고 하면서 개개 행위양태들을 다 규제를 할 수가 없었습니다. 어떤 행위들이 나타날지 몰랐으니까. 그래서 '그밖에 이와 유사한 것'해서 아주 예시적인 총괄하는 그런 표현들을 넣은 것입니다.

그러다 보니까 헌법재판소나 대법원에서도 문자메시지도 그밖에 이와 유사한 것이다. 또 인터넷 홈페이지에 글을 게시하는 것, 이것도 그밖에 이와 유사한 것이라고 하고 있습니다.

오히려 트위터는 홈페이지에 글을 게시하는 것에서 플러스 또 주고 받는 것이 있습니다. 홈페이지에 글을 게시하는 것보다도 한 단계 더 나아간 것입니다.

그래서 지금 홈페이지에 글을 게시하는 것도 왜 글을 게시하는 게 그밖에 이와 유사한 것이냐? 문서의 배부를 금지하는 규정이 있습니다. 제93조 문서, 전자적인 어떤 그런 형식에 맞는 주어진 형식의 전자적인 글을 썼다. 그러면 그것이 전자문서 아니냐? 전자문서를 인터넷에 게시를 했다라는 개념으로 홈페이지에 글 게시를 제93조 그밖에 이와 유사한 것으로 보고 있습니다. 그러하다면 선거관리위원회에서는 트위터를 그밖에 이와 유사한 것으로 안 봐서는 안 되지요. 안봤다 그러면 더 큰 문제가 있습니다. 그래서 당연히 볼 수밖에 없습니다.

조금 전에 말씀하신 사실상 선거관리위원회에서는 180일 들어갔어도 선거운동에 해당되는 것만 규제하고 있지 않느냐?

틀린 말씀은 아니지만 선거에 영향을 미치게 하기 위한 것도 규제를 하지만 대법원이나 헌법재판소에서도 이런 판례들이 있습니다. '선거에 영향을 미치게 하기 위하여라고 하는 것은 곧 선거운동을 위하여라고 하는 것이다.' 이런 판례들이 더러 형성이 되고 있습니다.

그래서 개념구분을 거의, 일본에서는 그런 개념구분이 없습니다. 우리나라 선거법이 일본선거법을 많이 채용을 하고 원용을 하고 있지만 '선거에 영향을 미치게 하기 위하여' 이런 개념들은 없지요. 그래서 통합되어 가는 듯한 그런 판례들이 나오고 있습니다.

우리 선관위 운영기조도 그렇다고 이해를 해 주시면 고맙겠습니다.

이상입니다.

사 회 자 : 어떤 특정부분이 아니라 전방위로 처음부터 끝까지 모든 문제들이 지금 탁자위에 올라와가지고 토론의 대상이 되고 있는 데, 중복되는 문제도 좋고 혹은 새로운 문제제기도 좋습니다.

여러분들 의견 있는 부분들 계속 지적해 주시기 바랍니다.

오 동 운 : 오동운 헌법연구관입니다.

간단하게 하나 물어보겠습니다.

제가 생각하기에 총론적으로 보면 정치적 표현은 대개 정치적 영향력을 확대하기 위한 활동으로서의 성격을 갖는다고 할 것인데요. 이 정치적 표현의 자유는 선거국면에서 더욱 효용을 발휘하는 기본권임에도 선거국면에서 가장 제약되는 그런 기본권으로서의 성질을 갖는 것 같습니다.

윤석근 과장님과 관련해서 제93조에 '선거에 영향을 미치기 위하여'라는 조문의 해석은 당연히 제58조에 나오는 선거운동의 개념, 당선되거나 되게 하거나 되지 못하게 하기 위한 행위와 관련되어서 좁게 그리고 그 외에 어떤 다른 목적도 있는 경우에, 하여튼 '하기 위하여'라는 개념의 의미는 좀 좁게 해석해야 된다는 그런 생각이 들고요.

그 다음에 발제자께서 주체부분을 포함시켜가지고 선거운동의 개념표지를 정하자 하는 의견, 그 의견에 굉장히 동감이 되는데요. 그러한 방법이 선거 국면에서의 정치적 자유를 신장하는 측면이 있는 것에는 크게 공감을 합니다.

그러면 그러한 명제를 제93조에 대응을 한번 해 보면 제93조 제 1 항 위반이 거기에 대한 처벌규정이 제255조 제 2 항에 부정선거운동죄가 있던데 그러면 그것이 신분범으로 되는 그런 효과를 갖겠습니다.

그러면 아까 토론자께서도 이야기하셨듯이 도대체 후보자나 정당 등이 편법으로 제 3 자를 내세우거나 제 3 자가 자발적으로 누구 후원회라든지 이런 이름을 써가지고 선거운동에 나서는 경우에는 주체에 의해 가지고 포섭되지 않기 때문에 규제를 피할 수밖에 없는 문제가 당장 생기고, 그 발상 자체는 굉장히 신선하고 정치적 자유를 신장하는 그런 측면에서 굉장히 옹호할 수 있겠지만 실무적으로 그것을 어떻게 헤쳐 나갈 것인가는 굉장히 어려움이 남는다고 아까 비슷한 토론자의 말씀이 있으셨는데 그런 부분에 굉장히 동감을 하는 바입니다.

사 회 자 : 지금 여러 가지 얘기들이 나오고 있습니다만 주체에 대한 문제들도 다시 나왔고요. 혹시 비슷한 문제의식을 가지고 계신 분들이 있으면 같이 질문을 해 주시기 바랍니다.

김 진 한 : 김진한 헌법연구관입니다.

저는 기본적으로 황 교수님 견해에 동감하고 있고요.

표현의 자유가 최대한, 특히 정치적 표현행위로서 대표적인 표현행위라고 할 선거운동의 자유는 최대한 보장되어야 된다고 생각합니다.

그런데 우리가 그것을 지금 현행법이 그렇게 되어 있지 않은 상황에서 설득력 있는 논거로서 서로 주장하고 설득하고 해야 할 텐데요. 매체의 특성에 관해서 황 교수님께서 말씀하신 부분은 사실 그렇게 생각하시는 분들은 그렇게 생각하시는 부분이고 또 반대입장에 있어서는 전혀 다른 논거들을 갖고 있는 부분이라고 생각합니다.

그래서 그냥 서로 다른 생각을 갖고 있는 분들끼리 서로 주장만 한다면 우리가 서로 설득이 안 되는 부분이고요. 그래서 그 부분을 어떻게 상대방의 견해쪽에서도 생각해서 우리가 그 부분을 극복할 부분이 있다는 생각이 드는데요. 예를 들어 인터넷 같은 경우에는 우리가 사상의 자유시장이라고 한다면 기본적으로 판매자와 구매자들이 동등한 거래관계에서 1대1 거래관계들이 점점 확산되어 나가는 과정 그래서 시장에서 어떤 상품이 승리하는 과정을 점진적으로 이렇게 이뤄내는 그런 모습을 우리가 머릿속에 연상할 수 있는데 인터넷매체는 아주 손쉬운 방법으로 대량으로 사실상 실질적인 어떤 상품의 힘을 갖고 있지 않은 언론들이 대량으로 이렇게 또는 허위의 언론들이 대량으로 복제되어서 유포될 수 있다는 특성을 갖고 있습니다.

이런 점은 우리가 사상의 자유시장에서 생각했던 원래 언론 모습은 아닌 것 같고요. 그래서 그것 말고도 다른 인터넷 특징들이 있는데 이런 부분들을 우리가 과연 언론자유를 최대한 보장하는 입장에서 어떻게 이런 부분에도 불구하고 그래도 선거운동은 보장되어야 한다라고 설득할 수 있을 것인지 이 부분 질문 드리고 싶고요.

그 부분과 관련해서 결국은 사상의 자유시장이라는 것은 단기간에 어떤 균형이 이루어지는 것은 아니지 않겠습니까? 결국은 어느 정도의 시간이 있어서 진리는 결국 승리한다라는 그런 슬로건으로 말할 수 있을 텐데요. 그렇다면 어느 정도 일정기간은 필요한 것이고 우리의 선거운동기간은 굉장히 짧은 것인데 그렇다면 지금 현재선거운동기간 자체가 인터넷 매체와 맞지 않는 것 아닌가? 인터넷 매체의 특성을 단점까지 감안하더라도 결국은 훨씬 더 장기간 보장할 때는 단점도 없어지면서 인터넷 매체의 특성을 최대한 보장할 수 있는 그 장점을 최대한 살릴 수 있는 그런 특징을 갖고 있는 것으로 해석할 수 있지 않은가 이런 질문 드리겠습니다.

황 성 기 : 당연히 저희와 생각이 다른 사람을 설득하기 위해서는 좀 더 논리적으로 정교해야 되지요.

인터넷을 바라보는 관점은 역시 인터넷의 특성과 맞물려가지고 굉장히 다양한 것 같습니다.

세대 간에 어떤 갭도 있고 또 인터넷을 어떤 방식으로 활용하느냐? 특히 정치권에서 바라보는 관점은 인터넷이라는 공간은 뭔가 애들이 불온한 공간이다 라는 그런 인식이 강한 것 같기도 하고요.

반면에 젊은 세대들은 우리 놀이터다. 왜 놀이터를 어른들이 자꾸 규제하려고 하느냐? 그런 식으로 생각할 수도 있는 것이고, 아무튼 인식의 차이는 분명히 있지만 아까도 제가 말씀드린 것처럼 후보자 비방죄든 허위사실 유포죄든 여러 가지 장치가 분명히 존재하고 있지 않느냐? 특히 우리 현행 공직선거법은 굉장히 강력한 규제장치들을 많이 갖고 있는데 그렇다면 왜 그렇게 불안해할까? 이렇게 여러 가지 규제장치들이 있음에도 불구하고 꼭 이렇게 추가적으로 계속 규제를 해야 되느냐에 대해서는 여전히 근본적인 문제제기를 하고 싶어서 제가 계속 그런 말씀을 드린 것이고요.

그와 관련해서 제가 김진한 연구관님께서 제안하신 선거운동기간의 연장 내지 확장안은 굉장히 좋은 아이디어인 것 같습니다. 굉장히 좋은 아이디어 같은데 그것도 한번 제가 생각하기에는 정치적 표현으로서 자유의 확대라는 맥락에서 말씀하신 대로 인터넷의 역기능을 제어할 수 있는 하나의 방편으로서 굉장히 좋은 아이디어인 것 같습니다.

제가 나중에 좀 더 고민해 보도록 하겠습니다.

사 회 자 : 윤 과장님 보충하실 말씀 있으시면?

윤 석 근 : 아닙니다. 없습니다.

사 회 자 : 또 다른 의견이나 질문 있으면 해 주시기 바랍니다.

만약에 의견이 없으시면 제가 이런 말씀을 좀 드려도 될지 모르겠습니다.

지금 발표도 그렇고 토론도 그렇고 이 인터넷과 선거운동이라고 하는 두 개의 테마를 결합시켜 가지고 검토를 하고 있는데 너무 인터넷 쪽으로 치우쳐 있는 그런 느낌이 좀 들지 않습니까? 오히려 선거운동에다 무게중심을 두고서 그쪽에서 인터넷을 본다면 어떨까요? 아마 또 다른 각도에서 또 다른 문제들을 제기하는 것도 가능할 것 같습니다.

아무튼 여러 가지 다양한 각도에서, 제가 토론자도 아니고 플로어에 있는 것도 아니기 때문에 그런 것을 하나의 시사점으로 말씀만 드리고, 여기 계신 여러분들께서 구체적인 질문을 좀 해 주시기 바랍니다.

박 경 신 : 질문이라기보다는 김진한 연구관님 말씀하신 것을 들으면서 든 생각인데 지금 장 교수님 말씀하신 대로 선거법에 초점을 맞추자면 지금 규제대상이 무엇인지를 봐야 될 것 같습니다.

그러니까 인터넷은 누가 보기에는 참여 촉진적이고 그렇지만 또 누가 보기에는 불법정보들이 아주 쉽게 확산될 수 있는 선과 악이 갈리는 그런 부분이 있는데 선거법을 보면 말입니다. 선거법의 규제대상이 과연 이게 규제대상이 될 수, 그러니까 이래서 인터넷이 이런 것들이 너무 빨리 확산되기 때문에 인터넷이 나쁘다라고 이렇게 볼 수 있는 것인지 살펴봐야 됩니다.

단지 후보자를 지지·반대하면 불법정보가 되어 버리는 것이거든요.

후보자를 비방도 아니고 욕설도 아니고 무슨 명예훼손도 아니고 아무 것도 아니고 그냥 후보자를 지지 비방하는 글이 불법정보가 되어 버립니다.

그러니까 그런 상황에서 과연 후보자를 지지·반대하는 글이 많이 확산되고 이러는 것에 대한 우려를 가지고 과연 인터넷의 확산성 또는 다중성 이런 것에 대해서 비판적인 시각을 가질 필요가 있을까? 이런 생각이 듭니다.

지금 항상 이 선거법에 관해서 대중적인 토론회에서 그런 일이 많이 발생합니다만 항상 많은 분들이 헷갈리시는게 선거같이 중요한 행사에서 허위사실 이런 것들이 돌아다니면 빨리 잡아야 되지 않냐? 국가가 개입해야 되지 않냐? 선거처럼 성스러운 행사에, 항상 그런 얘기를 하시는데, 지금 제93조 제 1 항이나 제82조는 전혀 그런 게 아니거든요. 그런 규제가 잘못되었다는 게 아니라 단순히 진실을 가지고 후보자를 지지하거나 진실을 가지고 후보자를 반대해도 그것을 불법정보로 규정을 하는 게 문제라는 거지요. 그래서 그 규제대상을 봤을 때 인터넷의 확산성을, 인터넷을 더 규제대상으로 만들 그런 어떤 정책적인 필요가 발생하는 것은 아니지 않은가? 이 선거법의 규제대상을 봤을 때, 그런 생각이 듭니다.

사 회 자 : 참지마시고 생각나는 의견들과 의문들을 바로 바로 말씀해 주시기 바랍니다.

윤 석 근 : 제가 한 말씀만 드리도록 하겠습니다.

너무 조용하셔서 마이크를 잡습니다.

할 수 있는 선거운동기간을 확장하자라는 말씀이 계시던데, 앞으로 우리 선거법의 개정방향은 선거운동기간의 확장, 확대 이런 것보다는 아예 선거운동기간의 폐지 이런 쪽으로 나가야 되지 않겠습니까? 기간을 확장하는 것보다는 아예 폐지를 하고 꼭 규제를 해야 될 필요가 있다라고 한다면 기간을 정해서 그리고 규제되는 행위를 아주 명확히 해서 규제를 하는 것이 옳겠다 싶습니다.

그리고 두 번째는 인터넷 선거운동 정당후보자의 경우에만 규제를 하고 일반국민의 경우에는 비판반대의 자유를 좀 더 확장시키자, 그래서 정당후보자만 규제하는 것으로 가자 이런 말씀을 하시는데, 일반인들이 후보자나 입후보예정자나 정치인들을 비판 반대할 자유나 권리가 있다면 오히려 선거에 참여할려고 할 국민의 대표자나 입후보예정자들은 자신의 모든 것에 대해서 알릴 권리나 자유도 더 중요한 것 아닌가? 그래서 우리 선거법은 일반인과 비교해서 정당후보자에게 할 수 있는 것들은 아주 많이 있습니다. 그런데 정당후보자는 할 수 없는데 일반인들이 할 수 있는 것들은 이법에서 인정을 하고 있지를 않습니다.

그래서 선거법이 정당후보자 입장에 서 있는 것 아닌가? 오히려 국민의 입장에서 선거법이 좀 더 보완이 되어야 될 필요는 있습니다. 그렇지만 일반국민은 허용하고 정당후보자는 금지시키는 것은 조금, 여러 가지 점에서 생각해 볼 여지가 있다고 생각을 합니다.

이상입니다.

사 회 자 : 시간이 많이 남지 않았습니다.

하실 말씀 있으면 빨리 빨리 하시기 바랍니다.

사실은 저도 할 얘기가 많은 데 지금 꾹 눌러 참고 있습니다.

여러분들 정말 이렇게 말씀 안하시면 그냥 제가 합니다.

사회자가 그런 것을 하면 그게 꼴이 뭐가 되겠습니까?

손 형 섭 : 제가 한번 더 말씀드려보겠습니다.

아까 선거운동기간을 아주 철폐하자는 아이디어는 기본적으로 바람직하다는 생각은 항상 가지고 있습니다.

그런데 문제는, 그것을 완전히 없애면 결국은 비용으로 통제를 해야지 되는데 우리나라처럼 그동안 해보지 않았던 시스템에서 갑자기 비용통제를 할 때 얼마나 잘 할 수 있을까? 또 특히 미국에서 지금 선거비용만을 가지고 통제하고 있는데 그게 얼마나 효율적일까? 특히 미국의 선거가 굉장히 고비용의 선거운동이라는 것은 이미 알려진바 있고 그리고 또 우리나라에서도 지금 현재 사실 선거행위만 규제하는 게 아니라 비용에 대해서 규제도 어느 정도는 하고 있는데, 아마 아웃 오브 데이터로 얘기한다면 거의 모든 선거운동을 하는 사람들이 비용에 대한 규정을 어긴다는 얘기도, 저도 확인한 바는 아니지만 그런 얘기가 있다면 논리적으로는 기간제한을 완전히 하는 게 바람직하다고 생각하지만 그렇게 되면 비용으로 통제할 수 있을까? 하는 의문이 남습니다.

발표자께서는 어떻게 생각을 가지고 계신지 한번.

황 성 기 : 과장님한테 질문하신 게 아니고 저한테?

박 종 보 : 사실은 우리 윤석근 과장님께서 말씀하신 그것을 제가 말을 하고 싶었는데 그것은 제가 생각하는 앞으로 선거법이 나갈 방향이고 발표자도 아니신데 그 주제 갖고 말씀 안하신 분한테 질문할 수도 없고 그래서 입 다물고 있었는데요.

저는 평소에 어떤 생각을 하냐하면 우리가 무엇 때문에 선거운동의 개념가지고 고생을 하느냐? 처음부터 자유로우면 할 필요가 없지 않습니까?

마음대로 떠들어라 선거든 아니든 해 버리면 고민할 필요가 없는데 일정기간에만 하고 그전에는 못하게 해놓으니까 그전에 하는 행위가 선거운동이냐 아니냐가지고 머리 쓰는 것이거든요. 처음부터 기간제한이라는 게 없으면 개념도 정의할 필요가 없어요. 뭐 이게 넓다 좁다할 필요도 없고. 그러면 기간제한을 없애버리면 남는 것은 어떤 행위를 할 수 있고 못하게 할 거냐하는 얘기만 남을 것이고.

사실 우리나라와 일본에서 선거운동제한이라고 하는 게 처음 나온 것이 결국 금권선거 때문이라고 저는 이해를 하고 있는데, 선거운동 하는데 워낙 돈이 많이 드니까 돈을 많이 동원할 수 있는 사람이 당선된다, 이것은 불공평하다 이것이었고, 거기서 조금 덧붙이면 공무원들이 거든다. 결국 금권선거하고 권력의 개입인데, 그것이 이제는 큰 영향을 못 미치는 수준이 왔다면 과감하게 철폐하면 될 것 같고.

인터넷이 전파성이 커서 겁난다가 아니라 반대로 적은 비용가지고 마음대로 떠들 수 있으니까 마음대로 이용하면 될 거 아니냐? 그리고 만약에 허위정보가 너무 빨리 퍼져가지고 행위자를 나중에 처벌할 수 있지만 선거에 영향을 미치면 어떡하냐? 그러면 그때는 어떤 행위는 선거일 며칠 전까지는 못한다고 규제하면 될 것 같은데, 예를 들면 지금 180일은 너무 길지요. 누가 엉뚱한 소리했다 해도 교정할 수 있는 시간이 없는 게 180일이나 된다는 것은 말이 안 될 거고 지금까지 전파가 빠른 상황에서. 그래서 저보고 선거법을 만들라면 그렇게 확 만들어 버리고 싶은데, 저는 뭐 연구관들 하고 토론할 때도 그렇게 말씀합니다만 오늘 발표자한테 그런 생각 없느냐 하는 것은 주제하고 좀 동떨어진 것 같아서 말씀드립니다.

결국은 자발적으로 인터넷에서 선거운동을 해 주는 사람이 많은 것도 그 사람 능력인데, 다만 그것을 돈으로 사가지고 한다면 금권선거에 의한 불공정의 문제가 생길테니까 그러면 선거운동원등록제도를 엄격하게 운영하는 것 가지고 해야지 하지말자 하지마라하면서 안하는 것을 전제로 자꾸 규제 만드는 게 골치 아프니까 완전히 역발상을 해서 마음대로 해라. 마음대로 하고 돈 많이 못쓰게 하고. 그 다음에 선거 자유롭게 두면 교정이 저절로 될 텐데 안 될 수 있는 그런 … 버린다든지 하는 것만 엄격하게 규제하는 방향으로 결국은 가야 되는게 아닌가 하는 생각을 평소에 하고 있습니다.

박 경 신 : 방금 전에 손 연구원님 질문 중에 선거기간을 없애버리면 그 기간만큼 비용경쟁이 유발되지 않는가 이런 말씀주시면서 미국 얘기들을 드셨는데, 미국은 고비용이라는 게 예를 들어서 전체비용을 통제하는 것이 아니고 한사람이 또는 한 기업이 낼 수 있는 액수를 통제하는 것이거든요. 그래서 한 후보가 돈을 아무리 모아도 그 돈이 많은 사람들이나 많은 기업과 많은 단체로부터 얻은 것이라면 전체비용의 통제를 하는게 아니지요. 그래서 전체비용에 관한 통제도 필요한 것 아니냐?

이런 생각이 있다면 또 다른 접근이 필요하겠지요. 우리나라 상황에서는 전체비용에 대한 통제도 필요하다는 그런 입론도 가능하다고 봅니다.

사 회 자 : 이제 마지막 기회가 될 것 같습니다.

의견 있으신 분들 말씀해 주시기 바랍니다.

박 경 신 : 시간 있으니까 그러면 제가 한 가지만 더 말씀드리겠습니다.

지금 윤 과장님께서 제93조 제 1 항은, 그러니까 처음에 법을 만들 때는 제93조 제 1 항 상의 선거에 영향을 끼치게 하기 위해서 후보지지·반대하는 것하고 선거운동하고는 다른 것으로 만들려고 법을 만들었는데 나중에 집행할려고 보니까 사실은 같이지더라. 이런 말씀을 해 주셨는데, 그것 때문에 지금 제82조의 4하고 제93조하고 충돌하는 문제는 지금 별로 중요하지 않다. 그러니까 발제자도 지금 강하게 지적을 했고 저도 토론회에서 다시 한번 지적을 했습니다만 아직 선관위에서 이게 실제로 법적인 문제가 발생할 수 있다 라는 것을 느끼지 못하시는 것 같아요.

그러니까 이러한 상황이 있을 수가 있는 거지요. 180일내에 들어가서 어떤 후보를 지지·반대하는 글을 올렸다가 선관위로부터 처벌을 받는 겁니다.

그런데 그 사람이 평등권상의 주장을 할 수가 있다는 거지요.

왜냐하면 선관위가 제93조를 그냥 적용하는 게 아니라 어떻게 적용하고 있냐하면 선거운동이라는 정의를 기준으로 해서 적용을 하고 있거든요.

그런데 선거운동이라는 기준을 이용을 해서 처벌을 하게 되면 제82조의 4 또는 제254조에 따르면 선거운동기간전에는 180일 전이건 180일 후건 365일 계속 선거운동이 다 금지가 되어야 됩니다.

그러면 180일 기간 전에 똑같은 글을 올린 사람은 처벌을 안 하고 180일 안에 들은 사람은 처벌을 하고 그러면 곧바로 평등권문제가 생기거든요.

그래서 그런 헌법소원이 들어 갈 수도 있으니까 제82조의 4하고 제93조 충돌문제를 유의해서 봐주셨으면 좋겠습니다.

발 표 자 : 충돌문제를 예상을 했기 때문에 '이법의 규정에 의한 것을 제외하고는'이라는 표현이 들어갔지 않았겠습니까?

선거운동기간 전에는 사전선거운동기간으로 다 금지를 시키고 있다가 180일 들어와서는 선거에 영향을 미치게 하기 위한 행위를 뭔가는 모르지만 더 금지를 시키고 있다가 선거운동기간 중에 들어가서는 인터넷 선거운동이 가능합니다. 전혀 이상한 것 같지는 않습니다. 법체계상.

사 회 자 : 슬슬 마무리를 지어야 될 것 같습니다.

사실 워낙에 덩치가 큰 테마였었고 또 인터넷만 해도 그렇고 선거운동만 해도 그렇고 하나하나가 복잡한 것을 이 두 개를 묶어서 얘기하려고 그러다보니까 좀 더 선명해지는 게 아니라 좀 더 복잡해지는 그런 부분들이 있었던 것 같습니다.

거기에다가 논의가 조금 더 어려웠었던 것은 사실 선거운동에 있어서는 어떤 불법적인 왜곡된 정보를 가지고 선거운동 하는 것에 대한 금지가 있는가 하면 그 기간 때문에, 지금 많은 얘기가 선거운동기간 혹은 180일 이런 얘기들이 있었는데 그 두 가지가 혼용되면서 막 뒤섞이면서 더 복잡해진 그런 부분들, 그런데 아마 여러분들 다 느끼셨을 것입니다. 지금 주제는 인터넷과 선거운동이었음에도 불구하고 왜 선거운동기간 얘기가 그렇게 많이 나오느냐? 이것은 단순히 그 기간의 적용 폭 때문만이 아니라 구조적인 유사점이 조금 있습니다.

결국 불법적인 정보냐 아니냐, 왜곡된 정보냐 아니냐를 따지지 않고 기간 내에만 하고 기간 외에는 못한다라고 하는 것과 특정매체를 이용한 것은 무조건 안 된다라고 하는 것은 미묘한 공통점을 가지고 있거든요. 그리고 그것은 결국 선거운동이라고 하는 것을 과열시켜서는 안 된다. 그리고 거기에 대해서 입법자가 상당히 소극적이다.

물론 아까 여러분들께서 말씀해주신 것처럼 그리고 윤 과장님도 거기에 대해서 적극적인 의견을 표명해 주셨는데, 아니 이런 것들 다 없애자하는 것도 하나의 대안은 될 수 있을 겁니다.

하지만 그런 경우에서도 우리가 조금은, 뭐 여러분들 전부 다 헌법전문가들이시니까 이런 문제들과 관련해가지고서 비례성을 따지면서 여러 가지 다양한 가능성들을 따지는 이런 것들은 조금 아쉽게 느껴지기는 합니다.

예컨대 인터넷하고 뭉뚱그려 얘기하기 보다는 인터넷 자체가 굉장히 포괄적이고 다양하니까 서비스유형에 따른 차별적 취급같은 것을 한번 검토를 해본다든지 이런 것들에 대해서 조금 더 구체화시키는 그런 것도 가능하지 않았을까 싶습니다.

아무튼 오늘의 논의가 이 문제에 대해서 결론을 내린다기 보다는 논의의 시발이고 이를 통해 가지고 많은 논의가 자극되고 좀 더 합리적이고 모든 사람들이 납득할 수 있는 대안이 마련될 수 있기를 기대하면서 이제 우리 헌법실무연구회의 회장님이신 김희옥 재판관님께 마무리 말씀을 부탁드리겠습니다.

회　장 : 마무리 말씀이라고 해서 특별히 드릴 것은 없습니다.

오늘이 103회 발표회에서 발제를 해 주신 황성기 교수님 그리고 지정토론을 해 주신 박 교수님하고 윤 과장님 노고에 감사드립니다.

오늘 이 주제를 선거운동 관련해 가지고 해보자고 한 취지는 곧 지방선거가 있고 또 결국 헌재에서 보니까 큰 덩치가 있습니다.

우리나라 각 법률분야 중에서 제가 있으면서 보니까 그 많은 사건을 점하는 큰 덩치가 조세관련 그 다음에 표현의 자유관련, 형사처벌규정관련, 이 공직선거관련, 특히 공직선거법 관련사건이 아주 많습니다.

현재도 오늘 이 발제논문에도 들어있는 트위터, 그것도 현재 심리중이고 여러 가지 사건이 계속 중입니다만, 그래서 그런 점에서 이 주제를 한번 해보자 해가지고 오늘 좋은 기회가 된 것 같습니다.

제가 오늘 앉아서 가만히 생각해 보니까 제가 헌재에 온 다음에는 이 공직선거법 관련해 가지고 위헌의견 낸 것은 자필서신배포 그거 관련 위헌의견 낸 외에는 다 합헌으로 간 게 아닌가?

우리 황 교수님 오늘 여기 판례, 선례번호가 나와 있습니다만 그런 생각이 드는데, 또 이런 생각도 듭니다.

결국 선거운동의 자유, 정치적 표현의 자유가 틀림없고 이는 소중한 가치고 중요한 것은 다 아는 내용이지만 우리 역사를 가만히 들여다보면 얼마 아닙니다.

금권, 관권, … 무슨 흑색선전 하는 이런 것이 있어 왔고, 또 주변에 그런 것으로 인해 가지고 오히려 역으로 말씀드린 정치적 표현의 자유, 선거운동의 자유가 역으로 침해되어서 제대로 행사되지 못하는 그런 역사를 근간에까지 갖고 있습니다.

현재는 없는지 확신을 못합니다.

그런 점에서 현재의 공선법이 규정하고 있는 이 규정들에 대해서 매우 조심스럽게 또 입법형성의 그런 면을 잘 살피면서 할려고 한 것이 아닌가 그런 생각을 해봅니다.

아까 우리 윤 과장님께서 말씀하시기를 이거 탁 털어버리고 기간도 없애고 이런 규제를 많이 없애는 대신 명확한 것만 골라가지고 입법을 했으면 좋겠다. 아마 선관위에서 그렇게 생각하시고 실무를 하다보면 그런 생각이 늘 들 겁니다.

오늘 여기서 논쟁된 것 중에 많은 부분도 우리나라의 현재 공선법이 앞뒤 조문간에 또 조문 내부에서도 뭔가 연결이 명확하지 않기 때문에 일어나는 문제가 많습니다. 주제발표하신 황 교수님께서도 그점 지적하고 그렇게 지금 되어 있습니다. 지금 현재법은.

그래서 재판관들 사이에 평의할 때도 사실 그렇습니다.

이거 법전 찾아보고 아까 제200 몇 조하고 제80 몇 조, 제90 몇 조 이렇게 막 뒤져봅니다.

그래 가지고 아, 이게 이렇게 되나? 이렇게 이야기할 때가 있는데 그렇게까지 되는 이유는 이 법 자체의 입법론, 입법이 뭔가 문제가 있다는 이야기를 하는 거지요.

입법론이라고 하는 게 있잖습니까? 입법학이 매우 중요하고 입법기술이 여러 가지 있는 중에 그런 면으로 따지면 현재의 공직선거법은 잘된 법은 아니라는 생각을 하기 때문에 아까 말씀하신 취지에 충분히 공감을 합니다.

그래서 그런 때가 언젠가는 올 것으로 생각을 하고 잘 정비가 되겠지요.

그러니까 트위터 이런 문제는 현재 계쟁중이기 때문에 제가 이야기할 사항은 아닌 것 같고, 아무튼 오늘 참 좋은 기회를 가진데 대해서 감사드리고, 다음에 104회때 또 좋은 주제를 가지고 좋은 발제자와 토론자를 모시고 그런 기회 가지기를 기대합니다.

감사합니다.

第104회(2010. 7. 2) 발표문

헌법불합치결정에 따른 입법자의 법률개선의무 위반의 법적 효과*

허 완 중**

Ⅰ. 법률개선의무 이행을 게을리하는 입법자

헌법재판소가 법률(조항)의 위헌성을 확인하면 헌법재판소는 원칙적으로 단순위헌결정을 내린다. 법률(조항)의 위헌성을 확인하였을 때에 단순위헌결정을 내리면 법률의 빈틈이나 규율 없는 상태는 일어나지 않고 바로 합헌상태가 회복되는 것이 보통이다. 따라서 이때에 입법자의 적극적 행위는 요구되지 않는다. 입법자는 자신의 결정에 따라 같거나 비슷한 목적이 있는 법률을 새롭게 제·개정하거나 가만히 있거나 의미 없게 된 법률파편을 제거할 수 있다. 그 밖의 어떠한 적극적이고 구체적인 입법의무도 입법자는 지지 않는다. 그러나 때로는 입법자가 입법형성권의 범위 안에서 다양한 수단 중 하나를 선택하여야 합헌상태를 회복할 수 있을 때도 있다. 그리고 드물지 않게 법률이 효력을 상실하면 감내할 수 없는 법적 공백이나 혼란이 일어날 수도 있다. 또한, 기존 법률이 단지 보충만을 요구하는 때도 있을 수 있다. 이러한 때에 합헌상태는 단순위헌결정을 통해서 회복될 수 없으므로, 헌법재판소는 단순위헌결정 대신 헌법불합치결정[1)]을 내린다.

헌법불합치결정은 심판대상이 된 법률(조항)의 위헌성을 확인하지만, 입법자의 입법형성권을 존중하거나 법적 공백과 혼란을 방지하기 위해서 그 법률(조항)에 대해서 단순위헌결정을 선고하지 아니하고 헌법에 합치하지 아니한다고 선언하여 헌

* 본 논문은 필자의 박사학위논문인 Wan-Jung Heo, Umfang und Grenzen der gesetzgeberischen Bindung durch verfassungsgerichtliche Entscheidung, Diss. jur. München, 2008, S. 98-108을 번역하여 다듬고 보충하여 2009년 2월 21일 한국공법학회 제147회 학술발표회 "공법학연구의 최근동향"에서 발표한 「헌법재판소결정에 따른 입법자의 의무」, 324~334면을 확장하고 보충·발전시킨 것이다.

** 고려대학교 법학연구원 연구교수, 법학박사.

1) 헌법불합치결정을 정당화하는 사유에 대한 자세한 검토는 허완중, "헌법재판소의 헌법불합치결정을 정당화하는 사유," 안암법학 제31호, 안암법학회, 2010, 31~68면 참조.

법재판소법 제47조 제 2 항[2](과 제75조 제 5 항 및 제 6 항) 적용을 배제하는 결정유형이다. 단순위헌결정과 달리 헌법불합치결정은 원칙적으로 법률의 위헌성을 확인하되 그 효력 상실을 유보한다. 나아가 헌법불합치결정은 입법자에게 상당한 기간 안에 또는 기한이 설정된 때에는 그 기한 안에 위헌성이 확인된 법률을 개선할 의무를 부과한다. 그리고 입법자가 법률을 개선할 때까지 국가기관이 위헌법률 적용을 중지하도록 함으로써 개선된 신법 적용을 명령하는 효력이 있다. 따라서 헌법재판소가 헌법불합치결정을 내려도 입법자가 법률을 개선하지 않으면 위헌상태는 제거되지 않고 합헌상태를 회복할 수도 없다. 이러한 점에서 헌법불합치결정의 실효성은 입법자의 법률개선의무 이행에 달렸다. 그러나 한국의 헌법현실을 살펴보면, 국회가 헌법재판소의 헌법불합치결정에 따른 법률개선의무를 충실히 이행한다고 보기 어렵다.[3] 지금도 야간옥외집회금지를 규정한 집회 및 시위에 관한 법률 제10조 중 "옥외집회" 부분 및 제23조 제 1 호 중 "제10조 본문의 옥외집회" 부분에 대해서 2009년 9월 24일에 헌법재판소가 헌법불합치결정을 내렸으나,[4] 국회는 법률개선시한인 2010년 6월 30일까지 해당 법률을 개선하지 않기로 확정한 상태이다. 이처럼 헌법불합치결정에 따른 법률개선의무과 관련하여 게으른 입법자가 일으키는 헌법문제 해결과 관련하여 입법자가 법률개선의무를 이행하지 않으면 어떠한 법적 효과가 발생하는지와 이러한 입법부작위를 어떻게 통제할 수 있는지가 중요한 헌법문제로 대두한다.

2) 이 조항에 대한 자세한 해석에 대해서는 허완중, "한국헌법에 따른 헌법재판소법 제47조 제 2 항의 해석," 공법연구 제37집 제 4 호, 한국공법학회, 2009, 229~255면 참조.

3) 최근에 법률개선시한이 2008년 12월 31일로 설정된 공직선거법 제26조 제 1 항에 의한 [별표2] 「시 · 도의회의원지역선구역표」와 제22조 제 1 항(헌재 2007. 3. 29. 2005헌마985등)이 2010년 1월 25일에, 법률개선시한이 2009년 12월 31일로 설정된 국세징수법 제78조 제 2 항 후문(헌재 2009. 4. 30. 2007헌가8)이 2010년 1월 1일에 비로소 개정되었다. 그리고 법률개선시한이 2009년 12월 31일로 설정된 공직선거법 제56조 제 1 항 제1호와 방송법 제73조 제 5 항이 2010년 6월 29일 현재까지도 개정되지 않았다. 또한, 2002년 9월 19일 법률개선시한 없이 헌법불합치결정(2000헌바84)이 내려진 약사법 제16조 제 1 항(현행법 제20조 제 1 항)과 2007년 6월 28일에 법률개선시한 없이 헌법불합치결정(2005헌마772)이 내려진 공직선거법 제38조 제 3 항과 제158조 제 4 항이 아직도 개정되지 않았다. 2009년 12월 29일에 헌법불합치결정이 내려진 형사소송법 제48조 제 1 항과 제 2 항은 아직 개정안도 나오지 않았다.

4) 헌재 2009. 9. 24. 2008헌가25, 판례집 21-2상, 427.

Ⅱ. 법률개선의무의 개념과 근거 그리고 발생원인

1. 법률개선의무의 개념

입법자의 적극적(이고 구체적인) 입법의무는 법률의 불완전성(법률의 하자 : Gesetzes-mangel)에서 발생한다. 법률의 불완전성은 법률의 빈틈(법률의 흠결 : Gesetzeslücke)과 법률의 잘못(법률의 결함 : Gesetzesfehler)으로 구성된다.[5] 그에 따라서 적극적이고 구체적인 입법의무는 법률의 빈틈을 메워야 하는 의무와 법질서 안에서 법률의 잘못을 바로잡아야 하는 의무로 나타난다. 전자가 법률제정의무이고, 후자가 법률개선의무이다. 법률개선의무는 입법자가 헌법과 어긋나는 법률의 잘못을 헌법에 맞게 바로잡아야 할 적극적(이고 구체적인) 입법의무이다. 법률개선의무는 입법자가 헌법을 위반하였을 때에 비로소 소극적으로 확정되는 상대적 의무이다.[6] 헌법재판소는 '입법개선의무'라는 용어를 사용한다.[7] 그러나 개선의 대상은 입법이 아니라 법률이므로 '입법개선의무'라는 용어는 적합하지 않고, '법률개선의무'가 정확한 용어라고 생각한다.[8] 특히 법률개선의무는 법률제정의무[9]와 법률관찰의무[10]라는 용어와도 조화를 이룬다. 법률을 계속 개선하기 위해서 법률이 제·개정되고 나서 입법자가 생각했던 대로 효력을 발생하는지를 확인하여야 하는 입법의무인 법률관찰의무는 위헌성이 아직 확인되지 않은 법률에서 문제가 되고, 입법자에게 구체적 행위의무를 부과하지 않는다는 점에서 법률개선의무와 구별된다.

법률개선의무는 오로지 헌법불합치결정을 통해서만 입법자에게 부과된다.[11] 단순위헌결정이나 한정위헌결정에서는 위헌법률(조항) 자체나 그 일부가 효력을 상실하여 법률개선의무의 대상이 없어서 법률개선의무가 비집고 들어갈 틈이 없다.[12]

---

5) Karl Engisch, Einführung in das juristische Denken, 10. Aufl., Stuttgart 2005, S. 177.
6) Christian Mayer, Die Nachbesserungspflicht des Gesetzgebers, Baden-Baden 1996, S. 152.
7) 예를 들어 헌재 1998. 12. 24. 89헌마214, 판례집 10-2, 927, 959; 1999. 10. 21. 97헌바26, 판례집 11-2, 383, 418; 2001. 11. 29. 99헌마494, 판례집 13-2, 714, 732; 2004. 1. 29. 2002헌가22, 판례집 16-1, 29, 46, 56-57; 2008. 10. 30. 2005헌마723, 판례집 20-2상, 941, 964-965.
8) 같은 견해 : 홍완식, "입법자의 법률개선의무에 관한 연구," 공법연구 제31집 제2호, 한국공법학회, 2002, 284면.
9) 이에 대한 자세한 검토는 허완중, "헌법재판소결정에 따른 입법자의 의무," 한국공법학회 제147회 학술발표회 공법학연구의 최근동향, 2009. 2. 21, 321~324면 참조.
10) 이에 대한 자세한 검토는 허완중(주 9), 339~344면 참조.
11) 헌재 1998. 12. 24. 89헌마214, 판례집 10-2, 927, 959 참조.
12) Helmut Miernik, Die verfassungsrechtliche Nachbesserungspflicht des Gesetzgeber, Diss. jur. Leipzig, 1997, S. 47 참조.

단순합헌결정이나 한정합헌결정을 통해서는 개선되어야 할 법률의 위헌성이 확인되지 않고, 촉구결정은 개선명령이 아니라 개선촉구에 그치므로,[13] 이러한 결정 때문에 입법자가 법률개선의무를 지지 않는다.[14] 단순합헌결정이나 촉구결정에서 법률이 현재 합헌이기는 하지만, 앞날에 위헌이 되리라는 것이 확인되더라도 헌법재판소는 '잠재적' 법률개선의무를 지적할 수 있을 뿐이며, 이러한 헌법재판소결정에서 어떠한 (현재적) 법률개선의무도 도출되지 않는다.[15] 이러한 점에서 독일연방헌법재판소가 법률의 위헌성을 확인하였을 때에 촉구재판을 내리는 것[16]은 이러한 법률이 더는 합헌일 수 없으므로 적절하지 않다. 이때에 헌법재판소결정[17]처럼 헌법재판소는 법률이 헌법과 합치하지 않는다고 결정하고 법률을 개선할 때까지 그러한 법률의 계속적용을 명령하여야 할 것이다.

2. 법률개선의무의 근거

(1) 판 례

한국헌법과 독일기본법은 법률개선의무를 명확하게 규정하지 않는다. 그러나 독일연방헌법재판소는 법률개선의무를 오래전부터 인정하였다.[18] 헌법재판소도 몇몇 결정에서 구체적으로 논의하지는 않았지만, 법률개선의무를 언급하였다.[19] 독일연방헌법재판소는 법률개선의무를 헌법적 의무로 본다.[20] 이러한 헌법적 의무는 일반적으로 입법자의 헌법합치적 질서에 대한 구속(독일기본법 제20조 제 3 항)[21]이나 기

13) 이러한 점에서 헌법불합치결정과 관련하여 법률개선촉구, 입법개선촉구, 입법촉구와 같은 용어를 사용하는 것은 올바르지 않다고 본다. 헌법불합치결정은 입법자에게 단순히 법률개선을 '촉구'하는 것이 아니라 법률개선의무를 부과하여 입법을 '강제'하는 것이기 때문이다. 그러므로 헌법불합치결정과 관련하여서는 '법률개선명령'이라는 용어를 사용하여 입법자가 법률개선의무를 진다는 점을 명확하게 밝히는 것이 옳다고 본다. 덧붙여 헌법불합치결정을 넓은 의미에서 입법개선촉구결정의 유형으로 볼 수 있다는 견해(허영, 헌법소송법(제 5 판), 박영사, 2010, 246면)도 문제가 있는 것으로 보인다. 헌법불합치결정의 본질은 위헌결정이지만, 촉구결정의 본질은 합헌결정이고, 헌법불합치결정은 입법자에게 법률개선의무를 부과하지만, 촉구결정은 입법자에게 법률관찰의무를 부과한다는 점에서 완전히 구분되기 때문이다.

14) Yooncheol Choi, Die Pflicht des Gesetzgebers zur Beseitigung von Gesetzesmängeln, Diss. jur. Hamburg, S. 166 참조.

15) Marius Raabe, Grundrechte und Erkenntnis, Baden-Baden 1998, S. 450 참조.

16) BVerfGE 4, 157; 16, 130; 21, 12 참조.

17) 예를 들어, 헌재 2001. 10. 25. 2000헌마92, 판례집 13-2, 502(위헌적 선거구 획정).

18) BVerfGE 49, 89 (130); 56, 54 (79).

19) 예를 들어, 헌재 1999. 10. 21. 97헌바26, 판례집 11-2, 383, 418; 2001. 11. 29. 99헌마494, 판례집 13-2, 714, 732.

20) BVerfGE 41, 399 (426); 43, 291 (321); 45, 187 (252); 49, 89 (130); 53, 257 (312 f.); 55, 274 (308); 59, 119 (127); 67, 299 (328); 68, 287 (309); 88, 203 (309).

21) BVerfGE 15, 337 (349 f.).

본권구속의 효력(독일기본법 제1조 제3항) 또는 입법자의 다른 (예를 들어 선거구획정에서 선거권평등원칙, 정당재정보조규정에서 정당의 기회균등원칙 또는 독일기본법의 재정헌법에 대한) 헌법적 구속[22]에서 도출된다고 한다. 그리고 법률개선의무를 보호의무에서 도출하는 독일연방헌법재판소 재판도 있다.[23]

(2) 학 설

법률개선의무의 근거를 헌법 제10조 제2문에서 찾으려는 견해가 있다.[24] 이 견해는 법률개선의무의 근거를 헌법재판소법 제47조 제1항과 제2항(헌법재판소결정의 기속력과 법률적 효력)에서 찾기가 쉽지만, 입법자의 입법형성권을 침해하는 문제가 발생할 수 있다고 한다. 그리고 헌법 제10조 제2문 국가의 기본권보장의무 때문에 입법자인 국회는 헌법재판소가 헌법불합치결정을 통해서 확인한 헌법불합치상태를 신속히 교정할 의무를 부담한다고 한다. 또한, 입법자의 법률개선의무는 헌법불합치결정이 선고되어도 국민의 기본권침해에 대한 구제 폭이 축소되어서는 안 되고, 가능한 한 그대로 유지하여야 한다는 법적용자에 대한 법적 효과와 들어맞는다고 한다.

독일에서는 법률개선의무의 근거를 독일기본법에서 찾는다. 먼저 오직 독일기본법 제20조 제3항[25]과 제1조 제3항[26]이 법률개선의무의 근거를 형성할 수 있다는 견해가 있다.[27] 이 견해를 따르면 법률 개선은 독일기본법에서 도출되는 헌법적 의무라고 한다. 그리고 입법자의 헌법 구속(독일기본법 제20조 제3항), 입법독점의 의무적 성격 그리고 원상회복원칙(Restitutionsprinzip)이 법률개선의무를 근거 지울 수 있다는 견해도 있다.[28] 또한, 법률개선의무는 기본권에서 획득되어야 할 보호효력의 특별한 법적 효과라는 견해도 있다.[29] 그밖에 법률개선의무의 법적 근거는 헌

22) BVerfGE 82, 353 (380).

23) BVerfGE 56, 54 (79, 81); 88, 203 (309); BVerfG, Beschluss vom 26. 10. 1995, in: NJW 1996, S. 652.

24) 남복현, "헌법재판소 결정의 효력에 관한 쟁점 및 해결방안," 문광삼/남복현/전정환, 헌법재판소 결정의 효력에 관한 연구(헌법재판연구 제7권), 헌법재판소, 1996, 350~351면.

25) "입법은 헌법합치적 질서에 구속되고, 집행과 사법은 법률과 법(Gesetz und Recht)에 구속된다."

26) "이하의 기본권은 직접 효력이 있는 법으로서 입법, 집행 그리고 사법을 구속한다."

27) Klaus Stern, Das Staatsrecht der Bundesrepublik Deutschland, Bd. Ⅲ/2, München 1994, S. 1159.

28) Christian Mayer (Anm. 6), S. 153 ff.

29) Peter Badura, Die verfassungsrechtliche Pflicht des gesetzgebenden Parlaments zur Nachbesserung von Gesetzen, in: Georg Müller (Hrsg.), Staatsorganisation und Staatsfunktionen im Wandel: Festschrift für Kurt Eichenberger zum 60. Geburtstag, Basel/Frankfurt am Main 1982, S. 482 f.

법규정의 급부적 또는 보호적 내용이라는 견해도 있다.[30)]

(3) 사 견

헌법은 모든 국가권력을 조직·구성·제한하고, 그 임무와 절차, 권한을 규율한다. 따라서 모든 국가권력은 헌법에 구속된다(헌법 제10조 제2문). 그래서 국가권력은 언제나 합헌상태를 유지하여야 하고, 합헌상태가 깨지면 합헌상태를 회복하여야 한다. 그러므로 국가권력은 위헌상태를 제거할 권한이 있을 뿐 아니라 위헌상태를 제거할 의무도 진다. 그리고 기본권을 보호하고 기본권을 구체화하는 것은 헌법 목적으로서 국가의 과제이며 의무이다.[31)] 또한, 기본권규범은 국가에 대한 개인의 주관적 권리뿐 아니라 헌법적 기본결정으로서 모든 법영역에 효력을 미치고 입법, 집행 그리고 사법에 대한 지침과 동인을 제공하는 객관적 가치질서도 포함한다. 게다가 많은 기본권, 특히 사회권은 구체화와 형성이 필요하다. 그래서 국가는 기본권을 소극적으로 존중하여야 할 뿐 아니라 적극적으로 보호하여야 한다.[32)] 따라서 입법자는 국가권력 일부로서 합헌상태를 형성하고 위헌상태를 제거할 의무를 진다. 특히 헌법이 입법자에게 입법권을 부여하여(헌법 제40조) 법률제·개정권을 독점시켰으므로, 입법자는 법률을 헌법에 맞게 제·개정하고, 법률의 합헌상태를 계속 유지하여야 한다. 이러한 입법자의 입법의무에 법률개선의무가 당연히 포함된다. 이러한 점에서 법률개선의무의 근거는 헌법에 대한 입법자의 구속이다. 헌법재판소는 법률의 위헌성을 단지 확인할 수 있을 뿐이므로, 헌법재판소결정 자체나 그 효력은 법률개선의무의 직접 근거가 될 수 없다. 그러나 헌법에 대한 입법자의 구속은 구체적인 내용을 포함하지 않는다. 이러한 구체적 내용은 오로지 관련된 개별 헌법규정에서 도출될 수 있다. 결국, 법률개선의무는 헌법에 대한 입법자의 구속과 결합한 관련된 개별 헌법규정에서 도출된다.[33)] 이러한 점에서 기본권보호의무[34)]에서는 제3자의 기본권침해가 문제 되고 국가의 기본권침해는 문제가 되지 않으므로 기본권보호의무에서 법률개선의무가 도출될 수 없다는 견해[35)]는 부분적으로 옳지 않다. 입법자

30) Michaela Eisele, Subjektive öffentliche Rechte auf Normerlaß, Berlin 1999, S. 177.

31) Konrad Hesse, Grundzüge des Verfassungsrechts der Bundesrepublik Deutschland, 20. Aufl., Heidelberg 1995, Rdnr. 291 (콘라드 헷세, 계희열 옮김, 통일독일헌법원론, 박영사, 2001, 189면).

32) Josef Isensee, Das Grundrecht auf Sicherheit, Berlin 1983, S. 33.

33) Klaus Stern, Das Staatsrecht der Bundesrepublik Deutschland, Bd. Ⅲ/1, München 1988, S. 1316 참조.

34) 이에 대한 자세한 검토는 허완중, "기본적 인권을 확인하고 보장할 국가의 의무," 저스티스 제115호, 한국법학원, 2010. 2, 85~90면 참조.

35) Werner Bernd, Legislative Prognosen und Nachbesserungspflichten, Diss. jur. Mainz, 1989, S. 127.

가 과소보호금지원칙[36]에 어긋나게 법률을 제·개정하면 기본권은 침해될 수 있기 때문이다.

3. 법률개선의무의 발생원인

법률개선의무는 항상 개선 대상인 현재 효력이 있는 법률을 전제한다. 따라서 법률에 빈틈이 있을 때가 아니라 법률에 잘못이 있을 때에 법률개선의무가 문제 된다.[37] 이때의 잘못은 법률을 헌법에 어긋나게 할 정도, 즉 법률을 위헌이 되게 할 정도이어야 한다. 입법자는 법률에 잘못이 있는 한 언제나 그러한 잘못을 바로잡아야 하므로, 법률의 잘못이 처음부터 존재하였는지 또는 후발적으로 발생하였는지는 중요하지 않다. 따라서 법률개선의무의 발생원인은 3가지가 제시될 수 있다.

먼저 ① 입법자가 법률을 제정할 때에 법률의 내용·범위·절차 등 규율사항을 불완전하거나 불충분하거나 불공정하게 규율하여서 법률이 이미 제정 당시에 위헌일 때(부진정입법부작위)에 법률개선의무가 문제 된다. 입법자는 모든 법적 사항을 규율하여야 하고 이러한 규율은 완전하고 충분하며 공정하여야 한다. 그렇지 않으면 입법자가 제정한 법률은 위헌이고 입법자는 이러한 법률을 개선하여야 한다. 법률의 위헌성이 효력이 발생하고 나서 드러났더라도 객관적으로 아무것도 변하지 않고 단지 인식상태가 개선되었을 뿐이므로, 언제 법률의 위헌성이 인식되었는지는 전혀 중요하지 않다.[38]

다음으로 ② 법률이 근거하는, 규율에 중요한 사실이나 법률의 작용에 대한 예단이 효력이 발생하고 나서 전체적으로 혹은 부분적으로 잘못된 것으로 밝혀졌을 때(잘못된 예단)에 법률개선의무가 발생할 수 있다.[39] 여기서 예단의 범위는 법률을

36) 이에 대한 자세한 검토는 허완중, "기본권보호의무에서 과소보호금지원칙과 과잉금지원칙의 관계," 공법연구 제37집 제1-2호, 한국공법학회, 2008, 201~227면 참조.

37) Christian Mayer (Anm. 6), S. 47 참조.

38) Christian Mayer (Anm. 6), S. 121 참조.

39) BVerfGE 88, 203 (309 f.); Peter Badura (Anm. 29), S. 484; ders., Die Verfassung im Ganzen der Rechtsordnung und die Verfassungskonkretisierung durch Gesetz, in: Josef Isensee/Paul Kirchhof (Hrsg.), HStR, Bd. VII, Heidelberg 1992, § 163 Rdnr. 30; Jens Blüggel, Unvereinbarerklärung statt Normkassation durch das Bundesverfassungsgericht, Berlin 1998, S. 121; Klaus Meßerschmidt, Gesetzgebungsermessen, Berlin 2000, S. 1007; Helmut Miernik (Anm. 12), S. 12 ff.; Fritz Ossenbühl, Die Kontrolle von Tatsachenfeststellungen und Prognoseentscheidungen durch das Bundesverfassungsgericht, in: Christian Starck (Hrsg.), Bundesverfassungsgericht und Grundgesetz: Festgabe aus Anlaß des 25jährigen Bestehens des Bundesverfassungsgerichts - Verfassungsgerichtsbarkeit, Bd. I, Tübingen 1976, S. 517 f.; ders., Bundesverfassungsgericht und Gesetzgebung, in: Peter Badura/Horst Dreier (Hrsg.), Festschrift 50 Jahre Bundesverfassungsgericht:

제정할 때에 예측할 수 있는 변화에 국한된다.[40] 입법자가 예단할 때에 규율에 중요한 사실이나 법률의 작용결과를 실제로 고려하였는지는 문제가 되지 않는다.

끝으로 ③ 사실관계와 법적 상황이 바뀌어서 법률과 사실의 불일치가 발생하였을 때(사실관계와 법적 상황 변화)에 법률개선의무가 나타날 수 있다.[41] 이때에 변화대상은 법률을 제정할 때에 예측할 수 없었던 변화에 국한된다. 그리고 이러한 변화는 법률의 위헌성에 영향을 미쳐야 한다.[42] 사실관계 변화는 규율되어야 할 현실인, 법률이 근거하는 사실이 바뀐 것을 의미한다. 법적 상황 변화에는 헌법개정, 바뀐 헌법해석 또는 심지어 '헌법변천', 관련법규범 개정 등에 따른 규범적 판단기준 변경이 포함된다. 그러나 법률 자체의 개정은 심판대상 자체가 바뀌므로 제외된다.[43] 그밖에 법률을 제정할 때에 합헌이었던 법률이 나중에 새로운 고찰방법이나 평가변화 때문에 위헌으로 증명될 수도 있다.

Ⅲ. 법률개선의무의 내용

1. 심사대상

헌법재판소는 관련된 헌법적 심사절차가 없으므로 법률개선의무 발생과 함께 명령받은 입법자의 행위를 직접 심사할 수 없다. 입법자는 특정한 행위가 아닌 법률에 대해서만 책임을 지므로, 규범통제에서 헌법재판소의 과제는 법률의 헌법합치성을 심사하는 것이다. "따라서 헌법재판소는 단지 의심스럽고 개선이 필요한 것으로 보이는 법률을 심사하는 범위 안에서만 입법자의 법률개선의무에 대해서 통제할 수

Verfassungsgerichtsbarkeit - Verfassungsprozeß, Bd. I, Tübingen 2001, S. 40; Rudolf Steinberg, Verfassungsgerichtliche Kontrolle der „Nachbesserungspflicht" des Gesetzgebers, in: Der Staat 26 (1987), S. 164 f.; Klaus Stern (Anm. 33), S. 1315; Rupert Stettner, Die Verpflichtung des Gesetzgebers zu erneutem Tätigwerden bei fehlerhafter Prognose, in: DVBl. 1982, S. 1125; Andreas Voßkuhle, Die verfassungsgerichtliche Kontrolle von Gesetzen durch das Bundesverfassungsgericht, in: Thomas Würtenberger (Hrsg.), Rechtsreform in Deutschland und Korea im Vergleich, Berlin 2006, S. 220.

40) BVerfGE 25, 1 (12 f.); 77, 84 (109) 참조.

41) BVerfGE 65, 1 (56); 88, 203 (309 f.); Peter Badura (Anm. 29), S. 484; ders. (Anm. 39), Rdnr. 30; Jens Blüggel (Anm. 39), S. 121; Christoph Gusy, Parlamentarischer Gesetzgeber und Bundesverfassungsgericht, Berlin 1985, S. 207 f.; Klaus Meßerschmidt (Anm. 39), S. 1007; Helmut Miernik (Anm. 52), S. 22 ff.; Fritz Ossenbüh (Anm. 39), S. 40; Klaus Stern (Anm. 33), S. 1315.

42) Peter Badura (Anm. 29), S. 486 참조.

43) Christian Mayer (Anm. 6), S. 114.

있다."[44]

2. 법률개선의무의 대상

법률개선의무를 헌법이 입법자에게 부여한 (일반적 의미의) 의무로 이해한다면, 법률이 제정되고 나서 사실관계와 법적 상황이 바뀌어 법률과 현실의 불일치가 발생할 수 있으므로, 법률이 위헌이 되지 않더라도 법률을 개선할 필요성이 발생할 수 있다. 따라서 어떠한 법률도 법률개선의무의 대상에서 제외될 수 없다는 결론이 도출될 수도 있다. 그러나 법률개선의무가 이러한 방식으로 매우 넓게 이해된다면, 그 규범적 효력과 기본권의 구속력은 오히려 약화할 수 있다. 심지어 법률개선의무는 단지 정치적 의미만 있는 것처럼 이해될 수도 있다. 그렇지 않다면 이러한 인식은 헌법재판소가 사실적 측면에서 청구를 전제로 관련 있는 입법자의 모든 행위를 통제할 수 있다는 결론에 이를 수도 있다. 따라서 법률의 잘못으로 말미암아 위헌인 법률만 법률개선의무의 대상이 된다고 보아야 한다. 결론적으로 법률개선의무 발생은 위헌인 법률을 전제한다.[45] 그러나 헌법재판소가 위헌으로 결정한 법률과 진정입법부작위에서는 처음부터 개선 대상이 존재하지 않으므로 법률개선의무가 문제되지 않는다.[46]

3. 법률의 잘못 제거

입법자는 법률의 잘못을 가능한 한 빨리 제거하여야 한다. 따라서 입법자는 법률을 헌법과 조화시킬 의무를 진다.[47] 그래서 입법자는 위헌법률을 헌법과 합치하는 법률로 교체하여야 한다. 이때에 입법자가 제거하여야 할 법률의 잘못은 헌법재판소가 위헌성을 확인한 것에 국한된다. 그러나 헌법재판소가 위헌성을 확인하지 않은 범위 밖에서도 입법자는 자신의 입법형성권 범위 안에서 언제든지 법률을 개선할 수 있다. 구체적으로 법률개선의무를 어떻게 이행할 것인지는 입법자의 재량에 속한다. 헌법재판소는 때에 따라서 법률개선의무 이행과 관련해서 기한을 설정할 수도 있다.

---

44) Rudolf Steinberg (Anm. 39), S. 177.

45) Rudolf Steinberg (Anm. 39), S. 169 참조.

46) 같은 견해 : 최윤철, "독일에 있어서의 '입법자의 법률개선의무'에 관한 논의," 공법연구 제31집 제 3 호, 한국공법학회, 2003, 373~374면.

47) BVerfGE 82, 126 (155) 참조.

4. 개선대상인 유사규범?

소송경제적 이유 때문에 개선대상을 확장하려는 견해가 있다.[48] 이 견해를 따르면 입법자는 지난날과 앞날을 향한 새로운 법률을 제정할 때에 위헌으로 결정된 법규범뿐 아니라 유사규범도 포섭하여야 한다고 한다. 유사규범에서도 독일기본법 제100조 제1항에 따른 법원의 제청이나 관계자의 헌법소원심판 청구에 따라서 독일연방헌법재판소의 심판대상이 될 것이고, 이때에 독일연방헌법재판소는 그것에 대해서 똑같이 결정할 것이기 때문이라고 한다. 그러나 헌법재판소는 심판대상이 아닌 유사규범에 대해서 아직 심사하지 않았고, 심사할 수도 없다.[49] 그리고 법규범의 문구가 같다고 하더라도 때에 따라서 그 의미가 다양할 수 있다. 따라서 개선 대상은 헌법재판소의 심판대상으로서 헌법과 합치하지 않는다고 결정된 법률에 국한된다고 보아야 한다.

Ⅳ. 법률개선의무 위반의 효과

1. 헌법불합치로 결정된 법률의 운명

(1) 효력 상실

헌법불합치결정은 심판대상이 된 법률(조항)의 위헌성을 확인한다. 위헌성이 확인된 법률(조항)은 효력을 상실하는 것이 원칙이다(헌법재판소법 제47조 제2항과 제75조 제5항 및 제6항). 그러나 헌법불합치결정은 법률(조항)이 즉시 효력을 상실함으로써 발생하는 입법자의 입법형성권 침해나 법적 공백과 혼란을 방지하기 위해서 법률의 효력 상실을 일정 기간 유보하면서 입법자에게 법률개선의무를 부여한다. 헌

---

48) Hermann Heußner, Folgen der Verfassungswidrigkeit eines Gesetzes ohne Nichtigerklärung, in: NJW 1982, S. 261.

49) Peter E. Hein, Die Unvereinbarerklärung verfassungswidriger Gesetze durch das Bundesverfassungsgericht-Grundlage, Anwendungsbereich, Rechtsfolgen, Baden-Baden 1988, S. 180; Christian Pestalozza, „Noch verfassungsmäßige" und „bloß verfassungswidrige" Rechtslagen, in: Christian Starck (Hrsg.), Bundesverfassungsgericht und Grundgesetz: Festgabe aus Anlaß des 25jährigen Bestehens des Bundesverfassungsgerichts - Verfassungsgerichtsbarkeit, Bd. I, Tübingen 1976, S. 563; Michael Sachs, Die Folgen der Unvereinbarkeit des Hausarbeitstag-sanspruchs für Frauen mit dem Grundgesetz, in: FamRZ 1982, S. 983; Klaus Schlaich/Stefan Korioth, Das Bundesverfassungsgericht- Stellung, Verfahren, Entscheidungen, 7. Aufl., München 2007, Rdnr. 416 참조.

법불합치결정의 목적은 위헌법률의 단순한 존속이 아니라 개선을 위한 위헌법률 효력의 임시존속이다. 즉 위헌법률의 효력 존속이라는 위헌상태는 입법자가 법률을 개선할 때까지 오로지 잠정적으로만 감내할 수 있고, 감내하는 것이 허용된다.[50] 따라서 입법자가 법률을 개선하기에 충분한 시간이 지나면 입법자는 위헌상태를 제거하고 합헌상태를 회복하여야 한다. 입법자가 이러한 시간이 지나고 나서도 이러한 의무를 이행하지 않으면, 입법자의 입법형성권을 존중할 헌법적 근거가 사라지거나 입법자가 법적 공백과 혼란을 제거할 의사나 능력이 (적어도 일시적으로) 없는 것으로 볼 수밖에 없다. 따라서 헌법불합치결정은 존속될 정당성을 상실하고 결국 헌법불합치결정에서 법률의 위헌성을 확인하는 내용만 남아서 법률의 효력 상실이라는 결과를 남긴다. 그래서 헌법불합치로 결정된 법률(조항)이 입법자가 법률을 개선하기에 충분한 시간이 지나고 나서도 개선되지 않는다면, 그 효력을 상실하고, 그것은 더는 행정처분이나 재판의 근거가 되지 못한다. 이러한 측면에서 헌법불합치결정에 따른 법률개선의무를 입법자가 법률을 개선하기에 충분한 시간이 지나도록 이행하지 않으면 헌법불합치결정은 단순위헌결정과 같은 효력이 있다. 이것은 헌법불합치결정이 위헌성이 확인된 법률(조항)의 효력 상실 시기를 일정 기간 뒤로 미루는 것이라는 점[51]에서 당연한 결과라고 볼 수 있다.

개선 시한이 명시된 때에 그 시한이 지나거나 명시되지 아니한 때에 상당한 시일이 지나고 나서 헌법불합치로 결정된 법률은 당연히 효력이 상실된다는 견해는 헌법불합치결정을 선고한 취지에 들어맞지 않는다는 반론이 있다.[52] 특히 계속적용 헌법불합치결정은 헌법불합치결정시점부터 법률개선시점까지의 법적 공백상태 발생 방지를 의도한 것인데 개선 시한까지 입법되지 않았음을 이유로 효력을 상실시킴은 결정 의도에 어긋난다고 한다. 그리고 적용중지 헌법불합치결정은 개선된 법률에 따라서 처리할 목적으로 헌법불합치로 결정된 법률의 적용을 중지한 상태인데, 이때에는 입법자의 법률개선의무를 사실적 측면에서 억압하는 것이 필요하지, 법적용자가 나서서 대안을 모색하는 것은 적절하지 않다고 한다. 그러나 ① 헌법재판소는 입법자가 위헌상태를 제거하고 합헌상태를 제거할 의사와 능력이 있다는 신뢰를 바탕으로 헌법불합치결정을 내리는 것이고, ② 헌법불합치결정은 일정 기간 안에 입법자

50) Albrecht Peter Pohle, Die Verfassungswidrigerklärung von Gesetzen, Frankfurt am Main/Bern/Cirencester 1979, S. 163 참조.

51) 헌재 1989. 9. 8. 88헌가6, 판례집 1, 199, 260; 대법원 1991. 6. 11. 선고 90다5450 판결(집39-3, 1; 공1991, 1895).

52) 남복현, "법률의 위헌결정의 효력에 관한 연구," 한양대학교 법학박사학위논문, 1994, 305면; 같은 사람(주 24), 360면; 같은 사람, "헌법불합치결정을 둘러싼 법적 쟁점의 검토 —실체적 형법법규를 중심으로—," 헌법실무연구 제10권, 박영사, 2009, 474~475면.

가 위헌상태를 제거하리라는 것을 전제로 위헌성이 확인된 법률의 효력 상실을 잠정적으로만 유보하며, ③ 헌법불합치로 결정된 법률 개선은 입법자의 '재량'이 아니라 '의무'이므로 그 불이행에 대한 제재가 필요하고, ④ 입법자의 법률개선의무 이행은 위헌상태를 제거하고 합헌상태를 회복할 제일 나은 방법이지, 유일한 방법은 아니라는 점에서 이 견해는 타당성을 인정받기 어렵다고 본다.

(2) 효력 상실이 확정되는 시점

입법자가 상당한 기간 안에 또는 기한이 설정된 때에 그 기한 안에 헌법불합치로 결정된 법률(조항)을 개선하지 않으면, 그 효력 상실은 확정된다.[53] 헌법재판소는 기한 설정 없이 입법자가 개정할 때까지 계속 적용된다는 결정을 내리는 때[54]가 있다. 이러한 때에도 입법자에게 법률 개선에 관한 제한 없는 입법형성권이 부여된다면, 위헌상태의 잠정적 수인이라는 헌법불합치결정의 내용 및 헌법불합치결정에 따른 법률개선의무의 의무적 성격과 들어맞지 않고, 헌법불합치결정의 본질은 위헌결정이며, 헌법불합치결정의 실효성을 확보하기 위해서는 입법자의 법률개선의무 불이행을 내버려둘 수 없다는 점에서 기한 설정 없는 때와 마찬가지로 다루는 것이 옳다고 본다.

위헌상태의 상당한 기간은 입법자가 헌법불합치로 결정된 법률(조항)을 개선하는데 필요한 충분한 시간을 말한다. 상당한 기간은 통상 법률을 제·개정할 때에 걸리는 시간을 기준으로 해당 법률의 성격(특히 형벌에 관한 법률은 신속한 개선 요구), 입법논의 성숙도, 관련법익의 규범서열과 종류, 그 법익에 대한 침해나 침해위험의 종류, 근접도, 크기 등을 고려하여 구체적으로 확정하여야 한다. 그리고 회기계속원칙은 국회를 매회기마다 독립된 별개의 국회가 아니라 입법기 중에는 일체성과 동일성이 있는 의회로 보는 것이어서 국회의원의 임기가 만료된 때, 즉 해당 입법기가 종료한 때에는 적용되지 않으므로, 국회의원의 임기가 만료되면 해당 법률안이 폐기된다(헌법 제51조). 따라서 국회의원의 임기도 상당한 기간을 산정할 때에 고려하여야 한다.

상당한 기간은 입법형성권이 있는 입법자 스스로 확정할 문제이지만, 입법통제

---

53) 같은 견해 : 이인호/오수정, "헌법불합치결정에 따른 입법개선의무의 이행현황 분석과 비판," 중앙법학 제12집 제 1 호, 중앙법학회, 2010, 46면; BVerfGE 101, 158 (238); Marius Raabe (Anm. 15), S. 452; Michael Sachs, Bloße Unvereinbarerklärung bei Gleichheitsverstößen?, in: NVwZ 1982, S. 659 f. 참조.

54) 예를 들어 헌재 2002. 9. 19. 2000헌바84, 판례집 14-2, 268, 273; 2007. 6. 28. 2005헌마772, 판례집 19-1, 899, 903; 2009. 12. 29. 2008헌가13등, 판례집 21-2하, 710, 714.

의 관점에서 보면 헌법재판소가 최종적으로 확정하게 될 것이다. 상당한 기간을 확정하기가 쉽지 않아서 언제 헌법불합치로 결정된 법률(조항)의 효력 상실이 확정되는지가 다투어질 수도 있다. 헌법재판소는 이러한 불명확성을 제거하기 위해서 입법자가 법률을 개선하여야 할 기한을 설정하기도 한다.[55] 헌법불합치결정에 따른 법적 관계에 대해서 아직도 다툼이 있다는 점을 고려하면, 헌법불합치결정과 관련한 법적 관계를 명확하게 하여 불필요한 논란을 제거하기 위해서 법률개선시한을 설정하는 것은 바람직하다고 본다. 헌법재판소가 법률개선시한은 설정하는 권한은 헌법재판소가 상당한 기간을 최종적으로 확정한다는 입법통제적 관점에서 비롯된다.

헌법재판소가 법률개선시한을 정하였을 때에, 헌법불합치로 결정된 법률(조항)은 헌법재판소가 설정한 기한이 지날 때까지 입법자가 법률개선의무를 이행하지 않으면 기한의 다음 날부터 효력을 상실한다.[56] 헌법재판소는 헌법불합치로 결정된 법률의 적용을 중지할 때에는 결정주문에,[57] 그 법률을 계속 적용할 때에는 결정이유에[58] 이러한 내용을 적시한다. 헌법재판소가 이러한 내용을 적시하지 않더라도 헌법재판소가 기한을 정하는 취지에 비추어 기한이 지나면 헌법불합치로 결정된 법률은 효력을 상실한다. 따라서 이러한 내용을 반드시 결정주문이나 결정이유에 적시

55) 효력이 상실되는 시기를 정하지 아니한 헌법불합치결정은 지양하는 것이 타당하다는 견해가 있다(정종섭, 헌법소송법(제 6 판), 박영사, 2010, 381면). 이 견해를 따르면 효력 상실 시기가 없는 헌법불합치결정은 결국 '합리적인 시점 이내에' 새로운 입법을 할 것을 명하는 것이라고 할 것인데, 이때에 '합리적인 시점'이 언제까지인지가 불분명하므로, 위헌인 법률의 효력이 유지되는 시한을 정하여 그 시한이 지나면 효력이 상실되는 것을 선고하지 않고 단순히 헌법에 합치하지 않는다는 것만 선언하는 것은 헌법재판의 기능과 실효성을 불확실하게 한다고 한다. 그리고 이러한 헌법불합치결정은 단순위헌으로 선고하여야 할 사안에서도 헌법불합치결정으로 도피할 수 있는 출구를 열어놓은 것이 되어 헌법재판의 기능과 권위를 훼손할 우려가 있다고 한다. 헌법에 위반되는 법률 혹은 법률조항의 효력을 부정기간 내버려두는 결과가 되므로, 기본적으로 위헌결정인 헌법불합치결정을 선고하면서 위헌인 법률이나 법률조항의 효력 상실 시기를 명시하지 않는 헌법재판소의 태도는 정당하다고 보기 어렵다는 견해도 있다(신평, 헌법재판법, 법문사, 2007, 389~390면). 이에 대해서 명시적으로 기한을 설정하면 법적용자에게는 법적 명확성을 부여하고, 입법자에게는 입법개선 촉구라는 장점이 있지만, 입법 시한을 지나는 때가 상당수인 것을 고려하면 명시적인 입법 시한 설정에 대해서 다시 고려하여야 한다는 견해도 있다(이인호/오수정[주 53], 63~64면). 이 견해는 고정된 시한을 제시하기보다는 개선입법이 이루어지는 시점까지라고 함으로써 입법자에게 개선의무이행을 환기시키는 방법을 고려해 볼 수 있다고 한다.

56) 같은 견해 : 이명웅, "헌법불합치결정의 사유 및 효력," 헌법논총 제20집, 헌법재판소, 2009, 393~394면; 이상훈, "위헌결정과 헌법불합치결정의 효력 및 그 재판실무상 적용," 사법논집 제38집, 법원도서관, 2004, 87~88면; 이준일, 헌법학강의(제 3 판), 홍문사, 2008, 1210면; 정종섭(주 55), 384~385, 392면; 최완주, "헌법불합치결정," 헌법재판제도의 이해(재판자료 제92집), 법원도서관, 2001, 402~403면.

57) 헌재 1997. 7. 16. 95헌가6, 판례집 9-2, 1, 6; 1997. 8. 21. 94헌바19, 판례집 9-2, 243, 246-247; 1998. 8. 27. 96헌가22, 판례집 10-2, 339, 342; 1999. 12. 23. 99헌가2, 판례집 11-2, 686, 690.

58) 헌재 1993. 3. 11. 88헌마5, 판례집 5-1, 59, 78; 2007. 5. 31. 2005헌마1139, 판례집 19-1, 711, 728; 2007. 12. 27. 2004헌마1021, 판례집 19-2, 795, 809; 2009. 9. 24. 2008헌가25, 판례집 21-2상, 427.

할 필요는 없지만, 논란의 씨를 제거한다는 측면에서 굳이 그것을 적시하려 한다면 명확성을 담보하기 위해서 적용중지인지 계속적용인지와 상관없이 결정주문에 적시하는 것이 바람직하다고 본다.

헌법불합치로 결정된 법률(조항)의 효력 상실이 확정되는 시점과 그 법률이 효력을 상실하는 시점은 언제나 같은 것은 아니다. 헌법불합치로 결정된 법률(조항)이 효력을 상실하는 시점은 적용중지 헌법불합치결정에서는 헌법불합치결정이 선고되는 시점이고, 계속적용 헌법불합치결정에서는 입법자의 법률개선의무 위반이 확정되는 시점이다. 그리고 형벌에 관한 헌법불합치결정에서는 헌법불합치로 결정된 법률(조항)은 소급하여 효력을 상실한다. 소급하는 시점은 해당 법률(조항)과 헌법이 충돌하는 때이다.

기한 설정에 특별한 법적 효과가 있다는 견해가 있다.[59] 이 견해를 따르면 기한을 정한 헌법불합치결정에서는 특정 기한을 넘겨 입법자가 법률을 개선하지 않으면 해당 규정의 위헌성이 확정된다고 한다. 그러나 기한을 정하지 아니한 헌법불합치결정은 입법자에게 신속히 법률을 개선할 의무를 지우지만 '일정한 기한'이 지났음에도 그 의무를 이행하지 아니한 때에는 개선입법부작위에 대한 헌법소원을 제기하거나 해당 규정이 위헌임을 다투는 위헌법률심판이나 위헌소원심판을 청구할 수 있을 뿐이라고 한다. 그리고 입법자가 법률개선의무를 이행하지 않은 때에 원칙적으로 결정주문에 따라서 헌법과 합치되지 않는 것으로 결정된 법률이 효력을 상실하는지가 결정된다는 견해도 있다.[60] 이 견해는 결정주문이 법률개선의무 위반 효과를 규정하였다면, 그에 따라서 법률의 효력이 결정된다고 한다. 그렇지 않다면 특별한 상황이 없는 한 법률이 기한을 지나고 나서 당연히 효력을 상실한다는 결론을 도출하기 어렵다고 한다. 그러나 ① 헌법불합치결정은 선고시점에 이미 해당 법률의 위헌성을 확인하지만, 그 법률의 효력을 입법자가 개선할 때까지만 잠정적으로 존속시킨다는 점, ② 기한 설정은 입법자의 법률개선의무위반 시점을 명확하게 밝히는 것에 그친다는 점, ③ 헌법재판소가 헌법불합치결정의 주문에서 법률개선의무 위반의 법적 효과를 달리 정한다면 이것은 헌법불합치결정의 목적에 어긋나서 헌법적 정당성을 상실한다는 점에 비추어 이러한 견해들은 정당성을 인정받기 어렵다고 본다.

---

59) 신봉기, "헌법불합치결정의 이유에 기초한 개선입법의무," 헌법논총 제 7 집, 헌법재판소, 1996, 355~356면.

60) 황도수, "헌법불합치결정에 관한 새로운 체계의 시도," 헌법실무연구 제 4 권, 헌법실무연구회, 박영사, 2003, 264~265면.

2. 법률개선의무 존속

입법자가 상당한 기간 안에 또는 기한이 설정되었을 때에 그 기한 안에 법률을 개선하지 않아서 법률이 효력을 상실하여도 입법자의 법률개선의무는 여전히 존속한다.[61] 따라서 입법자는 여전히 헌법불합치로 결정된 법률을 개선할 의무를 진다. 법률개선시한이 지나가도 법률개선의 헌법적 필요성이 사라지는 것이 아니라 헌법불합치결정에 따른 법률개선의무를 지는 입법자가 그 의무를 (적어도 일시적으로) 이행할 의사가 없거나 이행할 수 없다는 것이 확인된 것에 불과하고, 입법자의 법률개선의무는 헌법재판소의 헌법불합치결정에서 비로소 도출되는 것이 아니라 헌법이 입법자에게 부과하는 것이기 때문이다. 헌법재판소가 법률 전체에 대해서 헌법불합치결정을 내렸다면,[62] 법률 전체가 효력을 상실하여 법률 자체가 적용될 수 없게 된다. 따라서 이러한 때에 규율의 헌법적 필요성이 인정된다면 입법자의 법률개선의무는 법률제정의무로 바뀌게 된다. 헌법불합치로 결정된 법률(조항)이 효력을 상실하지만, 입법자의 법률개선의무가 여전히 남는다는 점에서 헌법재판소의 헌법불합치결정은 입법자의 법률개선의무 위반이 확정되는 시점에도 단순위헌결정으로 성질이 바뀐다고 볼 수는 없다. 오랜 시일이 지나면서 사정변경이 발생하여 법률개선의 헌법적 필요성이 더는 존재하지 않는다면, 입법자의 법률개선의무가 소멸할 수도 있을 것이다.

입법자가 상당한 기간이 지나서 또는 기한이 설정되었을 때에 그 기한을 지나서 법률을 개선하여도 그 법률은 헌법불합치결정이 선고된 시점까지 소급하여 적용되는 것이 원칙이다. 다만, 계속적용 명령이 있었다면 입법자의 법률개선의무 위반이 확정된 시점까지만 소급하여 적용된다. 그러나 입법자의 법률개선의무 위반이 확정되고 나서 행정행위의 확정력이나 판결의 기판력이 발생하였다면, 개선된 법률은 소급하여 행정행위의 확정력이나 판결의 기판력을 깨뜨리지 못한다. 따라서 법원은 이러한 때에 일부판결의 가능성이나 일부판결로 볼 가능성을 면밀하게 검토할 필요가 있다.

---

61) 같은 견해 : Christian Mayer (Anm. 6), S. 185.

62) 예를 들어 헌재 1994. 7. 29. 92헌바49, 판례집 6-2, 64, 86 : "토지초과이득세법(제정 1989. 12. 30. 법률 제4177호, 개정 1993. 6. 11. 법률 제4561호, 1993. 6. 11. 법률 제4563호)은 헌법에 합치되지 아니한다."

3. 법률개선의무를 불완전하게 이행하였을 때

입법자가 헌법불합치로 결정된 법률을 개선하기는 하였으나 법률개선의무가 불완전하게 이행되어 위헌상태를 완전하게 제거하지 못하였다면, 헌법불합치로 결정된 법률을 개선할 입법자의 의무는 개선된 법률을 개선할 의무로 바뀌어 존재한다. 그러나 아직 이러한 의무를 헌법재판소가 확인하지 않았으므로 개선된 법률은 효력을 발생한다. 따라서 이러한 법률에 대해서 위헌법률심판이나 위헌소원심판이 청구될 수 있고, 불완전하게 개선된 법률로 말미암아 헌법이 보장한 자기 기본권을 침해받은 자는 이 법률에 대한 헌법소원심판을 청구할 수 있다. 새로운 심판절차에서 헌법재판소는 먼저 ① 헌법불합치결정에 따른 입법자의 법률개선의무의 구체적 내용이 무엇인지, ② 개선된 법률이 적용되는 모든 영역에서 입법자가 헌법불합치결정에 따른 법률개선의무를 제대로 이행하였는지 그리고 ③ 개선된 법률로 말미암아 새로운 기본권침해가 발생하였는지를 검토하여야 한다.[63)]

V. 입법자의 법률개선의무 위반 통제

1. 입법자의 입법형성권과 그 한계인 입법개선의무

입법자는 자신의 독자적 의사에 따라 법률을 제정하고 개정하고 폐지할 권한이 있다(헌법 제40조, 제52조, 제53조). 따라서 입법자는 법률질서를 창설하고 보충하고 변경할 수 있다. 입법자는 단순한 헌법의 집행기관이 아니라 고유한 정치의사를 형성할 수 있으므로 정치적 형성재량이 있다. 따라서 입법목적을 달성하기 위해서 가능한 여러 수단 가운데 어느 것을 선택할 것인지는 입법자의 결정이 현저하게 불합리하거나 불공정한 것이 아닌 한 입법자의 재량에 속한다.[64)] 이러한 입법형성권은 입법자가 법률을 제정할 때에 어떤 내용을 선택할 것인지는 물론 법률을 제정할 것인지와 언제 법률을 제정할 것인지도 포함한다. 그러나 입법자도 국가기관에 속하고, 입법형성권도 헌법이 입법자에게 부여한 것이므로(헌법 제40조), 입법자도 헌법에 구속된다(헌법 제10조). 특히 헌법에서 도출되는 입법자의 입법의무는 입법형성권

---

63) 헌재 2003. 12. 18. 2002헌바91등, 판례집 15-2하, 530, 536-537; 2008. 10. 30. 2005헌마723, 판례집 20-2상, 941, 964 참조.

64) 헌재 1996. 2. 29. 94헌마213, 판례집 8-1, 147, 166.

의 한계로서 기능한다. 입법자의 입법의무 중 하나인 입법개선의무도 당연히 입법형성권의 한계로서 작용한다. 따라서 입법자가 입법개선의무를 이행하지 않으면, 입법자의 입법부작위는 위헌이 된다. 헌법이 입법자에게 부여하는 입법개선의무의 실효성을 확보하고 합헌상태를 회복하기 위해서는 입법자의 입법부작위가 일으키는 위헌상태를 제거하여야 한다. 그러나 입법행위의 창조적 성격 때문에 다른 국가기관이 입법부작위를 통제하기가 쉽지 않다. 따라서 헌법이 예정한 사법적 수단 중에서 입법자의 법률개선의무 위반을 통제할 적절한 수단이 있는지를 살펴볼 필요가 있다.

2. 한국의 학설과 판례

(1) 학 설

기한이 지남으로써 법률이 당연히 효력을 상실한다는 견해와 거듭 위헌심판대상으로 삼아서 후소에서 단순위헌결정을 선고하여야 한다는 견해는 헌법불합치결정을 선고한 취지에 들어맞지 않는다는 견해가 있다.[65] 이 견해는 특히 계속적용 헌법불합치결정은 헌법불합치결정 선고시점부터 법률개선시점까지의 법적 공백상태 발생 방지를 의도한 것인데, 개선 시한까지 입법되지 않았음을 이유로 효력을 상실시킴은 결정의 의도에 반하다고 한다. 그리고 적용중지 헌법불합치결정은 개선입법에 따라서 처리할 목적으로 헌법불합치로 결정된 법률의 적용이 중지된 상태이므로, 입법자의 법률개선의무를 사실적 측면에서 억압하는 것이 필요하지, 법적용자가 나서서 대안을 모색하는 것은 적절하지 않다고 한다. 또한, 거듭 위헌심판의 대상으로 삼아 전소에서 헌법불합치로 결정되었던 법률에 대해서 후소에서 위헌결정을 하여야 한다는 견해는 헌법불합치결정이 심판대상인 법률에 위헌성이 내포됨을 전제로 하는 관념이라는 점에 비추어 보면, 후소에서 해당 법률에 대해서 새로이 위헌결정을 선고하는 것은 헌법불합치결정의 선고 취지에 들어맞지 않는다고 한다. 이 견해를 따르면 민주적 정당성, 입법권자의 입법형성권, 권력분립원리 등 때문에 누구도 입법자에게 법률개선의무를 강제할 수 없고 집행력확보수단으로서 입법대집행도 허용되어서는 안 된다고 한다. 단지 국가기관의 불법행위에 대한 손해배상청구를 고려하여야 한다고 한다.

그리고 헌법재판소가 정한 기한이 지나도록 입법자가 법률개선의무를 이행하지 않으면, 기한 다음 날부터 대상법률은 효력을 상실한다고 하면서, 대상법률이 권리

65) 남복현(주 52, 법률의 위헌결정의 효력에 관한 연구), 305면; 같은 사람(주 24), 360~361면; 같은 사람(주 52, 헌법불합치결정을 둘러싼 법적 쟁점의 검토), 474~475면.

침해적이거나 부담을 부과하는 근거가 되는 법률이면 법원이 그 효력이 없는 것을 전제로 사건을 처리하는 데 별문제가 없을 것이라는 견해가 있다.[66] 다만, 이 견해는 대상법률이 무효인 것을 전제로 사건을 처리하는 것이 곤란하거나 부적절한 때가 있을 수 있는데, 이때에는 법원이 법보충권을 행사하여 사안에 가장 적절한 결론을 내리는 방법을 고려해 볼 수 있다고 한다.

또한, 효력유지기간이 지나도 법률 개선이 없거나 효력유지기간이 없더라도 상당한 기간이 지나도 법률 개선이 없으면, 헌법불합치로 개선된 구법을 해당 사건에 적용하여 재판할 수 없어 국회에서 무한정 법률 개선을 하지 않은 때에는 법원의 재판이 진행되지 못하는 사태가 발생하는데, 이때에 국회의 법률개선의무가 헌법에 근거한 것이면 입법부작위에 대한 헌법소원심판을 청구할 수 있다는 견해가 있다.[67] 이 견해는 이때에 법원은 가능한 한 당사자의 입법부작위에 대한 헌법소원심판을 기다려 재판하는 것이 바람직하다고 한다. 국회가 헌법불합치결정이 있었음에도 그 결정 취지에 따른 법률 개선을 무작정 하지 않으면, 법률개선의무 불이행으로 말미암아 피해를 본 국민은 헌법재판소에 입법부작위에 대한 위헌확인을 구하는 헌법소원심판을 청구하여 법률 개선을 재차 강제하거나 국가배상을 청구하는 방법으로 구제를 받을 수 있다는 견해도 있다.[68] 그리고 헌법재판소가 헌법불합치로 결정한 법률의 효력 시한을 정해준 때에는 그 효력 시한이 지나면 그 법률이 효력을 상실하여 법원이나 행정기관은 더는 그 법률을 적용할 수 없고, 입법자가 법률개선 시한을 존중하지 않아 입법부작위에 의한 기본권 침해가 발생하면 헌법소원심판의 대상이 된다는 견해도 있다.[69] 그밖에 입법 시한을 정하지 않은 때에 입법자가 상당한 기간 안에 입법하지 않았다고 하더라도 헌법재판소가 시한을 정하지 않은 한 그 효력을 상실한다고 보기는 어렵지만, 법률개선 지연으로 말미암아 적용중지 헌법불합치결정에서 재판의 장기화가 문제 될 수 있는데, 이때에 국가배상소송이나 입법부작위위헌소송이 가능할 것이라는 견해도 있다.[70]

(2) 판　　례

헌법재판소는 1998년 8월 27일에 상속인이 귀책사유 없이 상속채무가 적극재산을 초과하는 사실을 알지 못하여 상속개시 있음을 안 날부터 3월 안에 한정승인

66) 최완주(주 56), 402~403면.
67) 정종섭(주 55), 385면.
68) 신평(주 55), 392면; 이상훈(주 56), 87~88면; 황도수(주 60), 264~265, 272~273면.
69) 허영(주 13), 250면.
70) 이명웅(주 56), 394면.

이나 포기를 하지 못한 때에도 단순승인을 한 것으로 보는 민법 제1026조 제 2 호가 재산권을 보장한 헌법 제23조 제 1 항, 사적자치권을 보장한 헌법 제10조에 위반된다는 이유로 헌법불합치결정을 내리면서, 입법자가 1999년 12월 31일까지 개정하지 아니하면 2000년 1월 1일부터 그 효력을 상실한다고 결정하였다.[71] 입법자가 법률개선시한까지 해당 법률을 개정하지 않아 해당 법률이 효력을 상실하자, 서울지방법원은 해당 법률관계를 규율하는 규정이 현재로서는 없다고 하면서, 헌법재판소의 헌법불합치결정 취지에 따라 상속인이 상속받을 재산보다 채무가 많을 때에 상속재산을 초과하는 채무는 상속하지 않겠다는 한정승인의 의사표시를 하지 않았어도 채무까지 상속한 것으로 볼 수 없다고 판결하였다.[72]

그리고 헌법재판소는 2007년 3월 29일 공무원의 신분이나 직무상 의무와 관련 없는 범죄에도 일률적·필수적으로 퇴직급여 등을 제한하는 것은 공무원범죄를 예방하고자 하는 입법목적에 적합한 수단이라고 볼 수 없고 법익의 최소침해성과 법익균형성도 충족하지 못하여 재산권을 침해하고, 공무원을 국민연금법상 사업장가입자 및 근로기준법상 근로자와 비교하면 마음대로 차별대우하여 평등원칙에 어긋난다는 이유로 '재직 중의 사유로 금고 이상의 형을 받은 때'에 급여를 제한할 수 있도록 한 공무원연금법 제64조 제 1 항 제 1 호에 대해서 2008년 12월 31일을 법률개선시한으로 잠정적용을 하도록 하는 헌법불합치결정을 내렸다.[73] 국회가 법률개선시한까지 해당 법률을 개정하지 않자, 서울행정법원은 국회가 법률개선시한까지 법률을 개선하지 않으면, 헌법불합치결정에 따른 법상태는 헌법불합치결정의 효력과 그 결정 취지를 바탕으로 판단할 수밖에 없다고 하면서, 이 사건 법률조항은 2009년 1월 1일 자로 효력을 상실하였고, 이러한 법상태는 2009년 1월 1일 자로 이 사건 법률조항에 대해서 헌법재판소의 단순위헌결정이 있었던 것에 버금가는 것으로 볼 수 있다고 하였다. 그리고 ① 원고는 공무원으로서의 직무상 의무나 신분과 관련이 없는 범죄로 말미암아 금고 이상의 형을 선고받았는데, 이러한 때에도 퇴직급여 등을 제한하는 것은 위헌이라는 것이 이 사건 헌법불합치결정의 취지로 보이는 점, ② 원고에 대한 형의 선고 및 확정은 헌법불합치결정이 선고되고 나서 발생한 것으로, 이처럼 처분의 기초가 되는 사실관계 자체가 헌법불합치결정 이후에 발생한 때에 대해서 행정청이 해당 법률조항의 효력이 존속한다는 이유만으로 헌법불합치결정의 취지에 반하는 내용의 처분을 할 수 있다고 보는 것은, 행정작용이 합헌

71) 헌재 1998. 8. 27. 96헌가22, 판례집 10-2, 339.
72) 서울지법 2001. 11. 21. 선고 2000가합33206 판결.
73) 헌재 2007. 3. 29. 2005헌바33, 판례집 19-1, 211.

적 법률에 따라서 이루어져야 한다는 원칙에 비추어 허용되지 않는다고 보아야 할 것인 점, ③ 비록 헌법재판소가 이 사건 헌법불합치결정을 하면서 일정한 시한까지 이 사건 법률조항의 효력을 유지하게 하고 잠정적으로 적용하도록 결정하였다고 하더라도 이 사건처럼 헌법불합치로 선언된 법률조항 중 합헌인 부분과 위헌인 부분이 적용영역에서 어느 정도 구분될 수 있는 때에는, 합헌인 부분에 한정하여 잠정적용을 하도록 하는 것이 바람직하다고 할 것인 점 등을 종합해 보면, 원고에게 이 사건 법률조항을 적용하여 퇴직급여 등을 제한한 이 사건 처분은 위법하다고 판결하였다.[74] 또한, 퇴직 후 재직 중의 사유와 관련된 죄로 금고 이상의 형이 확정되었음을 이유로 공무원연금법 관련조항에 따라 이미 지급한 퇴직연금 일시금 및 퇴직수당의 2분의 1에 대해서 환수처분 후 그에 따른 분할납부금을 내지 않음에 따라 부동산을 압류처분한 사안에서, 행정법원은 제64조 제 1 항 제 1 호가 헌법불합치결정에서 정한 법률개선시한인 2008년 12월 31일까지 법률이 개선되지 않아 2009년 1월 1일부터 효력을 상실하고 나서 압류처분이 있었다고 하더라도 이 조항의 효력이 지속하던 2008년 9월 12일에 환수처분이 적법하게 이루어졌고, 압류처분은 이 조항이 효력을 상실하고 나서인 2009년 3월 23일에 이루어졌으나, 압류처분은 환수처분의 후속조치로서 이루어진 징수처분에 불과하고 이 환수처분을 받은 자는 원칙적으로 반납고지서를 받은 날부터 30일 이내에 이를 내야 하는 한, 원고는 피고의 승인에 따라 분할납부가 허용되어 일부 환수금의 납부기한이 해당 조항의 효력상실일 이후로 유예된 것이므로 해당 조항의 효력 상실 전에 해당 조항에 근거한 환수처분을 받고 그 납부를 마친 때와 형평성을 고려하여야 하며, 더구나 해당 헌법불합치결정에서는 “공무원의 직무상 의무나 공무원 신분과 관련된 범죄로 인하여 금고 이상의 형을 선고받은 자에 대하여 퇴직급여 등을 감액하는 것은 위 입법목적의 달성에 상당한 수단”이라고 판시하였으므로, 직무상 의무나 신분과 관련된 죄로 금고 이상의 형이 확정된 원고는 해당 조항 개정으로 퇴직급여 등의 감액대상에서 배제될 가능성이 거의 없어서 이 사건 압류처분은 적법하다고 하였다.[75]

요컨대 지방법원과 행정법원은 입법자의 법률개선의무 위반이 확정된 때에는 헌법불합치로 결정된 법률의 효력이 상실된다는 것을 전제로 헌법불합치결정의 취지에 맞게 사건을 해결하는 방향으로 판결을 내리는 것으로 보인다.

---

74) 서울행법 2009. 8. 20. 선고 2008구합9379 판결(각공2009하, 1653).

75) 서울행법 2009. 10. 22. 선고 2009구합28902 판결.

3. 독일의 학설과 판례

(1) 학 설

입법자가 법률개선의무를 이행하지 않으면, 관련된 개인은 지체된 입법자의 행위가 그에게 일으킨 손해에 대해서 국가배상을 청구할 가능성만 있다는 견해가 있다.[76] 대집행, 예를 들어 새로운 청구에 따라서 독일연방헌법재판소가 문제 되는 법률에 대해서 무효선언함으로써 이루어지는 대집행은, 독일연방헌법재판소는 대체입법자가 아니고 누구도 최고 헌법기관인 입법자에게 그의 헌법의무를 이행하도록 강제할 수 없으므로 가능하지 않다고 한다. 이에 반해서 헌법재판소는 극단적인 때에 필요하다면 위헌법률을 계속 존속시키지 않기 위해서 (물론 권력분립원리 때문에 단지 잠정적으로만) 스스로 합헌상태를 창출시킬 수 있어야 한다는 견해도 있다.[77] 그러나 이 견해는 헌법재판소는 직권으로 활동할 수 없으므로, 모든 관련자가 기간이 지나고 나서 헌법소원심판청구를 새롭게 제기할 수 있어야 한다고 한다. 그리고 단지 헌법에 합치하지 않는다고 결정된 법률은 자동으로 효력을 상실하지 않으므로, 기간이 지나고 나서도 이행되지 않고 남아 있는 법률개선의무의 구체적 효과는 결국 새롭게 청구된 헌법소원심판에서 밝혀질 수 있다는 견해도 있다.[78]

(2) 판 례

독일연방헌법재판소는 입법자가 헌법위반을 상당한 기간 안에 제거하지 않는다면, 스스로 위헌적으로 행동하려고 하지 않는 법원은 계류 중인 사건을 계속 진행하고 헌법합치적으로 재판하여야 한다고 한다.[79] 이 결정은 헌법합치적으로 재판하는 것이 구체적으로 무엇을 의미하는지를 말하지 않았다. 그러나 헌법합치적으로 재판한다는 것은 법원이 법관의 법형성을 통해서 계류 중인 사건에서 합당한 결론을 이끌어내야 한다는 것으로 해석할 수 있을 것이다.

4. 사 견

헌법불합치결정에 따라서 입법자는 법적 상태를 즉시 헌법과 합치시킬 의무를 지고, 법원은 계류 중인 절차를 입법자가 법률을 개선할 때까지 중단시켜야 한다.

76) Peter E. Hein (Anm. 49), S. 179; Klaus Schlaich/Stefan Korioth (Anm. 49), Rdnr. 426.
77) Albrecht Peter Pohle (Anm. 50), S. 162 f.
78) Christian Mayer (Anm. 6), S. 184.
79) BVerfGE 82, 126 (155).

그러나 이러한 유동상태를 너무 오랫동안 지속한다면 위헌상태를 내버려두고 당사자의 권리구제를 외면하는 것과 다름없어서 위헌상태를 제거하여 합헌상태를 유지하여야 한다는 법치국가원리에 어긋나게 된다. 신속한 합헌상태 회복을 요구하는 법치국가원리에 비추어 위헌적 법적 상태에서 비롯되는 사법절차 중단은 오로지 제한된 기간 안에서만 받아들여질 수 있을 뿐이다.[80] 따라서 헌법재판소가 법률에 대해서 헌법불합치결정을 내렸을 때에 입법자가 상당한 기간 안에 또는 기한이 설정되었을 때에 그 기한 안에 그 법률을 개선하지 않는다면, 그 법률은 위헌이어서 효력을 상실한다. 법원은 효력이 상실된 법률을 적용할 수 없으므로 법적 공백이 발생한다. 이것은 헌법불합치결정이 단순위헌결정과 달리 해당 법률의 효력 상실만으로 합헌상태가 회복되지 않기 때문이다. 이때에 법률에 빈틈이 있을 때의 일반원칙에 따라서 법원이 계류 중인 사건에서 법관의 법형성을 통해서 합당한 결론을 이끌어내는 것 이외에는 다른 방법이 없다.[81] 다만, 법관의 법형성을 통해서 기본권을 직접 제한하는 것은 헌법 제37조 제 2 항 때문에 허용되지 않는다. 특히 형벌에 관한 법률(조항)에 대해서 헌법불합치결정을 내려 입법자에게 법률개선명령을 하였음에도 입법자가 해당 법률을 개선하지 않았다면, 죄형법정주의(헌법 제12조 제 1 항 제 2 문 후단, 제13조 제 1 항 전단) 때문에 법관은 법형성을 통해서 형벌을 부과할 수는 없다. 즉 헌법불합치로 결정된 형벌에 관한 법률(조항)은 입법자의 법률개선의무 위반이 확정되었을 때에 소급하여 그 효력을 상실하고 해당 행위는 더는 형벌로 통제될 수 없다. 다만, 이때에 재심의 허용 가능성은 헌법불합치결정의 취지에 따라 결정하여야 할 것이다.

입법자가 헌법불합치결정에 따른 법률개선의무를 이행하지 아니하여 법관이 법형성을 할 때에 헌법불합치결정(대부분 중요이유)은 가장 중요한 판단기준이 된다. 입법자가 헌법불합치결정의 취지에 따라서 법률을 개선하여야 하므로, 입법자의 법률개선의무 위반에 따른 법적 공백을 메우는 법관의 법형성도 당연히 헌법불합치결정의 취지에 따라야 하기 때문이다. 이러한 법관의 법형성은 ① 입법자의 법률개선의무 위반이 일으킨 법적 공백을 단지 잠정적으로만 메우는 것이고, ② 입법자는 언제나 자신의 법률개선의무를 이행하여 자기 결정이 앞날을 향해서 사법재판에 우선하게 할 수 있으므로, 이러한 때에 입법자의 입법형성권은 침해된다고 보기 어렵다.

그러나 일반사법재판은 일반적 구속력이 없고 단지 개별적 효력만 있으므로 일반사법재판은 임시규율로서 기능하지 못하고 해당 사건을 해결하는 것에 그친다. 물

80) BVerfGE 82, 126 (155) 참조.
81) Michael Sachs (Anm. 53), S. 659 f. 참조.

론 일반사법재판(특히 대법원의 판결)도 선례적 구속력을 통해서 해당 사건을 넘어 영향력을 미칠 수도 있지만, 선례적 구속력은 추정적 구속력에 그친다. 이러한 점에서 기속력[82]과 형성력 혹은 법률적 효력[83]이 있는 헌법재판소결정은 중요한 의미가 있다. 그리고 입법자의 법률개선의무와 관련하여 헌법재판소의 통제가 허용되지 않는다면, 법률개선의무 이행은 사실적 측면에서 입법자의 재량에 속하게 될 것이다. 따라서 입법자의 법률개선의무 불이행 때문에 헌법이 보장한 자기 기본권을 침해받은 자는 이러한 입법부작위에 대한 헌법소원심판을 청구할 수 있다.[84] 이러한 헌법소원심판은 입법부작위가 계속되는 한 기간 제약 없이 허용된다. 헌법재판소는 이러한 입법부자위를 위헌으로 결정할 수 있고, 입법지기 법률을 개선할 수 없거나 개신하려고 하지 않는다는 것을 근거로 필요한 때에 한하여 긴급입법자로서 입법자가 법률을 개선할 때까지 잠정적으로만 적용되는 임시규율을 제정할 수 있다. 이러한 임시규율은 입법자의 입법형성권을 침해하지 않기 위해서 법률이 반드시 포함하여야 할 최소한에 국한된다. 그밖에 입법자의 법률개선의무 불이행이 일으킨 손해가 있다면, 피해자는 국가배상청구소송을 제기할 수 있을 것이다. 그러나 이 소송에서 입법자의 법률개선의무불이행과 피해자의 손해 사이에 인과관계가 있음을 입증하기는 쉽지 않아서 실제로 피해자가 배상받는 경우는 드물 것이다.

Ⅵ. 맺음말 : 헌법불합치결정의 실효성과 헌법재판소의 철저한 논증 필요성

한정위헌결정은 법률해석 문제이고, 헌법불합치결정은 입법자의 법률개선의무와 관련이 있다. 그래서 헌법재판소는 한정위헌결정과 관련하여 대법원과 갈등하는 것처럼 헌법불합치결정과 관련하여 국회와 마찰을 일으킨다. 즉 헌법재판소가 헌법불합치결정을 통해서 국회에 법률개선의무를 부과하였음에도 국회는 법률개선의무 이행에 소극적이다. 그러나 헌법불합치결정의 실효성은 국회의 법률개선의무 이행 여부에 달렸다. 따라서 국회가 헌법불합치결정에 따른 법률개선의무를 위반하는 것은 헌법불합치결정의 기속력을 부정하는 것과 다름없다. 이러한 헌법현실은 법률개

82) 이에 대한 자세한 검토는 허완중, "헌법재판소결정의 기속력," 한국헌법판례연구회 4월 월례발표회, 2009. 4. 18, 1~36면 참조.

83) 이에 대한 자세한 검토는 허완중, "헌법재판에서 필요성이 의심되는 법률적 효력과 형성력에 의한 그 대체 가능성," 안암법학 제28호, 안암법학회, 2009, 33~72면 참조.

84) Yooncheol Choi (Anm 14), S. 166 f. 참조.

선의무를 성실히 이행하지 않는 국회에 가장 큰 책임이 있다. 하지만, 헌법재판소도 헌법불합치결정을 내릴 때에 그에 대한 논증을 철저하게 하였는지를 반성할 필요가 있다. 실정법적 근거 없이 내리는 헌법불합치결정은 헌법을 바탕으로 그 필요성이 충실하게 논증 되지 않으면, 헌법불합치결정 자체의 정당성을 의심받을 수밖에 없기 때문이다. 특히 헌법불합치결정에 대한 판례가 쌓이면서 개별 사건에서 과거 판례를 이유로 명확한 근거 제시를 소홀히 하는 것은 아닌지를 진지하게 되짚어 볼 필요가 있다. 예를 들어 야간옥외집회금지를 규정한 집회 및 시위에 관한 법률 제10조의 개정과 관련하여 여당과 야당이 헌법불합치결정에 따른 법률개선의무 내용 자체에 대해서 다투는 현실은 헌법불합치결정 자체가 불명확성을 내포한 것이 아닌지를 의심하게 한다. 이러한 철저한 논증은 입법자에게 법률개선의 필요성을 설득시켜 법률개선의무 이행을 강제할 뿐 아니라 개선사항을 명확하게 밝혀서 입법자가 법률을 쉽게 개선하도록 돕는다. 그리고 입법자의 법률개선의무 불이행으로 말미암아 발생하는 법적 공백을 메우기 위해서 법관이 법형성을 할 때에 명확한 형성기준을 제공하여 법적 안정성을 확보하는 측면도 있다. 따라서 헌법재판소는 언제나 철저한 논증을 바탕으로 설득력 있는 헌법불합치결정을 내릴 때에 비로소 그 실효성, 즉 입법자의 법률개선의무 이행 강제를 확보할 수 있다는 것을 잊지 말아야 한다.

참 고 문 헌

남복현, "법률의 위헌결정의 효력에 관한 연구," 한양대학교 법학박사학위논문, 1994.

______, "헌법재판소 결정의 효력에 관한 쟁점 및 해결방안," 문광삼/남복현/전정환, 헌법재판소결정의 효력에 관한 연구(헌법재판연구 제 7 권), 헌법재판소, 1996, 151~399쪽.

______, "헌법불합치결정을 둘러싼 법적 쟁점의 검토 —실체적 형법법규를 중심으로—," 헌법실무연구 제10권, 박영사, 2009, 463~510쪽.

신봉기, "헌법불합치결정의 이유에 기초한 개선입법의무," 헌법논총 제 7 집, 헌법재판소, 1996, 349~384쪽.

신 평, 헌법재판법, 법문사, 2007.

이명웅, "헌법불합치결정의 사유 및 효력," 헌법논총 제20집, 헌법재판소, 2009, 369~405쪽.

이상훈, "위헌결정과 헌법불합치결정의 효력 및 그 재판실무상 적용," 사법논집 제38집, 법원도서관, 2004, 7~108쪽.

이인호/오수정, "헌법불합치결정에 따른 입법개선의무의 이행현황 분석과 비판," 중앙법학 제12집 제 1 호, 중앙법학회, 2010, 45~84쪽.

이준일, 헌법학강의(제 3 판), 홍문사, 2008.

정종섭, 헌법소송법(제 6 판), 박영사, 2010.

최완주, "헌법불합치결정," 헌법재판제도의 이해(재판자료 제92집), 법원도서관, 2001, 365~406쪽.

최윤철, "독일에 있어서의 "입법자의 법률개선의무"에 관한 논의," 공법연구 제31집 제 3 호, 한국공법학회, 2003, 363~384쪽.

허 영, 헌법소송법(제 5 판), 박영사, 2010.

허완중, "기본권보호의무에서 과소보호금지원칙과 과잉금지원칙의 관계," 공법연구 제37집 제1-2호, 한국공법학회, 2008, 201~227쪽.

______, "헌법재판에서 필요성이 의심되는 법률적 효력과 형성력에 의한 그 대체 가능성," 안암법학 제28호, 안암법학회, 2009, 33~72쪽.

______, "헌법재판소결정에 따른 입법자의 의무," 한국공법학회 제147회 학술발표회 "공법학연구의 최근동향," 2009. 2. 21, 313~351쪽.

______, "헌법재판소결정의 기속력," 한국헌법판례연구회 4월 월례발표회, 2009. 4. 18, 1~36쪽.

______, "한국헌법에 따른 헌법재판소법 제47조 제 2 항의 해석," 공법연구 제37집 제 4 호, 한국공법학회, 2009, 229~255쪽.

______, “헌법재판소의 헌법불합치결정을 정당화하는 사유,” 안암법학 제31호, 안암법학회, 2010, 31~68쪽.

______, “기본적 인권을 확인하고 보장할 국가의 의무,” 저스티스 제115호, 한국법학원, 2010. 2, 68~105쪽.

______, “형벌에 관한 법률(조항)에 대한 헌법재판소의 헌법불합치결정 —필요성과 허용 가능성을 중심으로—,” 공법연구 제38집 제 4 호, 한국헌법학회, 2010. 6, 133~157쪽.

홍완식, “입법자의 법률개선의무에 관한 연구,” 공법연구 제31집 제 2 호, 한국공법학회, 2002, 281~297쪽.

황도수, “헌법불합치결정에 관한 새로운 체계의 시도,” 헌법실무연구 제 4 권, 헌법실무연구회, 박영사, 2003, 250~282쪽.

Peter Badura, Die verfassungsrechtliche Pflicht des gesetzgebenden Parlaments zur Nachbesserung von Gesetzen, in : Georg Müller (Hrsg.), Staatsorganisation und Staatsfunktionen im Wandel : Festschrift für Kurt Eichenberger zum 60. Geburtstag, Basel/Frankfurt am Main 1982, S. 481-492.

Peter Badura, Die Verfassung im Ganzen der Rechtsordnung und die Verfassungskonkretisierung durch Gesetz, in : Josef Isensee/Paul Kirchhof (Hrsg.), HStR, Bd. VII, Heidelberg 1992, § 163, S. 165-188.

Werner Bernd, Legislative Prognosen und Nachbesserungspflichten, Diss. jur. Mainz, 1989.

Jens Blüggel, Unvereinbarerklärung statt Normkassation durch das Bundesverfassungsgericht, Berlin 1998.

Yooncheol Choi, Die Pflicht des Gesetzgebers zur Beseitigung von Gesetzesmängeln, Diss. jur. Hamburg, 2002.

Michaela Eisele, Subjektive öffentliche Rechte auf Normerlaß, Berlin 1999.

Karl Engisch, Einführung in das juristische Denken, 10. Aufl., Stuttgart 2005.

Christoph Gusy, Parlamentarischer Gesetzgeber und Bundesverfassungsgericht, Berlin 1985.

Peter E. Hein, Die Unvereinbarerklärung verfassungswidriger Gesetze durch das Bundesverfassungsgericht - Grundlage, Anwendungsbereich, Rechtsfolgen, Baden-Baden 1988.

Konrad Hesse, Grundzüge des Verfassungsrechts der Bundesrepublik Deutschland, 20. Aufl., Heidelberg 1995(콘라드 헷세, 계희열 역, 통일독일헌법원론, 박영사, 2001).

Hermann Heußner, Folgen der Verfassungswidrigkeit eines Gesetzes ohne Nichtigerklärung, in : NJW 1982, S. 257-263.

Josef Isensee, Das Grundrecht auf Sicherheit, Berlin 1983.

Christian Mayer, Die Nachbesserungspflicht des Gesetzgebers, Baden-Baden 1996.

Klaus Meßerschmidt, Gesetzgebungsermessen, Berlin 2000.

Helmut Miernik, Die verfassungsrechtliche Nachbesserungspflicht des Gesetzgeber, Diss. jur. Leipzig, 1997.

Fritz Ossenbühl, Die Kontrolle von Tatsachenfeststellungen und Prognoseentscheidungen durch das Bundesverfassungsgericht, in : Christian Starck (Hrsg.), Bundesverfassungsgericht und Grundgesetz : Festgabe aus Anlaß des 25jährigen Bestehens des Bundesverfassungsgerichts - Verfassungsgerichtsbarkeit, Bd. I, Tübingen 1976, S. 458-518.

Fritz Ossenbühl, Bundesverfassungsgericht und Gesetzgebung, in : Peter Badura/ Horst Dreier (Hrsg.), Festschrift 50 Jahre Bundesverfassungsgericht : Verfassungs -gerichtsbarkeit - Verfassungsprozeß, Bd. I, Tübingen 2001, S. 33-53.

Christian Pestalozza, Verfassungsprozeßrecht, 3. Aufl., München 1991.

Christian Pestalozza, „Noch verfassungsmäßige“ und „bloß verfassungswidrige“ Rechtslagen, in : Christian Starck (Hrsg.), Bundesverfassungsgericht und Grundgesetz : Festgabe aus Anlaß des 25jährigen Bestehens des Bundesverfassungsgerichts - Verfassungsgerichtsbarkeit, Bd. I, Tübingen 1976, S. 519-567.

Albrecht Peter Pohle, Die Verfassungswidrigerklärung von Gesetzen, Frankfurt am Main/Bern/Cirencester 1979.

Marius Raabe, Grundrechte und Erkenntnis, Baden-Baden 1998.

Michael Sachs, Bloße Unvereinbarerklärung bei Gleichheitsverstößen?, in : NVwZ 1982, S. 657-662.

Michael Sachs, Die Folgen der Unvereinbarkeit des Hausarbeitstagsanspruchs für Frauen mit dem Grundgesetz, in : FamRZ 1982, S. 981-985.

Klaus Schlaich/Stefan Korioth, Das Bundesverfassungsgericht - Stellung, Verfahren, Entscheidungen, 7. Aufl., München 2007.

Rudolf Steinberg, Verfassungsgerichtliche Kontrolle der „Nachbesserungspflicht“ des Gesetzgebers, in : Der Staat 26 (1987), S. 161-186.

Klaus Stern, Das Staatsrecht der Bundesrepublik Deutschland, Bd. Ⅲ/1, München 1988.

Klaus Stern, Das Staatsrecht der Bundesrepublik Deutschland, Bd. Ⅲ/2, München 1994.

Rupert Stettner, Die Verpflichtung des Gesetzgebers zu erneutem Tätigwerden bei fehlerhafter Prognose, in : DVBl. 1982, S. 1123-1128.

Andreas Voßkuhle, Die verfassungsgerichtliche Kontrolle von Gesetzen durch das Bundesverfassungsgericht, in : Thomas Würtenberger (Hrsg.), Rechtsreform in Deutschland und Korea im Vergleich, Berlin 2006, S. 215-227.

第104회 발표회 지정토론문

방　승　주*

1. 입법개선의무인가 법률개선의무인가? 용어의 문제

지금까지 헌법불합치결정의 법적 효과 중의 하나로서 입법자가 법률을 개성해야 할 의무를 들 수 있는데, 이를 일반적으로 입법개선의무라고 한다. 여기에서 입법개선의무란 법률의 위헌성을 제거하고 합헌적인 법률을 제정해야 할 의무라고 하는 점에 대해서는 이의의 여지가 없다. 보다 정확하게 표현한다면 법개정의무라고 해야 할 것이다. 헌법불합치결정의 대상에는 법률만이 아니라 법규명령도 포함될 수 있을 것이기 때문이다.

2. 법률개선의무는 오로지 헌법불합치결정을 통해서만 입법자에게 부과되는가?

입법개선의무는 헌법의 우위와 입법자의 헌법에 대한 구속(헌법 제10조 제 2 문, 헌법 제107조 제 1 항, 제111조 제 1 항)으로부터 나오는 의무라고 할 수 있다.

토론자는 이미 과거에 쓴 선행 논문에서 법률이 위헌으로 될 수 있는 경우는 여러 가지가 있을 수 있음을 밝힌 바 있다. 법률의 제정당시에는 합헌이던 것이 사정의 변경에 따라 위헌으로 되는 경우(적응의무 사례), 법률의 제정 당시에는 가능한 예측판단을 기초로 결정을 하였으나 훗날 잘못된 예단이었음이 밝혀져, 법률을 개선해야 하는 경우(개선의무 사례), 복잡한 사실관계의 규율이 그것이다. 이러한 사례들의 경우 입법자는 나름대로 법률을 변화된 사실관계에 적응시키거나 또는 새로운 판단에 따라서 입법개선을 하거나 그리고 필요한 경험을 축적하기 위하여 어느 정도 시간적 여유를 가져야 할 필요성이 인정되는 사례에 해당된다고 할 수 있다.[1] 발제자도 역시 이러한 적응의무와 개선의무 사례를 법률개선의무의 발생원인으로 지

---

* 한양대학교 법학전문대학원 교수.

1) 이에 관하여는 방승주, "독일 연방헌법재판소의 입법자에 대한 통제의 범위와 강도," 헌법논총 제 7 집(1996), 299면 이하(335-344).

적하고 있다.

그런데 이러한 사례들과 같이 법률이 위헌으로 되는 경우에 내리는 가장 일반적인 결정유형은 촉구결정(Appellentscheidung) 또는 경고결정(Signalentscheidung)[2]이라고 할 수 있으며, 촉구결정이 내려진 경우에도 입법자는 입법개선의무를 진다고 할 수 있다. 이러한 의무는 궁극적으로는 전술한 바와 같이 헌법에 대한 입법자의 구속으로부터 나오는 것이다.[3]

3. 법률개선의무의 심사대상

발제자는 "입법자는 특정한 행위가 아닌 법률에 대해서만 책임을 지므로, 규범통제에서 헌법재판소의 과제는 법률의 헌법합치성을 심사하는 것"이라고 한 후 Steinberg의 논문을 인용하면서, "따라서 헌법재판소는 단지 의심스럽고 개선이 필요한 것으로 보이는 법률을 심사하는 범위 안에서만 입법자의 법률개선의무에 대해서 통제할 수 있다"고 덧붙이고 있다.

위헌법률심판의 대상이 법률의 위헌여부임을 모르는 사람은 없을 것이다. 그러나 독일 연방헌법재판소의 판례나 우리 헌법재판소의 판례에서 흔히 "법률"이 아니라 "입법자"라고 하는 용어가 자주 등장을 하면서 입법자가 법률을 제정함에 있어서 어떠한 사항을 주의했어야 했는데 하지 않았다든지, 가령 법률이 위헌이 되지 않도록 계속해서 검토하고 관찰하고 주의를 기울였어야 하는데 기울이지 않았다든지 하는 표현을 쓰고 있는 것들을 볼 수 있다. 이러한 언급은 결국 표면적으로 드러난 법률내용의 위헌여부를 판단함에 있어서, 입법자의 주관적 사정을 고려하고 있다고 하는 징표이다. 다시 말해서 헌법재판, 특히 위헌법률심판은 단순히 어떠한 법률조항이 헌법 제몇조에 위반되는지 아닌지를 일도 양단식으로 잘라서 판단할 뿐인 재판인 것이 아니라, 민주적으로 정당화된 입법자의 정치적 형성의 자유의 산물인 법률이 국민의 기본권을 침해하는지 아니면 그가 추구하는 공익목적을 고려할 때, 드러난 다소간의 입법적 문제점에도 불구하고 이를 감수하여야 하는 상황인지를 늘

2) 이러한 구분으로는 Seung-Ju Bang, Übergangsregelungen in Normenkontrollentscheidungen des BVerfG, Diss. Hannover, 1996, 38 ff. Andreas Voßkuhle, Art. 93, Rdnr. 51, in: v. Mangoldt/Klein/Starck(Hrsg), GG Kommentar Bd. 3, 5. Aufl. München 2005.

3) 방승주, "독일연방헌법재판소에 의한 경과규정의 법적 효과," 운남 서정호 교수 정년기념 논문집, 법과 국가 1997, 166면 이하(188-189); Seung-Ju Bang, Übergangsregelungen in Normenkontrollentscheidungen des BVerfG, Diss. Hannover, 1996, S. 178 f. 특히 각주 116의 문헌.

고민하여야 하는 것이다. 그러하다 보니 헌법재판소로서는 위헌법률심판에 있어서 입법자의 행위나 절차영역까지 고려를 하지 않을 수 없게 되며, 이러한 방식으로 입법자에 대한 통제의 범위와 강도를 다양하게 전개시킬 수 밖에 없게 되는 것이다.[4)]

따라서 위헌법률심판의 대상이 단순히 법률이라고 하는 점을 강조하는 학자들이 헌법재판소가 입법자의 영역을 존중하고 어느 정도 기능적 자제를 하는 방법론을 취하는 것을 반대하기 위한 논리적 도구로 사용하는 의도가 있다면 이에 대하여는 어느 정도 비판적으로 받아들일 필요도 있다고 생각된다.

4. 개선의무에 유사규범도 포함되는가?

발제자는 입법개선의무에 유사규범까지 포함되어야 한다는 Heußner의 주장을 소개[5)]하면서 "독일 연방헌법재판소는 심판대상이 아닌 유사규범에 대해서 아직 심사하지 않았고, 심사할 수도 없다"고 하고 있다.

그러나 만일 헌법재판소가 어떠한 법률에 대하여 위헌 또는 헌법불합치결정을 한 경우에, 그와 동일하거나 유사한 다른 규정들이 있다면, 입법자는 스스로 그 위헌성 여부를 검토하여 입법개선의무를 진다고 보는 것이 더 타당하지 않을까? 왜냐하면 발제자도 지적하고 있듯이 이러한 입법개선의무는 입법자의 헌법에 대한 구속으로부터 나오는 것이지 그 특정 헌법불합치결정으로부터 나오는 것이 아니라고 본다면 더욱 그러하지 않는가 싶다. 이러한 입법개선의무를 이행하지 않을 경우, 다음번에 헌법소원심판이나 위헌법률심판이 제기되면, 헌법재판소는 특별한 사정 변경이 없는 한 같은 결론에 도달할 수밖에 없을 것이다.

따라서 헌법재판소가 유사규범에 대하여 심사할 수 없다고 하는 논리는 이해하기 힘들다. 청구가 있게 되면 심사를 하는 것이다. 다만 구체적으로 특정한 헌법불합치결정으로부터 나오는 입법개선의무는 그 법률 자체에만 미치는 것이 헌법소송법적 귀결이 될 것이다.

5. 헌법불합치로 결정된 법률의 효력상실이 입법개선의무위반의 효과인가?

발제자는 개선의무 위반의 법적효과로서 법률의 효력상실을 들고 있다.

---

4) 이에 관하여는 방승주, "헌법재판소의 입법자에 대한 통제의 범위와 강도 — 입법자의 형성의 자유와 그 한계에 대한 헌법재판소의 지난 20년간의 판례를 중심으로," 공법연구 제37집 제2호(2008. 12), 113-171면.

5) 같은 소개로 방승주, 앞의 논문(각주 3), 172면.

헌법불합치로 결정된 법률의 경우, 특히 효력상실을 일정기간 유예한 경우에, 이 기간이 지나면 그 법률의 잠정적인 효력은 상실되어 더 이상 적용할 수 없게 된다. 이러한 효력상실의 효과는 입법자가 입법개선의무를 이행하든지 않든지와 상관없이 발생하는 계속효력명령의 법적효과이지 입법자의 입법개선의무 위반의 법적효과가 아니다.

6. 헌법재판소는 입법개선을 위한 기간을 설정할 수 있는가? 그리고 그 근거는 무엇인가?

발제자는 기간설정권한의 근거를 입법통제적 관점에서 비롯한다고 짧게 언급하고 있다.

과연 헌법재판소는 입법개선을 위한 기간을 설정해도 되는가? 아니면 불확정기한으로 적정한 기간내에 개정하도록 명하는 것이 나은가?

기간설정권한에 대하여 독일 학계에서는 문제점을 제기하는 견해와 허용되는 것으로 보는 견해가 있다.[6)]

만일 기간을 설정하지 않는 경우, 입법자가 법개정을 방치하는 경우에는 잠정적인 위헌적 상태가 계속될 수 밖에 없게 된다. 그것은 결코 헌법이 바라는 바라고 할 수 없다. 헌법재판소의 기간설정권한은 법률의 실체적 위헌을 확인하였다는 점(실체적 관점), 입법자의 형성의 자유라고 하는 권력분립적 관점(기능법적 관점), 그리고 법적 공백상태의 방지라고 하는 법치국가원리의 관점(결과고려의 관점)에 의하여 헌법적으로 정당화될 수 있다고 생각된다.

7. 헌법재판소가 적용중지는 결정주문에 계속적용은 결정이유에 적시하는가?

발제자는 헌법재판소가 적용중지는 결정주문에, 계속적용은 결정이유에 적시한다고 하고 있는데, 계속적용과 또한 입법개선의 시한도 결정주문에 적시하는 경우도 있는 것으로 알고 있는데, 과연 그러한지?

---

6) 이에 대하여는 방승주, "독일연방헌법재판소에 의한 경과규정의 허용성," 안암법학 제 4 집(1996), 179면 이하(223-225).

8. 입법자와 법원의 반응에 대하여

발제자는 입법자의 경우 다소 입법개선의무에 게으름을 피우고 있다고 보면서, 법원의 경우는 나름대로 헌법재판소의 헌법불합치결정의 취지에 부합하게 결정을 내리고 있다고 진단하고 있다.

입법자의 경우 독일에 있어서도 헌법재판소의 기간설정을 지키지 못하고 10년 이상 넘게 입법의무를 이행하지 않는 경우도 있었다. 입법자가 입법개선의무를 이행해야 하는 것은 당연한 헌법상의 의무이기는 하지만, 정치권의 역학관계나 사정상 입법기한을 준수하지 못하는 경우가 발생하는 것이 사실이다. 그리고 법원이 대체로 헌법재판소 결정의 취지대로 판결을 하였다고 하는 점에 대해서는 동의한다.[7]

9. 입법개선의무 위반의 경우 법원은 어떻게 해야 할 것인가?

헌법불합치결정과 함께 입법개선시한을 정하였음에도 불구하고 이 기간을 지키지 못하여 법률이 효력을 상실한 경우에 법원은 헌법재판소의 헌법불합치결정의 취지대로 그 법률이 마치 위헌결정으로 효력을 상실한 것과 마찬가지로 취급하고 다루어야 할 것이다.

다음으로 입법개선시한이 정해지지 않은 경우에, 상당한 시간이 흘렀음에도 불구하고 입법자가 개선의무를 이행하지 않는 경우에는, 그로 인하여 기본권을 침해받고 있는 국민의 경우 입법부작위를 이유로 하는 헌법소원심판을 청구할 수 있다고 해야 할 것이다. 그리고 독일 연방헌법재판소도 판시하고 있듯이[8] 법원은 헌법에 위반되지 않으려면 헌법불합치결정의 취지에 맞게 적절하게 그 법률이 위헌이라고 간주하고서 당사자의 권리를 구제해 주는 쪽으로 판결을 내려야 할 것이다. 발제자도 지적하고 있듯이, 상당한 기간이 지났음에도 불구하고 위헌법률이 계속 효력을 가진다고 한다면 위헌상태가 지속되는 것이며, 그것은 더 이상 감내할 수 없는 상황이 될 것이다. 그리고 기본권침해라고 하는 실체적 관점에서 위헌상태의 종식 필요

---

7) 이에 관하여는 방승주, "헌법불합치결정의 문제점과 그 개선방안," 헌법학연구 제13권 제3호 (2007. 9), 49면 이하(100-101).

8) BVerfGE 87, 234 (262 f.). "위헌적인 법상황을 근거로 소송을 중단하는 것은 따라서 단지 일정한 기간만 감수될 수 있다. 입법자가 이러한 개정의무를 적정한 기간 내에 이행하지 않는 경우에는 법원들은 스스로 위헌적으로 행위하고 싶지 않다면 자기들에게 계루된 법적 분쟁을 속행하고 합헌적으로 판결하여야 한다." 이러한 불확정상태가 더 길게 지속되면 현재상태보다 더욱 위헌적인 상태가 우려된다는 것이다. BVerfGE 82, 126 (155). 방승주, 앞의 논문(각주 3), 171면.

성이 법적 공백상태의 회피라고 하는 결과고려의 관점을 점차적으로 압도하게 될 것이기 때문에, 법원은 그러한 관점에서 적극적으로 법률의 위헌선언과 마찬가지로 다루어야 될 것이다.

10. 형벌규정에 대한 헌법불합치결정의 경우

토론자는 형벌규정에 대한 헌법불합치결정은 허용될 수 없다고 하는 입장을 이미 선행논문에서 밝힌 바 있다.

그리고 입법개선시한이 지났음에도 불구하고 입법자가 개정을 하지 않았다고 한다면, 그 시점부터 효력을 상실하는 것은 당연하지만, 오히려 헌법불합치결정은 형벌규정의 경우에 위헌결정과 마찬가지이며, 형벌규정의 실체적 위헌성이 확인된 이상, 그 효력은 소급적으로 상실되어야 마땅하다고 생각된다. 다시 말해서 형벌조항에 대한 헌법불합치결정의 경우는 마치 위헌결정과 같이 취급하는 것이 타당하다고 보며, 실제로 법원은 그와 같이 다룬 바 있었다.[9)]

11. 독자적 경과규정의 필요성

발제자는 입법부작위가 계속되는 한 기간 제약 없이 허용되며, 이러한 입법부작위를 위헌으로 결정할 수 있고, 입법자가 법률을 개신할 수 없거나 개신하려고 하지 않는다는 것을 근거로 필요한 때에 한하여 긴급입법자로서 입법자가 법률을 개선할 때까지 잠정적으로만 적용되는 임시규율을 제정할 수 있다고 하고 있다.

이러한 임시규율은 토론자가 이미 선행논문들에서 발표하여 왔었던 "경과규정"이라고 할 수 있다. 적용의 중지도 계속적용도 적당하지 않을 경우에는 예외적으로 헌법재판소가 독자적인 경과규정을 내릴 수 있다. 독일 연방헌법재판소의 경우에는 심지어 무효선언에서도 독자적인 경과규정을 내리기도 한다.

한편 이미 입법자가 개정해 놓은 법률을 과거로 소급적용할 것은 명령한 헌법불합치결정의 경우에 토론자는 이미 일종의 독자적 경과규정으로 파악한 바 있었다.[10)] 독자적 경과규정의 경우 헌법재판소가 입법기능을 한다고 하는 비판을 받을 소지도 있지만, 그러나 실체헌법적 관점에서 법률의 효력을 당장 상실시키지 않을

9) 이에 관하여는 방승주, 앞의 논문(각주 7), 68면 이하. 광주지방법원 2004. 6. 18. 선고 2002고단 1864 판결; 대법원 2009. 1. 15, 2004도7111 판결.

10) 방승주, "구 소득세법 제60조에 대한 헌법불합치결정의 법적 성격과 그 효력," 인권과 정의 2000. 3(제283호), 154면 이하(164면).

수 없고, 또한 그렇다고 해서 입법자가 개정할 때까지의 법적공백상태 역시 감내할 수 없는 극히 예외적인 경우에는 헌법재판소의 독자적인 경과규정도 허용된다고 보아야 할 것이다.[11]

11) Seung-Ju Bang, a.a.O., S. 122 ff. 방승주, 앞의 논문(독일 연방헌법재판소에 의한 경과규정의 허용성), 191면 이하 참조.

제104회 발표회 지정토론문

김 국 현*

1. 야간옥외집회를 금지한 집시법 조항에 대한 헌법불합치결정(헌재 2009. 9. 24. 2008헌가25 결정)이 정한 법률개선시한인 2010. 6. 30.이 막 도과하였습니다. 이러한 즈음에 불합치결정과 법률개선의무위반의 효과에 대한 논의에 참가하게 되어 무한한 영광입니다. 훌륭한 논문을 읽고 배움의 기회를 주신 헌법실무연구회와 허완중 박사님께 깊은 감사를 드립니다.

이 문제에 대한 연구나 이해 없이 토론을 한다는 것이 무척 두려우나, 불합치결정과 관련된 사건의 심리와 판결을 담당하여야 하는 입장에서, 품게 된 의문점이나 궁금증을 제시하는 것으로 토론에 갈음하고자 합니다.

2. 가. 우리 학계나 실무계에서 헌법불합치결정을 위헌결정의 하나로 받아들이는데 별 이론은 없는 듯 합니다. 그런데, 위헌결정에 대해 헌법재판소법 제47조 제2항은 비형벌 법률(조항)에 대해서는 결정이 있는 날부터, 형벌 법률(조항)에 대해서는 소급하여 각 효력을 상실한다고 규정하고 있습니다. 헌법불합치결정도 위헌결정의 하나라면, 심판대상 법률에 대해 헌법재판소법 제47조 제2항에 따라 효력이 결정되는 것인지, 아니면 불합치결정 자체가 가지는 본질 또는 속성에 의해 불합치결정의 주문 또는 이유에서 나타나는 바에 따라 심판대상 법률의 효력 여부가 위 조항과는 별도로 결정되는 것인지 궁금합니다(발제문 1면아래에서 '불합치결정은 헌재법 제47조 제2항의 적용을 배제하는 결정유형이다'라고 하면서도, 13면의 둘째 문단에서는 형법에 관한 법률조항은 소급하여 효력을 상실한다고 하여 그 적용을 용인하는 듯한 표현이 있습니다).

나. 헌재법 제47조 제2항은 위헌결정된 법률(조항)의 효력을 규정하고 있는데, 이는 원칙과 예외라기보다는 비형벌조항과 형벌조항으로 범주화하여 그 효력을 규정한 것으로 볼 수도 있습니다. 그렇다면 심판대상이 된 법률(조항)에 대한 불합치결정이 정당성을 얻기 위해서는 비형벌조항과 형벌조항에 대해 심사기준도 달라져

* 부장판사/공주지원장.

야 하고 그 논증도 달라져야 하는 것이 아닌가 하는 의문이 있습니다. 허 박사님의 의견을 듣고 싶습니다.

이는 어떠한 행위의 금지규범을 설정한 후(요건조항) 그 금지규범의 위반에 대해 영업정지 등의 행정제재 조항과 형사벌 등의 벌칙조항을 따로 두고 있는 경우 그 금지규범, 즉 요건조항에 대해 불합치결정을 할 경우 이것이 비형벌조항에 대한 것이지, 형벌조항에 대한 것인지 어떻게 판단하여야 하는지와도 관련이 있다고 생각됩니다. 과거 헌법재판소가 형벌조항에 대해 불합치결정을 한 사례를 파악함에 있어서도 이 점이 먼저 규명되어야 하는 것은 아닌지 궁금합니다.

3. 가. 단순위헌결정은 대상법률의 효력에 대해 위헌결정 전과 후로 나누어 살피면 되지만(헌재법 제47조 제2항), 불합치결정은 불합치결정 전, 불합치결정시부터 개선입법시한까지 또는 개선입법시까지, 개선입법시한 경과 이후 또는 개선입법 이후로 나눈 것에 더하여, 그것이 적용 중지의 경우인지, 잠정적용의 경우인지를 따져 보아야 합니다. 개별 사건을 심리·판단하는 재판부로서는 각각의 경우 불합치된 법률(조항)의 내용, 불합치결정의 이유, 개선입법의 내용과 시행시기 등을 개별적·구체적으로 따져야 한다면 그 부담도 커질 뿐만 아니라 각급 법원별로 다른 결론에 이를 수도 있어(물론 심급구조를 거쳐 통일이야 되겠지만) 법적 안정성이 상당기간 저해될 것이라 생각됩니다. 이 문제를 해결하지 위해 입법이 필요한 것은 아닌지 궁금합니다.

나. 불합치결정 후 개선입법의 부칙에서 그 적용범위를 개선입법의 시행일 이후로 한 경우 불합치결정 전까지 발생한 사건과 불합치결정시부터 개선입법때까지 발생한 사건의 각각에 대해 그 근거규범을 무엇으로 하여야 하는지, 특히 적용중지의 경우, 개선입법을 소급적용할 수 있는 것인지, 소급적용할 수 있다면 그 이론적 근거는 어떠한 것인지가 궁금합니다.

4. 허 박사님께서는 형벌조항에 대해 잠정적용을 명하는 불합치결정의 허용가능성에 대해 소극적인 입장에 있으신 것으로 알고 있습니다.

형벌조항인 옥외집회금지조항에 대해 개선입법시한이 경과하였습니다. 이제 그 법률 조항은 소급적으로 효력을 잃은 것인지, 아니면 그 결정이유에서 언급된 바와 같이 2010. 7. 1.부터 효력이 없는 것으로 보아야 하는 것인지, 재심의 허용 여부에 대해서는 어떻게 생각하시는지 궁금합니다(발표문 21면상단에 '입법자의 법률개선의무 위반이 확정되었을 때에 소급하여 그 효력을 상실하고 해당 행위는 더는 형벌로 통제될 수 없다. 다만, 이때에 재심의 허용가능성은 헌법불합치결정의 취지에 따라 결정하여야 한다'고 쓰고 계신데, 위 집시법 결정은 취지는 어떠하다고 보시는지, 헌재법 제47조 제 3 항과 관계는 어떻게 되는지 등).

5. 부진정입법부작위와 관련하여 헌재에서 관련 조항의 불합치결정 후 개선입법 이전에 이루어진 대법원 2010. 4. 16.자 2010모179 결정을 소개하고 이 판례에 대한 발표자의 입장을 부탁드리면서 이 토론을 마칠까 합니다.

① 상소제기 후 그 상소를 취하할 때까지 미결구금일수를 형집행기간에 산입할 규정이 없다는 이유로 검사가 불산입의 형집행지휘를 함.

② 헌법재판소는 형사소송법 제482조 제 1 항, 제 2 항에 이러한 미결구금일수의 산입 공백이 있다는 이유로 불합치결정을 하고, 계속적용을 명하였으나 아직 개선입법이 마련되지 않음.

③ 대법원은 상소제기기간 중의 판결확정 전 구금과 구별하여야 할 아무런 이유가 없으므로, 형사소송법 제482조 제 2 항을 유추적용하여, 검사의 처분이 위법하고 그 미결구금일수 전부를 본형에 산입하여야 한다고 한 원심결정을 수긍함.

6. 이 글이 오늘 토론에 조금이라도 보탬이 되었으면 하는 바램과 오늘 토론의 참가할 수 있음에 다시 한번 감사드리고, 하나라도 더 배우도록 노력하겠습니다. 감사합니다.

제104회 발표회 지정토론문

김　　선　　화*

좋은 발제를 해주셔서 많이 배웠고 이하에서는 발제자의 지적대로 입법개선이 아닌 법률개선으로 용어를 개선하여, 발제자께서 지적하신 문제제기 등에 대하여 몇 가지 생각을 두서없이 나열하여 말씀드리도록 하겠다.

1. 헌법재판소가 위헌성을 지적한 법률에 대하여 입법자로서는 최대한 그러한 위헌성을 제거할 의무, 즉 헌법적 의무가 있다고 할 수 있다.

그러나, 입법자의 헌법적 의무가 바로 강제성을 가지는 문제와는 구별된다고 생각된다. 즉, 입법자의 법률개선이 법적으로 강제되어 있지 않은 분야라면 그때 책임이라는 것은 법적 책임이라기보다는 '정치적 책임'으로 귀결이 되는 것이이라고 생각된다. 이때 법적으로 개선의무가 강제되어 있는 경우는 헌법에서 법률에서 정하도록 위임하는 등의 경우(진정입법부작위)를 말하는 것이지, 위헌결정이 있었다고 해서 바로 입법자에 대하여 일반적인 법률개선의무 규정을 두어 이를 강제하는 것은 어렵다고 볼 수 있다.

더구나 입법자들이 —이때 입법자들은 의견이 모두 다르고 제각각이어서 통일체처럼 말하기 힘들지만— 어떤 법률의 경우는 위헌결정 이후에 오히려 입법조치를 하지 않고 위헌무효인 상태가 지속되도록 하는 편이 나을 경우라고 판단할 수도 있다. 또한 개별적으로 위헌성을 지적받은 법률을 개선함에 있어서 다른 법률과의 관계라든가 포괄적 의미의 정치적 고려나 논의 등이 필요한 경우도 있을 수 있기 때문에, 법률로써 일반적으로 입법을 개선하도록 의무지우는 것이 실효성이 있어 보인다고 하기 어렵다.

국회가 헌법재판소의 위헌결정이나 헌법불합치결정에 대하여 위헌성제거를 나태하게 한다는 지적이 있는데, 헌법재판소가 위헌성에 관한 결정이 있을 때 이를 국회에 통보하고 있고, 매년 이에 대한 결과 등을 정리하여 법제사법위원회에서 이를 취합하여 검토하고 있다. 그리고 실제로 국회내에서 여러 이해관계가 충돌하고 입법

* 법학박사, 국회입법조사처 입법조사관.

과 관련된 논의가 상충되는 결과 법률의 개선이 늦어지는 경우도 많기 때문에 반드시 나태함의 소산으로 늦어진다고 일반적으로 말할 수는 없다.

즉, 입법과정이라는 것은 법리적 판단과는 다른, 매우 입체적이고 복잡한 과정이기 때문에 —물론 입법과정을 통한 결과물은 법리적으로 합헌적이어야 하고 소홀함이 없어야 하지만— 이러한 다양한 이해관계충돌의 조정과 논의를 하여야 하는 입법의 장에 대하여 법률적으로 법률개선 강제조항을 두는 것은 어렵기도 하거니와 바람직한 것이라고 볼 수 없다고 생각된다. 입법부로서는 헌법재판소의 결정의 결론만이 아니라, 반대의견이나 입법대안의 제시 등에 대하여도 관심을 가지며 다양한 견해와 정황들 또한 자유롭게 고려할 수 있기 때문이다.

또 다른 시각에서 보자면, 발제문의 2페이지에서 헌법불합치결정의 실효성에 대하여 입법자의 법률개선의무 이행으로 이를 완성하여야 한다는 취지로 보이는 지적은 법률에 근거가 없는 헌법불합치결정이 오히려 입법자를 구속하는가 하는 문제점도 제기할 수 있다고 생각된다. 위헌결정도 유사한 문제가 제기될 수 있지만, 이는 결국 위헌성이 발견되는 법률에 대해서는 헌법재판소가 원칙적으로 위헌으로 결정하여야 하고, 헌법불합치결정과 같은 변형결정은 설령 법률에서 근거가 마련된다고 하여도 가능한 한 자제하여야 하지 않는가 생각된다.

그렇다면, 헌법개정을 한다는 전제로 헌법에서 법률개선의무를 강제함이 가능할 것인가에 대해서도 검토해 볼 필요가 있다고 생각된다. 헌법에서 헌법재판소의 결정에 대해서 입법자가 구속되도록 할 수 있는가 하는 것은 권력분립의 원칙상으로 바람직하지 않다고 생각된다. 물론, 최대한 입법자는 헌법재판소의 결정에 승복하여야 할 것이고, 이로써 법적 안정성에 대한 책임을 지는 것이 마땅하다. 그러나, 구속력을 가지게 하는 것은 사실상 헌법재판소가 국회의 원로원 기능을 하는 것이 될 수도 있기 때문에 바람직하지 않다고 보겠다.

또한 입법부도 입법의 형태로 헌법을 해석하는 권한을 가진다는 점을 존중할 필요는 있다고 생각한다.

2. 발제자께서 헌법불합치결정의 문제에 관하여 지적하신 점에 대해서는 전적으로 동감한다. 헌법재판소의 헌법불합치결정은 법적 안정성을 고려한 매우 중요한 변형결정의 하나인데, 최근 들어 헌법불합치결정이 의도하는 법적 안정성이 오히려 저해되는 결과도 본다.

예를 들어, 이번 야간옥외집회의 헌법불합치결정에 대한 경우이다. 발제자의 지적처럼 이 헌법불합치결정은 입법자가 입법을 시한까지 개정하지 않아, 사실상 단순위헌결정이 지연된 것과 같은 효과가 나타났다. 헌법불합치 이후에 법원들간에 그 효력에 관하여 다르게 파악하여 법원들간의 판결에 일관성이 없어 오히려 법적 안정성이 저해된 결과를 보고 있다. 예외적으로 위헌결정의 소급효가 인정되는 형사벌 규정에 대하여 헌법불합치결정을 할 때는 마땅히 매우 강한 설득력이 있어야 하는데 이것이 부족한 것이 아니었나 생각하고, 또한 결과적으로도 의도와 다른 결과가 나타난 점은 유감스럽다. 이러한 문제점에 대하여 발제자께서는 필요성이 굳이 있다고 한다면 논란의 씨를 잠재우기 위하여 적용중지인지 적용계속인지 표기할 필요가 있다고 하시는데, 적용중지를 하기 위하여는 당연히 위헌으로 하여야 하는 것이고, 계속 적용이라고 할 때에도 형사적 처분에 관한 법률에 대해서는 헌법불합치결정은 바람직하지 않다고 생각한다.

3. 헌법재판소의 결정에 대해서는 입법자가 가능한 스스로 구속되어야 하고, 이로써 헌법해석에 대한 논란을 줄이고 법적 안정성을 확보할 필요가 있다. 그러나, 입법자가 이러한 헌법해석을 존중하는 것은 최종적으로 정치적 책임을 지는 문제이지, 법적인 책임을 지는 문제라고 보기는 어렵다.

헌법적 의무로서 헌법재판소의 결정에 대한 존중은 상호간의 신뢰로 인한다고 생각된다. 헌법적인 의무는 명문의 법률에 의한 강제보다도 헌법관행이나 신뢰로 인하여 스스로 구속되어야 하는 부분도 크다고 생각된다.

입법자는 최대한 위헌성이 있는 법률을 개선하도록 최선을 다해야 할 것이며, 헌법재판소도 충실한 위헌성 검토 위에 결정형식에 대한 원칙을 마련하여, 결정에 대한 신뢰를 확보하도록 하여야 할 것이라고 생각한다.

최근들어 입법자들은 헌법재판소의 위헌결정이나 헌법의 법리 등에 관하여 관심이 크다. 입법을 하기 전에 여러 가지 헌법적 쟁점에 관한 조사를 하는 경우를 많이 본다. 헌법재판소의 결정은 구체적인 사건이나 헌법해석기준이 되기도 하지만, 입법의 가이드라인으로 참고가 크게 되기 때문에, 보다 엄밀하고 체계적인 결정례가 많이 축적되기를 바란다.

第104회 발표회 토론요지

사 회 자: 남복현(교수)

토론참여자: 김희옥(헌법재판관), 방승주(교수), 김국현(부장판사), 김선화(국회 입법조사관), 박진영(헌법연구관), 전병관(부장헌법연구관), 최주영(부장헌법연구관), 황치연(헌법연구관)

간 사 : 헌법실무연구회 정기발표회를 시작하도록 하겠습니다.

날씨가 궂은데도 많이 참석해 주셔서 감사합니다.

먼저 지난 발표회가 발제자 사정으로 취소되었습니다. 어쨌든 운영에 잘못된 점이 있어서 간사로서 매우 죄송하게 생각합니다.

오늘은 올 상반기 마지막 발표회입니다. 관례대로 8월은 쉬고 있습니다.

하반기에는 더욱 짜임새 있는 학회가 되도록 노력하겠습니다.

이번 발표는 현재 실무적으로나 이론적으로 많은 문제가 되고 있는 헌법불합치결정의 효력과 관련해서 허완중 교수님께서 발표를 해 주시겠습니다.

그리고 사회와 토론 역시 헌법소송법학회의 권위자이신 남복현 교수님과 방승주 교수님께서 맡아주셨고 그리고 실무적으로 많은 고민을 하고 계신 김국현 지원장님 그리고 김선화 입법조사관님께서 해 주시겠습니다.

지금부터 남복현 교수님께서 진행해 주시겠습니다.

사 회 자 : 호원대학교 남복현입니다.

이번 104회 발표회 주제는 불합치결정과 관련된 것입니다.

지난 주에 우리 헌법재판소에서 군인연금법과 관련해서 불합치결정을 했었습니다.

그런가 하면 지난 6월 30일이 도과됨으로써 야간옥외집회금지 불합치결정에 따라서 그 조항이 효력이 상실되었다고 합니다. 입법시한이 도과되었음을 이유로 해서요. 그런가 하면 서울행정법원에서는 작년에 두건에 걸쳐서 공무원연금법 관련 사건에 대해서 불합치결정된 것과 관련해서 입법시한이 도과되어서 실제 입법이 되었음을 이유로 해 가지고 효력 상실된 것으로 보고 그 사건을 처리하고 있는 그런 상황입니다. 지금 현재 이런 것들이 전부 다 오늘 우리가 다룰 주제와 관련된 것이 아닌가 합니다.

오늘 주제는 헌법불합치결정에 따른 입법자의 법률개선의무 위반의 법적 효과에 관해서 다루어지겠습니다.

발제자 소개해 드립니다.

발제자는 허완중 교수님이십니다. 허 교수님께서는 고려대 법대 대학원 나오셨고 독일 뮌헨대학교 법학박사를 받으셨고 성균관대 박사후 연구원이시고 지금 현재는 고려대학교 연구교수이십니다.

토론자는 나중에 지정토론하면서 소개해 드리도록 하겠습니다.

〈 주제발표자 발표 〉

사 회 자 : 감사합니다. 애쓰셨습니다.

제가 임의대로 그냥 세 가지로 요약을 해 보겠습니다.

첫째로는 입법시한 도과하면 불합치법률의 효력은 그 도과시점에 효력을 상실한다. 둘째, 효력 상실확정시점하고 그 법률이 실제로 효력 상실하는 시점은 다르다. 적용중지불합치의 경우에는 불합치결정시점으로 소급해서 효력 상실하고 계속적용불합치의 경우에는 그 의무위반 확정시점, 다시 말하면 개선입법시점을 부과했는데 그 시점을 준수하지 않았을 경우 그 시점에 계속적용불합치의 경우 효력 상실하고, 그 다음에 형벌에 대한 불합치의 경우에는 소급하여 효력 상실한다. 그래서 그것이 규범충돌시점이다.

그 다음에 세 번째로는 입법시한 도과로 인해서 불합치법률의 효력이 상실되었다고 해 가지고 입법자의 법률개선의무가 사라지는 것은 아니다. 이점이 바로 단순위헌결정과 다르다. 그렇게 정리가 되는 것 같습니다. 그 이외에 더 얘기해 드릴 것도 있는데 이 정도가 핵심이 아닌가 싶습니다.

이제 지정토론에 들어가도록 하겠습니다.

먼저 지정토론은 방승주 교수님께서 해 주시겠습니다.

방승주 교수님께서는 고려대학교 법대 동 대학원 나오셨고 독일 하노버대학에서 박사학위를 취득하셨습니다. 그리고 헌법재판소에서 연구원생활을 하셨고 동아대를 거쳐서 현재는 한양대 법학전문대학원 교수로 재직 중이십니다.

〈 지정토론자(방승주) 발표 〉

사 회 자 : 역시 차곡차곡 많이 지적해 주셨습니다.

두 번째 지정토론은 김국현 부장판사님께서 해 주시겠습니다.

서울 법대 졸업하셨고 헌법재판소 헌법연구관 역임하셨고 또 대법원에서 재판연구관도 역임하셨습니다.

현재는 대전지방법원 공주지원장으로 근무하고 계십니다.

〈 지정토론자(김국현) 발표 〉

사 회 자 : … 굉장히 힘들지요. 법을 한번 또 만드는 그런 식으로 아마 이해를 하는 것 같습니다.

다음은 김선화 박사님께서 지정토론 해 주시겠습니다. 김선화 박사님은 이화여대 법대 대학원 나오셨고 거기서 박사학위 받으셨습니다. 포담대학교에서 박사후 과정을 거치셨고 현재는 국회 입법조사처 입법조사관으로 재임하고 계십니다.

〈 지정토론자(김선화) 발표〉

사 회 자 : 국가 기관별로 온도차나 시각은 많이 다른 것 같아요.

발 표 자 : 좋은 지적을 많이 해 주셔서 많이 도움이 되었습니다.

지적하신 내용에 대해서 제가 생각나는 대로 간략하게 언급을 하겠습니다.

먼저 방승주 교수님께서 첫 번째로 용어문제를 들고 나오셨는데요. 솔직하게 제가 좀 잘못한 부분이 있다고 생각을 합니다. 저는 국회만에 국한을 해서 법률개선의무라는 표현을 썼고요. 방 교수님께서 지적하신대로 법률에 국한하지 않는다면 법개정의무 또는 법 개선의무로 확장하는 것이 맞다고 생각을 합니다. 그런데 입법이라는 것이 어떤 법규범을 지칭하는 용어로는 적절하지 않기 때문에 입법개선의무를 계속 사용하는 것은 좀 문제가 있지 않나 그런 생각을 해봅니다.

그리고 두 번째 법률개선의무가 헌법불합치결정을 통해서 입법자에게 부과되는가라고 말씀하셨는데, 여기에 대해서는 저하고는 결과적으로는 같은 말씀을 계속하고 계신 데 좀 차이가 있는 게 저는 법률개선의무하고 법률관찰의무를 구분하고 그 다음에 법률개선의무는 헌법불합치, 법률관찰의무는 촉구결정으로 나누어서 보고 있는데 아마 그런 시각 차이에서 발생하는 문제라고 생각을 합니다.

결론은 똑같다라고 생각이 듭니다.

그리고 법률개선의무의 대상에 대해서 법률에 국한하는 것에 대해서 문제를 삼으셨는데 결론은 저는 방 교수님 의견에 동의합니다. 다만 법률로 국한하더라도 법률에는 내용적으로 위헌인 경우도 있지만 형식적으로 위헌인 경우가 있고 형식적 위헌을 따질 때는 방 교수님 지적하신 대로 그러한 입법자의 행위에 대해서도 당연히 검토를 할 수 있다고 봅니다.

그 다음에 개선의무에 유사개념이 포함되는가? 이 문제는 결론적으로 이것도 저하고 똑같은데 시각차이가 저는 유사규범이 심사대상으로 들어온다면, 청구가 있거나 아니면 심사대상의 확장문제로서 들어온다면 가능하고요, 그렇지 않다면 청구가 그 부분에 대해서 없거나 아니면 확장할 수도 없는 경우라면 할 수 없다고 보는 입장입니다. 결론상으로 별 차이는 없다고 생각이 됩니다.

그 다음에 법률의 효력상실이 과연 입법개선의무위반인가? 솔직히 저도 처음에 제목을 달 때 어떤 용어가 적절한 용어가 있을까하다가 궁여지책으로 한 용어이고 좀 적정한 용어가 있으면 좀 바꿨으면 하는 생각도 솔직히 있습니다. 그런데 아직 적정한 용어를 찾지 못해서 이 용어를 잠정적으로만 사용하고 있는 것입니다. 그래서 그 지적에 대해서 수긍을 합니다.

그리고 기간을 설정할 수 있는 권한에 대한 논증에 대해서는 제가 방 교수님 견해에 다 동의를 합니다.

그리고 결정주문에 적용중지하고 계속적용, 제가 오해의 소지가 있게 쓴 것 같습니다. 헌재에서 주문하고 이유에 별도로 쓰는 것은 시한문제가 아니라 시한이 경과하면 효력 상실한다는 것을 결정주문하고 이유에 쓴다는 내용으로 쓴 건데 아마 이게 오해의 소지가 있는 것 같습니다. 그래서 제가 표현을 바꾸어야 된다 라는 생각을 갖고 있습니다.

그 다음에 김선화 박사님께서도 지적을 하셨는데 제가 입법자에게 게으르다 라는 표현을 썼는데 이것도 다 포괄할 수 있는 어떤 지적할 수 있는 용어가 솔직히 마땅한 게 없어서 그런 표현을 썼고요. 그리고 제목에다가 어떤 문제제기를 강하게 하고 싶은 그런 의도도 있어서 의도적으로 쓴 면도 있습니다. 그런데 제가 본문에서 분명히 입법자의 의사뿐만 아니라 능력도 얘기했습니다. 이 능력은 서로 의견충돌이 나서 도저히 입법을 할 수 없는 경우를 지칭하는 표현이었고요. 그것을 다 포괄하는 용어로 좀 너그럽게 봐주셨으면 하는 생각이 있습니다.

그리고 형벌규정에 대해서 헌법불합치결정은 김국현 판사님께서 지적을 하셨는데, 저는 여기에 대해서 6월 22일날 발간된 공법연구에 논문을 썼는데요. 저는 개인적으로는 아주 제한적으로 허용할 수 있다는 입장이고, 다만 형벌조항에 대해서는 계속적용헌법불합치는 불가능하다는 입장입니다. 왜 그러냐하면 일단은 형벌에 관한 법률은 다른 법률과 다르게 볼 이유는 없다는 입장이고요. 그리고 다만 계속적용 같은 경우는 죄형법정주의의 다섯 번째인 적정성의 원칙 때문에 이미 적정하지 않은 법률이라는 것은 확인된 법률을 근거로 해서 형벌을 부과하는 것은 불가능하다고 생각합니다. 다만 요건에서 첫 번째로 죄형법정주의에 위반되지 않아야 되기 때문에 구성요건을 좁히거나 아니면 형벌을 더 낮게 하는 형식으로, 그러니까 형벌이 너무 과하거나 구성요건이 너무 넓어서 위헌인 경우에 예외적으로 가능하지 않을까라는 생각을 하고요. 그리고 이 경우에도 형사처벌을 할 필요성이 헌법적으로 철저하게 논증이 된 경우에만 한정적으로 해서 가능하다 라는 입장입니다.

마지막으로 경과규정에 대해서는 제가 방승주 교수님 견해에 전적으로 동의합니다. 그래서 지금 얘기는 나중에 다시 헌법소원이 제기되었을 때 가능하다는 얘기고요. 처음부터 가능할 수 있는 경우가 있다라고 생각을 합니다. 우리나라의 헌재도 대표적으로 조건부 위헌을 했을 때 그러니까 정당소속후보하고 무소속후보하고 차별했을 때 무소속후보에게도 기회를 주어야만 한다고 했던 결정, 그런 것이 경과규정으로 볼 수 있지 않을까하는 생각을 하고 있거든요. 그래서 저는 여기서는 아주 예외적이지만 허용될 수 있다라는 입장을 취하고 있습니다.

다음에 김국현 판사님 첫 번째, 제47조 제 2 항에 대한 문제를 하셨는데 제47조 제 2 항을 근거로 해서 효력이 상실되는 게 많습니다. 다만 제가 그 표현을 써놓은 게 낫다 라는 이 지적을 보면서 생각을 했었는데 잠정적으로 배제한다, 법률이 개선될 때까지 잠정적으로 제47조 제 2 항을 배제한다 라는 표현을 쓰는 게 더 정확한 표현이 아닌가라는 생각을 합니다. 그러니까 단지 개선할 때까지만 잠정적으로 제47조 제 2 항의 적용을 배제한 다음에 지나가면 다시 잠정배제했던 게 풀어져서 다시 제47조 제 2 항에 따라서 적용되는 것 이렇게 이해를 하고 있습니다.

그 다음에 헌법불합치결정에 대해서 헌법이나 법률에 의해서 규정을 하는 것 그것이 장단점이 있다고 봅니다. 일단은 헌법이나 법률에 그 요건이나 효과를 정확하게 표시를 하면 어떤 논란의 씨를 제고할 수 있는 그런 장점은 있지만, 변형결정이 가지고 있는 각 사안에 맞는 결정을 내린다는 측면에서 그런 유연성은 사라지는 면이 있기 때문에 입법화한다고 할지라도 그런 면을 고려해서 좀 개방적으로 규정할 필요가 있다는 생각을 하고 있습니다.

그리고 부칙에서 헌법불합치결정에 따라 법률을 개선할 때 부칙에 소급적용규정이 없다고 하더라도 저는 소급적용할 수 있다 라는 입장을 취하고 있는데요. 그것은 첫 번째로 헌법불합치의 취지가 잠정배제한 다음에 개선입법 되면 이를 통해서 해결하겠다 라는 것이 취지라는 면, 그리고 두 번째로 입법자가 과연 소급여부를 입법재량의 영역 안에 갖고 있는 것인가라는 것에 저는 의문을 가지고 있습니다. 즉 헌재가 그 시간대에 대해서 그러니까 헌법불합치결정을 하고 그 다음에 법률개선할 때 시간대에 대해서 개선입법을 하라라고 명령을 했는데 과연 거기에 대해서 입법자가 그것을 자기의 입법재량이다라고 얘기하면서 그것을 배제할 수 있는가? 그것은 아니라고 봅니다. 만약 그렇게 되면 헌법불합치결정이 내려져서는 안 되는 사안이다라고 생각을 합니다. 그 다음에 만약에 이것이 안된다라고 하면 결국에는 그 법률을 가지고 다시 헌재로 와야 되는데 헌재가 할 수 있는 것은 소급규정을 두지 않은 것 그것이 위헌이다라고 판단해야 될 거고, 결국 입법자가 할 수 있는 것은 소급규정을 두는 내용밖에 안 됩니다. 결국에 해결을 늦추어서 하는 것 지연시켜서 해결하는 것 외에는 별 의미가 없다라고 생각이 됩니다. 그래서 이런 경우 기한도과 같은 경우는 소급 안된다는 것을 명확히 확인될 수 있는 것이기 때문에 이 경우는 그냥 법률에 그러한 소급규정이 없다 하더라도 법원이 헌법재판소결정의 취지로 봐서 그냥 소급적용을 할 수 있다 라는 입장을 저는 취하고 있습니다.

그리고 마지막으로 소개해 주신 대법원 결정은 제가 자세히 판결문을 다 못 봐서 정확하게 말씀드리기는 힘들겠지만 지금 말씀하신 부분에 대해서만 제가 드는 생각을 말씀드리면 … 사회자님이 하신답니다.

그 다음에 김선화 박사님 보면 법률개선의무에 대해서 말씀하셨는데, 이 법률개선의무가 사실상 넓은 의미의 범위가 아닙니다. 헌법적으로 철저하게 논증이 되는 좁은 범위에서만 헌재가 확인할 수 있는 것이지 제가 아까 말한대로 위헌인 법률에 대해서만 자꾸 국한시키고 법률을 좁히는 이유가 그것이 일반적으로 되면 지금 말씀하신 우려대로 헌재가 입법자를 좌지우지할 수 있는 너무 옭아맬 수 있는 가능성이 있기 때문에 그 범위가 굉장히 좁다고 봅니다. 그래서 제가 마지막에도 계속 강조했지만 헌법재판소는 자기가 이 결정을 왜하는가? 이 내용이 구체적으로 무엇인가에 대한 철저한 논증이 없으면 정당성을 상실 할 수밖에 없다고 봅니다. 그러한 측면을 좀 봐주시면 좋겠고요. 그리고 헌재가 만약에 입법개선의무를 부과한다고 하더라도 그것은 위헌성을 제고한다는 측면 외에는 나머지에 대해서는 입법자가 입법형성권을 집니다. 다만 법률을 만들라는 취지, 그중에서 헌재가 확인한 위헌성을 제고하라는 이 취지 외에는 여전히 입법자는 입법형성권을 가지고 있기 때문에 그 범위가 그렇게 크다고 보지는 않습니다. 그러니까 여전히 살아있다고 보고요.

그리고 헌법재판소가 할 수 있는 것도 저는 여기도 썼지만 직접적으로 강제하는 것, 즉 헌재가 나서 가지고 직접 법률을 자기가 만드는 것은 절대 반대합니다. 그것은 가능하지 않다고 보고요. 다만 간접적으로 니가 할 때까지는 내가 이런 극단의 경우에는 임시규율을 만들어서 이것으로 적용할 테니까 간접적으로 강제하는 이 정도 수준에서만 헌재가 할 수 있는 것이지 직접적으로 강제할 수 있는 수단은 없다고 봅니다. 그것이 권력분립의 원칙에 맞는 것이라고 보고요.

그리고 4페이지에 말씀하신 적용중지하고 계속적용, 이것은 좀 잘못 읽으신 것 같은데 이것은 이런 내용이 아니었고요. 아까 말씀드린 대로 시한을 설정했을 때 효력상실 여부가 되었을 때 그것을 만약에 헌재가 명시할려면 주문에 하는 것이 좀 낫겠다 라는 그런 의사였고요.

그 다음에 마지막으로 말씀드릴 것은 헌법해석권이 분명히 헌재에게 독점되어 있는 것은 아닙니다. 분명히 모든 국가기관은 헌법을 해석할 권한이 있고 다만 특징적인 게 입법자는 우선권이 있습니다. 어떤 국가기관보다도 먼저 헌법을 법률을 통해서 해석할 수 있는 권한이 있고 다만 헌법재판소는 우위가 있습니다. 최종적인 해석권을 가지고 있어서 다른 국가기관이 다 해석한 내용을 가지고 그중에서 정말 옳은 해석이 무엇인가를 결정해 주는 권원만 있는 것뿐이지 결국에는 입법자가 다른 권한을 다 할 수 있습니다.

그리고 저는 그 점을 굉장히 강조하는데 헌법재판소는 사법기관입니다. 그렇기 때문에 자기에게 들어온 해당 사건을 가지고 자기가 선고한 시점을 기준으로만 할 수 있지 그 선고시점을 지난 시점에 대해서는 할 수 없다고 봅니다. 그 점에 대해서는 다시 이른 바 반복법률이 다시 될 가능성이 있고 다만 거기에 다시 위헌성이 그때에도 논란이 된다면 역시 헌재가 다시 결정을 내려서 위헌결정을 내릴 수 있는 가능성은 있지만 그런 것이 아닌 한 입법자가 여전히 헌재결정 이후 선고시점 이후에 대해서는 여전히 헌법에 대해서만 의무를 지지 헌법재판소결정에 대해서 의무를 지지 않는다고 생각을 합니다.

이상입니다.

사 회 자 : 감사합니다. 발제자가 말씀 안 드린 것 몇 가지 말씀드리겠습니다.

방 교수님, 헌법재판소가 적용중지는 결정주문에 계속적용은 결정이유에 적시하는가? 이 부분은 입법시한 도과되었을 경우 효력상실에 관해서 헌법재판소가 적용중지불합치결정의 경우에는 전부 다 결정주문에만 내고 있고요. 그리고 계속적용불합치결정은 전부 다 결정이유에만 내고 있습니다. 실태분석 다 해놨습니다.

방 승 주 : 주문에서도 계속적용을 본적이 있는 것 같습니다.

사 회 자 : 본적이 있는 것이면 잘못 보신 거예요.

지금 논문 쓰고 있으니까,

방 승 주 : 확인사항이니까 나중에 확인해 보도록 하지요.

사 회 자 : 자료 여기 있으니까 분석자료로 보여 드릴 수도 있어요.

방 승 주 : 알겠습니다.

사 회 자 : 그래서 그렇게 되어 있다는 게 객관적 사실이니까 확인해 보세요.

그 다음에, ….

사 회 자 : 입법시한을 제시하면서 계속적용을 한 것은 맞는데 효력상실이라는

표현을 적용중지불합치결정의 경우에는 효력상실이라는 표현을 주문에서 내고 있고, 계속적용불합치결정의 경우에는 주문에서 효력상실이라는 언급을 하지 않고 결정이유에서만 하고 있습니다. 제 얘기는 그 얘기예요. 입법시한을 도과하는 것은 다 똑같아요. 하는 경우도 있고 안하는 경우도 있고 그렇습니다. 정확한 겁니다. 분석하고 있고요.

그 다음에 김국현 부장님 말씀 다 안 해 주신 것 같은데, 말씀하셨던 행정제재하고 행정형벌조항 구성요건이 중첩되는 그 부분 오히려 한정적 불합치결정 같은 것이 가능하지 않겠습니까? 그 생각 저기해서 문득, 말씀 안 하시길래 그렇고.

그 다음에 구별설하고 동일설은 아까 말씀해 주신 것으로 그냥 지나가요.

그 다음에 부진정 입법부작위 헌재에서 한 12월말에 불합치결정 낸 것에 대해서 미결구금일수 형집행 관련해서 대법원에서 유추적용한 것, 사실은 헌법재판소가 그런 내용으로 경과규율을 했었어야 됐다고 봅니다. 계속적용불합치할 것이 아니었고. 그랬었으면 오히려 깔끔하게 해결되었을 겁니다 아마. 그렇게 보여지고.

여기까지만 하겠습니다.

아무래도 세 분 토론자들, 발제자 말씀 들으시면서 한 두 마디씩은 하실?

김 부장님?

김 국 현 : 제가 하나만 하면 헌법재판소불합치결정과 관련해서요. 개선입법을 하면서 부칙규정에 향후 적용된다. 이렇게 했는데 그럼에도 불구하고 그 이전에 불합치결정 전이나 불합치결정으로부터 개선입법시기까지도 소급적용된다라고 지금 생각하시고 말씀하셨는데, 지금 그 부분에 대해서 헌법재판소의 사립학교법 결정문 이유 중에 아마 이렇게 적혀있을 겁니다. 헌법재판소가 불합치결정을 하면서 개선입법을 하는 것은 입법자의 권한이고 입법자가 개선입법을 하면서 소급적용의 범위와 그 다음에 정도, 소급범위에 대해서도 입법자에게 입법형성재량권이 있다. 그렇게 이유 중에 적혀있는 것으로 제가 봤습니다. 그렇게 적혀있는 것은 대법원판결에도 그렇게 적혀있습니다. 사립학교법 관련 그것에 적혀있는데, 그렇다면 불합치결정의 본질하고 좀 모순되는 면이 있는 것 아닌가? 그래서 입법자에게 형성재량권이 있다고 했다면 입법자가 개선이후부터 적용된다라고 했다면 그렇게 해야 되는 것이고, 적어도 불합치결정 이전 사건이나 불합치결정으로부터 개선입법때까지의 공백은 그 불합치결정의 이유와 개선입법의 취지를 살려서 유추적용이나 아니면 그런 해석을 통한 법원의 어떤 법 형성 그런 부분으로 해결해야 되는 것이 아닌가라고 생각되지, 단어를 쓰면서 개선입법을 그 앞부분으로 소급해서 적용한다라고 하는 것은 조금 이상하지 않느냐 그런 생각을 합니다. 그런 공백을 메우는 역할을 법원이 어떻게 보

면 할 수도 있다고 하는 취지가 지금 우리 남 교수님께서는 대법원의 미결구금일수 산입에 대한 불합치결정에서 임시규율을 정하는 방법으로 헌재에서 했으면 좋았을 것이다라고 말씀하신 것 같이 그렇게 하는 방법도 있지만 법원도 똑같이 그런 헌법의 정신을 살려서 해석론으로 부진정 그 공백은 충분히 메울 수 있는 역할을 할 수 있는 것이기 때문에 그런 식의 생각은 할 수 있는 것 아닌가? 그래서 한번 얘기를 해봤습니다.

사 회 자 : 부장님 말씀하신 것 두 개가 좀 차원이 다른 문제지요?

앞에 문제 … 답변하시겠어요?

발 표 자 : 일단은 법적 안정성 문제는 발생하지 않는다고 봅니다 그 경우에는, 왜냐하면 적용이 중지되어 있기 때문에 그것을 소급적용한다고 해서 어떤 문제가 발생하지 않고요.

그리고 두 번째로 만약에 소급적용을 안하게 되면 지금 말씀하신대로 법적 공백문제가 발생을 합니다. 왜 그러냐 하면 선고당시에 이미 적용이 중지되어 있는 상태이고 소급이 안 되어 있으면 선고시점하고 개선시점사이에 공간은 공백으로 남습니다. 아무런 적용할 수 있는 법률이 없게 되고요.

그 다음에 지금 말씀하신대로 그게 가능하다 그러면 평등원칙 위반이 됩니다. 중지되어 있는 상태에 있는 사람하고 그 이후, 개선 이후에 있는 사람하고 다르게 대우받게 되는 그런 문제가 발생하기 때문에.

김 국 현 : 그러니까 우리가 단어를 쓸 때 적용이 아니고 유추적용을 해야 된다는 거지요. 규율이 없으니까 유추를 하는 것이지 바로 와서 끌어올 수 있느냐는 거예요. 입법자에게 입법형성의 재량을 주어서 소급범위를 정할 수 있다라고 선언한 이유 중에 보면 분명히 그렇게 적혀있거든요. 그렇게 해서 입법재량으로 소급범위를 정할 수 있다고 해서 입법자가 소급범위를 정했어요. 나는 앞으로 지금부터 적용한다.

사 회 자 : 두 번째 쟁점 말씀하시는 거예요? 첫 번째 쟁점말씀하시는 거예요? 둘 다 섞어서 말씀하시는 거예요? 지금 첫 번째 쟁점하고 두 번째 쟁점이 다르거든요 차원이. 두 번째 쟁점의 경우에는 저깁니다. 결정하면서 심판대상을 특정해 가지고 그 부분에 대해서 당장 적용이 안 되기 때문에 지금 현재 절차법규정이기 때문에 시간이 지나 입법이 되어야만 처리할 수 있는 것 아니에요. 그런데 입법이 되었을 때는 이미 다 지나버린단 말이지요. 그런 것으로 해서 경과적으로 조치를 해서 바로 편익이 청구인 쪽에 가해지도록 할 목적으로 이루어진 것이고.

그리고 먼저 첫 번째 말씀하신 것은 제가 이해한 바대로 말씀드리겠습니다. 적용중지불합치결정에만 논의되는 사안으로서 그 불합치법률의 적용중지하고 개선입법의 소급적용문제 이 두개가 어떻게 해결해야 될 거냐 그게 핵심쟁점입니다. 그래서 김시철 부장 말씀은 그것을 갖다가 하나는 구별설 하나는 동일설 이렇게 해가지고 설명을 하시는데 대법원 입장에서는 구별설의 입장에서 취하고 계시고요. 지금 그렇게 설명을 하고 계신 겁니다.

그런데 사실 저도 그 부분에 대해서 반성할게 뭐냐 하면 토초세법….

김 국 현 : 죄송한데요. 저는 법원의 입장이나 다른 분의 얘기를 하는게 아니고요. 제가 그냥 드는 의문을 그렇게 얘기하는 겁니다.

사 회 자 : 알겠습니다. 그래서 그쪽에서 그 부분에 대해서는 사실 저는 이 부분을 이렇게 설명을 해 드리려고 하고 있습니다. 뭐냐 하면 재량행위의 사법적 통제 있잖아요? 그러니까 위법하고 평등원칙 위반되고 일탈되고 그런 바운더리의 문제는 사법적통제가 가능하지만 그 내부에서 이루어지는 합리성통제는 불가능한 것으로 설명하지 않습니까? 마찬가지로 이 논리체계도 똑같이 헌법재판소가 입법자로 하여금 개선입법을 하라고 한 그 취지도 그런 형태로 이해하면 어떨까? 저는 그렇게 설명을 하고 있습니다. 그냥 그렇게 이해하고 있습니다.

괜히 너무 나서는 것 같은데 사실은 우리 논의의 주제가 너무 좁혀져 있습니다 전부들. 헌법재판소결정에서도 전부 다 입법시한이 도과되었을 경우 효력상실이 가능하다는 입장이시고, 지금 방 교수님이나 발제자나 두 분 다 그러십니다.

김 국 현 : 가능한게 아니라 상실된다.

사 회 자 : 그런데 그것에 대해서 우리 김국현 부장님께서 그러다 보니까 중간에 한번 법률이 변경이 있는 그런 결과가 되어 버린다. 그래 가지고 법적용자로서는 이게 어느 장단에 춤춰야 될 지 모를 정도로 아주 곤혹스럽다. 그런 취지로 아까 언뜻 여기 규범의 틀을 네 가지로 예시하신 것 같은데, 불합치결정시점 이전의 상태 그리고 결정시점과 개선입법시한의 시점까지의 상태, 개선입법시한과 실제 개선입법시점까지의 상태 그리고 실제 개선입법이후의 상태 이렇게 네 가지로 나누어지는데 그것도 적용중지가 있고 계속적용이 있단 말이지요. 그러다보니까 법적용자인 특히 법원 쪽에서는 어떤 것을 가지고 사건을 매듭지어 주어야 될 거냐? 그게 사실은 효력상실로 보기 때문에 나타나는 현상이라고 봅니다. 아직 거기까지 들어가기는 그렇고 이제 플로어의 말씀을 듣기 전에 한 가지 또 짚을께요.

여기서는 의무위반하고 의무의 불이행은 좀 다른 것 같은데 지금 의무의 위반으로 얘기를 하셔가지고 과거에 대한 제재로서의 속성을 자꾸 강조하시는데, 그러니까 어떻게든 입법자가 그 입법을 개선입법을 하게 해야 되는 거 아니냐 라는 그런 측면도 있다는 것 좀 말씀드리고 싶고요. 일단은 플로어의 의견을 받겠습니다.

박 진 영 : 박진영 연구관입니다.

발표해 주신 내용 잘 들었고 많이 배웠고 지정토론자분들께도 감사드립니다.

관심 있어 하시는 부분은 아닐 텐데 제가 읽다가 좀 궁금한 질문은 두 가지인데 길어지다 보면 한 가지만 하고 시간이 되면 두 개 다 하겠습니다.

14페이지 보면 '법률개선의무 존속' 해 가지고 '입법자가 상당한 기간 안에 또는 기한이 설정되었을 때 그 기한 안에 법률을 개선하지 않아서 법률이 효력을 상실하여도 입법자의 법률개선의무는 여전히 존속한다.' 이렇게 일반론으로 써놓고 계시거든요. 이것을 꼭 이렇게 볼 필요가 있나 그런 생각이 드는 것이 헌법불합치결정을 대체로 유형화해 보면 입법공백을 방지하기 위한 평등권위반문제에 있어서 그런 유형이 있고, 그 다음에 부진정입법부작위 어쩔 수 없이 불합치할 수밖에 없는 그런 유형이 있고, 또 한 가지 조금 비판이 많이 되어야 된다고 생각된 부분이 합헌인 부분하고 위헌인 부분이 혼재되어 있는데 구별 못하기 때문에 불합치한다 이런 유형이 있는데, 이 합헌과 위헌이 혼재되어 있어서 하는 불합치같은 경우에는 결국 위헌적인 부분을 제거하라. 그래서 위헌적인 부분을 제거할 개선의무거든요. 쉽게 예를 들자면 자유권적 기본권을 제한하는 법률같은 경우 일정한 범위 내는 제37조 제2항의 한계 내라서 괜찮지만 좀 과잉하게 하는 부분이 있고 이게 섞여있다. 그런데 가리지는 못하겠으니까 너 네가 위헌적인 부분을 제거해라. 이래서 불합치를 했을 때 기간 내에 입법개선을 안한다면 조항이 효력을 상실하지 않습니까? 그러면 완전히 죽어버리거든요. 그러면 입법개선의무는 소멸하는 것 아니냐? 전체가 없어졌으면 위헌적인 부분을 제거해야 될 의무는 남아있지 않지요. 단지 이 범위 내에서는 합헌이라고 한 부분에 대해서 새로 입법을 할 것인가 안할 것인가 그것은 입법자에게 주어지는 형성의 문제지요. 그 합헌으로 판단 받은 부분에 한해서 여전히 규제할 필요가 있으니까 우리는 입법을 할 것인가 아니면 기본권은 최대한 보장하는 게 맞으니까 이대로 위헌상태로 둘 것인가? 그것은 입법자에게 주어지는 옵션이고 절대로 개선의무가 연장되어서 나오는 부분은 아닌 것 같거든요. 그래서 그 영역의 경우는 이렇게 일반론으로 말할 것은 아니다 그런 생각이 들고.

두 번째, 평등권위반으로 인한 헌법불합치, 그때는 결정의 취지에 따라서 A그룹과 B그룹을 차별한 것이 위헌이다. 둘을 같이 주든지 같이 안주든지 하여튼 똑같이 취급해라 이런 의미에서 만약에 불합치를 했다고 하면 이게 시한이 지나가지고 개선의무를 이행하지 않아서 법률이 죽어버렸다. 그러면 똑같이 안주는 것으로 확정되어 버린 것이거든요. 그런 취지에서의 차별문제는 전혀 없어져버렸지요. 그러면 이것은 위헌성을 제거해야 될 의무가 또 남지 않습니다. 그래서 똑같이 A그룹과 B그룹에 대해서 다 혜택을 주는 것으로 입법을 할 것인가 안할 것인가는 또 입법자에게 주어지는 옵션이고 새로 제정을 할 것인가는 형성의 문제이지 역시 입법개선의무의 측면은 아니거든요. 그래서 영역별로 봤으면 좋겠는 게 있고.

한 가지는 간단히 하겠습니다. 15페이지 법률개선의무를 불완전하게 이행했을 때도 여전히 개선된 법률을 또 개선할 의무가 남겨져 존재한다고 하셨는데 이렇게 볼 수도 있는데 이렇게 볼 필요가 굳이 있겠는가? 입법개선의무에 있어서 불완전이행 개념은 전혀 도입하지 않아도 다 설명이 되거든요. 그게 부족하다고 생각되면 개선된 입법 자체를 다투면 되는데 또 개선된 입법을 개선할 의무가 여진히 남아있다고 봐야 될 아무 실익이 없다. 그렇게 되면 그거 하지 않고 있는 것에 대한 부작위에 대해서도 헌법소원으로 다툴 수 있고 개선된 입법에 대해서도 또 헌법소원으로 다툴 수 있느냐 하는 문제들도 제기되고 그래서 이것은 무용한 개념이 아닌가 그런 생각이 들어서 여쭤봅니다.

전 병 관 : 전병관 연구관입니다.

어려운 주제를 아주 정리를 잘하신 것 같습니다. 헌법불합치결정이라는 게 본질론이 참 어렵다고 느끼고 있는데요. 기본적으로 이게 심판대상이 형벌조항이냐 비형벌조항이냐에 따른 구분이 있을 수가 있고, 헌법불합치결정의 주문의 형태와 그 이유에서 설시하는 바가 너무나 다양합니다. 예를 들어서 잠정적용을 명하는 경우도 있고 적용중지를 명하는 경우도 있고 입법시한을 명시하는 경우도 있고 아닌 경우도 있고 그게 주문뿐만 아니라 이유에서도 극단적으로 입법자에 대한 형성의 자유를 보장하면서 입법자가 알아서 하라는 것에서부터 스펙트럼이 하도 다양해서 이 헌법불합치결정의 효력이 구체적으로 과연 아까 말씀드린 이게 과연 법적 효과인지 정치적 효과인지 사실적 효과인지 그 효과 자체도 케이스 바이 케이스로 다 달라져야 되는 그런 문제가 있어서 일반론적으로는 제가 지금 말씀드리기는 그렇고 일단 형벌조항에 대해서만 범위를 한번 좁혀서 질문을 드리겠습니다.

형벌조항에 대해서 제47조 제 2 항의 어떤 그런 제약을 벗어날 수 없다 하는 그런 입장에 있다면 형벌조항에 대해서는 결국에 가서는 헌법불합치결정의 허용가능여부가 문제는 될 것 같은데, 일단 형벌조항에 대해서 허용된다고 보는 입장에서는 이게 단순위헌결정하고 실무상 혹은 실천적으로 어떤 차이점이 있는지 결과적으로, 결국 확정된 것에 대해서 재심이 어느 정도 범위에서 허용되는지 이런 부분하고 문제는 될 것 같은데, 결국 제47조 제 2 항의 제약을 벗어나지 않는 한도에서 형벌조항입니다. 그 조항에서 적용중지든 잠정적용이든 단순위헌결정하고 차이가 뭔지? 아까 입법개선의무 이런 말씀은 하신 것 같은데, 결국에 가서는 헌법불합치결정 자체가 입법자에 대한 형성의 자유를 어느 정도 재량을 어느 정도 보장하는 입장인데 만약에 단순위헌결정과 다른 헌법불합치결정이 다르다는 하나의 논거가 입법개선의무를 부과한다는 점에서 그런 논의가 좀 나온 것 같은데, 형벌조항에서는 제47조 제 2 항에서는 완전무효거든요. 만약에 제47조 제 2 항을 전면적으로 적용한다면 형벌조항에 대한 헌법불합치결정에서는 무효 플러스 입법자에 대한 특정한 의무를 부과하기 때문에 단순위헌결정보다도 훨씬 더 입법에 대한 관여를 굉장히 직접적으로 하는, 어떻게 보면 단순위헌결정보다 더 강력한 효력을 인정하는 그런 이율배반적인 면이 생기는 것 같습니다. 그 부분하고 관련해서 그것은 차치하고 단순위헌결정과 헌법불합치결정이 실천적으로 어떻게 차이를 낼 수 있는지 그 부분이 첫 번째 질문이고요.

두 번째, 형벌조항에 대해서 소급효를, 지금 제47조 제 2 항 단서의 문제인데요, 소급효를 제한하는 그런 입법론이 헌법적으로 정당화될 수 있는지 그 부분을 한번 묻겠습니다. 예를 들어서 제47조 제 2 항을 배제하는 어떤 그런, 그게 입법정책적인 문제로 배제할 수 있는지? 지금 독일같은 경우에 헌법재판소법에 소급효를 인정하는 것 같던데요. 불합치결정에도, 오스트리아는 좀 다르게 보고 이러는 것 같은데, 그 부분 혹시 입법적으로 소급효를 제한해야 될 그런 필요성은 혹시 가지고 계시는지? 예를 들어 혼빙간이나 간통죄 이런 부분이 문제가 될 수 있지요. 사회적인 인식의 변화라든지 이런 경우에 과거에 그러면 간통죄 위헌이다 그러면 60년대 때 처벌받은 경우가 다 이제 재심이 들어올 건데 그런 경우에서 헌재가 헌법불합치결정을 좀더 탄력적으로 하기 위해서 형벌규정의 소급효를 좀더 제한해야 된다 라는 그런 생각을 가지고 계시면 그 개인적인 의견, 그리고 그런 입법론이 단순히 입법의 문제로서 해결될 수 있는지에 대한 의견을 잠깐 묻겠습니다.

사 회 자 : 지금 형벌법규에 대한 불합치결정에서 불합치결정을 통해서 형벌법규의 소급효를 제한할 수 있는 거냐? 그 말씀이시지요?

전 병 관 : 그렇습니다. 그것은 지금 제47조 제 2 항 단서 부분하고….

사 회 자 : 그러면 두 분 더 받고, 최주영 판사님 먼저 손드셨어요?

최 주 영 : 21페이지에 있는 내용인데요. 제때 개선입법을 하지 않아서 형벌조항에 관한 헌법불합치결정에 따라서 해당 법률조항이 효력을 상실했을 때 재심의 허용가능성은 헌법불합치결정의 취지에 따라 결정하여야할 것이다 라는 내용으로 기재를 하고, 그 부분에 관해서 의문이 있어서 지정토론자께서도 언급을 하셨었는데 그 부분에 대해서 말씀을 안 하시길래 다시 한번 여쭙고 싶습니다.

효력상실이 되어서 단순위헌과 동일한 상태에 돌입했다라고 한다면 재심이 전면적으로 허용되어야 되는 것 아닌가라는 생각인데 이 부분에 대해서는 마치 제때 개선입법을 한 것과 같이 헌법불합치결정의 취지에 따라서 재심이 될 수도 있고 안 될 수도 있다 라는 취지로 적으셨는데 조금만 더 구체적인 이유를 설명해 주시면 감사하겠습니다.

황 치 연 : 국회에서 나오신 분 법원에서 지정토론하신 분 다 기관 귀속적인 차원에서 디펜스를 하는데 저도 헌법재판소 연구관으로서 헌법재판소를 디펜스하는 차원에서 몇 가지 하겠습니다.

먼저 헌법재판소가 관할권을 행사하는데 그 효력이 국회에 미치는 경우도 있고 법원에도 미치는 경우가 있는데 국회에서는 이때 헌법재판소를 원로원이고 상원이고 이렇게 반응을 하고, 법원에서는 제 4 심이고 대법원의 상급심이다 이런 식으로 반응하는데, 그것은 헌법상의 관할권 행사의 당연한 귀속효과이다. 그렇게 반응할 필요가 없다 이렇게 생각을 하고요.

그 다음에 지금 발제자께서는 일반적인 입법개선의무를 끌어들여서 이 입법개선의무가 헌법적 의무이다 이렇게 얘기를 하는데, 지금 불합치결정의 경우는 상황이 다른 거 아닌가? 그러니까 헌법상에 헌법재판소에 관할권을 부여해 줬고 그 헌법재판소 결정의 기속력의 효과로 그러니까 헌법재판소법 제47조 제 2 항의 법률적 의무의 차원이지 구체적 사건을 통해서 해결하는 거니까, 물론 근원은 헌법상의 관할권이 있지요. 그래서 일반적 입법개선의무로부터 헌법적 의무를 도출하는 것은 국회 고유의 기능 차원에서 얘기하는 것 아닌가 생각을 합니다.

그리고 이 불합치결정은 본질적으로 위헌결정이기 때문에 헌법재판소법 제47조 제 2 항에 의하면 형사사건에 대해서는 불합치결정을 할 수 없다 이런 결론을 도출할 수가 있고, 또 왜 그 논거가 더 강하냐하면 불합치결정을 하는 이유, 불합치결정의 필요성은 헌법재판소의 위헌결정으로 인해서 헌법으로부터 더 멀어지는 상황, 법적공백이나 법적혼란을 회피하기 위한 그런 법 발견의 측면에서 오기 때문에 실정법 자체를 무시하면서 법발견을 하기는 어렵지 않느냐 이런 겁니다. 그리고 원칙적으로 기한을 설정할 것이냐 안할 것이냐에 대해서는 과거에 진화도상에서는 기한을 설정하지 않는 경우도 있지만 원칙적으로 기한을 설정하는 것이 타당하다.

그 다음에 용어상에서 개선입법과 또 개선입법의무, 법률제정의무, 법제정의무 이런 표현을 쓰는데 이때 개선이라는 것을 목적으로 사용해서 법률이나 법을 이렇게 생각하는 게 아니라 입법상태를 개선하라는 거지요. 그 입법상태가 법률일 수도 있고 명령일 수도 있고 조례일 수도 있고 규칙일 수도 있기 때문에 입법상태를 개선한다는 측면의 그 용어를 사용한다면 더 정확하고 적실하지 않을까 이렇게 생각을 합니다.

그리고 지금 가장 문제가 되는 게 불합치결정의 효과에 있어서 실질적으로는 위헌결정인데 불합치결정시점하고 그 다음에 개선입법이 만들어지는 시점하고 그 중간에 공백기간이 생깁니다. 그러면 이 공백기간을 규율할 수 있는 것을 개선입법에서 필연적으로 담아야 되는데 개선입법에 의한 소급처리, 이 소급시점을 어디까지 올릴 것인가? 이것은 입법자의 형성권의 범위에 있다는 거예요. 그러니까 위헌결정시점부터 원칙적으로 장래의 효력을 갖지만 우리 헌법재판소의 결정의 효력은, 그런데 위헌결정시점보다도 더 이전 단계로 소급할 수도 있다 입법자의 결단에 따라서, 또 부칙에서 개선입법에서 적용범위를 정할 때 당해사건을 헌법재판소결정의 취지에 따라서 원칙적으로 포함하는 것이 타당하다, 그러면 당해사건 이외에 어느 정도를 포함할 것인가의 문제, 소급범위의 문제도 입법자가 할 수 있는 것 아닌가?

다만 지금 발제자나 국회에서 나온 분이 헌법재판소 불합치결정의 논리적인 문제점 이런 것을 적시하는데 여기에는 몇 가지 이해할 필요가 있어요. 우리나라 위헌결정의 정족수의 문제, 6인 이상으로 되어 있기 때문에 5인 재판관이 위헌의견을 하고 1인 재판관이 불합치의견을 냈을 때는 그 1인의 재판관이 실질적으로 5인의 위헌의견을 블랙홀처럼 끌어들이는 그런 불합치결정이 나올 수가 있는 점, 또 어떠한 불합치결정에 관해서 할 때 계속적용을 할 것인가 적용중지를 할 것인가 이런 시점에 있을 때 만약에 주문별 평의방식이 아닌 쟁점별 평의방식을 한다면 그 사안에 가장 합당한 계속적용 내지 적용중지 이 문제를 확실하게 제거할 수 있는데 우리의 지금 현 법체계상 그것이 제거될 수 없는 단계에 있다 이렇게 이해를 해 주면 되겠습니다.

발제자께서 아주 강력하게 국회가 입법개선의무를 안했을 때에 그 의무위반과 의무불이행과 관해서 의무불이행에 대해서는 관련된 당사자의 청구에 의해서 우리가 위헌확인을 할 수 있다고 봅니다. '근원적으로 국회는 헌법에 대한 의무를 지지 헌법재판소결정에 대한 의무를 지지 않는다.' 이런 표현을 쓰시는데 그것은 헌법재판소결정의 기속력에 대한 큰 오해이지 않겠느냐. 만약에 그런 의미의 헌법재판소결정이 있다면 무의미한 모든 그런 것을 어떻게 방지하느냐 이거예요.

여러 가지 쟁점이 많아서 할 말이 많지만 여기서 줄이도록 하겠습니다.

사 회 자 : 감사합니다.

그런데 지금 논의가 너무 사실은 제가 보기에 효력 상실시키는 게 맞냐 틀리냐부터 얘기가 시작되어야 되는데 그거 전혀 얘기안하고 당연한 전제로 삼고 있습니다.

혹시….

전 병 관 : 남 교수님이 효력을 유지시키자는 입장 아니십니까?

사 회 자 : 아니요 저는, 예 그렇지요. 그러면 이쯤에서 개입을 한마디 할께요. 뭐냐 하면 금방 발제자께서 쓰기는 하셨던데 우리가 왜 불합치결정을 하느냐? 그 불합치결정을 할 요인이 있습니다. 그래서 적용중지불합치의 경우도 있고 계속적용불합치의 경우도 각각 불합치결정을 하는 요인이 다릅니다. 그러니까 요컨대 적용중지불합치의 경우 불합치법률 제정시점부터 결정시점까지 그 사이에 발생할 법적혼란을 방지할 목적으로 이루어집니다. 그 다음에 계속적용의 경우는 결정시점부터 개선입법시점사이의 그 법적공백상태의 초래를 방지할 목적으로 이루어지는 것이거든요. 그러면 입법시한이 도과되었다고 해 가지고 법적혼란이 없어졌느냐? 또는 법적공백상태의 발생이 방지된 거냐? 원래 그것 때문에 한 것인데, 그것 때문에 했는데 오히려 효력상실을 시켜가지고 입법자에게 입법의무를 강화시키거나 그거 하지 않으면 안 되도록 몰아붙인 것이기 보다는 안 해도 되겠네라고 하는 오히려 그런 식의 인식을 갖게 된 것 아니냐? 달리 표현하면 혹시 우리 헌법재판소에서 적용중지불합치나 계속적용불합치의 경우 혹시 너무 멀리 떨어져 있는 것을 갖다가 그렇게 해놓고서 지금 포인트 못 잡고 그러는 것 아니냐? 예를 들어 최근에 군인연금법폐지 관련한 것도 부진정 입법부작위부분에 대해서 그 부분에 대해서 한정해 가지고 적용중지, 한정적 불합치로 해 가지고 적용중지 시켰으면 나머지는 전혀 문제가 안 되었거든요. 그런 경우들 바로 오히려 심판대상이라든가 이런 것을 획정을 잘못해 놓고서, 그 원래 합헌인 부분에 대해서 계속적용하라는 것이거든요. 그래 놓고서는 입법시한 도과되면 효력상실시킵니다. 그런 앞뒤가 좀 안 맞는 그런 구성이라고 저는 보거든요. 그래 가지고 원래 처음부터 그렇게 주장을 했지만 지금도 조금도 변함이 없어 가지고 계속, 그리고 헌재 결정이 너무나 당연한 것으로 생각하기 때문에 당연하지 않을 수도 있다는 것을 일깨우기 위해서 자꾸 그런 말씀을 드리는 겁니다. 방 교수님.

방 승 주 : 지금 말씀하신 게 아마 효력상실되지 않는다라고 하는 주장을 하시기 위해서 말씀을 하신 것 같아요. 그런데 제가 거기에 대해서 좀 반론말씀 드려야 될 것 같아서요. 남복현 교수님은 법적 안정성 옹호론자 같아요. 그러니까 말하자면 법적공백을 이유로 해서 헌법불합치결정 계속효력명령을 내렸으면 입법자가 개정을 안했으면 그 상태는 계속 있는 것 아니냐 이런 말씀이시거든요. 굉장히 형식 논리적이다 저는 그런 느낌을 받아요. 왜 그러냐하면 우리 전 연구관님께서도 말씀하셨습니다만 이 헌재가 헌법불합치결정을 내리고 변형결정을 내리는 것은 그야말로 이

세상처럼 다양할 수 있습니다. 그래 가지고 여러 가지가 다양한데 그 가운데서도 예를 들어서 일정기간을 입법자에게 개선을 위한 기간을 준 다음에 그 기간이 지났다 이렇게 가정을 해 봅시다. 1년이나 1년 반 내지는 2년. 그런데 위헌결정을 받은 말하자면 위헌으로 확인된 법률의 적용을 계속 받아가지고 기본권침해상태는 계속 유지가 되고 있는 거예요. 그 상황은 처음에 헌재가 결정할 당시의 상황보다는 훨씬 더 감내할 수 없는 상황이 되지요. 다시 말해서 실체법적인 위헌성의 정도가 이제 참을 수 없는 상황이 될 수 있는 것입니다. 그때에도 우리가 계속 법적안정성을 최고의 우위의 가치로서 둘 것인지 하는 문제가 발생하지 않겠습니까? 그렇다면 그때는 이제 효력상실을 우리가 받아들일 수도 있는 것 아니냐 그런 말씀이지요.

사 회 자 : 반론을 할 수 있는데 지금 사회를 보는 처지라 반론을, 아무래도 원활한 진행을 위해서 그 정도로 하시고, 그 다음에 일단은 답변을 듣고서 하지요.

그리고 사실은 약속시간이 좀 지나고 있거든요. 그래서 5분.

전 병 관 : 아까 질문 간단하게 답변 좀 해 주시지요.

사 회 자 : 추가로 다시?

전 병 관 : 아니요. 아까 질문한 부분에 대해서, 박진영 판사님하고 황 박사님하고.

박 진 영 : 차례대로 먼저 박 연구관님 질문에 대해서, 일단은 저는 헌재가 내리는 세 번째 헌법불합치결정사유는 타당하지 않다 라는 입장에 있습니다.

제가 찾아보니까 마우러 교수님의 견해인데 그것을 한수웅 교수님이 소개시킨 것을 헌재가 그대로 받아들여서 결정을 내리고 있는데 그 마우러(Maurer) 교수님 견해를 따라가면 그게 과거에 연방헌법재판소가 자유권에 대해서 입법형성권을 존중하는 의미로 내렸던 판결에서 기원한다고 봅니다. 그런데 그 입장을 지금 연방헌재가 거의 포기상태입니다. 현재는 거의 그에 따라 내리는 경우가 없고요. 제 개인적인 경우는 합헌하고 위헌결정이 만일에 혼재되어 있는 상태이면 일단은 헌재가 최대한 위헌부분을 가려내야 됩니다. 그것으로 양적일부위헌결정을 내리든 한정위헌결정을 내리든 일단 가려내야 되고, 만일 가릴 수 없는 상태라면 그 가릴 수 없는 위헌부분이 전체를 다 위헌으로 만든다면 단순위헌결정을 내려야 하고 만약에 그것이 전체 위헌결정을 내릴 정도가 아니라면 합헌결정을 내려야 됩니다. 그런데 만약 이때 단순위헌결정을 내릴 때 그것이 헌재가 얘기한 두 번째 사유 즉 법적혼란이나 법적공백이 발생하는 사유라면 그때는 헌법불합치결정을 낼 수가 있습니다.

그런데 제가 본 지금 헌재가 내린 합헌하고 위헌부분이 혼재되어 있다는 부분은 반 이상은 다 법적혼란하고 법적공백사유로 다 해결할 수 있는 부분을 그렇게 내리고 있는 것으로 봅니다. 그래서 그런 경우는 일단 그렇게 얘기가 되고요.

그리고 평등위반이 되었을 때 개선의무가 그러면 소멸하는 게 아닌가? 이 경우에도 이게 확정된 것이 아니라 일단 법률이 소멸이 되어서 일단 잠정적으로 그냥 그 상태로 적용이 되는 거지요 법률이 없으니까. 어떤 특혜를 줄 수 없는, 혜택을 줄 수 없는 상태가 되어 있는 것이지 입법자가 어떤 결정을 내리는 상태가 아니라고 봅니다. 여전히 입법자가 자기의 입장이 무엇인지를 밝혀야할 의무는 역시 존속한다라고 봅니다. 그리고 불완전이행일 때 제가 그 표현을 썼는데 헌법재판소가 할 수 있는 것은 자기 스스로 어떤 위헌성을 창출해내는 것이 아니라 이미 존재하는 위헌성을 확인하는데 그칩니다. 그리고 법률개선의무도 마찬가지로 이미 존재하고 있는 헌법에 의해서 입법자에게 부과되고 있는 법률개선의무를 헌재가 확인하는 것이지 그것을 새롭게 결정을 통해서 만들어지는 것은 아닙니다. 다만 헌재가 헌법을 최종적으로 해석할 수 있는 권한을 가지고 있기 때문에 그 해석권에 대한 기속력이 부여되는 것뿐이지요. 그렇게 이해하면 그 부분을 아마 이해할 수 있을 것이라고 생각을 합니다.

그 다음에 전 연구관님께서 말씀하신 제47조 제 2 항에 대해서 만약에 형벌조항에 대해서 헌법불합치결정이 허용되면 단순위헌결정하고 어떤 차이가 있느냐라고 말씀하셨는데 일단은 사유를 살펴보면 이해가 되실 겁니다. 아까 말씀드린 대로 일단은 헌재가 형벌조항에 대해서 할 수 있는 경우는 구성요건이 너무 넓었을 때 좁히라는 의미로 헌법불합치결정을 내릴 수 있고요. 그 다음에 형벌이 너무 높다 라는 것일 때 그것을 조정하라는, 낮추라는 얘기지요. 많게 되면 죄형법정주의위반이 되니까 그것은 안 되고 일단은 당사자에게 유리한 쪽으로만 가능합니다. 그러니까 그런 경우 그 시점이 어디인지 니가 한번 정해봐라 라는 식으로 헌법불합치를 내릴 수 있다고 봅니다. 그렇게 되면 단순위헌결정을 내리게 되면 더 이상 법원에서는 그 행위에 대해서 형벌로 처벌할 수 없지만 헌법불합치결정을 내린 다음에 구성 요건을 좁히거나 아니면 형벌을 낮췄을 때 그것을 통해서 형벌을 부과할 수 있는 가능성이 생깁니다.

그리고 이때에는 이미 법률을 통해서 이 정도 행위에 대해서는 처벌된다는 것은 이미 예측되어 있었기 때문에 그것이 소급입법 위반이 되지 않는다고 봅니다. 낮춰지니까요. 그러한 차이점이 있다고 봅니다.

그리고 소급효를 제한하는 문제를 말씀하셨는데, 소급효, 형벌조항에 대해서 소급효를 부여할 것인가 말 것인가는 헌법적으로 결정되어 있는 문제가 아니라고 봅니다. 각 국에 따라서 헌법적인 결단이나 입법정책의 문제에 따라 결정하는 문제이고 거기에 따라서 결정하는 문제이기 때문에 헌법적으로 결론이 나 있다라고 보기는 어려운 문제가 아닌가.

즉 법치국가 원리의 두 개의 지주인 법적안정성과 실질적 정의를 각 국이 어떻게 판단할 것인가의 문제이지 헌법적으로 어떤 결론이 나 있다라고 보기는 어렵다고 봅니다.

그 다음에 최 판사님이 하신 게 헌법재판소 결정의 취지에 따라서 재심의 허용여부가 결정되어야 한다. 이렇게 한 것에 대해서 어떤 의미냐고 말씀하셨는데, 이것은 아까 잠깐 발표하면서 말씀드렸는데 일단은 재심이 허용되는 게 원칙입니다. 다만 헌재가 결정했을 때 그것이 위헌이어서 헌법불합치 한 부분이 있고 아닌 부분이 합헌쪽으로 해석할 여지가 있는 쪽으로 헌재 취지를 보면, 헌법재판소 불합치결정의 취지를 보면 그렇게 해석할 부분이 있습니다.

처벌이 정당하다고 헌재가 판단하는 부분에 대해서 만약에 행위를 해서 형벌이 확정되었다 그러면 그 부분까지 기판력을 배제하면서까지 재심을 허용하기는 어려울 것이라고 봅니다. 그 경우에는 법원에서 재심허용 여부를 결정할 때 헌법재판소의 결정의 취지를 봐서 허용여부를 결정할 수 있지 않을까? 그런데 원칙적으로는 허용된다고 봅니다. 그런데 그런 경우에 그 부분에 대해서는, 헌재가 그 부분 처벌이 정당하다고 인정하는 부분에 대해서는 그런 것까지 이미 확정된 판결에 대해서 재심허용은 좀 심하지 않나 그런 생각을 해서 이렇게 쓴 것이었구요.

최 주 영 : 그러면 효력 상실되는 범위와 재심의 대상이 되는 범위가 불일치 할 수 있다는 취지이십니까?

박 진 영 : 예. 그 부분은 말씀드렸는데 기판력이 발생했을 경우에 한해서.

최 주 영 : 알겠습니다.

박 진 영 : 그 다음에 황 연구관님 말씀은, 아까 말씀드린대로 기속력의 문제는 헌법재판소가 최종적인 헌법해석권을 가진 것에 대한 기속력이고 헌법해석은 결국 헌법재판소가 하는 것은 헌법위반을 이미 존재하는 위반을 확인하는 면에서 얘기를 하고요. 그 다음에 제47조 제 2 항을 통해서 형벌조항에 대해서 불합치결정이 문제가 있다고 말씀하셨는데 이 경우에도 결국에는 헌법불합치 사유가 있는가 없는가 따져봐야 될 것이고, 그 다음에 형벌조항이 가지는 특수성 아까 말씀드린대로 죄형법정주의 소급효 문제 때문에 발생하는 문제를 고려해서 요건을 확정해서 아주 제한적으로 가능할 수도 있다고 생각하는데 개인적으로는 야간옥외집회는 거기 범위에 포함되지 않는 것이 아닌가라는 생각을 하고 있습니다.

그리고 용어문제는 과연 입법개선의무 할 때 입법상태개선으로 우리가 이해할 수 있을까? 그냥 우리가 용어를 가지고 그렇게 해석할 수 있을까 의문이 있고요. 그 다음에 효과에 대해서 저는 동의를 합니다. 헌법재판소나 대법원에서 결정문에 그런 내용이 있다고 하더라도 그것은 그 때에 소급시점을 정하는 것은 입법형성권이 분명히 존재합니다. 다만 그것이 헌법에 맞게 입법형성하는 것이고 그때는 그 지점까지, 선고시점까지 소급하는 것에 대해서는 재량이 없고 그 이상을 할 것인가 말 것인가 그 부분에 대해서만 있는 것으로 이해하는 것이 헌법에 맞는 해석이 아닌가 생각이 듭니다.

사 회 자 : 감사합니다.

보니까 시간이 참 많이 지났는데 회장님 말씀 듣는 것으로 마무리 지으면.

회장님.

회　　장 : 저도 특별히 드릴 말씀은 없습니다.

아까 주제발표 중에 한정위헌결정과 관련해서 대법원과 갈등하고 헌법불합치결정과 관련해서 국회와 마찰을 일으킨다는 표현이 있었는데 뭐 꼭 그런 것은 아니죠.

그런데 실제로 사건을 두고 쟁점을 정리해서 평의를 해서 결정하는 과정에서 보면 가능하면 소위 말하는 변형결정을 피하고 단순위헌 아니면 합헌결정을 하려고 합니다. 그런데 그렇지 못한 사건의 경우 구체적인 판단을 위해서 불가피하게 하는데 어떤 이야기로는 불합치결정이 너무 많다는 이야기도 있습니다만, 과정이 그렇다는 것은 이야기하고 싶습니다.

그런데 불합치결정은 오늘 많은 논의를 했지만, 할 수 없는 것은 아니고, 독일에도 먼저 결정으로 먼저 하고 나중에 법률에 규정되고 그렇게 된거지요.

하여튼 오늘 좋은 주제를 가지고 좋은 월례회를 잘 가졌습니다.

오늘 발표하신 허완중 교수님, 남복현 교수님 그 다음에 방승주 교수님, 김국현 지원장님하고 국회에서 특별히 오신 김선아 박사님 감사드립니다.

다음 월례회가 기대됩니다.

감사합니다.

제105회(2010. 9. 10) 발표문

권한쟁의심판과 법률의 위헌성 심사

차 진 아*

Ⅰ. 문제상황

1987년 헌법개정에 의해 헌법재판소의 도입이 결정되었고, 1988년 헌법재판소법의 제정에 이어 헌법재판소가 구성된 지 20년이 넘었다. 초기에는 헌법재판소의 역할에 대해 회의적인 견해도 적지 않았으나, 해를 거듭하면서 각종 헌법소송들이 활성화되었고, 이를 신중하고 공정하게 처리하는 노력을 통해 헌법재판소는 국민의 신뢰를 얻었고, 더불어 위상도 상당히 높아졌다.

현행법상 인정되고 있는 다섯 가지 헌법소송 유형 가운데서 가장 폭넓게 활용되고 있는 것은 헌법소원심판과 위헌법률심판이라고 할 수 있을 것이다. 헌법소원심판은 일반국민이 기본권의 침해를 이유로 청구할 수 있다는 점에서 헌법소송 가운데 양적으로 가장 큰 비중을 차지하고 있으며, 위헌법률심판은 헌법소송의 가장 고전적인 형태일 뿐만 아니라 실질적 법치주의의 실현을 위한 중요한 수단이라는 점에서 —비록 헌법소원심판에는 미치지 못하지만— 상당수의 사건들이 헌법재판소에 의해 처리되었다.

그런 가운데 최근에는 권한쟁의심판의 제기가 점차 많아지고 있는 것이 눈에 띈다. 지금까지 단 한 차례의 제소조차 없는 위헌정당해산심판이나 2004년 당시 노무현 대통령에 대해 한 차례 소추되었던 것이 전부인 탄핵심판과는 달리 권한쟁의심판은 최근에 해마다 10여건에 이를 정도로 증가추세를 보이고 있는 것이다. 최근 미디어법 사건처럼 권한쟁의심판이 국가적 관심의 초점이 된 경우도 있으며, 지금까지 헌법재판소에 제소된 사건 수도 68건에 이르는 것으로 알려져 있다.[1)]

특히 최근의 권한쟁의심판 가운데는 지방자치단체가 주체가 되어 제기한 권한

---

* 서울시립대학교 법학전문대학원 조교수.

1) http://www.ccourt.go.kr/home/main/bpm/stat_c1_sub02.jsp(2010. 7. 31. 현재 심판사건누계표, 2010. 9. 5. 최종방문).

쟁의심판이 증가하고 있다. 이러한 변화는 과거 지방자치단체가 중앙정부의 눈치를 보느라 권한쟁의심판을 제대로 제기하지 못하던 것에 비하면 지방자치가 그만큼 활성화되고 안정되었음을 보여주는 것이라고 볼 수 있겠지만, 그로 인하여 야기되는 새로운 문제들도 적지 않다. 우리 헌법재판소 제도의 모델이 되었던 독일의 경우에는 지방자치단체를 권한쟁의심판(Organstreit)의 당사자로 인정하지 않고 있는 것과는 달리 우리 헌법과 헌법재판소법은 지방자치단체를 당사자로 인정함으로써 더욱 복잡한 문제들을 야기하고 있는 것이다.

물론 권한쟁의심판의 문제가 지방자치단체가 당사자인 경우에만 복잡해지고 있는 것은 아니다. 최근 미디어법 사건에 관한 헌법재판소 결정에서 나타나듯이 입법권 내지 입법절차와 관련된 권한쟁의심판은 매우 복잡한 양상을 보인다. 그것은 무엇보다 권한쟁의심판과 위헌법률심판의 관계가 명확하게 정립되지 못하고 있는 상황에서 제도의 공백으로 인하여 야기되는 측면이 적지 않다고 생각된다. 그런데 최근 지방자치단체들도 국회의 입법권을 상대로 권한쟁의심판을 청구하는 사례가 나타나면서 이 문제는 더욱 복잡해지고 있는 것이다.

이러한 문제의 해결을 위해서는 먼저 '권한쟁의심판의 성격과 심판대상의 범위'(Ⅱ)를 분명히 하는 것이 필요할 것이다. 특히 현행법상 권한쟁의심판이 헌법상의 권한뿐만 아니라 법률상의 권한까지도 심판의 대상으로 삼고 있는데, 그 의미가 무엇인지를 정확하게 분석할 필요가 있을 것이다. 그리고 다른 한편으로는 '현행법상 위헌법률심판의 성격과 심판대상의 범위'(Ⅲ)를 정리함으로써 위헌법률심판이 권한쟁의심판과 어떻게 다른지, 왜 달라야 하는지에 대해서 정리하는 것도 필요할 것이다.

권한쟁의심판과 위헌법률심판의 기본적 성격 및 구조에 대한 검토·비교를 전제로 비로소 '권한쟁의심판을 통한 법률의 위헌 판단과 그 효과'(Ⅳ)에 대해서 정리하는 것이 가능해질 것이다. 즉, 권한쟁의심판에서 입법절차 혹은 입법의 내용에 대해서 어떻게 위헌판단을 할 것인지, 그러한 위헌판단이 법률 자체의 효력에 어떤 영향을 미칠 것인지에 대해서 올바르게 판단하기 위해서는 양 소송유형의 성격과 구조에 대한 정확한 이해가 선행되어야 하는 것이다. 그리고 마지막으로 현 제도의 공백상태를 해결하기 위한 대안으로 '권한쟁의심판에 의한 법률의 무효화 가능성과 그 방법'(Ⅴ)을 살펴보는 것으로 이 논문을 마무리할 수 있을 것이다.

Ⅱ. 권한쟁의심판의 성격과 심판대상의 범위

1. 권한쟁의심판의 개념과 성격

권한쟁의심판은 말 그대로 권한에 대한 분쟁, 즉 권한의 존부 및 범위에 관한 분쟁을 해결하기 위한 헌법소송이다. 물론 권한분쟁에 관한 소송이 권한쟁의심판만 있는 것은 아니며, 행정소송의 한 유형인 기관소송도 권한분쟁에 관한 소송이라고 할 수 있다. 그러나 기관소송과는 달리 권한쟁의심판이 헌법소송으로 정립된 것은 그 헌법적 중요성 때문이라고 할 수 있다.

독일의 경우 권한쟁의심판은 헌법적 권한에 관한 분쟁의 해결수단으로 활용되고 있다. 즉 헌법기관들 상호간의 권한분쟁을 헌법을 기준으로 판단하는 것이 권한쟁의심판이며,[2] 그렇기 때문에 헌법소송으로서의 성격이 매우 뚜렷한 것이다. 반면에 우리의 경우 권한쟁의심판은 헌법적 권한뿐만 아니라 법률적 권한까지도 그 대상으로 하고 있다. 그것은 헌법기관뿐만 아니라 지방자치단체까지도 권한쟁의심판의 당사자로 인정하고 있는 현행법에 따라 해석론으로써는 어쩔 수 없는 것이며, 그로 인하여 우리나라의 권한쟁의심판은 독일의 권한쟁의심판과는 매우 큰 차이를 보이게 되었다.

이러한 차이는 무엇보다 권한쟁의심판의 성격 자체의 차이에서 비롯된다. 독일의 권한쟁의심판이 헌법적 권한의 분쟁만을 대상으로 한정함으로써 헌법적 기준에 따른 헌법소송으로서의 성격이 명확하게 나타나고 있는 것과는 달리 우리의 권한쟁의심판은 그 대상의 범위와 관련하여 많은 논란의 소지를 낳고 있으며, 심지어 기관소송과의 구별이 명확하지 않은 가운데 양자의 구별이 권한의 성격이 아닌 실정법의 규정에 근거하고 있기 때문에[3] 법개정에 따라 그 기준 또한 변경될 가능성이 훨씬 높은 것이다.

그러나 현행법의 해석론에 한정하여 볼 때, 권한쟁의심판은 헌법상 및 법률상

---

2) 독일기본법(Grundgesetz für die Bundesrepublik Deutschland Vom 23. 05. 1949 [BGBl. I S. 1] zuletzt geändert durch Gesetz vom 21. 07. 2010 [BGBl. I S. 944]) 제93조 제1항 제1호.

3) 행정소송법 제3조 제4호는 기관소송과 관련하여 "국가 또는 공공단체의 기관 상호간에 있어서의 권한의 존부 또는 그 행사에 관한 다툼이 있을 때에 이에 대하여 제기하는 소송. 다만, 헌법재판소법 제2조의 규정에 의하여 헌법재판소의 관장사항으로 되는 소송은 제외한다"라고 규정하여 권한쟁의심판의 대상은 기관소송에서 제외하고 있다. 그리고 같은 법 제45조는 "민중소송 및 기관소송은 법률이 정한 경우에 법률에 정한 자에 한하여 제기할 수 있다"라고 규정하여 기관소송법정주의를 택하고 있다.

권한의 존부 및 범위에 관한 소송이라고 할 수 있으며, 그 판단의 기준과 관련하여 매우 복잡한 문제들이 잠재해 있으나, 헌법적 기준을 우선적으로 적용하여 판단을 해야 하는 헌법소송이라고 볼 수 있을 것이다.

2. 권한쟁의심판의 대상으로서의 헌법상 권한

현행법상의 권한쟁의심판은 크게 세 가지 유형으로 나누어진다. 현행헌법 제111조 제1항 제4호와 헌법재판소법 제62조에 기초하여 국가기관 상호간의 권한쟁의, 국가기관과 지방자치단체간의 권한쟁의, 지방자치단체 상호간의 권한쟁의가 인정되고 있는 것이다.

국가기관 상호간의 권한쟁의는 매우 제한적으로만 인정된다. 국가기관 내부에서의 상명하복의 관계가 인정됨에도 불구하고 모든 개별적인 권한행사에 대해 권한쟁의심판이 인정될 경우에는 국가기관들의 기능에 심각한 장애를 야기할 수 있을 것이기 때문이다. 그렇기 때문에 권한쟁의심판의 당사자가 될 수 있는 국가기관은 헌법상 독립된 권한을 부여받고 있는 국가기관으로 한정된다. 즉, 헌법상 독립된 권한의 주체가 되지 못하는 과장이나 국장이 차관이나 장관에 대하여 권한쟁의심판을 청구하는 것은 허용되지 못하는 것이다.

그렇기 때문에 1988년 헌법재판소가 구성된 이후 초기의 판례에서는 국회, 대통령(정부), 법원, 중앙선거관리위원회와 같은, 헌법재판소법 제62조 제1항 제1호에 열거된 국가기관들만이 권한쟁의심판의 당사자로 인정되었다.[4] 그러나 헌법재판소는 판례의 변경을 통하여 권한쟁의심판의 당사자능력을 확대하였다. 국회가 권한쟁의심판의 당사자인 것은 분명하지만, 국회와는 별도로 헌법상의 권한(의사운영에 대한 참여권, 표결권 등)을 인정받고 있는 국회의원이나 국회의장도 권한쟁의심판의 당사자가 될 수 있다고 인정한 것이다.[5]

분명한 것은, 국가기관 상호간의 권한쟁의심판에서는 헌법상의 권한만이 심판의 대상이 되고 있다는 점이다. 경우에 따라서는 법률상의 권한이 고려될 수는 있겠지만 그것은 헌법상의 권한을 구체화하는 것으로 인정되는 경우이고, 순수하게 법률

4) 헌재 1995. 2. 23, 90헌라1 결정.

5) 헌재 1997. 7. 16, 96헌라2 결정. 헌법재판소는 어떠한 국가기관이 헌법재판소법 제62조 제1항 제1호에 열거되지 않았으나 "헌법 제111조 제1항 제4호 소정의 "국가기관"에 해당하는지 여부는 그 국가기관이 헌법에 의하여 설치되고 헌법과 법률에 의하여 독자적인 권한을 부여받고 있는지, 헌법에 의하여 설치된 국가기관 상호간의 권한쟁의를 해결할 수 있는 적당한 기관이나 방법이 있는지 등을 종합적으로 고려하여야 할 것"이라고 판시하였다(헌재 1997. 7. 16, 96헌라2 결정).

상의 권한만을 가지고 권한쟁의심판을 하는 것은 —권한쟁의심판의 성격상— 인정될 수 없다고 보아야 할 것이다. 만일 법률상의 권한에 대해서까지 권한쟁의심판을 인정할 경우에는 기관소송은 사실상 존재이유 자체를 상실하게 될 것이기 때문이다.[6)]

반면에 국가기관과 지방자치단체 상호간의 권한쟁의심판[7)]에서는 헌법상의 권한과 더불어 법률상의 권한도 문제될 수 있다.[8)] 국가기관, 특히 국가기관 간 권한쟁의심판의 당사자로 인정되는 국가기관의 경우에는 헌법상의 권한을 주장할 것이지만, 지방자치단체의 경우에는 헌법상의 권한으로 구체화된 것이 별로 없기 때문에 실질적으로 법률상의 권한을 둘러싼 다툼이 일반적일 수밖에 없으며, 지방자치단체를 권한쟁의심판의 주체로 인정한 현행법은 이러한 상황을 전제한 것으로 이해될 수밖에 없는 것이다.[9)]

3. 권한쟁의심판의 대상으로서의 법률상 권한

앞서 언급한 바와 같이 현행법상 권한쟁의심판은 헌법상 권한뿐만 아니라 법률상 권한까지도 그 심판의 대상으로 인정하고 있는데(헌법재판소법 제61조 제 2 항), 이는 특히 지방자치단체의 당사자 능력과, 지방자치단체 상호간의 권한쟁의[10)]를 인정

---

6) 김상태, "권한쟁의심판과 기관소송의 관계정립 방안," 한양법학 제22집(2008. 2), 163-180(169-172)면; 명재진, "권한쟁의심판제도의 문제점," 헌법논총 제18집(2007), 165-202(197-198)면; 장영수, 헌법학, 홍문사, 2010, 1283면; 정태호, "국가기관 상호간의 권한쟁의제도와 정당," 정당과 헌법질서 — 심천 계희열 박사 화갑기념논문집, 1995, 385-443(415-417)면.

7) 헌법재판소는 국가기관과 지방자치단체 간 권한쟁의심판의 당사자와 관련하여 헌법재판소법 제62조 제 1 항 제 2 호가 "국가기관측 당사자로 '정부'만을 규정하고 있지만, 이 규정의 '정부'는 예시적인 것이므로 대통령이나 행정각부의 장 등과 같은 정부의 부분기관뿐 아니라 국회도 국가기관과 지방자치단체 간 권한쟁의심판의 당사자가 될 수 있다"고 판시하였다(헌재 2008. 6. 26, 2005헌라7 결정).

8) 물론 헌법상의 권한만을 다투는 경우도 있을 수 있다. 예컨대 국회의 입법권 행사를 통하여 지방자치의 구조를 크게 변경할 경우 그것이 헌법상 보장된 지방자치의 본질에 대한 침해인지의 여부가 문제될 수 있는데, 이는 헌법상 보장된 입법권의 한계라는 측면에서 접근할 수 있을 것이다.

9) 명재진, "권한쟁의심판제도의 문제점," 헌법논총 제18집(2007), 165-202(194)면.

10) 경기도 안산시의회 의원과 의장 간의 권한쟁의(헌재 2010. 4. 29, 2009헌라11 결정)는 지방의회 의원이 자신의 의안 심의·표결권을 이유로 하여 지방의회 의장을 상대로 권한쟁의심판을 청구한 사건이었다. 이 권한쟁의심판에서는 지방의회의원과 지방의회 의장의 당사자 능력이 문제되었는데, 헌법재판소는 지방자치단체 상호간의 권한쟁의심판의 당사자에 관한 헌법재판소법 제62조 제 1 항 제 3 호의 규정을 한정적 열거규정으로 보아 지방의회의원과 의장은 권한쟁의심판의 당사자능력이 인정되지 않는다고 판시하였다. 지방의회 의원과 의장 간 권한을 둘러싼 분쟁도 사법적인 해결이 요청되기는 하지만, 단지 법적 구제수단이 갖추어지지 않았다는 이유만으로 권한쟁의심판의 당사자 능력을 확장하는 것은 권한쟁의심판의 성격을 모호하게 할 뿐만 아니라, —지방자치단체장과 지방의회 간의 분쟁은 기관소송의 대상이 된다는 점과 비교할 때(지방자치법 제172조 제 3 항) 체계적인 문제가 있으며— 입법자가 해결하여야 할 과제를 모두 헌법재판소의 부담으로 끌어들이는 것도 적

하고 있는 상황(헌법 제111조 제 1 항 제 4 호)에서 불가피한 것이라고 할 수 있다.[11)]

이처럼 법률상 권한을 둘러싼 법적 분쟁에 대해서 기관소송이 아닌 헌법재판을 하는 것이 정당한 것인지의 문제는 별론으로 하더라도,[12)] 과연 권한쟁의심판에 의해 보호되는 법률상 권한의 범위가 어디까지이며, 어떤 기준에 따라 어느 정도의 보호를 받을 수 있는지에 대해서는 많은 연구가 필요한 상황이다.

특히 후술하는 바와 같이 입법자에 의해 형성된 법률상 권한의 침해를 이유로 입법자를 상대로 권한쟁의심판을 제기할 경우, 헌법상 권한인 입법권과 법률상 권한의 충돌이 과연 어떤 방식으로 해결되어야 할 것인지는 매우 심각한 문제를 야기할 수 있다. 양 권한의 규범적 차원이 다르므로 이를 단순히 수평적 충돌로 이해하기 어렵기 때문이다.[13)]

Ⅲ. 현행법상 위헌법률심판의 성격과 심판대상의 범위

1. 현행법상 위헌법률심판의 성격과 구조

위헌법률심판은 헌법의 우위의 요청에 따라 법률의 합헌성 통제를 주된 목적으로 하는 사법제도로서 실질적 법치주의를 관철하는 핵심적인 제도이며, 헌법재판에 있어서 중심적인 위치를 차지하고 있다.[14)] 위헌법률심판 내지 법률에 대한 규범통제제도는 심판의 주체에 따라 일반법원형, 헌법재판소형, 정치기관형으로,[15)] 규범통제의 시기에 따라 사전·예방적 규범통제와 사후적 규범통제로, 사후적 규범통제의

걸린 것인지 의문이 있다.

11) 예컨대 헌재 1999. 7. 22, 98헌라4 결정(성남시와 경기도 간 권한쟁의); 헌재 2004. 9. 23, 2003헌라3 결정(강남구와 서울특별시간 권한쟁의); 헌재 2006. 8. 31, 2004헌라2 결정(강서구와 진해시 간 권한쟁의)과 같이 지방자치단체 상호간의 권한쟁의심판은 단순한 법률적 차원에서의 분쟁이라고 할 수 있다.

12) 헌법 제111조 제 1 항 제 4 호가 권한쟁의심판의 당사자에 지방자치단체도 포함시키고, 헌법재판소법 제61조 제 2 항이 법률상의 권한도 포함시킴으로써 권한쟁의를 법률상의 권한에 관한 분쟁으로 확장시킨 것에 대하여 헌법재판인 권한쟁의심판제도의 취지에 맞지 않고 기관소송의 기능을 현저히 축소시킨다는 비판이 제기되고 있다(김상태, "권한쟁의심판과 기관소송의 관계정립 방안," 한양법학 제22집(2008. 2), 163-180(169-172)면; 명재진, "권한쟁의심판제도의 문제점," 헌법논총 제18집(2007), 165-202(197-198)면; 장영수, 헌법학, 홍문사, 2010, 1283면; 정태호, "국가기관 상호간의 권한쟁의제도와 정당," 정당과 헌법질서 — 심천 계희열 박사 화갑기념논문집, 1995, 385-443(415-417)면).

13) 이에 대해서는 아래의 "Ⅳ. 3. 입법권에 의한 법률상 권한의 침해와 그에 대한 위헌 판단" 참조.

14) 장영수, 헌법학, 홍문사, 2010, 1265면.

15) 장영수, 헌법학, 홍문사, 2010, 1266면.

경우 통제대상인 법률과 재판과의 구체적 관련성[16] 내지 재판의 전제성[17] 유무에 따라 구체적 규범통제[18]와 추상적 규범통제[19]로, 심사대상에 대한 직접적 판단권한 여부에 따라 본안적 규범통제와 부수적 규범통제로,[20] 사법기관 내 규범통제권한의 배분과 관련하여 집중형 사법심사제와 비집중형 사법심사제[21]로 분류될 수 있다.

특히 우리 헌법재판제도의 모델이 된 독일의 경우, 위헌법률심판권이 민주적 정당성의 요청을 특별히 배려한 사법기관인 연방헌법재판소에 독점되는 헌법재판소형, 집중형 사법심사제로서 연방헌법재판소는 구체적 규범통제권[22]뿐만 아니라 추상적 규범통제권[23]도 가지며, 구체적 규범통제의 경우에도 —미국과는 달리— 본안적 규범통제로서 연방헌법재판소의 위헌결정에 (원칙적인 소급효로서) 일반효가 인정

---

16) 권영설, "헌법재판운영상의 쟁점과 비판적 분석," 헌법학연구 제12권 제 1 호(2006. 3), 37-85(54)면.

17) 재판의 전제성의 의미에 대하여는 헌재 1992. 12. 24, 92헌가8 결정; 헌재 1993. 5. 13, 92헌가10등 결정 참조. 재판의 전제성에서 재판의 의미와 그 구비여부에 대한 판단 등에 대해서 상세한 것은 김시철, "우리 위헌법률심판제도와 헌법재판소 결정의 효력," 저스티스 2006. 4, 5-72(21-34)면; 정종섭, 헌법소송법, 박영사, 2008, 274-297면; 허영, 헌법소송법, 박영사, 2009, 213-222면 참조.

18) 구체적 규범통제의 개념에 대하여는 배상오, "한국헌법제판제도에 있어서의 문제점과 극복방안," 법학연구 제 9 권 제 2 호(충남대학교 법학연구소, 1999), 1-35(9-10)면; 정종섭, 헌법소송법, 박영사, 2008, 27면; 차진아, "추상적 규범통제제도 도입의 의미와 방향," 고려법학 제55호(2009. 12), 73-100(77)면; 한수웅, "현행 헌법재판제도에서 추상적 규범통제의 도입문제 —사전적 규범통제의 도입 문제를 포함하여—," 법학연구 제 7 집(홍익대학교 법학연구소, 2005), 125-147 (126)면; 허영, 헌법소송법, 박영사, 2009, 55면; Konrad Hesse, Grundzüge des Verfassungsrechts der Bundesrepublik Deutschland, 20. Aufl., 1995, Rn. 680.

19) 추상적 규범통제의 개념에 대하여는 배상오, "한국헌법재판제도에 있어서의 문제점과 극복방안," 법학연구 제 9 권 제 2 호(충남대학교 법학연구소, 1999), 1-35(10)면; 장영수, 헌법학, 홍문사, 2010, 1266-1267면; 정종섭, 헌법소송법, 박영사, 2008, 27-28면; 차진아, "추상적 규범통제제도 도입의 의미와 방향," 고려법학 제55호(2009. 12), 73-100(77)면; 한수웅, "현행 헌법재판제도에서 추상적 규범통제의 도입문제 —사전적 규범통제의 도입 문제를 포함하여—," 법학연구 제 7 집(홍익대학교 법학연구소, 2005), 125-147(127)면; 허영, 헌법소송법, 박영사, 2009, 56면; Werner Heun, Normenkontrolle, in: Peter Badura/Horst Dreier (Hrsg.), Festschrift 50 Jahre Bundesverfassungsgericht, Bd. 1. Verfassungsgerichtsbarkeit-Verfassungsprozeß, 2001, S. 615-639(618-619); Konrad Hesse, Grundzüge des Verfassungsrechts der Bundesrepublik Deutschland, 20. Aufl., 1995, Rn. 680; Klaus Schlaich/Stefan Korioth, Das Bundesverfassungsgericht, 7. Aufl., 2007, Rn. 124.

20) 본안적 규범통제와 부수적 규범통제의 개념에 대하여 자세한 것은 차진아, "추상적 규범통제제도 도입의 의미와 방향," 고려법학 제55호(2009. 12), 73-100(77)면; Werner Heun, Normenkontrolle, in: Peter Badura/Horst Dreier (Hrsg.), Festschrift 50 Jahre Bundesverfassungsgericht, Bd. 1. Verfassungsgerichtsbarkeit-Verfassungsprozeß, 2001, S. 615-639(618f.); Klaus Schlaich/Stefan Korioth, Das Bundesverfassungsgericht, 7. Aufl., 2007, Rn. 114, 134 참조.

21) 집중형 심사제와 비집중형심사제에 대하여 자세한 것은 김시철, "우리 위헌법률심판제도와 헌법재판소 결정의 효력," 저스티스 2006. 4, 5-72(6)면; 차진아, "추상적 규범통제제도 도입의 의미와 방향," 고려법학 제55호(2009. 12), 73-100(78)면; Klaus Schlaich/Stefan Korioth, Das Bundesverfassungsgericht, 7. Aufl., 2007, Rn. 117 참조.

22) 독일 기본법 제100조 제 1 항.

23) 독일 기본법 제93조 제 1 항 제 2 호.

된다는 점이 특징적이다.[24)]

현행 헌법상 위헌법률심판제도는 제107조 제 1 항, 제111조 제 1 항 제 1 호에서 법률의 위헌성 여부가 재판의 전제가 된 경우에 법원의 제청에 의해서만 헌법재판소가 법률의 위헌여부에 대해 심판할 수 있도록 규정하고 있기 때문에, 현행 헌법은 구체적 규범통제만을 인정하고 추상적 규범통제는 도입하지 않은 것으로 이해된다. 또한 구체적 규범통제의 경우에도 미국과는 달리 헌법재판소에 의해 위헌결정된 법률에 (원칙적인 장래효로서) 일반적 무효가 인정되고 있다.[25)]

우리나라의 위헌법률심판제도는 제헌헌법 이후 —심판기관에 있어서 헌법위원회, 헌법재판소, (대)법원, 헌법위원회, 헌법재판소의 변동이 있었고 이에 따라 (대)법원에 의한 비집중형 사법심사제를 취한 경우와 헌법위원회나 헌법재판소에 의한 집중형사법심사제를 취한 경우들의 변동이 있었으나— 일관되게 구체적 규범통제를 인정하여 왔다.[26)] 그러나 실질적으로 위헌법률심판이 활성화된 것은 1988년 헌법재

24) 독일 연방헌법재판소법(Bundesverfassungsgerichtsgesetz in der Fassung der Bekanntmachung vom 11. August 1993 (BGBl. I S. 1473), das zuletzt durch Artikel 2 des Gesetzes vom 1. Dezember 2009 (BGBl. I S. 3822) geändert worden ist) 제82조 제 1 항, 제78조 1문.

25) 헌법재판소법 제47조 제 2 항.

26) 1960년 헌법 제83조의 3은 위헌법률심판과 관련하여 "1. 법률의 위헌여부심사"라고만 규정하여 규범통제의 유형을 직접 결정하지는 않았다. 1961년 제정된 헌법재판소법에서는 위헌법률심판제기 요건을 제 9 조(위헌제청과 법원의 재판)와 제10조(제청서 기재사항)에서 규정하였다. 같은 법 제 9 조에서는 위헌법률심판의 제청권자 및 제청의 경우 법원의 재판정지에 대해 "① 법원에 계속중인 사건에 관하여 법원 또는 당사자가 법률의 위헌여부의 심사나 헌법에 관한 최종적 해석을 헌법재판소에 제청하였을 때에는 헌법재판소의 결정에 의하여 당해 사건에 대한 법원의 재판은 헌법재판소의 판결이 있을 때까지 정지할 수 있다. 단, 형사소송법 제92조 제 1 항 후단의 구속기간과 민사소송법 제184조의 판결선고기간을 산정함에 있어서는 본 항의 재판정지기간은 이를 산입하지 아니한다. ② 헌법재판소가 전항 본문의 결정을 하였을 때에는 즉시 이를 대법원에 통고하여야 하며 대법원은 각급법원에 있어서 당해 법률 또는 헌법조항을 적용하여야 할 사건의 심리를 중지시켜야 한다."라고 규정하고 있었다. 그런데 같은 법 제10조에서는 위헌제청서의 기재사항을 규정하면서 제 1 항에서는 제 9 조에서 규정하고 있는 "법원에 계속중인 사건"에 관한 위헌제청시 제청서 기재사항을 규정하였으나, 제 2 항에서는 "법원에 사건이 계속됨이 없이 법률의 위헌여부 또는 헌법에 관한 최종적 해석을 제청할 때에는 제청서에 다음 사항을 기재하여야 한다"라고 규정하였다. 이러한 1961년 헌법재판소법 제10조 제 2 항의 규정으로 인하여 당시 추상적 규범통제가 도입된 것이 아닌가 하는 논란이 야기되었다(이 규정을 근거로 제 2 공화국 당시 추상적 규범통제가 도입되었다고 보는 견해로는 한수웅, "현행 헌법재판제도에서 추상적 규범통제의 도입문제 —사전적 규범통제의 도입 문제를 포함하여—," 법학연구 제 7 집(홍익대학교 법학연구소, 2005), 125-147(129)면; 정종섭, 헌법소송법, 박영사, 2008, 65면 참조. 반대 견해로는 허영, 헌법소송법, 박영사, 2009, 56면, 79면 참조).

1961년 헌법재판소법 제10조 제 2 항이 추상적 규범통제를 의도한 것인지는 분명하지 않으나, 만일 추상적 규범통제제도를 도입한 것이라면 독일이나 오스트리아 등의 경우처럼 제소권자의 한정이 매우 중요할 것인데, 이에 관한 아무런 언급이 없다는 점이 문제로 지적될 수 있다. 추상적 규범통제에 있어서 제소권자를 한정하지 않을 경우 민중소송이 될 수 있으며, 이것은 곧 헌법재판소의 기능마비로 연결될 수 있는 것이다. 이에 대하여 자세한 것은 차진아, "추상적 규범통제제도 도입의 의미와 방향," 고려법학 제55호(2009. 12), 73-100(90)면; 한수웅, "현행 헌법재판제도에서 추상적 규범통제의 도입문제 —사전적 규범통제의 도입 문제를 포함하여—," (홍익대학교 법학연구소) 법

판소가 구성되어 활동한 이후라고 할 수 있다. 물론 헌법재판소의 활동 초기에는 위헌법률심판권을 둘러싸고 국회와 헌법재판소 간 적지 않은 갈등이 있었지만, 헌법재판소의 권위가 확립된 이후에는 오히려 국회 내 소수파에서 헌법재판소의 위헌결정을 촉구하는 경향도 보이고 있다.

2. 재판의 전제성 요건과 그 의미

앞서 서술한 바와 같이 현행 헌법상 인정되고 있는 위헌법률심판은 위헌성이 문제되는 모든 법률을 심판의 대상으로 하는 것이 아니라 법원의 재판에서 적용되는 법률 중에서 위헌성이 문제되는 것만을 대상으로 하는 구체적 규범통제이다.

현행법상 위헌법률심판제도는 무엇보다 문제되는 법률과 재판과의 구체적 관련성, 즉 재판의 전제성이 요구되며, 이러한 재판의 전제성은 구체적 규범통제와 추상적 규범통제를 구별 짓는 가장 특징적인 요소의 하나라고 할 수 있다.[27] 이처럼 위헌법률심판에서 재판의 전제성을 통해 심사 대상을 한정함으로써 구체적인 재판의 해결을 위해 필요한 범위 내에서 법률의 위헌성 여부에 대해 사법심사하도록 하여 법률에 대한 합헌성의 요청과 입법자의 민주적 정당성에 대한 존중을 동시에 실현하고자 하는 것이다.[28]

재판의 전제성에 대한 판단기준과 관련하여 헌법재판소는 "첫째, 구체적인 사건이 법원에 계속되어 있었거나 계속 중이어야 하고, 둘째 위헌 여부가 문제되는 법률이 당해 소송사건의 재판에 적용되는 것이어야 하며, 셋째 그 법률이 헌법에 위반되는지의 여부에 따라 당해 사건을 담당한 법원이 다른 내용의 재판을 하게 되는 경우"[29]라

학연구 제7집(2005), 125-147(135)면; Ernst Benda/Eckart Klein, Verfassungsprozeßrecht. Ein Lehr- und Handbuch, 2. Aufl., 2001, Rn. 709; Hartmut Söhn, Die abstrakte Normenkontrolle, in: Bundesverfassungsgericht und Grundgesetz, Festgabe aus Anlaß des 25 jährigen Bestehens des Bundesverfassungsgerichts, Bd. I, 1976, S. 291-322(297).

27) 차진아, "추상적 규범통제제도 도입의 의미와 방향," 고려법학 제55호(2009. 12), 73-100(82)면.

28) 장영수, 헌법학, 홍문사, 2010, 1267면.

위헌법률심판을 최초로 도입하였던 미국의 경우 엄격한 삼권분립의 원칙과 사법부가 입법권에 대하여 그 합헌성을 심사해야 한다는 요청 사이에 구체적 규범통제라는 타협이 도출되었던 것이다. 그래서 미국의 위헌법률심판은 재판의 전제가 되는 법률에 대해서만 그 합헌성 여부를 심사할 뿐만 아니라, 위헌으로 인정된 법률에 대해서도 일반적으로 무효화시키는 것이 아니라 당해 사건에서 적용을 배제하는데 그치는 것으로 알려져 있다. 이에 대하여는 장영수, 헌법학, 홍문사, 2010, 1267면; 차진아, "추상적 규범통제제도 도입의 의미와 방향," 고려법학 제55호(2009. 12), 73-100(87-88)면.

29) "법원이 "다른 내용의" 재판을 하게 되는 경우라 함은 원칙적으로 법원이 심리중인 당해 사건의 재판의 결론이나 주문에 어떠한 영향을 주는 것뿐만이 아니라, 문제된 법률의 위헌여부가 비록 재판의 주문 자체에는 아무런 영향을 주지 않는다고 하더라도 재판의 결론을 이끌어 내는 이유를 달리 하는데 관련되어 있거나 또는 재판의 내용과 효력에 관한 법률적 의미가 전혀 달라지는 경우도

고 판시하고 있다.[30)]

재판의 전제성은 위헌심판제청 당시뿐만 아니라 헌법재판소의 결정 시점에도 갖추고 있어야 한다.[31)] 헌법재판소는 위헌심판제청 당시에는 재판의 전제성이 있었으나 헌법재판소의 심리기간 중 재판의 전제성이 소멸된 경우에도, 동 법률조항에 대한 위헌여부의 해명이 헌법적 중요성이 있는 경우와 동 법률조항으로 인한 기본권 침해가 반복될 위험이 있는 경우에는 객관적 헌법수호라는 위헌법률심판제도의 본질과 기능에 비추어 예외적으로 본안에 대한 판단을 하고 있다.[32)]

3. 추상적 규범통제의 부재와 그 의미

추상적 규범통제는 독일, 오스트리아 등 헌법재판소 제도를 도입한 국가들에서만 도입하고 있으며, 미국, 일본 등 일반법원형을 채택하고 있는 국가들에서 추상적 규범통제를 인정하고 있는 예는 찾아보기 어렵다.[33)] 반면에 우리나라의 위헌법률심판은 전술한 바와 같이 헌법재판소형을 채택하면서도 독일의 경우와는 달리, 구체적 규범통제만을 인정하고 추상적 규범통제는 배제되어 있다.

그러나 구체적 규범통제는 재판의 전제성을 요구하기 때문에 이를 갖추기 어려운 경우에는 법률의 합헌성 확보, 이를 통한 기본권 구제에 한계를 가질 수밖에 없다.

첫째, 구체적 규범통제는 법률의 시행으로 인한 기본권 침해가 발생한 이후에만 이용할 수 있는 사후적 구제수단이기 때문에 사전 예방적 기본권 보호의 측면에서는 한계를 가질 수밖에 없다.

둘째, 예컨대 낙태를 통한 태아의 생명권 침해의 경우처럼 당사자가 직접 기본권 침해를 주장하기 어려운 상황에서는 구체적 규범통제를 통한 기본권 구제를 기대하기가 쉽지 않다.

셋째, 특히 입법절차의 합헌성 확보와 관련하여 구체적 규범통제는 한계를 가질 수밖에 없다. 최근 논란의 중심에 서 있었던 미디어법 사건[34)]에서도, 위헌법률심판과 권한쟁의심판의 구조적 차이로 인하여 헌법재판소는 법률안 심의·의결절차가

포함한다"(헌재 1992. 12. 24, 92헌가8 결정 등).

30) 헌재 1992. 12. 24, 92헌가8 결정 등.

재판의 전제성에서 재판의 의미와 그 구비여부에 대한 판단 등에 대해서 자세한 것은 정종섭, 헌법소송법, 박영사, 2008, 273-297면; 허영, 헌법소송법, 박영사, 2009, 213-222면 참조.

31) 헌재 1989. 4. 17, 88헌가4 결정; 정종섭, 헌법소송법, 박영사, 2008, 293-294면.

32) 헌재 1993. 12. 23, 93헌가2 결정; 헌재 2005. 12. 22, 2003헌가8 결정.

33) 이에 대해서는 차진아, "추상적 규범통제제도 도입의 의미와 방향," 고려법학 제55호(2009. 12), 73-100(80-81)면 참조.

34) 헌재 2009. 10. 29, 2009헌라8 결정.

국회의원의 심의·표결권을 침해하는 가운데 진행되었다는 점은 인정하면서도 문제되는 법률안 가결선포 행위 내지 법률의 효력에 대해서는 무효로 결정하지 못하였던 것이다. 그러나 이 경우에 당해 국회의원들이 위헌법률심판이 아니라 권한쟁의심판을 제기하였던 것은 이들이 입법절차상 하자만을 이유로 재판의 전제성을 갖추어 위헌법률심판의 제청을 신청하는 것이 사실상 가능하지 않았기 때문이었다. 헌법재판소로서도 위헌법률심판과 권한쟁의심판의 구조적 차이로 인하여 우회적인 통로를 통해 위헌법률심판의 대상범위를 사실상 확장하는 데에는 적지 않은 난관에 부딪히게 될 것이다.

Ⅳ. 권한쟁의심판을 통한 법률의 위헌 판단과 그 효과

1. 입법절차에 관한 권한의 침해와 그에 대한 위헌판단의 효과

입법권의 행사(법률제정행위)를 통한 헌법상 권한의 침해는 절차적인 측면과 내용적인 측면, 즉 권한 있는 국가기관들의 입법절차에 대한 참여권을 침해하는 경우와 법률의 내용이 다른 국가기관 또는 지방자치단체의 헌법상 권한을 침해하는 경우로 나누어 볼 수 있다.

입법절차에 관한 권한쟁의는 예컨대 국회의원이나 위원회 등의 입법절차에 대한 참여권의 침해 여부를 다투는 것이다. 지금까지 입법절차에 관한 헌법재판소의 권한쟁의심판 가운데서 그 위헌판단의 효과와 관련하여 문제가 되었던 사건으로 특히 노동법 등 날치기통과 사건[35]과 미디어법 사건[36]을 들 수 있다. 이 사건 모두 헌법재판소는 국회의원의 헌법상 권한인 법률안 심의·표결권의 침해를 인정하면서도 입법절차의 결과물인 법률 내지는 법률안 가결선포행위의 위헌성은 부인함으로써 권한쟁의심판의 실효성의 측면에서 적지 않은 논란을 야기하였다.

이와 같이 입법절차에 관한 헌법상 권한 침해에 대한 판단과 입법절차의 결과물인 법률(내지 법률안가결선포행위)에 대한 판단이 이원화되는 이유는 다음의 세 가지로 정리할 수 있다.

첫째, 근본적으로는 입법절차와 그 결과물인 법률과의 관계에서 찾을 수 있다. 입법절차는 법률제정과정으로서 법률의 정당성 확보를 위한 중요한 조건의 하나라

35) 헌재 1997. 7. 16, 96헌라2 결정.
36) 헌재 2009. 10. 29, 2009헌라8 결정.

고 할 수 있다. 그러나 모든 입법절차상의 하자가 곧 그 법률의 효력부인으로 이어지도록 한다면 법적 안정성과 효율성이라는 측면에서 매우 심각한 문제가 발생할 수 있다. 그렇기 때문에 입법절차에서 국회의원의 법률안 심의·표결권의 침해라는 하자가 인정된다 하여 곧바로 그 결과물인 법률 내지 법률안 가결선포행위의 효력이 무효가 되는 것이 아니라, 그 심각성 여하에 따라 달리 판단되어야 하는 것이다.[37)]

둘째, 그러나 권한쟁의심판에 있어서는 구조적으로 (비단 절차적인 측면뿐만 아니라 내용적인 측면에서도) 입법에 의한 권한침해와 법률안가결선포행위의 위헌성에 대한 판단이 이원화되어 있다. 이것은 위헌법률심판과는 달리 권한쟁의심판에 있어서는 심판내용이 일차적인 판단으로 권한의 존부 또는 범위에 대한 판단(헌법재판소법 제66조 제 1 항)과 이차적인 판단으로 —권한의 침해가 인정될 경우— 권한 침해의 원인이 된 처분의 효력에 대한 판단(헌법재판소법 제66조 제 2 항)으로 이원화되어 있는

---

37) 입법절차상 하자가 그 결과물인 법률의 효력에 미치는 영향과 관련하여, 노동법 등 날치기 통과사건(헌재 1997. 7. 16, 96헌라2 결정)에서 입법절차상 하자를 인정한 헌법재판소 재판관 6인은 입법절차상 (명백한) 하자가 있는 경우, 법률제정행위 내지 그 결과물인 법률이 무효라는 입장을 보이고 있다(다만 김용준 재판관, 김문희 재판관, 이영모 재판관은 당해 사안에서 입법절차상 하자가 명백하지 않으므로 법률안가결선포행위를 무효로 볼 수 없다는 입장을 취하였다).

미디어법 사건(헌재 2009. 10. 29, 2009헌라8 결정)에서 신문법 가결선포행위의 효력과 관련하여, 신문법의 심의·표결절차상의 하자를 인정한 7인의 재판관 중에서 재판관 3인(조대현 재판관, 송두환 재판관, 김희옥 재판관)은 —이유에 있어서 다소간의 차이는 있으나— 신문법 심의·표결절차상 하자로 인한 신문법 가결선포행위의 무효를 인정하고 있으며, 1인(이동흡 재판관)은 입법절차상 하자가 명백할 경우 법률안 가결선포행위도 무효로 보아야 하나 당해 사건에서 신문법의 심의·표결절차상의 하자가 명백하지 않다는 입장을 취하였다. 반면 3인의 재판관(이강국 재판관, 이공현 재판관, 김종대 재판관)은 권한쟁의심판에서 처분의 효력에 대해 직접 결정하는 것이 적절하지 않고 신문법 심의·표결과정상의 하자는 국회의 정치과정 속에서 자율적으로 해결되어야 한다는 견해를 보였다. 방송법 가결선포행위의 효력과 관련하여, 방송법 심의·표결절차상 하자를 인정한 6인의 재판관 중에서 2인의 재판관은 방송법의 심의·표결절차상 하자가 중대하여 그 가결선포행위가 무효라는 견해를, 1인의 재판관(김종대 재판관)은 권한쟁의심판에서 처분의 효력에 대해 직접 결정하는 것이 적절하지 않고 입법절차상의 하자는 국회의 정치과정 속에서 자율적으로 해결되어야 한다는 견해를 보였고, 3인의 재판관(민형기 재판관, 이동흡 재판관, 목영준 재판관)은 입법절차상 하자가 방송법안 가결선포행위를 무효로 보아야 할 만큼 명백한 하자에 해당되지 않는 것으로 보았다.

국내 학계에서도 위헌법률심판 등에 있어서 입법절차상 하자가 법률의 내용과는 독립된 별도의 위헌(심사)요소라는 점이 널리 인정되고 있다(권영성, 헌법학원론, 법문사, 2010, 1151면; 이석연, “국회의 입법과정에 대한 헌법적 통제의 당위성,” 판례연구 제11집(서울지방변호사회, 1998. 1), 119-131(128-130)면; 정재황, “국회의 입법절차에 대한 헙법상 통제,” 고시계 1998. 2, 70-83(72-74, 81-83)면; 정종섭, 헌법소송법, 박영사, 2008, 235면.

독일연방헌법재판소도 입법절차상 하자가 명백할 경우, 그 결과물인 법률이 무효가 되는 것으로 보고 있다(BVerfGE 34, 9[25]; BVerfG, 2 BvL 12/01 vom 15. 1. 2008, Absatz-Nr. 56, 71, http://www.bverfg.de/entscheidungen/ls20080115_2bvl001201.html.).

입법절차상 하자가 법률의 효력에 미치는 영향에 대하여 자세한 것은 차진아, “공포는 법률의 효력발생요건인가? —헌재 2001. 4. 26. 98헌바79등 결정에 대한 평석—,” 저스티스 2007. 8, 253-283(279-280)면 참조.

것에 기인한다.[38)]

셋째, 위헌법률심판과 권한쟁의심판의 결정정족수의 차이로 인하여 권한쟁의심판에서 법률안 가결선포행위를 직접 무효화할 경우, 위헌법률심판의 결정정족수에 미치지 못하는 수의 재판관의 찬성으로 법률을 무효화하는 불합리한 결과가 초래될 수도 있다.[39)]

넷째, 헌법재판소가 권한쟁의심판에서 문제되는 법률제정행위의 효력에 대해 직접 결정할 경우, 법률의 합헌성 통제를 주된 목적으로 하는 위헌법률심판의 핵심적 제소요건인 재판의 전제성을 갖추기 어려운 상황에서 권한쟁의심판이 사실상 이를 우회하는 수단으로 이용되는 것이며, 이것이 소송유형간의 역할분담체계에 비추어 볼 때 정당한 것인가 하는 문제가 제기될 수 있다.

그러나 권한쟁의심판에서 헌법상 권한의 침해라는 입법절차상 하자가 확인되었음에도 불구하고, 법률안 가결선포행위의 효력은 부인되지 않는다는 것을 납득하기가 쉽지는 않으며, 권한쟁의심판의 실효성과 관련하여서도 문제가 없지 않다.

2. 입법권에 의한 다른 헌법상 권한의 침해와 그에 대한 위헌 판단

법률의 내용과 (입법절차에 관한 권한 이외의) 다른 헌법상 권한이 충돌하는 경우는 국가기관의 헌법상 권한이 문제되는 경우와 지방자치단체의 헌법상 권한이 문제되는 경우로 나누어 볼 수 있다. 그러나 지금까지 국회가 제정한 법률의 내용이 다른 국가기관의 헌법상 권한을 침해하는지 여부가 헌법재판소의 권한쟁의심판절차에서 심사된 경우는 찾아보기 어렵고, 지방자치단체의 자치사무에 관한 권한을 침해하는지 여부가 다루어진 예는 몇 차례 있었다.[40)]

헌법재판소는 지방자치단체의 자치권이 입법권에 의하여 침해되는지 여부가 문제될 때, 그것이 고유사무에 관한 것인지, 위임사무에 관한 것인지를 중요한 판단기준으로 삼고 있는 것으로 보인다. 비록 헌법상 보장되는 자치권의 범위에 대하여 명확한 한계를 설정하지는 않았지만, 고유사무에 관한 지방자치단체의 권한은 헌법적으로 보호된다고 전제한 것으로 보이는 것이다.

지방자치제도의 헌법적 보장의 취지를 고려할 때, 자치권 자체는 헌법상 권한

---

38) 이러한 심판내용에 있어서의 이원성은 권한쟁의심판의 구조적인 부분으로서 권한쟁의심판의 대상인 처분에 대해 공통되는 부분이다.

39) 이에 대해 자세한 것은 다음의 "V. 1. 권한쟁의심판에 의한 법률 무효화의 문제점" 참조.

40) 예컨대 헌재 2005. 12. 22, 2004헌라3 결정; 헌재 2008. 5. 29, 2005헌라3 결정; 헌재 2008. 6. 26, 2005헌라7 결정 등.

으로 볼 수 있을 것이다. 그러나 이를 지나치게 확대해석하는 것은 경계할 필요가 있다. 지방자치단체의 자치사무에 관한 권한 자체는 헌법적으로 보장되어 있지만, 어디까지를 지방자치단체의 고유사무로 인정할 것인지 그 구체화는 상당부분 입법자에게 위임되어 있다. 그러므로 만일 헌법상 보장된 자치권에서 모든 구체적 개별적 권한이 직접 도출되는 것으로 볼 경우에는 사실상 입법형성권은 유명무실하게 되는 문제가 있는 것이다. 지방자치단체의 고유사무에 관한 권한에 대한 제한이 그 본질적인 내용을 건드리는 것으로서 이를 형해화할 정도가 아닌 한, 법률제정행위를 대상으로 지방자치단체의 권한의 침해를 주장하는 권한쟁의심판에서 문제의 핵심은 입법권과 —입법권에 의해 구체화된— 지방자치단체의 헌법상 권한의 충돌이라기보다는, 지방자치제도의 구체화에 있어서 입법권 자체에 대해 그어지는 헌법적 한계의 준수여부로 보아야 하지 않을까 생각된다.[41)]

3. 입법권에 의한 법률상 권한의 침해와 그에 대한 위헌 판단

앞서 언급한 바와 같이 헌법소송인 권한쟁의심판에서 헌법상의 권한이 아닌 법률상 권한까지 심판의 대상으로 삼고 있는 것은 매우 복잡한 문제를 야기한다. 입법권과 법률상 권한의 충돌문제는 그 구조가 특히 복잡하다. 그것은 법률상 권한이란 입법권의 행사에 의해 창출되는 것인데 입법권과 대등한 위치에서 권한다툼을 하는 것이 과연 적절한지 문제되기 때문이다.

그렇다고 입법권과 법률상 권한의 충돌 내지 양자 사이의 권한쟁의심판이 원천적으로 불가능한 것으로 보기도 어렵다. 경우에 따라서는 외견상 법률적 권한으로 보이는 것이 헌법적 근거를 가지고 있는 것도 있으며, 입법권의 명백한 오·남용이 문제되는 경우도 있을 수 있다. 또한 이러한 사정이 명확하지 않은 상황에서 법률상 권한이기 때문에 입법권과의 권한다툼은 인정되지 않는다는 판단을 내리는 것도 적절하지 않을 것이다.

문제는 결국 어떠한 경우에 어떠한 기준에 따라 법률상 권한과 입법권과의 권한쟁의를 인정할 것이냐에 있으며 입법권과 헌법상 권한의 충돌이 문제되는 경우와는 다른 기준이 적용되어야 할 것이다. 가장 먼저 생각할 수 있는 것은 입법권의 오·남용 문제이다. 입법권에 대하여 헌법상 그어진 기준이 무시된 상황에서 입법을

41) 이러한 점에서 이 문제는 입법권에 의한 법률상 권한의 침해 문제와 본질적으로 다르지 않은 것으로 볼 수 있다(이에 대해서는 아래의 "3. 입법권에 의한 법률상 권한의 침해와 그에 대한 위헌 판단") 참조.

통한 법률상 권한의 침해가 발생한다면 이는 헌법적으로 바로잡아야 할 필요성을 인정할 수 있다.

예컨대, 헌법상 감사원이 대통령 직속으로 되어 있음에도 불구하고 국회에서 감사원의 회계검사기능을 적극적으로 활용하기 위하여 국정감사 중에 감사원의 인력을 수시로 동원할 수 있도록 「국정감사 및 조사에 관한 법률」을 개정한다면, 이는 감사원의 직무상 독립을 인정하고 있는 감사원법 제 2 조 제 1 항의 권한을 침해한 것으로 볼 수 있을 것이다.

이와 유사하지만 조금은 다른 문제가 법률상 권한의 헌법적 근거가 해석상 인정될 수 있는 경우이다. 예컨대 현행헌법상 중앙선거관리위원회에 관하여는 선거 및 국민투표관리와 정당사무처리에 관한 권한, 규칙제정권이 인정되고 있다(헌법 제114조 제 1 항, 제 6 항). 선거관리위원회법상으로는 이러한 권한 이외에 선거 및 국민투표에 관한 계도의 권한이 추가적으로 인정되고 있다(선거관리위원회법 제14조). 이러한 권한은 헌법에 직접 명시된 권한은 아니지만 헌법상 중앙선거관리위원회를 독립된 기관으로 구성한 취지, 그리고 선거관리위원회의 다른 권한과의 통일적 행사의 필요성 등을 고려할 때 헌법상 근거를 갖고 있는 것으로 보아야 할 것이다.

그러나 이러한 예외적인 경우들을 제외하면 국회의 입법권이 헌법적 기준에 비추어 정상적으로 행사된 것이며, 그와 충돌하는 법률상 권한이 헌법적 근거를 별도로 가지고 있는 것이 아니라면, 입법권과 법률상 권한의 충돌에 대한 권한쟁의심판은 인정하지 않는 것이 타당할 것으로 보인다. 정상적인 입법에 의해 창설된 법률상 권한을 같은 입법에 의해 변경하거나 폐지하는 것도 가능하다고 보아야 할 것이기 때문이다.

Ⅴ. 권한쟁의심판에 의한 법률의 무효화 가능성과 그 방법

1. 권한쟁의심판에 의한 법률 무효화의 문제점

현행 헌법상 권한쟁의심판과 위헌법률심판은 각기 중요한 역할을 담당하는 헌법소송으로 자리잡고 있다. 위헌법률심판이야 가장 오래된 헌법소송유형이며 헌법재판소 제도를 채택하지 않는 나라들에서도 실질적 법치주의의 실현과 관련하여 폭넓게 활용하고 있는 제도이지만 권한쟁의심판은 헌법재판소 제도를 도입하지 않는 나라에서는 찾아보기 어려우며,[42] 우리나라에서도 1987년의 헌법개정 및 1988년의 헌법재판소 설치를 통하여 비로소 도입된 제도이다. 양 제도의 유사점과 상이점에 대해서는 그 자체로 많은 연구가 필요하며 이 자리에서 이를 상세하게 검토하기는 어렵다.[43] 그러나 권한쟁의심판에서 법률의 무효화를 선언할 수 있는지에 대한 검토를 위하여 제한된 범위에서나마 양제도의 비교검토가 필요하다. 특히 양 제도의 심판대상 내지 각 제도를 통하여 해결하고자 하는 헌법적 분쟁의 유형 및 그에 따른 심사내용의 차이에 대해서는 숙고가 필요할 것이다.

이러한 차이는 양 제도의 결정방식 내지 결정정족수의 차이로 연결이 되며, 궁극적으로 결정의 효력 내지 파급효에 있어서도 적지 않은 차이를 보이게 된다. 이는 무엇보다 권한쟁의라는 헌법소송이 해결하고자 하는 분쟁의 성격이 위헌법률심판을 통해 해결해야 하는 헌법적 쟁점과는 성격을 달리 하기 때문이다. 이러한 차이는 독일의 경우 매우 선명하게 드러나고 있다. 독일연방헌법재판소법은 연방헌법재판소가 연방최고기관 간 권한쟁의심판에 있어서 심판의 대상이 되는 청구인의 처분 또는 부작위가 기본법 규정에 위배되는지 여부에 대한 확인결정을 내리도록 규정하고 있지만(독일연방헌재법 제67조 1문), 그 처분의 효력에 대한 결정권한 여부는 언급하고 있지 않다. 이에 따라 독일의 헌법이론과 실무는 권한쟁의심판절차에서 연방헌법재판소는 문제되는 처분의 기본법 합치성 여부에 대한 확인결정만을 내릴 수 있을 뿐, 그 효력에 대한 결정은 내릴 권한이 없으며, 이것은 문제되는 처분이 입법작용인 경우에도 다르지 않은 것으로 해석하는 견해가 지배적이다.[44]

그런데 우리 헌법재판소법은 헌법재판소가 권한의 침해문제에 대한 확인에 그치지 않고 침해의 원인이 된 처분을 직접 취소하거나 무효확인할 수 있도록 하고 있다(헌법재판소법 제66조 제 2 항 전단). 이 조항의 해석 여하에 따라서는 법률제정행위에 대해서도 무효 확인이 가능한 것으로 볼 수 있다. 그러나 이를 긍정할 경우에는 매우 복잡한 문제가 발생된다.

그것은 권한쟁의심판을 통해 해결하고자 하는 헌법적 분쟁과 민주적 정당성을

42) 헌법연구자문위원회, 결과보고서, 2009, 278면.

43) 이에 대해서는 차진아, "권한쟁의심판과 위헌법률심판의 충돌에 관한 고찰," 헌법학연구 제15권 제 1 호(2009. 3), 381-422면 참조.

44) BVerfG 1, 208(231); 20, 119(129); 24, 300(351f.); Manfred Goessl, Organstreitigkeiten innerhalb des Bundes - Eine Untersuchung des Art. 93 Abs. 1 Nr. 1 des Grundgesetzes und der zu seiner Ausführung ergagenen Bestimmung des Bundesverfassungsgerichtsgesetzes -, 1961, S. 74f.; Christian Pestalozza, Verfassungsprozeßrecht, 3. Aufl. 1991, § 7, Rn. 23, Fn. 97, Rn. 44; Jost Pietzcker, Organstreit, in: Peter Badura/Horst Dreier (Hrsg.), Festschrift 50 Jahre Bundes-verfassungsgericht, Bd. 1, Verfassungsgerichtsbarkeit - Verfassungsprozeß. 2001, S. 587-613(606); Klaus Schlaich/Stefan Korioth, Das Bundesverfassungsgericht, 7. Aufl., 2007, Rn. 97.

갖는 입법자에 의해 제정된 법률의 정당성 판단은 성격이 다르다는 (그래서 결정정족수조차 달라지고 있는) 헌법 및 헌법재판소법의 기본적 시각과 충돌될 수 있기 때문이다. 만일 권한쟁의심판에 의해 제한없이 법률(제정행위)의 위헌성 확인 및 무효화가 가능하다면 위헌법률심판과의 충돌 내지 혼란은 명약관화하다.

그렇다고 국회의 입법권이 위헌적으로 행사되었음을 (권한쟁의심판을 통하여) 확인하면서 그 결과물인 법률에 대해서는 합헌으로 인정할 수밖에 없다는 것도 최근 미디어법 사건에서 보듯이 쉽게 납득할 수 없는 결론이다.

이러한 문제를 합리적으로 해결하기 위해서는 구체적 경우를 나누어 가면서 과연 어떤 조건 하에서 권한쟁의심판을 통한 법률의 위헌성 확인이 가능한 것인지를 검토할 필요가 있다.

2. 권한쟁의심판의 제도 변경을 통한 법률 무효화의 가능성

권한쟁의심판을 통한 법률의 위헌성 확인 내지 무효화가 가능하기 위해서는 가장 먼저, 결정정족수의 문제가 해결되어야 한다. 위헌법률심판의 경우에는 위헌의견이 다수인 경우에도 6인 이상에 이르지 못하면 합헌결정을 내릴 수밖에 없는데, 권한쟁의심판을 통한 법률(제정행위)의 위헌확인에서 이러한 결정정족수를 우회하게 만들 경우에는 체계상 심각한 모순이 발생할 것이다. 따라서 권한쟁의심판을 통한 법률무효화는 헌법재판소법의 개정을 통해 법률의 위헌확인 및 무효화를 위한 결정에는 6인 이상의 찬성을 요한다는 조항을 도입하여야 할 것이다.

이와 같은 제도의 변경이 가시화될 경우에는 헌법재판소 결정의 효력과 관련하여 헌법재판소 주문의 형식도 문제될 수 있다. 즉 위헌법률심판과 마찬가지로 단순합헌, 단순위헌뿐만 아니라 한정합헌, 한정위헌, 헌법불합치 등과 같은 변형결정도 가능한 것으로 보아야 할 것이다.[45] 이 점에 있어서는 위헌소원이나 법령에 대한 헌법소원의 경우와 달리 취급할 이유가 없을 것이다.

권한쟁의심판을 통한 법률의 위헌결정이 인정될 경우 또 한 가지 문제되는 것은 소급효를 인정할 것인지 여부이다. 현행 헌법재판소법 제47조 제 2 항에 의하면 법률에 대한 위헌결정은 원칙적으로 장래효를 갖는 반면에, 같은 법 제66조 제 2 항은 권한쟁의심판을 통한 처분의 취소는 그 처분의 효력이 상대방에 대해 이미 발생한 경우를 제외하고는 소급효를 인정하고 있는 것으로 해석된다. 이러한 양 조항의

45) 변형결정의 문제에 대해서는 이 경우뿐만 아니라 일반적으로 명문의 규정을 두어 헌법재판소와 대법원과의 마찰을 입법적으로 해결하는 것이 바람직할 것이다.

불일치로 인하여 권한쟁의심판을 통한 법률의 무효화에서 그 소급효 여부가 문제될 수 있는 것이다.

이 문제에 있어서는 법률에 대한 무효화가 일반적 처분의 취소·무효와는 다른 특별한 경우라는 점을 고려하여야 할 것이다. 즉 일반·특별의 관계에서 법률의 무효화에 대해서는 헌법재판소법 제66조 제 2 항에 대한 예외로서 제47조 제 2 항을 적용하여야 하는 것으로 해석함이 타당할 것으로 보인다.[46)]

3. 새로운 제도의 도입을 통한 법률 무효화의 가능성

앞서 지적한 바와 같이 법률의 합헌성 확보와 관련하여 현행법상의 구체적 규범통제만으로는 제대로 해결되기 어려운 문제들이 적지 않으며, 이러한 헌법소송의 공백의 문제는 추상적 규범통제의 도입을 통하여 적절한 해결을 기대할 수 있다.

첫째, 추상적 규범통제는 구체적 규범통제와는 달리 공포되었으나 시행되기 전의 법률도 대상으로 하기 때문에,[47)] 사전 예방적 기본권 보호의 측면에서 적지 않은 기여를 할 수 있다.[48)]

둘째, 추상적 규범통제는 구체적 규범통제와는 달리 재판의 전제성이 요구되지 않기 때문에, 구체적 규범통제를 통해서는 구제되기 어려운 기본권 침해에 대한 실효성 있는 구제수단이 될 수 있다.[49)] 독일의 경우 수태 후 12주 내의 낙태를 허용함으로써 태아의 생명권에 대한 위협을 가져왔던 독일 형법개정법률이 무효로 되었던 것은 추상적 규범통제를 통하여 비로소 가능하였다.[50)]

셋째, 추상적 규범통제의 도입을 통하여 과거 구체적 규범통제에 의해 커버되지 못하였던 법률의 위헌성 문제에 대해서도 심사대상이 확대됨으로써 입법, 특히 입법절차의 합헌성 확보에 적지 않은 기여를 할 수 있을 것이다.[51)] 이 경우 국회 소

---

46) 일반적인 처분과 달리 법률은 그 적용의 대상 및 효력이 훨씬 광범위하다는 점에서 법적 안정성의 문제가 훨씬 더 심각하게 제기되고 그로 인하여 이와 같은 일반·특별의 관계가 필요한 것이다. 이렇게 해석하는 것이 헌법재판소법 제47조 제 2 항의 취지와도 부합될 것이다.

47) Klaus Schlaich/Stefan Korioth, Das Bundesverfassungsgericht, 7. Aufl., 2007, Rn. 129.

48) 차진아, "추상적 규범통제제도 도입의 의미와 방향," 고려법학 제55호(2009. 12), 73-100(83, 89)면.

49) 차진아, "추상적 규범통제제도 도입의 의미와 방향," 고려법학 제55호(2009. 12), 73-100(83, 89)면.

50) BverfGE 39, 1. 이후 독일 연방헌법재판소는 임산부 및 가족보조법(Schwangeren- und Familienhilfegesetz)에 대해서도 위헌결정을 내리기는 하였지만, 이 결정에서 동 재판소는 수태 후 12주까지 임산부가 공인된 상담소에서 상담을 거친 후 의사에 의해 낙태할 경우 처벌되지 않는다는 취지로 판시하였다(BVerfGE 88, 203). 독일 연방헌법재판소의 낙태판결에 대하여 자세한 것은 홍완식, "독일 연방헌법재판소의 낙태판결에 관한 고찰," 강원법학 제10권(1998. 10), 537-570면 참조.

51) 특히 헌법재판소가 최근의 미디어법 사건에서 위헌법률심판과 권한쟁의심판의 구조적 차이로 인하여 권한쟁의심판에서는 처분인 법률안 가결선포행위의 효력에 대해 직접 결정하기 어려웠던 문제

수파(재적의원 3분의 1 내지 4분의 1)[52]는 추상적 규범통제를 제기하고 헌법재판소는 문제되는 법률에 대해 위헌결정을 내림으로써 무효화할 수 있다.

이렇게 되면 권한쟁의심판제도에서는 헌법재판소가 —그 주된 목적과 심판대상에 충실하게— 헌법상 권한의 침해를 확인하는 것에 그치고 그 법률제정행위의 효력에 대해 직접 결정할 필요가 없을 것이다. 그리고 이러한 추상적 규범통제의 도입을 통한 입법절차의 합헌성 통제의 강화는 대화와 타협을 통한 합리적 문제의 해결이 아닌 다수로 밀어붙이고, 소수파는 다수결에 승복하지 못하고 법률안의 통과를 실력으로 저지하는, 현재의 잘못된 정치문화를 개선하는 데에도 적지 않은 기여를 할 수 있을 것으로 기대된다.[53]

이러한 맥락에서 여러 헌법학자들에 의해 추상적 규범통제의 도입 필요성이 주장되고 있으며,[54] 최근 국회의 헌법연구자문위원회 보고서에서도 추상적 규범통제의 도입이 제안된 바 있다.[55]

물론 추상적 규범통제의 도입이 이러한 긍정적인 측면만 있는 것은 아니며, 특히 국회 내 소수파에 의한 남용의 위험, 이로 인한 부정적인 파급효도 결코 가벼이 볼 수 있는 것은 아니다.[56] 그러므로 추상적 규범통제를 도입할 경우, 그 순기능과 역기능에 대한 면밀한 검토와 준비를 거칠 필요가 있다.

도 추상적 규범통제의 도입으로써 그 해결을 기대할 수 있는 것이다 : 장영수, "신문법 등에 대한 권한쟁의심판(헌재 2009. 10. 29. 2009헌라8등 결정)의 의미와 한계, —권한행사의 위헌성 확인과 그 결과물인 법률의 합헌성이 보여주는 괴리를 중심으로—," 고시계 2010. 3, 36-47(45-46)면; 차진아, "추상적 규범통제제도 도입의 의미와 방향," 고려법학 제55호(2009. 12), 73-100(89-90)면.

52) 추상적 규범통제를 도입할 경우 제소권자의 범위 문제에 대하여는 차진아, "추상적 규범통제제도 도입의 의미와 방향," 고려법학 제55호(2009. 12), 73-100(91-93)면 참조.

53) 노동법 등 날치기 통과 사건(헌재 1997. 7. 16, 96헌라2 결정)에서 헌법재판소가 국회의원의 법률안 심의·표결권 침해를 인정한 뒤, 본회의의 일시와 장소를 변칙적으로 변경하고 야당의원들에게는 통지하지 않은 채 법률안을 통과시키는 방식의 날치기통과는 자제되고 있는 것이다.

54) 이에 대하여는 차진아, "추상적 규범통제제도 도입의 의미와 방향," 고려법학 제55호(2009. 12), 73-100(74-75)면, 각주 5 참조.

55) 헌법연구자문위원회, 결과보고서, 2009, 282-283면.

56) 김운용, "헌법재판과 추상적 규범통제," 서강법학연구 제 3 권(2001. 4), 191-208(193)면; 배상오, 법학연구 제 9 권 제 2 호(충남대학교 법학연구소, 1999), 1-35(26)면; 전정환, "추상적 규범통제절차 도입에 대한 입법론적 고찰," 헌법학연구 제 1 집(1995), 302-323(302-305)면; 차진아, "추상적 규범통제제도 도입의 의미와 방향," 고려법학 제55호(2009. 12), 73-100(84-85, 94-95); Lechner, in: Bettermann/Nipperdey/Scheuner (Hrsg.), Die Grundrechte, Ⅲ, 2.Halbbd.(1959), S. 666(Ernst Benda/Eckart Klein, Verfassungsprozeßrecht. Ein Lehr- und Handbuch, 2. Aufl., 2001, Rn. 710에서 재인용); Wolfgang Löwer, Zuständigkeiten und Verfahren des Bundesverfassungsgerichts, in: Josef Isensee/Paul Kirchhof (Hrsg.), HStRⅢ. 3. Aufl., 2005, §70, Rn. 54; Alfred Rinken, in: Rudolf Wassermann (Hrsg.), Alternativkommentar zum Grundgesetz, Bd. I, 2. Aufl., 1984, Art. 93, Rn. 22.

Ⅵ. 맺 음

우리나라에서 권한쟁의심판은 매우 낯선 제도였다. 위헌법률심판이 1948년 제헌헌법 당시부터 제도화되어 있었던 것과는 달리 권한쟁의심판은 1987년 헌법에 의해 비로소 도입되었으며,[57] 헌법재판소가 구성되어 활동을 시작한 이후에도 한동안 권한쟁의심판의 제기된 예는 매우 희소하였다. 그러나 오늘날 권한쟁의심판의 의미와 비중은 과거에 비할 수 없을 정도로 커지고 있다.

이처럼 권한쟁의심판의 역할 증대와 더불어 권한쟁의심판을 통해 법률의 위헌성을 확인할 수 있는지의 문제도 점차 현실적인 문제로 대두되고 있다. 외견상 권한쟁의심판과 위헌법률심판은 그 심판의 대상이나 절차, 결정정족수 등의 차이로 인하여 접점이 별로 없을 것으로 보이지만, 입법절차상의 하자를 이유로 한 권한쟁의가 이미 몇 차례 문제되었고, 나아가 법률의 내용에 의한 권한의 침해가 문제된 사례도 점차 증가되고 있는 것이 현실인 것이다.[58]

그러나 해석론만으로 이 문제를 깔끔하게 해결하는 데에는 어려움이 많은 것으로 보인다. 현행법상 양 제도의 구조적 차이가 클 뿐만 아니라 그 차이를 가교시킬 수 있는 특별한 규정이 존재하지 않기 때문이다. 이러한 점들을 고려할 때 권한쟁의심판에서 법률의 위헌성 확인 내지 무효화에 대해서 확실한 결정을 내릴 수 있도록 하기 위해서는 별도의 입법적 조치가 필요할 것으로 보인다.

가장 간단한 방법은 앞서 언급한 바와 같이 헌법재판소법의 개정을 통해 권한쟁의에서 법률의 위헌성에 대해 심사할 수 있도록 명문의 규정을 도입하는 것이다. 물론 이 경우에는 결정정족수의 조정 등과 같은 보완이 필요할 것이다. 그러나 보다 근본적인 해결책은 추상적 규범통제의 도입이 될 수 있다. 추상적 규범통제의 적절한 활용은 권한쟁의 또는 구체적 규범통제로 해결하기 어려운 헌법적 문제들에 대해서도 헌법재판소가 답을 줄 수 있게 만들기 때문이다.

물론 새로운 제도의 도입이나 기존 제도의 개선으로 모든 문제가 해결되는 것은 아니다. 제도 자체의 문제와 제도 운영의 문제는 서로 맞물려 있으며 어느 한쪽만으로 문제를 해결할 수는 없기 때문이다. 기존의 제도를 개선하고 새로운 제도를 도입함과 더불어 제도의 합리적 운영을 위한 철저한 사전적 준비가 선행될 때 비로

57) 1960년 헌법에 의하여 헌법재판소제도가 도입되었을 때에도 권한쟁의심판은 명시되지 않았다.

58) 비록 지금까지 권한쟁의심판에서 직접 법률의 위헌성이 문제된 사건은 많지 않지만, 앞으로 이런 사건들이 늘어날 가능성은 매우 높다고 할 수 있다. 이러한 상황의 변화로 인하여 오늘의 주제가 특별한 관심의 대상이 된 것으로 보인다.

소 우리가 당면한 헌법적 문제에 대해서도 만족스러운 답을 내놓는 것이 가능하지 않을까 생각된다.

그런 의미에서 이 발표문은 문제를 정확하게 파악하기 위한 한 발짝의 전진을 위해 노력했으며, 이제 그에 대한 평가는 토론에 참여하시는 여러분의 몫이라 생각된다.

참 고 문 헌

권영설, "헌법재판운영상의 쟁점과 비판적 분석," 헌법학연구 제12권 제 1 호(2006. 3), 37-85쪽.

권영성, 헌법학원론, 법문사, 2010.

김상태, "권한쟁의심판과 기관소송의 관계정립 방안," 한양법학 제22집(2008. 2), 163-180쪽.

김운용, "국가기관 상호간의 권한쟁의심판 —당사자문제에 관한 독일에서의 판례와 이론을 중심으로—," 헌법재판연구 제 3 권(1991. 12), 140-248쪽.

______, "헌법재판과 추상적 규범통제," 서강법학연구 제 3 권(2001. 4), 191-208쪽.

남복현, "헌법재판의 결정정족수," 현대공법과 개인의 권익보호-균재 양승두 교수 화갑기념논문집, 1994, 983-1003쪽.

명재진, "권한쟁의심판제도의 문제점," 헌법논총 제18집(2007), 165-202쪽.

______, "입법과정에 대한 헌법적 통제 —헌재결 1997. 7. 16, 96헌라2—," 헌법판례연구 제 1 권(1999), 275-299쪽.

박승호, "국회의원과 국회의장간의 권한쟁의에 관한 헌재결정," 안암법학 제11호(2000. 8), 1-28쪽.

______, "권한쟁의심판 —독일의 기관쟁의를 중심으로—," 공법연구 제26집 제 1 호(1998. 5), 351-377쪽.

배상오, "한국헌법제판제도에 있어서의 문제점과 극복방안," 법학연구 제 9 권 제 2 호(충남대학교 법학연구소, 1999), 1-35쪽.

이석연, "국회의 입법과정에 대한 헌법적 통제의 당위성," 판례연구 제11집(서울지방변호사회, 1998. 1), 119-131쪽.

이성환, "권한쟁의심판의 당사자," 법학논총 제11집(국민대학교 법학연구소, 1999. 2), 251-305쪽.

장영수, "신문법 등에 대한 권한쟁의심판(헌재 2009. 10. 29. 2009헌라8등 결정)의 의미와 한계, —권한행사의 위헌성 확인과 그 결과물인 법률의 합헌성이 보여주는 괴리를 중심으로—," 고시계 2010. 3, 36-47쪽.

______, 헌법학, 홍문사, 2010.

전정환, "추상적 규범통제절차 도입에 대한 입법론적 고찰," 헌법학연구 제 1 집(1995), 302-323쪽.

정재황, "헌법재판절차상의 문제점과 극복방안," 고시계, 1994. 2, 61-80쪽.

______, "국회의 입법절차에 대한 헙법상 통제," 고시계, 1998. 2, 70-83쪽.

정종섭, "권한쟁의심판에서 처분에 대한 무효확인결정의 가능 여부 — 대상판례 : 헌법재판소 1999. 7. 22. 선고, 98헌라4 결정—," 헌법판례연구 제 3 권(2001. 11), 519-535쪽.

______, 헌법소송법, 박영사, 2008.

정태호, "국가기관 상호간의 권한쟁의제도와 정당, 정당과 헌법질서," 심천 계희열 박사 화갑기념논문집," 1995, 385-443쪽.

차진아, "공포는 법률의 효력발생요건인가? —헌재 2001. 4. 26. 98헌바79등 결정에 대한 평석—," 저스티스, 2007. 8, 253-283쪽.

______, "권한쟁의심판과 위헌법률심판의 충돌에 관한 고찰," 헌법학연구 제15권 제 1 호(2009. 3), 381-422쪽.

______, "추상적 규범통제제도 도입의 의미와 방향," 고려법학 제55호(2009. 12), 73-100 쪽.

최갑선, "독일과 한국에서의 권한쟁의심판절차," 헌법논총 제 7 집(1996), 385-424쪽.

최희수, "헌법재판의 본질과 헌법재판소의 헌법상 편제 —헌법개정 논의에 부쳐—," 공법학연구 제 9 권 제 4 호(2008), 161-187쪽.

한수웅, "현행 헌법재판제도에서 추상적 규범통제의 도입문제 —사전적 규범통제의 도입문제를 포함하여—," 법학연구 제 7 집(홍익대학교 법학연구소, 2005), 125-147쪽.

허 영, 헌법소송법, 박영사, 2009.

헌법연구자문위원회, 결과보고서, 2009.

홍완식, "독일 연방헌법재판소의 낙태판결에 관한 고찰," 강원법학 제10권(강원대학교 비교법학연구소, 1998. 10), 537-570쪽.

Benda, Ernst/Klein, Eckart : Verfassungsprozeßrecht. Ein Lehr- und Handbuch, 2. Aufl., 2001.

Goessl, Manfred : Organstreitigkeiten innerhalb des Bundes - Eine Untersuchung des Art. 93 Abs. 1 Nr. 1 des Grundgesetzes und der zu seiner Ausführung ergagenen Bestimmung des Bundesverfassungsgerichtsgesetzes -, 1961.

Heun, Werner : Normenkontrolle, in : Peter Badura/Horst Dreier (Hrsg.), Festschrift 50 Jahre Bundesverfassungsgericht, Bd. 1. Verfassungsgerichtsbarkeit - Verfassugns-prozeß, 2001, S. 615-639.

Lechner, Hans/Zuck, Rüdiger : Bundesverfassungsgerichtsgesetz : Kommentar, 5. Aufl., 2006.

Lorenz, Dieter : Der Organstreit vor dem Bundesverfassungsgericht, in : Christian Starck (Hrsg.), Bundesverfassungsgericht und Grundgesetz, Festgabe aus Anlaß des 25 jährigen Bestehens des Bundesverfassungsgerichts, Bd. I , 1976, S. 225-259.

Löwer, Wolfgang : Zuständigkeiten und Verfahren des Bundesverfassungsgerichts, in : Josef Isensee/Paul Kirchhof (Hrsg.), Handbuch des Staatsrechts, Bd.Ⅲ. 3. Aufl., 2005, § 70, S. 1285-1526.

Lücke, Jörg : Die stattgebende Entscheidung im verfassungsgerichtlichen Organstreitverfahren und ihre Konsequenzen, JZ 1983, S. 380-383.

Pestalozza, Christian : Verfassungsprozeßrecht, 3. Aufl. 1991.

Pietzcker, Jost : Organstreit, in : Peter Badura/Horst Dreier (Hrsg.), Festschrift 50 Jahre Bundesverfassungsgericht, Bd. 1, Verfassungsgerichtsbarkeit - Verfassungsprozeß. 2001, S. 587-613.

Renck, Ludwig : Art. 93 Abs. 1 Nr. 1 GG : Prinzipale Norminterpretation oder Organstreit?, DÖV 2004, S. 1035-1038.

Schlaich, Klaus/Korioth, Stefan : Das Bundesverfassungsgericht. Stellung, Verfahren, Entscheidungen, 7. Aufl., 2007.

Söhn, Hartmut : Die abstrakte Normenkontrolle, in : Bundesverfassungsgericht und Grundgesetz, Festgabe aus Anlaß des 25 jährigen Bestehens des Bundesverfassungsgerichts, Bd. Ⅰ, 1976, S. 291-322.

Starck, Christian (Hrsg.) : Fortschritte der Verfassungsgerichtsbarkeit in der Welt - Teil Ⅱ (Deutsch-Japanisches Kolloquium vom 25. bis 30. August 2004 in Göttingen und Osnabrück), 2006.

Starck, Christian/Weber, Albrecht (Hrsg.) : Verfassungsgerichtsbarkeit in Westeuropa, 2 Bde., 2. Aufl., 2007.

Tsatsos, Dimitris Th. : Der verwaltungsrechtliche Organstreit : Zur Problematik verwaltungsgerichtlicher Auseinandersetzungen zwischen Organen einer Körperschaft des öffentlichen Rechts, 1969.

제105회 발표회 지정토론문

남 복 현*

Ⅰ. 들어가며

우리 학자들은 종종 학문적으로 예상해서 가설적인 상황을 전개하곤 한다. 그렇지만, 이것이 현실로 다가오는 경우를 가끔씩 목격하곤 한다. 그런데, 그런 상정은 대체로 그리 썩 유쾌하지 않거나 또는 아주 심각한 사항을 내포하는 경우가 없지 않다.

바로 오늘 다루는 주제인 권한쟁의심판과 위헌법률심판의 충돌문제도 그에 해당된다.[1] 이런 상황에서 헌법실무연구회에서 '권한쟁의심판과 법률의 위헌성 심사' 문제를 정면으로 다룸은 아주 시의에 적절하다고 하지 않을 수 없다.

오늘 차진아 교수께서 발표하는 발제논문에서는 먼저 권한쟁의심판과 위헌법률심판의 성격과 구조를 살펴보고, 권한쟁의심판에서 법률의 위헌여부가 다투어지는 경우를 상정한다. 거기서 제기되는 권한의 침해문제를 다루고, 그에 대한 위헌판단과 그 효과를 제시한다. 그러면서 권한쟁의심판에서 법률을 무효로 할 수 있는 것이며, 현행법상 구조적인 한계가 있음을 밝히면서 대안으로 추상적 규범통제의 신설을 제시한다.

그런데, 발제자가 제시한 사항 이외에도 권한쟁의심판과 위헌법률심판의 관계는 아주 다양하게 나타난다. 예컨대, 아주 최근에 전북도교육청은 자립형 사립고 지정을 취소하였고, 이에 교육과학부장관은 시정명령을 냈으나 도교육청이 이를 이행하지 않으면서, 오히려 전북도교육감은 교육과학부장관을 상대로 지방교육자치에관한법률 제 3 조와 지방자치법 제169조 제 2 항에 의거하여 대법원에 이의의 소를 제

* 호원대학교 법경찰학부 교수.

1) 이 글은 김하열 교수의 '권한쟁의심판의 발전과 과제(헌법논총 제19집, 2008, 415면 이하)'와 차진아 교수의 '권한쟁의심판과 위헌법률심판의 충돌에 관한 고찰(헌법학연구 제15권 제 1 호, 2009. 3, 381-422면)'에 기초해서 작성된 것임을 밝힌다. 아울러, 남복현, 공유수면 매립지 관할결정을 둘러싼 소송법적 검토. 지방자치법 제 4 조 제 8 항과 제 9 항의 위헌여부를 중심으로, 한국국가법학회 학술대회(새만금지구 —해상경계를 둘러싼 공법적 과제—) 발표논문, 2010. 8. 20. 참조.

기하였다. 그와 아울러 전북도교육청은 조만간 헌법재판소에 권한쟁의심판을 청구할 예정임을 밝혔다.[2)]

위 법률에 근거하여 대법원이 관할하게 된 이의의 소에서 소송당사자는 전북도교육감과 교육과학부장관이다. 이는 헌법 제111조 제1항 제4호에 규정된 국가기관과 지방자치단체간 권한쟁의심판에 그대로 중첩된다. 이는 대법원과 헌법재판소 사이에서의 권한충돌을 예정하고 있음은 물론이고, 위헌법률심판과 권한쟁의심판이 그대로 조우하게 되는 대표적인 사례로 비추어진다.

이처럼 권한쟁의심판과 위헌법률심판의 충돌문제는 그리 간단한 사안이 아니라고 보여진다. 그러면, 이 토론문에서는 먼지 권한쟁의심판과 위헌법률심판이 서로 충돌되는 상황에 대해 유형화한다. 이어, 발제자는 발표논문 제4장 이하에서 권한쟁의심판에 있어 법률 그 자체 또는 법률제정행위가 본안사항으로 다투어지는 경우를 두 가지로 파악하는 바, 이를 둘러싸고 제기되는 쟁점들을 집중적으로 검토한다. 그리고 그 외에도 발제자가 전개한 논지에 대해 여러 가지로 논의의 여지가 있다고 보여지긴 하지만, 토론자의 역량에 한계가 있어 논의를 생략하기로 한다.

Ⅱ. 양자의 충돌유형

1. 위헌법률심판절차에서 권한의 다툼이 문제되는 경우

• 권한쟁의심판의 대상이 다투어지는 경우

－법인격의 주체나 기관의 권한을 규율하는 법률이 헌법에 위반되는 여부가 재판의 전제가 된 경우, 즉 위헌법률심판절차를 진행하는 과정에서 권한쟁의심판의 헌법적 근거가 심판기준으로 작동하는 경우

예컨대, 관계 지방자치단체의 장이 행정안전부장관을 상대로 공유수면 매립지의 소속결정에 대해 대법원에 이의의 소를 제기함에 있어 지방자치법 제4조 제8항과 제9항의 위헌여부가 그 재판의 전제가 된 경우

대법원의 관할로 정한 지방자치법 제4조 제8항과 제9항이 위헌으로 결정되면, 대법원은 이와 관련한 소송에서 관할권을 상실하게 된다.

－헌법상 권한법질서에의 위반여부

2) 동아일보 2010. 9. 8.자 기사 참조.

• 지방자치법상 지방자치소송 중 외부법관계를 규율하는 경우
제169조 제 2 항의 자치사무에 관한 주무부장관 등의 취소 · 정지처분
제172조 제 3 항의 지방의회의 의결에 대한 지방자치단체의 장의 제소(제소지시)
제172조 제 7 항의 지방의회의 의결에 대한 주무부장관 등의 직접 제소
• 지방교육자치에관한법률에 있어 외부법관계를 규율한 경우

2. 권한쟁의심판절차에서 법률의 위헌여부가 문제되는 경우

가. 논의 유형

– 본안사항인 경우와 선결문제 내지 부수적인 사항인 경우
– 법률 그 자체가 다투어지는 경우와 국회의 법률 제정 · 개정행위가 다투어지는 경우

나. 법률의 위헌여부가 권한쟁의심판의 선결문제 내지 부수적인 사항인 경우

• 제 1 유형(선결문제)

선결문제(Vorfrage)는 예컨대, 대법원에 이의의 소를 제기하면서, 그 재판의 전제가 된 지방자치법 제 4 조 제 8 항과 제 9 항의 위헌여부를 다툴 경우, 이때 그 위헌여부가 이의의 소의 선결문제가 될 것이다. 즉 본안판단에 중대한 영향을 미치기 때문에 다루어지지 않으면 안 되는 선행쟁점을 말한다.

아울러 재판의 전제가 된다(Entscheidungserheblichkeit)는 의미는 구체적 사건성, 특히 구체적 규범통제와 직결되는 문제이다. 선결문제는 본안문제를 심판 내지 판단함에 있어 선행적으로 해결하지 않으면 안 될 문제이다.

선결문제가 재판의 전제성보다는 넓은 개념이다.

• 제 2 유형(부수적 규범통제)

부수적 규범통제는 그 자체가 본안 판단의 대상이 된 것은 아니지만, 헌법재판상 계쟁된 법적 다툼에 부수하여 위헌여부가 문제되는 경우를 말한다. 이에 해당하는 것으로는 예컨대 청구인의 권한을 침해한 피청구인의 처분이 위헌법률에 근거한 경우를 들 수 있다.

이와 유사한 사례로는 미결수용자의 변호사와의 서신에 대한 검열행위가 변호인의 접견교통권을 침해한 것임을 이유로 헌법소원 인용결정을 한 경우를 들 수 있다. 그 검열행위가 기본권을 침해하였음을 확인함과 아울러 그 법적 근거인 행형법

제60조의 준용부분에 대해서도 위헌으로 결정하였다.

• 제 3 유형(권한쟁의 결정의 집행상 충돌의 경우)

제 2 유형과 유사한 것으로, 권한쟁의심판에서 인용결정을 할 경우 결정의 효력을 관철시킴에 있어 상충되는 공권력적 작용이 존재하게 될 때, 그 작용의 효력을 부인하는 경우이다. 이러한 유형의 경우 헌법재판소의 관할사항으로 명시되지는 않았다. 하지만, 헌법재판소의 결정에서 어떠한 형태로든 판단하고, 그 판단에 관해 헌법이 관할사항으로 규율하고 있는 이상 당연히 해석으로 가능하다. 또 이를 입법적으로 구체화한 것이 헌재법 제67조 제 1 항과 제 2 항이다. 헌법재판소의 권한쟁의의 결정에 상충되는 사안이 있다면, 그에 대해 직권으로 심판대상으로 삼아, 그 효력의 유무를 심판할 수 있다.

공유수면 매립지의 소속을 정한 행정안전부장관의 결정에 대해 관계 지방자치단체의 장은 대법원에 이의의 소를 제기하였지만, 지방자치법 제 4 조 제 8 항과 제 9 항의 위헌여부는 다투지 않고 그대로 방치하였다가 대법원의 확정판결이 난 다음에, 또는 대법원에 이의의 소를 제기함이 없이 곧바로, 헌법재판소에 권한쟁의심판을 청구하는 경우를 상정할 수 있다. 이때 필연적으로 지방자치법 제 4 조 제 8 항과 제 9 항의 위헌여부는 권한쟁의심판에 있어 그 결정의 집행을 둘러싼 핵심적인 쟁점으로 다루어지지 않으면 안 된다. 대법원 확정판결의 기판력을 부인하지 않으면 서로 모순되는 두 가지 공권력적 작용의 효력이 공존할 수밖에 없게 되기 때문이다.

문제는 이때 권한쟁의심판절차를 진행하면서 지방자치법 제 4 조 제 8 항과 제 9 항의 위헌여부를 부수적인 쟁점으로 다툴 수 있는 법적 근거를 어디서 찾을 것인가 하는 점이다. 분명 권한쟁의심판과 관련해서 이에 관한 명문 규정은 없는 상태이다. 결국 그 논거는 두 가지 측면에서 찾을 수 있다. 그 하나는 헌재법 제75조 제 5 항을 유추적용하는 것이다. 그에 따르면, 헌법소원심판에 있어 공권력의 행사 또는 불행사가 위헌인 법률조항에 기인한 것이라고 인정될 때에는 헌법재판소는 인용결정에서 당해 법률조항이 위헌임을 선고할 수 있도록 하고 있다. 마찬가지로 권한쟁의심판절차를 진행하는 과정에서 법률의 위헌여부가 부수적으로 다루어지지 않으면 안 될 경우가 있는데, 이때에도 이에 의거해서 가능한 것으로 파악해야 한다는 것이다. 다른 하나는 헌재법 제67조 제 1 항의 기속력에서 도출하는 것이다. 헌법재판소의 권한쟁의심판의 결정은 모든 국가기관과 지방자치단체를 기속한다. 이런 상황에서 기속력에 배치되거나 배치될 여지가 있는 대법원 확정판결이 존립할 수 있는 근거를 방임한다면, 그 기속력은 무의미해지게 될 것이다. 그런 점에서 정면 배치될 수 있는 법적 근거에 관해 그 위헌여부를 판단함으로써 그와 같은 상황의 발생을 방지하는 것이다.

다. 법률 그 자체 내지 법률의 제정·개정행위의 다툼이 본안사항인 경우

• 제 4 유형(입법절차의 흠결)

－입법절차의 위헌·위법으로 인해 법률제정·개정행위가 무효인지 여부를 다투는 경우

예컨대, 야당이나 그 소속의원들이 입법절차에 중대한 위법이 있음을 이유로 권한쟁의심판을 청구하였고, 이때 의원들의 심의표결권이 침해되었으며, 그러한 표결과정을 거친 법률안(이 이미 확정되어 시행되고 있다 할지라도)에 대해 위헌 내지 무효로 할 수 있는지의 여부

• 제 5 유형(의결행위의 내용에 관한 다툼)

－국회에서 의결된 법률이 이미 확정되어 시행되고 있다 할지라도, 그 법률의 내용이 법인격의 주체나 기관의 권한을 위헌적으로 침해하는 경우는 두 가지로 들 수 있다.

그 하나는 예컨대, 국회가 제정하거나 개정한 법률이 중앙선거관리위원회, 감사원, 대법원 또는 헌법재판소에 관해 규율함에 있어 헌법상 권한법질서를 위반한 경우이다.

다른 하나는 국회가 제정하거나 개정한 법률이 지방자치단체의 헌법상 보장된 지방자치권을 침해한 경우이다.

－이상의 두 경우에 있어서는 법률내용의 일부에 대한 다툼도 가능하다.

－그런데, 이 유형은 일종의 예방적 규범통제 내지 추상적 규범통제로 파악될 여지도 있다. 실제가 그렇다 할지라도, 크게 문제삼을 여지는 없다. 왜냐하면, 국회의 입법권행사의 산물에 대해 국가기관이나 지방자치단체가 다툴 수 있는 별도의 계쟁절차는 없기 때문이다.

라. 법률에 대한 권한쟁의심판의 인정 필요성

• 법률 그 자체 내지 법률의 제정·개정행위

• 의회가 입법을 통한 다른 국가기관이나 지자체의 권한을 제약할 가능성은 상존

• 권한쟁의가 위헌법률심판으로 변질될 우려

－추상적 규범통제가 인정되지 않음에 따른 한계의 보완

－헌법재판의 기능적 장애에 대한 해소책으로 기여

• 권한쟁의심판이 권한분쟁의 해결과 권한법질서의 수호를 1차적 기능으로 하

지만, 권한행사의 합헌성이나 합법성 통제도 수행해야 한다는 점에서는 규범통제적 기능도 부분적으로 수행한다 할 것임.

Ⅲ. 법률 그 자체 내지 법률의 제정·개정행위의 다툼이 본안사항인 경우

1. 입법절차의 흠결로 인한 경우(제 4 유형)

가. 다툼의 대상

• 권한쟁의심판의 대상이 된다는 점에 관해서는 이론의 여지가 없음.

— 제 3 자의 소송담당

• 신청주의 원칙

— 위헌법률심판 : 심판대상은 제청법원이 제청한 법률조항으로 한정

— 권한쟁의심판 : 국가기관 상호간(특히 국회 내부에서) 의결절차의 위법·위헌 여부의 다툼에서는 의결행위 자체가 대상이 된 것임에 따라, 법률 전체의 무효문제가 등장함.

그에 비해, 국회의 입법권을 통한 헌법재판소, 중선위, 법원, 지자체의 권한 침해에 관한 다툼에서는 의결행위에 따른 법률 전체 또는 법률의 특정된 내용도 가능할 것임.

• 입법절차의 흠으로 인한 경우 오로지 법률 전체만이 대상이 되어야 하고, 의결된 법률의 일부 내용을 가지고 다툼은 불가능한 것인가?

— 법률의 내용 일부에 대한 다툼도 가능하다고 보아야 한다. 예컨대, 본회의중심주의가 아닌 위원회중심주의를 채택해서 법률안이 상임위에서 실질적으로 심사가 이루어지고 있는데, 만약 소관 상임위에서조차 제대로 심의가 이루어지지 않고 위법하게 본회의에서 의결된 경우를 상정한다면, 가능하다고 보아야 한다.

나. 인용결정이 법률의 효력에 영향을 미치는지 여부

• 제 1 설 :

— 입법절차의 하자에 관한 인용결정은 법률의 효력 등에 아무런 영향을 미치지 않는다는 견해

• 제 2 설 :

－인용결정을 통하여 입법절차에 하자가 있음이 확인된 이상 어떠한 방식으로든 그 하자를 교정해야 한다는 견해

• 검　토

－헌법소송법적 시각

다. 권한침해확인결정과 취소 · 무효확인결정

• 권한침해확인결정

－재입법의무

• 취소 · 무효확인결정

－입법절차의 본질적이거나 중요한 요소를 이루는 사항

• 권한침해확인결정과 취소 · 무효확인결정의 관계

－권한침해의 확인으로 그칠 수 있는가?

심판청구에서는 두 가지 요건을 중첩적으로 충족시킬 것을 요구한다. 즉, ① 권한의 존부나 범위에 관해 다툼이 있어야 하고, ② 피청구인의 처분 등으로 인해 청구인의 헌법상 · 법률상 권한을 침해하였거나 침해할 현저한 위험이 있는 경우에만 심판청구가 가능하다.

이러한 논리체계라면, 심판에 따른 결정의 범위에 있어서도 ① 권한의 존부나 범위에 대한 침해여부의 결정으로 그칠 것이 아니고, 비록 가능규정으로 되어 있다 할지라도, 청구요건에 의거해서 보면, 당연히 ② 피청구인의 처분에 대한 취소 · 무효확인의 결정까지 당연히 이루어져야 한다.

그렇지 않으면 청구요건에서는 두 가지를 모두 갖출 것을 요구하면서도 결정은 권한침해의 확인결정으로 그치게 된다면, 판단의 회피로 파악될 수밖에 없다. 요건을 갖출 것을 요구하였으면, 당연히 판단의 대상에 포함시켜야 하고, 피청구인의 처분에 대해 취소나 무효확인의 결정을 선고해야 한다.

－다시 말해서 권한침해의 확인이 이루어진 다음, 반드시 피청구인의 처분을 취소할 것인지, 무효로 확인할 것인지가 선택의 대상이 되어야 한다. 물론 여기서 부작위에 관한 것일 경우에는 헌재법 제66조 제 2 항에 따라 피청구인에게 헌재 결정취지에 따른 처분의무가 부과된다.

종래 헌법재판소는 헌재법 제66조 제 1 항의 권한침해확인과 제 2 항의 처분의 취소 · 무효확인의 관계를 단절관계로 파악하고 접근하고 있으나, 이는 적절한 태도가 아니라고 본다.

• 정족수의 적용상 원칙

– 재판관 과반수의 찬성이라는 견해

– 재판관 6인 이상의 찬성이라는 견해

– 검토

2. 제정 · 개정행위의 결과(내용)에 대한 다툼(제 5 유형)

가. 심판대상의 획정 방법

• 법률 그 자체로 하는 경우와 법률의 제정행위를 대상으로 하는 경우

• 헌법재판소의 입장

– 헌법재판소법 제61조 제 2 항에 따라 권한쟁의심판을 청구하려면 피청구인의 처분 또는 부작위가 존재하여야 한다. 여기서의 처분은 입법행위와 같은 법률의 제정과 관련된 권한의 존부 및 행사상의 다툼, 행정처분은 물론 행정입법과 같은 모든 행정작용 그리고 법원의 재판 및 사법행정작용 등을 포함하는 넓은 의미의 공권력 처분을 의미하는 것으로 보아야 할 것이므로, 법률에 대한 권한쟁의심판도 허용된다고 봄이 일반적이나 다만, '법률 그 자체'가 아니라 '법률제정행위'를 그 심판대상으로 하여야 할 것이다.[3)]

• 구체적인 심판대상 획정 사례

– 헌재 2005. 12. 22, 2004헌라3(서울특별시와 정부간의 권한쟁의)

이 사건 심판의 대상은, 피청구인 국회가 교육자치법(법률 제7252호) 제39조 제 1 항에서 의무교육 관련 경비의 부담주체를 국가 및 지방자치단체로 규정한 것, 교부금법(법률 제7251호) 제11조 제 1 항에서 의무교육 경비를 교부금과 지방자치단체의 일반회계로부터의 전입금으로 충당토록 규정한 것 및 같은 조 제 2 항 제 3 호에서 서울특별시와 그 밖의 지방자치단체를 구분하여 서울특별시의 경우에는 특별시세 총액의 100분의 10에 해당하는 금액을 일반회계예산에 계상하여 교육비특별회계로 전출하도록 규정한 것이 청구인의 권한을 침해하는지, 나아가 무효인지 여부이다.

– 헌재 2006. 5. 25, 2005헌라4(강남구 등과 국회간의 권한쟁의)

이 사건 심판의 대상은 피청구인 국회가 법률 제7328호로 종합부동산세법을 제정한 것이 청구인들의 권한을 침해하였는지의 여부이다.

3) 헌재 2005. 12. 22, 2004헌라3, 판례집 17-2, 650(권한쟁의심판의 심판대상은 '피청구인의 처분 또는 부작위로 인하여 청구인의 헌법상 또는 법률상의 권한이 침해되었는지 여부'인바[헌법재판소법 제61조 제 2 항], 이 사건 본안판단의 대상으로 된 것은 피청구인 국회의 법률제정행위로서 그 위헌 여부가 문제이다); 헌재 2006. 5. 25, 2005헌라4 참조.

－헌재 2008. 6. 26, 2005헌라7(강남구 등과 국회 등 간의 권한쟁의)

이 사건 심판 대상은 피청구인 국회가 2005. 8. 4. 법률 제7681호로 공직선거법 제122조의 2를 개정한 행위가 청구인들의 지방자치권을 침해하는 것으로서 무효인지 여부이다.

• 쟁 점

－국회의 입법권과 지방자치단체의 지방자치권이 피청구인과 청구인에게 각각 부여되어 있으며, 그 중 국회가 입법권의 범위를 벗어나게 행사함으로써, 다시 말해서 법률의 제정행위(처분)가 헌법상 보장된 지방자치권을 침해한 것인지 여부가 심판대상이다.

나. 심판청구의 기간

• 청구기간(헌재법 제63조 제 1 항)

－안 날로부터 60일 이내, 발생한 날로부터 180일 이내

• 입법부작위와 법률제정행위

－진정 입법부작위와 부진정 입법부작위

－심판청구기간의 적용 여부

• 부진정 입법부작위에 대한 심판청구기간의 제한 여부

－청구기간을 제한하는 이유로는 기존에 형성된 법률관계의 조속한 안정을 제시한다. 하지난, 청구기산을 도과시킴에 따라 불가쟁력이 발생하고 그로 인해 너 이상 다툴 수 없게 됨으로써 위헌적인 권한법질서가 그대로 유지·존속함이 바람직스러운 것인가도 문제된다. 특히 진정 입법부작위의 경우에는 아무 때나 기존의 법적 상태가 위헌임을 확인하는 것인 반면에, 부진정 입법부작위의 경우 법률이 불완전하게 규율되었음을 이유로 불완전한 법적 규율을 가지고 다투라고 하는 것인 바, 이때 부작위상태를 위헌으로 확인할 뿐이지, 그 상태를 취소하거나 무효로 확인할 수 있는 것은 아니다. 설령 무효로 확인할 수 있다고 해서 부작위상태가 해소될 수 있는 것은 아니다. 다시 말해서 기존에 규율된 작위의 내용을 무효로 하면서 '무'의 상태를 만듦에 지나지 않을 따름이다. 그렇다고 한다면, 부작위상태에 대해서는 진정부작위만이 아니라 부진정부작위의 경우에도 위헌확인을 함이 정상적이라고 본다.

이와 같은 시각에서 본다면, 부진정부작위에 대해서도 비록 불완전한 법률에 대해 다투는 것이라 할지라도, 입법 당시에 규율대상에 포함시켜야 하였음에도 하지 아니한(못한) 상태에 주목할 것이 아니고, 규율되기 이전의 상태부터 부작위에 해당되었고, 다시 말해서 입법적인 규율의무가 발생하였고, 이를 이행하지 아니한 상태

가 그대로 유지된 것으로 봄이 정상적이라 할 것이다. 즉, 부작위상태가 그대로 유지되었을 따름이다.

따라서 부진정 입법부작위에 대한 다툼에 있어서는 헌재법 제63조 제1항이 규율한 심판청구기간의 적용을 배제함이 옳다고 본다. 진정 입법부작위와 동일하게 취급함이 합당하다고 본다.

다. 인용결정의 정족수

권한쟁의 인용결정의 정족수는 재판관 과반수의 찬성이다. 그런데, 법률제정행위가 청구인의 권한을 침해한 것인지 여부에 대해서는 어떠한 정족수를 적용해야 하는지가 문제된다.

• 재판관 과반수의 찬성으로 하는 경우

• 재판관 6인 이상의 찬성으로 하는 경우

– 헌법 제113조 제1항의 법률의 위헌결정에 해당함

– 헌법소원의 인용결정에서 부수적 규범통제를 할 경우(헌재법 제76조 제5항)

재판관 6인 이상의 찬성은 법률의 위헌결정에 따른 것이라고 함. 탄핵심판의 결정도 마찬가지라고 함. 이런 시각에서 비추어 보면, 권한쟁의 인용결정 과정에서 법률제정행위에 대해 다투어지는 경우도 동일한 논리로 접근할 수 있다고 함.

• 검 토

– 과반수가 되면, 법률제정행위가 지방자치권을 침해하였음을 확인하는 형태의 인용결정이 가능하게 됨. 하지만, 법률의 위헌결정은 불가능하게 되는 경우도 발생함.

– 결국 이 사안에서 핵심쟁점은 재판관 5인이 인용의견을 제시하는 경우임.

권한쟁의 심판청구는 인용결정이, 거기서 다투어진 법률제정행위의 산물인 법률은 위헌결정이 불가능하게 된다는 구조적인 한계문제가 등장하게 됨.

라. 인용결정의 효력

앞서 소개한 헌법재판소의 3개 결정은 모두 청구기각이 된 것이었지만, 청구인용으로 결정할 경우가 문제된다. 논리적으로는 ① 제정행위가 지방자치권을 침해하였다는 권한침해 확인결정이나 ② 제정행위(처분)를 취소하거나 무효로 확인하는 취소·무효확인결정이 가능하게 된다.

그런데, 여기서 논의한 바는 기본적으로 각각의 권한, 즉 국회의 입법권과 지방자치단체의 지방자치권은 존재하고, 피청구인이 자신의 권한을 권한의 범위 내에서 행사하였는지의 여부가 권한침해의 확인 문제에 해당할 것이고, 권한침해의 확인이 이루어진 다음에는 침해한 처분, 즉 여기서는 제정행위의 취소 내지 무효확인에 관한 결정이 이루어져야 하는 것으로 본다는 점이다.

여기서, 권한침해의 확인결정은 이미 논리적으로 국회의 입법권이 헌법상 보장된 지방자치권이나 권한법질서 내지 헌법상 다른 원리를 침해한 것임을 전제로 한다. 다시 말해서 위헌적인 제정행위임을 의미한다. 이를 바탕으로 할 때, 여기에 추가로 그런 제정행위를 별도로 취소하거나 무효로 확인해야 함을 주장할 수도 있는가 하면, 확인결정에 기초해서 헌재법 제47조 제2항을 유추 적용해야 한다는 주장도 가능하게 된다고 한다.

이때, 법률 그 자체의 운명은 어떻게 되어야 하는지가 문제된다.

• 권한침해확인결정과 취소 · 무효확인결정의 관계

－제1설

권한침해 확인결정, 취소 · 무효확인결정－법률폐지효 인정

－제2설

권한침해 확인결정－재입법의무 부과,

취소 · 무효확인결정－법률폐지효 인정

－제3설

권한침해 확인결정, 취소 · 무효확인결정－재입법의무 부과

－검토

① 법률제정행위와 법률 그 자체를 권한쟁의심판에서 구분하고자 한다면, 마찬가지로 헌법소원심판에서도 국회의 입법권행사에 있어 입법권 행사의 결과인 법률 그 자체와 법률제정행위를 구분함이 타당하다. 헌재법 제68조 제1항은 공권력의 행사로 규정하고 있고, 입법권의 행사는 법률제정행위이며, 법률은 그 행사의 결과이기 때문이다.

헌법소원심판에서는 법률제정행위에 대해 다투는 것이 아니고, 법률 그 자체에 대해 다투도록 하는 반면, 권한쟁의심판에서는 법률제정행위를 다투도록 함은 합리성을 결여한 처사이다. 게다가 이를 바탕으로 권한침해의 확인과 취소 · 무효확인을 구분함과 아울러 거기서 위헌법률 내지 위헌인 법률제정행위를 달리 다루고자 함은 적절치 못하다.

② 권한침해의 확인이 이루어지면, 당연히 그 다음에는 피청구인의 처분(조치, 공권력적 작용)에 대한 취소나 무효확인이 선택되어야 한다.

후자의 경우 개별적 구체적 규율로서의 속성에 대해서는 취소를, 일반적 추상적 규율로서의 속성에 대해서는 무효확인으로 보아야 한다.

③ 이렇게 볼 때, 이 유형에서 권한쟁의심판에 있어 다툼의 대상은 법률제정행위가 아닌 법률 그 자체로 보아야 한다. 그리고, 권한침해의 확인이 이루어지면, 당연히 법률 그 자체에 대한 무효확인이 이루어짐이 정상적이라 본다.

이렇게 볼 때, 법률이 계쟁물이 됨에 따라 그 법률이 청구인의 헌법상 권한을 침해하는 문제가 등장하게 된다.[4] 이는 그 즉시 헌법상 권한법질서를 위반하는 것이다. 즉 위헌으로 결정되면, 헌재법 제47조 제 2 항을 유추적용해야 할 것이다.

4) 이 때 심판의 범위가 문제되지만, 헌법재판소는 직권으로 다른 심판기준의 적용을 통한 위헌여부의 판단이 허용되는 것으로 보아야 한다. 이는 객관적 소송의 성격에서 찾을 수 있음은 물론이고, 합헌적 질서의 유지에 근거한다고 하겠다.

第105회 발표회 지정토론문

김 하 열*

1. 권한쟁의심판의 대상

국가기관 상호간의 권한쟁의심판에서도 헌법상이 아닌 법률상의 권한 침해 여부도 심판대상이 된다. 이것은 헌법과 헌법재판소법(제61조 제2항)의 해석상 명확하다.(발표문 5면 관련)

예 : 중앙선거관리위원회가 국회법 제2조에 위반하여 국회의원당선인 명단을 통지하지 않고 국회의 거듭된 요구에도 응하지 않을 경우의 권한분쟁

법원조직법 제81조의 3에도 불구하고 대법원장이 법무부장관이 추천하는 검사를 양형위원회 위원으로 임명하기를 거부할 경우의 권한분쟁

'법률상의 권한도 대상이 된다면 기관소송의 존재이유가 없다'고 하는데, 기관소송의 존재이유가 권한쟁의심판의 대상을 정하는 고차원의 기준이 될 이유가 하등 없다. 오히려 권한분쟁에 관한 한 권한쟁의심판이 독립변수이고, 기관소송이 종속변수인 것이 우리 법제이다(행정소송법 제3조 제4호).

2. 입법권과 법률상 권한의 충돌?

기존의 법률상 권한이 새로운 입법권 행사의 결과 박탈, 축소된다하여 법률상 권한 침해만을 다투는 권한쟁의는 성공하기 어렵다. 입법권에 주어진 민주적 정당성, 입법형성권의 헌법실현적 의미를 생각할 때 입법권 행사를 대상으로 하는 권한쟁의는 결국 헌법상 권한의 침해를 다투어야 할 것이다.(발표문 14면 관련)

감사원의 사례는 감사원법 제2조 제1항(직무상 독립의 지위)의 권한을 침해하는 것이 아니라, 헌법 제97조에 의해 부여된 감사원의 헌법상 권한 침해로 구성하여야 할 것이다(또한 독립성이란 직무의 성격이나 양상이지, 권한쟁의심판을 통하여 보호될 수

---

* 고려대학교 법학전문대학원 교수.

있는 권한의 내용이나 범위라고 할 수는 없을 것인데 이를 침해된 권한으로 설정할 수 있을까?)

3. 규범통제적 권한쟁의의 주문형식

법률 내용의 위헌성을 문제 삼는 권한쟁의(이른바 '규범통제적 권한쟁의')라 할지라도 권한쟁의의 형식성은 준수할 필요가 있다. 피청구인(위헌법률심판의 경우 없지만, 권한쟁의의 경우 국회), 심판대상(위헌법률심판의 경우 법률조항 자체이지만, 권한쟁의의 경우 법률제정행위)의 면에서 이미 그러하다. 주문의 경우 위헌법률심판과 마찬가지로 헌법불합치, 한정위헌과 같은 결정을 할 수 있을 것인가? (발표문 16면 관련)

심판대상이 규범 자체가 아니라 '처분'(법률제정행위)이라는 형식성을 준수하는 한 어려울 것이다. 헌재법 제66조 제 1 항에서 정하고 있는 '권한의 존부 또는 범위에 관한 판단'은 결국 법률내용이 헌법에 위반됨을 확인하는 '권한침해' 결정으로 발현되고, 동조 제 2 항에 따른 무효확인 또는 취소라는 추가적 결정의 여부만이 남는다.

이 문제는 아래 4.의 문제, 즉 규범통제적 권한쟁의 인용결정에 법률폐지효를 인정할 것인지 여부와 연관된다.

4. 규범통제적 권한쟁의의 법률폐지효와 소급효 문제

규범통제적 권한쟁의의 법률무효화가 소급효를 가지는 지를 헌재법 제66조, 제67조 제 2 항으로 어떻게 해석할 것인지를 문제삼기 이전에(발표문 17쪽 관련), 규범통제적 권한쟁의 인용결정에 규범폐지효가 인정되는 지부터 문제된다. 헌재법은 권한쟁의 인용결정에 기속력만 부여할 뿐(제67조 제 1 항), 제47조 제 2 항, 제75조 제 6 항과 같이 법률폐지효를 명문으로 보장하고 있지 않기 때문이다. 이는 권한쟁의 인용정족수를 법률의 위헌결정 정족수와 달리 정한 것과도 연관되는 문제이다.

이에 관해 소극적 견해도 가능하겠지만, 실질을 중시하여 법률폐지효를 인정하여야 한다는 견해도 가능할 것이다. 이 견해에서는 기실 법률에 대한 헌법재판소법 제68조 제 1 항의 헌법소원을 인용하는 경우에도 법률폐지효를 인정하는 명문규정이 없음에도 이를 인정하고 있는 것과 다를 바 없다고 하게 될 것이다. 또한 권한쟁의의 경우 권한침해확인뿐만 아니라 나아가 취소, 무효확인까지 할 수 있는데, 입법행위를 취소하거나 무효확인까지 한 경우에 법률의 효력에 아무런 영향을 미치지 않는다고 보기는 어렵다는 입론이 될 것이다.

나아가 규범통제와 실질이 같다고 한다면 규범통제 시의 법률폐지효와 마찬가지로 원칙적으로 장래효만을 인정함이 상당할 것이다. 위헌법률심판절차와는 달리 법원의 당해사건이나 병행사건이란 것이 없으므로 예외적으로 소급효를 인정하여야 하는 경우도 많지 않을 것이다. 다만, 적어도 인용결정의 계기가 된 당해 권한쟁의 심판의 청구인에게는 소급적 권한구제를 인정하여야 할 것이다.

[헌재법 제67조 제 2 항은 처분의 유효성을 믿은 청구인 아닌 상대방(즉, 제 3 자)의 법적 안정성 내지 법적 지위를 보호하기 위한 것으로서, 청구인—피청구인—제 3 자의 삼각관계가 형성된 경우에 청구인과 피청구인간의 권한분쟁으로 인하여 선의의 제 3 자에게 피해를 끼치게 할 수 없다는 고려를 반영한 조항으로 이해된다. 법률은 그 규율대상의 일반성을 속성으로 하므로 청구인, 제 3 자의 구분이 있을 수 없고 따라서 규범통제적 권한쟁의 인용결정의 경우에 제67조 제 2 항은 그 적용여지가 없을 것으로 보인다.]

5. 추상적 규범통제의 도입에 관하여

국회 입법절차의 하자를 둘러싼 권한분쟁을 해결하고 성립절차상 하자 있는 법률의 효력을 상실시키는 제도로 추상적 규범통제를 활용하는 착안에는 원칙적으로 공감할 수 있다.

그러나 추상적 규범통제 자체만으로는 완결적 해법이 되지 못한다. 추상적 규범통제의 당사자와 권한쟁의의 당사자가 다를 수 있기 때문이다. 추상적 규범통제가 인정되는 독일, 스페인의 경우 지방자치단체, 법원은 당사자가 아니지만, 우리 권한쟁의제도는 이들도 당사자이다. 그러므로 지방자치단체나 법원의 (헌법적) 권한을 침해하는 법률이 공포·시행되거나, 그러한 법률의 성립과정에서 중대한 절차상 하자가 있더라도 지방자치단체나 법원은 추상적 규범통제를 통해 문제해결을 꾀할 수 없다. 국회소수파가 항상 그러한 하자를 추상적 규범통제로 다투어준다는 보장도 없다. 중앙정부의 권한문제, 입법-사법 간의 권한문제에 관하여 국회다수파와 소수파 간의 이해가 일치할 수 있기 때문이다. 그렇다고 하여 이러한 이유로 말미암아 지방자치단체나 법원을 추상적 규범통제의 당사자로 인정하려 하는 것은 추상적 규범통제제도의 본말을 전도시킬 위험이 있다.

그러므로 추상적 규범통제가 지닌 장점이 일부 있다하여 법률의 위헌성(성립절차상의, 그리고 내용상의)을 권한쟁의심판을 통하여 다툴 수 있게 할 별도의 필요성이 소멸된다고 할 수 없다.

제105회 발표회 지정토론문

최　갑　선*

1. 국가기관에 대한 당사자능력 인정 기준

헌법재판소 판례에 의하면 헌법 제111조 제1항 제4호 소정의 국가기관에 해당하는지 여부를 판별하는 기준으로 ① 헌법에 의하여 설치되고 헌법과 법률에 의하여 독자적인 권한을 부여받고 있는 국가기관일 것, ② 그러한 국가기관 상호간의 권한쟁의를 해결할 수 있는 적당한 기관이나 방법이 없을 것이라는 기준을 제시하고 있다(96헌라2).

그런데 국가인권위원회나 방송통신위원회와 같이 헌법에 근거가 없는 국가기관까지 권한쟁의의 범위를 확장할 것인지가 문제된다. 이를 위해서는 위 헌재 판례의 기준을 완화하여 국가기관의 당사자능력을 "헌법과 법률에 의해 독자적인 권한을 부여받은 국가기관"으로 하여야 한다는 의견도 제기되고 있다.

2. 입법절차가 위헌 또는 위법인 경우 처리 방안

권한쟁의심판에서 법률의 내용이 아니라 입법절차가 위헌 또는 위법이라고 결정하는 경우에는, 그 입법절차를 취소하거나 무효확인하여 다시 적법한 입법절차를 거쳐 재입법하게 할 필요가 있는 것이 아닌가?

그렇게 하여야 위법한 입법절차에 의하여 침해된 권한이 회복될 수 있는 것 아닌가?

그런 경우에는 법률내용에 대하여 위헌선언을 하는 것이 아니고 동일내용의 재입법이 금지되는 것도 아니므로 법률내용에 대한 위헌결정의 정족수를 채우지 않아도 되는 것이 아닌가?

---

* 헌법연구관.

3. 법률내용이 위헌 무효인 경우 처리방안

발제자는 권한쟁의심판에서 국회가 제정한 법률의 내용이 국가기관 등의 헌법상 권한을 침해하는 경우 해당 법률을 위헌무효로 처리하는 방법으로 추상적 규범통제제도를 도입하고자 주장한다.

그런데 추상적 규범통제는 구체적 규범통제가 가지고 있는 문제점(발제자가 17쪽에서 지적하고 있는 '사전예방적 기본권 보호', '태아 등의 기본권 침해 구제' 등)을 해결하기 위하여 도입할 필요성은 있으나 권한쟁의심판의 문제점을 해결하는 데는 부적절하다.

권한쟁의심판에서 법률내용이 위헌무효라고 판단하는 경우의 문제점은 헌법개정사항인 추상적 규범통제제도의 도입이 아니라 권한쟁의심판에 관한 헌법재판소법을 개정하여 해결하는 것이 바람직하다. 소위 '규범통제형' 권한쟁의심판 유형을 도입하여 이와 관련된 위헌결정정족수, 위헌결정의 효력(소급효, 장래효, 폐지효), 등에 관한 사항을 규율하면 충분할 것이다.

4. 입법권에 의한 법률상 권한의 침해

국가기관의 법률상 권한은 국회입법권에 의하여 규율(제정, 변경, 폐지 등)되는데, 어떻게 입법권에 의하여 침해된다고 상정할 수 있는지 의문시된다.

만약 입법자가 감사원법이 아닌 제삼의 법률을 통하여 감사원의 권한을 규율하면, 이는 감사원의 법률상 권한 범위를 재확정하는 것이지 감사원의 법률상 권한을 침해하는 것이 아니다. 이 경우 입법자가 감사원의 헌법상의 권한을 침해하는지 여부가 문제될 수 있을 뿐이다.

5. 법률에 대한 국회와 지방자치단체 간의 권한쟁의심판

가. 국회와 지방자치단체 간 권한쟁의심판의 성립 여부

지방자치단체가 국회가 제·개정한 법률로 헌법상 부여된 지방자치단체의 지방자치권한이 침해되었다고 주장하는 경우에, 이러한 법률에 대한 다툼을 어떠한 형식으로 해결할 것인지가 문제된다.

우리 헌법 제117조 및 제118조는 지방자치단체에 구체적으로 어떠한 권한을 부여하는가는 전적으로 법률에 맡기고 있기 때문에 법률상의 권한을 대상으로 하는 권한쟁의가 법률제·개정기관인 국회와 지방자치단체 간에는 성립할 수 없다.

그러나 지방자치단체가 국회가 제·개정한 법률이 헌법상 보장된 자신의 지방자치권한을 침해한다고 주장하면서 입법자인 국회를 피청구인으로 하여 권한쟁의심판을 청구하는 경우, 국회와 지방자치단체간의 권한쟁의가 성립한다.

나. 국회와 지방자치단체 간의 권한쟁의심판에서의 쟁점

국회가 제·개정한 법률이 헌법상 보장된 지방자치단체의 지방자치권한을 침해하는지 여부가 권한쟁의심판의 대상이 된 경우, 헌법상 지방자치권한의 범위와 내용이 문제가 된다.

헌법상 지방자치단체에게 보장된 지방자치권한은 헌법 제117조 및 헌법 제118조에서 구체적으로 규정되어 있지 않아서 헌법 해석상으로 도출될 수 밖에 없고, 도출된 지방자치권한을 자치입법권한, 자치재정권한, 자치조직권한, 자치인사권한 등으로 구분한다고 하더라도 구체적 내용이 불명확하다.

헌법재판소는 지방자치의 보장을 제도보장으로 이해하면서 본질적 내용을 침해하지 않는 범위내에서, 입법자가 지방자치에 관한 입법을 할 수 있다고 판시하고 있다.[1] 따라서 지방자치권한의 본질적인 내용이 침해되었는지 여부가 권한쟁의심판의 쟁점이 된다.

6. 지방자치단체의 국회 입법 법률에 대한 헌법소원의 인정 여부

지방자치단체가 국회입법 법률이 지방자치단체의 헌법상 지방자치권을 침해한다고 주장하며 헌법소원을 제기하여 침해된 권리에 대한 구제를 받을 수 있는지 여부가 문제된다.

가. 부 정 설

지방자치단체는 기본권 주체성을 보유하지 못하므로, 국회 제정 법률이 지방자치단체의 헌법상 지방자치권을 침해한다고 주장하며 헌법재판소법 제68조 제 1 항에

1) 헌법재판소는 "지방자치의 본질상 자치행정에 대한 국가의 관여는 가능한 한 배제하는 것이 바람직하지만, 지방자치도 국가적 법질서의 테두리 안에서만 인정되는 것이고, 지방행정도 중앙행정과 마찬가지로 국가행정의 일부이므로 지방자치단체가 어느 정도 국가적 감독, 통제를 받는 것은 불가피하다. 즉, 지방자치단체의 존재 자체를 부인하거나 각종 권한을 말살하는 것과 같이 그 본질적 내용을 침해하지 않는 한 법률에 의한 통제는 가능하다."고 판시하였다(헌재 2001. 11. 29. 2000헌바78, 판례집 13-2, 646, 657).

의한 헌법소원을 제기할 수 없다.

헌법 제117조에서 보장하는 지방자치권은 지방자치단체에게 제도적 보장만을 제공할 뿐, 기본권으로서의 지위를 주는 것이 아니다.

따라서 지방자치단체는 자연인에게 보장된 헌법상 기본권의 향유주체가 아니므로, 지방자치단체가 헌법상 보장된 지방자치권을 향유한다고 하더라도, 헌법상 지방자치권 침해를 근거로 헌법재판소법 제68조 제 1 항에 의한 헌법소원을 제기할 수 없다.[2)]

그러나 지방자치단체는 헌법 제41조에 의한 위헌법률심판절차나 헌재법 제68조 제 2 항에 의한 규범통제형 헌법소원절차에서 특정 법률조항이 헌법 제117조 제 1 항에 위반된다고 주장할 수 있다. 이 경우에는 헌법 제117조 제 1 항에 의거 보장되는 지방자치제도가 침해되었는지 여부가 심사된다.

지방자치단체는 헌법상 기본권의 주체가 될 수 없으므로 헌법 제117조 제 1 항에서 보장하는 지방자치권도 헌법상 기본권으로 보장되지 아니한다. 그 대신 헌법 제117조 제 1 항은 지방자치단체에게 지방자치권을 헌법상 권한으로써 보장한다.

따라서 지방자치단체는 헌법 제117조 제 1 항이 부여한 지방자치권한이 특정 법률조항에 의하여 침해되었다고 주장하며 권한쟁의심판을 청구하여 침해된 권한을 구제받을 수 있다.

나. 긍 정 설

지방자치에 대한 헌법상의 보장은 객관적인 법제도의 보장일 뿐만 아니라 지방자치단체의 주관적인 법적 지위에 대한 보장도 포함한다. 따라서 지방자치단체는 헌법상의 지방자치에 대한 보장으로부터 직접 부여받은 주관적 권리를 헌법적 권리로 가진다. 즉, 국가의 침해에 대한 방어권으로서 기본권과는 구별되는 별개의 권리로서 지방자치권이 보장된다. 따라서 국가에 대한 방어권으로서 기본권과 유사한 측면에 착안하여 기본권에서 발전된 이론을 차용할 수 있다.[3)]

헌법은 지방자치단체의 주관적인 법적 지위를 보장하므로, 지방자치단체는 국가의 위헌·위법적인 자치권의 침해에 대하여 사법적 보호를 청구할 수 있다.[4)]

그러므로 지방자치단체는 자연인이 가지는 기본권을 향유할 수 없지만, 헌법 제117조 제 1 항으로부터 도출되는 지방자치권을 기본권과 유사하게 향유할 수 있으

2) 김해룡, "지방자치권의 내용과 그 보장을 위한 법적 과제," 공법연구 제33집 제 1 호, 2004년 11월, 67, 100면 참조

3) 이기우, "지방자치단체의 자치권," 한국법제연구원, 법제연구 21호(2001. 12.), 111, 117-118

4) 이기우, 지방자치행정법, 50면 참조.

므로, 국회 제·개정 법률이 지방자치단체의 헌법상 지방자치권을 침해한다고 주장하며 헌법재판소법 제68조 제 1 항에 의한 헌법소원을 제기할 수 있다.

지방자치단체의 지방자치권에 대한 헌법소원을 인정하는 경우에는 법률이 위헌인 경우 요구되는 6인 재판관의 위헌정족수와 법률폐지효가 그대로 적용되므로, 지방자치단체의 지방자치권 침해에 대한 권리 구제가 더 효율적이다.

그러므로 독일의 경우와 같이 권한쟁의심판 대신 헌법소원에 의하여 지방자치단체에게 부여된 지방자치권을 구제하는 것이 더 타당하다.

7. 지방지치단체기 법률에 대한 권한쟁의심판을 제기하는 경우 해결안

가. 제1안

① 권한쟁의심판에서 처분의 일종으로서 법률을 심판대상으로 삼을 수 있다.

② 법률에 대한 위헌결정에는 재판관 6인 찬성의 정족수가 필요하다.

③ 위헌결정된 법률에 대한 폐지효는 직접적인 헌재법 규정은 없지만, 헌재법 제47조 제 2 항을 적용할 수 있다.

④ 지방자치단체는 현행 헌법재판소법상 기본권주체가 될 수 없으므로 헌법재판소법 제68조 제 1 항에 의거한 헌법소원을 제기할 수 없다.

나. 제2안

① 권한쟁의심판에서 처분의 일종으로서 법률을 심판대상으로 삼을 수 없다. 따라서 지방자치단체는 국회 입법 법률에 대하여 권한쟁의심판을 청구할 수 없다.

② 지방자치단체는 자신의 기본권인 헌법상 지방자치권의 주체가 될 수 있으므로 국회가 입법한 법률에 대하여 헌법재판소법 제68조 제 1 항에 의거한 헌법소원을 제기할 수 있다.

③ 법률에 대한 위헌결정 정족수 6인 찬성이 필요하며, 법률에 대한 폐지효는 헌재법 제47조 제 2 항 및 제75조 제 6 항이 적용된다. 따라서 이에 대한 위 제1안에서의 문제점이 쉽게 해결된다.

④ 결국 국회입법 법률에 대하여는 권한쟁의심판이 아닌 헌법소원심판에 의하여 심사되어야 한다.

第105회 발표회 토론요지

사 회 자: 임지봉(교수)

토론참여자: 남복현(교수), 최갑선(헌법연구관), 김하열(교수), 황치연(헌법연구관), 정계선(헌법연구관), 정주백(교수), 오동운(헌법연구관)

간　　사 : 헌법실무연구회 정기발표회를 시작하도록 하겠습니다.

이번 105회 발표회는 2010년 하반기 첫 번째 발표회입니다.

날씨만 좋았으면 100명 정도 모을 수 있었는데 오늘 날씨 탓에 참석이 저조합니다.

오늘은 헌법재판실무상 많이 논의가 되고 있는 권한쟁의심판에서의 규범통제와 관련해서 서울시립대의 차진아 교수님께서 발표해 주시겠습니다.

그리고 오늘 진행은 서강대 임지봉 교수님께서 수고해 주시겠습니다.

임지봉 교수님을 환영해 주시기 바랍니다.

사 회 자 : 방금 소개받은 서강대학교 임지봉 교수입니다.

제가 아직 이런 저명한 학회에서 사회를 볼 연배는 아닌 것 같은데 제가 흰머리가 많아서 우리 손 연구관님께서 연배를 조금 착각하신 것 같기도 하고 그렇습니다.

이렇게 썰렁한 농담으로 시작을 하도록 하겠습니다.

오늘은 잘 아시는 바와 같이 서울시립대학교 법학전문대학원의 차진아 교수님께서 권한쟁의심판과 법률의 위헌성심사라는 제목으로 발표가 있으시겠습니다.

차진아 교수님께서는 고려대 법대와 동대학원을 졸업하시고 39회 사법시험에 합격하셨으며 또 독일 짜르부리켄대학에서 법학박사학위를 취득하시고 지금 서울시립대학에서 헌법을 가르치고 계십니다.

그러면 차진아 교수님으로부터 발표를 청해듣도록 하겠습니다.

〈 주제발표자 발표 〉

사 회 자 : 차진아 교수님께서 권한쟁의심판과 위헌법률심판 우리나라에서 두 제도와 독일의 제도의 차이점을 비교를 통해서 말씀하신 이후에 가장 핵심이슈로서 권한쟁의심판을 통해서 어떤 법률을 위헌무효화시킬 수 있느냐와 관련해서 독일의 헌법재판소법이라든지 우리의 헌법재판소법, 독일의 헌법, 우리 헌법 등을 비교하시

면서 그 주제에 대해서 이야기를 하셨고.

권한쟁의심판을 통해서 법률을 무효화할 수 있게 하는 헌법적 근거를 만들기 위해서 어떤 방법들이 있을 수 있겠느냐의 문제와 관련해서 우선 헌법재판소법 개정을 통해서 권한쟁의심판을 정족수를 위헌법률심판과 같이 올린다든지 주문형식도 바꾼다든지 그 다음에 결정의 장래효도 인정한다든지 변형결정의 기속력도 권한쟁의심판에서 인정하고 이것을 입법화하는 방법 등을 제시하셨고, 또 법률이 아니라 헌법개정의 차원에서는 독일에서 인정하고 있는 추상적 규범통제를 개헌을 통해서 우리헌법에도 받아들인다면 권한쟁의심판이 아니라 추상적 규범통제를 통해서 법률에 대한 무효화선언을 할 수 있을 것이다라는 그런 아이디어를 말씀해 주셨습니다.

그러면 이에 대해서 세분의 지정토론을 들어보도록 하겠습니다.

세분이 계신데 우선 남복현 교수님으로부터 지정토론을 듣겠는데요. 남복현 교수님은 여러분들 잘 아시는 바와 같이 한양대 법대와 동대학원을 졸업하시고 한양대에서 법학박사학위를 받으신 후 호원대 법경찰학부에서 교수로 재직하고 계시고, 독일 쾰른대학교 국가철학 및 법정책학연구소 객원교수로도 계셨습니다.

남복현 교수님의 지정토론을 청해듣도록 하겠습니다.

〈 지정토론자(남복현) 발표 〉

지정토론자 : 호원대 남복현입니다.

사실 문제는 입법적 보완조치가 장기적으로야 필요하겠지만 당장 닥쳐진 문제는 어떻게 해결할 거냐? 어떻게 보면 지금 쟁점은 그거 아닌가 싶기도 합니다. 사실은 지금 당장 닥쳐진 문제가 아마 조만간 다가올 문제가 이겁니다. 저희 학교가 있는 전라북도 그쪽에서 나타난 두 가지 간략하게 소개를 해 드리도록 하겠습니다. 사실 나중에 나타날 것이라고 생각했는데 먼저 나타났습니다.

뭐냐 하면 전라북도에 익산하고 군산이 있는데 익산은 남성고라고 유명합니다. 그리고 군산 중앙고라고 있는데 이 두 학교가 자율형사립고 지정신청을 했단 말이지요. 그런데 신임교육감이 취임하기 직전에 전임자가 지정처분을 해줬습니다. 그러다 보니까 그게 절차적하자 등등의 문제로 해 가지고 신임교육감이 그 지정처분을 직권취소시켰습니다. 직권취소시키니까 이에 대해서 교과부장관이 시정명령을 냈고 그 시정명령에 대해서 도교육감이 이행하지 않으니까 직접처분의 형태로 교과부장관이 지정취소처분취소를 했습니다. 이에 근거해 가지고 전라북도 교육감은 교과부장관을 상대로 해가지고 대법원에 이이의 소를 제기한 그런 상황입니다. 대법원에 이의의 소를 제기하는 것은 지방교육자치에 관한 법률하고 지방자치법 제169조에 근거해 가지고 대법원에 이의의 소를 제기한 겁니다.

그런데 문제는 교과부장관과 전라북도 교육감의 소송관계에 있어서 그 당사자가 사실은 어떤 관계가 문제가 되느냐 하면 우리 헌법 제111조 제 1 항 제 4 호에 규정되어 있는 국가기관과 지방자치단체간의 권한다툼의 또 다른 얘기의 그것과 다르지 않다는 점입니다. 그래서 현재 여기 동아일보 그거 소개를 해놓았는데 아직 대법원에 소를 제기한 것은 15일만에 제기를 해야 되고, 그렇지만 권한쟁의심판은 안날로부터 60일 발생한 날로부터 180일이내에 청구해야 되기 때문에 시간이 여유가 있어서 그런지 좀 딜레이 시키려고 그러는 것 같습니다. 이게 한 가지 사례고.

또 한 가지 사례는 여러분들 새만금이라고 잘 아시지요? 새만금이라는 데가 군산시, 김제시, 부안군 이 세 지자체간에 걸쳐져 있습니다. 그런데 공유수면이 매립된 그러니까 방조제가 만들어져가지고 매립문제가 생겼는데 이 해상경계를 어떻게 획정할 것이냐? 이게 문제가 되어 있습니다. 이에 관련해 가지고 지방자치법이 제 4 조 제 3 항부터 제 8 항, 제 9 항이 제정이 되어 가지고 행정안전부장관의 결정으로 공유수면매립지 경계가 결정되도록 그렇게 되어 있습니다. 그래서 지금 불리한 입장에 놓여진 관계 지방자치단체의 장은 행정안전부장관을 상대로 해서 대법원에 이의의 소를 제기할 수 있도록 그렇게 규정이 되어 있습니다.

그런데 바로 이 행정안전부장관과 관계 지방자치단체장의 관계는 사실은 아까 말씀드린 바와 같이 국가기관과 지방자치단체간의 권한쟁의심판에 다름이 아닙니다.

왜냐하면 군산시장이 청구한다하지만 예컨대 그 군산시장은 군산시의 집행기관이기 때문에 그 법적효과는 군산시에 귀속됩니다. 그래서 별 차이 없다는 거지요.

그래서 문제가 되는 것은 만약에 대법원에서 유리한 판결을 받았다면 그 유리한 지방자치단체장은 가만있겠지만 또 다른 나머지 지방자치단체장은 불리한 여건에 속해 있기 때문에 또 이분들은 선출직이란 말이지요. 얌전하게 가만히 있으면 차기선거에서 낙선이 됩니다. 그러니까 어떤 수를 써서라도 자신들이 소속한 지방자치단체의 이익을 위해서 싸울 수밖에 없는 그런 상황입니다. 그러면 그때 예컨대 대법원에 이의의 소를 제기한 판결나온 것을 가지고 다시 또는 그전에 헌법재판소에 권한쟁의심판의 청구가능성이 높습니다.

이것은 왜 이렇게 장황하게 구구하게 말씀 올리느냐 하면 사실은 이 위헌법률심판하고 권한쟁의심판하고 이 두 가지가 어떤 형태로 조합되어 가지고 현상적으로 나타날 것인지 그게 아마 조만간 예정되어 있다는 거지요.

그게 사실은 아까 말씀드렸던 전라북도 교육감하고 교과부장관의 경우에는 오히려 간단해서 그렇게 판이 여러 가지 형태가 벌어질 가능성이 상대적으로 적을지 모르지만 아까 말씀드린 새만금경계획정관련해 가지고는 세 개의 지방자치단체가 거기에 결부가 되어 있기 때문에 상태는 어떻게 전개될지 모릅니다. 그게 현상적인 모습입니다.

그러면 이런 현상적인 모습을 바탕으로 해가지고 저는 이 위헌법률심판하고 권한쟁의심판이 실제로 어떻게 충돌될거냐? 어떻게 부대끼는 문제가 생길거냐를 간략하게 말씀드리면, 위헌법률심판절차에서 권한다툼이 문제되는 경우가 있을 수 있을 겁니다. 예컨대 법인격의 주체나 기관의 권한을 규율한 법률이 헌법에 위반되는 여부가 재판의 전제가 된 경우 이런 경우 위헌법률심판절차 진행하는 과정에서 권한쟁의심판의 헌법적 근거가 심판기준으로 작동하게 될 거라는 겁니다.

바로 거기서 아까 공유수면매립 관련된 것을 소개를 했습니다. 또 이렇게 문제되는 것들은 뭐냐 하면 지방자치법상 지방자치소송 중에 외부법관계를 규율하는 경우가 있습니다. 다시 말하면 지방자치단체의 장하고 행정안전부장관의 관계에서 제기되는 것들 그것에 대해서 몇 가지 소개를 해놓았습니다.

그 다음에 두 번째로는 권한쟁의심판절차에서 법률의 위헌여부가 문제되는 경우가 있을 수 있습니다.

그 문제되는 방식은 본안사항으로 문제되는 경우가 있을 것이고, 법률의 위헌여부가 선결문제 내지는 부수적 사항으로서 문제되는 경우가 있을 수 있습니다.

그런가 하면 다툼의 대상에 있어서 법률 그 자체를 다투는 경우 사실상 그런 경우가 있는가 하면 어떤 법률 제·개정행위를 다투는 경우 이것도 상정할 수가 있겠습니다.

그러면 먼저 부수적 사항으로 법률의 위헌여부가 다투어지는 경우를 말씀드리면, 우선 선결문제로서 그야말로 권한쟁의 심판을 전개하는데 있어서 재판의 전제가 되는 그런 경우가 있을 수 있을 겁니다. 그 다음에 제 2 유형으로 부수적 규범통제라고 말씀드렸 놓았는데 뭐냐 하면 나중에 보니까 청구인의 권한을 침해한 피청구인의 처분이 위헌법률에 근거하였을 경우 부수적으로 그런 경우의 다툼의 문제도 있을 것이라고 생각을 합니다.

그 다음에 세 번째로는 권한쟁의결정의 집중에 있어서 충돌의 문제가 있습니다.

예를 들어서 공유수면매립지의 소속을 정한 행정안전부장관의 결정에 대해서 아까 말씀드린 바와 같이 관계 지자체장은 대법원에 이의의 소를 제기하였지만 그 지방자치법 제 4 조 제 8 항이나 제 9 항의 위헌여부를 다투지 않고 그냥 방치했다가 대법원확정판결이 난 다음에, 또는 아예 대법원에 이의의 소를 제기하지도 않고 곧바로 헌법재판소에 권한쟁의심판을 청구했을 경우에 문제가 됩니다. 이때 그러면 헌법재판소는 권한쟁의심판절차를 진행하면서 어떤 결정을 하게 될 겁니다. 그 결정을 하면서 사실은 권한쟁의 인용결정이 나왔을 경우 인용결정에 저어가 되는 문제가 생깁니다. 예를 들어 지방자치법 제 4 조 제 8 항과 제 9 항에 근거하면 대법원에 이의의 소를 제기할 수 있도록 되어 있고 이의의 소의 결과를 판결로 나타날 수밖에 없게 될 겁니다. 그 판결에는 기판력이 발생하게 될 텐데 그 기판력이 헌법재판소의 권한쟁의 인용결정과 같은 시각으로 나오면 좋지만 그렇지 않을 경우에는 그것을 적극적으로 부인하려고 하는 시도가 있을 수밖에 없다는 겁니다. 바로 이런 것들이 사실은 부수적인 문제로서 부대끼는 현상으로 보여집니다.

그 다음에 법률 그 자체 내지 법률의 제·개정에 대한 다툼이 본안사항인 경우, 이 부분은 사실은 금방 우리 발제자께서 말씀해 주신 그 틀 속에 녹아들어있는 문제다 그렇게 말씀드릴 수가 있겠습니다.

시간 때문에 빨리 서두르면 제 7 쪽에 권한침해확인결정과 그 처분의 취소·무효확인결정의 관계 관련해가지고 말씀을 올리도록 하겠습니다.

사실 어떤 권한침해의 확인으로 그칠 수 있는 거냐? 사실 지금 권한의 존부나 범위의 문제가 있고, 또 피청구인의 처분이 청구인의 권한을 침해하였는지 문제 이 두가지가 청구요건으로 요구가 되어 있는데 이 두가지 요건을 다 갖추어야만 심판청구가 적법성을 갖추는 것으로 봅니다. 이런 논리체계라고 한다면 심판에 따른 결정의 범위에 있어서도 권한의 존부나 범위에 대한 침해여부의 결정으로 그칠 것이 아니고 비록 가능규정으로 되어 있다 할지라도, 청구요건에 의거해서 보면 당연히 피청구인의 처분에 대한 취소·무효확인의 결정까지 당연히 이루어져야 된다고 할 것입니다.

그렇지 않으면 청구요건에는 두 가지를 모두 갖출 것을 요구했으면서도 권한침해의 확인결정으로 그치게 된다면 판단의 회피로밖에 파악될 수가 없다는 것입니다. 그런 측면에서 당연히 요건을 갖출 것을 요구했다면 당연히 판단의 대상에 포함시켜 야하고 피청구인의 처분에 대해서 취소나 무효확인의 결정을 선고해야 된다고 봅니다.

다시 말해서 권한침해의 확인이 이루어진 다음에 반드시 피청구인의 처분을 취소할 것인지 무효로 할 것인지를 선택해야지 그 이전에 판단의 대상에서 배제시키거나 해서는 안 된다는 것입니다. 물론 여기서 부작위의 경우에는 헌재법 제66조 제 2 항에 따라서 피청구인에게 헌재 결정취지에 따른 처분의무가 부과되고 있습니다.

바로 이런 … 부작위에 대해서도 이렇게 처리하면서도 처분에 대해서는 판단을 안하고 한다는 것은 적절치 않다 그런 생각이 듭니다.

바로 제66조 제 1 항과 제66조 제 2 항의 권한침해확인과 처분의 취소·무효확인의 양자의 관계를 단절관계로 파악하는 것은 잘못된 것이다, 적절한 태도가 아니지 않느냐 그런 생각을 해봤습니다.

그 다음에 10면에 청구인용결정의 정족수문제입니다.

과반수로 할 것이냐 재판관 6인 이상의 찬성으로 할 것이냐의 문제가 있는데 어떤 것으로 해도 관계는 없습니다. 단지 문제가 되는 것은 재판관 5인이 찬성했을 경우 권한쟁의심판은 분명히 인용결정일겁니다. 그러나 그 다투어진 대상법률이나 그 문제는 위헌으로 볼 수는 없을 겁니다. 그랬을 경우에 중요한 것은 청구인이나 피청구인측은 자기네들에게 유리한 쪽을 주장할 거라는 겁니다. 거기서 나타나는 혼란은 어떻게 해결할 것이냐? 사실 저는 그게 가장 … 말씀드리며 12면 말씀 올리도록 하겠습니다.

지금 법률제정행위하고 법률 그 자체의 문제에 있어서 권한쟁의심판에 있어서는 법률 그 자체가 심판대상이 되는 다투어지는 물건이 아니고 제·개정행위를 다투는 물건으로 봅니다. 그런데 헌재법 제68조 제 1 항 헌법소원심판에 있어서 공권력의 행사는 입법권의 행사요, 입법행위를 말합니다. 그런데 우리는 헌법소원에 있어서는 입법권을 행사해야, 즉 입법행위를 다투는게 아니고 입법의 결과인 법률을 가지고 심판대상으로 삼습니다.

그런가 하면 그에 비해서 제61조 제 2 항에서는 피청구인의 처분을 그냥 법률제정행위로 봅니다. 그래서 오히려 여기서도 마찬가지로 제61조 제 2 항이나 제66조 제 2 항에서의 피청구인의 처분이 법률과 관련될 경우에는 법률의 의결을 행위로 할 것이 아니고 법률 그 자체로 봐야 되는 것 아니냐 그런 생각을 해봤습니다.

그래서 발제자께서는 말씀 안하셨지만 오히려 제가 더 도발적으로 문제제기를 하는 것 아닌가 그런 생각을 합니다.

이상입니다.

사 회 자 : 남복현 교수님께서 권한쟁의심판절차에서 법률의 위헌여부가 문제되는 경우를 네 가지 유형으로 나누어서 그 네 가지 유형 각각에 있어서의 다툼의 대상, 심판대상을 무엇으로 봐야 되는지, 또 위헌결정을 내린다면 정족수의 문제는 어떻게 해결해야 되는지에 관해서 의견을 말씀해 주셨고요. 심지어 권한쟁의심판에 있어서 심판의 대상이 되는 것은 법률의 제정행위라기보다는 그 결과물인 법률 자체로 볼 수도 있지 않겠느냐라는 그런 도발적인 제안을 해 주셨습니다.

그러면 이제 두 번째로 최갑선 헌법연구관님의 토론을 듣겠는데요. 최갑선 연구관님은 잘 아시는 바와 같이 건국대 법대를 졸업하시고, 독일 프랑크프루트대학에서 법학박사학위를 받으셨고, 미국 윌리엄앤메리로스쿨에서 법학석사학위도 취득하신바 있으십니다. 그러면 최갑선 연구관님의 토론을 청해듣도록 하겠습니다.

〈 지정토론자(최갑선) 발표 〉

사 회 자 : 최갑선 연구관님은 앞에 남복현 교수님과는 달리 주로 질문중심의 토론을 많이 해 주셨고 대략 다섯 가지 정도의 질문을 해 주신 것 같습니다.

그런데 여기서 지금 답변하시는 것보다 김하열 교수님 토론까지 다 들으시고 답변을 몰아서 하시면 더 효율적일 것 같습니다.

다음에는 고려대학교 법학전문대학원 교수로 계시는 김하열 교수님의 지정토론을 듣겠는데요.

김 교수님은 잘 아시는 바와 같이 고려대 법대와 대학원을 졸업하셨고, 고려대에서 법학박사학위를 받으셨고, 30회 사법시험에 합격하셔서 오랫동안 헌법연구관으로 재임하셨습니다.

토론을 청해듣도록 하겠습니다.

〈 지정토론자(김하열) 발표 〉

사 회 자 : 김하열 교수님께서 권한쟁의심판으로도 법률의 위헌무효를 충분히 다툴 수 있다고 적극적으로 해석론을 좀 펼 필요가 있다는 측면에서 지정토론을 해 주셨습니다.

김 하 열 : 무효를 다툴 수 있다고 말씀드린거는 아니고요.

사 회 자 : 그렇습니까? 그러면 이에 대해서 우리 차진아 교수님께서 세분의 질문에 대해서 답변을 일단 해 주시고 다음으로 플로어로 넘어가도록 하겠습니다.

차 진 아 : 먼저 제가 알기로는 그전에는 지정토론자가 2인으로 되어 있었던 것 같은데 왜 오늘은 3인으로 하셨는지? 이런 것은 권한쟁의 이런 거 안 됩니까? 누구의 권한과 누구의 권한이 충돌하는지 잘 모르겠습니다만.

워낙 지정토론자들께서 헌법재판에 있어서 전문가이시고, 특히 권한쟁의심판과 관련해서도 많은 생각을 해오신 분들이라서 그런 분들께서 제 발제문에 대해서 토론을 통해서 생각을 나눠주시고 또 여러 가지 시사점을 주시고 하신 것에 대해서 굉장히 감사하게 생각하고 있습니다. 그런데 너무 제시하신 점들이 많아서 제가 짧은 시간내에 답변을 요령 있게 잘하려고 노력은 하겠지만 잘될지는 잘 모르겠습니다.

일단은 남복현 교수님께서 토론문에 제기하신 문제에서 크게 새로운 다른 문제는 제기하지 않으신 것으로 생각이 되기 때문에 그 토론문에 쓰여 있는 대로 다른 참여하신 분들도 토론문은 갖고 계시니까 그것을 중심으로 해서 나름으로 제 생각을 정리를 해 드리겠습니다.

먼저 들어가면서 제시하신 전북도 교육감하고 교육부장관의 권한쟁의문제에 있어서는 제가 처음에 이 문제를 봤을 때는 제가 좀 이해하기가 어려웠던 점이 이 권한쟁의심판을 제기하는 대상이 정확하게 무엇이냐? 법률규정을 대상으로 권한쟁의심판을 제기하는 것인지 아니면 여기에서 지정취소처분의 취소처분에 대해서 하는 것인지 그것이 분명하지가 않았기 때문에 그래서 법률규정에 대해서 권한쟁의심판을 제기하는 것이다 그러면 바로 딱 이 테마의 것인데, 그렇다면 그때 그 문제되는 법률규정은 구체적으로 어떻게 해서 문제가 된 것인지 그것이 분명하지 않았고요.

그리고 만약에 개별적인 처분에 대해서 하는 것이라면 이 테마와 꼭 관련성이 있는 것이냐? 오늘 이 발제테마는 제가 잡은 것인데 권한쟁의심판에서 법률의 위헌성여부에 대해서 심사하는 것이기 때문에 법률제정행위가 권한쟁의심판의 본안적이건 부수적이건 심판이 되는 경우를 상정하고 있기 때문에 그 점에서 제가 좀 이해하기가 어려웠습니다.

토론문 2페이지에서 여러 가지 유형을 해 주셨는데, '위헌법률심판절차에서 권한의 다툼이 문제되는 경우' 해서 이것까지 넣어주신 것에 대해서 감사드리고요. 그런데 논리적으로는 양자가 충돌한다. 이렇게 했을 때는 두개가 다 문제가 되는데 제가 위헌법률심판에서 권한침해여부가 문제되는 경우를 특별히 다루지 않은 것은 이것은 문제가 될 것이 별로 없기 때문입니다. 위헌법률심판에서는 모든 관점에서 법률의 위헌성여부를 심사할 수 있기 때문에 기본권침해가 문제되건 권한이 침해되건 혹은 추상적인 어떤 원리의 침해가 문제되건 이것을 다 심사할 수 있고 결정정족수의 측면에서도 문제가 없기 때문에 특별히 다루지 않은 것이고, 특별히 문제가 된다면 다른 측면 즉 권한쟁의심판에서 법률의 위헌성여부에 대해서 다루는 것이 양 소송유형간의 구조적인 차이로 인해 가지고, 특히 결정정족수가 지금 인정되고 있는 소송유형 다섯 가지 중에서 네 가지는 같은데 유독 권한쟁의심판만 다르기 때문에 그래서 이것이 문제가 되고 충돌할 가능성이 있다 이런 관점에서 접근을 드렸고, 이 답변은 김하열 교수님께서 처음에 제기하셨던 소송유형간의 충돌문제를 보는 시각에 대해서 얘기하신 것에 대해서도 일부 답변이 된 것 같습니다.

그리고 3쪽하고 4쪽에서 얘기하신 그 문제는 결국 제 2 유형과 제 3 유형으로 나눈 것은 본질적인 차이가 있는 것이 아니지 않은가 제 생각에는 그렇고, 결국은 이것은 부수적 규범통제, 권한쟁의심판절차에서 문제되는 처분의 근거가 되고 있는 법률의 위헌성여부에 대해서 심사하는 문제가 아닌가? 그런 생각이 들고요. 그것에 대해서는 제가 발표문에서 13쪽 각주 40번에 보시면 거기에 소개한 판례 가운데 2005헌라3 결정이 있습니다. 이 결정에서 보면 실제로 헌법재판소가 감사원하고 지방자치단체간의 권한쟁의심판에 있어서 지방자치단체의 자치사무에 대해서 합목적성까지 심사하는 것이 자치권을 침해한 것이 아니냐하는 것이 문제가 되었었는데 그때 직접적인 심판의 대상은 감사원의 감사활동이었습니다. 그런데 그때 합목적성에 대한 감사활동이 감사원법에 근거한 것이었기 때문에 그렇다면 그 처분의 근거가 된 법률인 감사원법이 지방자치단체의 자치권을 침해한 것 아니냐 이렇게 심사를 했거든요. 그래서 그런 부수적 규범통제를 실제로 했습니다 2005헌라3 결정에서. 그런데 그 근거가 무엇이냐에 대해서는 아무런 근거를 밝히지는 않았습니다. 그래서 남복현 교수님께서 여기서 고민하신 고민도 저도 해봤는데, 헌법소원에 있어서 부수적 규범통제가 이루어지는 경우 있지요? 기본권을 침해하는 공권력의 원인이 된 그 법률 그 공권력이 근거하고 있는 법률에 대해서 부수적으로… 그 규범통제 그것을 근거로 할 것이냐, 아니면 제67조 제 1 항 기속력에 의해서 도출할거냐 이런 고민을 하셨는데, 기본적으로 부수적 규범통제라고 하는 것이 필수불가결하지 않느냐, 제75조 제 5 항을 유추한다고 하건 아니건 간에 필연적이지 않느냐 이렇게는 얘기할 수 있겠습니다만 어떤 명문규정을 두는 것이 좋지 않겠느냐. 헌법소원에서 제75조 제 5 항과 같이 권한쟁의심판에 있어서 부수적 규범통제를 할 수 있다 하는 것. 그런데 그렇게 한다고 하더라도 똑같은 문제가 발생하겠지요. 아까 구체적 규범통제에 있어서 법률제정행위에 대해서 위헌무효화할 수 있을 것이냐 하는 것도 별개의 문제입니다. 제66조 제 2 항에 따라서 법률제정행위를 무효화할 수 있을 것이냐 그것은 또 별개의 문제인 것은 맞습니다. 그런데 어쨌든 제66조 제 1 항에 따라서 법률제정행위, 감사원법이 지방자치단체의 권한을 침해하는지 여부를 심사할 수 있느냐 하는 것은 근거규정을 두는 것 이것도 필요하지 않나 이런 생각이 듭니다.

그 다음에 아까 식사하면서도 남복현 교수님하고 잠시 이 문제에 대해서 나누어봤었는데 헌법재판소법 제66조 제 1 항에 의한 권한의 존부 및 범위에 대한 판단 이것하고 2항에 의한 그 처분의 효력에 대한 판단 이것의 관계에 대해서 조금 생각이 다른 부분은 있습니다만, 여기 토론문에서 쓰고 계신 부분에 대해서 크게 이의가 있는 것은 아니지만 반드시 제66조 제 2 항에 따라서 처분의 효력에 대해서 직접 결정해 주어야 된다 이것은 제66조 제 2 항의 문구에도 좀 맞지 않고, 권한쟁의심판의 분쟁의 어떤 본질에도 맞지 않다. 해결하려고 하는 분쟁의 성격에도 맞지 않고 심판대상의 성격에도 맞지 않고 그래서 결정내용의 본질에도 맞지 않다. 이렇게는 말씀드릴 수 있지만 어쨌든 기본적으로 권한쟁의심판을 제기하면서 요즘에는 제66조 제

1 항에 따라서 권한을 침해하는지 여부만을 확인해 달라 이렇게 청구하는 경우는 별로 없고 대부분은 그 처분을 취소내지는 무효확인해 달라 이렇게까지 같이 오기 때문에 그래서 당사자가 그렇게 청구를 한 경우에는 대부분 헌법재판소가 이 경우에 청구했음에도 불구하고 판단 안한 경우는 없는 것 같습니다. 찾아보기가 좀 어렵지 않느냐. 그러니까 판단은 했는데 다만 권한은 침해됨에도 불구하고 위헌무효가 아니다, 이렇게는 하지만 아예 판단 자체를 안한 경우는 찾아보기가 어려웠던 것 아닌가 그런 생각이 듭니다.

그 다음에 나머지 결정정족수의 문제라든지 그런 것은 남복현 교수님께서 말씀하신 그런 의견에 저도 동감하고 제 발제문에서 제가 제시한 의견하고 크게 다르지 않은 것으로 봐도 되지 않을까 그렇게 생각이 되어서.

그리고 인용결정의 효력에 대해서도 제가 답변을 안 드려도 될 내용이 아닌가? 그렇게 해도 괜찮겠습니까?

차 진 아 : 그래서 그 부분에 대해서 토론자께서 저보다 더 도발적인 그런 의견을 제시해 주셨는데, 저는 남복현 교수님께서 그렇게 생각하시는 것에 대해서 취지도 이해가 되고 특히 권한쟁의심판의 실효성의 측면에서 그렇게 주장을 하시는 것은 이해가 됩니다만 제 입장은 조금 다른 것 같습니다. 그래서 권한쟁의심판하고 위헌법률심판은 거듭 말씀드리지만 그 소송유형의 목적이 애시당초 다르기 때문에, 그래서 그 문제를 하나만 떼어놓고 보면 그렇게 보는 것이 합리적이라고 생각될 수도 있겠지만 그러나 전체 헌법소송유형 간의 체계적인 측면에서 본다면 각 헌법소송유형은 각각의 역할이 있고 그러한 역할을 충실하게 수행함을 통해 가지고 전체 헌법질서를 수호하는 그런 기능을 조화적으로 맞물려가는 그런 것이기 때문에 저는 위헌법률심판하고 권한쟁의심판은 좀 구별되어야 된다, 대상에 있어서도 다르다, 그래서 법률제정행위를 통해서 권한을 침해하는 것이냐 여부 이것을 해결하는 것이지 법률 그 자체는 아니다라고 보는 헌법재판소의 입장이 타당한 것 아니냐. 그래서 그런 부분에서 토론자께서 저보다 더 많이 나가신 입장이신 것 같습니다. 그렇게 이해할 수 있겠습니다.

이 정도로 답변 드려도 되겠습니까?

그 다음에 최갑선 연구관님께서 여섯 가지 쟁점으로 말씀하셨습니다만, 크게 보면 다섯 가지로 볼 수 있는 것 같고요. 처음에 제시하신 국가기관의 당사자능력에 있어서 아까 서두에 제가 말씀드린 헌법재판소법 제61조 제 2 항의 헌법상 또는 법률상 권한에 있어서 그 법률상 권한을 어떻게 해석할거냐 논란의 여지가 있고, 제 입장은 가고 국가기관 상호 간의 권한쟁의심판에 있어서는 헌법상 권한으로 한정해서 해석하는 것이 권한쟁의심판의 제도의 취지에도 부합된다라는 입장이다 이렇게 말씀을 드렸었고요. 그런데 최갑선 연구관님의 생각은 그것보다는 권한쟁의심판을 좀더 확장하자는 그런 입장이신 것 같고, 그래서 법률상 권한도 제한 없이 국가기관 상호 간에도 다 적용되는 것으로 그렇게 보자는 입장이신 것 같고, 그런 입장에 따르신다면 이렇게 보는 것도 가능할 것인데, 다만 이렇게 볼려면 헌법재판소가 판례를 변경하는 것이 꼭 필요하다는 생각입니다. 그래서 헌법재판소가 '헌법에 의하여 설치되고' 이 부분을 바꾸면 최 박사님께서 주장하신대로 그렇게 보는 것도 가능하지 않겠는가 그런 생각입니다.

그 다음에 두 번째 제기하신 문제인데, 입법절차상 하자의 경우에는 내용상의 하자와는 다르게 다루어야 되지 않느냐 결정정족수에 있어서, 이렇게 말씀하셨는데 이런 경우에 두 가지 측면에서 답변을 드리겠습니다.

첫 번째 측면에서는 위헌법률심판에 있어서 문제가 되는 것은 법률의 내용뿐만 아니라 절차적인 하자도 똑같이 심사가 되는 것이고, 내용에는 아무런 문제가 없다 하더라도 절차적인 하자만으로도 독자적인 위헌심사요소로서 그 하자의 심각성 정도에 따라서 그 법률을 위헌무효화할 수 있는 것으로 인정하는 것이 일반적인 것 같습니다. 그런 경우에 위헌법률심판에 있어서 이 내용상의 하자와 절차상의 하자에 있어서 결정정족수에 차이가 나지 않거든요. 이런 면에서 본다면 만약에 권한쟁의심판에 있어서 법률을 위헌무효화할 수 있다라고 한다면 일정한 조건 하에서, 그렇다면 이 질차적인 하자와 내용상의 하자를 결정정족수를 달리하는 것이 합리적이겠는가 그런 의문이 들고.

그 다음 두 번째 관점에서는 물론 이 문제의 핵심은 그거지요. 하자가 있는 입법절차에 있어서는 그 절차를 다시 하라는 거지요. 그 부분에서 문제의 핵심은 맞습니다. 그래서 재입법을 하라는 것인데 그런데 만약 다른 측면 다 별론으로 하고 재입법의 요구라는 측면에서만 초점을 맞추어본다면 예를 들어서 위헌법률심판에 있어서 헌법불합치결정을 하는 경우에도 특히 장래의 일정시점까지만 효력을 갖는다 이렇게 하면서 재입법을 해라 그때까지, 이렇게 하는 경우에는 재입법의 요청이라는 측면에서는 다르지 않는데, 그러면 헌법불합치결정을 할 때에 정족수가 달라지느냐? 그것은 아니지 않느냐. 이렇게 두 가지 측면에서 생각을 해봤습니다.

그리고 세 번째 제시하신 문제인데요. 추상적 규범통제의 도입문제와 관련한 것인데 추상적 규범통제를 도입하는 것만으로 모든 문제가 해결된다, 이것은 당연히 아닙니다. 추상적 규범통제의 도입만으로 모든 문제가 해결된다는 그런 뜻이 아니라 추상적 규범통제를 도입할 경우에 현행 제도만으로는 해결되지 않는 문제가 해결되는 부분이 있다. 그런 부분을 말씀드리는 것이고.

그 다음에 아까 제가 발표할 때도 그 말씀을 드렸는데, 추상적 규범통제를 도입한다고 해서 권한쟁의심판에 있어서 헌법재판소법 개정을 통해서 결정정족수를 위헌법률심판과 같이 하고 주문의 형식이나 위헌결정의 효력에 대해서 새롭게 규정하고 하는 것이 필요없게 되느냐? 양자택일의 문제냐? 꼭 그렇지 않을 수 있다. 추상적 규범통제 제소권자의 범위를 어떻게 잡느냐에 따라서 경우에 따라서는 이러한 헌법재판소법 개정을 통한 해결방안하고 개헌을 통한 추상적 규범통제의 도입방안하고를 병행해서 쓰는 것이 오히려 더 필요하다 이렇게 볼 수도 있고, 또 제소권자의 범위를 매우 넓게 잡았을 때에는 실질적으로 이 권한쟁의심판에서 굳이 이러한 법률의 위헌성여부에 대해서 심판할 필요가 없다, 추상적 규범통제로도 충분히 해결된다, 이렇게 볼여지도 있다. 그래서 꼭 양자택일의 문제는 아니다, 이렇게 말씀드릴 수 있겠습니다.

그리고 세 번째 관점에서는 독일에서 이 권한쟁의심판절차에서 굳이 법률의 위헌성여부에 대해서 판단할 필요가 없다, 이렇게 보는 것의 배경에는 여러 가지가 있지만 추상적 규범통제제도를 통해서 해결이 가능하다 하는 고려가 상당히 작용하고 있다는 점 그 점도 말씀드릴 수 있겠습니다.

그 다음에 네 번째 제기하신 문제인데, 이것은 김하열 교수님께서 토론문에서 제기하신 문제하고도 부분적으로 겹치기 때문에 같이 말씀을 드리겠습니다.

문제가 되는 것은 어떤 경우에 이것을 헌법상 권한으로 볼 것이고 어떠한 경우에 이것을 법률상 권한으로 볼 것이냐? 이것이 문제인데요. 어떤 것을 헌법상 권한으로 볼 것이냐 그럴 때, 그런 경우에 본질적으로는 헌법에 명시되어 있거나 헌법에 명시되어 있지 않다하더라도 그것이 헌법상 당연히 도출될 수 있는 그런 권한으로 인정이 되거나, 제가 발제문 14쪽에서 예를 든 중앙선관위의 권한 그런 경우에 선거계도권 같은 것 이런 것은 당연히 도출될 수 있는 그런 권한으로 볼 수 있으면 이러한 권한은 헌법상 권한이다 이렇게 얘기할 수 있겠지만, 그런 것이 아니라 입법자에 의해서 구체화되어야 하는 그런 권한들 그러한 것들은 기본적으로 법률적인 권한이다 라고 봐야 되지 않겠느냐.

그래서 예를 들면 아까 발표할 때도 그 부분에 대해서 설명을 드렸었는데요. 감사원의 회계검사권 자체는 헌법에 규정되어 있습니다. 그런데 그 회계검사권을 어떤 방식으로 행사할 거냐? 이 문제는 헌법에서 직접 규정하고 있지 않은 데, 이것을 구체화할 때 보면 이 감사원법 제 2 조 제 1 항에서 독립적으로 행사하는 것으로 그렇게, 소속은 대통령 소속이기는 하지만 독립적으로 행사하도록 그렇게 방법을 구체화하고 있는데, 만약에 이러한 것이 헌법상 권한이라는 그 행사방법이, 그렇다면 예를 들어서 직무상 독립에 관한 감사원법 제 2 조 제 1 항을 만약에 삭제하고 감사원의 감사활동에 대해서 대통령 또는 국회의 지시에 따르도록 그렇게 규정을 하는 것도 가능하지 않겠느냐, 그것을 위헌이라고 바로 볼 수 있겠느냐 하는 것입니다.

이런 관점에서 본다면 그러한 감사원의 회계검사권한을 어떤 방식으로 행사할 거냐? 그게 물론 바람직하냐 바람직하지 않느냐 하는 판단은 별도로 하고 합헌이냐 위헌이냐 그렇게 얘기했으면 그것을 바로 위헌이라고 보기 어렵지 않겠느냐. 그런 관점에서 본다면 이것을 법률상 권한이다, 독립되어서 권한을 행사하는 것 그것은 법률상권한이다, 회계검사권 자체는 헌법상 권한이지만 그 구체화하는 법률에 대한 평가는 달라질 수 있다, 이렇게 생각이 됩니다.

그 다음에 다섯 번째, 여섯 번째로 제기하신 문제는 다른 해결방식을 제시하셨는데 요. 지방자치단체의 어떤 권한침해, 법률에 의한 자치권침해가 문제될 때 그것을 어떻게 해결할 거냐? 거기에 대해서 최연구관님께서는 헌법소원의 형식으로 해결을 하자 하는 대안을 제시하셨고, 그것이 헌법재판소법 제68조 제 1 항에 의한 헌법소원으로 할 수 있지 않느냐? 이런 대안을 제시를 하셨는데, 그 점에 대해서 몇 가지 의문이 드는 것이 일단은 지방자치단체에게 제68조 제 1 항에 의한 헌법소원을 제기할 수 있는 당사자적격이 인정되겠느냐 하는 그 문제는 별론으로 하더라도 그것은 조금 있다가 다시 말씀드리고요. 만일 그렇다 할지라도 이 문제는 법률제정행위에 의해서 지방자치단체의 자치권을 침해하는 그 문제만 해결가능한 것이지요. 권한쟁의심판에서 법률의 위헌성여부를 심사하는 문제가 포괄하는 영역이 굉장히 많은 데 그중에 일부만에 대한 해결책이고 다른 부분에 대해서는 해결책이 될 수 없다, 이 부분을 말씀드릴 수 있고.

그 다음에 아까 제가 말씀드렸던 과연 제68조 제 1 항에 따른 헌법소원을 지방자치단체가 제기할 당사자적격이 있겠느냐? 거기에서 지방자치단체가 헌법상 자치권을 갖고 있기는 하지만 그것의 성격이 기본권이냐? 오히려 생각하기에 따라서는 그것이 지방자치를 요구할 수 있는 권리해서 주민이 권리로서 주장하는 것은 생각해 볼 수 있지 않겠는가? 그렇게 얘기할 수 있겠지만 지방자치단체가 기본권으로서 그것을 주장할 수 있겠느냐? 우리가 권리와 권한을 구별한다면 권한이지 권리가 아니지 않느냐, 이렇게 생각할 수 있을 것 같고요.

그 다음에 제가 발표할 때 말씀드렸습니다만 독일에서 지방자치단체의 자치권 침해에 대해서 헌법소원을 인정하고 있습니다만, 그러나 그 헌법소원은 일반적인 헌법소원과는 다른 헌법소송유형입니다. 그래서 우리 헌법재판소법 제68조 제 1 항의 헌법소원에 해당되는 것이 독일기본법 제93조 제4a호의 규정에 의한 헌법소원이거든요. 그런데 그 규정에 의해서 지방자치단체가 헌법소원을 제기하는 것이 아닙니다. 그것이 아니고 지방자치단체의 헌법소원은 독일기본법 제93조 제4b호에 의해서 하는 것입니다. 별도의 헌법소송입니다. 그래서 이 지방자치단체가 제기하는 그러니까 연방법이나 주법이 지방자치단체의 권한을 침해한다고 주장하면서 제기하는 그 헌법소원의 실제적인 성격이 무엇이냐와 관련해서도 독일 내에서 많은 논란이 있다는 것을 말씀드리고 싶습니다. 그래서 형식은 헌법소원의 형식으로 되어 있기는 한데 그것은 일반적인 헌법소원과는 다르기 때문에 다른 헌법소송용으로 규정한 것이고, 어쨌든 형식이 헌법소원이니까 헌법소원이다, 이렇게 보는 견해도 있지만 실질적으로 이것은 연방 혹은 주 입법자와 지방자치단체간의 권한쟁의가 아니냐, 이렇게 보는 견해도 있습니다. 실제로 그래서 헌법소송유형이 권한쟁의 안에 이것을 넣는 경우도 있습니다. 실질적인 권한쟁의다 이렇게 보는.

그 다음에 다른 견해는 이것이 실질적인 규범통제다. 추상적 규범통제다. 재판의 전제성 없이도 지방자치단체가 연방법 내지는 주법의 위헌성에 대해서 심판할 수 있도록 위헌제청을 할 수 있는 그런 것과 다르지 않다. 이렇게 보는 견해도 있습니다. 그래서 그것하고 독일기본법상 인정되는 지방자치단체의 헌법소원하고 우리나라의 헌법소원 제68조 제 1 항하고는 다른 것이다라고 볼 수 있습니다. 그래서 만약에 굳이 그런 것을 하겠다 그러면 그런 새로운 소송유형을 창설하는 것은 모르겠지만 기존에 제68조 제 1 항에 따른 헌법소원을 통해 가지고 지방자치단체가 자치권의 침해를 주장한다. 이것은 현행법의 해석으로는 좀 힘들지 않겠는가, 그것이 제 생각입니다.

그 다음에 김하열 교수님께서 제기하신 문제는 토론문에 처음에 제기하신 문제에 대해서는 이것은 아까 제가 발표하면서도 말씀드렸고, 최갑선 연구관님께 답변하면서도 말씀드렸던 문제인데 이 헌법재판소법 제61조 제 2 항이 법률상 권한의 해석 문제다, 해석상 명확하다 이렇게 되어 있지만 명확하지 않게 보는 견해도 있다, 이렇게 말씀드릴 수 있고.

그 다음에 여기서 예로 들고 있는 중앙선관위가 국회의 어떤 그런 국회의원 당선인명단을 통제하지 않는 이런 실제 사례는 아직 없었던 것 같고, 그 뒤에 사례도 아직 없었던 것 같고 이렇게 하는 실익들이 권한들이 뭐가 있겠는가 하는 의문이 듭니다.

그 다음으로 이러한 문제들 국가기관간의 법률상 권한다툼문제에 있어서 이것을 과연 헌법소송인 권한쟁의에서 심판하도록 하는 것이 더 옳겠느냐, 아니면 이것을 입법자의 몫으로 입법자가 기관소송의 형식으로 구체화하도록 하는 것이 더 옳겠느냐 체계상 더 맞겠느냐, 입법자에게 맡기는 것이 더 바람직하지 않겠는가, 그것이 제 생각이고요.

그 다음 두 번째 문제에 있어서는 아까 최갑선 박사님께 답변드렸던거랑 겹치기 때문에 별도로 대답을 안드려도 될 것 같고.

그 다음 세 번째 제기하신 문제, 규범통제적 권한쟁의에 있어서 주문형식과 관련해서는 제가 발표를 할 때도 부분적으로 설명을 드렸습니다만, 이 문제는 예를 들어 특히 헌법재판소법 제68조 제 2 항에 의한 헌법소원의 경우에 이 경우 초기에는 헌법재판소가 형식이 헌법소원이니까 인용 혹은 기각 이런 식으로 헌법소원의 결정주문하고 맞춰서 했었습니다. 그러다가 나중에는 이 위헌소원의 경우에 형식은 헌법소원이지만 실제로는 위헌법률심판이기 때문에 위헌법률심판과 마찬가지로 다루어야 한다, 이런 인식이 생겨서 결국은 위헌소원에 있어서도 결정주문이 위헌법률심판과 마찬가지로 합헌, 위헌 그리고 여러 가지 변형결정 이렇게 된 것으로 알고 있습니다. 그래서 이 권한쟁의심판에 있어서 법률의 위헌성여부에 대해서 심사할 때 권한쟁의심판절차에서 한다고 해서 주문형식까지 실질적으로는 위헌법률심판을 함에도 불구하고 권한쟁의심판의 주문대로 해야 될 것이냐 그 부분은 좀 의문이 있다 이런 생각이 듭니다. 그래서 위헌법률심판과 마찬가지로 만약에 결정정족수의 차이를 입법론적으로 해결을 해서 그 문제가 해결되어서 권한쟁의심판에서 법률의 위헌성여부에 대해서 결정을 내릴 수 있도록 한다면 그렇다면 오히려 주문도 위헌법률심판과 마찬가지로 다루는 것이 좀더 합리적이지 않겠는가 그런 의견이고요.

그 다음에 네 번째 문제가 소급효 문제인데 여기서 제기하신 문제는 제가 발표문에서 입법론적으로 제안드렸던 것과 크게 다르지 않은 것 같습니다. 토론문 2쪽 4번에서 얘기하고 계신 그런 문제는 토론자께서 생각하시는 그런 내용대로 헌법재판소법의 개정에 반영되는 것이 바람직하지 않겠는가 그런 생각이 듭니다.

그 다음에 추상적 규범통제와 관련해 가지고는 도입에 대해서 좀 회의적인 입장이신데요. 그런데 여기서 회의적인 이유 중에서 활성화 안 되는 그래서 어떤 정치적 소수파가 오히려 이런 것을 이용 안하고 해가지고 문제해결이 안 될 가능성이 많다 이런 부분에 대해서 걱정을 하고 계신 것 같습니다. 그런데 오히려 추상적 규범통제를 도입할 경우에 예상되는 부작용 내지 가장 심각한 문제점으로 혹은 추상적 규범통제의 도입을 반대하는 가장 강력한 논거는 오히려 반대의 논거가 더 많습니다. 그래서 추상적 규범통제를 도입할 때 정치적 소수파가 이를 남용해 가지고 실질적으로는 정치적인 과정속에서 정치적으로 타협하고 해야 되는 그런 문제들을 계속

헌법재판소로 끌고 온다. 그렇게 해서 사법이 정치화되고 정치가 사법화되고 이렇게 된다. 이런 문제를 오히려 더 심각하게 얘기하고 있고, 독일에서도 그런 부작용에 대해서 많이 지적을 하고 있는 것 같습니다. 그런 입장에서 본다면 이러한 지적은 좀 공감하기 어렵지 않은가?

김 하 열 : 기본적으로 공감하기 때문에 특별히 말씀 안하셔도 될 것 같습니다.

별 차이가 없습니다. 5번에 대해서는.

차 진 아 : 알겠습니다. 그러면 더 이상 제가 답변 안드려도 될까요? 그러면 아까 추가적으로 말씀하셨던 그 부분은 제 답변을 요구하신 그런 부분이라기보다는 전체적으로 이견을 말씀하신 그런 것으로 봐서 플로어에 계신 분들과 토론하고 싶다는 그런 입장이신 것 같습니다.

이것으로 답변을 일단 마치겠습니다.

사 회 자 : 감사합니다.

제가 여러 번 학회에 가봤습니다만 답변을 이렇게 상세하게 해 주시는 것은 처음 들은 것 같습니다. 상세한 답변 감사하고요.

이제 플로어로 마이크를 넘기도록 하겠습니다.

여러 연구관님들 판사님들 여러 가지 차진아 교수님 발표에 대해서 질문도 있을 수 있겠지만 코멘트도 있을 수 있겠고요. 질문이나 코멘트가 있으시면 자유롭게 말씀해 주시면 감사하겠습니다.

황치연 연구관님.

황 치 연 : 저는 남복현 교수님께서 많은 쟁점을 제시해 주셨고 거기에 대해서 연구가 많이 진행되어야지 않을까 이런 생각을 기본적으로 가지고 있습니다.

법정책론에서 추상적 규범통제제도를 도입하는 문제는 별론으로 하고 현실적으로 우리의 주어진 실정법 체계하에서 사건을 해결할 때 어떻게 해석론을 이끌어낼 것인가? 이게 중요한 건데 일단 우리나라 권한쟁의심판에 관한 법규정들이 저는 미국이나 독일에 비해서 훨씬 선진적이다. 왜냐하면 독일에는 우리 제66조 제 2 항과 같은 규정이 없기 때문에 권한침해결정을 하는 것이지 우리같이 제66조 제 2 항이 있는 경우에는 권한침해결정뿐만 아니라 원인된 행위의 무효와 취소를 할 수 있다. 이런 실정법이 잘 완비된 경우에도 그 원인된 행위의 무효와 취소를 하지 않는 것은 문제이다. 왜냐하면 근원적으로 이 권한쟁의심판은 권한법질서에 관한 문제인데 권한이 헌법상으로 침해되었다, 권한침해가 인정되었다면 상대방쪽 측면에서 침해된 권한질서의 회복이 헌법소송의 궁극적인 목적이기 때문에 그렇다, 이런 생각을 합니다.

그리고 권한쟁의심판에 부수되는 법률의 위헌여부, 무효문제에 관해서 첫 번째로 정족수의 문제에 관해서도 우리의 헌법을 해석해 본다면 제113조 제 1 항에서 규정한 순서가 이때 법률의 위헌결정은 제111조 제 1 항 제 1 호의 법원의 제청에 의한 법률의 위헌여부심판에서의 법률의 위헌결정만을 의미하는 것 아니냐. 그래서 6인의 정족수를 요구하는 것이고 또 법규 헌법소원 또는 위헌소원 여기에서의 6인을 요구하는 것은 헌법소원에 관한 인용결정에서 6인을 요구하고 있기 때문에 6인이 필요하다. 다만 가결선포행위를 권한쟁의심판대상으로 해서 그것을 무효를 할 때 이것은 권한쟁의심판의 정족수 5인으로도 충분하고 그 무효의 결과로서 법률이 무효로 되는 것이지 이것이 별도의 위헌법률심판이거나 그런 것은 아니다. 위헌법률심판이 권한쟁의심판에서 문제가 되는 경우는 그 근거, 원인이 되는 행위를 취소나 무효를 할 때 이러한 경우에 위헌법률심판관계가 문제될 뿐이다. 이렇게 보고 있습니다.

그리고 하나 또 말씀드리고 싶은 것은 권한침해의 원인된 처분을 취소하거나 무효를 확인할 수 있다고 하는데 이와 같은 해석연장선상에서 꼭 권한침해가 인정되고 난 후에 그 권한침해로 야기된 결과에 대한 관련 피청구인의 처분도 무효나 취소를 할 수 있는지 이것에 대해서는 많은 의문이 있는데, 예컨대 가결선포행위에 대한 권한침해가 인정되었을 때 그 후행적인 대통령의 공포행위가 만약에 이루어진다면 이것은 헌법재판소의 기속력에 반하는 행위 아니냐 이런 문제의식도 가지고 있습니다.

사 회 자 : 중요한 논점들을 제기해 주시면서 코멘트를 해 주셨습니다.

정계선 판사님.

정 계 선 : 정계선 연구관입니다. 저는 김하열 교수님한테 여쭤보고 싶은데요.

김하열 교수님은 법률 그 자체가 아니고 법률 제·개정행위를 심판대상으로 삼아야 된다, 이렇게 쓰신 글을 봤었는데요. 오늘도 그렇게 주장을 하시는 것 같고. 그런데 그렇게 봤을 때 계속 문제되는게 정족수문제 아닙니까? 그래서 김하열 교수님 입장은 6인으로 가는게 맞고 실질을 중시해서 그 6인으로 가는 것은 헌법 제113조의 법률의 위헌을 이런 경우에도 포함하는 것으로 봐야 된다. 이렇게 보고 계시지 않습니까?

김 하 열 : 저는 아직 미정입니다.

정 계 선 : 그런데 제 생각에는 만약에 6인으로 하지 않는다면 당사자가 어떤 형태를 선택할 수 있는 경우가 있거든요 분명히. 법원에 소를 제기하고 위헌제청이 되는 경우도 있을 수 있고 권한쟁의로 바로 올 수 있는 경우도 있는데 같은 사안에서, 그런 경우에 똑같은 것을 심사하면서 정족수가 달라지는 그것은 아까 말씀하셨던 … 제 생각에는 심판이 상이한데 따라서 충돌될 수 있는 가능성이 있다고 보여지

거든요. 그래서 제 생각에는 6인의 정족수로 가야될 것 같고, 그러면 그때 제기하신 것처럼 제113조 제 1 항의 정족수로 할 수밖에 없을 것 같은데, 똑같은 대상을 하면서 굳이 법률 제·개정행위로 해야 될 필요가 있을지? 남복현 교수님 입장대로 법률로 하는게 보다 솔직하고 이후에 정족수문제라든가 효력문제를 푸는게 더 간명하지 않습니까?

김 하 열 : 그런 측면도 얼마든지 있을 수 있습니다. 저는 좋은 해석론이라고 생각합니다.

지금 우리 헌법소원의 경우에도 공권력의 행사라고 되어 있는데 국회의 입법행위라고 하지 않지 않습니까? 무슨 무슨 법률 제 몇조 몇항을 심판대상으로 삼는 것이기 때문에 그래서 남 교수님께서 말씀해 주셨는데, 저도 얼마든지 그런 가능성은 있다고 생각을 합니다.

사 회 자 : 지정토론자에 대해서 질문해 주셨습니다. 가급적 발제자한테 질문을 해 주시면 감사하겠습니다.

다른 코멘트나 질문 있으신가요?

정주백 교수님. 멀리서 오셨는데.

정 주 백 : 저는 별로 깊이 생각하고 있는 바가 없어 가지고, 직관적으로 드는 생각을 말씀드리고 싶은 것은 있습니다.

예를 들어서 우리 민사재판에서 같으면 법이 없다는 이유로 재판을 거부할 수 없다라는 법언이 있는 것으로 알고 있습니다.

그런데 공법관계소송에서는 일반 행정법쪽으로 말씀드린다면 공정력이라는게 있고, 기본적으로 공권력의 행사가 있으면 그게 정당한 것으로 보고 그것을 부인할 수 있는 어떤 법적 근거가 있었을 때에만 그 공권력행사를 무효로 하든지 취소를 할 수 있다. 그렇지 않다면 그것이 부당하더라도 그것을 부인할 수 있는 어떤 법적인 근거가 없다면 그대로 존속하는 것이다라고 봐야 되는 것이 민사관계하고 공법관계하고 상당히 큰 차이가 아닌가라고 생각합니다.

그러면 여기서 우리가 크게 문제삼는 게 공권력의 행사문제인데 법률의 제정이든지 행정청의 행위든지 이 공권력의 행사를 부인하기 위해서는 명확한 근거가 있어야 된다라고 하는 것이 저의 기본적인 생각이고, 나아가서 법률을 무효로 하기 위해서는 법률보다 상위에 있는 규범에 근거가 있어야 하는 것 아닌가? 예를 들어서 이 문제하고 직접 관계가 없을지 모르겠습니다만 법률이 정하는 헌법소원이라고 우리제68조 제 1 항에 근거가 있는데 그 절차를 의회가 만들도록 해놓았는데 의회가 스스로 자기의 목을 헌법재판소 밑에 들이밀면서 나를 죽여줄 수 있는 절차를 스스로 만들었다라고 우리가 의제한다는 것이 과연 상식적으로 가능한 것인가라는 생각을 기본적으로 저는 가지고 있습니다.

만약에 의회의 법률을 부인할 수 있는 절차를 정하는 법의 근거는 법률차원에 있어서는 안 되고 그것보다는 상위의 헌법이 스스로 정하고 있어야 되는 것 아닌가? 그래서 우리는 위헌법률심사에 대해서는 제111조 제 1 항 제 1 호에서 정하고 있고 제68조 제 2 항에 관해서는 제68조 제 2 항이 스스로 정하고 있지만 법이 분명히 그것을 정하고 있기 때문에 우리가 그것을 재판절차에서 운용을 하고 있지만, 제68조 제 1 항에서 법률을 대상으로 한다는 분명한 문언이 없이 우리가 스스로 헌법재판소가 거기에 법률제정행위도 공권력의 행사에 들어간다라고 설명을 하고 있습니다만, 사실은 제가 구체적으로 말씀드릴 능력은 없습니다만 법문들을 세세히 훑어보면 과연 입법자는 제68조 제 1 항 소원절차안에서 법률을 심판의 대상으로 삼았느냐라고 하는 부분에 대해서는 상당히 ….

입법행위까지도 입법자는 생각을 하고 있었느냐? 그러면 입법행위가 상정을 했다면 처분의 상대방이라는 말은 또 무엇일까? 우리가 보통 행정청의 처분에 대해서는 그 처분의 상대방이라는 말을 쓰지만 법률제정행위라는 것을 처분이라고 한다면 그 처분의 상대방이라는 것은 뭘까? 또는 법률을 무효로 하게 하면 여러 가지 말씀하신 것처럼 위헌결정의 효력이라든지 여러 가지 복잡한 문제들이 생기게 되는데 거기에 대해서 우리 법률은 아무 것도 정하고 있지 않고 있는데 우리들이 권한쟁의 절차 내에서 법률을 집어넣어서 심판대상으로 창조하는 것은 아닌지? 많이 얘기가 나왔습니다만 근본적으로 법률에 대해서 위헌결정을 하기 위해서는 9인중에 6인 이상의 찬성이 있어야 된다라는 것을 저는 강의를 하면서 민주적 정당성을 가진 의회에 대한 존중이다. 과반수로 하지 않은 것은 우리가 민주적 정당성을 가진 의회의 결정을 존중하기 때문이다라고 했는데 갑자기 권한쟁의에 와서는 왜 갑자기 4인의 결정으로도 의회의 결정이 번복되어 질 수 있다고 말을 하는 것인지? 그 모든 것을 생각해 보면 우리가 좀더 권한쟁의절차라든지 제68조 제 1 항 소원의 대상으로서 우리입법자가 법률을 상정하고 법을 만들었는지 또는 우리가 헌법재판소에 의해서 그런 절차들을 창조하고 있는 것인지에 대해서 생각해 볼 여지는 있지 않을까?

이상입니다.

오 동 운 : 정주백 교수님의 열강에 동의를 해 가지고 적어도 권한쟁의 부분에 대해서는 제 의견을 속시원하게 이야기해 주시는 것 아닌가 싶어서 덧붙여서 한 번 이야기를 해 보겠습니다.

사 회 자 : 예, 오동운 판사님.

오 동 운 : 아까 처분이나 처분의 상대방 그런 부분에 대해서 얘기를 하고 싶었는데 다 잘 논리적으로 이야기를 해 주셨고요. 적어도 우리 헌법 제111조 제 4 항에 보면 권한쟁의라고 되어 있는데 헌법재판소법은 권한의 존부와 범위라고 그 말을 풀어썼고요. 그러면 우리가 예를 들어서 지금 사건화되는게 국회의 입법이 지자체의 자치권을 침해하는가? 이 문제에 있어서 지금 심판의 대상은 자치권을 국회가 갖느냐 아니면 지자체가 갖느냐 이 문제도 아니고, 그 다음에 입법권을 국회가 갖느냐 지자체가 갖느냐 그 문제도 아니기 때문에 이것은 국회 입법이 자치권이라는 권한을 침해하느냐의 문제지 어떤 권한을 누가 갖느냐? 권한의 존부와 범위에 관한 분쟁이 아니지 않느냐? 헌법의 권한쟁의라는 말은 그런 어떤 권한을 침해하는 문제를 상정한 것이 아니다. 그래서 너무 이 4호의 어떤 심판에 대해서 아주 엉뚱한 방향으로 혹시 가고 있는 것은 아닌지? 그런 어떤 학자적인 생각에서,

김 하 열 : 제61조 제 2 항에 권한침해라는 표현이 나오는데요.

오 동 운 : 그래서 그 부분에 대해서 혹시 우리 헌재 판례 이전에 혹시 법문에 충실해 가지고 연구를 하시면서 그런 의문은 안가지셨는지 솔직한 심정을 한번 묻고 싶네요.

정 주 백 : 하나만 제가 추가를 하고 싶은게 이게 권한쟁의하고 다른 심판절차하고 정족수를 달리하고 있단 말입니다. 그게 왜 그럴까라고 생각을 해봅시다. 기본적으로 아까 김하열 교수님 제 2 항에 대해서 말씀을 하셨는데 기본적으로 제66조 제 1 항을 주된 심사의 대상이라고 본다면 다른 절차하고 무엇이 다른가 생각을 해보면, 위헌법률심사 등에 있어서는 이미 존재하는 어떤 공권력의 행사 등을 nothing으로 만드는 절차라는 겁니다. 거기에 비해서 우리 법문을 중심으로 자세히 읽어보면 이미 존재하는 권한의 귀속을 A에게 귀속 시킬 것인가 아니면 B한테 귀속시킬 것인가라는 것이기 때문에 다른 절차와 달리 가중된 의결정족수가 필요없다. 예를 들면 민사관계에서 손해가 발생했는데 그것을 가해자한테 부담시킬 것이냐 아니면 피해자한테 부담시킬 것이냐, 이 절차에서는 가중된 의결정족수가 필요 없다. 그렇기 때문에 권한쟁의는 과반수로 족한 것이다. 그렇게 본다면 국회가 만든 법률을 nothing으로 만드는데 있어서는 이 권한쟁의절차하고는 친하지 않다. 이렇게 볼 여지도 있지 않은가? 제 생각입니다.

사 회 자 : 이 두 분의 질문에 대해서 우선 답변을 하시지요.

김 하 열 : 정주백 교수님께서 여러 가지를 말씀해 주셨는데 아까 판사님하고 공통된 부분에 대해서 말씀을 드리면, 입법권에 의해서 자치권을 침해하는 경우에 입법권을 다투는 것도 아니고 자치권을 다투는 것도 아니고 이것이 권한의 분쟁이

냐? 문언상 안맞다, 이렇게 말씀을 하셨는데 그것은 입법권의 범위가 어디까지냐? 그 문제거든요. 그래서 권한의 존부 또는 범위에서 권한의 존부부분은 아니라 입법권이 있는데 그 지방자치권을 구체화할 권한은 입법권이 있는데 그 범위가 어디까지냐입니다. 그래서 자기한테 부여된 그 범위를 넘어서서 권한을 행사할 때에는 결국은 다른 국가기관에게는 지방자치단체에 속한 부분을 침범하게 되는 것이거든요. 그렇기 때문에 문언상으로 보더라도 권한의 존부 또는 범위에 관한게 맞는 것 같고 그래서 권한쟁의가 맞는 것 같습니다.

그런데 그 실질에 있어서는 아까 지적하신 바와 같고 또 저도 발제문에서 그런 부분을 썼는데요. 지방자치단체가 법률의 내용에 의해서 자기자치권을 침해했다고 주장하는 권한쟁의심판을 제기하는 그런 경우에 실질은 보면 지적하신 것처럼 자치권하고 입법권의 대등한 충돌이라기보다는 입법권이 지방자치권을 구체화하는 한계, 헌법적인 한계 그 문제가 핵심이 아닌가? 그런 것이고 그 부분에 대한 지적에 있어서는 저도 동감을 하고 있습니다. 문언으로 봤을 때도 맞는 것 같습니다. 그런 것 같고요.

그 다음에 결정정족수에 있어서 정 교수님이 지적하신부분에 있어서 저도 그 부분에서 동감합니다. 그래서 위헌법률심판에 있어서는 정 교수님 말씀하신 것처럼 어떤 법률 특히 입법자의 민주적 정당성에 대한 요청, 이런 것들 때문에 그리고 입법형성권의 존중, 이런 측면 때문에 단순 과반수로 하기, 특히 우리나라는 재판관수가 9인에 불과하기 때분에 이것을 단순 과반수로 하게되변 5대 4로 바로 위헌을 할 수 있는 문제가 발생하거든요. 그래서 단 1명의 차이로 법률을 위헌무효화한다는 것은 상당히 납득하기 어려운 그런 결과를 가져올 수 있기 때문에 그래서 그것을 가중된6인 이상의 찬성으로 하는 것이 헌법에도 그렇게 규정되어 있고 그것이 맞는 것 같고 설득력 있는 부분이 있고.

그 다음에 권한쟁의심판에 있어서 왜, 위헌법률심판 그리고 다른 헌법소송은 모두 6인 이상으로 되어 있는데 왜 권한쟁의심판은 유독 이러냐, 그럴 때 저는 두 가지 측면에서 얘기할 수 있는 것으로 생각이 됩니다.

그래서 첫 번째는 정 교수님 말씀하신 것처럼 예를 들면 위헌법률심판 같은 경우는 형성적인 재판이니까 기존에 어떤 법적인 관계를 변동시키는 것이기 때문에 그런데 이 권한쟁의심판에서는 기본적으로 기존에 법률관계를 변동시키는 것이 아니라 확인하는 것이기 때문에 그래서 가중된 정족수가 필요없다는 판단이 있을 수 있고.

그 다음 두 번째는 이 권한쟁의심판에 있어서는 대등한 당사자 사이의 분쟁이기 때문에 만약에 이것을 결정정족수를 가중하게 되면 청구인과 피청구인간의 대등한 관계에서 싸우고 있고 그래서 소송구조가 위헌법률심판에서는 직권주의적인 성격이 매우 강하지만 권한쟁의심판에서는 당사자주의적인 성격이 다른 헌법소송보다 특히 강하거든요. 그런데 이 경우에 결정정족수를 가중시킨 다는 것은 피청구인에게 일방적으로 불리한 것을 얘기하는 것이거든요. 그렇기 때문에 이 권한쟁의심판에 있어서는 과반수를 요하는 것이 맞지 않겠는가. 그래서 그런 측면에서 정교수님 지적하신 부분에 대해서 부분적으로 동감을 합니다.

그 다음에 헌법재판소법을 해석해 보면 상당히 규정에 문제가 있는 경우가 많이 있고 과연 입법자가 헌법재판소법을 만들고 개정을 할 때 이런 문제들을 다 예견하고 체계적으로 규정했느냐? 그렇지 않지 않느냐. 이런 문제는 한 두 가지가 아니기 때문에 지적하신 그런 문제들에 대해서 그런 문제점이 충분히 있습니다. 그런데 이것을 헌법이 그러면 과연 헌법 제111조 제1항 각 호에서 얘기하는 그 부분에 있어서 과연 그러면 권한쟁의심판이나 헌법소원이나 이런 것을 입법자가 구체화하도록 그렇게 하면서 입법자가 그러면 헌법소원을 구체화하는 가운데 공권력의 행사 가운데 입법작용을 빼도록 한 것이 그러면 헌법적인 위임이냐? 그것은 아니지 않느냐. 오히려 헌법으로부터 도출되는 하위권력들 통치권, 입법권, 집행권, 사법권 이런 것의 포괄적인 합헌성을 확보하고자 하는 것이 헌법재판제도라면 모든 그런 국가공권력이 결국은 헌법적인 통제하에 놓이도록 하는 것 이것이 오히려 헌법소송제도를 구체화하라는 헌법적인 위임이 아니겠느냐, 법률을 빼라는 것이 아니라, 그런 것이고. 다만 그럴 때 권한쟁의심판같은 경우에는 처분이라는 일반적인 개념을 쓰고 있기 때문에 법률제정행위가 들어갈 수도 있다 라고 하는 것을 꼭 의식하지는 못했을 수도 있다. 그렇지만 체계적으로 해석해 볼 때 법률제정행위도 여기에 넣는 것이 맞다. 모든 어떤 국가기관 간, 국가기관하고 지방자치단체 간 혹은 지방자치단체 상호간의 권한에 관한 다툼이 있어서 그러한 권한을 침해하는 다른 어떤 기관의 그러한 행위를 확인해 줌으로써 자신의 권한을 회복하고 그럼으로써 전체 국가기능질서를 합헌성을 확보한다는 측면에서 볼 때는 법률제정행위를 뺀다면 오히려 더 큰 문제가 발생한다, 이렇게 얘기할 수 있지 않는가.

사 회 자 : 감사합니다.

권한쟁의심판의 기능과 역할에 대해서 어떻게 보고 있는지 많은 의견들이 제시되고 있는 것 같은데요. 분위기도 열띠어져가고 있음에도 불구하고 제가 사회를 맡을 때 손 연구관님한테 9시 전에는 끝내달라는 부탁을 받았기 때문에. 그런데 지금 25분이나 흘렀습니다. 그래서 여기서 토론은 이 정도로 정리하고, 제가 알기로는 헌법실무연구회는 항상 2부가 이어지는 것으로 알고 있는데 오늘도 2부에서 이어가기로 하고 오늘 토론은 이정도로 마칠까하는데 괜찮겠습니까?

발제자분이나 지정토론자분들 그리고 토론에 참여해 주신 분들, 연구관님 감사드립니다.

第106회(2010. 10. 15) 발표문

형벌조항에 대한 위헌심사와 책임주의*

변 종 필**

Ⅰ. 머리말—책임원칙에 대한 도전

1. 책임원칙의 의의

책임원칙은 "책임 없으면 형벌 없다"(nulla poena sine culpa). 더 구체적으로는 "책임 없으면 범죄 없고 형벌 없다"는 명제로 표현되고 있다. 범죄와 형벌은 책임을 전제로 하고 책임에 비례하여야 한다는 것이다. 따라서 이 명제에 의하면 책임 없이 행위한 자는 처벌되지 않을 뿐더러, 행위자의 책임의 범위를 넘어서 처벌하는 것도 허용되지 않는다.[1] 이 명제는 오늘날의 민주적 법치국가에서 형사책임은 '개인의 행위'만을 대상으로 한다는 점에서 개별책임원칙(자기책임원칙)과 행위책임원칙을 당연히 전제한다. 근대 이후 형법의 근간을 이루는 원리의 하나로 정립된 이 명제의 타당성은 자명한 것으로 전제되어 있다. 이 원칙은 자유주의적 법치국가의 요청에 부응하는 것으로, 인간의 존엄성과 가치 및 법치국가원리로부터 직접 도출될 수 있는 헌법상의 원리로서 오늘날에도 여전히 유지되어야 한다는 견해가 지배적이다. 요컨대 책임원칙은 인간을, 자신의 행위에 대해 책임을 질 줄 아는 자유로운 또는 자율적인 존재로 대우하라는 법정책적 요청[2]으로 이해되고 있다.

---

* 현재 많은 형법학자들이 책임'주의'라는 표현을 사용하고 있고, 헌법재판소 역시 그 결정문에서 '책임주의', '책임원칙', '책임주의원칙' 등 다양한 표현을 사용하고 있다. 외국에서의 사용례와 전용된 용어의 원래적 의미를 비롯하여 '주의'라는 개념이 통상 전체성을 지닌 특정한 이데올로기를 극단화시켜 표현할 때 사용되는 용어임을 고려하면 책임원칙(Schuldprinzip)이라고 칭하는 것이 적절하다고 본다. 이에 필자는 아래에서 책임주의 대신에 책임원칙이라는 표현을 쓰기로 한다.

** 동국대학교 법과대학 교수.

1) 헌재 역시 책임원칙의 이러한 의미를 분명히 밝히고 있다 : "형벌에 관한 형사법의 기본원리인 책임원칙은 두 가지 의미를 포함한다. 하나는 형벌의 부과 자체를 정당화하는 것으로, 범죄에 대한 책임이 인정되어야만 형벌을 부과할 수 있다는 것이고('책임 없는 형벌 없다'), 다른 하나는 책임의 정도를 초과하는 형벌을 과할 수 없다는 것이다(책임과 형벌 간의 비례의 원칙)"(헌재 2009. 7. 30, 2008헌가10 전원재판부; 헌재 2007. 11. 29, 2005헌가10 전원재판부).

2) 김일수 · 서보학, 형법총론, 박영사, 2006, 83면. 헌재 역시 책임원칙의 전제로 이러한 인간상을 상

2. 책임원칙의 동요

그런데 오늘날 형법도그마틱(Strafrechtsdogmatik)에서는 전통적인 책임사상과 책임원칙에 대한 심각한 동요가 일고 있다. 책임형법에 관한 광범위한 합의점을 거의 찾지 못하고 있으며, 심지어 책임도그마틱에서의 패러다임의 변화가 거론될 정도이다.[3] 예방적 관점에서 책임개념에 대한 일부 수정을 가하거나 심지어 예방일변도의 관점에서 이를 파악하고자 하는 견해, 나아가 '책임 없는', 이로써 '책임원칙 없는' 형법도그마틱을 제안하거나 책임원칙을 비례성원칙으로 대체하려는 다양한 시도들이 등장함으로써 책임원칙 역시 그 존립에 위협을 받고 있다. 물론 이러한 시도들에 맞서 전통적인 책임사상을 고수하려는 측 —형이상학적 책임개념에 근거하고 있든, 비형이상학적 책임에 근거하고 있든 간에— 에서는 책임개념을 예방과 결부시키거나 순수 예방적 관점에서 파악하려는 시도를 엄중히 비판하고 있다.[4] 이처럼 책임원칙이 갖는 의미에 관해 현재 모든 사람이 통일적으로 이해하고 있는 것은 아니며, 이를 통해 제기되는 주장들 역시 그 분명한 내용을 드러내고 있지 못한 실정이다.[5]

형법상의 책임과 관련한 다양한 논쟁들에서 늘 책임원칙이 원용되고 있지만, 그 내용이나 기능은 아직도 모든 사람이 납득할 만큼 명료하게 밝혀지지 않고 있다. 이런 점에서 책임원칙을 둘러싼 논쟁은 여전히 진행 중인 상태이다. 거시적 측면에서 보면 형법도그마틱에서 책임원칙을 여전히 형법의 기본원칙으로 유지할 것인가, 아니면 예방(예방원칙)이나 다른 원칙으로 대체해야 할 것인가, 그리고 양형책임과 관련하여 책임원칙과 양형의 관계를 어떻게 규정할 것인가의 물음이 중요성을 갖는다. 또한 미시적 측면에서 보면 책임은 무엇을 의미하는가, 책임의 전제가 되는 의

정하고 있다 : "인간은 스스로 생각하고 판단하여 자신의 행동을 규율하고 책임지는 자율적 활동주체이다. 모든 사람은 각자 존엄과 가치를 가지는 자율적 활동주체로서, 자신의 행위에 대해서만 책임을 질 뿐 타인의 행위로 인하여 처벌받지 않으며, 자기에게 책임 없는 사유로 인하여 처벌받지 아니한다(책임주의의 원칙)"[헌재 2010. 7. 29, 2009헌가25, 36, 2010헌가25(병합) 등 전원재판부, 재판관 조대현의 별개의견 중에서].

3) 가령 독일의 귄터(K.Günther)는 이러한 변화를 '권리침해에서 의무위반으로'라는 표제어로 요약한 바 있다(이상돈, 형법학-형법이론과 형법정책, 법문사, 1999, 307면 참조).

4) 대표적으로는 Arthur Kaufmann을 들 수 있다. 그는 전통적인 책임사상에 관한 합의가 사라지게 된 주된 원인으로 젊은 세대의 비역사성, (실은 관계존재론이지만, 본질존재론으로 잘못 이해된) 법존재론에 대한 대항과 기능주의의 정당화, 책임관념에 대한 현대인의 태도변화와 책임에 대한 의미의 상실 등을 꼽고 있다[Arthur Kaufmann, "형법상 책임원칙에 대한 시대불변의 통찰들(김영환 역)," 책임형법론(심재우 편역), 홍문사, 1995, 11-12면].

5) 이점과 관련하여, 너무 일반적인 내용만을 고집해서 보잘것 없는 의견이 되거나 너무 비판적인 주장만을 전면에 내세워 실질적인 내용이 없는 의견이 되기도 한다는 지적으로는 김영환, "'책임원칙(das Schuldprinzip)'의 의문성과 필연성 — 책임과 예방(Schuld und Prävention)에 관한 최근의 논쟁을 중심으로," 형사법연구 창간호, 1988, 97면 참조.

사자유는 과연 존재하는 것인가, 책임은 행위책임만 포함하는가 아니면 행위자책임도 포함하는가, 책임이 반드시 형벌을 요구하는가, 책임과 예방의 관계는 어떻게 규정되어야 하는가[6]의 물음들이 의미를 갖는다. 이처럼 형법의 책임영역은 그 자체가 해결되지 않은 문제들의 집합소라 할 수 있다. 그렇기에 책임형법 또는 책임원칙을 둘러싼 논의의 국면은 어두운 터널을 벗어나 밝은 빛으로 나아가기를 갈망하고 있는 상황이다.

Ⅱ. 책임원칙의 근거와 성격 및 구조

1. 책임원칙의 법적 근거

우리 법체계상으로는 헌법은 물론 형법에도 책임원칙을 명시한 규정은 없다. 1991년 한국형사법학회 형법개정시안과 1992년 법무부 형법개정법률안에서 각기 이를 양형의 기준원칙으로 규정한 바 있다.[7] 외국의 경우를 보면 독일형법이 양형책임을, 프랑스형법이 자기행위책임을 규정하고 있는가 하면, 오스트리아형법과 중국형법은 책임원칙을 명문으로 규정하고 있다.[8] 우리의 경우에도 최근의 형법개정 논의에서 책임원칙을 명문화할 것인지 여부가 논란이 되고 있다.[9]

이와 같이 명문규정이 없음에도 불구하고 책임원칙은 헌법과 형법의 근간을 이루는 기본원리로 승인되고 있다. 헌법재판소 역시 "책임 없는 자에게 형벌을 부과할 수 없다"는 책임원칙은 형사법의 기본원리로서, 헌법상 법치국가 원리에 내재하는 원리인 동시에, 헌법 제10조(인간 존엄성의 존중)의 취지로부터 도출되는 원리라고 한

6) 최석윤, "양형과 책임원칙," 한국형사법학의 오늘(이영란교수화갑기념논문집), 2008, 250면

7) 개정시안 제44조 1항 : "형을 정함에 있어서는 행위자의 책임을 기초로 하며, 어떠한 경우에도 책임의 한도를 초과할 수 없다." 개정법률안 제44조 1항 : "형을 정함에 있어서는 범인의 책임을 기초로 한다."

8) 독일형법 제46조 1항 전문 : "형의 양정은 행위자의 책임을 기초로 한다." 프랑스형법 제121-1조(자기행위책임의 원칙) : "누구든지 자기의 행위 이외의 행위에 대하여는 형사책임을 지지 아니한다." 오스트리아형법 제 4 조(책임 없이 형벌 없다) : "책임 있게 행위하는 자만을 벌할 수 있다." 중국형법 제 5 조 : "형벌의 경중은 범죄자의 범죄행위 및 부담하는 형사책임과 상응해야 한다."

9) 최근 공청회에서 모습을 드러낸 법무부 형법개정시안에서는 이 원칙의 명문화를 고려하고 있지 않다(법무부, 제정 반세기를 지나 새 옷을 갈아입는 형법총칙(보도자료) 참조). 책임원칙에 대해서는 형법이론적으로 여러 가지 비판이 제기되고 있고, 책임과 예방의 조화를 어떤 형태로 조문화할 것인가에 관해서도 견해가 대립하고 있으므로 이 문제를 형법도그마틱에 맡겨두자는 견해로는 한상훈·천진호, "책임분야 개정방안," 형사법연구 제21권 1호, 2009, 83면 참조. 다만 여기서도 양형책임에 관한 규정은 신설하는 것("형을 정함에 있어서는 행위자의 책임을 기초로 한다")이 바람직하다는 의견을 피력하고 있다.

다.[10] 그리고 이러한 책임원칙은 자연인의 경우와 마찬가지로 법인에 대해서도 적용된다.[11] 나아가 헌법재판소는 이러한 책임원칙의 법적 근거를, 법치국가원리나 인간의 존엄성 존중 요구 외에 죄형법정원칙에서 구하기도 한다. "법치국가원리 및 죄형법정주의로부터 도출되는 책임주의원칙"[12]이라는 표현이 그것이다. 독일연방헌법재판소 역시 책임원칙은 정의의 이념을 지향하며, 법치국가원칙과 인간존엄의 불가침성(기본법 제 1 조 제 1 항)에 근거를 둔 원리로 이해한다.[13] 이러한 책임원칙은 대륙법계 국가뿐만 아니라 영미법계 국가에서도 일반화된 형법상의 대원칙이라고 한다.[14]

그런데 헌법재판소가 책임원칙의 법적 근거로 죄형법정원칙을 들고 있는 것은 죄형법정원칙을 '실질적' 의미로 파악하고 있기 때문인 것으로 보인다. 왜냐하면 오늘날 죄형법정원칙의 실질적 내용의 하나로 적정성원칙 —"적정한 법률 없으면 범죄 없고 형벌 없다"— 을 들고 있는데, 이 적정성원칙의 내용으로서 "필요 없으면 형벌 없다," "불법 없으면 형벌 없다," "책임 없으면 형벌 없다"는 원칙이 언급되고 있기 때문이다. 반면 죄형법정원칙을 '형식적' 의미로 이해한다면 이를 책임원칙의 근거로 들기는 어려울 것이다. 형식적 법치국가 개념에 기원을 둔 죄형법정원칙을 '실질적' 의미로 파악하게 되면, 결국 죄형법정원칙이 인간의 존엄성 보장, 적법절차원칙, 책임원칙, 비례성원칙 등을 모두 포괄하게 되어 그 내용상 이들 원리와의 구별이 모호하게 될 것이고, 그렇게 되면 이들 원리의 고유한 의미가 위축될 여지가 있기 때문이다.[15]

2. 법원리로서의 책임원칙

책임원칙은 자유주의적 법치국가의 요청에 따라 국가의 형벌권 발동을 근거지우고 제한하는 역할을 수행하는 법적용개념이다. 즉 국가의 형벌권 행사와 행위자에

10) 헌재 2009. 7. 30, 2008헌가10 전원재판부; 헌재 2007. 11. 29, 2005헌가10 전원재판부; 헌재 1992. 4. 28, 90헌바24 전원재판부; 헌재 1989. 7. 14, 88헌가5,8, 89헌가44 전원재판부.

11) 헌재 2010. 7. 29, 2009헌가25, 36, 2010헌가25(병합) 등 전원재판부.

12) 헌재 2009. 7. 30, 2008헌가14 전원재판부; 헌재 2009. 7. 30, 2008헌가16 전원재판부; 헌재 2009. 7. 30, 2008헌가17 전원재판부; 헌재 2009. 7. 30, 2008헌가18 전원재판부.

13) BVerfG 20, 331; 25, 285; 41, 125; 45, 228.

14) 이기헌, "미국 형법상의 책임원칙," 명지대학교 사회과학논총 제13집 2권, 1997, 366면. 영미법에서도 보통법 후기시대 이래 행위자의 비난가능한 심적 상태에서 비롯된 결과에 대해서만 형사책임을 물을 수 있다는 책임원칙이 확립되었다고 한다(같은 논문, 337면).

15) 이런 점에서 필자는 죄형법정원칙을 형식적 의미로 파악하는 것이 바람직하다고 본다. 같은 지적으로는 김일수·서보학, 앞의 책, 81면 참조.

대한 형벌귀속은 이 원리를 매개로 하여 정당화될 수 있다. 그런데 책임원칙 역시 법원리의 일종이므로 법원리가 지니는 일정한 속성을 공유한다. 그리고 법원리(Rechtsprinzip)의 속성은 이를 법규칙(Rechtsregel)과 비교할 때 좀 더 분명하게 드러난다.[16)]

가령 드워킨에 의하면 양자는 그 구조적 내지 논리적 속성에서 차이가 난다. 법규칙은 '전부 아니면 전무'라는 방식으로 적용될 수 있으며, 이로써 일정한 법규칙이 효력을 갖는 한 그 요건사실이 존재하는 경우에는 언제나 그 법적 효과가 발생하게 된다. 반면, 법원리는 법규칙과 같은 방식으로 적용되지 않고 형량이 가능하며 비중(중요성)의 차원을 특징으로 한다.[17)] 나아가 알렉시는 이러한 구분에 기초하여 양자 간의 결정적 차이를 이렇게 규정한다. 즉 원리는 최적화명령(Optimierungsgebote)으로서의 성격을 갖는 반면, 규칙은 규정적 내지 확정적 요구(definitive Gebote)로서의 성격을 갖는다는 것이다.[18)] 최적화명령으로서의 법원리는 그 내용이 법적 및 사실적 가능성 하에서 가장 높은 정도로 실현될 것을 명령하는 규범이다. 이는, 모든 법원리들이 각기 다른 정도로 실현될 수 있으며, 그것에 의해 명령되는 실현의 정도가 사실적인 가능성뿐만 아니라 법적인 가능성에 의해서도 영향을 받는다는 것을 의미한다. 법적인 가능성은 법규칙들에 의해 규정되기도 하지만, 주로 당해 법원리에 상반되는 원리들에 의해 규정된다.[19)] 반면 법규칙은 완전히 실현될 수 있거나 아니면 전혀 실현될 수 없는 성격의 규범이다. 따라서 법규칙의 적용은 '전부 아니면 전무'의 문제이며, 어떤 법규칙이 효력이 있어 적용된다는 것은, 그 규칙이 요구하는 바가 곧바로 명령된다는 것이다. 따라서 법규칙의 특징적인 적용형태는 형량이 아니라 포섭이다.[20)]

법원리가 갖는 이러한 속성은 책임원칙에도 그대로 적용될 수 있다. 즉 법적용개념으로서 책임원칙은 완전하게 실현될 수 없는데, 특히 책임 외적인 예방적 형벌목적(형법상의 논의) ―및 그 밖의 법적·사실적 요소들― 에 의해서도 영향을 받기

16) 양자를 구별하는 기준으로는 일반성의 정도, 법이념과의 관련성 여부 등 다양하게 제시되고 있다 [울리히 펜스키, "법원칙들과 법규율(박정훈 역)," 법철학과 사회철학 제 3 집, 교육과학사, 1993, 109면 이하 참조]. 여기서 '법규율'은 '법규칙'으로 옮기는 것이 더 적절했다고 본다. 또한 Jan-Reinard Sieckmann, Regelmodelle und Prinzipienmodelle des Rechtssystems, 1. Aufl., 1990, Kap. 4 참조.

17) R. Dworkin, Taking Rights Seriously, 2. Aufl., 1978, 24면 이하.

18) 알렉시, "법체계와 실천이성(박정훈 역)," 법철학과 사회철학 제 3 집, 교육과학사, 1993, 90-91면.

19) 이에 관해서는 C.-W. Canaris, Systemdenken und Systembegriff in der Jurisprudenz, 2. Aufl., Berlin, 1983, 53면 이하.

20) 물론 법규칙이라고 하여 모두 일도양단식으로 적용되는 것은 아니다. 오늘날 포섭(이론)의 한계는 자명한 것으로 드러났다. '전부 아니면 전무'식의 기준에 내재된 문제점에 관해서는 Robert Alexy, Zum Begriff des Rechtsprinzips, Rechtstheorie Beiheft 1, 1979, 68면 이하 참조.

때문이다. 책임원칙이 지닌 법원리로서의 속성은 "책임원칙은 결코 완전하게 실현될 수 없다"는 그 한계에 대한 오늘날의 고백을 잘 뒷받침해 준다. 대부분의 형법학자들이 오늘날 공유하고 있는 인식처럼 책임원칙이 예방적 형벌목적과 조화를 고려할 수밖에 없다면, 책임원칙의 최적의 실현은 결국 민주적 법치국가의 틀 안에서 예방(을 비롯하여 누군가가 그 밖의 다른 요소들도 고려되어야 한다고 주장한다면 그 다른 요소들)과의 한계를 어떻게 설정하느냐에 의존하게 될 것이다.

3. 책임원칙의 구조

(1) 책임원칙의 구성

"책임 없으면 형벌 없다"는 책임원칙의 명제는 당위적 요청을 띤 규범명제이자 동시에 그 구조상 일종의 가언명제적 형식을 띠고 있다. 하지만 —앞서 언급하였듯이— 최적화명령으로서 고도의 일반성을 띠고 있다는 점에서 이것은 구체적인 구성요건을 설정하고 있는 일정한 법규정이나 법규칙의 가언명제적 성격과는 구분된다. 형식논리적 측면에서 이 명제에 접근하면 책임은 전제이자 요건이며, 형벌은 그 효과인 셈이다. 다시 말해 규범원칙으로서의 이 명제의 중점은 '책임'에 놓여 있다. 따라서 책임원칙의 구성부분으로서 효과에 해당하는 형벌은 책임을 규정하는 데 어떤 영향도 미치지 않는 것처럼 보인다. 하지만 형벌은 그 자체 형벌목적(특별예방과 일반예방)에 의해서도 규정된다. 따라서 책임원칙은 그 실현에 있어 예방적 형벌목적에 의해 불가피하게 영향을 받게 된다. 이는 형법상 책임범주가 형벌의 근거와 한계에만 관계하는 영역이 아니라, 형벌의 목적과도 관계하는 영역임을 잘 보여준다. 전자와 관계하는 책임범주가 자유주의적 법치국가의 이념(개인의 자유보장)을 지향한다면, 후자와 관계하는 책임범주는 사회적 법치국가의 이념(법익보호와 범죄예방)을 지향한다고 할 수 있다. 이와 같은 두 가지 지향점은 형법의 상반되는 두 가지 임무와 역할 —보장적 기능과 보호적 기능— 에 그대로 녹아들어 있다. 이처럼 책임범주는 형법도그마틱적 측면과 형사정책적 측면이라는 두 가지 측면과 관련되어 있다.[21] 따라서 책임원칙 역시 이러한 두 가지 범주와 관련될 수밖에 없다.[22] 그런데 문제는 이 두 가지 범주가 서로 모순·갈등관계 내지 이율배반적 관계에 놓여 있다는 점이다.

---

21) 책임범주의 이러한 두 가지 측면에 관한 언급으로는 박은정, "비난 없는 형벌?," 사법행정 제239호, 1980. 11, 27면 참조.

22) 책임원칙의 이러한 두 가지 측면에 관한 언급으로는 김영환, 앞의 논문, 105면 이하 참조.

(2) 책임과 예방의 관계

형법의 영역에서는 오늘날 책임이 예방적 형벌목적과 일정한 관련성을 지니고 있으며, 그것에 의해 함께 규정된다고 보는 것이 대체적인 경향이다. 즉 양자의 관계에 관해서는, 구체적으로 어떤 형벌이 부과되어야 하는가는 책임과 무관하게 규정될 수 없고, 구체적으로 책임이 무엇인가는 예방을 고려하지 않고는 말할 수 없다는 점에서 대체로 의견이 일치하고 있다. 하지만 서로 다른 이념에 의해 지배받는 두 가지 측면을 어떤 방식으로 (조화롭게) 규정할 것인가에 관해서는 의견이 갈리고 있다. 이에 책임원칙은 책임과 예방(적 형벌목적)이라는 서로 이질적인 두 요소를 어떤 방식으로 결합하여 형벌을 귀속시킬 것인가 하는 문제에 직면하게 된다. 이것이 바로 책임원칙이 떠안아야 할 과제이다. 이처럼 형사정책적 측면에서 볼 때 책임원칙은 사회 내에서의 그 정당성을 유지하기 위해 책임·형벌이라는 논리적 관련성을 원용하여 사회적 분쟁을 설득력있게 해결하여야 한다.[23] 책임원칙이 이러한 과제를 제대로 수행할 수 있는지 여부에 따라, 이 물음은 책임개념이나 책임원칙을 통해 사회적 분쟁을 해결하는 방식이 오늘날의 상황에서도 여전히 유효한가, 아니면 책임원칙을 보다 더 나은 목적합리적인 방안으로 보완하거나 대체해야 할 것인가의 문제와 직결되어 있다.

Ⅲ. 책임원칙의 실현과 그 한계요인

구체적인 형벌귀속의 원리(형법상) 또는 형벌조항의 위헌심사기준(헌법상)으로서의 책임원칙에 관한 논의에서는, 책임원칙이 그 실현에 있어 현실적으로 어떤 한계에 부딪히고 있는가 하는 사실적 측면과 법관에 의해 실제로 행해지는 형벌귀속 또는 입법자가 설정한 형벌조항의 입법이 책임사상 또는 책임원칙에 합당한 것인가 하는 규범적 측면을 구분할 필요가 있다.[24] 아래에서 언급되는 사항들 중 (1)~(2)는 전자의 측면에, 그리고 (3)은 주로 후자의 측면에 해당하는 것이라 할 수 있다.

---

23) 김영환, 앞의 논문, 110면.
24) 김영환, 앞의 논문, 103-104면.

1. 책임귀속의 인식론적 한계

책임원칙은 책임의 존부와 정도에 따른 형벌귀속원칙이다. 따라서 행위자에게 책임이 존재할 경우에만, 그리고 행위자의 책임에 상응하는 범위 내에서만 형벌을 부과할 수 있다. 그런데 이러한 책임원칙의 실현은 먼저 형벌귀속의 전제로서의 책임의 존부와 정도에 관한 인식의 문제에 부딪히게 된다. 하지만 "물 그 자체는 인식할 수 없다"는 칸트의 통찰은 책임귀속에도 그대로 적용된다. 철학적 성찰능력으로서의 인간 인식능력의 한계는 완벽한 책임을 인식하는 데 근본적인 장애로 작용한다.[25] 이러한 이유 때문에 책임귀속의 문제에서 행위자에게 책임이 있는가, 또 있다면 어느 정도인가를 완벽하게 파악하기란 애당초 불가능하다.

2. 사회경제적 토대 변화와 복잡성의 증대

이러한 근본적 한계에 덧붙여 오늘날 고도로 증대된 사회의 복잡성은 책임확정 및 적정한 형벌귀속을 더욱 어렵게 만드는 요인이 되고 있다. 행위자의 행위에 대한 책임확정과 그에 따른 형벌귀속이 종래의 자유자본주의적 시민사회에서는 상대적으로 분명하게 행해질 수 있었으나, 후기 산업사회 및 과학·기술화된 현대사회에서는 대단히 불확실성을 띠게 된 것이다. 그 주된 원인으로는 자본주의의 발전에 따른 사회경제적 토대의 변화와 그에 따른 사회현실의 복잡성 증대, 특히 과학·기술화된 일상영역과 그 비약적 확장을 꼽을 수 있다. 이러한 상황에서 책임확정과 형벌귀속의 토대로 사용되는 과학기술적 지식의 반증가능성과 다원성 및 불충분성 등은 오늘날 책임확정과 형벌귀속의 문제를 한층 더 불확실성에 시달리도록 하고 있다.[26] 나아가 이러한 과학과 기술의 급격한 성장에 따라 사회적 하부체계들이 작동하는 기능적 행위영역[27]이 확장됨과 동시에 전통적으로 시민에 의해 자율적으로 형성·

25) "형사판결에서 책임비난의 필수적 근거가 되는 책임이 형사소송에서 확정되기 어렵다는 점은 비교적 자명하다"[귄터 엘샤이트/하쎄머, "비난 없는 형벌(배종대 역)," 책임형법론(심재우 편역), 홍문사, 1995, 126면].

26) 이에 관해 자세한 것은 이상돈, 앞의 책, 307면 이하 참조. 이 교수는 여기서 하버마스의 '생활세계와 사회체계의 분화'이론을 응용하여 행위영역과 책임귀속에 관한 세 가지 이념모델을 제시하고 있다. 생활세계와 사회체계는 특정한 행위영역을 가리키는 것이 아니라 공동체를 형성하는 메커니즘의 두 가지 형태를 말한다. 생활세계란 사회구성원들의 합의에 바탕을 둔 규범에 의해 구성원들이 하나의 사회로 통합되는 메커니즘을, 그리고 사회체계란 개인이나 단체 또는 거대한 사회조직이나 기구가 수행하는 기능들이 하나의 체계로 통합되는 메커니즘을 말한다(311-312면).

27) 여기서 사회적 하부체계란 시장의 조정기능 위에서, 과학과 기술의 전문지식을 제공하는 전문가 집단과 이를 바탕으로 재화를 생산해내는 산업영역, 그리고 이러한 과학기술과 산업영역을 계획·조정·관리하는 행정관료 간의 기능적인 상호작용에 의해 재화의 생산과 분배가 이루어지는 메커니

발전된 일상적 행위영역이 그러한 기능적 행위영역에 의해 잠식당함으로써(이른바 '생활세계의 식민지화') 행위방향설정의 불안전성 역시 고조되고 있다. 이로써 개인은 자신의 그릇된 의사와 그에 기초한 행위의 결과에 대해서만 책임을 진다고 보기도 어렵게 되었다(엄격한 의사책임의 붕괴).

이러한 기능적 행위영역에서 행위주체는 시민들에 의해 자율적으로 형성·발전된 규범보다는 주로 행정관료 등이 일정한 정책적 표상 아래 설정한 행위지침만을 만날 뿐이다. 따라서 이런 행위지침들은 사회통합의 참된 기초가 되는 규범으로서의 성격을 지니지 못하며, 그러한 지침을 위반한 경우에도 행위자는 그로 인해 초래되는 부정적인 결과가 무엇인지를 전망하기 어렵게 되었다. 나아가, 기능적 행위영역에서 행위주체는 자신의 행위가 기능적 요소로 편입되어 있는 사회적 하부체계의 기능을 유지·향상시키라는 명령 아래 놓이게 된다. 그 결과, 사회통합의 기초가 되는 전승된 규범의 위반이 아니라 사회적 하부체계의 기능을 유지·향상시키기 위해 부과된 의무의 위반이 행위주체의 행위에 대한 법적 책임의 기초가 되고 만다.[28]

그런데 이와 같이 책임확정과 그에 따른 형벌귀속의 불확실성이 증대된 상황에서는 책임원칙 역시 그에 비례하여 더욱 더 중요한 의의를 갖게 된다. 왜냐하면 책임귀속이 이처럼 불확실한 상황이라면 책임원칙은 —적어도 우리가 이를 포기하지 않는 한— '의심스러울 때에는 피고인의 이익으로'원칙에 따라 형법적 통제를 포기할 것을 요청하기 때문이다.

3. 책임개념의 의미론적 불명확성과 예방적 관점의 융합

이러한 요인들에 이어 책임원칙의 존립 자체에 보다 더 심각한 타격을 주고 있는 비판이 일고 있는데, 책임개념 자체가 의미론적으로 불명확하다는 지적이 그것이다.[29] 책임론에 관련된 개념들 —특히 의사자유, 책임능력, 타행위가능성 등— 은 그 의미론적 불명확성 때문에 '유책한' 행위에 관한 개별적 판단기준들을 너무 넓은 범위에서 변화시키며, 그 결과 책임원칙은 국가권력의 개입가능성을 효율적으로 제한

즘을 말한다. 이러한 메커니즘이 작동하는 기능적 행위영역의 특징에 관해서는 이상돈, 앞의 책, 326면 참조.

28) 이상돈, 앞의 책, 327-328면. 이러한 현상에 대응하여 이 교수는 그 대안으로, 사회적 하부체계의 기능적 명령을 어느 정도 고려하면서도 법적 책임의 귀속이 동시에 사회통합의 기초가 될 수 있는 행위규범을 형성·발전시키는 것이 중요하다고 하며, 형법상으로는 권리에 대응되어 있는 의무의 위반에 대해서만 책임을 귀속시킬 수 있다고 본다(앞의 책, 333면).

29) 이에 관해 자세한 것은 미카엘 바우르만, "책임 없는 도그마틱(이상돈 역)," 책임형법론(심재우 편역), 홍문사, 1995, 232면 이하 참조.

할 수 없게 되고, 결국 그러한 제한은 책임원칙이 아닌 다른 원칙이나 기준에 의거할 수 있다는 것이다. 행위자의 책임을 '평균인'이라는 일반화된 기준의 도움을 빌어 판단하고 이를 통해 개개의 행위자에게 다른 행동을 할 수 있었다고 짐짓 '꾸며대는' 것 역시 이러한 이유에서 비롯된다고 한다. 이와 같이 책임과 관련된 개념들의 모호성과 경험적 내용의 결여는 책임개념을 거의 임의적인 형사정책적 목적의 측면에서 해석하고 구성할 수 있게 해줌으로써 책임원칙으로는 더 이상 임의적인 형사정책적 목적으로부터 행위자를 보호하고 국가형벌권을 제한하는 기능을 효과적으로 수행할 수 없다고 한다.[30]

책임개념의 의미론적 불명확성이 책임판단에 다른 원칙이나 기준이 개입될 수 있는 비밀통로를 제공하고 있음은 어느 정도 인정하지 않을 수 없다. 다시 말해 적어도 형법적 논의에서 책임원칙은 이러한 한계 앞에서 심히 갈등하고 있음이 사실이다. 형법상 책임원칙이 예방의 필요성에 의해서도 영향을 받는다거나, '어둠 속'에 머물고 있는 책임귀속의 판단기준이 타행위가능성이라는 외견상의 기준에 의해 단지 위장되고 있을 뿐이라거나, 책임원칙은 단지 형사정책적 목적을 눈에 띄지 않게 은밀히 스며들게 하는 이데올로기적 기능만을 수행하다거나, 나아가 형벌목적이 책임을 채색한다는 공공연한 고백 등[31]은 모두 이러한 문제상황에 대한 진단과 인식에서 비롯된 것이다. 책임개념과 책임원칙을 둘러싸고 있는 이러한 문제상황은 전통적 책임사상을 고수하면서 그 문제점을 보완해보려는 시도와 애당초 전통으로부터의 결별을 선언하고 새로운 해결방안을 찾으려는 시도 사이의 분기점을 형성하고 있다.

Ⅳ. 형벌조항에 대한 위헌심사와 책임원칙

요컨대, 오늘날 책임원칙은 그 필요성과 의문성 사이에서 심히 요동하고 있는 실정이다. 이러한 상황에서 책임원칙이 나아가야 할 돌파구를 찾는 것은 결코 쉽지 않은 일이다. 설령 어떤 돌파구가 제시된다 하더라도, 그것이 책임원칙이 안고 있는

30) 이런 이유로 바우르만은 형사제재 투입의 비례성기준을 행위자의 책임이 아닌 '행위의 사회적 유해성'에서 찾는다. 행위의 사회적 유해성이 형사법적 조치의 비례성기준으로 적합하다고 보는 근거로는 ⅰ) 일반의 법익과 행위자의 법익을 비교할 수 있게 해준다는 점, ⅱ) 일반예방적·특별예방적 목적 추구를 보장해 준다는 점, ⅲ) 경험적으로 의미충만한 해석과 세분화가 가능하다는 점을 들고 있다. '행위관련적 조치법'으로 포괄되고 있는 그의 자세한 구상에 관해서는 미카엘 바우르만, 앞의 논문, 266면 이하 참조.

31) 미카엘 바우르만, 앞의 논문, 231면 참조.

문제점과 의문점을 충분히 해소할 수 있을 만큼 '적절한' 것인가를 둘러싼 논의는 앞으로도 계속될 수밖에 없을 것으로 보인다. 우리나라의 경우 대다수의 형법학자들은 여전히 책임원칙이 갖는 '국가형벌권제한기능'에 무게중심을 두면서 전통적인 책임사상 내지 책임원칙을 승인·고수하려는 태도를 보이고 있다. 앞서 살펴보았듯이, 헌법재판소 역시 이러한 전통적인 책임사상에 기대어 책임원칙을 형벌조항에 대한 위헌심사기준으로 삼고 있다. 하지만 책임원칙을 둘러싸고 전개되고 있는 복잡한 논의상황을 고려할 때 헌법적 차원에서 이 원리의 유용성과 한계를 살펴보는 것은 참으로 힘겨운 작업으로 보인다. 그럼에도 여기서는 (형법상) 대체로 인정되고 있는 책임원칙의 내용과 역할에 관한 언급에 터 잡아, 헌법재판소 판례에 나타난 책임원칙 위반 여부가 문제된 몇몇 사례들을 분석하고 비판적으로 검토해 보기로 한다.

1. 책임원칙의 내용과 기능

책임원칙은 책임개념을 포함하고 있으므로("책임 없으면 형벌 없다"), 책임원칙의 내용 역시 책임개념의 내용에 따라 달라질 수 있다. 위에서 살펴본 바와 같이 책임개념의 내용에 관해서는 여러 의견이 갈리고 있으며, 특히 책임과 예방의 관계를 어떻게 설정하느냐에 따라 각기 다른 형태를 취함을 알 수 있다. 여기서는 다만 대체로 의견의 일치를 보고 있는 부분 —형벌근거책임과 양형책임 등— 에 관해서만 언급하기로 한다.

(1) 책임원칙의 내용

1) 책임은 형벌의 전제이자 근거

책임은 모든 범죄와 그에 따른 형벌의 전제이자 근거이다. 따라서 책임원칙은 범죄성립과 형벌귀속의 근거로서의 책임(형벌근거책임)을 요구한다. 형법도그마틱상 이러한 책임의 요소들로는 책임능력, 책임요건으로서의 고의·과실, 위법성의 인식, 기대가능성 등을 들 수 있다. 이러한 책임개념은 구성요건해당성이나 위법성과 마찬가지로 형벌을 근거지우는 것이자 동시에 형벌을 제한하는 실질적 범죄요소이다. 이로써 책임은 형벌의 정당성에 대한 전제이자 근거가 된다. 여기서 책임원칙은 "책임 없이는 범죄 없다"는 법원칙으로 파악된다.

2) 불법과 책임의 일치

책임원칙은 불법과 책임의 일치, 즉 행위의 외적 측면과 내적 측면의 일치를 요구한다. 책임은 불법에 관한 모든 구체적 요소를 포함해야 하기 때문에 책임과 무관한 불법요소는 허용될 수 없다. 따라서 행위자의 책임 여부와 무관하게 발생한 결과에 대해 무조건 책임을 인정하는 불법행태책임('불법한 원인에 기한 귀속', *versari in re illicita*)은 인정될 수 없다.[32] 여기서 책임원칙은 "행위자의 책임은 실현된 불법과 일치하여야 한다"는 법원칙으로 표현될 수 있다.

3) (양형에서) 책임과 형벌의 상응

책임원칙은 책임과 형벌이 상응할 것을 요구한다. 책임은 양형의 기초로서 형벌의 부과 여부와 그 정도에 관한 기준을 제시한다. 여기서 책임개념은 구체적 사안에서 형벌의 범위를 정하는 데 의미 있는 요소들의 전체를 말한다(양형책임). 형벌은 책임의 상한선을 넘어서 부과되어서는 안 된다. 형벌이 책임 하한선의 아래에서 부과될 수 있는가에 대해서는 논란이 있지만, 가능하다고 보아야 할 것이다. 여기서 책임원칙은 "행위자에게 과해지는 구체적 형벌(양형)은 그의 책임에 상응하여야 한다"는 법원칙으로 나타난다.[33]

(2) 책임원칙의 기능

책임원칙은 국가 형벌권의 발동을 근거지우는 기능과 동시에 형벌권을 제한하는 기능(이중적 기능)을 갖는다.[34] 그런데 책임원칙의 이러한 기능과 관련해서는 책임원칙의 양면성 —소극적 의미와 적극적 의미— 을 둘러싼 논의가 있다. 일반적으로 책임원칙은 그 소극적 측면만을 지니는 것으로 이해되고 있다. 그 적극적 의미, 즉 책임원칙은 "책임은 그에 상응하는 형벌을 적극적으로 요구한다"는 의미까지도 갖는가에 관해서는 의견이 나뉘고 있다.

먼저, 형법상의 책임을 인간이 지닌 윤리적 자기결정능력을 잘못 사용하여 불법을 행하였다는 점에서 찾으면서 이러한 적극적 측면까지 요구한다고 보는 견해가 있다.[35]

---

32) 헌재 역시 책임원칙에 기초하여 이러한 불법행태책임을 부정하고 있다 : "만약 법질서가 부정적으로 평가한 결과가 발생하였다고 하더라도 그러한 결과의 발생이 어느 누구의 잘못에 의한 것도 아니라면, 부정적인 결과가 발생하였다는 이유만으로 누군가에게 형벌을 가할 수는 없다"(헌재 2009. 7. 30, 2008헌가10 전원재판부; 헌재 2007. 11. 29, 2005헌가10 전원재판부).

33) 그 밖에도 "책임원칙은 행위자의 행위시 책임능력이 동시에 존재하고 있을 것을 요구한다"(행위시 책임의 동시존재원칙)도 책임원칙의 한 내용을 이룬다(김일수·서보학, 앞의 책, 82면).

34) 책임원칙을 지지하는 입장에서 제시되는 이 원칙의 좀 더 구체적인 역할로는 다음과 같은 사항들을 들 수 있다 : i) 행위자의 행위와 형사제재 간의 비례성 보장은 책임원칙의 토대 위에서만 설명되고 관철될 수 있다. ii) 책임원칙은 특별예방적 동기나 목적에 기한, 과도한 형벌의 부과를 막아준다. iii) 책임원칙은 일반예방적 동기나 목적에 기한, 극단적인 형벌의 부과를 막아준다. iv) 책임원칙은 일반예방적 동기나 목적에 기한, 책임 없는 자에 대한 처벌을 막아준다.

35) 대표적인 견해로는 Arthur Kaufmann, Das Schuldprinzip, 2. Aufl., 1961 참조.

하지만 현재 책임원칙의 이러한 양면성을 부정하는 것이 대체적인 입장이다. 인간의 윤리적 자기결정능력은 구체적으로 확인될 수 없을 뿐만 아니라 처벌의 필요성이 없음에도 행위자를 처벌하는 것은 가급적 최대한의 자유영역을 보장하라는 법치국가의 이념에 반하기 때문이다.[36] 또한 이러한 적극적 측면을 따르게 되면 형량은 항상 책임에 대응하여야 하므로, 책임을 초과하는 형벌을 가할 수 없음은 물론이지만, 범죄자의 재사회화나 건전한 사회복귀를 위해 필요하다고 인정되는 경우에도 책임을 밑도는 형벌은 과할 수 없게 된다.[37] 부정설에 따르면 책임원칙은 과도한 형벌부과를 제한하는 기능만을 갖는 것으로 이해된다.

자유주의적 법치국가의 이념에 비추어 볼 때 행위자의 책임에 상응하는 정도를 넘어선 형벌부과는 허용되지 아니하며, 이런 점에서 책임원칙은 소극적 의미로 이해하는 것이 옳다고 본다. 그런데 이러한 결론이 반드시 책임원칙의 적극적 의미 인정 여부에 관한 논의와 사유 필연적으로 연계되어야 하는지는 의문이다. 만일 그렇다면 책임원칙을 소극적 의미로만 파악하는 견해는 책임원칙의 형벌제한적 기능만을 인정하고 형벌근거제시기능은 인정할 수 없기 때문이다. 하지만 책임원칙을 소극적 의미로 이해한다고 해서 책임과 책임원칙의 형벌근거제시기능을 인정할 수 없는 것은 아니다. 책임원칙은 행위자의 책임의 범위를 넘어선 형벌만을 금지하는 것이지, 행위자의 책임을 밑도는 형벌의 부과까지 금지하는 것은 아니라고 보아야 하기 때문이다. 따라서 책임원칙을 소극적 의미로 파악하더라도 책임에 상응하는 형벌이 반드시 부과되어야 하는 것은 아니며, 책임에 의해 확정된 형벌의 선고나 집행을 유예할 수도 있고, 형의 일부가 집행된 뒤에도 예방적 관점에 따라 잔여형의 집행유예나 가석방을 허용할 수 있다.

2. 책임원칙과 비례성원칙의 관계

헌법재판소는 책임과 형벌 간의 비례관계를 판단함에 있어 헌법상의 과잉금지원칙(비례성원칙)이라는 큰 틀에 기대고 있다. 즉 특정한 형벌조항이 책임원칙에 반하는지 여부를 판단함에 있어 먼저 입법목적의 정당성 여부를 판단한 뒤 과잉금지원칙에 기초하여 입법목적 달성을 위한 필요성 여부, 그 수단·방법의 적정성 여부 및 책임과 형벌 간의 비례성 여부를 판단하고 있다 : "이와 같이 책임의 정도에 비례하는 법정형을 요구하는 것은 —즉 책임의 정도를 초과하는 형벌을 가할 수 없다

36) 이상돈, 형법강의[제 1 판], 법문사, 2010, 392면.
37) 한상훈·천진호, 앞의 논문, 81면.

는, 책임과 형벌 간의 비례원칙은— 과잉금지원칙을 규정하고 있는 헌법 제37조 제 2항으로부터 도출되는 것이다."[38]

이로 볼 때 헌법재판소가 위헌법률심사의 기준으로 삼고 있는 책임원칙은 —적어도 현행 법체계의 규율 하에서는— 형법상의 책임원칙과 그 외연에 있어 서로 일치하지 않는 것으로 비칠 수 있다. 헌법상의 비례성원칙이 형법상의 책임원칙의 한 측면을 이루고 있음은 분명하다. 즉 형법상의 책임원칙은 행위자의 불법과 그에 따른 책임을 물음에 있어 비례성 판단을 천명한 것이라 할 수 있다.[39] 하지만 비례성원칙은 형법상의 책임원칙의 한 부분측면에 불과할 뿐, 중요한 측면은 아니다.[40] 왜냐하면 비례성원칙은 일면 불법과 책임(의 정도), 타면 형벌(의 양) 간에 적정한 비례관계를 유지하여야 한다는 대강만을 말해 줄 뿐이고, 구체적 사안에서 행위자에게 어느 정도의 형벌이 부과되어야 할 것인가(구체적 형량)에 관해서는 말해주지 않기 때문이다. 즉 구체적인 사안에서 책임에 상응하는 형벌의 귀속 문제는 당해 행위자의 책임의 정도에 관한 확정을 전제로 하여 논할 수 있다는 점에서 형법상의 책임원칙의 관할사항이지 비례성원칙의 관할사항은 아니다.

이런 점에서 형법상 책임원칙의 내용으로 거론되고 있는 위 세 가지 사항 중에서 헌법적 측면과 상대적으로 밀접한 관련성을 지닌 것은 주로 '불법과 책임의 일치'부분(위 1.(1)2))이라 할 수 있다. 가령 아래에서 살펴볼 4.(2)-(3) 사항은 이와 관련되어 있는 것이다. 물론 모든 경우에 그렇다고 말할 수는 없다. 형법상 책임원칙의 내용 중에서 '책임은 형벌의 전제이자 근거'(형벌근거책임)부분(위 1.(1)1)) 역시 특정한 사안에 대한 위헌법률심사기준으로 작용하기 때문이다. 가령 아래 4.(1)에서 살펴볼 양벌규정 관련 부분은 이와 관련되어 있다. 다만 현행 법체계상 양형책임이 문제되는 경우(구체적인 선고형량의 결정)에는 형법상 책임원칙의 한 내용인 '(양형에서) 책임과 형벌의 상응'부분(위 1.(1)3))이 헌법상 위헌법률심사기준으로 원용될 수 있는 여지는 없어 보인다. 하지만 법원의 구체적 판결까지도 헌법재판의 대상이 된다면 사정은 달라질 것이다. 그 경우에는 형법상 책임원칙의 관점에서 행위자의 구체적 책임(의 정도)과 이를 토대로 내려진 법원의 선고형량 간에 적정한 비례관계가 유지되는지 여부에 대해 심사가 가능할 것이기 때문이다. 이렇게 본다면 근원적으로는 헌법상의 책임원칙과 형법상의 책임원칙이 그 내포와 외연에 있어 일치하지만, 현행 법체계상의 한계로 인해 그 적용영역에 있어 일부 제약이 따르고 있을 뿐인 셈이다.

---

38) 헌재 2010. 7. 29, 2008헌바88 전원재판부.

39) 이용식, "비례성원칙을 통해서 본 형법과 헌법의 관계," 형사법연구 제25호, 2006, 47면 참조.

40) Arthur Kaufmann, 형법상 책임원칙에 관한 시대불변의 성찰들, 20면.

3. 위헌심사의 규범적 전제와 기준

(1) 입법자의 입법재량의 존중

"어떤 범죄를 어떻게 처벌할 것인가 하는 문제, 즉 법정형의 종류와 범위의 선택은 그 범죄의 죄질과 보호법익에 대한 고려뿐만 아니라 우리의 역사와 문화, 입법당시의 시대적 상황, 국민일반의 가치관 내지 법감정 그리고 범죄예방을 위한 형사정책적 측면 등 여러 가지 요소를 종합적으로 고려하여 입법자가 결정할 사항으로서 광범위한 입법재량 내지 형성의 자유가 인정되어야 할 분야이다."

(2) 책임과 형벌 간의 비례관계 유지와 그에 대한 판단기준

"우리 헌법은 국가 권력의 남용으로부터 국민의 기본권을 보호하려는 법치국가의 실현을 기본이념으로 하고 있고, 법치국가의 개념은 범죄에 대한 법정형을 정함에 있어 죄질과 그에 따른 행위자의 책임 사이에 적절한 비례관계가 지켜질 것을 요구하는 실질적 법치국가의 이념을 포함하고 있으므로,[41] 어떤 행위를 범죄로 규정하고 어떠한 형벌을 과할 것인가 하는 데 대한 입법자의 입법형성권이 무제한한 것이 될 수는 없다. 형벌의 위협으로부터 인간의 존엄과 가치를 존중하고 보호하여야 한다는 헌법 제10조의 요구에 따라야 하고, 헌법 제37조 제 2 항이 규정하고 있는 과잉입법 금지의 정신에 따라 형벌개별화원칙이 적용될 수 있는 범위의 법정형을 설정하여 실질적 법치국가의 원리를 구현하도록 하여야 하며, 형벌이 죄질과 책임에 상응하도록 적절한 비례성을 지켜야 한다."[42]

"… 어느 범죄에 대한 법정형이 그 범죄의 죄질 및 이에 따른 행위자의 책임에 비하여 지나치게 가혹한 것이어서 현저히 형벌체계상의 균형을 잃고 있다거나 그 범죄에 대한 형벌 본래의 목적과 기능을 달성함에 있어 필요한 정도를 일탈하였다는 등 헌법상의 평등의 원칙 및 비례의 원칙 등에 명백히 위배되는 경우가 아닌 한, 쉽사리 헌법에 위반된다고 단정하여서는 아니된다."[43]

(3) 요 약

요컨대, 헌법재판소는 형사입법상의 형벌조항을 규율함에 있어 입법자가 고려할 사항으로 다음과 같은 요소들을 들고 있다 : ⅰ) 범죄의 죄질과 보호법익(불법과

---

41) 헌재 1992. 4. 8, 90헌바24, 판례집 4, 225, 230.
42) 헌재 2003. 11. 27, 2002헌바24, 판례집 15-2, 242.
43) 헌재 2001. 11. 29, 2001헌가16 전원재판부.

책임 관련 요소), ii) 역사와 문화, 시대적 상황, 국민의 가치관과 법감정(과거와 현재를 아우르는 정치사회적 요소) 및 iii) 범죄예방 등 형사정책적 측면(미래적 목적요소). 이들 요소는 서로 조화로운 관계에 있을 수도 있지만, 실상 이런 경우는 거의 드물 것이고, 대체로 충돌·긴장관계에 놓여 있는 경우가 많을 것이다. 따라서 입법자가 어떤 요소에 중점을 두느냐에 따라 실제의 입법결과는 달라질 수 있다. 나아가, 형벌조항에 관한 입법자의 형사입법은 범죄와 책임에 상응하는 형벌을 설정함으로써 양자 간에 적절한 비례성을 유지해야 한다고 한다. 그리고 이러한 비례관계가 유지되고 있는지 여부에 관해서는 평등원칙이나 비례성원칙(이로써 책임원칙) 등에 의해 심사가 이루어지되, 가급적 입법자의 입법형성권이 존중되어야 하고 다만 예외적으로 죄질과 책임에 비해 지나치게 가혹한 형벌을 부과함으로써 형벌체계상의 균형을 잃게 하는 경우나 특정 범죄에 대한 형벌이 형벌의 본래적 목적과 기능을 달성함에 필요한 정도를 넘어선 경우 등 책임원칙 등의 위배가 '명백한' 경우에 한해서만 위헌으로 보고자 한다.

(4) 검 토

먼저, 책임원칙과의 조화 여부를 놓고 —서로 긴장관계에 놓여 있는— 행위자의 책임과 예방적 형벌목적(i)과 (iii)을 형벌조항에 관한 형사입법시 고려해야 할 요소로 보고 있음은 형법적 논의현황에 비추어 볼 때 그다지 문제될 것이 없다. 물론 이 경우에도 입법자가 과도한 형벌 내지 중형에 기초한 '충격효과'만을 겨냥한 나머지 일반예방적 형벌목적(위하예방)만을 지나치게 고려하여 입법을 하는 경우에는 위헌의 여지를 안게 될 것이다. 그런데 문제는 두 번째 요소(ii)이다. 이들 요소가 실제로 많은 형사입법에서 중요한 요소로 반영되고 있지만, 과연 이들 요소가 범죄와 형벌, 동시에 책임과 형벌을 규율하는 형사입법에서 적극적으로 고려되어야 할 사항인지에 관해서는 의문이 없지 않다. 책임원칙의 명제가 말해주듯이 이 원칙을 구성하고 있는 요소는 책임과 형벌이고, 설령 책임이 예방적 형벌목적에 의해 함께 규정되면서 영향을 받는다는 점을 인정하더라도, 책임원칙의 실현이 예방적 형벌목적과는 그다지 또는 전혀 관련이 없는 다른 요소들에 의해 영향을 받도록 하는 것은 책임원칙의 구조적 속성을 벗어나기 때문이다.

물론 형사입법이 완벽한 보편주의를 지향하지 않는 한 어느 정도 문화특수적인 요소를 반영하지 않을 수 없다는 점에서 이들 요소를 고려하는 것이 이해되지 않은 것은 아니다. 하지만 만일 그때그때의 시대적 상황과 국민의 법감정 등을 중점적 요소로 고려하게 되면 현실적으로 책임원칙에 반할 입법이 이루어질 가능성도 적지 않음을 감안할 때 이들 요소를 형사입법에 있어 적극적 요소로 고려하는 데는 신중한 접근이 필요하다고 본다. 물론 입법자가 형사입법의 영역에서도 입법재량 내지 형성의 자유를 갖는 것은 분명하지만, 형벌조항에 관한 형사입법이 국민의 자유와 권리를 심대하게 제한하는 것인데다, 헌법상의 원리인 책임원칙 —행위책임과 개별책임을 당연한 전제로 하는 책임원칙— 에 구속되어야 한다는 점에 비추어 보면 ii) 요소가 형사입법의 영역에서 갖는 위상은 가급적 축소되어야 할 것이다. 이들 요소는 입법을 할 것인지 '여부'에는 현실적으로 상당한 영향력을 미칠 수 있는 사항이지만, 특정한 입법이 책임과 형벌 간의 비례관계를 유지하는지 여부(즉 책임원칙에 부합하는지 여부)의 문제에는 그다지 관련이 없는 요소이기 때문이다. 다시 말해 이들 요소는, 특정한 형사입법이 책임원칙에 비추어 그 적정한 한계 내에 머물고 있는지 여부를 판단함에 있어 부정적으로 작용하는, 이로써 형사입법의 영역에서는 책임원칙이 좀 더 엄격하게 관철되어야 한다는 측면에서 보면 오히려 그 개입을 가급적 경계하거나 배제해야 할 요소이다. 만일 개인의 책임관련 요소들과 갈등·긴장관계에 놓여 있는 이들 요소를 형사입법의 적극적인 고려요소로 수용하게 된다면, 보다 손쉬운 입법이 이루어질 탄력적이고 유동적인 '틈새'는 상대적으로 넓게 보장되겠지만, 그런 만큼 책임원칙의 좀 더 엄격한 실현은 어려워질 것이다. 이런 점에서 형벌조항에 관한 형사입법의 영역에서 입법자의 형성의 자유는 다른 영역에 비해 상대적으로 더 제약될 수밖에 없다고 본다.

또한, 헌법재판소가 예외적으로 책임원칙에 위배되는 것으로 보고자 하는 기준, 즉 죄질과 책임에 비해 지나치게 가혹한 형벌을 부과함으로써 형벌체계상의 균형을 잃게 하는 경우나 특정 범죄에 대한 형벌이 형벌의 본래적 목적과 기능을 달성함에 필요한 정도를 넘어선 경우 등의 기준 역시 매우 일반적인 성격을 띠고 있는데다, '지나치게 가혹한' 등 해석상의 상대적 차이를 가져올 수밖에 없는 표현들을 사용하고 있어 책임원칙 등에 기초한 위헌 여부의 판단에 난항을 예고하고 있는 듯하다.

요컨대, 헌법재판소는 형벌조항에 관한 형사입법의 영역에서 —형법적 논의에서와 같이— 예방적 형벌목적을 고려하는 형사정책적 관점 외에 그때그때의 시대적 상황이나 국민의 법감정 등을 적극적 고려요소로 파악함으로써 당해 형벌조항이 책임원칙에 반하는지, 이로써 위헌인지 여부를 판단함에 있어 매우 불확실한 상황을 초래하고 있는 것으로 보인다. 그 결과 책임과 형벌 간에 적정한 비례관계가 유지되고 있는지 여부를 판단함에 있어 형사입법시에 고려된 —형사정책적 요소들 외에 매우 포괄적이고 가변적인 판단여지를 제공해주는— 국가정책적 요소들이 다시금 고려요소로 등장하는 것으로 보인다. 물론 여기에는 책임원칙 자체가 지닌 한계, 즉 책임개념의 불확실성에서 기인하는 규범적 통제원리로서의 책임원칙의 불확실성이 중요한 요인으로 함께 작용했기 때문이라고 생각된다. 사정이 이러하다면 형사입법의 형벌조항에 관한 위헌심사에서는 결국 입법자의 입법재량 내지 형성의 자유를 얼마만큼 존중해줄 것인가, 이로써 책임원칙을 좀 더 엄격하게 관철시킬 것인가 아니면 책임원칙의 실현에 있어 좀 더 완화된 태도를 취할 것인가 하는 것이 중요성을 띠게 될 것이다. 나아가 이점에 관한 판단은 결국 관련 요소들의 수용 또는 배제를 얼마만큼 합리적이고 설득력 있게 논증할 것인가 하는 문제로 귀착될 것이다.

4. 형벌조항의 위헌 여부가 문제된 사례들

(1) 양벌규정

1) 양벌규정의 문제점과 논의현황

양벌규정이란 각종 행정형법이나 경제형법 등 부수형법에서 직접 위반행위를 한 종업원 등의 행위자(자연인) 외에 법인 등도 함께 처벌하는 규정을 말한다. 양벌규정은 원래 기업형사책임의 입법형태로 엄격책임이나 대위책임[44]의 법리가 통하는 영미법계에 적합한 것이고, "단체는 형사책임을 질 수 없다"는 원칙을 지닌 대륙법계의 형법에는 매우 이질적인 것이다.[45] 그런데 우리의 경우 여러 법률에서 이러한 양벌규정을 두고 있어 그 위헌 여부가 계속해서 문제되어 왔다. 이러한 양벌규정의 법적 성격에 관해서는 법인 등에게 행위자(종업원)의 행위에 의한 전가책임 내지 대위책임을 인정하는 무과실책임설, 법인 자신의 과실행위에 기인한 책임을 인정하는 과실책임설, 법인의 종업원 선임·감독상의 과실책임을 입법자가 법률상 추정한 규정이라고 보는 과실추정설, 법인의 과실이 당연히 의제되며 법인은 무과실의 증명을 통해서도 책임을 면할 수 없다고 보는 과실의제설, 법인의 종업원에 대한 관리·감독의무 위반에 기초한 부작위책임을 인정하는 부작위책임설 등이 대립하고 있다.[46]

---

44) 엄격책임(strict liability)이란 행위자의 고의·과실을 요건으로 하지 않고 단순히 어떤 행위를 하거나(또는 하지 않거나) 어떠한 결과를 야기하기만 하면 처벌하는 경우를 말한다. 그리고 대위책임 또는 대리책임(vacarious liability)이란 행위자(대개 사용자)의 개별적인 고의·과실이 없음에도 불구하고 타인(대개 피용자)의 법위반행위에 대해 책임을 지는 경우를 말한다. 이들은 행위자의 고의·과실이 없음에도 현실적인 처벌필요성 때문에 형사책임을 부과하는, 책임원칙의 예외에 속하는 것이다(이기헌, 앞의 논문, 355면 이하 참조).

45) 조병선, "기업형사책임과 책임원칙 — 양벌규정에 대한 위헌결정의 파장과 책임원칙의 재조명," 형사법연구 제22권 제 1 호(통권 제42호), 2010, 10-11면

46) 참고로 양벌규정의 법적 성격에 관한 대법원의 입장을 보면, 대법원은 일관되게 법인 영업주의 종업원에 대한 선임감독상의 주의의무위반, 즉 과실책임을 근거로 법인의 책임을 묻되 다만 종업원의

무과실책임설은 양벌규정을 책임원칙의 예외로 파악하는 견해로서, 법인의 범죄능력을 부정하는 그 전제에서 보면 체계적으로 일관된다고 볼 수 있다. 하지만 양벌규정의 존재를 전제로 하면 그 법적 근거에 대한 설명으로는 받아들이기 어렵다. 이에 학설상으로는 부작위책임설이 유력한 지위를 얻고 있는 실정이다.

2) 헌재의 입장

주지하다시피 최근 양벌규정을 두고 있는 일련의 법조항들이 책임원칙에 반하여 헌법에 위반되는지 여부가 문제되었다. 여기서 문제의 쟁점은 이들 양벌규정이 자기책임원칙 또는 개별책임원칙에 위반되는지 여부이다. 이에 대해 헌재는 2007년 11월 29일 양벌규정에 대한 위헌결정을 내렸고,[47] 이를 필두로 하여 양벌규정을 둔 법률조항이 줄줄이 위헌 제청되어 위헌 결정을 받았다.[48] 이로써 양벌규정은 개인과 법인에 대한 것인지 여부를 불문하고 책임원칙에 반하여 위헌이라는 것이 헌법재판소의 확립된 판례가 되었다. 그런데 헌재 결정에서 양벌규정의 법적 성격으로 문제가 된 것은 '선임감독상의 과실(주의의무위반)'이다.[49] 대부분의 사건에서 헌재의 결정은 크게 세 가지 의견 —다수의견, 별개의견, 반대의견— 으로 갈리었다.[50]

위반행위에 대한 법인의 선임감독상의 과실이 추정된다는 태도를 취하고 있다[대판 2010. 2. 25, 2009도5824; 대판 2005. 6. 9, 2005도2733; 헌재 2010. 7. 29, 2009헌가25, 36, 2010헌가25(병합) 등 전원재판부, 재판관 이동흡의 반대의견 참조].

47) 헌재 2007. 11. 29, 2005헌가10 전원재판부(보검범죄단속에 관한 특별조치법 제 6 조 위헌제청)

48) 양벌규정의 위헌 여부가 문제되어 위헌결정이 내려진 경우로는 헌재 2007. 11. 29, 2005헌가10 전원재판부(보건범죄단속에 관한 특별조치법 제 6 조 위헌제청); 헌재 2009. 7. 30, 2008헌가10 전원재판부(청소년보호법 제54조 위헌제청); 헌재 2009. 7. 30, 2008헌가14 전원재판부(사행행위 등 규제 및 처벌특례법 제31조 위헌제청); 헌재 2009. 7. 30, 2008헌가16 전원재판부(의료법 제91조 제 1 항 위헌제청); 헌재 2009. 7. 30, 2008헌가17 전원재판부(구 도로법 제86조 위헌제청); 헌재 2009. 7. 30, 2008헌가18 전원재판부(구 건설산업기본법 제98조 제 2 항 위헌제청); 헌재 2009. 10. 29, 2009헌가6 전원재판부(의료법 제91조 제 2 항 위헌제청); 헌재 2010. 7. 29, 2009헌가14, 2010헌가18(병합) 등 전원재판부(도로교통법 제159조 위헌제청 등); 헌재 2010. 7. 29, 2009헌가25, 36, 2010헌가25(병합) 등 전원재판부((구) 농산물품질관리법 제37조 위헌제청) 등 참조. 다만 (구) 농산물품질관리법 제37조 위헌제청사건과 관련하여 헌재는 같은 법 제37조 중 "법인의 대리인·사용인 기타의 종업원이 그 법인의 업무에 관하여 제34조의 2의 위반행위를 한 때에는 그 법인에 대하여도 해당 조의 벌금형을 과한다."는 부분은 위헌이라고 보았지만, "법인의 대표자가 그 법인의 업무에 관하여 제34조의 2의 위반행위를 한 때에는 그 법인에 대하여도 해당 조의 벌금형을 과한다"는 부분은— 법인 대표자의 위반행위에 대한 법인의 책임은 법인 자신의 위반행위로 평가될 수 있는 행위에 대한 법인의 직접책임을 뜻한다고 보아 — 위헌이 아니라고 보았다(헌재 2010. 7. 29, 2009헌가25, 36, 2010헌가25(병합) 등 전원재판부).

49) 이와 관련하여, 양벌규정의 입법형태는 대륙법계에는 없는 것이고 영미법계의 대위책임(vacarious liability)의 범주에 속하는 상위자책임(respondeat superior)에 해당하는 것이어서 대륙법계에 없는 책임형태를 설명하기 위해 '감독과실책임'을 문제 삼은 것이라는 분석으로는 조병선, 앞의 논문, 10면 참조

50) 여기서는 편의상 청소년보호법 제54조 위헌제청사건(헌재 2009. 7. 30, 2008헌가10 전원재판부)에서 제시된 의견을 토대로 살펴보기로 한다. [심판대상조문] 청소년보호법(2004. 1. 29. 법률 제7161호로 개정된 것) 제54조(양벌규정): 법인·단체의 대표자, 법인·단체 또는 개인의 대리인, 사용인

다수의견은 (영업주가 고용한 종업원 등이 그 업무와 관련하여 위반행위를 한 경우에, 종업원 등의 범죄행위에 대해 영업주가 비난받을 만한 행위를 하였는지 여부와는 전혀 관계없이 종업원 등의 범죄행위가 있으면 자동적으로 영업주도 처벌하도록 규정하고 있는) 양벌규정을 위헌이라고 보았다. 양벌규정은 그 법률조항의 문언과 목적에 비추어 볼 때 합헌적 법률해석 —즉 영업주가 종업원 등에 대한 선임감독상의 주의의무를 위반한 과실 기타 영업주의 귀책사유가 있는 경우에만 처벌하도록 규정한 것이라고 해석하는 것— 의 여지가 없고, 이로써 비난받을 만한 행위를 한 바 없는 자까지 타인(종업원)의 범죄행위를 이유로 처벌하는 것이어서 책임원칙 —"책임 없는 자에게 형벌을 부과할 수 없다"— 에 반한다는 것이다. 별개의견 역시 양벌조항을 위헌이라고 보았다. 첫째, 양벌조항은 종업원의 범죄에 아무런 귀책사유가 없는 영업주까지도 처벌할 수 있는 것처럼 규정하고 있어 "책임 없는 형벌 없다"는 원칙에 반한다는 것이고, 둘째, 설령 당해 법률조항을 종업원에 대한 선임감독상의 과실 있는 영업주를 처벌하는 규정으로 보더라도 과실만 있는 영업주를 고의의 본범(종업원)과 동일한 법정형으로 처벌하는 것은 책임의 정도에 비해 지나치게 무거운 법정형을 규정한 것이어서 책임원칙에 반한다는 것이다.

이에 반해 반대의견은 위헌이 아니라고 보았다. 양벌조항에서 종업원 이외에 영업주도 동일한 법정형으로 처벌하고 있는 것은 종업원의 위반행위가 이익의 귀속주체인 영업주의 묵인 또는 방치로 인해 발생하거나 그로 인해 강화될 가능성이 높아 영업주에 대한 비난가능성이 높음에도 공범으로서의 입증가능성은 오히려 낮을 수 있음을 감안한 것으로, 종업원의 위반행위에 대한 법인의 선임감독상의 과실을 강력히 처벌하려는 입법자의 의지가 반영된 것이라고 한다. 따라서 당해 법률조항이 그 문언상 '영업주의 종업원에 대한 선임감독상의 과실 기타 귀책사유'를 명시하고 있지 않더라도 그러한 귀책사유가 있는 경우에만 처벌하는 것으로 합헌적 법률해석을 할 수 있어 책임원칙에 반하지 않는다는 것이다.

3) 검 토

양벌규정에 대해서는 그 동안 학계에서도 범죄예방이라는 형사정책적 관점에 치우쳐 책임 없는 자까지 처벌함으로 책임원칙에 반한다는 목소리가 많았다. 그런데 양벌규정을 둘러싼 이러한 규범적 혼란은, 형법은 책임원칙에 엄격한 대륙법계(특히 독일)의 것을 계수한 반면 부수형법의 영역에서는 정책적·실무적 필요에 따라 양벌

기타 종업원이 그 법인·단체 또는 개인의 업무에 관하여 제49조의 2 내지 제49조의 4 및 제50조 내지 제53조의 죄를 범한 때에는 행위자를 벌하는 외에 그 법인·단체 또는 개인에 대하여도 각 해당 조의 벌금형을 과한다.

규정이라는 입법형식을 통해 영미법계의 요소를 도입한 데서 기인하는 것이라 할 수 있다.[51] 이런 점에서 양벌규정은 책임원칙의 엄격한 실현과 (처벌을 통한) 범죄예방이라는 형사정책적 목적 사이에 자리하면서 이론적으로 매우 복잡한 논란을 야기해 왔다고 할 수 있다. 이러한 상태에서 양벌규정에 대해 헌법재판소가 위헌 결정을 내린 것은, 형법이론적 측면에서 형법체계와 조화되기 어려웠던 이물질을 제거해 내었다는 점에서 매우 반길만한 일이라고 본다. 다만, 날로 증대하는 기업범죄에 대한 효율적 대처방안을 마련하는 것이 시급한 과제로 남아 있다.

현재 법무부는 양벌규정을 삭제하는 대신 면책규정을 포함하는 방식으로 개정하는 방식 —기존의 규정에 "다만 법인 · 단체 또는 개인이 그 위반행위를 방지하기 위하여 해당 업무에 관하여 상당한 주의나 감독을 게을리 하지 아니한 경우에는 그러하지 아니하다"라는 면책규정을 추가하는 방식— 을 택하여 —이미 이러한 방식에 따라 자격기본법, 도로법 등 다수의 법률이 1차로 개정 · 공포되었다— 계속해서 개정작업을 추진하고 있는 중이다. 하지만 대륙법계 형법을 계수한 우리의 형법체계에서 이질적인 양벌규정을 어떻게 합헌적으로 변형시킬 것인가는 결코 쉽지 않는 과제이다.

(2) 주거침입강제추행죄와 주거침입강간죄의 동일처벌이 문제된 경우

성폭력범죄의 처벌 및 피해자보호 등에 관한 법률 제 5 조 제 1 항 중 "형법 제319조 제 1 항(주거침입)의 죄를 범한 자가 같은 법 제298조(강제추행)의 죄를 범한 때에는 무기 또는 5년 이상의 징역에 처한다"는 부분이 형벌체계상의 균형상실 또는 형벌과 책임 간의 비례원칙에 위반되는지 여부가 문제된 사안이다.[52] 이에 대해 헌재는 책임원칙에 위반되지 않는다고 보았다.[53] 앞서 살펴본 헌법재판소의 규범적

---

51) 조병선, 앞의 논문, 7면

52) [심판대상조문] 성폭력범죄의 처벌 및 피해자보호 등에 관한 법률(1997. 8. 22. 법률 제5343호로 개정된 것) 제 5 조(특수강도강간 등) ① 형법 제319조 제 1 항(주거침입), 제330조(야간주거침입절도), 제331조(특수절도) 또는 제342조(미수범. 다만, 제330조 및 제331조의 미수범에 한한다)의 죄를 범한 자가 동법 제297조(강간) 내지 제299조(준강간, 준강제추행)의 죄를 범한 때에는 무기 또는 5년 이상의 징역에 처한다.

53) 특수강도강제추행죄의 법정형을 특수강도강간죄의 그것과 같이 사형 · 무기 또는 10년 이상의 징역형으로 정한 것이 형벌체계상의 균형상실 또는 과잉처벌인지 여부가 문제된 사건[헌재 2001. 11. 29, 2001헌가16 전원재판부(성폭력범죄의 처벌 및 피해자보호 등에 관한 법률 제 5 조 제 2 항 위헌제청)] 역시 이와 유사한 취지의 판례로 보인다. [심판대상조문] 성폭력범죄의 처벌 및 피해자보호 등에 관한 법률(1997. 8. 22. 법률 제5343호로 개정된 것) 제 5 조(특수강도강간 등) ② 형법 제334조(특수강도) 또는 제342조(미수범. 다만, 제334조의 미수범에 한한다)의 죄를 범한 자가 동법 제297조(강간) 내지 제299조(준강간, 준강제추행)의 죄를 범한 때에는 사형 · 무기 또는 10년 이상의 징역에 처한다.

심사기준과 그에 대한 필자의 검토내용에 기초하여 이 사건에 관한 결정(다수의견)과 그 논거들을 살펴보면 다음과 같다.

1) 다수의견과 그 논거

다수의견(결정요지)은 먼저 ⅰ) 강제추행죄의 피해자들이 직면하는 심각한 정신적·정서적 장애 등의 피해사정, 사생활의 중심인 주거에서 강제추행이 초래하는 피해의 심각성, 특히 가족이 목격하는 가운데 행해진 경우 가정의 파괴에까지 이를 수 있다는 사정 등(사실적 근거)에다가, 불법에 상응하는 책임과 범죄예방이라는 형사정책의 고려(규범적 근거)에 기초하여 주거침입강제추행죄의 구성요건을 신설한 것은 필요하고도 바람직한 것이라고 한다. 또한 ⅱ) 보호법익의 중요성, 죄질, 행위자 책임의 정도 및 일반예방이라는 형사정책의 측면 등을 고려할 때 형법상 강제추행죄의 법정형을 가중하여 무기 또는 5년 이상의 징역형이라는 비교적 중한 법정형을 정한 것에도 나름대로 수긍할만한 합리적인 이유가 있다고 본다.

그리고 ⅲ) 주거침입강제추행죄와 주거침입강간죄의 비례관계에 관해서는 다음과 같이 논증한다. a) 일반적으로, 강제추행은 강간에 비해 그 피해가 상대적으로 경미하고 불법의 정도도 낮지만, b) 성기에 이물질을 삽입하는 가학적 행위, 항문성교, 구강성교 등 강간보다 죄질이 나쁘고 피해가 중대한 경우도 있다는 점, 통상의 추행행위라도 범행동기, 범행 당시의 정황, 보호법익에 대한 침해 정도 등을 고려하면 강간보다 무겁게 처벌하거나 적어도 동일하게 처벌해야 할 필요가 있는 경우도 실무상 흔히 있다는 점 등에 비추어 볼 때 강간과 강제추행을 구분하여 강간에 비해 강제추행을 가볍게 처벌하는 것은 구체적인 경우에 있어 오히려 불균형적인 처벌결과를 가져올 염려가 있다고 한다. 따라서 주거에 침입하여 피해자를 강제추행한 경우에 대한 비난가능성의 정도가 피해자를 강간한 경우에 비해 반드시 가볍다고 단정할 수는 없고 오히려 구체적인 추행행위의 태양에 따라서는 강간의 경우보다 더 무겁게 처벌해야 할 필요도 있으므로, 문제의 법률조항이 형벌체계상의 균형을 잃은 자의적 입법은 아니라고 한다.

2) 검 토

ⅰ) 부분은 특별히 문제가 없어 수긍할만하다. ⅱ) 부분은 여러 가지 복합적 요소들을 원용하여 판단하고 있으나 그런 만큼 세밀한 논증은 이루어지지 못하고 있다. 하지만 형법이론적 측면에서 보면 이점에 관해 합리적인 논증을 수행하는 것이 결코 쉽지 않거나 또는 거의 불가능하다는 점에서 일면 수긍이 가는 일이다. 왜냐하면 우리 형사특별법상의 형벌체계는 입법자가 국민의 법감정과 그때그때의 현실적

필요성에 따라 중형주의의 기반 하에서 마구잡이로 형벌을 상향조정해 놓았을 뿐만 아니라, 일반법인 형법과의 체계적 정합성도 그다지 심도 깊게 고려하고 있지 않은 까닭에 형법체계와의 균형성에 부합하는지조차 판단하기 어려운 지경에 처해 있다는 점에 대부분의 형법학자들이 공감하고 있기 때문이다. 현재 법무부 주관 하에 형사특별법을 전면적으로 정비하는 작업이 추진되고 있음도 바로 이러한 이유에서다. 다음으로 iii) 부분은 납득하기 어려워 보인다. 입법자가 특별히 중한 처벌의 필요성이 인정되어 특별법에서 중한 범죄구성요건을 신설하는 경우에는 우선적으로 일반법인 형법에 설정된 범죄 및 형벌 체계를 그 기초로 삼아야 하기 때문이다. 다시 말해 형법이 강제추행죄와 강간죄의 불법과 책임을 엄격히 구별하여 서로 달리 규정하고 있는 이상, 특별한 사정이 없는 한 이러한 체계적 일관성은 특별법에서도 그대로 유지되어야 한다는 것이다. 이러한 지적은 별개의견과 반대의견에서도 나타나고 있다.[54] 이는 형사특별법의 형벌체계에 관한 규율이 체계정합성의 측면에서 매우 문제가 많음을 보여주는 단면이라 하겠다.

다수의견의 결정요지에서 한 가지 특이한 것은, 강간과 강제추행을 구분하여 강간에 비해 강제추행을 가볍게 처벌하게 되면 '구체적인 경우에 있어 불균형적인 처벌결과를 가져올' 수 있다는 부분이다. 필자가 보기에 이는 '형평'(equity, Billigkeit)의 이념에 기대고 있는 논거로 보인다. 형평이란 구체적 사례에서의 정의를 말한다. 다시 말해 구체적 사례에서의 타당성을 견지하기 위해 일반적인 형식적 정의에 수정을 가하는 법이념 내지 법원리라 할 수 있다.[55] 일반적인 형식적 정의와 형평의 관계는 원칙과 예외의 관계로 정의할 수 있다. 이러한 정의에 따르면 원칙과 예외가 동일한 위상을 갖고 병렬적으로 규정되는 것은 논리적 모순이

---

54) "형법에 규정되어 구체적인 법정형으로 표현되고 있는 가치판단은 특별한 사정변경이 없는 한 존중되어야 한다. 우리 입법자가 형법상 강간죄의 법정형을 강제추행죄의 법정형보다 현저히 높게 설정한 것은 강간죄의 불법 정도와 비난가능성이 강제추행죄의 그것보다 훨씬 크고 높다는 전제에 선 것이다. 그런데, 이 사건 법률조항은 주거침입죄와 결합되었다는 이유 이외에 특별한 사정변경 없이 죄질이 다른 주거침입강간죄와 주거침입강제추행죄에 대하여 동일한 법정형을 규정하고 있으므로, 실질적 평등원칙에 어긋나고 형벌체계상의 균형을 잃은 입법형태라는 점을 부인할 수 없다"(재판관 목영준의 별개의견). "입법자는 형법 제297조(강간), 제298조(강제추행)에서 그 죄질과 보호법익 등 여러 가지 요소를 종합하여 그 법정형을 … 각 규정하였다. 이는 강간도 넓은 의미에서는 강제추행의 한 유형이라고 할 수 있으나, 추행행위에서 더 나아가 간음으로까지 이어진 경우에는 성적 자기결정권의 현저한 침해로서 입법자는 이에 대해 그 불법의 정도와 비난가능성이 강제추행보다 훨씬 크다고 보아 중하게 처벌하고 있는 것이다 … 주거침입강제추행죄는 주거침입의 가중적인 구성요건이 아니라 강제추행죄의 가중적 구성요건이므로 그 본질은 여전히 강제추행 부분에 있고, 주거침입강간죄도 그 본질이 강간에 있으므로, 강간이나 강제추행에 대한 입법자의 평가는 여기에서도 그대로 유지되어야 한다"(재판관 주선회, 재판관 조대현의 반대의견).

55) 이런 점에서 형평은 "정의의 목발"로 불린다[카임 페를만, 법과 정의의 철학(심헌섭·강경선·장영민 옮김), 종로서적, 1986, 93면].

다.[56] 그렇다면, 다수의견의 주장대로 강제추행죄의 불법과 책임이 거의 강간죄의 그것에 견줄만한 정도여서 동일하게 처벌할 필요성이 있는 경우라 하더라도, 양자를 같은 범죄구성요건에 넣어 동일한 법정형으로 규율할 것이 아니라, 형법의 기본입장대로, 서로 다른 구성요건을 두어 규정하되 그 처벌에 있어 강제추행죄가 허용하는 법정형의 범위 내에서 최대한 중하게 처벌하는 방식을 취하는 것이 바람직할 것이다.

(3) 예비죄와 본죄(기수범)의 동일처벌이 문제된 경우

관세대상 물품의 부정수입예비 또는 관세포탈예비를 한 자를 본죄에 준하여 처벌하도록 한 구 '특정범죄 가중처벌 등에 관한 법률' 제 6 조 제 7 항 중 관세법 제270조의 죄를 범할 목적으로 그 예비를 한 자에 대하여 적용되는 부분의 위헌 여부가 문제된 사안이다.[57] 이에 대해 헌재는 책임원칙(과 평등원칙 및 인간의 존엄과 가치)에 반하지 않는 것으로 보았다.

1) 다수의견과 그 논거

다수의견(결정요지)은 먼저 ⅰ) 해당 예비죄 조항이 관세포탈 등 예비범에 대해 본죄에 준하여 가중처벌하도록 규정하고 있는 것은, 같은 조항이 특정하고 있는 관세포탈죄 등만은 그 특성과 위험성을 고려하여 이를 처벌함에 있어 조세범이나 다른 일반범죄와는 달리함으로써 건전한 사회질서의 유지와 국민경제의 발전에 이바지하기 위한 것으로(같은 법 제 1 조) 우리나라의 경제질서에 관한 헌법 제119조 제 2 항(경제의 규제·조정), 제125조(무역의 규제·조정) 규정의 정신에 부합하여 입법목적의 정당성이 인정된다고 보았다. 또한 ⅱ) 당해 예비죄 조항은 이러한 입법목적을 달성하기 위해 필요할 뿐 아니라 그 수단·방법에 있어서도 적정하며, 책임과 형벌 사이에 적정한 비례관계가 있어야 한다는 책임원칙에도 반하지 않는다고 보았다. 그 근거로는 a) 관세포탈의 경우 수입신고 이전단계인 예비나 수입신고 후 수입 이전 단계인 미수는 모두 명백한 범의를 가지고 진행되는 일련의 절차에 불과하므로 관

56) 다음과 같은 반대의견의 지적 역시 이와 궤를 같이 하는 것으로 보인다 : "다수의견은 '통상적인 추행행위'라는 원칙적인 사례를 기준으로 주거침입강제추행죄의 성격을 파악하기보다는 예외적이거나 비전형적인 유형을 기준으로 하여 본죄를 파악하고 있는 것이고, 예외적이거나 비전형적인 다른 행위자의 불법내용을 통상적인 범죄유형에서의 행위자의 책임으로 의제하는 것은 어떠한 목적을 위해서도 정당화될 수 없다."

57) 헌재 2010. 7. 29, 2008헌바88 전원재판부(특정범죄 가중처벌 등에 관한 법률 제 6 조 제 7 항 등 위헌소원). [심판대상조문] 구 특정범죄 가중처벌 등에 관한 법률(2000. 12. 29. 법률 제6305호로 개정되고, 2010. 3. 31. 법률 제10210호로 개정되기 전의 것) 제 6 조 제 7 항 중 관세법 제270조의 죄를 범할 목적으로 그 예비를 한 자에 대하여 적용되는 부분(⑦ 관세법 제271조에 규정된 죄를 범한 자는 제 1 항 내지 제 6 항의 예에 의한 그 정범 또는 본죄에 준하여 처벌한다).

세포탈 등의 예비나 미수가 기수에 비해 위험성이나 법익침해 가능성이 다르다고 할 수 없고(법익침해의 관점), b) 관세범은 형사범과는 달리 재정범이자 행정범의 일종으로서 국가경제에 미치는 영향이 크며(국가경제적 관점), c) 조직성과 전문성, 지능성, 국제성을 갖춘 영리범이라는 특성을 갖고 있어 쉽게 근절되기 어려울 뿐 아니라(범죄의 특성), d) 범행의 인지·범인의 체포 등이 극히 어렵고(절차상의 난점), e) 특히 기수와 미수, 미수와 예비를 엄격히 구별하기 어려워 이 범죄에 대해 철저하게 대처해야 할 필요성이 있으며(범죄에 대한 효율적인 대처 필요성), f) 법률의 위하적 효과로서의 일반예방적 효과를 제고할 필요도 있다(일반예방적 형벌목적)는 점을 들고 있다.

2) 반대의견[58]과 그 논거

반대의견은 당해 예비죄 조항이 기수죄의 법정형과 아무런 차등을 두지 않고 예비죄를 기수죄와 동일하게 처벌하고 있는 것은 명백히 책임의 정도를 초과하는 형벌을 과하는 것으로 헌법상 책임원칙에 위반된다고 보았다. 그 논거로는 i) 우리 형법은 예비행위를 미수·기수와 엄격히 구별하여 법칙침해의 위험성이 중대한 예외적인 경우에만 특별히 처벌규정을 두고 있는바, 이는 예비행위가 본죄와 형사상 책임이 동일할 수 없음을 보여주고 있다는 점, 그런데 우리 현행 형벌체계상 예비를 기수와 동일하게 처벌하는 유일한 입법례라 할 수 있는 해당 예비죄 조항은 이러한 체계에 명백히 배치된다는 점(비록 관세범의 경우 예비와 미수·기수를 구분하기 어려운 경우가 있더라도 이를 이유로 형법체계상의 구분기준을 포기할 것은 아니라는 점)(형법상의 형벌체계 고려), ii) 해당 예비죄 조항이 제정된 1968년 무렵이나 헌법재판소가 구 관세법(1996. 12. 30. 법률 제5194호로 개정되기 전의 것) 제182조 제 2 항에 대해 합헌결정을 내린 1996년 무렵과는 경제적 사정이 크게 달라진 작금의 상황[59]에서 관세범은 조세범의 한 형태로서 다른 조세범과 국민경제에 미치는 해악의 정도에 있어 별다른 차이가 없게 되었으므로 특별히 관세범의 경우에만 형벌체계의 정합성을 깨뜨려서 예비죄를 기수죄와 동일한 법정형으로 처벌해야 할 합리적 이유가 없다는 점(변화된 경제환경의 반영), iii) 따라서 비록 관세포탈범에 대한 규율을 함에 있어 일반형사범의 경우에 비해 합목적성·기술성 및 정책성을 참작할 필요가 있더라도, 그에 대해 형벌을 과함에 있어서는 일반형법의 책임원칙을 바탕으로 하지 않을 수 없다

58) 재판관 김종대, 재판관 목영준, 재판관 송두환의 (일부)반대의견.

59) 국민경제의 성장·발전과 국제화의 실현으로 경제적 후진상태에서 벗어나 수많은 국내생산제품이 외국에 수출되고 국내외의 상품가격 및 품질의 격차가 해소되었으며, 외국과의 인적·물적 교류도 빈번하여지고 있는 상황을 말한다.

는 점(합목적성에 대한 법원리의 중시), ⅳ) 해당 예비죄 조항과 관련하여 2010. 1. 1. 법률 제9910호로 관세법이 개정되면서 관세법 제271조 제3항은 "제268조의 2, 제269조 및 제270조의 죄를 범할 목적으로 그 예비를 한 자는 본죄의 2분의 1을 감경하여 처벌한다"는 내용으로 바뀌었는데, 이는 관세범의 경우에도 범죄에 대한 책임의 정도에 상응하는 처벌이 이루어져야 한다는 반성적 고려의 결과라는 점[60](입법자의 태도 변화 고려) 등을 들고 있다.

3) 검 토

양 의견은 모두 각 의견을 정당화함에 있어 여러 가지 요소들을 원용하여 근거를 제시하고 있다. 다수의견은 그 법적 판단을 정당화함에 있어 법익침해나 위험성의 고려, 합목적성이념에 기초한 국가경제적 고려, 범죄의 특수성과 형사절차상의 난점 고려, 범죄에 대한 현실적이고 효율적인 대처 필요성, 일반예방적 형벌목적의 고려 등 대체로 국가정책적 입장이나 형사정책적 측면에 중점을 두면서도 형사입법체계, 특히 형법상의 형벌체계에 관한 부분에서는 상당히 완화된 태도를 취하고 있는 것으로 보인다. 반면 반대의견의 논거는 형법상의 형벌체계의 존중, 변화된 경제환경과 상황의 고려, 합목적성에 대한 법원리의 중시, 입법자의 태도 변화 고려 등으로 집약할 수 있는바, 이는 다수의견과는 달리 형법상의 형벌체계를 주된 근거로 하면서 형사입법의 영역에서 합목적성의 이념(정책적 관점)보다는 법원리(책임원칙)를 좀 더 엄격하게 실현시키려는 모습을 보이고 있는 것 같다.

논거들의 특징을 감안할 때 이 사건에서는 형사입법체계, 특히 형법상의 형벌체계에 어느 정도의 비중을 줄 것인가 하는 점이 크게 작용한 듯하다. 물론 일반법인 형법체계를 우선적으로 고려하기 위해서는 형법상 형벌체계가 합리적으로 구성되어 있음을 전제로 한다. 앞에서도 지적하였듯이 형사특별법 내지 부수형법상의 형벌체계가 그때그때의 처벌필요성 및 국민의 여론에 기대어 정립됨으로써 많은 문제점들을 안고 있다는 점, 형법상의 형벌체계에 관한 논의 —현재 그 대폭적 개정을 위한 작업이 추진되고 있지만— 가 적어도 형법도그마틱을 통해 지속적으로 이루어져 왔다는 점 등을 고려하면, 형사특별법이나 부수형법의 개별조항에 대한 (책임원칙에 반하는지 여부를 이유로 한) 위헌 여부에 대한 결정은 형법상의 형벌체계를 기준으로 한 정합성 여부에 그 초점이 맞추어져야 할 것으로 본다. 형법상의 형벌체계 역

---

60) 나아가 평등원칙 위반 여부와 관련해서는, 관세범에 대한 평가가 변화한 지금에도 관세포탈 등의 예비행위를 본죄에 준하여 처벌하도록 규정하고 있는 해당 예비죄 조항은 관세포탈 등의 본죄와 비교하여 불합리할 뿐만 아니라, 일반형법 위반범 및 다른 조세범의 예비죄 처벌과 비교하더라도 관세범에 대한 불합리한 차별대우에 해당한다고 보았다.

시 입법자의 작품이며, 더욱이 형사특별법이나 부수형법보다는 좀 더 심혈을 기울여 만든 작품으로 볼 수 있기 때문이다. 또 이렇게 하는 것이 형법과 특별형법 또는 부수형법 간의 체계적 정합성을 꾀하는 데도 도움이 될 것이다. 이점은 책임원칙을 둘러싼 헌법상의 논의가 형법상의 논의와 조율될 필요성을 보여주는 것이기도 하다. 국가의 기본법인 헌법은 그 하위체계인 형법의 규범력을 보증하는 토대가 되지만, 다른 한편 그러한 헌법의 규범적 내용 역시 형법적 논의와의 지속적인 상호적 소통을 통해 구성되는 것이라 할 수 있다.

V. 맺음말 — 책임원칙의 과제와 미래

오늘날 책임원칙의 실현에 한계가 있다는 점에 대해서는 이견이 없다. 이러한 실현상의 한계는 —알렉시의 언급대로— 법원리로서의 책임원칙이 최적화명령으로서의 성격을 가진다는 데서 잘 드러난다. 인간존재의 불완전성, 책임개념 자체에 대한 회의, 사회적 복잡성의 증대로 인한 책임귀속의 불명확성, 책임과 예방 간의 적정한 한계 설정의 어려움 등은 모두 책임원칙의 실현을 제약하는 사실적 및 규범적 요소로 작용하고 있다. 그러나 이러한 난점에도 불구하고 책임원칙은 인간을 이성적 주체 —즉 실천이성을 지니고 자율적으로 자기결정을 할 수 있는 주체— 로 보는 인간상을 전제로 하면서 오늘날에도 여전히 그 효력과 유용성을 지닌 핵심적 법원리임에 분명하다. 특히 책임원칙이 자유주의적 법치국가의 측면에서 국가형벌권의 자의적 발동과 행사를 제한함으로써 개인의 자유를 보장하는 핵심적 역할을 수행하고 있고 또 수행해야 함은 자명한 일이다.

다만 앞서 살펴보았듯이, 일면 책임에 의해, 타면 예방적 형벌목적에 의해 규정되는 책임원칙의 구조상 책임원칙이 국가형벌권의 제한이라는 그 고유한 과제를 어떻게 수행해 나갈 것인가 하는 것이 무엇보다 관건이다. 책임범주의 두 가지 측면을 고려할 때 책임에 중심을 둔 책임원칙의 측면은 자유주의적 법치국가원리에, 타면 예방적 목적을 고려한 책임원칙의 측면은 사회적 법치국가원리에 의해 지배된다. 이러한 이율배반적인 이념에 의해 인도되면서 책임과 예방이라는 이질적인 두 요소를 '적절하게' 아울러야 하는 것이 책임원칙의 가혹한 운명인 셈이다.[61]

61) 이러한 운명 속에서 주변의 거친 도전들에 맞서기 위해서는 전통적 책임개념에 내재된 문제들을 해결하기 위한 합리적인 방안 역시 지속적으로 강구되어야 할 것이다. 가령 일반인의 의사소통적 생활현실에 기초하여 경험적으로 공감을 얻을 수 있는, 책임판단 또는 책임비난의 실질적 근거를 찾는 일은 특히 중요하다고 본다. 이를 위해 절차법적으로도 획기적인 변화를 꾀할 필요가 있다. 현

헌법적 차원에서도, 즉 형벌조항에 관한 위헌심사기준으로서의 책임원칙도 이러한 운명을 벗어나 있지는 못한 듯하다. 그런데 헌법적 차원에서의 책임원칙은 사실상 더 가혹한 운명을 지니고 있는 것으로 보인다. 왜냐하면 형법적 논의의 차원과는 달리 헌법적 논의의 차원에서는 법익보호와 범죄예방 등 형사정책적 요소 외에도 입법자가 형사입법을 함에 있어 고려한 다양한 요소들, 가령 국민의 법감정, 시대적 상황, 국가경제적 배려 등 국가정책적 및 정치사회적 요소들까지 책임원칙의 실현에 영향을 미치고 있기 때문이다. 하지만 —앞서 언급하였듯이— 입법자의 입법형성의 자유는 적어도 형벌조항에 관한 형사입법의 영역에서는 상대적으로 엄격한 제약을 받지 않을 수 없다. 형사입법에서 입법자가 형성의 자유에 터 잡아 다양한 요소들을 반영할 수는 있겠지만, 책임원칙이 그 실현에 있어 제약받아야 할 요소는 법익보호나 예방적 형벌목적 등 형사정책적 측면임을 감안할 때 그 밖의 요소들에 무게중심을 둘 경우에는 결국 책임원칙에 반할 소지가 많기 때문이다. 몇몇 헌법재판소 판례에 대한 앞서 행한 분석에서 보았듯이, 형사입법과정에서 고려된 다양한 요소들 중 특히 국가정책적 요소 등은 책임원칙 위반 여부에 대한 심사 및 판단에 다시금 사용되어 그 위반을 배제하는 요소로 작용하는 경우도 없지 않다. 물론 형벌조항에 관한 형사입법에서 입법자가 어떤 요소들을 고려하더라도 종국적으로 그 입법의 책임원칙 위반 여부, 이로써 그 위헌 여부에 대한 규범적 판단은 헌법재판소가 감당할 몫이다. 그렇다면 헌재 역시 책임원칙의 구조적 특징에서 초래되는 한계, 즉 법익보호와 범죄예방이라는 형사정책적 측면만이 책임원칙의 구체적 실현을 제약하는 요소로 작용한다는 점을 가급적 존중하여야 할 것이다. 그럴 경우에야 비로소 헌법과 형법이라는 서로 다른 법영역의 기본원리로 작동하는 책임원칙이 법체계 전체의 측면에서도 일관된 내용을 갖고 적용될 수 있을 것이다.

오늘날 책임원칙의 폐기 또는 다른 원칙으로의 대체를 주장하는 견해도 있지만, 이러한 주장의 힘을 떨어뜨리면서 장래에도 책임원칙이 여전히 그 실천적 위용을 발휘하자면 이러한 소통적 수렴은 불가피할 것이다.

재 양형에 관한 합리적인 기준을 마련하기 위한 작업이 계속되고 있지만, 이에 못지않게 합리적인 양형절차를 구성하는 것도 시급한 일이다. 공판절차의 이분화, 이를 통한 양형심리의 충실화와 공정성 확보, 전문화된 양형조사관의 확충 등은 양형과 형벌귀속의 합리화를 위한 '절차적 기획'의 핵심에 속하는 사항들이다. 이러한 일련의 조치는 모두 법치국가적 정형화의 과제에 속하는 것이다. 책임원칙이 그 본래의 역할을 제대로 수행할 수 있기 위해서도 이러한 제도적 변화는 반드시 필요한 것이라 본다.

제106회 발표회 지정토론문

최 주 영*

발제자의 발표 잘 들었습니다.

발제자께서는 법철학적 통찰을 바탕으로 책임원칙의 의의와 구조, 그 한계요인, 위헌심사의 규범적 전제와 기준을 체계적으로 짚어 주신 후 관련 헌법재판소 결정례를 분석해 주시고 책임원칙이 현재 처한 상황과 앞으로의 과제를 제시해 주셨습니다.

발제자께서는 책임의 근거에 관한 도의적 책임론, 사회적 책임론, 인격적 책임론, 책임의 본질에 관한 심리적 책임론, 규범적 책임론, 기능적 책임론, 책임판단의 대상에 관한 행위책임론, 행위자(행상)책임론, 그리고 구성요건해당성, 위법성과 함께 범죄성립단계에서 요구되는 책임론과 형벌부과단계에서 논의되는 양형책임론, 책임원칙과 형벌목적 —특히 일반예방(적극적 일반예방)과 특별예방— 과의 관계, 책임원칙과 양형조건(형법 제51조)과의 관계 등 이른바 '책임의 늪'에 빠져 '책임원칙'의 정확한 의미와 형벌통제기능의 범위를 제대로 정립하지 못하고 있던 지정토론자에게 서광을 비춰 주셨습니다.

특히 실무가의 입장에서는 책임원칙의 내용을 '1) 책임은 형벌의 전제이자 근거, 2) 불법과 책임의 일치, 3) (양형에서) 책임과 형벌의 상응'으로, 책임원칙의 형벌 통제적 기능을 'ⅰ) 행위자의 행위와 형사제재 간의 비례성 보장은 책임원칙의 토대 위에서만 설명되고 관철될 수 있다, ⅱ) 책임원칙은 특별예방적 동기나 목적에 기한, 과도한 형벌의 부과를 막아준다, ⅲ) 책임원칙은 일반예방적 동기나 목적에 기한, 극단적인 형벌의 부과를 막아준다, ⅳ) 책임원칙은 일반예방적 동기나 목적에 기한, 책임 없는 자에 대한 처벌을 막아준다'는 것으로 일목요연하게 정리해 주신 부분과 헌법재판소가 형벌조항에 대한 위헌심사를 함에 있어 고려하고 있는 요소

* 부장연구관.

중 ii) 역사와 문화, 시대적 상황, 국민의 가치관과 법 감정(과거와 현재를 아우르는 정치사회적 요소) 부분은 책임원칙과는 그다지 관련이 없는 요소이므로 가급적 그 위상을 축소시켜야 한다는 의견 제시 부분은 매우 인상적이었습니다.

지정토론자도 발제자의 견해에 전체적으로 공감합니다만, 발제문을 읽고 느낀 의문점에 평소에 책임원칙과 관련해서 갖고 있던 궁금증을 덧붙여 발제자께 몇 가지 질문을 드리고, 발제자의 고견을 들어 보고 싶습니다.

1. 발제자께서는 '오늘날의 민주적 법치국가에서 형사책임은 …. 행위책임원칙을 당연히 전제한다', '헌법상의 원리인 책임원칙 — 행위책임…. 을 당연한 전제로 하는 책임원칙'이라고 서술하고 계십니다.

가) 발제자께서는 책임원칙에서 말하는 '책임'이란 행위책임만을 의미하고, 행위자책임은 포함되지 않는다는 입장이신가요?

나) 그렇다면, 발제자께서는 책임원칙에 비추어 우리 형법상의 상습범 가중처벌조항, 누범 가중처벌조항을 각각 어떻게 평가하시는지요?

다) 만일 책임원칙에 반한다고 보신다면, 위에서 본 책임원칙의 형벌 통제적 기능에 '책임원칙은 행위자책임에 기한(또는 행위책임이 아닌 것에 기한) 과중한 형벌의 부과를 막아준다'는 뜻이 포함되어 있다고 볼 수 있겠는지요?

2. 우리 형법 제51조는 법관이 구체적인 사건에 대하여 형을 결정할 때 고려해야 할 사유들을 규정하고 있는데, 이에 따르면, 법관은 형을 정함에 있어서 ① 범인의 연령, 성행, 지능과 환경, ② 피해자에 대한 관계, ③ 범행의 동기, 수단과 결과, ④ 범행 후의 정황 등을 참작하여야 합니다. 그런데 위 사유들을 가만히 살펴보면, 행위책임적 요소보다는 행위자책임적 요소 내지는 특별예방적 요소들이 주종을 이루고 있습니다. 그렇다면 행위책임에 입각한 책임원칙과 위 형법 제51조는 어떻게 조화를 꾀하여야 하는 것인지요?

이에 비해 법원조직법은 양형위원회로 하여금 양형기준을 설정, 변경함에 있어서는 ① 범죄의 죄질 및 범정과 피고인의 책임의 정도를 반영할 것, ② 범죄의 일반예방 및 피고인의 재범 방지와 사회복귀를 고려할 것 등의 원칙을 준수하여야 함과 아울러(법 제81조의 6 제 2 항), <u>① 범죄의 유형 및 법정형</u>, <u>② 범죄의 중대성을 가중하거나 감경할 수 있는 사정</u>, ③ 피고인의 연령, 성행, 지능과 환경, ④ 피해자에 대한 관계, ⑤ 범행의 동기, 수단 및 결과, ⑥ 범행 후의 정황, <u>⑦ 범죄전력</u>, <u>⑧ 그 밖</u>

에 합리적인 양형을 도출하는 데 필요한 사항을 고려하도록 규정하고 있습니다(법 제81조의 6 제 3 항).

3. 마지막으로, 책임원칙이 '사회내 처우'[1]나 보안처분과 관련해서도 어떤 기능(특히 통제기능의 측면에서)을 발휘할 수 있는 것인지? 궁금합니다. 끝.

1) 보안처분과 사회내 처우의 구분에 있어서 절대적인 기준은 찾기 어렵고, 다만 보안처분은 애초 독일 등에서 논의, 발전되어 온 것을 주로 일컫고, 사회내 처우라는 개념은 미국 등에서 발전되어 온 제도를 일컫다가 최근 보안처분과 형벌의 중간 영역에 해당하는 제도들을 포괄하게 된 것으로 보인다. 양자의 구별에 있어서 해당 처분이 '형벌 대용적인 성격'을 내포하고 있는지 여부가 하나의 유용한 기준으로 될 것으로 보인다. 즉 과거 사회안전법상의 보안관찰의 경우 형벌은 형벌대로 부과되고 그 다음에 누적적으로 다시 부과되는 처분임에 반하여, 사회내 처우는 형벌 대용적인 성격이 강하다(안정호, "가정보호사건의 사회봉사명령에도 형벌불소급의 원칙이 적용되는지 여부," 법원도서관, 대법원 판례해설 78호, 2008년 하반기, p. 660; 위 글에서는 '보호관찰, 수강명령, 사회봉사명령'을 사회내 처우로 분류하면서 전자로 갈수록 보안처분적 성격이, 후자로 갈수록 형벌적 성격이 강하다고 보고 있다).

第106회 발표회 지정토론문

최 희 수*

먼저 '책임주의'라는 어려운 주제를 맡아 이론적 깊이 있는 검토를 해주신 변종필 교수님께 감사드린다. 토론자로서 이 글을 읽고 느낀 점 몇 가지를 아래와 같이 밝힌다.

1. 발제자는 헌법재판소가 실질적 법치국가 또는 사회적 법치국가가 지향하는 죄형법정주의를 책임원칙의 근거로 보는 것에 반대하면서, 형식적 법치국가 개념에 기원을 둔 '형식적' 죄형법정주의를 주장하고 있다. 발제자는 그 주장의 근거로서, 만약 죄형법정주의를 실질적으로 이해한다면 인간의 존엄성보장, 적법절차원칙, 책임원칙, 비례성원칙 등을 모두 포괄하게 되어 개념들간의 구별이 모호하게 된다는 점을 들고 있다.

첫째, 발제자는 오늘날 통설인 실질적 법치국가개념을 부정하는 입장인가? 만약 부정하지 않는다면, 헌법상 원리인 실질적 법치국가원리가 유독 '형사법영역'에서 그 적용이 배제될 수 있는 것으로 보는 것인가? 또한 법치국가가 오늘날 '실질적' 법치국가이어야 한다면, 법치국가원리로부터 파생되는 죄형법정주의도 오늘날 '실질적' 죄형법정주의로 이해되어야 하지 않는가. 한편 법치국가원리가 —발제자도 인정하듯이— 책임주의의 근거라면서도, 그로부터 도출되는 죄형법정주의가 책임원칙의 근거가 될 수 없는 이유는 또 무엇인가.

둘째, 발제자는 죄형법정주의의 실질적 이해가 개념상의 혼동을 가져옴을 우려하지만, 헌법적 관점에서 볼 때는 반드시 그렇다고 보기 어렵다. 예컨대 인간의 존엄과 가치는 실질적 죄형법정주의의 근거이자 목적이라는 점에서, 비례성원칙은 반드시 형사법 영역에만 적용되는 것이 아니라는 점에서 그러하다.[1)]

그렇다면, 헌법재판소가 책임원칙을 천명하면서 죄형법정주의 원칙을 그 근거

---

* 강원대학교. 법학전문대학원 교수, 전 헌법연구관.

1) 적법절차의 경우, 그것이 절차의 적법성뿐만 아니라 내용의 적정성까지 요구하는 것이라면 '실질적' 죄형법정주의와 중복되는 면이 강하다. 하지만 이는 우리 헌법이 법치주의(법치국가원리)를 채택하면서도 미국의 적법절차조항을 도입함으로써 발생하는 불가피한 어려움일 뿐이다.

로 드는 경우[2])도 있고 그렇지 않은 경우[3])도 있지만, 전자의 경우가 반드시 타당하지 않은 것으로 보기는 어렵다고 생각된다.

2. 발제문을 통해 여러 가지 어려운 개념들이 제시되고 있다. 예컨대 '생활세계와 사회체계의 분화', '사회적 하부체계들의 기능적 행위영역의 확장', '생활세계의 식민지화', '엄격한 의사책임의 붕괴' 등. 이들 개념들에 대한 보다 구체적인 설명이 필요할 것으로 보이며, 또 이들 개념에 따른 현상들이 책임귀속 내지 책임확정에 어떤 영향을 미치는 것인지에 대해서도 더 많은 설명이 필요해 보인다.

3. 헌법재판소가 형사입법의 위헌성 여부를 판단하는 기준으로 '우리 역사와 문화, 입법당시의 시대적 상황, 국민일반의 가치관 내지 법감정'을 중요한 고려요소로 간주하고 있는 점에 대한 발제자의 비판은 수긍할 만하다. 다만 이러한 요소를 고려기준으로 제시하는 판시[4])는 형벌조항이 문제되는 경우 거의 빠짐없이 등장하는 '일반론'적 언급에 해당하므로 실제 이러한 요소가 어느 정도까지 형벌조항의 위헌성 판단에 영향을 미치는 것인지는 불명확하다는 점, 다른 한편 헌법재판의 실무에서 특히 '국민일반의 가치관이나 법감정'의 경우 이를 완전히 배제하기가 과연 쉬울 것인가라는 생각이 든다는 점을 지적하고자 한다.

4. 발제자는 형법상 책임원칙의 내용으로 거론되고 있는 사항들 중 헌법과 관련되는 부분과 그렇지 않은 부분으로 나누어 질 수 있는 것처럼 기술하고, '헌법상 책임원칙과 형법상 책임원칙'을 구분하고 있으나, 양자가 다른 것으로 보기 어렵다고 생각된다. 발제자가 '형법상 책임원칙'이 문제될 뿐이라고 보는 법원의 구체적인

---

2) 헌재 2004. 12. 16, 2003헌가12, 판례집 16-2(하), 446 이하.

3) 헌재 2003. 11. 27. 2002헌바24, 판례집 15-2, 242 이하.

4) 어떤 범죄를 어떻게 처벌할 것인가 하는 문제 즉 법정형의 종류와 범위의 선택은 그 범죄의 죄질과 보호법익에 대한 고려 뿐만 아니라 우리의 역사와 문화, 입법당시의 시대적 상황, 국민일반의 가치관 내지 법감정 그리고 범죄예방을 위한 형사정책적 측면 등 여러가지 요소를 종합적으로 고려하여 입법자가 결정할 사항으로서 광범위한 입법재량 내지 형성의 자유가 인정되어야 할 분야이다. 따라서 어느 범죄에 대한 법정형이 그 범죄의 죄질 및 이에 따른 행위자의 책임에 비하여 지나치게 가혹한 것이어서 현저히 형벌체계상의 균형을 잃고 있다거나 그 범죄에 대한 형벌 본래의 목적과 기능을 달성함에 있어 필요한 정도를 일탈하였다는 등 헌법상의 평등의 원칙 및 비례의 원칙 등에 명백히 위배되는 경우가 아닌 한, 쉽사리 헌법에 위반된다고 단정하여서는 아니된다(헌재 1992. 4. 28. 90헌바24, 판례집 4, 225, 229; 헌재 1995. 4. 20. 91헌바11, 판례집 7-1, 478, 487; 헌재 1995. 10. 26. 92헌바45, 판례집 7-2, 397, 404; 헌재 1999. 5. 27. 96헌바16, 판례집 11-1, 529, 538-539; 헌재 1999. 5. 27. 98헌바26, 판례집 11-1, 622-629; 헌재 2001. 11. 29, 2001헌가16, 판례집 13-2, 570 등 참조).

선고형량의 결정('책임과 형벌의 상응')의 경우에도, 비록 법원재판이 헌법소원의 대상이 되지 않음으로써 헌법재판소가 개입할 수 없지만, 그 경우에도 법원 역시 법적용에 있어 헌법으로부터 벗어날 수 없고, 그에 따라 법원의 양형에 관한 구체적 판결도 헌법상 과잉금지원칙을 준수하여야 하는 것이기 때문에, 결국 헌법상 책임원칙이 관철되는 것으로 보아야 할 것이다.

5. 발제자께서는 양벌규정의 위헌성에 공감하고 있고, 토론자 역시 같은 입장이다. 다만, 발제문에서도 적시하고 있듯이, 헌법재판소의 위헌결정에 대처해 면책조항을 두는 쪽으로 법개정이 이루어지고 있는데, 단순히 면책조항만을 두고 본범과의 법정형에 차이를 두지 않을 경우에는 다시 책임원칙 위반의 시비가 일어날 소지를 배제할 수 없다. 발제자께서는 그와 같이 면책조항만을 두는 경우 양벌규정의 위헌성이 치유될 수 있다고 생각하는지 여부에 대해 알고 싶다.

6. 발제자는 책임원칙을 드워킨이나 알렉시를 따라 법원리(Rechtsprinzip)로 이해한다. 즉 책임원칙을 불확정개념으로 이해하면서 그 구체적 내용의 확정에는 이른바 '최적화명령'이 적용된다고 본다. 그런데 최적화명령이 구체적으로 어떤 규범적 요청을 제기하는지가 불분명하다. 만약 최적화명령이 여러 가지 상충되는 이익들을 충분히 고려할 것을 의미하는 것이라면, 그것은 헌법재판소가 형벌규정의 위헌여부를 판단함에 있어 그 기준으로 적시하고 있는 내용(위 각주4의 판시내용)을 통해 이미 수행하고 있는 바에 다름 아닐 것이다. 그렇다면, 책임주의를 '법원리로서 최적화명령'으로 이해하는 것은 단순히 기존의 과정에 대한 '설명' 또는 '서술'로서는 훌륭한 것일 수 있을지 몰라도, 실천적 내지 규범적 요청을 제공하는 데까지는 이르지 못한 것이라 보아야 할 것이다.

결국 법원리(로서 최적화명령)는 실체적인 내용을 제공할 수 없는 약점을 가진 것이므로 기능적인 측면에서 헌법재판 실무를 위해 별다른 기여를 할 수 없는 것으로 생각되는데, 이점에 대한 발제자의 견해를 듣고 싶다.

제106회 발표회 토론요지

사 회 자: 정태호(교수)

토론참여자: 김희옥(헌법재판관), 변종필(교수), 최희수(교수), 최주영(부장헌법연구관), 황치연(헌법연구관), 최완주(수석부장연구관), 남복현(교수), 오두진(변호사), 박해빈(헌법연구관), 황치연(헌법연구관)

간　　사 : 금요일 저녁이라고 하는 소중한 시간까지 내서 참석해 주셔서 감사의 말씀을 드립니다.

저는 헌법실무연구회 공동간사를 맡고 있는 김주경 연구관이라고 합니다.

오늘 그간 이 자리를 맡으셨던 손인혁 실장님께서 사정상 참석이 곤란하셔서 제가 임시로 이 자리를 맡게 되었습니다.

최근에 헌법실무연구회가 연구관 여러분들의 참여도라든지 아니면 실무상 관건이 되고 또 현안이 되고 있는 것들에 대한 주제를 선정을 해 오고 있습니다.

그것의 첫 번째가 저번달에 있었던 105회 실무연구회 주제였고요.

이번에는 공동 2 부에서 선정을 하는데 도움을 주셨던 사건의 주제를 선정하게 되었습니다. 주제는 형벌조항에 대한 위헌심사와 책임주의라고 하는 주제입니다.

이제 오늘 실무연구회 사회를 맡아서 수고해 주실 정태호 교수님께 마이크를 넘겨서 실무연구회 진행을 부탁드리도록 하겠습니다.

사 회 자 : 반갑습니다. 방금 소개받은 경희대학교 법학전문대학원의 정태호입니다.

책임원칙, 형법상의 핵심원칙 중에 하나인데 이게 주지하시는 것처럼 최근에 헌법재판소판례에서 위헌심사기준으로도 적용이 된바 있습니다. 그래서 헌법재판실무를 수행하면서 과연 책임원칙 내지 책임주의의 본질이 무엇인지 그리고 우리 헌법재판소에서 위헌심사의 기준으로 적용하는 책임주의 내지 책임원칙이 과연 형법에서 얘기하는 책임원칙과 본질이 같은 것인지 아니면 다른 구조적 요소를 내포하고 있는 것인지 여러 가지 궁금증을 자아내고 있습니다.

저 개인적으로도 판례를 읽으면서 좀 의문을 가졌던 여러 문제가 있었는데 오늘 때마침 동국대 변종필 교수께서 좋은 테마로 모두 직면하고 있는 공통된 그런 관심사에 대해서 해명의 단서를 제공해 주시리라 생각을 합니다.

먼저 발표와 토론에 앞서서 오늘 주제발표를 해 주실 변종필 교수 약력에 대해서 소개를 올리겠습니다.

변종필 교수님은 고려대 법대를 졸업하시고 같은 대학원에서 박사학위를 받으셨습니다. 그리고 대법원판례심사위원회 조사위원을 역임했고 현재는 동국대 법대 교수로 형사법을 강의하고 계십니다.

〈 주제발표자 발표 〉

사 회 자 : 방금 동국대 변종필 교수님께서 우리 헌법재판소 판례에서 이른바 책임원칙이 어떻게 구현이 되고 있고 또 어떤 요소에 의해서 순수한 실현이 제약을 받고 있는지 이런 것을 구체적인 사례를 들어서 잘 분석을 해 주셨습니다.

오늘 이 발제에 대해서 토론을 해 주실 분은 두 분인데요. 먼저 최희수 강원대 법학전문대학원 교수님의 토론을 듣고요. 이어서 현재 연구부 부장으로 계신 최주영 부장판사님 토론을 듣겠습니다.

토론에 앞서서 두 분의 약력 소개해 올리겠습니다.

최희수 교수님은 고려대 법대 대학원에서 석사와 박사를 취득하셨고요. 얼마전까지 여기 헌법재판소에서 연구관으로 활동을 하셨습니다. 현재 강원대 법학전문대학원에서 헌법학을 강의하고 계십니다.

그리고 최주영 부장판사님은 서울법대를 졸업하시고 사법연수원 22회로 수료하셨습니다. 그리고 인천지법 부장판사를 거쳐서 현재는 헌법재판소 부장연구관으로 재직중이십니다.

토론은 분량으로 봐서는 10분 이내에 충분히 마치실 수 있을 것 같은데요, 그 정도 선에서 해 주십시오.

〈 지정토론자(최희수) 발표 〉

지정토론자 : 안녕하십니까? 강원대 법학전문대학원 최희수입니다.

오늘 제가 토론자로 변종필 교수님의 발제에 대한 토론을 맡게 되었습니다.

제가 헌재를 떠난 것이 작년초였습니다. 벌써 시간이 많이 흘렀습니다. 그런데 오늘 다시 헌재로 토론하러 와보니까 고향에 온 것 같은, 또 아시는 분들도 많이 만나고 새로 바뀌신 분들도 계십니다만, 고향에 온 것 같은 푸근한 마음이 든다는 것을 이 자리에서 밝히는 바입니다.

토론에 들어가도록 하겠습니다.

우선 책임주의라는 이 주제가 사실은 쉬운 주제가 아닌데도 불구하고 거시적인 관점에서 형법 전 체계적인 관점에서 또 그리고 구체적인 사례까지 비판적으로 거시적인 측면과 미시적인 측면을 다 아울러서 검토를 해 주신 변종필 교수님께 감사드립니다. 발제문을 통해서 새로 여러 가지를 생각할 수 있는 계기가 되었고 또 많이 배웠다는 점을 밝힙니다.

대체로 변종필 교수님 발제는 제가 다 동의할 수 있는 부분들이고요. 지금 제가 토론문에서 한 일곱가지 문제 정도를 적어왔습니다. 사실은 제가 형법전문가가 아니고 대학원에서도 헌법을 전공했고 그래서 제가 이 책임주의라고 하는 형법의 본질을 건드리는 이 문제에 대해서 제대로 된 토론을 할 수 있다고는 생각을 안 합니다. 다만, 제가 아래에서 한 일곱가지 정도 제 생각을 적어본 것은 정말 소박한 입장에서 제기하는 그런 문제라는 것을 밝히는 바입니다.

우선 첫 번째로 발제자께서는 헌법재판소가 실질적 법치국가 또는 사회적 법치국가가 지향하는 죄형법정주의 —헌법재판소가 이런 표현을 쓰고 있습니다— 를 책임원칙의 근거로 보는 것에 반대하십니다. 그러면서 발제자께서는 형식적 법치국가 개념에 기원을 둔 형식적인 죄형법정주의를 주장하고 계십니다. 그 주장 근거를 보면 실질적으로 이것을 이해하게 되면 여러 가지 인간의 존엄성보장, 적법절차원칙, 책임원칙, 비례성원칙 이것을 다 포괄하게 되기 때문에 구별이 아주 모호하게 된다 이렇게 들고 계시는데요. 저는 그런 주장들을 보면서 몇 가지 의문이 들었습니다.

우선 발제자께서는 오늘날 통설인 실질적 법치국가개념을 부정하는 입장이신가를 먼저 묻고 싶습니다. 제 생각에 부정하시지는 않을 것 같아요. 만약 부정하시지 않는 다면 최고법인 헌법상의 원리인 실질적 법치국가원리가 유독 형사법영역에서 적용이 배제될 수 있다는 의미에서 그런 주장을 하시는지 묻고 싶습니다.

또한 오늘날 실질적 법치국가라고 하는 것이 통설이고 그렇게 다 알고 있는데 그렇다면 법치국가원리로부터 파생되는 하부원칙인 죄형법정주의 역시 실질적 범위로 이해하는 것이 당연하지 않은가 이런 아주 소박한 그런 추론이 가능하거든요.

그리고 또 발제자도 인정하고 계시지만 법치국가원리가 책임주의의 근거라면 그로부터 도출되는 죄형법정주의가 책임주의의 근거가 될 수 없는 이유는 무엇인지 그 점에 대해서 우선 묻고 싶습니다.

그리고 지금 근거로서 들고계시는 것도 가만히 보면 이것은 형법상으로 범위를 축소시켜 가지고 보면 구별이 모호하게 될는지 몰라도 헌법 차원으로 끼워놓고 보면 구분이 되거든요. 그래서 인간의 존엄과 가치는 결국 실질적 죄형법정주의가 추구하는 목적이자 이념입니다. 그리고 또 근거이기도 하지요.

그 다음에 비례성원칙의 경우도 반드시 형사법 영역에만 적용되는 것이 아니라는 점에서 헌법적 차원에서 보면 구분에 아무런 문제가 없습니다. 그렇기 때문에 제가 보기에는 헌법재판소가 판례를 통해 가지고 죄형법정주의를 책임원칙의 근거로 드는 견해도 있고 안 드는 견해도 있지만 든다고 하더라도 그것이 틀렸다 이렇게 볼 수 없는게 아닌가 이런 생각이 우선 들었고요.

그 다음에 변 교수님 발제문을 보면 여러 가지 앞부분에서 굉장히 어려운 개념들을 제시를 하고 계세요. 이게 하버마스를 알아야지 알 수 있는 그런 개념들이 막 등장합니다. 그런데 굉장히 추상도가 높아가지고 그것을 읽으면서 과연 머릿속으로 이게 정확히 어떤 의미인지 선뜻 잘 생각이 거기까지 미치지 않는 그런 느낌을 받았습니다. 예컨대 보면 '생활체계와 사회체계의 분화' 이것은 또 무슨 얘기인지, '사회적 하부체계들의 기능적 행위영역의 확장' 이것은 또 무슨 얘기인지, 그 다음에 '생활세계의 식민지화' 이것은 또 무슨 얘기입니까? 그 다음에 '엄격한 의사책임의 붕괴' 이것도 선뜻 들어오는 개념들이, 이 엄격한 의사책임의 붕괴는 대충 짐작은 갑니다만, 그래서 이런 개념들에 대해서 좀, 지금 변 교수님께서 이런 개념들을 가지고 들어오시는 것은 결국 책임개념 자체가 지금 흔들리고 있음을 논증하기 위해서 도입하고 있는 그런 독일의 하버마스 계열의 개념들이란 말이지요. 그렇다면 이런 개념들에 대한 설명을 좀 쉬운 예시를 통해서 —한 두 가지라도— 설명을 해서 이런 개념들로 인한 현상들이 왜 책임귀속이나 책임확정을 어렵게 하는지를 눈앞에서 생생히 볼 수 있도록 이렇게 예를 하나 들어주셨으면 참 좋겠습니다.

그 다음에 우리 헌법재판소는 형사입법의 위헌성여부를 판단하는 기준으로서 우리 역사와 문화, 입법당시 시대적 상황, 국민일반의 가치관인 법감정 이것을 중요한 고려 요소로 간주하고 있습니다. 그래서 발제자께서 비판을 아주 강하게 하시는데 전적으로 공감합니다.

제가 사건보고서를 쓸 때도 기존에 이 내용들이 이미 확립된 판례로 전제되어 있다고 생각하고 그대로 받아썼던 적이 몇 번 있었습니다. 그 당시도 약간 의문스러웠는데 변교수님 비판을 듣고 보니까 제 생각이 짧았다는 생각을 했습니다.

그런데 이러한 요소를 고려기준으로 제시하는 판시는 형벌조항이 문제되는 게 없고 거의 빠짐없이 등장되는 일반론적 언급입니다. 대부분의 형벌조항판례에서 이런 것들이 등장하거든요. 그렇기 때문에 실제 이런 요소가 어느 정도까지 위헌성 판단에 영향을 미치는가? 이것은 좀 불확실하다. 제가 시간이 좀 나면 토론자가 아니라면 이것을 충분히 기존 판례들을 다 그거 해 가지고 과연 이런 국민의 법감정을 고려하는 판례는 몇 개가 되고 이것을 조사를 했을 텐데 토론자로서 그렇게 못했다는게 아쉽고요. 좀 불명확합니다. 이것은 앞으로도 연구과제가 되어야 되지 않는가 이런 생각이 듭니다.

그 다음에 또 다른 한편에서 보면 이런 국민의 아주 확고한 법감정 또는 가치관 이런 것들이 있을 경우에 과연 헌재가 정말 단순히 법논리에 치중해 가지고 쉽게 이런 법률을 위헌으로 날려버릴 수 있을 것인가? 글쎄요, 정말 용기를 필요로 하는 건데요. 저는 쉽지 않지 않나 이런, 그런 측면도 있으리라고 봅니다. 비판은 물론 할 수 있겠지만 그렇다는 생각이 들어서 제가 거기서 적어봤고요.

그 다음에 발제자께서는 형법상 책임원칙의 내용으로서 여러 가지를 언급하고 계십니다. 그중에서 헌법과 관련되는 부분도 있고 또 그렇지 않은 부분 이렇게 나누고 계시거든요. 그러면서 헌법상 책임원칙, 형법상 책임원칙 이렇게 구분하고 계십니다. 그래서 아까 발제를 하실 때는 약간 그 뉘앙스하고는 달라진 것 같은 발제를 하신 것 같은데, 어쨌든 제가 그 발제문을 읽기로는 그렇게 읽힌단 말이지요. 그런데 양자를 달리 볼 수 있는가 이런 생각이 듭니다. 그래서 발제자께서 형법상 책임원칙이 문제될 뿐이라고 보는 법원의 구체적인 선고형량의 결정의 경우에도 비록 법원재판이 헌법소원의 대상이 되지 않기 때문에 헌법재판소가 헌법적 잣대를 들이대서 개입할 수는 없지만 그런 경우에도 법원이 재판할 때도 역시 법적용에 있어서 헌법으로부터 벗어날 수 없습니다. 따라서 법원이 양형에 관해서 구체적인 판결을 할 때도 역시 헌법상 과잉금지원칙은 준수해야 되는 것입니다. 그렇기 때문에 헌법재판소가 헌법상 책임원칙을 적용하는가 법원이 헌법상 책임원칙을 적용하는가의 차이만 있을 뿐 결국 헌법상 책임원칙은 양자 공히 적용되고 관철되는 것으로 봐야 하지 않나 이런 생각을 해 봤습니다.

그 다음에 발제자께서 양벌규정의 위헌성 문제에 공감하고 계십니다. 저도 역시 같은 입장입니다. 발제문에 보면 지금 이 문제를 개선하기 위해서 법무부에서 면책조항을 두는 쪽으로 법개정을 하고 있다고 합니다. 발제문에서 소개도 되고 있고요. 그런데 단순히 면책조항만을 두고 본범과의 법정형에 차이를 두지 않을 경우에는 다시 책임위반시비가 일어날 가능성이 매우 높습니다.

지금 발제문에서는 변 교수님께서는 그 부분에 대해서 분명한 입장을 밝히고 있지는 않으신데요. 이 면책조항만을 두는 경우에 양벌규정의 위헌성이 치유될 수 있다고 생각하시는지에 대해서 입장을 밝혀 주시기 바랍니다.

그 다음에 발제자께서는 책임원칙을 드워킨이나 알렉시를 따라서 레이츠 프린츠벨리하십니다. 책임원칙을, 즉 불확정개념으로 이해합니다. 뭐든 확정적인 내용이 있는게 아니고 여러 가지를 다 고려해서 그때 그때 최적화된 그런 결론을 이끌어내면 되는 그런 것으로 봅니다. 즉 최적화명령이 적용된 것으로 봅니다. 그런데 최적화명령이라 하는게 도대체 구체적으로 어떤 규범적 요청을 우리에게 제시하는지가 불분명합니다. 지금 발제문에서도 나타나 있지 않고요. 만약 최적화명령이라고 하는 것이 여러 가지 상반되는 이익들을 가령 국가정책적 여러 가지 다양한 기본권, 다양한 이익들을 충분히 고려해서 가장 적합하고 적절한 결론을 이끌어내야 하는 것이다라고 이렇게, 그런 요청을 담고 있는 것에 불과하다면 그것은 지금까지 헌법재판소가 형벌규정의 —특히 지금 문제되고 있는게 형벌규정이니까— 위헌여부를 판단함에 있어서 여러 가지 이익형량을 했던 것에 다름 아닙니다. 기존에 해왔던 것에 불과한 거지요. 그렇다면 소위 알렉시나 드워킨이 이야기하는 원리 내지는 법원리로서의 최적화명령이라고 하는 것도 이것은 지금까지 해왔던 과정을 설명하는 그런 어떤 원리로서는 아주 훌륭할 수 있지만 도대체 실제로 구체적인 재판할 때 무엇을 어떻게 하라는 것에 대해서는 판단자 입장에서는 아무 것도 제시하는 바가 없단 말이지요. 결국 기존에 해왔던 것을 그대로 할 수밖에 없는 그런 것이거든요. 그래서 결국 실천적 내지 규범적 요청을 제공하는 데까지 이르지 못한 것이 아닌가? 그래서 저는 종래에도 법원리 레이츠 프린츠벌로 보는 것이 과연 헌법재판에 어느 정도 도움이 되는가에 대해서 굉장히 회의적인 생각을 가지고 있었습니다만 이점에 대해서 발제자께서 어떻게 생각하시는지 견해를 듣고 싶습니다.

이상입니다.

사 회 자 : 강원대 최희수 교수께서 지정토론을 해 주셨는데 제 기대와는 달리 5, 6분 초과하셨네요. 이어서 최 부장님 토론 해 주시지요.

〈 지정토론자(최주영) 발표 〉

지정토론자 : 발제자의 발표 잘 들었습니다.

발표자께서는 법철학적 통찰을 바탕으로 책임원칙의 의의와 구조, 그 한계요인, 위헌심사의 규범적 전제와 기준을 체계적으로 짚어 주시고 관련 헌법재판소 결정례를 분석해 주시고 책임원칙이 현재 처한 상황과 앞으로의 과제를 잘 제시해 주셨습니다.

제가 업무상 최근에 책임의 근거에 관한 도의적 책임론, 사회적 책임론, 인격적 책임론 또 본질에 관한 심리적 책임론, 규범적 책임론, 기능적 책임론 또 한편 책임판단의 대상에 관한 행위책임론, 행위자(행상)책임론, 그리고 구성요건해당성, 위법성과 함께 논의되는 범죄성립단계에서의 책임론과 형벌부과단계에서 논의되는 양형책임론, 그리고 책임원칙과 특히 일반예방, 특별예방과 형벌목적과의 관계는 또 어떻게 되는 것인지, 책임원칙과 형법 51조의 양형조건과의 관계는 또 무엇인지, 이른바 책임의 늪에 빠져서 책임원칙의 정확한 헌법상 의미와 형벌통제기능의 범위를 제대로 정립을 못하고 있는 차에 이런 글을 접하게 되어서 대단히 반갑고 하나의 서광을 비춰줘서 기쁘게 생각합니다. 그리고 실무가의 입장에서 발제문중에 책임원칙의 내용을 세 가지로 잘 정리해 주신 것과 책임원칙의 형벌통제적 기능을 한 네 가지 정도를 일목요연하게 정리해 주신 부분이 눈에 띄었고요.

그 다음에 헌법재판소결정례 분석과 아울러서 형벌조항에 대한 헌법재판소의 위헌심사요소 중에 역사와 문화, 시대적 상황, 국민의 가치관과 법감정부분은 책임원칙과는 그다지 관련이 없는 요소로서 가급적 그 위상을 축소시켜야 한다는 의견제시부분은 매우 인상적이었습니다.

지정토론자도 발제자의 의견에 전체적으로 공감합니다만, 발제문을 읽고 느낀 의문점과 평소에 책임원칙과 관련해서 갖고 있던 궁금증을 덧붙여서 발제자께 몇 가지 질문을 드리고, 발제자의 고견을 한번 들어보고 싶습니다.

첫 번째 궁금증이었던 것은 발제자께서 발제문 한 두군데 간접적으로 표시가 되어 있는 내용을 보면 책임원칙에서 말하는 책임은 당연히 행위책임인 것을 전제로 하고 계신 것으로 보입니다. 그것과 관련해서 첫 번째 정확히 한번 여쭙고 싶고요. 책임원칙에서 말하는 책임이라는 것이 행위책임만을 의미하고 행위자책임은 포함되지 않는다는 입장이신 것이 맞는지 한번 여쭙고 싶고요. 만약 그런 입장이라고 한다면 행위책임에 입각한 책임원칙에 비추어 본다면 우리 형법상의 상습범가중처벌조항이나 누범가중처벌조항에 대해서는 각각 어떻게 평가하실 수 있겠는지 고견을 여쭙고 싶고요. 만약 상습범이나 누범가중처벌조항이 책임원칙에 반한다고 보신다면 아까 정리해 주신 책임원칙의 형벌통제적기능 중에 이러한 것도 하나 추가 할 수 있는 것인지? 책임원칙은 행위자책임에 기한 또는 행위책임이 아닌 것에 기한 과중한 형벌의 부과를 막아준다는 의미도 포함되어 있다고 볼 수가 있는 것인지 한번 의견을 여쭙고 싶습니다.

두 번째 의문은 이 의문하고 연장선상에 있는 것인데 그렇게 행정책임에 입각한 책임원칙을 체계적으로 머릿속에 구축을 해놓고 보다 보니 우리 형법 제51조에 의외로 법관이 형을 정함에 있어서는 네 가지 요소를 참작하라 라고 법에 규정이 되어 있는데 막상 그 내용을 보면 범인의 연령, 성행, 기능과 환경, 피해자에 대한 관계, 범행의 동기, 수단, 결과, 범행 후의 정황 등을 참작하라고 해서 그 사유들을 가만히 읽어보면 행위책임적 요소보다는 행위자책임적 요소 내지는 특별예방적 요소들이 주종을 이루고 있는 것 아닌가 이런 느낌이 들어서 책임원칙에 따라서 행위책임적 요소 아까 또 발제자 말씀하신 것처럼 헌법재판소에서 감안하고 있는 요소중에 정치·사회적 요소 부분은 제거되어야 된다라는 그것과 연장선상에서 행위자요소를 좀 제거를 해야 되는 것 아닌가 하는 생각을 한편 갖는데, 막상 형법 51조는 행위자적요소 내지 특별예방적요소를 오히려 더 중요 참작사유로 법정화하고 있는 것 같아서 그렇다면 행위책임에 입각한 책임원칙과 형법 51조는 어떻게 조화를 이룰 수 있는 것인지 한번 의견을 듣고 싶고, 아울러서 법원조직법의 양형위원회와 관련된 조항에는 형법 51조 조항과는 달리 행위책임적 요소인 행위의 유형 및 법정형, 범죄의 중대성을 가중하거나 감경할 수 있는 사정 이런 것들이 고려요소로 규정이 되어 있는 것과 대비가 되고 있어서 그 부분에 대한 어떤 견해를 갖고 계신지 여쭙고 싶고.

마지막으로 책임원칙이 형벌과 관련해서는 이런 형벌통제적기능을 한다라는 말씀 잘 들었습니다. 요즘 또 문제가 되고 있는 것은 형벌이 아닌 보안처분 또는 여기서 사회내 처우라는 개념을 썼습니다만 각주에 저희가 설명을 달아서 여기서 사용한 사회내 처우라는 것은 아마 형벌과 보안처분 중간영역에 있는 형벌대용적 성격이 강한 보안처분 같은 성격을 지칭하는 용어로 썼는데 그렇다면 사회내 처우라는 것은 형벌대용적 성격이 있어서 책임원칙이 어떤 기능을 형벌과 마찬가지로 발휘할 수도 있는 것 아닌가? 또는 더 나아가서 보안처분의 경우에도 책임원칙이 특히 통제적 기능과 관련해서 모종의 기능을 혹시 발휘할 수 있는 것인지에 관해서 고견을 듣고 싶습니다.

이상입니다.

사 회 자 : 지금 두 토론자분께서 제기하신 질문들이 전부 합하면 한 15개 정도 되는 것 같습니다. 이것을 짧은 시간에 충분히 의문에 대해 발제자께서 답변을 해 주실 수 있는지 모르겠는데, 한 10여분 시간 내에 답변을 주시고요. 부족한 게 있으면 추가적으로 토론을 통해서 답변을 보충하도록 하겠습니다.

변 종 필 : 좋은 내용들을 지적해 주셔서 감사드립니다.

가급적 간단하게 답변하도록 하겠습니다.

먼저 최주영 부장님 질의하신 내용에 대해서 먼저 답변을 드리겠습니다.

책임원칙에서 책임은 행위책임만을 말하는 것이다. 누범가중처벌규정은 어떻게 평가할 수 있느냐? 그것은 누범가중처벌이나 상습범가중처벌규정은 결국 행위자적 요소를 토대로 해서 가중처벌 하는 것이기 때문에 행위책임의 원칙에는 반한다 라는 것이지요. 여기에 대해서는 논란이 많이 되어 왔었는데요. 잘 아시다시피 지난번 형법총론부분 개정시안 공청회에서도 지금 이 부분을 폐지를 하고, 그러니까 상습범가중처벌이나 누범가중처벌규정을 폐지를 하고 대신에 사회보호법하에서 폐지되었던 보호처분을 재도입하겠다는 것입니다. 이 보호처분은 새로운 개념의 보호처분이다 해서 이야기를 하고 있습니다. 그런 시도를 하는 것 자체도 위헌의 소지 그러니까 행위자형법에 기초한 가중처벌규정으로서 위헌소지가 있기 때문에 많은 지적이 되어 왔기 때문에 그런게 아닌가 생각이 들고요.

그 다음에 책임원칙에 반한다고 볼 때 책임원칙은 행위책임자책임에 기한 가중된 형벌의 부과를 막아준다 이렇게 원칙을 정립할 수도 있을 것 같습니다.

물론 우리 형법에서 이런 대표적인 행위자 형법적 요소를 사실은 몰아내려고, 몰아낸다기 보다는 계속 있어 왔는데 가급적 책임원칙에 부합되는 방향으로 법을 구성하려면 없애는 것이 좋겠다 이런 부분에 합의가 있는 것 아니냐하는 생각이 듭니다.

그 다음에 제51조 양형의 조건에 관한 규정들을 보면 맞습니다. 이런 것은 맞는데 그래서 책임원칙의 내용 가운데 제가 세 번째 양형책임에 관해서 말씀을 드렸는데 사실은 양형책임과 첫 번째 책임은 모든 형벌의 근거이자 전제가 된다 할 때 그 형벌근거책임하고는 연관성은 있다고 하지만 그러나 구체적인 내용에서는 좀 다르다 이렇게 보고 있습니다. 이 부분이 어떻게 설명을 해야 될지 난해한 부분인데 양형책임에서 양형책임을 규정하는 요소들은 실제로 구체적 사안에서 형벌의 범위를 정하는데 의미 있는 모든 요소들을 다 포함하는 것이거든요. 그러니까 행위자의 어떤 여기 지금 나와 있는 연령이라든지 범행 후의 정황이라든지 이런 것까지 다 고려를 해서 범위를 정하도록 되어 있습니다. 그래서 이것을 양형책임이라고 하는데 양형책임은 형벌근거책임과 관련성은 있지만 완전히 구체적인 내용에서 같은 것은 아니다 이런 식으로 이해를 하고 있습니다. 그래서 사실은 구체적인 형의 양정, 양형에 있어서 책임이 과연 행위자에게 어떤 특정한 형벌을 부과하는데 그 근거로서 우리가 들 수 있느냐, 사용할 수 있느냐하는 점에 대해서 의문을 갖고 있는 사람들도 있습니다. 지금 논란이 되고 있는 부분 중에 하나입니다.

그 다음에 책임원칙이 사회내처우나 보안처분과 관련해서 어떤 기능을 갖느냐? 물론 사회내 처우나 이것을 갖다가 어떤 범위까지로, 여기 각주를 보니까 보호관찰이나 수강명령, 사회봉사명령 이런 것들을 사회내처우로 분류를 하시는데 어떻게 분류하느냐에 따라 달라질 수 있지만 통상 이런 것도 보안처분의 일종으로 보기 때문에 지금 현재까지는 물론 다른 구체적인 논의가 혹시 이루어져 있는지 제가 그 부분까지는 모르겠지만 어쨌든 보안처분에 대해서는, 보안처분이라는 것은 행위자가 가진 장래의 위험성을 토대로 해서 개선이나 사회격리, 사회보안을 목적으로 행해지는 자유제한이기 때문에 결국 과거에 저지른 행위를 토대로 해석한다고는, 보안처분을 이해한다면 구분되어야 되는 것 아니냐, 그렇다면 비례성원칙에 의한 통제를 받게 되지 책임원칙에 의한 통제는 조금 거리가 있는 것이 아니냐 이런 생각이 듭니다.

그 다음에 최희수 교수님 토론에 대해서 제 생각을 말씀드리겠습니다.

먼저 죄형법정원칙을 책임원칙의 근거로 들고 질의를 하셨는데요. 제가 실질적 법치국가개념을 부정하는 입장은 아니겠지요. 토론자도 말씀하셨지만. 그렇다면 이 자리에 있지도 못했을 것입니다.

실제로 최희수 교수는 저하고 친한 친구인데 제가 이 지정토론문을 보는 순간 적은 멀리 있는 것이 아니고 가까이에 있다, 이런 생각을 가졌습니다.

죄형법정원칙을 실질적으로 이해하느냐 형식적으로 이해하느냐 하는 것은 제가 볼 때는 실질적 법치국가의 이념을 구현한다고 하는 측면에서는 결과적으로 차이는 없지 않나하는 생각입니다. 다만 거기에 이르러 가는 방법에 있어서 제 생각은 죄형법정주의를 형식적으로 이해할 경우에 결국은, 이렇게 이해하는 이유는 발표문에서도 말씀드렸듯이 다른 어떤 중요한 헌법상의 원칙들하고 그 내용이 중복되거나 이렇게 될 여지가 있고 한계가 분명하지 않음으로써 결국은 다른 원칙들이 갖는 그 의미 자체가 왜곡된다든지 이럴 어떤 여지가 있다고 하는 그런 전제하에서는 형식적으로 이해하고 그렇다면 실질적인 측면은 다른 원칙들에 의해서 충분히 충족될 수 있다는 생각이지요. 그러니까 죄형법정주의 원칙에 대한 형식적 이해와 다른 어떤 실질적 원리들이 상호 수렴되는 과정에서 결과적으로는 실질적 법치국가의 이념이 구현되는 것 아니냐 이런 생각에서 이렇게 한번 생각했습니다. 그래서 반드시 실질적 죄형법정주의 원칙을 책임원칙의 근거로 들었다고 해서 이게 타당하지 않다 이렇게까지 제가 지금 말씀을 드리려고 하는 것은 아닙니다.

그 다음에 두 번째, 이 개념들에 대한 설명을 말씀드려야 되는데 이것은 지금 여기서 짧은 시간에 말씀드리기는 그렇고, 한 가지 예를 들면 결국 이게 두 가지가 생활세계나 사회체계라고 하는 개념자체가 공동체의 형성과 관련된 하나의 메커니즘이다 이렇게 말할 수 있는데 이게 하나의 모델이지요 사회형성을 이해하는.

예를 들면 어떤 기업이 있는데 그 기업에서 어떤 물품을 제조하는 기업이라고 합시다. 그랬을 때 그 물품을 제조하는 기업은 적어도 물건을 만들 때 소비자의 안전을 위해서 제품의 생산과정에서 최선의 주의를 기울여라 또는 기울여야 한다라고 하는 우리가 통상 이야기할 수 있는 일반적 규범적 요청에 놓이게 됩니다. 아마 이 부분은 대부분 인정하리라고 생각합니다. 물건 만드는 사람이 소비자의 안전을 고려하지 않고 만들어서는 안 되겠지요. 이게 어찌보면 이런 규범적인 요청은 생활세계 그러니까 누구나 이런 일을 할 때는 서로 이런 것이 우리의 일상생활 속에서 규범적인 명령으로서 적용되어야 된다는 부분에 대해서 상호적인 합의가 전제되어 있는 규범이라고 볼 수 있습니다. 그런데 기업이 경우에 따라서는 재정사정이나 이런 것이 여의치 않아서 아주 열악한 생산공정라인을 둘 수 있습니다. 그러면 그런 상태에서 제품을 생산하게 되면 물건을 만들어 내게 되면 그것이 소비자의 안전에 다소간 또는 상당부분 위해를 줄 수 있을 것이라고 판단을 함에도 불구하고 그 경우 어쨌든 제조원가를 낮추는 방향에서 기업의 이윤을 극대화하는 수익을 극대화하는 이런 방향으로 계속 생산공정을 유지하게 된다는 거지요. 만약에 그렇게 하지 않고 거기서 소비자의, 지금 생산공정라인 자체가 소비자의 안전을 저해할 수 있는 이런 어떤 것으로 구성되어 있나고 해서 만약에 이것을 갖나가 그만둔나든시 아니넌 시금 현새 그런 경제적인 사정이 되지 않음에도 불구하고 소비자의 안전을 완벽하게 충족할 수 있는 방향으로 생산공정라인을 모두 다시 설비를 해서 하려면 할 수 없다 이 말이에요. 그러면 결국은 잘못되면 문을 닫거나 또는 파산에 이르게 되는데 그렇게 되면 결국은 그것이 전체 우리 사회의 경제체계의 유지나 이런 측면, 당장 실업자가 늘어나게 될 것이고 또 그것이 다른 어떤 시스템체계에 영향을 미쳐서 결국은 전체 경제체계적인 측면에서 본다면 상당한 문제가 발생하게 되는 것이지요. 그렇다면 우리가 통상, 예컨대 특히 식품을 만드는 이런 업체에서 소비자의 안전을 고려하지 않고 유해식품을 만들었다 그러면 지탄을 많이 합니다. 손가락질을 하면서 경우에 따라서는 아주 극단적인 욕까지 할 수도 있는데, 그런데 결국은 그게 전체사회체계, 경제체계의 유지라고 하는 측면에서 보면 또 당장 그런 상황에서 문을 닫거나 이렇게 할 수도 없는 상황이란 말이지요. 그러면 결국은 사회체계적인 관점에서 보면 그런 상황에도 불구하고 결국 전체 경제체계를 유지하라고 하는 이런 어떤 체계적 명령하에 놓여있다고 볼 수 있는 거지요 시스템적인 측면에서 본다면

그렇다면 기업을 하는… 개인은 두 가지 규범, 즉 요구 사이에서 갈등을 하게 됩니다. 생활세계에서 제기되는 규범적 요구하고 사회체계적 관점에서 제기되는 규범적 요구 사이에서. 그러면 이 경우에 이 문제를 어떻게 해결할 것이냐? 행위자에게 책임을 어떻게 물을 것이냐 하는 이런 문제입니다. 이렇게 되면 결국은 생활세계가 식민지화되고 있다는 것도 우리가 사회공동체의 구성원들이 스스로 어떤 합의를 해서 규범을 만들어 내고 그에 따라서 규범을 준수하고 하는 이런 과정보다는 오늘날 사회체계적명령, 요구 자체가 우리의 일상생활에 깊은 곳까지 침투해 들어왔다는 것이지요. 생활세계 식민지라고 하는 그런 식으로 표현하고 있는 것인데 그러니까 이런 부분에서 볼 때 결국 행위자에게 책임을 묻기는, 더욱이 엄격한 의사에 기초한 그런 어떤 책임을 묻기가 어려운 그런 사회적 상황에 처해 있다고 하는 이야기입니

다. 그렇기 때문에 책임귀속 자체가 더욱더 불확실해지는 상황에 처해있다고 하는 점을 말씀드린 것입니다.

그 다음에 세 번째는 국민의 일반의 가치관이나 법감정을 입법에서 고려하지 않을 수는 없을 것입니다. 그렇지만 제가 여기서 이런 것이 특히 형사입법에서는 가급적 이런 요소들을 고려하는 것이 지양되어야 된다고 보는 이유는 특히 우리의 경우 보면 대부분 특히 특별형법이나 이런 것을 만들 때 많이 나타나는 현상인데요. 결국 여론의 영향을 받게 되면 여기서 국민의 법감정을 여론이라고 반드시 일치시킬 수 없지만 법감정개념은 사실은 대단히 모호한 개념이라고 할 수 있습니다. 코에 걸면 코걸이 귀에 걸면 귀걸이가 될 수도 있는데요. 그래서 이런 모호한 개념에 기대어서 결국은, 특히 형사입법을 보면 중형주의에 기대고 있는데 중형주의를 취하게 되면 우리 형사입법은 본문에서도 말씀드렸습니다만 사실은 형벌체계의 균형성을 유지하고 있느냐 그것조차 제대로 판단하기가 어렵습니다. 판단할 수 없게 되어 있는 상태지요. 왜냐하면 이게 너무나 그때 그때 사회적인 분위기라든지 여론이라든지 이런 것들을 고려해서 법이 만들어졌기 때문에 형벌체계에서의 균형이라고 하는 측면에서 보면 대단히 문제가 많을 겁니다. 그래서 이런 부분에 대한 경계를 요한다고 하는 측면에서 그 부분을 제가 언급한 것이고요.

네 번째는 양자가 다른 곳을 보기 어렵습니다. 제가 아까 발표할 때도 말씀드렸지만 헌법상의 책임원칙과 형법상의 책임원칙이 내용이 다르다고 하면 말이 안 되겠지요. 하나의 법체계 내에서 적용되는 원칙이 헌법과 형법에서 각각 그 내용을 달리한다면 말이 안 되는 것입니다. 아까도 말씀드렸지만 헌재가 위헌법률심사를 하는 기준원리로서 책임원칙을 원용한다고 했을 때 주로 첫 번째, 두 번째 원칙은 적용되지만 세 번째 원칙은 아직 우리 법제상 법원의 판결에 대해서는 위헌심사를 할 수 없기 때문에 그런 부분에 포커스를 맞추어서 한다고 했는데 사실은 하다보니까 표현에 오해의 소지는 충분히 있다고 생각합니다. 이 부분은 어느 정도 오해의 소지가 있기 때문에 그 부분은 다시 수정해야 될 필요가 있다는 생각이 듭니다.

그 다음에 다섯 번째 면책조항을 둔다고 해서 위헌시비가 없을 것이냐 하는 부분에 관해서는 저도 위헌소지가 다시 또 제기될 수도 있다고 생각합니다. 왜냐하면 지금 면책조항을 둔 것을 보면 상당한 주의나 감독을 게을리 한 경우외에는 처벌하지 않는다는 입장인데, 여기서 상당한 주의나 감독을 게을리 한 경우라고 하는 것이 해석을 어떻게 할 것이냐? 해석상 보면 결국은 이 경우에 순수한 감독책임을 묻는 것인데 그렇다면 이게 과실책임이라고 보기는 어렵습니다. 그래서 결국은 행위자책임이지요. 순수한 감독책임임에도 불구하고 고의로 범죄를 저지른 종업원인 행위자

하고 같이 처벌하게 되니까 결국 그런 점에서 책임원칙에 반할 수 있다고 하는 여지는 있어서 결국 위헌시비가 일수 있는 여지도 있다 이런 생각입니다. 개인적으로는.

그 다음에 마지막으로 알렉시의 법원리를 끌어들인 것은 제가 아까도 말씀드렸지만 이것은 최적화명령을 언급한 것은 책임원칙의 실현과 한계 그 다음에 그 실현에 작용하는 요소들 간에 관련성 이런 것들을 언급하기 위해서 말씀을 드린 것이고요. 그런데 제가 얼핏 생각할 때는 이것이 하나의 유용성이라고 하는 것은 이거 비례성원칙하고 다르게 뭐 있냐? 이렇게 생각을 할 수도 있지만 그러니까 이게 특히 법원리의 적용형식은 사실은 형량이라고 이야기하고 있습니다. 그렇다면 비례성원칙하고 다를 바가 뭐 있냐 이렇게 생각하지만, 물론 비례성원칙이 형량을 함에 있어서 중요한 기준으로 작용할 수 있지만 대부분 그렇게 되겠지요. 그렇지만 반드시 비례성원칙만이 우리가 형량을 할 때 어떤 원칙과 원칙이 충돌할 때 형량을 할 때 적용되지는 않을 수도 있지 않느냐 이런 점을 고려하면 어느 정도 약간의 유용성은 있지 않나 이런 생각을 합니다.

이상으로 답변을 마치겠습니다.

사 회 자 : 상당히 많은 질문에 대해서 상당히 명쾌하게 답변을 주셨습니다.

지정토론자 두 분 혹시 부족한 부분이 있다고 느끼시면 지금 추가적인 질문 해 주시지요.

최 희 수 : 답변 잘 들었습니다. 그 답변에 또 다른 질문 한번 드려보겠습니다. 아까 행위책임을 의미하시고 상습범이나 누범은 책임원칙에 반하는 것으로서 책임형법의 순화를 위해서는 보안처분으로 돌리려는 그런 움직임에 대해서 찬성하시는 듯한 말씀을 해 주셨습니다. 그리고 보안처분이나 사회내 처우쪽에는 책임원칙이 통제기능을 발휘하기는 어렵지 않냐라는 의견 말씀해 주셔서 그런 의견이시라면 저는 이런 생각을 한번 해보는데 그에 대한 의견을 한번 들어보고 싶습니다.

그 답변의 맥락에는 어떻게 보면 책임형법의 순화라는 이름으로 누범, 상습범 또는 책임무능력자에 대한 사회방위 등 전통적인 책임원칙으로는 잘 설명이 되지 않는 부분들을 형벌이 아닌 보안처분으로 대체하거나 어떤 면에서는 대체가 되는 것을 뭐랄까요 방임하는 형태가 혹시 되는 것 아닌가? 그렇게 된 후에 결국 형성된 보안처분이라는 최근의 분위기로 봐서는 아까 말씀하신 국민의 법감정이나 이런 것에 영향을 많이 받는 보안처분이라는 것에 대해서는 막상 어떤 통제적 기능을 하지 못하는 그래서 어떻게 보면 책임원칙이라는 것이 그것을 고소하거나 그에 중요성을 부여하려는 입장에서는 걸리적거리는 것은 다 보안처분쪽으로 몰고 형벌만 순수하게 책임원칙으로 설명이 잘 되는 형벌들만 가지고 원리나 규칙의 성을 더 부여하려는 느낌을 받고 기본적인 원래 중요했던 속성인 통제적 기능은 최근에 부각되어 있는 비형벌적인 제재수단에 대한 통제적 기능은 제대로 발휘하지 못함으로 인해서 약간은 그 의미가 퇴색되는 것 아닌가 하는 생각이 드는데 그 점에 대해서는 혹시 어떻게 생각하시는지, 마지막 질문입니다.

변 종 필 : 그런데 질문을 제가 정확하게 이해를 했는지 모르겠는데, 어쨌든 예를 들어서 상습범이나 누범 등에 대해서 책임원칙에 따라서 하지 않고 이것을 보안처분의 대상으로 돌려서 하게 되면 결국은 책임원칙의 통제를 받지 못하는 것은 물론이겠지요. 국민의 법감정이라든지 이런 것에 비추어 볼 때 맞지 않는 것 아니냐 하는 이런 식의.

최 희 수 : 그런 뜻은 아니고요. 누범, 상습범 같은 것은 책임원칙 시각에서 보면 조금 안 맞는 행위자책임적 요소를 갖고 있으니까 책임원칙입장에서는 조금 눈에 가시같은 조항들은 보안처분으로 간다든지 아니면 법감정을 염두에 둔 것은 전자팔찌같은 것들, 어떤 새로운 유형의 보안처분같은 것들을 만들어서 형벌대용적 또는 형벌과 다른 논리를 가진 보안처분으로서 전통적인 어떤 형벌적인 제재를 대신하려는 그런 움직임이 있지 않느냐. 그런 어떤 움직임에 기존의 전통적인 책임주의는 거기에 대해서 뭐랄까 제한을 한다든지 제동을 걸기보다는 형벌쪽에 있어서 책임원칙의 정밀성을 추구하다보니 그쪽 동네가 그렇게 형성되는 것에 대해서는 방임하고 있지 않느냐. 그러다보니 결국은 책임원칙이 그 동네에는 미치지도 않는다는 것까지 얘기하는 것 아닌가 그런 생각을 개인적으로 갖게 되는데 혹시 그 생각이 잘못된 것인지 말씀을 해 주십사 하는 뜻입니다.

변 종 필 : 그 동네에 어떤 부류들을 끼워 넣어야 될지 이런 것들이 문제가 될 수 있겠는데요. 상습범이나 누범가중처벌규정이 책임원칙에 반하지 않는다고 보는 사람도 있습니다. 보는 견해가 좀 많다고 볼 수 있는데, 이게 단순히 비례성원칙에서 통제되는 보안처분의 영역으로 임의적으로 왔다갔다하는 것은 아니라고 생각되고요. 나름대로 거기에 대해서 충분한 논의를 거쳐서 책임을 물어서 제재를 가할 수 있는 그런 성격의 범죄는 아니다라고 하는 이런 나름대로의 합의가 있기 때문에 저는 그렇게 되는 것이 아닌가 생각됩니다.

물론 오늘 발표문에도 약간 언급했습니다만, 사실은 책임원칙 자체가 갖고 있는 여러 가지 한계나 문제점들 때문에 책임원칙 자체를 비례성원칙으로 대체하자라고 하는 그런 주장들도 제기되고 있습니다. 그 제기된 이유는 형벌의 비난적 성격을 없애기 위해서 그렇게 하자고 이야기하는 것입니다. 형벌 자체에 대해서 비난적 요소를, 반드시 형벌이 비난적인 성격을 띨 필요가 있느냐라는 그런 데 대한 의문으로부터 비롯되는 것이어서 조금 다르기는 한데요. 아까 이야기 했듯이 다른 기준을 가지고 범죄에 대한 통제기준으로 삼자라고 하는 것도 있고 어쨌든 제 생각은 그게 임의적으로 정해지는 것은 아니다 이렇게 말할 수 있겠습니다.

그래서 그런 부분에 대해서는 크게 걱정을 안하셔도 되지 않느냐 하는 생각이고, 다만 너무나 책임원칙이 사실은 문제투성이고 이 부분이 사실 형법에서는 제일 난해한 부분이라고 이야기를 하거든요. 그래서 이 부분이 앞으로 어떤 식으로 정립이 될지, 아마 견해의 일치를 보기는 어려울 것 같고요. 여기에 관해서 나름대로 그래도 책임원칙을 고수하기 위해서는 엄격하게 이것을 실현하려고 하는 의지나 이런 것들도 필요하지 않을까하는 생각입니다.

사 회 자 : 답변이 충분히 되었는지 모르겠습니다.

지금부터 40분정도 남았는데 플로어에서 질문을 받겠습니다.

질문하실 분들은 제가 여기 연구위원으로 온지 얼마 안 되어 가지고 여러분들 존함을 잘 모릅니다. 그러니까 소속하고 존함을 같이 말씀해 주시고 질문을 해 주시면 고맙겠습니다.

황 치 연 : 헌법재판소에 근무하는 황치연 연구관입니다. 저는 최희수 교수님의 예리한 지정토론을 보면서 교수로 돌아가서도 헌법연구관의 정신이 투철하구나라는 생각을 많이 했습니다.

근본적으로 헌법상의 책임원칙이 형법상에 투영되는 그게 좀 다른 차원이지 않겠는가? 형법고유의 책임의 관점과 헌법상의 책임원칙이 다른게 포섭범위만 보더라도 예컨대 민사영역에서 무과실책임을 정당화하는 일정한 사회적 요건이 있을 수 있거든요. 또 공직선거법상의 회계책임자의 처벌로 당선이 박탈되는 경우도 있고 또 친족의 행위에 대해서 책임을 지지 않는 경우도 있고 이것을 다 포섭하는 것이 헌법상의 자기책임의 원칙인데, 그러면 헌법상의 책임원칙이 형사책임과의 관계에서 어떻게 영향을 미치느냐 했을 때 발표자께서는 두 번째 요소 그러니까 역사와 문화, 시대적 상황, 국민의 가치관과 법감정 이것을 고려하는 것은 문제가 있지 않느냐 이렇게 했는데, 자연범과 법정범을 구별한다면 법정범에서는 오히려 정책적인 요소가 많을 것이고 자연범에서는 윤리적 비난가능성이 많을 것이거든요. 그러면 사회적 윤리성에 따른 비난가능성에 따라서 당벌성을 정하는데 왜 이런 요소를 배제하고 얘기할 수 있을까? 예컨대 형벌 자체에도 책임요소가 있고 비책임요소가 있고 형벌의 양정 거기에도 책임요소가 있고 비책임요소가 있을 수 있는 이런 복합적인 상황에서 그것이 어느 정도까지 정당화하느냐 이 기준을 설정하는데 책임의 측면에서 포착하는 면이 있을 수 있기 때문에 헌법재판소의 판례의 논지가 그러는 건데 그런 어떠한 사회적 윤리성에 의한 당벌성 이런 것을 따질 때도 역사와 문화, 시대적 상황, 국민의 가치관과 법감정을 전혀 고려하지 않고 할 수 있겠는가? 그래서 너무나 비책임적요소에 대한 판단을 책임요소로 일관되게 판단기준을 설정하려니까 이런 모순이 생기지 않는가 생각되고 거기에 대해서는 어떻게 생각하시는지 첫 번째 질문이고요.

두 번째 질문은 간단합니다.

책임요소가 생활체계와 사회체계에서 동요되고 있다면 그러면 이것을 대체할 수 있는 위헌심사의 기준은 무엇으로 생각하는지, 그런 기능적 사유영역에서의 헌법상의 책임주의에 따른 위헌심사기준을 대체할 수 있는 다른 기준을 상정하고 있는지 그것을 하나 묻고 싶습니다.

사 회 자 : 발표자께서 답변을 정리할 수 있도록 다른 질문 추가적으로 받겠습니다.

변 종 필 : 답변하는게 낫지 않나요?

사 회 자 : 먼저 하시겠습니까?

변 종 필 : 답변드리겠습니다. 제 생각을 두 번째 질문과 관련해서는 사실은 위헌법률심사기준으로서 책임원칙과 관련해서 생활체계의 규범적 요청과 사회체계에서 요구되는 요청 사이에 갈등상황에서 어떻게 처리해야 되냐? 그 부분은 제가 책임귀속 자체가 사실 어렵다고 하는 측면에 대해서 설명하기 위해서 이야기했지 그것 자체가 특별히 위헌법률심사기준이나 책임원칙에 어떤 영향을 미친다, 저는 이런 생각은 하지 않습니다. 다만, 책임원칙에 따른다면 그런 상황에서 문제될 수 있는 것은 아까도 … 의사책임의 붕괴라든지 이런 것들을 예를 들었는데요. 그런 상황에서는 행위자에게 책임을 과연 귀속시킬 수 있는지 없는지가 불명확한 상황에 놓일 수도 있겠지요. 그랬을 때 책임원칙이 해야 될 역할은 뭐냐 하면 그런 상황에서는 행위자에게 책임을 귀속시켜서는 안 된다는 거지요. 그게 책임원칙의 요청이라고 생각됩니다. 그런 상황에서는.

그 다음에 첫 번째 질문에 대해서는 제가 발표문에서도 말씀을 드렸는데, 국가경제질서나 법감정 이런 것들을 책임원칙에 반하는지 안 반하는지 판단할 때 기준요소로 고려하는 것에 대해서 부정적인 생각을 갖고 있는데요. 글쎄요, 저는 책임원칙이라고 하는 것의 구조 자체에 대한 분석과 그 다음에 이 책임원칙을 둘러싸고 논의되고 있는 논의의 범위 이것에 포커스를 맞추었기 때문에, 그러니까 책임 없으면 형벌 없다고 하는 것이지요. 그러면 책임을 규정할 때 이 책임은 행위책임, 우리가 행위책임, 개별책임이라고 한다면 이게 이러한 책임을 판단하는데 그러니까 행위자가 놓여 있는 특정한 상황에서 이 사람에게 책임을 귀속시킬 수 있느냐 없느냐는 것은 형법 도그마틱적인 관점에서 구성요건해당성, 위법성, 책임의 관점에서 그 책임이 인정될 때 범죄가 귀속됩니다. 그런데 국가경제적 측면이라든지 이런 것들이 그 행위의 책임을 그러니까 구체적 상황에서 행위자가 행위상황 때문에 과연 책임을 인정할 것이냐 말 것이냐 하는 것은 행위상황에 영향을 줄 수 있지요. 그러나 일반적으로 책임과 형벌과의 비례관계에서 책임을 논할 때 그때 책임이 이게 특정한 상황에서의 국가경제적 요인 이런 것들이 행위자하고 책임하고 어떤 관련성을 가질 수 있느냐? 영향은 받겠지만 그 자체가 행위자의 작위에 뭐랄까 책임과 관련해서는 사실은 크게 영향을 미칠 수 없고 미쳐서는 안 되는 요소가 아니냐 이것은 달리 제가 다른 식으로 설명하기는 어려울 것 같습니다 이 부분에 대한 질문은.

그리고 소극적으로는 이런 부분들이 결국은 형사입법과 관련해서 아까도 말씀드렸지만 이게 법감정이나 여론, 경제적 상황 이런 것을 고려하면 결국은 뭐랄까 일반시민이나 또는 구체적으로 보면 행위자에게 불리하게 즉 형을 가중하는 식으로 자꾸 입법이 이루어지고 있기 때문에 이런 부분들이 사실은 문제가 된다고 하는 측면을 소극적으로는 중요하게 고려한 것입니다.

사 회 자 : 다른 분?

최 완 주 : 헌법재판소에 근무하는 최완주 수석부장연구관입니다.

지금 그 말씀과 관련해서 조금 다른 생각을 해봤는데요. 지금 말씀하신 국가경제적인 요소하고 국민의 법감정 또는 국민의 가치관하고는 조금 달리 볼 여지도 있지 않나 싶은 생각이 듭니다.

국민의 법감정, 가치관 이런 것들은 책임과는 전혀 관계가 없다기 보다는 관계가 있는 요소이기는 하지만, 즉 일반예방 또는 특별예방, 죄질 이런 것과 관련이 있기는 하지만 그것이 지속적이고 일반적이지 못하고 특수한 상황에서 일어나는 일시적인 또는 특수한 것이기 때문에 그것을 반영하는데 문제가 되는 것이 아닌가? 지금 발표자께서도 그때 그때의 여론 또는 그때 그때의 처벌필요성이라고 해서 '그때 그때'라는 표현을 쓰셨는데 그런 것들이 그런 문제점을 지적한 것이 아닌가 저는 이렇게 이해할 수도 있지 않을까 싶은데 어떻습니까?

남 복 현 : 호원대학교에 있는 남복현입니다.

실체적 형벌법규에 대해서 이 헌법실무연구회에서 다룬 적이 거의 없었지요. 거의 없었던 것으로 기억이 나는데 이 실체적 형벌법규에 대해서 사실은 헌법재판소에서 수없이 많이 위헌심판의 대상이 되었지만 이제까지 거의 다 합헌이 나왔었지요. 오로지 일부가 있었던 것은 아마 과잉처벌정도, 가중처벌정도 일부조항이 나왔던 것으로 기억나는데요. 그래서 사실은 책임과 형벌의 상응성 말씀을 주셨는데 그 상응성을 따지는 것에 대해서 입법자에게 고려사항으로서 세 가지로 말씀해 주셨고, 그중에 금방 발표자께서도 정치·사회적요소의 문제점 그것을 반영한 것은 참 문제다 그런 지적을 주셨습니다. 사실 책임에 상응하게 형벌 부과하는 것은 전혀 문제가 없지요. 또 책임보다 완화된 약화된 형벌을 규율하는 경우도 그렇게 큰 문제는 안 될 겁니다 아마. 다투어 봤자 합헌 나올테니까요. 문제는 책임보다 가혹한 형벌을 규율하는 경우란 말이지요. 사실은 그 부분에 대해서 입법자가 그런 입법을 수없이 많이 합니다. 사실은 자의성도 일정부분 개입될 수도 있고 특별형벌을 많이 만들어 놓는다든가 가중처벌만능주의를 한다든가 그런 것들이 사실 거기에 해당된다고 보는데요. 그러면서 빠져나가는 유일한 헌법재판소에서 판단을 회피하는 방법이 바로 금방 말씀드렸던 정치·사회적요소를 가지고 전부 다 회피해갑니다. 사실은 당사자인 직접 처벌받는 자한테는 그 책임에 상응한 정도의 가혹한 형벌을 부과하면서도요. 그래서 그것을 면하기 위해서 법원쪽에서 뭐라고 그러느냐 하면 형벌재량권이 작량감경해도 도저히 안 되는 그런 정도의 엄격한 처벌을 가한다, 이렇게 하면서 항변을 해보지만 그런 것도 통하지 않는단 말씀이지요. 그러면서 사실 이제까지 헌법재판소는 20년동안 실체적 형벌법규에 대해서 그냥 용인을 해 준 그런 형국이 되었었습니다.

그런데 거기에다 견주어 보면 이 절차적 형벌법규에 관해서는 헌법재판소가 나름대로 꽤 엄격한 기준을 적용합니다. 적법절차라 그럴까요 그런 것들을 잘 적용하는데 이상하게 이 실체적 형벌법규에 대해서 만큼은 사실은 그렇게 엄격한 기준을 적용하지 않고서 하다 보니까 어떤 부분에 문제가 생기느냐 하면 사실 실체적 형벌법규라고 하는게 신체적 자유를 포함해서 이 자유권적 기본권을 거의 박탈하는 수준의 큰 제재인데 그러한 큰 제재에 대해서는 입법자의 입법형성권이라는 이름으로 다 피해가는 것이 바람직한 것인지 사실 그 부분에 대해서는 아주 적절하게 지적해 주셨고 좀더 그 부분도 강조해 주시면 어떨까 싶습니다.

이상입니다.

사 회 자 : 최완주 수석부장님하고 남복현 교수님께서 질문을 해 주셨습니다. 답변하시겠습니까?

변 종 필 : 남복현 교수님 질문 아니시지요? 질문을 하셨다기에 저한테 질문을 하셨나 이런 생각이 들어서.

글쎄요, 예를 들어서 국가정책적 요소라든지 경제적 요소라든지 이런 것들은 예를 들어서 형사정책적인 관점, 그러니까 범죄예방이라든지 이런 어떤 것과 간접적으로 관련성을 갖는 범위 내에서는 사실은 형사정책적 관점을 고려한다고 하는 측면에서 들어갈 수 있으리라고 생각됩니다.

그런데 그것을 형사정책적 측면과 별도로 분리시켜서 국가정책적 측면이라든지 경제적 측면이라든지 따로 독립된 하나의 판단기준요소로서 정립하는 것 자체는 그다지 관련성도 없고, 결국은 그렇게 할 경우에 아까도 말씀드렸는데요. 대부분의 형사입법이 그렇게 되면 어떤 식으로도 책임원칙에 반하지 않는다고 하는 방향으로 갈 수 있는 여지는 상대적으로 그만큼 커지게 되는 것이 아니냐 이런 생각입니다.

최 완 주 : 제가 말씀드린 것은 저도 국가정책적 요소 같은 것은 반영하는 것은 적절치 못하다고 생각을 하는데 국민의 법감정이나 가치관들이 일시성을 갖기 때문에 문제인 것이지 아까 최희수 교수님께서도 말씀하셨듯이 확고한 법감정 또는 여론 이런 것들은 보통 일반예방, 특별예방 또는 죄질 이런 것들은 전문가들이 생각하는 또는 미리 정해져 있는 그런 것만 고려해야 된다, 국민여론이나 이런 것들은 즉흥적이고 일시적이기 때문에 고려되는 것은 곤란하다, 그런 측면에서 얘기드린 것이지 이게 책임과는 무관하기 때문에 그런 것이 아니지 않느냐. 그것이 지속적이고 일반적인 것이라면 전문가가 아닌 일반인의 그런 책임에 관한 생각은 반영하는 것이 적절할 수도 있지 않느냐, 그런 취지였습니다.

변 종 필 : 일반적으로 볼 때 일반적인 측면에서 이야기하면 저는 가급적 자제되어야 된다는 것이고 입법자가 입법을 할 때 그런 것을 고려하지 않을 수 없다는 점에 공감합니다. 그렇지만 아까도 말씀드렸지만 가치관 같은 것은 차이도 있을 수 있지만 법감정은 저는 개인적으로는 이것은 입법정책을 위한 하나의 기준으로서 법감정은 활용할 수 있다고 생각합니다. 다만, 법해석의 요소로서 기준으로는 부적절하다. 대법원의 판례 같은 것 간혹 보면 국민의 법감정이라고 하는 요소를 해석의 한 기준으로 어떤 특정한 해석을 정당화하기 위한 근거로서 들고 있는데 그런 부분은 바람직하지 않다는 생각이고요. 다만, 입법을 위해서 법감정이라고 하는 것은 중요한 요소로서 고려될 수밖에 없는 측면이 있지만 그러나 이 법감정이라는 것은 사실은 지극히, 법감정이 뭐냐 이렇게 물으면 결국은 어떤 사람은 특정한 입법을 하는데 반대하는 세력이 있고 또 찬성하는 세력이 있는데 모든 국민의 법감정이냐? 이렇게 물으면 그것을 지지하는 사람은 찬성하는 쪽에 생각을 갖고 있는 국민들의 생각이 법감정이다, 이렇게 생각할 수도 있고. 이게 사실은 중요한 법 발견의 요소이기는 한데요 법감정이라고 하는 것이, 그런 문제점이 있다고 하는 점.

그런데 가치관이나 이런 것들은 다를 수 있지요. 전통적인 측면에서 지속적으로 형성되어 온 것이기 때문에. 예를 들어서 형법에 있어서 존속살해죄와 보통살인

죄에서 법정형에 차이를 두고 있는 것은 헌재는 위헌이 아니라고 봤지만 이게 문화특수적인 측면, 제가 아까도 말씀드렸지만 형법이 완벽한 보편주의를 실현할 수 없는 한 문화특수적인 요소를 고려한다면 이런 부분에 있어서는 그래도 이게 책임원칙에 반한다고 까지 굳이 강하게 말하기는 어려운 측면이 있지 않느냐? 그렇다면 가치관이라든지 이런 것들이 반드시 내재되어야 된다는 것이 아니라 가급적 그런 부분들은 지양되어야 되는 측면이다 이런 생각입니다.

오 두 진 : 오두진 변호사입니다.

저는 남 교수님 질문하고 비슷한 내용인데요. 헌재가 지금까지 실체적 형벌법규에 대해서는 적극적인 판단을 하지 않았고 최근에 판단한 것이 비례성 정도, 너무 과한 처벌이 아니냐 정도로 접근하고 있다는 것에 대해서 조금 더 적극적으로 판단해야 되는 문제가 있지 않는가를 질문하고 싶습니다.

예를 들어서 양심범의 경우에 과연 그들을 처벌해야 되느냐의 문제가 형법의 문제에서 기대가능성의 문제와 관련성이 있는데 이 기대가능성의 평균인설에 의하면 양심범은 당연히 무조건 처벌해야 되는 그런 상황이 벌어지고 있고요. 평균인설에 대해서 비판을 하셨는데 그렇다면 이 문제를 헌법재판소가 기대가능성의 문제와 관련된 실체적 형벌조항에 대해서 적극적으로 판단을 해야 된다고 생각하시는지? 저는 개인적으로 양심범의 경우는 그들의 행위의 기초가 평균인하고는 다르지만 양심의 자유와 같은 헌법상의 인간의 존엄성하고 밀접한 관련성이 있는 기본권에 기초한 것이기 때문에 그런 경우에는 헌법재판소가 적극적으로 판단을 해야 된다는 생각을 하거든요. 그런 적극적 판단을 해야 된다고 생각하시는지? 만약에 그렇다면 어떤 틀로 헌법재판소가 접근해야 된다고 생각하시는지 듣고 싶습니다.

사 회 자 : 다른 질문은 없으신가요?

변 종 필 : 두 분 질문하신 것은 사실은 제가 답변하기 어려운 것이 아니냐? 제 개인적으로 생각을 말할 수는 있지만 사실 헌재가 어떻게 해야 되느냐의 부분에 대해서는 제가 그 부분을 깊이 생각하지도 않고 또 견해의 차이가 있을 수도 있고 하기 때문에 이 자리에서 말씀드리기는 어렵습니다.

다만, 두 번째 질문하신 부분은 그런 부분이 사실은 우리 특별형법을 전체적으로 보면 한두 군데가 아니라고 생각됩니다. 아까도 말씀드렸지만 전반적으로 그런 문제점이 있기 때문에 그런 부분을 다 위헌이다 이렇게 보게 되면 결국은 현실적으로 많은 문제들이 쏟아지게 되고 그렇다고 해서 그것을 또 위헌이 아니라고 보면 기존에 잘못된 형벌체계의 틀을 그대로 인정하는 것이어서 그것도 문제고, 그래서 이런 상황에 과연 어떻게 해야 될 것인지 저는 판단자로서 재판관님들과 여러 연구관님들이 상당히 고충이 심하지 않을까 이런 생각을 하고 있습니다. 그게 사실은 갈등적인 상황이지요. 그 두 개 중에서 어느 쪽을 선택해야 될 것이냐.

그 다음에 변호사님 질문하신 것은 글쎄요, 저는 개인적으로는 양심범과 확신범 이런 것을 어떻게 구분해야 될 것이냐는 문제도 제기될 수 있고 양심범에 한해서는 양심범도 기대가능성을 말씀하셨는데 그 부분에 대해서는 생각을 좀 많이 해봤습니다. 다만 불법의식과 관련해서는 양심범도 불법의식은 있는 것 아니냐 이런 생각을 하는데요. 좀더 그런 부분에 대해서는 제가 기본적으로 양심범도 형법적 처벌에서 면하는 방향으로 가는 것이 바람직하다, 큰 틀에서는 그렇게 생각하고 있습니다. 그러나 저기에 대해서 위헌여부에 대한 판단과 관련해서는 제가 더 생각을 해보지 않았기 때문에 구체적으로 말씀드리기는 어려울 것 같습니다.

양해해 주시기 바랍니다.

황 치 연 : 제가 남복현 교수님 견해에 약간 코멘트 할 수 있겠습니까?

사 회 자 : 우선 다른 질문 한번 받아보고요.

박 해 빈 : 저는 아주 간단한 질문이고요, 제가 평소에 궁금한데 어디 책을 찾아봐도 없고 그래서 여쭤보는 질문입니다.

저는 헌법재판소에 근무하는 박해빈 연구관이라고 합니다.

다른 게 아니고 첫 번째 질문은 여기 책임원칙위배여부, 특히 법정형 사이의 비교를 통해서 어느 법정형이 과중한지 여부에 따라서 과중한 형이어서 위헌인지 여부를 판단할 때 궁금한 것이 책임원칙위배여부를 판단함에 있어서 반드시 당해범죄의 법정형을 통해서만 법정형을 검토해서 판단할 수는 없고 다른 범죄의 법정형과의 비교를 통해서만 책임주의위배여부가 판단이 가능한 것인지? 그러니까 비교를 꼭 해 봐야 가능한 것인지 아니면 그 당해 형벌조항의 법정형만 놓고도 책임주의위배다 아니다를 판단할 수 있는 것인지 아니면 꼭 비교를 해봐야 되는 것인지? 왜냐하면 여기 주거침입강제추행죄와 주거침입강간죄도 이게 강제추행죄 자체의 비난가능성이나 이런 것과 법정형뿐만 아니라 주거침입강간죄하고의 상호관계를 통해서 책임주의위배인지 아닌지 여부를 검토를 하신 것 같아서 이런 질문을 드리고요. 그런데 만약에 이런 식으로 꼭 비교를 통해서만 가능하다면 아까 이 발표문에 보면 책임의 하한에 미달하는 것은 큰 문제가 안 된다라는 내용이 있었던 것 같습니다. 그러니까 하한으로 가볍게 처벌하는 것은 큰 문제가 안 된다는 취지로 제가 읽은 것 같은데 어떤 문제가 있냐하면 만약에 책임주의에 부합하는 A라는 형벌조항이 있는데 그 후에 B라는 책임의 하한에 미달하는 어떻게 보면 가볍게 처벌하는 조항이 신설됨으로써 아까 말씀드린대로 단일 법률조항만으로 판단할 수 있다는 전제하에서 문제가 없었던 조항이 사후에 비교를 해 보면 분명히 동일하게 처벌되어야 될 조항인데 나중에 처벌조항이 가볍게 신설된 조항으로 인해서 위헌성을 띠게 되는 것인지 그게 항상 궁금한 점이었습니다. 업무를 하면서. 그러니까 항상 다른 형벌, 이게 평등원칙 위배쪽에 오히려 가는게 아닌가라는 생각이 드는데 책임주의원칙에 위배해서 이런 것이 다 판단이 되는 것이 맞는지 그게 좀 궁금하고요.

마지막으로 제 개인적으로 궁금했던 건데, 예방효과와 관련해서 말씀드리고 싶은 것이 책임원칙에 맞는 어떤 법정형들이 전부 구비가 되어 있을 때 이게 꼭 예방효과랑 책임원칙이 전반적인 논지에는 서로 대립되는 요소라고 써져 있는 것으로 제가 봤는데 예를 들어서 책임이 커서 형벌이 큰 경우에 법정형을 높일 경우에 분명히 예방적 효과도 형벌이 무거워지면 질수록 커지는 것 아닌가라는 생각이 들거든요. 범죄예방적 효과도. 그래서 사실은 어떻게 보면 책임주의를 잘 실현한 그런 구성요건조항들이 있다면 사실은 예방효과도 그 범죄의 불법과 책임에 비례해서 커지면서 잘 조화가 되는 것이 아닌지? 다만 예방효과를 너무 강조해서 책임보다 더 훨씬 과중한 형을 설정할 때만 예방효과를 위해서 책임주의를 도외시하는 그런 문제가 생기는 것이 아닙니까? 꼭 조화가 안 되는 것인지 그 두 가지가 궁금했습니다. 제가 잘 설명을 드렸는지 모르겠네요.

발 표 자 : 기존에 입법이 되어 있는 상태를 보면 예컨대 어떤 행위에 대해서 좀더 상대적으로 중한 형벌을 부과하고 있는 것, 그게 사실은 책임원칙에 위배되느냐 안 되느냐를 판단할 때 그 자체로 판단할 수 있느냐 아니면 다른 어떤 형벌규정하고 비교를 해서 할 수 있느냐 이런 말씀 첫 번째 질문이시지요? 정말 저한테 오늘 너무 어려운 질문을 하시는게 아니냐 하는 생각이 드는데요. 그것은 결국은 저는 형벌체계의 비례관계라고 하는 것은 그러니까 책임과 불법 그 다음에 그에 대한 형벌의 비례관계라고 하는 것은 결국은 이것도 유추라고 생각됩니다. 사유상으로. 그러니까 이게 우리가 비교할 수 있는 대상 없이 그대로 정해질 수 있다고 확신하는 사람도 저는 있을 수 있으리라고 생각합니다. 그런데 그 확신이 적어도 어느 정도 우리가 규범에 대한 어떤 불법이나 이런 것에 대한 경험을 통해서 그러니까 역사적으로 내려온 이런 것을 통해서는 어느 정도 구분이 되지요. 예컨대 살인이 다른 어떤 절도라든지 사기라든지 강도에 대해서 훨씬 더 불법과 책임이 중한 이런 범죄고 따라서 중하게 처벌해야 된다는 것은 압니다. 그러나 이런 어떤 기본적인 라인을 넘어서서 여러 가지 범죄형태를 결합을 시킨다든지 또는 그렇지 않은 다른 범죄형태들은 사실은 그렇게 판단하는 것 자체가 저는 정말 어렵다, 용이하지 않다. 그래서 그 자체로 이게 책임원칙에 반하느냐 아니냐를 판단할 수 있는 것도 우리가 적어도 기

존에 법이라든지 형법전에 나와 있는 형벌체계에 대한 어떤 학습, 경험적 학습을 통해서 이게 숙지된 상태에서 판단이 가능할 수 있다고 보지 그렇지 않으면 예를 들어서 각자에게 그의 것을 주라 라고 하는 이 정의의 원칙에서 각자의 것이 뭐냐? 그것을 우리가 다른 사람과의 돌아가야 될 몫하고 비교하지 않고 그 자체로 판단할 수 있느냐하는 문제하고 똑같은 문제가 아니냐 이런 생각이 듭니다. 각자의 그것이 있을 수 있다고 확신하는 사람도 있겠지만 그러나 그 자체로 각자에게 뭐가 돌아가야 될지를 판단한다는 것은 대단히 어려운 일이 아니냐 하는 생각이 들고요. 그런 점에서 특별형법에서 형벌체계가 과연 어떤 균형, 형벌체계의 균형에 맞느냐 아니냐를 판단할 때 결국은 비교대상이 되는 전거로서 형법에 나와 있는 형벌체계를 어쨌든 중요시하고 그것을 기본적으로 삼아야 되지 않겠냐, 제가 강조하는 것은 그런 이유에서고요.

그 다음에 두 번째 질문하신게 뭐였지요?

박 해 빈 : 책임보다 가벼운 형을 설정하는 것은 큰 문제가 안 된다는게 좀 문제가 될 수도 있지 않나?

변 종 필 : 그러니까 뒤에 만들어진 것이 좀 가벼운 형벌일 때 앞에 그것보다 중하게 한 것이 위헌이냐?

박 해 빈 : 그러니까 책임주의에 맞춰서 A라는 조항이 만들어졌는데 그 후에 어느 다른 조항이 오히려 어떻게 보면 처벌을 너무 가볍게 하는 조항이 있어서 비교를 해 보면 이게 책임주의에 위배되는게 아닌가라는 소지도 있지만, 그런데 그 조항 자체만으로 보면 사실 크게 과중하다 라고는 보여지지 않는 그럴 때 서로 비교를 하면 위헌의 소지가 있게 되는, 실제로 그런 경우가 좀 있어서요.

변 종 필 : 그게 형벌을 부과하고 있는 행위 자체가 그 내용이 동일한 것을 전제로 해서 말씀하시는 건가요? 구성요건 자체가?

박 해 빈 : 동일하지는 않지만 유사한 처벌을, 예를 들면 A라는 조항과 B라는 조항을 좀 유사한 처벌조항을 두어도 큰 문제가 안 되는데 어느 한 조항을 가볍게 처벌하는, 가볍다는게 상대적인 개념인데요. 그런 조항이 후에 신설된다든지 할 경우에는 사실은 종전에 어떻게 정상적으로 있었던 조항이 비교를 하면서 위헌의 소지가 발생하는 그런 문제가 전에 좀 생각할 일이 있어서 여쭤보는 겁니다.

변 종 필 : 그것도 어려운 문제 같습니다.

박 해 빈 : 제가 드리고 싶은 말씀은 책임보다 가벼운 형을 설정하는 것도 사실은 문제가 아닌가라는 그런 문제의식에서.

변 종 필 : 입법 자체에서 책임보다 가벼운 형을 설정하는 것?

박 해 빈 : 발표문에는 큰 문제가 안 되는 것으로 되어 있어서요.

변 종 필 : 그래서 제가 어렵다고 하는 것이 입법자가 어떤 범죄행위에 대해서 거기에 대해서 일정한 법정형을 정했는데 이것 자체가 책임원칙에 반하느냐 안 반하느냐를 판단하는 것 자체가 쉽지 않다는 것이지요. 그게 우리가 유추, 다른 어떤 대상과 비교하는 이런 사고방식을 통하지 않고는 그 자체를 판단하는 것 자체가 거의 어렵다는 것입니다.

예컨대 살인죄에 대해서 징역50년을 두는 법정형을 만약에 두었다고 합시다. 그러면 이게 책임원칙에 반하느냐 안 반하느냐 하는 것은 그 자체로 판단하는 것 자체가 쉽지 않다는 거지요. 외국의 입법례라든지 외국에는 어떻게 하고 있고 과거에 우리나라 법에서는 어떻게 해왔는데 어떻게 바뀌었다든지 이런 어떤 전체적인 것들을 고려해서 사실은 그게 비교를 통해서 쉽게 접근할 수 있는 것이지 그 자체로는 대단히 어렵지 않느냐 이렇게 생각합니다.

사 회 자 : 지금 이런 저런 많은 의문이 제기되리라고 생각을 합니다.

제 개인적으로는 사회자 직권으로 한 말씀만 드린다면 저는 책임원칙을 위헌판단의 기준으로 직접 적용하는 것은 굉장히 위험하지 않을까? 굉장히 모호한 개념이고 또 오늘 발표자께서도 지적하셨지만 이게 순수하게 실현되기 어렵고 여러 가지 제약요소가 많고 이런 상황에서, 더군다나 책임의 정도 그러니까 책임에 부합하는 형벌의 양이라든가 이런 것이 굉장히 모호한 상황에 이것을 과연 위헌판단의 기준으로 적용할 수 있을까? 차라리 이것의 원전인 비례의 원칙과 인간의 존엄성 이것이 위헌판단의 직접적인 기준은 물론 모호한 개념입니다만, 지금 우리 변 교수님께서 그렇게 책임원칙을 둘러싼 문제 상황을 쭉 상세히 설명을 해 주셨는데 그 설명을 통해서 평소에 제가 품었던 의문 그런게 더 굳어지는 것 같습니다. 그래서 지금 박 연구관님께서 제기했던 의문도 아마 거기서 오는 것이 아닌가? 제가 올바르게 이해했는지는 모르겠습니다만, 그래서 이것과 아울러서 그리고 시간을 보니까 한 5, 6분 정도 남았습니다. 한분정도 더 질문을 받고 회장님 마지막 코멘트.

여태까지 질문 안하셨던 분들 중에서 질문을 하실 분 계신지 모르겠습니다.

그러면 아까부터 황치연 연구관께서 질문을 요청하셨기 때문에.

황 치 연 : 사회자께서 위헌심사기준으로 책임원칙을 회의적으로 보는데 일단 범죄와 형벌의 균형성을 판단할 때는 책임원칙과 체계정당성을 볼 수밖에 없다고 보고요. 그리고 우리 헌법재판소 재판관님들이 기본적으로 입법자가 아니다 이런 전제에서 출발해야 되는데 어떤 실체형벌법규의 설정과 철폐 이것은 입법자가 고유의 권한으로서 가지고 있는 것이고 그 철폐를 위헌결정권 그러니까 소극적 입법권을

행사하는 위헌결정권을 통해서 철폐를 기대하는 것은 무리지 않느냐? 왜냐하면 특별형법을 통제하는데 어떤 형벌의 가혹성, 형벌 인플레 이런게 문제가 있다고 해서 책임원칙이 작용하는 측면만을 고려해 가지고 이것을 위헌결정할 수 있느냐? 저는 어렵다고 봐요. 물론 체계정당성과 책임원칙이 명백히 위배되는 경우라면 다르겠지만. 그래서 이럴 때 범죄와 형벌의 균형성을 판단할 때 비례적이지 않다는 종국적 기준 그 기준을 책임원칙이 작용하는 측면만을 고려해서는 판단할 수가 없고 일반예방, 특별예방 또는 국민의 윤리적 비난가능성, 법의식 이런 것을 관련요소를 종합적으로 판단할 수밖에 없지 않느냐? 왜냐하면 당, 부당의 문제가 아니라 헌법에 위반되느냐 아니냐의 여부를 따지는데 일반입법자에게 기대하는 것을 헌법재판소 재판관님께 기대하기는 좀 어렵지 않느냐 이런 생각을 가지고 있습니다.

혹시 발표자께서 비례적이지 않다는 기준을 그럴 경우에 어떻게 설정을 하겠습니까? 단순한 책임원칙에 입각해서 하겠습니까?

사 회 자 : 짤막하게 해 주십시오.

남 복 현 : 도움이 되는 말씀을 해 주실 줄 알았더니 도움이 안 되는 말씀을 해 주셔가지고 그런데, 비례성의 원칙에 사실 책임주의도 법익의 균형성 문제 거기에 책임과 형벌의 상응성 그렇게 연관이 지어질 것이라고 생각을 합니다.

그런데 그 부분에 있어서 문제가 되는 것은 바로 책임에 따른 형벌의 관계에 있어서 아까 우리 연구관님께서 낮은 것 가지고 말씀을 하셨는데 대부분 인플레된 것을 갖다가 용인하는 도구로 거기서 악용을 한다는 거지요. 정치·사회적인 요소라든가 이런 것들을. 그러다 보니까 처벌정도를 너무 높이는 겁니다. 사실 가중처벌 전부 다 위헌결정을 낸다할지라도 처벌해야 될 사람을 처벌 못하는 경우는 없습니다. 예컨대 징역 5년 정도면 족할 사람을 10년 이렇게 하는 것까지 용인하는 그런 도구로 사실 악용되고 있거든요. 여론이라는 것, 법감정이라고 하는 것 이런 것 때문에요. 사실 그런 측면에서 그런 부분들은 빨리 헌법재판소가 먼저 나서서 손보면 아마 국회나 법무부에서도 같이 나서서 다 손볼 것이다. 너무 인플레된 형벌을 좀 낮추자. 그게 계속 일관된 말씀입니다.

사 회 자 : 마지막으로 발제자께서 한 말씀 해 주시지요.

변 종 필 : 좋은 내용으로 질문해 주시고 또 사실은 제가 답변을 제대로 하지 못한 부분도 있는데 다시 한번 생각해 보는 기회로 삼도록 하겠습니다.

이런 요소를 고려해서 종합적으로 판단해야 된다 이렇게 이야기를 합니다.

그런데 문제는 종합적으로 판단할 경우에는 결국에는 직관적 판단은 여러 가지를 고려하기 때문에 직관적인 측면에서는 바람직하다 이렇게 볼 수 있을지 모르지만, 그러나 구체적으로 판결의 타당성에 관해서 논증을 하는 데는 훨씬 더 어려움이 뒤따르리라고 생각됩니다. 그런데 대부분 보면 논증을 하지 않는 경우가 많지요. 이런 저런 요소를 종합적으로 판단해서 고려해야 된다 해 놓고는 요소들만 열거를 하고 실제로 판단의 결론만 딱 제시를 하는 경우가 많습니다. 어떤 요소를 어떤 식으로 고려를 해서 어떤 결론에 이르렀다는 것을 사실은 제시를 해야 어떤 요소가 어떤 식으로 고려되었는지를 알 수 있는데 그렇게 되지 못한 경우가 많습니다. 그래서 사실은 그런 종합적으로 판단해야 된다는 관점은 논증의 부담을 훨씬 더 지우는 것이고, 그렇다면 그점에 대해서 좀더 엄격한 논증들을 제시하는 그런 것이 필요하다 이런 생각을 평상시에 갖고 있습니다. 제가 반박하는 것이 아니고 제 생각을 말씀드리는 겁니다.

사 회 자 : 오늘 장시간 재미난 토론이 되었던 것 같습니다. 해결된 문제도 있고 아직 풀어야 될 문제도 있는 것 같고요. 워낙 많은 문제들이 내포되어 있는 테마였기 때문에 단기간 내에 충분한 토론이 이루어지기는 어려웠다고 생각을 합니다.

못다한 토론은 이어지는 자리에서 계속하기로 하고요. 오늘 우리 실무연구회 회장님이신 김희옥 재판관님 마지막으로 말씀 듣겠습니다.

회　　장 : 오늘 주제에 대해서도 그야말로 열띤 토론이 있었고 주제발표도 아주 훌륭한 것으로 생각이 됩니다. 따라서 내용에 대해서는 제가 특별히 언급할 말씀이 없습니다. 하여튼 헌재에서 선고한 그런 내용에 대해서 비판이나 비평이 풍부할수록 더욱 발전이 있을 것으로 생각을 합니다.

주제 발표하신 변 교수님, 또 지정토론하신 두 분, 사회보신 우리 정 위원님 노고 많았습니다. 그런데 오늘 보니까 근간에 없이 참여율이 좀 저조합니다. 다음 발표시에는 우리 헌재의 연구관님들 그리고 학회 회원 교수님들도 보다 많이 참여해 가지고 더욱더 활발하고 품격 있는 그런 발표회가 되었으면 하는 소망을 갖고 있습니다.

사 회 자 : 이상으로 토론을 마치겠습니다.

헌법실무연구 수록 논문색인(제 1 권~제10권)

권	발표회	논문	발표자
제 1 권	제 1 회 발표문 (1999. 7. 2.)	택지소유상한에관한법률의 단순위헌결정 — 헌재 1999. 4. 29. 선고, 94헌바37등(병합) 결정, 판례집 11-1, 289 —	윤홍근
	제 2 회 발표문 (1999. 9. 3.)	음란물출판사등록취소사건 — 헌재 1998. 4. 31. 95헌가16, 판례집 10-1, 327 —	이인호
	제 3 회 발표문 (1999. 10. 1.)	도시계획법 제21조에 대한 위헌소원 — 헌재 1998. 12. 24. 89헌마214등, 판례집 10-2, 927 —	김문현
	제 4 회 발표문 (1999. 11. 5.)	交通事故處理特例法 제 4 조 제 1 항 및 그에 근거한 不起訴處分에 대한 憲法訴願의 適法性: 違憲決定의 遡及效 문제를 중심으로 — 헌재 1996. 12. 26. 96헌가18, 판례집 8-2, 680 —	박경신
	제 5 회 발표문 (1999. 12. 3.)	자도소주(自道燒酒)구입명령 판결에 대한 평석 — 헌재 1996. 12. 26. 96헌가18, 판례집 8-2, 680 —	박경신
	제 6 회 발표문 (2000. 1. 7.)	變形決定의 문제점	김운용
	제 7 회 발표문 (2000. 2. 11.)	구 소득세법 제60조에 대한 헌법불합치결정의 법적 성격과 그 효력 — 헌재 1999. 10. 21. 96헌마61등, 판례집 11-2, 461 —	방승주
	제 8 회 발표문 (2000. 3. 10.)	선거관계법에 대한 헌법재판소 결정의 문제점	이성환
	제 9 회 발표문 (2000. 4. 7.)	노동 3 권의 법적 성격과 노동단체법 — 헌재 1998. 2. 27. 94헌바13등, 판례집 10-1, 32 —	강희원
	제10회 발표문 (2000. 5. 12.)	위헌법률에 기한 처분의 집행력 허용여부에 관한 검토	남복현
	제11회 발표문 (2000. 6. 2.)	국회의원과 국회의장 간의 권한쟁의에 관한 헌재결정들	박승호

제 2 권	제12회 발표문 (2000. 7. 7.)	법적 안정성과 실질적 정의 —12 · 12 및 5 · 18 사건의 경우—	이명웅
	제13회 발표문 (2000. 10. 6.)	평등의 원초적 해석과 실질적 평등의 논리적 건재 —제대군인가산점 위헌결정 평석—	박경신
	제14회 발표문 (2000. 11. 10.)	민주주의의 실패와 사법적극주의 —동성동본금혼 규정에 대한 헌법재판소 결정의 의의를 중심으로—	임지봉
	제15회 발표문 (2001. 1. 5.)	헌법상 사립학교의 자유와 헌법재판의 동향	허종렬
	제16회 발표문 (2001. 2. 2.)	청소년보호를 위한 표현물 규제시스템의 헌법적 고찰 —구 청소년보호법 제 2 조 제 3 호 가목 등 위헌제청사건 등에 대한 평석을 중심으로 —	황성기
	제17회 발표문 (2001. 3. 2.)	헌법소원사건 결정을 통해서 본 언론에 의한 명예훼손의 법리	박선영
	제18회 발표문 (2001. 4. 6.)	서울대 입시요강사건 —헌재 1992. 10. 1. 92헌마68, 76(병합)—	정연주
	제19회 발표문 (2001. 5. 4.)	미국과 독일의 규범통제에서의 심사도구 비교	정태호
	제20회 발표문 (2001. 6. 8.)	사립대학교수 재임용제의 헌법적 근거와 한계 —사립학교법 제53조의 2의 제 3 항에 대한 헌법소원결정을 중심으로—	김종철
	제21회 발표문 (2001. 7. 6.)	가변적이고 예측 불가능한 상황에서의 헌법해석 —헌재 92헌바6 결정을 중심으로—	박진완

권	회차	제목	발표자
제 3 권	第22회 발표문 (2001. 9. 7.)	대통령직속기관의 설치와 직무범위 — 헌재 1994. 4. 28. 선고, 89헌마221 —	유진석
	第23회 발표문 (2001. 10. 12.)	헌법재판소와 사회적 기본권	홍성방
	第24회 발표문 (2001. 11. 2.)	과잉금지의 원칙과 적용상의 문제점	김형성
	第25회 발표문 (2001. 12. 7.)	근로자의 쟁의(행위)권의 행사와 공공복리 — 헌재 1996. 12. 26. 선고, 90헌바19 결정, 92헌바41 결정, 94헌바49 결정과 관련하여 —	강희원
	第26회 발표문 (2002. 2. 1.)	공법인의 기본권주체성 — 헌재 2000. 11. 30. 선고, 99헌마190 결정 등과 관련하여 —	함인선
	第27회 발표문 (2002. 3. 8.)	기본권의 보장과 제도적 보장의 준별론에 관한 비판적 보론 — '기본권의 최대한의 보장과 제도의 최소한의 보장'에 전제된 오해의 극복을 위하여 —	이종수
	第28회 발표문 (2002. 4. 12.)	헌법상 평등의 요청과 국가유공자 유가족에 대한 가산점의 문제점 — 헌재 2001. 2. 22. 선고, 2000헌마25 사건에 대한 평석 —	장영수
	第29회 발표문 (2002. 6. 7.)	양심의 자유의 규범구조와 보호범위 — 준법서약제를 중심으로 —	박종보
	第30회 발표문 (2002. 7. 12.)	헌법재판에서의 가처분	황치연
	第31회 발표문 (2002. 9. 6.)	전국구비례대표제의 투표방식과 의석배분방법의 위헌결정에 대한 비판적 고찰 — 헌재 2001. 7. 19. 선고, 2000헌마91 · 112 · 134(병합) —	김종철

제 4 권	제32회 발표문 (2002. 10. 11.)	가상공간에서의 표현의 자유와 청소년보호 —99헌마480과 2001헌가27을 중심으로—	박선영
	제33회 발표문 (2002. 11. 8.)	특별부담금의 정당화문제	김성수
	제34회 발표문 (2002. 12. 6.)	부부자산소득합산과세는 위헌인가?	이창희
	제35회 발표문 (2003. 2. 7.)	알 권리와 의사공개의 원칙 —헌재 2000. 6. 29. 98헌마443 등 사건에 대한 평석—	장영수
	제36회 발표문 (2003. 3. 7.)	憲法不合致決定에 관한 새로운 體系의 試圖	황도수
	제37회 발표문 (2003. 4. 4.)	노조법상 유니언숍제도(단결강제제도)의 위헌 여부	이승욱
	제38회 발표문 (2003. 6. 13.)	사회보장법과 세법의 기능적인 상관관계	전광석
	제39회 발표문 (2003. 7. 11.)	권한분쟁에 관한 헌법재판소와 법원의 관할	김하열
	제40회 발표문 (2003. 9. 19.)	우리 違憲法律審判節次 등의 審判對象(審査範圍)	김시철

<table>
<tr><td rowspan="8">제
5
권</td><td>제41회 발표문
(2003. 10. 10.)</td><td>명예, 초상, 프라이버시 그리고 표현의
자유에 관한 비교법적 분석
—한국, 미국, 독일, 프랑스—</td><td>박경신</td></tr>
<tr><td>제42회 발표문
(2003. 11. 7.)</td><td>기본권의 경합</td><td>장영철</td></tr>
<tr><td>제43회 발표문
(2004. 2. 13.)</td><td>정당국가적 대의민주제에서의 선거와
정당에 대한 헌법재판소의 결정 평석
—국회의원선거기탁금, 국회의원의 상임위원회
강제 사임조차, 선거권 연령 기준에 과한
판례를 중심으로—</td><td>이덕연</td></tr>
<tr><td>제44회 발표문
(2004. 4. 9.)</td><td>부실감사죄의 헌법재판
—헌법재판소의 변형결정의 기속력에 대한
법이론적 이해—</td><td>이상돈</td></tr>
<tr><td>제45회 발표문
(2004. 5. 7.)</td><td>지방자치권에 대한 헌법상의 보장
—강남구청과 대통령 간의 권한쟁의
(2002. 10. 31. 2001헌라1)—</td><td>이광윤</td></tr>
<tr><td>제46회 발표문
(2004. 6. 4.)</td><td>내사종결처분의 법적 성질
—2002. 10. 31. 2002헌마369,
헌법재판소 공보 제74호(2002년), 989면—</td><td>신동운</td></tr>
<tr><td>제47회 발표문
(2004. 7. 2.)</td><td>가족법상의 몇 가지 헌법적 문제
—호주제의 전통성, 자녀의 성, 이혼숙려기간—</td><td>김상용</td></tr>
<tr><td>제48회 발표문
(2004. 9. 3.)</td><td>헌법재판소 판례의 국제법적 분석</td><td>정인섭</td></tr>
</table>

제 6 권	제49회 발표문 (2004. 10. 1.)	헌법재판에서의 전통에 대한 심사	윤진수
	제50회 발표문 (2004. 11. 5.)	제법상 유형화 · 포괄화의 이해 — 그 정당성과 한계를 중심으로 —	박종수
	제51회 발표문 (2004. 12. 3.)	헌법재판소의 정치적 역할: '제한적 적극우의'를 넘어서	양 건
	제52회 발표문 (2005. 2. 18.)	탄핵심판에 있어 헌법재판소의 탄핵여부결정권	정종섭
	제53회 발표문 (2005. 3. 4.)	수도이전특별법 위헌결정에 대한 헌법이론적 검토	전광석
	제54회 발표문 (2005. 4. 1.)	행정입법과 헌법재판	유지태
	제55회 발표문 (2005. 5. 6.)	양심적 병역거부권에 대한 헌법재판소결정에 대한 검토	박진완
	제56회 발표문 (2005. 6. 3.)	입헌적 공화주의의 헌법이해	이국운
	제57회 발표문 (2005. 7. 8.)	상가건물의 업종제한약정에 대한 헌법적 평가	김성태
	제58회 발표문 (2005. 9. 9.)	원고적격의 정치경제학(Ⅱ): 대법원의 행정소송법 개정안에 나타난 객관소송관을 글감으로 하여	조홍식

제 7 권	제59회 발표문 (2005. 10. 11.)	수용자의 서신검열과 통신의 자유	박인수
	제60회 발표문 (2005.11.1.)	헌법재판소 심판사건 통계분석	송기춘
	제61회 발표문 (2005. 12. 16.)	한국에서 자유민주주의와 헌정주의	강정인
	제62회 발표문 (2006. 2. 10.)	명의신탁 증여의제규정의 개정방안	박 훈
	제63회 발표문 (2006. 3. 10.)	지구당의 강제적 폐지의 위헌성	정태호
	제64회 발표문 (2006. 4. 7.)	법적 추론에 대한 법철학적 고찰 —헌법의 경우—	김현철
	제65회 발표문 (2006. 5. 12.)	명백 · 현존하는 위험의 원칙과 표현의 자유	임지봉
	제66회 발표문 (2006. 6. 9.)	사법적 검토의 재검토: 헌법재판과 비지배적 상호성	곽준혁
	제67회 발표문 (2006. 7. 7.)	생명헌법(bio-constitution)과 체외인공수정 잔여배아(surplus embryo in vito fertilization)의 법적 지위	강희원
	제68회 발표문 (2006. 9. 8.)	신뢰보호원칙에 대한 헌법재판소의 태도	박경철

제 8 권	제69회 발표문 (2006. 10. 13.)	공무담임권의 보호영역에 관한 헌법재판소의 판례 비판	이인호
	제70회 발표문 (2006. 11. 1.)	헌법 제60조 제1항에 열거된 조약의 체결·비준에 대한 국회의 동의권	김선택
	제71회 발표문 (2005. 12. 8.)	헌법의 경제학적 이해	신도철
	제72회 발표문 (2007. 2. 2.)	자기정보통제권에 관한 판례의 평석	권건보
	제73회 발표문 (2007. 3. 9.)	과세의 재산권적 한계	방승주
	제74회 발표문 (2007. 4. 13.)	유럽법상 기본자유와 기본권의 관계	정문식
	제75회 발표문 (2007. 5. 11.)	병역의무와 성차별금지	김주환
		병역법 제3조 제1항에 관한 소고	윤진숙
	제76회 발표문 (2007. 6. 1.)	입헌주의와 민주주의 : 그 "모순적 정합성"에 관한 소고	김성호
	제77회 발표문 (2007. 7. 6.)	행정규칙과 헌법소원심판	김중권
		행정규칙의 헌법소원 대상성	정호경
	제78회 발표문 (2007. 9. 7.)	한정위헌청구의 적법성 여부	박순성
		한정위헌청구의 적법성	황도수

제 9 권	第79회 발표문 (2007. 10. 5.)	고등학교 학생선발 및 배정방법과 학교선택권의 보장 문제	허종렬
		고등학교 평준화제도에 대한 헌법적 검토	이기우
	第80회 발표문 (2007. 11. 2.)	헌법재판소 재산권 판례의 경제학적 분석	정기화
	第81회 발표문 (2007. 12. 7.)	변호인의 조력을 받을 권리에 관한 헌법재판소 해석방법론 검토	이완규
	第82회 발표문 (2008. 3. 7.)	헌법재판에서 심판의 기준	김경제
	第83회 발표문 (2008. 4. 4.)	평등권 심사 기준과 방법의 구조화	김주환
	第84회 발표문 (2008. 5. 9.)	미국 연방대법원의 위헌심사기준으로서의 '이중 기준'	이우영
	第85회 발표문 (2008. 6. 13.)	형성적 법률유보를 가지는 기본권에서 과잉금지원칙의 적용여부	한수웅
	第86회 발표문 (2008. 7. 11.)	보통·평등선거권의 심사구조와 심사기준에 관한 관견	정태호
	第87회 발표문 (2008. 9. 19.)	미국의 사전제재 법리와 2002년 불온통신규제결정의 재발견	박경신
	第88회 발표문 (2008. 10. 10.)	조세국가의 성격 및 구조와 조세입법에 대한 합헌성 심사의 기준	차진아

제 10 권	제89회 발표문 (2008. 11. 14)	법률유보와 의회유보	방승주
	제90회 발표문 (2008. 12. 12.)	헌법재판소 20년—그 명암과 굴곡	이헌환
		헌법재판 20년과 행정법	김광수
	제91회 발표문 (2009. 2. 6.)	기본권의 대사인적 효력의 적용	이준일
	제92회 발표문 (2009. 3. 6.)	공무원의 노동 3 권에 관한 입법형성과 그 한계	김진곤
	제93회 발표문 (2009. 4. 10.)	기본권보호의무의 심사기준으로서 과소보호금지원칙	이부하
	제94회 발표문 (2009. 5. 1.)	불온서적 지정의 위헌성	이재승
	제95회 발표문 (2009. 6. 5.)	헌법상 제도보장에 있어서 핵심영역의 보장	김대환
	제97회 발표문 (2009. 9. 11.)	헌법불합치결정을 둘러싼 법적 쟁점의 검토	남복현
	제98회 발표문 (2009. 10. 9.)	역 로빈훗 방식의 수용권행사의 위헌성	이인호

헌법실무연구 제 11 권

2010년 12월 15일 초판인쇄
2010년 12월 25일 초판발행

편 자 헌법실무연구회
발행인 안 종 만
발행처 (株)博英社
서울특별시 종로구 평동 13-31번지
전화 (733) 6771 FAX (736) 4818
등록 1959. 3. 11. 제300-1959-1호(倫)

www.pakyoungsa.co.kr e-mail: pys@pakyoungsa.co.kr

정 가 45,000원 ISBN 978-89-6454-649-9
978-89-6454-648-2(세트)